U1001365

# 医疗纠纷人民调解实务


主　编　冯正骏　霍增辉　刘　方

副主编　刘海英　薛　鹏　樊　荣　徐宇杰

主　审　王维嘉



浙江工商大学出版社

ZHEJIANG GONGSHANG UNIVERSITY PRESS

**图书在版编目(CIP)数据**

医疗纠纷人民调解实务 / 冯正骏，霍增辉，刘方主编. —杭州 ：浙江工商大学出版社，2016.12
(卫生法学系列丛书 / 吴崇其主编)
ISBN 978-7-5178-1831-1

Ⅰ. ①医… Ⅱ. ①冯… ②霍… ③刘… Ⅲ. ①医疗事故—民事纠纷—处理—中国 Ⅳ. ①D922.16

中国版本图书馆 CIP 数据核字(2016)第 281250 号

**医疗纠纷人民调解实务**

主编 冯正骏　霍增辉　刘　方

**策划编辑**　钟仲南　王艳艳　郑　建
**责任编辑**　王文舟
**责任校对**　何小玲
**封面设计**　林朦朦
**责任印制**　包建辉
**出版发行**　浙江工商大学出版社
(杭州市教工路 198 号　邮政编码 310012)
(E-mail:zjgsupress@163.com)
(网址:http://www.zjgsupress.com)
电话:0571－88904980,88831806(传真)
**排　　版**　杭州朝曦图文设计有限公司
**印　　刷**　浙江云广印业股份有限公司
**开　　本**　710mm×1000mm　1/16
**印　　张**　34.5
**字　　数**　639 千
**版 印 次**　2016 年 12 月第 1 版　2016 年 12 月第 1 次印刷
**书　　号**　ISBN 978-7-5178-1831-1
**定　　价**　89.00 元

# 本书作者分工

主　编　冯正骏　霍增辉　刘　方

副主编　刘海英　薛　鹏　樊　荣　徐宇杰

主　审　王维嘉

编　委　（按姓氏笔画为序）

马韶青（北京中医药大学）　第二篇（第八章第一节中“台湾模式”，第二、三节）

王　东（北京市医调委）　第二篇（第十一章第三节）

王丹凤（北京中医药大学）　第二篇（第八章第一节）

王继武（北京市医调委）　第一篇（第六章）

王维嘉（国杰律师事务所）　全书审阅

尹玉洪（山东省警官总医院）　第一篇（第一章）

叶　惠（泸州市龙马潭区司法局）　第三篇（第十八章第二节）

冯正骏（山东省警官总医院）　第三篇（第十六章、第十七章、第十八章第一节、第十九章、全书统稿）

刘　方（北京市医调委）　第二篇（第十三章）

刘海英（北京市医调委）　第三篇（第二十一章）

孙　超（山东省警官总医院）　第一篇（第二章第一、二节）

孙金娥（山东省警官总医院）　第一篇（第二章第三节）

杨冰心（青岛大学附属医院）　第一篇（第四章）

肖凤芹（聊城市人民医院）　第四篇（第二十三章第一节）

张　森（山东省警官总医院）　第一篇（第三章）

张书广（聊城市人民医院）　第四篇（第二十三章第二节）

陈　明（山东省警官总医院）　第一篇（第五章第一、三节）

金松龄（北京市医调委）　第二篇（第十一章第一、二节）

郑　松（北京市医调委）　第二篇（第八章第四节）

第四篇（第二十四章第二节）

孟凡坤（山东省警官总医院）　第一篇（第五章第二节）

顾　燕（北京市医调委）　第三篇（第二十二章）

徐宇杰（海南医学院附属医院）　第二篇（第八章第一节中“海南模式”、第十二章）

高　亮（北京中医药大学）　第二篇（第九章第一、二节）

高　静（北京中医药大学）　第二篇（第九章第三、四、五节）

郭斯伦（北京中医药大学）　第二篇（第十章第一、二、三、四节）

程　坤（青岛大学附属医院）　第三篇（第十五章）

樊　荣（北京清华长庚医院）　第三篇（第十四章）

颜渊胤（北京中医药大学）　第二篇（第十章第五、六、七节）

薛　鹏（国杰律师事务所）　第三篇（第二十章）

第四篇（第二十四章第一节）

霍增辉（北京中医药大学）第二篇（第七章）

# 序　一

近年来，我国医疗纠纷数量呈上升趋势，这类问题矛盾激化快，对抗性强，解决难度大，社会关注度高，涉及千家万户，直接关系到人民群众生命健康和财产权利，如果不能及时化解，严重影响正常医疗秩序，损害医患关系，甚至可能引发群体性事件、社会治安事件和刑事案件，严重影响社会和谐稳定。

党中央、国务院对维护正常医疗秩序、构建和谐医患关系高度重视，2014 年 5 月，中央综治办、国家卫计委和司法部召开了全国医疗纠纷人民调解工作现场会，对做好新形势下医疗纠纷人民调解工作作出全面安排和部署；同年 10 月，司法部印发了《关于进一步加强行业性专业性人民调解工作的意见》(以下简称《意见》)，对包括医疗纠纷在内的行业性、专业性人民调解工作做出规范，提出要求。各级司法行政机关和广大人民调解组织、人民调解员认真贯彻现场会和司法部《意见》精神，使医疗纠纷人民调解工作不断取得新进展，有了新成效。全国现已建立医疗纠纷人民调解委员会 3901 个，有人民调解员 2.5 万余人，已有 30 个省(区、市)和新疆生产建设兵团以政府令或部门联合发文方式，出台了规范性文件，多数医疗纠纷人民调解委员会工作经费纳入了财政预算，北京、天津、上海、福建等省(市)实现了全额保障。近五年来，全国共调解医疗纠纷 31.2 万余件，仅 2014 年就调解了 6.6 万件，占医疗纠纷总量的 57.4%。人民调解已成为化解医疗纠纷的重要渠道，做到了有案必调、案结事了，有效地维护了医患双方合法权益和社会和谐稳定。

中国卫生法学会(以下简称学会)旨在卫生法学领域从事理论研究、教学探索、法律服务等实际工作，发挥中介、桥梁和纽带作用，为促进医学科学繁荣和卫生事业的改革发展，维护人的生命健康权益，构建和谐社会做着不懈的努力。学会根据章程，已经成立中国卫生法学会法律事务中心，正在筹备成立中国卫生法学会司法鉴定中心，还将要筹备成立中国卫生法学会医疗纠纷调解中心。多年来，中华全国人民调解员协会积极会商中国卫生法学会，拟联合筹备成立“全国医疗纠纷人民调解专业委员会”(以下简称医调委)，这将是全国第一个行业性调解学会和调解机构。这有利于充分发挥行业管理职能作用，依法规范医疗纠纷人民调解工作，推进医调委组织建设、队伍管理、业务拓展、宣传交流等各项工作创新发展，为创新社会治理做出贡献。

医调委拟配合行政主管部门，建立与有关部门沟通协调的机制，发挥各自职能作用，进一步依法规范、组织医疗纠纷人民调解委员会开展规范化建设工作，积极协助各地司法行政机关加强与有关行业部门、社会团体和其他社会组织的沟通联系，落实中央综治办、公安部、司法部、国家卫计委、中国保监会联合召开的平安医院创建工作暨维护医疗秩序、打击涉医违法犯罪专项行动会议精神和工作方案，推进在县（市、区）建立医疗纠纷人民调解委员会和人民调解专家库，健全与医疗机构衔接的工作制度，以利于就地化解医疗矛盾纠纷，共同维护医院正常医疗秩序，预防并制止涉医违法犯罪。

医调委有一项重要任务是开展人民调解员培训。其拟组织专门力量就人民调解工作常用的十多部法律中与人民调解工作有直接关联的知识，对广大人民调解员进行法律知识培训，并为开展初任人民调解员的岗位培训和继任人民调解员的年度培训提供不断更新的培训教材。这有利于进一步办好人民调解专家人才培训，并在有关部门支持下，举办人民调解专家人才培训班，重点培训医疗纠纷人民调解专业人才，提升医疗纠纷人民调解能力与水平。

为配合医疗纠纷人民调解专业委员会的成立和适应人民调解员培训工作需要，学会在“卫生法学系列丛书”中增加了一部《医疗纠纷人民调解实务》，本书作者结合自己的临床、医院管理、医疗纠纷人民调解等经验，汲取大量国内外最新资料，系统全面地介绍了有关医疗纠纷各个方面的知识，试图从多专业、多学科角度使读者了解解决医患纠纷技术和方法的概貌，以供与医患纠纷有关的人民调解员、医患双方、律师等人员参阅，具有一定的参考价值。

二〇一五年十月十日

# 序　二

做好医疗纠纷人民调解工作，依法维护医疗秩序、构建和谐医患关系，是创新社会治理方式的重要举措，对深入推进平安中国建设，维护社会和谐稳定具有重要意义。近年来，党中央、国务院对维护正常医疗秩序、构建和谐医患关系高度重视，习近平总书记、李克强总理等中央领导同志多次做出重要指示，为做好医疗纠纷人民调解工作指明了方向。各级司法行政机关和广大人民调解组织要深刻认识加强医疗纠纷人民调解工作的重要性、必要性，进一步增强责任感、使命感和紧迫感，按照《中华人民共和国人民调解法》和司法部《关于进一步加强行业性专业性人民调解工作的意见》的要求，切实采取有效措施，扎实工作，努力把医疗纠纷人民调解工作提高到新水平。

北京市集中了全国优秀的医疗资源，每年为北京市民和外地患者提供大量的医疗卫生服务，门、急诊量和住院病人年年激增。但随之而来的是医疗纠纷发生的数量也随之上升，增长势头较快，并已成为影响社会稳定的突出问题。为有效缓解医患矛盾，北京市司法局、卫生局、财政局、公安局、高级人民法院和北京保监局六个部门于 2011 年 5 月 30 日发布了《关于加强医疗纠纷人民调解工作的意见》，建立医疗纠纷人民调解工作联动机制，明确工作职责，形成化解医疗纠纷工作合力。

北京市医疗纠纷人民调解委员会（以下简称“北京市医调委”）于 2011 年 5 月 30 日成立，承担全市医疗机构医患纠纷的调解工作。其中包括中央、厂矿企业、市属三级医疗机构 52 家，区属二级医疗机构 96 家等在内的各级各类医疗机构 6304 家。医疗纠纷调解工作任务艰巨繁重。截止到 2015 年 9 月 30 日，北京市医调委共受理案件 7710 件，结案 7098 件。结案案件中，有责协议结案 3789 件，无责协议结案 1910 件，有责未达成协议 681 件，退出调解 289 件。

医疗纠纷人民调解要坚持医学科学性原则。在医疗纠纷人民调解中，必须遵循医学科学原理，运用科学知识与技能来研究医学问题，以严格的科学态度对待有关诊疗方法和过程，切忌简单判断，违背科学。医学科学的重要特征之一是它的技术性和专业性，虽然有大量的诊断治疗技术规范，但并不能囊括一切医疗方法和过程，这是由医学科学的极端复杂性所决定的。所以，要解决医疗专门性问题，除了根据现行规定和已有经验之外，还要以科学的观点和方法来认识问题、分析问题和解决问题。因为医疗纠纷的导火线是医疗行为，而医疗行为又是一项以科学性为指导的行为，因此，解决医疗纠纷必须要遵循医学科学性原则。医疗纠纷人民调解注重专业调解，善于运用专业知识、借助专业力量和现代科技手段进行调解，对疑难复杂的矛盾纠纷，充分听取专家意见，尊重同业专家评价，确保调解结果科学公正。要切实提高调解质量，提高调解成功率，提高协议履行率，努力使纠纷当事人满意，做到案结事了。

医疗纠纷人民调解要坚持依法调解的原则。“法不容情”是讲医疗纠纷人民调解“不违背法律、法规和国家政策”，体现的是合法原则。虽然人民调解是在人民调解委员会主持下调解民间纠纷的一种群众性活动，但也必须依据法律、法规、规章和国家政策进行，必须坚持依法进行调解。如果法律、法规、规章和政策没有明确规定的，则依据社会主义道德、风俗习惯、传统等进行调解。合法原则是人民调解的基本原则。该原则的主要内容包括人民调解必须在法律、法规允许的范围内进行；进行人民调解必须遵循以事实为依据、以法律为准绳的原则；调解的结果和当事人的权利义务的确定，不得违背法律、法规和国家政策；调解程序应当符合相关法律的规定，不得侵害当事人的程序性的权利。坚持依法调解，善于运用法治思维和法治方式化解矛盾纠纷，对合法诉求，依法予以支持；对不合法、不合理诉求，做好教育疏导工作，引导当事人依法理性维权。

医疗纠纷人民调解要跳出个案，服从推进平安中国建设，维护社会和谐稳定的大局，以大局观指导个案的调解，发挥人民调解的优势。“法不外乎人情”“法亦有情”是讲在法律范围内进行最大限度的人性化医疗纠纷调解，筑牢化解医疗纠纷的第一道防线。医调委要建立健全纠纷受理、调解、履行、回访等工作制度，使调解工作各个环节有章可循。建立健全投诉管理与医疗纠纷人民调解衔接机制。对适宜人民调解的医疗纠纷，告知当事人申请调解并及时受理，依法化解纠纷；对达成调解协议的，引导双方当事人向人民法院申请司法确认；调解不成的，告知当事人通过诉讼等合法途径解决。建立健全信息反馈机制，把排查、调解纠纷过程中发现的问题及时向医疗机构和卫生计生部门反馈，提出改进意见和建议。建立健全重大纠纷报告制度，对存在重大纠纷隐患和可能激化的矛盾纠纷，要及时向有关部门报告，及时采取预防措施，防止矛盾激化。

本书编著者既有长期从事医疗纠纷处理理论与实务研究的专家和学者，也有长期从事第一线医疗纠纷人民调解工作的调解员，还有从事医疗临床工作的医务工作者。本书以北京市医疗纠纷人民调解委员会的材料为基本素材，概括、总结和回顾了北京市医疗纠纷人民调解委员会的经验和理念，兼收并蓄国内其他省、区、市医调委的经验，并介绍国外医疗纠纷第三方调解机制的模式。本书中“医疗过失参与度七分法”“医疗纠纷医方二次伤害行为”以及将“遗传基因”作为免责事由均为作者首次提出的新理念。本书注重理论与实务的结合，较全面地反映了医疗纠纷人民调解的最新发展水平，覆盖了医疗纠纷人民调解的常见问题，内容新颖，针对性强。本书可作为医疗纠纷人民调解员培训教材，供医疗纠纷人民调解委员会进行医疗纠纷调解时参考，也可供与医疗纠纷有关的医患双方、律师等参阅，是一本有实用价值的参考书。

马艾迪

二〇一五年十月十日

# 前　言

《医疗纠纷人民调解实务》是已经出版的《医疗损害司法鉴定实务》的姊妹篇。医疗纠纷的调解、诉讼、鉴定和审理的客体均是医疗纠纷，应用的是同样的法律、同样的医学原理、同样的赔偿规则，区别在于是从不同角度处理医疗纠纷。本书在内容编排上沿用了《医疗损害司法鉴定实务》的部分内容，重点增加了医疗纠纷人民调解理论和实务的内容。

2014年11月，根据中国卫生法学会的安排，由我主持《医疗纠纷人民调解实务》的编撰工作。我拟出初步大纲后提交学会吴崇其副会长审阅，他详细审阅大纲并提出许多修改意见。

2014年12月27日，中国卫生法学会"卫生法学系列丛书"编委会第三次工作会议在海南省海口市召开，中国法学会研究部主任李存捧，中国卫生法学会会长高春芳、副会长兼秘书长吴崇其，浙江工商大学出版社社长鲍观明及来自全国各地的卫生法学专家学者参加了会议。"卫生法学系列丛书"为"十二五"国家重点图书出版规划项目。2015年是"十二五"规划收官之年，会议希望"卫生法学系列丛书"能够成为中国卫生法学领域的"国内第一精品"和"传世之作"，为中国卫生法学的学科建设乃至世界卫生法学事业的发展贡献力量。

在会议中，吴崇其副会长对《医疗纠纷人民调解实务》大纲作了重点介绍和点评，引起与会各书主编的热议，大家提出许多有益的建议。北京中医药大学人文学院书记王梅红介绍，人文学院对该课题进行了很多研究，并到全国各地医调委进行过调研，希望学院参与本书的合作编撰。海南省卫生法学会副秘书长、海南省医事法律专业委员会副主任委员、海南省医患关系研究会副秘书长、海南医学院附属医院医疗安全办公室主任徐宇杰也提出合作参编的建议。

在从海口回北京的途中，我与清华大学长庚医院医患办主任樊荣进一步进行了交流，他介绍了北京医调委的许多情况和经验。后来我又经中国政法大学教授刘鑫推荐，受邀参与北京医调委的工作和调研，参与调解部、评估部，小合议、大合议，专家咨询以及个案的评估等具体工作。这对我来说是一个学习的过程。

在本书即将付梓之际，特别感谢世界医学法学协会副主席、中国卫生法学会副会长兼秘书长、《卫生法学系列丛书》总主编吴崇其教授。本书中"遗传基因"

作为免责事由的观点阐述是由吴教授所倡导并在其指导下完成的。吴教授还在百忙中抱病审阅本书主要内容，提出指导性修改意见并为本书作序。还要感谢原北京市高级人民法院副院长、北京市第一中级人民法院院长、现北京市医疗纠纷人民调解委员会主任马艾迪为本书作序。本书在编写过程中，实务部分主要参考北京医调委的资料，另外参阅和引用了大量文献，在此谨向各位文献作者表示诚挚的谢意。最后要感谢浙江工商大学出版社为本书的出版提供的各方面的便利条件。

本书参编作者较多，各位作者写作风格不同，最后由我统稿，由于个人水平所限，书中错漏不周之处在所难免，衷心希望各位专家和同仁不吝赐教，惠予指正。

对于处理医疗纠纷，“公开、公正、公信、公平，有法、有理、有据、有情”始终是认为应坚持的理念和信条。本书如对读者有所裨益，将欣慰至极。

冯正骏

二〇一五年十月一日于北京

# 目　　录

## 第一篇　医疗纠纷基础理论

## 第二篇　医疗纠纷人民调解

## 第三篇　医疗损害责任认定

## 第四篇 正确应对医疗纠纷

# 第一篇

# 医疗纠纷基础理论

# 第一章　医疗纠纷概述

## 第一节　医疗纠纷相关概念

医疗纠纷是民事纠纷在医疗服务领域中的特殊类型，由于医疗纠纷涉及的医学知识具有高度专业性和未知性，非专业人员对医疗服务内容的认知往往受到限制，因此医疗纠纷较之其他民事纠纷更为复杂。医疗纠纷具有复杂性和特殊性，导致人们对其概念界定、法律含义以及处理方法等诸多方面的认知存在差异，所以人们在谈及医疗纠纷时难免会出现不同名词，如医疗纠纷与医患纠纷、医疗事故、医疗差错、医疗缺陷、医疗过错与医疗过失、医疗意外以及医疗损害等。

### 一、医疗纠纷与医患纠纷

关于医疗纠纷，学者们对其含义有不同的理解，目前还没有统一的、确切的法律定义。

有学者认为，医疗纠纷，有广义和狭义之分。① 广义的医疗纠纷是指医患双方之间发生的一切矛盾、冲突及纷争，有学者称其为医患纠纷，既包括对诊疗护理过程中产生的后果认识不一而引发的纠纷，也包括一些非诊疗护理行为而引起的一般民事纠纷。狭义的医疗纠纷是指医患双方当事人之间因医疗机构及其医务人员在医疗过程中实施的医疗、预防、保健等执业行为而引发的争议。医患纠纷是上位概念，包含医疗纠纷和非诊疗护理行为而引起的一般民事纠纷。

有学者对医疗纠纷定义如下：医疗纠纷是指发生在医疗卫生、预防保健、医学美容等具有合法资质的医疗企事业法人或机构中，一方（或多方）当事人认为另一方（或多方）当事人在提供医疗服务或履行法定义务和约定义务时存在过失，造成实际损害后果，应当承担违约责任或侵权责任，但双方（或多方）当事人对所争议事实认识不同、相互争执、各执己见的情形。②

此定义满足四个要件：特定在医疗服务领域；当事人都是合法民事主体。争

① 林文学：《医疗纠纷解决机制研究》，法律出版社 2008 年版，第 6 页。

② 李洪奇：《医疗纠纷概论》，http://www.law-star.com/caa/25009407.htm。

议事实是过失行为；过错责任处于待定状态。此概念涵盖了有过失和无过失的所有情形，体现了医疗纠纷概念的内涵和外延，排除了发生在医疗行业的其他纠纷，如工程建设合同纠纷，医疗设备和药品买卖合同纠纷，人事仲裁、劳动纠纷等。

医患纠纷是一个中性词汇，它不必然体现法律责任和损害赔偿等法律属性。从法律角度看，表述医患纠纷的词汇虽然不同，但要表达的法律含义却是一致的，即责任认定和损害赔偿。从逻辑学角度看，诸多名词并非同一阶位的法律概念，医患纠纷是上位概念，它包括医疗事故、医疗过错、医疗损害、医疗意外和医疗合同等方面的纠纷，但不限于这些纠纷。应该把医患纠纷视为一个集合名词，它只代表着一种责任不确定的争议状态，而真正体现法律意义的应该是其下位概念，如医疗合同纠纷、医疗事故纠纷和医疗损害纠纷等。

## 二、医疗事故

2002年9月1日实施的《医疗事故处理条例》第二条规定："医疗事故，是指医疗机构及其医务人员在医疗活动中，违反医疗卫生管理法律、行政法规、部门规章和诊疗护理规范、常规，过失造成患者人身损害的事故。"

根据以上定义，构成医疗事故必须具备四个基本要素：

(1)医疗事故的主体必须是医疗机构以及其医务人员。其中，医疗机构是指取得《医疗机构执业许可证》的从事医疗卫生服务的单位；医务人员是指依法取得执业资格的医疗专业技术人员(包括医生、护士、药剂师以及医技人员)。

(2)主体行为具有违法性，即医疗机构及其医务人员的行为违反了国家有关医疗卫生法律法规、部门规章以及诊疗护理规范或常规等。

(3)医务人员主观上存在过失，而且给患者造成人身损害后果(主观上的过失为医务人员应当预见或者已经预见其诊疗行为可能给患者造成损害后果，但仍持轻信能够避免的心理态度，结果导致损害后果的发生)。

(4)医疗机构及其医务人员的过失行为和患者人身损害后果之间具有因果关系。

故此，如仅有过失医疗行为，但无相应的损害后果，或者仅有损害后果，医疗行为并没有过失，均不应视为"医疗事故"。

确定是否为医疗事故需要经过医学会"医疗事故技术鉴定"才能认定。《医疗事故处理条例》规定，卫生行政部门接到医疗机构关于重大医疗过失行为的报告或者医疗事故争议当事人要求处理医疗事故争议的申请后，对需要进行医疗事故技术鉴定的，应交由负责的医学会组织鉴定；医患双方协商解决医疗事故争议，需要进行医疗事故技术鉴定的，由双方当事人共同委托负责的医学会组织鉴定。

《医疗事故处理条例》的配套文件《医疗事故技术鉴定暂行办法》对医疗事故鉴定进行了详细规定。

《医疗事故处理条例》的配套文件《医疗事故分级标准(试行)》，根据对患者人身造成的损害程度，把医疗事故分为四级十二等。一级医疗事故：造成患者死亡、重度残疾的，细分为一级甲等和一级乙等。二级医疗事故：造成患者中度残疾、器官组织损伤导致严重功能障碍的，细分为二级甲等、二级乙等、二级丙等和二级丁等。三级医疗事故：造成患者轻度残疾、器官组织损伤导致一般功能障碍的，细分为三级甲等、三级乙等、三级丙等、三级丁等和三级戊等。四级医疗事故：造成患者明显人身损害的其他后果的。其中一级乙等至三级戊等医疗事故对应伤残等级一至十级。

确定为医疗事故的，有关责任人应承担相应的民事责任、行政责任甚至刑事责任。

### 三、医疗差错

医疗差错是一个已被摒弃的概念，它在我国医疗事故处理历史上沿用了很久，可以追溯到 20 世纪五六十年代，一直到《医疗事故处理条例》颁布，废弃这个概念为止[①]。1987 年发布的《医疗事故处理办法》并未明确规定医疗差错，但其免责条款(第三条第一款)“虽有诊疗护理错误，但未造成病员死亡、残废、功能障碍的”就是指医疗差错。医疗差错按照后果严重程度区分为一般差错和严重差错。一般差错后果较轻，如打错了针，发错了药，对病人未造成影响；严重差错是指给病人造成了损害，但后果尚未达到医疗事故规定的严重程度。医疗差错与医疗事故在主体、客体、主观方面并无区别，医疗差错与医疗事故的唯一区别是客观方面的后果程度低于法定的医疗事故标准。

医疗差错不是医疗事故，是问题的核心。按《医疗事故处理办法》规定，定为医疗事故的，应承担相应责任，包括付出补偿。差错不是医疗事故，因此不负责补偿，这是该法规的欠缺之处。2002 年 9 月 1 日施行的《医疗事故处理条例》，取消了“医疗差错”的概念。《医疗事故处理条例》第四条，将“造成患者明显人身损害的其他后果的”规定为四级医疗事故，显然已将医疗差错纳入医疗事故的调整范畴，故此《医疗事故处理条例》实施后，不应再有医疗差错的法律概念。

### 四、医疗缺陷

目前，国内对医疗缺陷还未形成统一的概念和内涵界定。

---

① 张秦初：《防范医疗事故与纠纷——写给医生》，人民卫生出版社 2006 年版，第 4 页。

在临床上曾有一种模糊的认识，认为医疗缺陷是在程度上轻于医疗事故和医疗差错的失误和不足，此类失误和不足对患者没有造成实质性的损害或对临床工作没有产生实质性的影响。如没按规定时间完成病历或病历书写不规范，规定检查项目不全或不及时，没按时发药或发错药，但没有影响患者的治疗或对患者没有造成实质性的损害后果。对此种模糊的认识并没有成文的规定。

医疗缺陷目前是医院质量管理常用的概念，称为医疗质量缺陷管理。医疗缺陷是医疗过程中不符合医疗行为规范及技术标准的一种特殊表现，主要是指由于医疗、护理、服务中的失误、失职及管理过程中的不完善而形成的质量不足或患方对服务不满意，其范围包括在日常医疗工作中发生的医疗事故、医疗护理差错、医疗问题及医疗护理缺点等。广义的医疗缺陷，可包括诊断缺陷、手术与操作缺陷、用药缺陷、查房缺陷、护理缺陷、病历缺陷、营养缺陷、院内感染控制缺陷、健康教育缺陷、环境缺陷、设备及物资供应缺陷、病人配合缺陷、医患沟通缺陷、人际关系缺陷、费用支出缺陷以及语言和服务态度缺陷等。①

目前全国尚无统一的医疗缺陷认定标准，对于医疗缺陷的分度（或分级、分等）也多是各地自行确定，且标准模糊，因缺乏量化指标而未能很好解决。吉林大学医务处《医疗缺陷管理若干规定》对医疗缺陷的分类和分度规定如下：②

（1）医疗缺陷的分类。

根据判定角度不同可分为自查缺陷、投诉缺陷和鉴定缺陷。

①自查缺陷是指医疗机构进行内部质量评价时认定的未引起医疗纠纷的缺陷。

②投诉缺陷是指患方对医疗服务不满意而向医院投诉并反映情况，形成医疗纠纷，医院根据患方投诉核查确认的缺陷。

③鉴定缺陷是指由《医疗事故处理条例》规定的鉴定部门按照规定的程序、标准及构成要件认定的医疗缺陷，即医疗事故（指医疗机构及其医务人员在医疗活动中，违反医疗卫生管理法律、行政法规、部门规章和诊疗护理规范、常规，过失造成患者人身损害的事故）。

（2）医疗缺陷的分度。

自查缺陷、投诉缺陷根据缺陷程度的不同可分为轻度缺陷、中度缺陷、重度缺陷。鉴定缺陷分为一级医疗事故、二级医疗事故、三级医疗事故、四级医疗事故。在鉴定的情况下，内部质量评价所认定的中、重度自查缺陷和中、重度投诉缺陷如具备医疗事故构成要件，则可被鉴定部门认定为医疗事故。

---

① 薛迪：《医疗缺陷的成因》，《中国医院管理》2003年第6期。

② 吉林大学医务处：《医疗缺陷管理若干规定》，http://ywc.jlu.edu.cn/modae/coutent Template.php? id=115。

①轻度缺陷：指对病人的病情未造成影响或有影响但未造成不良后果的缺陷。

②中度缺陷：指给病人造成组织器官的可愈性损伤，增加病人痛苦、延长疗程或违反操作规程，但未造成不良后果的缺陷。

③重度缺陷：指严重影响疗程或造成的损伤长期不愈，甚至造成残疾、死亡等不良后果的缺陷。

医疗缺陷是引起医疗纠纷的主要原因，是影响医疗秩序和医疗服务质量，导致医患关系紧张的重要因素。加强医疗质量缺陷管理，防范医疗缺陷的发生，是医院管理工作者不可忽视的重要课题。近年来，随着医疗市场的拓展，医疗服务范围的扩大，医疗纠纷不断发生，医患关系日趋紧张，医疗缺陷的研究也越来越受到重视。人们从不同的视角、层面对医疗缺陷的原因及防范发表了各种不同的观点和看法。对这些不同的观点和看法进行整合、分析，进一步讨论并深入研究，这对于防范医疗缺陷，提高医疗服务质量有重大意义。

在医疗损害司法鉴定实践中，对于患者的病情未造成影响或未造成不良后果的缺陷，是称为医疗缺陷、失误、不足还是瑕疵，有待商榷。

## 五、医疗过错与医疗过失

过错和过失是常用法律词汇，从法理上讲，过错是指行为人法律上可追责的主观状态，包括故意和过失。故意是指行为人预见到自己行为的结果，仍然希望或放任结果的发生（希望结果发生的属于直接故意，放纵结果发生的属于间接故意）。过失是指行为人对自己行为的结果应当预见或者能够预见而没有预见，或者虽然预见却轻信这种结果可以避免。[①] 医疗过错，属于过错的一种。虽然按一般法理，过错包括故意与过失，但医疗过错只能是过失，而不包括故意。故意侵害表明人的内心是邪恶的，而重大过失仍然是“出于无心”，谈不上邪恶。医疗从伦理上应当以治病救人、救死扶伤为使命。医疗从其本身伦理来看是不能容纳故意侵害的，医务人员在诊疗中以故意心态发生损害后果，无异于杀人与伤害，其中以直接故意积极追求损害后果的，与谋财害命并无不同，应当都不属于医疗活动。医疗活动中发生的故意损害，在性质上应属于以医疗方式进行的一般人身侵权，通常会构成故意伤害罪或者故意杀人罪。因此，医疗损害从制度定位上并不解决医疗活动中的故意损害问题，否则将改变医疗伦理和医疗本身的内涵。医疗损害解决的是医疗活动中的过失损害。《医疗事故处理条例》第二条对医疗事故的界定也能表明医疗过错限指过失。该条规定：“本条例所称医疗事

① 单国军：《医疗损害》，中国法制出版社2010年版，第57页。

故，是指医疗机构及其医务人员在医疗活动中，违反医疗卫生管理法律、行政法规、部门规章和诊疗护理规范、常规，过失造成患者人身损害的事故。”这一规定中即明确构成医疗事故的主观状态是过失。

在实际鉴定工作中，法院在委托鉴定时，常常要求鉴定机构对医疗机构及其医务人员在患者的诊疗护理过程中是否存在过错以及该过错和患者的损害后果之间有无因果关系进行鉴定，在《中华人民共和国侵权责任法》（以下简称《侵权责任法》）第五十四条中规定的文字是“过错”，有学者认为对其应做限缩解释，[①]对医疗过错应当限定为过失。有学者认为在讨论医疗行为时一般使用“医疗过失”一词，很少使用“医疗过错”一词。[②] 笔者认为“医疗过错”是一种通俗的说法，“医疗过失”是一种严谨的说法。

有学者将医疗过失定义为：医疗机构及其医务人员在医疗活动中，违反医疗卫生管理法律、行政法规、部门规章制度、诊疗护理规范、常规等要求的业务上必要的注意义务，从而引起他人生命、身体伤害的情形。[③]

医疗过失可以分为疏忽大意的过失和过于自信的过失两种。疏忽大意的过失是指医务人员应当预见自己的行为可能导致患者出现不良后果或危害，因为疏忽大意而没有预见，以致发生了不良后果或危害。过于自信的过失是指医务人员已经预见到自己的行为可能导致患者出现不良后果，但由于过于自信或抱有侥幸心理能够避免，以致发生了不良后果或者危害。在医疗卫生法学研究中，亦有学者用医疗过失专指医疗机构及医务人员在主观上存在过错或失误的状态，以此与故意相区别。从主观上看，医疗故意表现为行为人明知其行为必然或者可能发生危害结果；而医疗过失表现为行为人对危害结果的发生虽然应当预见到，但实际上没有预见到，或者已经预见但在他看来可能避免或能够避免，并不具有现实的可能性。从意愿上看，医疗故意是希望或者放任危害结果发生，而医疗过失则是对危害结果持排斥、反对的否定态度，只是由于主观上受错误的心理支配实施过失行为，才导致了结果的发生。从法律后果上看，医疗故意则可能构成故意杀人罪或伤害罪，而医疗过失，最严重时亦按医疗事故罪处罚，二者相差很大。从一定意义上说，医疗事故是医疗过失的表现形式之一。通俗地说，医疗过失的后果达到了一定程度便是医疗事故。医疗过失给患者造成人身或财产损害的，应当承担相应的赔偿责任。

---

① 单国军：《医疗损害》，中国法制出版社 2010 年版，第 58 页。

② 刘新社：《正确处理医疗事故与纠纷——写给病人》，人民卫生出版社 2006 年版，第 80 页。

③ 强美英：《医疗损害赔偿责任分担研究》，知识产权出版社 2010 年版，第 164 页。

### 六、医疗损害

《侵权责任法》第七章为“医疗损害责任”，其中第五十四条规定，患者在诊疗活动中受到损害，医疗机构及其医务人员有过错的，由医疗机构承担赔偿责任。

根据上述规定理解，医疗损害(medical damage)是指因医疗机构及其医务人员的过错而对就医患者造成身体上或精神上的损害结果。

患者在诊疗活动中受到的损害，除了满足医疗机构及其医务人员有过错的条件外，医疗机构及其医务人员的过错还要与患者的损害具有因果关系，医疗机构才承担赔偿责任。因果关系的条件适用于各种侵权行为产生的侵权责任。本条规定的患者在诊疗活动中受到的损害，指的就是与医疗机构及其医务人员的过错有因果关系的损害。

医疗行为虽然是以拯救患者生命健康为目的，但采用的诊疗方法，都对身体具有侵入性和损害性。如注射、手术、抗癌放射性疗法和化学性疗法等，都具有医疗行为的侵袭性。尤其是外科手术，无论医术如何高明、设备如何先进，都不能避免对患者组织和器官进行侵害。医疗行为对患者身体有一定的损害，但有利于患者本人，也有益于社会，因此，法律允许医疗行为在一定限度内对个体利益的侵害。法学上认同的“可允许的范围内”的损害，不属于医疗损害。

## 第二节　医疗纠纷的原因和分类

### 一、医疗纠纷的原因

从理论上讲，医患之间的矛盾实际上就是健康需求的无限性和医学能力的有限性之间的矛盾，它是永远存在的，只能缓解，无法消除。医患矛盾的存在并不可怕，可怕的是由此引发的医疗纠纷。引发医疗纠纷的原因有如下因素：

(一)社会因素

目前，我国公立医疗机构仍然是我国医疗体系的主要支柱，但它的运行机制却发生了很大的变化。首先，国家财政拨给越来越少，医务人员要创收维持医院的运转，这样就出现了市场化的倾向。随着社会经济步伐的加快、贫富悬殊的加大、利益需求矛盾的突出，以药养医、商业贿赂、收受回扣充斥医疗领域，医疗工作者的职业道德经受空前考验，一部分医务人员人生观、价值观失衡，沦为医药公司的“销售员”。其次，医疗资源过度集中在大城市和大医院，中小城市医疗条件落后，甚至有些地方不能满足患者的基本医疗需求或者误诊率高，患者只能舍近求远，导致大医院病人人满为患，超负荷运转，进而看病难、看病贵，而那些中小医院为了自身利益，争抢病源，出现了很多不正当或者欺骗性的竞争手段，最后受损害的还是患者。再次，医务人员社会尊重度下降，有的没有有效的奖惩机制，有的没有上升的空间或平台，有的没有较好的准入限制，自身价值得不到合理体现，人员素质参差不齐，在工作上表现出职业倦怠、不求进取。最后，社会贫富差距空前增大，出现了一些见空子就钻且以帮助解决医疗纠纷为生计的“职业医闹”，他们煽动患者拒绝进行医疗事故鉴定或上法院诉讼，以威胁的手段要求与医院私了，使医疗纠纷的处理难上加难，使医患矛盾越来越升级。

（二）行业因素

一方面，由于医学科学技术的局限性，人类对许多疾病的诊断及治疗缺乏认识和深入研究，另一方面，由于疾病临床诊断依据的间接性及不同种疾病可能出现相同的症状，误诊不可避免。但患者对医疗服务仍然缺乏风险意识，对治疗效果期望过高，认为只要进了医院就一定能治好病，只要花了钱就应该治好病，若达不到期望效果，就归咎于医院和医务人员。医患之间对于直接结果认知的差异，特别是患者及其家属对于治疗结果的过高期待，成为影响医患关系的“助燃剂”。还有，医疗规章制度还有很多不完善的地方。医疗行业存在着疾病种类繁多、患者情况各异、医院管理滞后、医生修养参差不齐等诸多因素，这导致医疗机构在日常运作过程中，不可避免会发生医疗纠纷。

（三）医方因素

医疗制度不健全，管理存在漏洞，未形成预防和处理医疗纠纷的有效机制和体制，只是“堵”而不是“防”。面对“医闹”行为，大多数医院采取的是息事宁人的态度，有些医院迫于无奈，有时也是由于真的理亏，就对患者妥协，以私了来获得医院的太平。这样一而再，再而三的息事宁人，就助长了患者及其家属到医院无理取闹的风气。奖惩不分明，有些医院为了片面追求经济效益，为科室和医生制定经济指标，并以此对科室和医生进行考核。为了完成任务，医生可能从经济角度考虑，过度采取诊疗措施，使医疗费用提高。少数医务人员素质不高，责任心不强，缺乏应有的职业道德。在利益驱动下，他们看病收“红包”，开药拿回扣，检查分提成，小病大治，过度检查，开大处方；缺乏应有的人文关怀，和患者沟通不良，较多地考虑医院和自身的利益，只重视“病”，不重视“人”。此外，医患之间缺乏信任，不能换位思考，这些都是造成医患矛盾的隐患。

（四）患方因素

一是患者收入增长相对缓慢，而医疗花费却快速攀升，必然会激化医患之间的矛盾。二是患者对医疗服务的特殊性缺乏全面的认识，不了解医学的复杂性，忽视了医院的现实状况和客观条件所能满足的程度，对诊疗的期望值过高。当前的医疗水平是无法治愈所有疾病的，国内外学界一致承认，医疗确诊率仅为

70%，各种急症抢救的成功率也只在70%～80%。随着社会经济的高速发展和群众生活水平的提高，人们的健康观和医疗观发生了根本性的变化，患者不仅要求得到对症的治疗，而且还注重治疗的质量和效果，希望医院提供良好的服务。医患双方对于医疗质量的认识存在的差异，患者对于医疗质量的过高需求和医生的无奈，无疑成为医患关系紧张的导火索。三是患者的法律意识、维权意识提高，患者简单地把“顾客就是上帝”套用到医疗活动中来，认为医生要把患者当上帝，花钱就可以买到健康，如果遇到违反医疗常规、自身利益受到侵害的事件就积极诉诸法律。

（五）法律体制和医疗保险体制因素

我国目前解决医疗纠纷的法律体系不够完善。在我国现有的法律体系中，目前还没有一部专门适用于解决医疗损害赔偿纠纷的法律。一方面，由于解决医疗纠纷的法律体系不够完善，造成当事人通过司法诉讼解决的途径不畅，这是“医闹”产生的一个成因。另一方面，由于医疗保险体制不健全，医疗卫生投入比重减少，造成医疗保障覆盖率不高，药品的价格过高，个人负担过重。这主要表现在参保人员的诊疗费中自费比例过高，医疗费用增长超出患者所能承受的支付能力，导致患者因病返贫、因病致贫。大部分人住院都有医保，医生也借此开贵药、过度医疗，使住院费用攀升，进一步加大了患者的负担，而高昂的医疗费用与患者预期效果之间的偏差更加重了医患关系的紧张程度。

（六）媒体导向因素

舆论监督，揭露丑恶现象，有利于推动医疗卫生体制改革，维护广大群众的利益。但是，舆论监督的出发点应该是建设性的，出于善意，出于诚意，出于公心，出于良心，其目的是推动社会进步，促进医患和谐。如果把舆论监督仅仅当成“吸引眼球”的手段，故意制造“轰动效应”，就会使媒体丧失公信，个别记者丧失良知，最终成为历史的耻辱标记。如今，网络和传媒已经非常发达，其对医患关系具有导向作用。在媒体的过度炒作中，医生和患者被人为划成对立的两面。由于公众相对缺乏医学知识，对医疗工作的高风险和局限性不理解，加上部分媒体片面地把医患关系理解为商业流通中的消费行为关系，过分强调患方的弱势群体地位，放大部分医生收红包拿回扣的现象，媒体本身又试图扮演锄强扶弱的角色以唤起大众的共鸣，这些都对医患冲突直接起着推波助澜的作用。

构建和谐的医患关系是医院健康发展的关键所在。当前，我国正在构建社会主义和谐社会，医疗纠纷的频繁发生就像不和谐的社会音符，成为公众关注的热点问题。在传统的医患关系中，医生职业的崇高、神圣和其对医学知识与经验的拥有，以及患者自身权利意识的淡薄决定了医患关系中医生的主导与支配地位，患者往往是单方面地、无条件地信赖并服从医生。但是，随着社会转型期出现的道德失范、制度失约、管理失控、利益失衡等现象，医疗纠纷日益增多，不仅对医患关系和社会和谐稳定构成危害，而且也对医院的生态环境和医学发展带来不利影响。医疗行业是高科技、高风险的行业，医疗纠纷的增加使得医务人员经常处于提心吊胆之中，本来就已经是高强度的工作，他们在给患者作诊疗时还要更加谨小慎微，身心很容易疲惫。总之，医患矛盾不仅是医疗机构与患者及其家属之间的矛盾，实际上也是中国社会改革中各种各样的矛盾在医院工作中的集中反映。因此，缓解医患矛盾，解决医疗纠纷是一项复杂的社会系统工程，需要全社会的共同关注和努力。

## 二、医疗纠纷的分类

### （一）根据诉讼类别分类

根据诉讼类别，医疗纠纷可分为民事诉讼中的医疗纠纷、行政诉讼中的医疗纠纷和刑事诉讼中的医疗纠纷。

### （二）根据诉讼案由分类

根据最高人民法院2011年2月18日发布的，自2011年4月1日起施行的《民事案件案由规定》，涉及医患纠纷的案由有服务合同纠纷之医疗服务合同纠纷[120.(3)]、医疗损害责任纠纷之侵害患者知情同意权责任纠纷和医疗产品责任纠纷[351.(1)(2)]两类三项。

### （三）根据有无医疗过失分类

1. 医疗过失纠纷

医疗过失纠纷是指由于医疗机构和医务人员方面的过失引起的医疗纠纷，即医源性医疗纠纷。

2. 非医疗过失纠纷

非医疗过失纠纷是指无医疗过失纠纷（医疗意外、并发症、病情自然转归）和医疗以外原因纠纷（病人不配合、医疗需求的矛盾、无理取闹等），即非医源性医疗纠纷。

此类纠纷是由于病人或者其家属缺乏医学常识或对医院的规章制度不熟悉，理解不准确而引起的，也有的纯粹是病人及其家属无理取闹造成的。

### （四）根据发生纠纷的医学分科分类

根据发生纠纷的医学分科，医疗纠纷可分为内科医疗纠纷、外科医疗纠纷、妇产科医疗纠纷、儿科医疗纠纷，等等。

## 三、医疗纠纷的危害及其影响

医疗纠纷日益增多，不仅对医患关系和社会和谐稳定构成危害，而且也对医院的生态环境和医学发展带来不利影响。医院正常的工作秩序遭受破坏，医院财产、医务人员人身安全遭受侵害。医疗纠纷是导致防御医疗行为和过度医疗行为的重要原因，不仅影响医学科学的发展，而且到头来受到损害的还是患者。医疗纠纷发生后，患者也是劳“命”伤财，得不偿失，既严重影响了家庭生活的安宁，也在时间、精神和经济上蒙受了诸多损失。医疗纠纷使医患关系对立，使得一些基层医院和医务人员为求自保，不敢收治危重、疑难病人，迫使病人舍近求远，既贻误病情，又增加经济负担。因此，必须加强对医疗纠纷的防范，采取有效对策减少医疗纠纷的发生。

# 第二章　医疗行为

## 第一节　医疗行为的概念、分类和范围

### 一、医疗行为的概念

医疗行为(practice of medicine)是医疗卫生部门的主要活动,同时也是医患法律关系的客体。在医疗损害司法鉴定和医患纠纷诉讼活动中,医疗行为是一个常用词汇,要追究医疗损害的赔偿责任,必须确认其医疗行为是否存在过失,以及过失与损害结果之间是否有因果关系。卫生行政主管部门在打击非法行医活动时,如果界定不清医疗行为的范畴,显然会在执法过程中引发争议。明确医疗行为的内涵及外延,对医疗行为作出准确界定具有重要的意义。

关于医疗行为的内涵和外延,目前在我国的法律文件中尚未作出明确界定。学界对医疗行为的内涵和外延也颇有争议。

有学者认为,与医疗行为概念相类似的是1998年6月颁布的《中华人民共和国执业医师法》(以下简称《执业医师法》)中表述的"医师执业活动"一词,根据有关条文的内容可以归纳为"防病治病、救死扶伤、保障健康"三个方面,但该法对这一概念没有作出明确的定义。①

有学者认为,2002年国务院颁布的《医疗事故处理条例》中称之为"医疗活动"。医疗行为一般是指"以疾病的预防、患者身体状况的把握和疾病原因以及障害的发现、病情和障害的治疗以及因疾病引起的痛苦的减轻、患者身体及精神状况改善等为目的的对身心所做的诊查治疗行为"。简言之,即以治疗疾病为目的的诊断治疗行为。②

有学者认为,1994年9月1日起施行的《医疗机构管理条例》中使用了"诊疗活动"的概念。而《侵权责任法》亦多次使用了"诊疗活动"的概念。根据卫生部《医疗机构管理条例实施细则》第八十八条的规定,诊疗活动是指通过各种检

---

① 艾尔肯:《医疗损害赔偿研究》,中国法制出版社2005年版,第27页;王岳:《医事法》,人民卫生出版社2009年版,第16页。

② 江毅:《医疗损害民事责任研究》,中国医药科技出版社2007年版,第1页。

查，使用药物、器械及手术等方法，对疾病作出判断和消除疾病、缓解病情、减轻痛苦、改善功能、延长生命、帮助患者恢复健康的活动。应该说，诊疗活动与医疗行为的概念非常类似，甚至可以说，两者是同一概念的不同表述形式。①

有学者认为，"医师执业活动"一词过于抽象和笼统，不能反映医疗行为的本质。"诊疗活动"一词含义过于狭窄，不能涵盖医疗行为的全部内容。"医疗活动"包括疾病的预防、诊断和治疗，从其内涵和外延上最贴近医疗行为的概念。

从我国台湾地区学术界对医疗行为的定义来看，分为狭义和广义的医疗行为。狭义的医疗行为的定义是"台湾卫生主管部门"1976年提出的"凡以治疗、矫正或预防人体疾病、伤害残缺或保健为直接目的所为之诊查、诊断及治疗或基于诊查、诊断结果，以治疗为目的所为之处方或用药等行为之一或全部之总称，为医疗行为"。② 根据这一规定，可见人们往往是将医疗行为界定为一种以诊疗为目的的行为，即狭义医疗行为。这种把具有诊疗目的的行为定义为医疗行为符合当时的状况，也得到了法学界的认同。但是，随着时代的发展，上述狭义的医疗行为定义不足以涵盖其全部内容。

广义的医疗行为定义由我国台湾地区学者蔡振修首倡，他主张医疗行为包括以下四类：临床性医疗行为、实验性医疗行为、诊疗目的性医疗行为、非诊疗目的性医疗行为。它类似于日本的"医行为"概念，是指"若欠缺医师的医学判断及其指示，则对人体会有危害的行为"。如此，医学美容手术、变性手术等也属于医疗行为，因这些行为造成患者不良后果者，也应追究其医疗损害赔偿责任。③

以上观点各有其特点。狭义说内涵丰富，较为具体地揭示了医疗行为的基本特征，但其外延过窄，把大量不具有诊疗目的的医疗行为排除在外。现代医疗实践中广泛存在的医疗侵袭、实验性医疗使诊疗目的无法实现，而美容整形、变性、堕胎等手术及人工生殖、优生保健等根本就不具有诊疗目的。广义说概念仅仅将医疗行为的外在特征作为医疗行为的定义，缺乏对医疗行为本质的揭示。④

对医疗行为的内涵与外延进行界定，应结合医疗行为所具有的社会性和历史性作出判断。由于不同国家或地区的人文环境、社会背景不同，医疗行为的含义也有较大的差异。例如，我国以及受我国传统中医诊疗模式影响的韩国、日本等东亚或东南亚国家，均将中医望、闻、问、切的医疗行为视为诊断行为，而在西方国家，其诊疗行为主要通过各种现代化的仪器来完成，中医中药则受到排斥，甚至可能被视为愚昧落后的异端而不纳入医疗行为之列。从医疗行为的历史变

---

① 奚晓明：《医疗损害赔偿纠纷》，法律出版社2010年版，第1页。
② 李圣隆：《医护法规概论》，华杏出版股份有限公司1993年版，第54页。
③ 龚赛红：《医疗损害赔偿立法研究》，法律出版社2001年版，第2—3页。
④ 古津贤：《医疗侵权法论》，吉林大学出版社2008年版，第10页。

化看，医疗行为的含义在同一社会的不同发展阶段，也会因当时的政治、经济、文化、科技的发展状况而产生不同的观念。例如，神医巫术、灵丹妙药在我国封建社会中被认为属于医药，而在科技高速发展的今天，此类缺乏科学根据的“医药”已经不再被社会上大多数人认可为医疗行为。因此，医疗行为的具体含义随着医学、科技的发展而发展，随着社会公众医疗和健康观念的变化而变化，也就是“应依当时之医学水准，国民的生活方式之推移及卫生思想普及等因素，综合地判断”。①

近代医疗科技的发展，使许多医疗相关行为已经超出以诊疗目的为基础的狭义医疗行为定义的范畴。因此，将定义扩大，把非诊疗目的性的医疗行为纳入其中，更符合医学的目的性和保全患者合法权益的要求。因此，医患法律关系中的医疗行为是指医疗机构通过医务专业技术人员为了一定的医疗目的，对患者因疾病、器官缺陷、身体不适、生育以及身体保健等方面发生的身心健康问题而运用医学专业知识和技术进行的判断、预防和处理。②

## 二、医疗行为的分类③

1.临床性医疗行为

临床性医疗行为指医疗方法或者医疗技术已经动物或人体实验证实其疗效，为医学界所公认的医疗行为。疾病的检查、诊断、治疗、手术、麻醉、注射、给药以及处方、病历记录、术后疗养指导，以及中医的望、闻、问、切、针灸、推拿等，都属于临床性医疗行为。

2.实验性医疗行为

实验性医疗行为指医疗方法或医疗技术于动物实验已获得成功，初期试用于人体治疗、矫正、预防，但其疗效还未被证实或者尚无完全把握的医疗行为。

3.诊疗目的性医疗行为

诊疗目的性医疗行为指以目前疾病治疗及将来疾病预防为目的所实施的医学界公认的、合乎医学水准的医疗行为，如实施的诊断、检查、手术等。

4.非诊疗目的性医疗行为

非诊疗目的性医疗行为包括实验性医疗行为和非以疾病的治疗或预防为目的的医疗行为。前者如人体试验等，后者如以整形为目的的整形手术、变性手术等。

---

① 黄丁全:《医事法》,元照出版公司 1995 年版,第 77—84 页。

② 崔世君:《论医患法律关系的准确界定》,《中国社会医学杂志》2006 年第 3 期。

③ 蒲川,王安富:《医事法学》,西南师范大学出版社 2008 年版,第 17 页。

### 三、医疗行为的范围[①]

1.疾病的诊断和治疗

疾病的诊断和治疗是指通过各种检查，使用药物、器械及手术等方法，对疾病作出判断和消除疾病、缓解病情、减轻身体痛苦、改善身体功能、延长生命、帮助患者恢复健康的活动。在我国，疾病的诊断和治疗包括西医和中医的诊断和治疗。疾病的诊断和治疗被视为最典型的医疗行为。

2.帮助或避免生育行为

帮助或避免生育行为是指人工授精，试管婴儿及对孕妇的诊断、检查、助产、接生、剖宫产手术等帮助生育的行为和放置宫内避孕器、避孕环，实施结扎手术等节育行为。

3.医疗美容行为

医疗美容行为是指使用药物以及手术、物理和其他损伤性或者侵入性手段进行的美容行为，如隆乳、手术减肥、造重睑术（俗称割双眼皮）等美容整形行为。

4.戒除病态依赖行为

戒除病态依赖行为是指通过用药等医学手段戒除对毒品、麻醉药品、兴奋药品等的病态依赖行为。

5.矫正畸形行为

矫正畸形行为是指以手术等医学手段矫正身体畸形，如连体婴儿分割手术，去除多余手指、脚趾，等行为。

6.改善（改变）身体外观行为

改善（改变）身体外观行为是指变性手术、易容手术、处女膜修补手术等行为。

7.恢复或增进人体功能的行为

恢复或增进人体功能的行为是指对残、病患者施以电疗、牵引等康复行为。

8.其他医疗行为

其他医疗行为是指针对不同人的具体情况，运用医学专业知识和专业技能，给予相应的不同措施，并与接受者的身体健康和生命安全密切相关的行为。

## 第二节　医疗行为的特征

医学科学是自然科学和社会科学相结合的综合性学科，医疗行为是运用医

① 石磊：《试论非法行医罪中的非法行医行为》，《政治与法律》2002年第6期。

学科学理论和技术对疾病作出预防、诊断和治疗，恢复人体健康，提高生命质量的行为。医疗行为具有以下特征。

## 一、医疗行为具有道德性

医疗行为具有道德性是指医疗具有救死扶伤、治病救人的特性，医师的医疗行为必须受到医疗道德或医学伦理的规范。医学伦理起源极为久远，最著名的要属《希波克拉底誓言》。世界医学协会1948年通过的《日内瓦宣言》，要求医师“本良心与尊严而行医”。我国自古以来，人们就认为医为活人性命之学，“医以活人为心，故曰，医乃仁术”（[明]王绍隆《医灯续焰》）。医疗行为的道德属性，是医学所固有的，是医学的本性。①

1988年12月15日卫生部发布的《医务人员医德规范及实施办法》第二条规定：“医德，即医务人员的职业道德，是医务人员应具备的思想品质，是医务人员与病人、社会以及医务人员之间关系的总和。医德规范是指导医务人员进行医疗活动的思想和行为的准则。”

我国《执业医师法》第三条规定：“医师应当具备良好的职业道德和医疗执业水平，发扬人道主义精神，履行防病治病、救死扶伤、保护人民健康的神圣职责。”医师“悬壶的目的在于济世”的传统，在社会主义市场经济的今天仍不能改变，今天的医务人员同样是医学活动的承担者，是医学道德的实践者，应坚持为人民服务的宗旨，遵守医德规范，为人民提供优质的医疗服务。

## 二、医疗行为具有公益性

医疗机构的宗旨是救死扶伤、防病治病、为公民的健康服务。1997年1月，《中共中央、国务院关于卫生改革与发展的决定》明确指出：我国卫生事业是政府实行一定福利政策的社会公益事业，政府对发展卫生事业负有重要的责任；卫生改革要坚持为人民服务的宗旨，正确处理社会效益与经济收益的关系，把社会效益放在首位，要以提高人民的健康水平为中心，优先发展和保证基本卫生服务，体现社会公平。医疗卫生事业的发展必须强调公益性原则，并采取一系列措施保障医疗卫生机构的公益性的实现。医疗服务坚持公益性，也是百姓享有平等医疗权和健康权的重要保障。医疗卫生机构不应以其自身或其成员的利益为主要的追求目标，而应以追求提高医疗卫生服务的公平可及性，节约医疗支出，提高医疗服务质量等社会目标为己任。

---

① 江毅：《医疗损害民事责任研究》，中国医药科技出版社2007年版，第2页。

## 三、医疗行为具有不确定性和探索性

医疗行为的不确定性首先表现在生物体具有不确定性。医疗行为的对象是患者，尽管医生在实施医疗行为时已经将经验、技术等因素充分考虑进去，但是由于患者生物体之间存在着很大的差异，人体的基因不同，体质不同，情绪不同，所处环境不同，因此患者疾病表现、治疗效果也不同，因而任何治疗方案对不同患者的治疗效果都是不一样的。即便诊断明确、治疗及时，有些患者的治疗依旧不能达到预期效果。从生物学角度来看，每个人都是作为独一无二的个体而存在的，而作为医疗行为准则的医学知识与技术则是针对完全模型化的人体而言的。医疗行为作用于不同的人体，结果肯定不同，只能靠经验来推测。这是造成医疗行为不确定的因素。

医患关系是建立在相互信赖的基础之上的，医疗行为的实施要靠医患双方的互相配合才能达到预期的效果和目的。患者如实陈述自己的病情并遵守医嘱，是达到理想的医疗效果所必不可少的重要条件。如果患者未能如实陈述自己的病情或未能正确地执行医嘱，则会增加医疗行为及其效果的不确定性。

医疗行为的不确定性也表现为医疗行为的探索性。限于人类的科技水平和认识能力的局限，在生命科学领域中还存在许多谜团，例如我们至今还不完全了解自己的疾病发生是否与人类的基因缺陷或突变有决定性关联，仍然不清楚外界因素及药物对人体细胞、器官作用的综合性影响等。此外，人类对疾病的认识只有在病情发生并达到一定的数量后，才能依据观察的结果和经验加以统计学分析，作出初步判断。这些因素都决定了人类对自身的了解在很大程度上是跟随疾病的出现而被动地进行的。

## 四、医疗行为具有高度的专业性

医疗行为是运用医学科学理论和技术对疾病作出诊断治疗，恢复人体健康，提高生命质量的高技术职业行为。医学科学具有专门性、复杂性、综合性，要求从业者必须经过专门的教育培训，并且经过医师资格考试取得从业资格方能实施医疗行为。人体科学是科学领域最为复杂的一门学科，疾病的表现与正常生理活动交织在一起，这就要求医师具有对各种检查检验手段娴熟的操控能力、运用扎实的专业知识准确了解和诊断各种疾病的判断能力以及选择最佳方案对患者的施治能力。然而，疾病的治疗需要借助于药物或手术方法，而这些方法在治疗疾病的同时也损害正常人体机能。对其适应性、副作用、并发症、后遗症进行了解并作出抉择，医师需要有专门的知识，选择不当就会造成严重的后果。从这个意义上说，医师是一项具有高度专业性的职业。国家在医学教育的课程设置、高素质医师培养上的要求远高于其他职业。国家也制定了严格的任职考试批准制度，不具备相应的专业知识而擅自从事医疗活动是违法行为，情节严重的构成非法行医罪，将受到国家法律的制裁。①

## 五、医疗行为具有侵袭性

医疗行为虽然是以拯救患者生命健康为目的，但采用的诊疗方法，都对身体具有侵入性和损害性。如注射、手术、抗癌放射性疗法和化学性疗法等，都具有医疗行为的侵袭性。尤其是外科手术，无论医术如何高明，设备如何先进，都不能避免对患者的组织和器官进行侵害。医疗行为对患者身体有一定的损害，但有利于患者本人，也有益于社会，因此，法律允许医疗行为在一定限度内对个体利益的侵害。但是，医学上对这种具有伤害特点的侵袭行为，具有严格的限制，只有在公认的医学标准范围内属于法律允许的行为，才受到法律的保护。它在一定程度上具有侵害社会利益的合法性，这种侵袭性的结果大部分应该是可知和可预测的，这也就是遵循法学上认同的“可允许的范围内”原则。所以，医疗行为的侵袭性对患者来说具有相当的风险性，对某些患者可能是灾难性的风险。但由于这种医疗风险相对于社会大众的健康来说，具有拯救生命或恢复健康的极大潜在价值，也可能是唯一的手段，因此选择进行该医疗行为也是患方的意愿所在。

## 六、医疗行为具有高度风险性

医疗行为就其实质而言，是一种探索性的科学行为，这种探索具有许多不可预测的未知因素，其过程本身带有很大的风险。目前国际社会已经公认，“医疗风险无处不在”，导致这种风险产生的原因首先是每个机体的组织结构、生理病理都有其特异性，这就使得任何一种医疗方案都存在达到疗效和造成损害两种可能。这种医疗风险是医务工作者不可避免的职业风险。这种风险产生的原因主要包括：来自医疗器械和设备能力有限造成的潜在风险；对疾病发生、发展认识的局限性造成的风险；对就医者临床症状表现与疾病性质认识的局限性造成的风险；医师的认识水平局限性造成的风险等。因此，医疗行为是一种存在高风险的复杂技术行为，本身蕴含着对人体结构和机能的致害因素。医疗行为的结果从该行为开始时就同时存在“获益”和“致害”的双向可能性。作为医师无论其有多么高超的医术，都无法绝对保证他所实施的医疗行为只会向“获益”的方向发展。对此就连国外一些权威机构也认为在医生与其病人之间有一种特殊的几

---

① 古津贤：《医疗侵权法论》，吉林大学出版社 2008 年版，第 13 页。

乎是独特的关系，在医疗方面作出的决定包含有某些风险，这些风险有时是灾难性的，甚至是致命性的。“两害相权取其轻，两利相权取其重”，是人们面临两难问题时理智的选择。俗话也说“是药三分毒”，之所以选择实施医疗行为，是在该行为可能产生的“利”与“害”之间平衡选择的结果。医疗行为是以牺牲一定健康换取更大的健康的行为。

## 七、医疗行为具有自主性和合作性

医疗行为的自主性，包括医务人员相互之间、医患之间两个方面。

有学者认为，医务人员相互之间医疗行为的自主性，是指医师所做的医疗行为，依靠自己的知识与经验而独立判断，不受他人干涉。一般来说，医师不批判其他的医师所做的医疗行为，也不接受来自别人对自己的医疗行为的批判。[①]

根据三级医师负责制度，在临床科室的整个医疗活动中，实行医疗组长、主管医师、经管医师三级分工负责制，受聘的三级人员原则上由主任（副主任）医师、主治医师、住院医师担任。在各种诊疗活动中，下级医师应及时向上级医师汇报，并听取上级医师的指导意见，上级医师有责任查询下级医师的工作，上通下达，形成一个完整的诊疗体系。下级医师必须认真执行上级医师的指示，若下级医师未请教上级医师，主观臆断，对病人作出不正确的诊断和处理，由下级医师负责；若下级医师向上级医师汇报，上级医师未能亲自查看病人即作出不切实际的处理意见，所造成的不良后果，由上级医师负责；若下级医师不执行上级医师的指示，擅自更改或拖延而延误诊治，甚至造成不良后果，由下级医师负责；若下级医师对上级医师的处理意见持不同见解时，仍应执行上级医师的决定，事后再与上级医师进行学术探讨。

按照以上制度，医疗组长对本组的医疗质量负责，负责个案的整体医疗计划，并对结果负责，具有自主性；主治医师和住院医师，在一定范围内有决定权，具有不完全的自主性；实习医师必须接受主治医师或者住院医师的指导和监督，实习医师不具有自主性。

医患之间的医疗行为具有自主性。由于接受医疗行为的人多不具备足够的医学知识，所以传统上认为医师可以决定采取一切有利于患者的措施。随着社会文明程度的提高和医学知识的普及，患者在医疗中的参与度越来越高，尊重患者的自主权已成为医学道德的重要原则，这需要改变患者弱者、从者的地位，使其在医患关系中以平等的地位接受治疗，杜绝以牺牲患者生命或健康为代价的所谓医疗试验。因此，医师有义务尊重患者的自主权。但患者的自主权不是绝

---

① 蒲川，王安富：《医事法学》，西南师范大学出版社 2008 年版，第 18 页。

对的：第一，它建立在医师为患者提供适量、正确且患者能够理解的信息的基础之上；第二，患者有自主能力，且其自主决定须经过深思熟虑；第三，患者的自主决定不能危害社会和他人的利益。因此，在以下场合，医师的自主性是适宜的：面对丧失或缺乏自主能力且需要急救的病人，无法与其家属取得联系的；患者的病情十分危急，来不及与患者或家属商讨的；对传染病人进行隔离；是否对患者有危害社会安全或他人生命健康的企图保密等。

医疗行为的合作性也体现在两个方面。其一，在现有医学条件下，几乎没有一个医师可以不依靠其他卫生技术人员的配合就能独自完成疾病的诊疗工作。其二，医患之间的合作也尤其重要。在现代医学模式下，医师需向病患说明疾病病因、诊断方法、治疗原则以及可能的预后等，并取得患者的同意或否决；同时，医师的诊断和治疗需要患者的配合，患者须对病症状况真实陈述，配合检查检验、治疗，遵守医嘱，以达到最佳医疗效果。①

## 八、医疗行为具有高科技性

对人类生命活动的规律，我们目前仅仅认识了冰山一角。而疾病发生的原因纷繁复杂，人类的认识水平和识别技术还远不足以对它有完全、确切的认识。可以说，宇宙有多深奥，生命科学和医学科学就有多深奥。医学科学是所有科学领域中的一门最高难的科学，是集所有自然科学与社会科学于一身的科学。它不仅要应用生物学与化学等方面的知识，而且还要结合各种自然科学知识和社会科学知识。事实证明，对人体的“修复”要远比卫星上天、机器人的制造更为复杂，更为高难，因此，医疗行为具有高科技性。可以说，人类对人体世界有多少未知的领域，那么，人类对人体本身也有多少未知数。许多国家对报考医学院校的学生均有比其他专业更高的要求，如非本科毕业，非第一流的学子，不得报考医学院校。

## 九、医疗行为具有职务性

职务性是医疗行为区别于一般民事法律行为的重要特征。正是由于职业的要求，所以《执业医师法》第二十四条规定，对急危患者，医师应当采取紧急措施进行诊治；不得拒绝急救处置。《执业医师法》第二十八条规定，遇有自然灾害、传染病流行、突发重大伤亡事故及其他严重威胁人民生命健康的紧急情况时，医师应当服从县级以上人民政府卫生行政部门的调遣。上述规定是一般的民事法律行为和其他服务行业所没有的。

---

① 蒲川，王安富：《医事法学》，西南师范大学出版社 2008 年版，第 19 页。

### 十、医疗行为具有经验性

医疗行为有很强的经验性。资历深、医术好的医生通过多年的专业积累，见多识广，能够更好地把握患者的病情发展与治疗方案，因人制宜，因时制宜，更善于治疗疾病和防止疾病加剧或恶化。

## 第三节　医疗行为的嬗变和规范

社会主义市场经济体制的建设，必然使社会各个方面发生深刻的变化，医院的治理体制、经营机制在变，医务人员的思想观念、价值取向、道德准则、行为方式也在变。传统的医疗行为正经受着巨大变革的冲击而产生嬗变。医疗行为的嬗变是指医务人员在医疗服务过程中，其意义发生损益、转换及变异的过程。其表现为如下几个方面。

### 一、防御性医疗行为（Defensive Medicine）

1978 年，美国学者 Tancredi 等率先提出“防御性医疗行为”一词，对于防御性医疗行为的概念，学界尚无统一的界定。有人将其定义为：不是完全出于对病人利益的需要，而是为了避免医疗风险责任所采取的特殊医疗行为。美国的 Mcquade 把防御性医疗行为定义为：医生为病人进行治疗、检查的目的不是完全出于对病人诊断和治疗的需要，而是保护医生不受到批评、指责。

有学者认为，防御性医疗行为是指医生为了避免医疗风险和医疗诉讼所实施的特殊医疗行为。这种特殊的医疗行为可分为作为的和不作为的两种。作为的防御性医疗行为包括：撒网式的化验、检查，扩大手术范围，在履行手术签字的告知义务时夸大手术本身的风险性及副作用，医疗服务过程中各种带有推诿性质的医疗转诊及会诊等。不作为的防御性医疗行为包括：回避收治高危病人或进行高危手术，回避给患者使用试用药品等。①

防御性医疗行为的结果具有正反两面性。其正面效应表现在：促进医生更加重视自己的行为规范，更加认真地对待检查；为病人作更为详细的病情解释工作，切实履行知情同意原则；注意改进医疗服务态度和作风，开展更多提高病人满意度的活动，如为病人进行健康教育，让病人参加医疗小组等。这些医疗行为有助于病人服务满意度的提高和医疗质量的提高，无疑是有益于病人的。

防御性医疗行为的负面效应也十分明显，主要表现在：

---

① 古津贤，庄丽君：《论防御性医疗行为》，《中国医学伦理学》2008 年第 1 期。

(1)患者遭受客观额外的医疗风险。医学是一把"双刃剑",医疗行为具有治疗疾病的功效,但无论是对患者进行抽血、摄片、造影、B超、CT等检查,还是在医疗过程中对患者进行注射、服药、手术、针灸,都对患者的人身具有一定的侵袭性,易导致对人体造成损害的后果。毫无疑问,实施防御性医疗行为的客观结果往往是更大的风险和危害,伴随患者的必然是巨大的心理压力和肉体痛苦。

(2)诊疗费用增高,整体医疗资源不当使用,导致医疗资源的浪费,同时增加患者经济上的负担。美国哈森研究所对印第安纳州医院进行的一次调查发现,防御性医疗使每位患者的平均医疗费用增加了327美元,这一增长占全部医疗费用的3.85%。美国技术评估办公室通过访查,得出防御性医疗费用占全国医疗费用的8%。

(3)挫伤医学的人文色彩,使医患关系雪上加霜。防御性医疗行为多产生于面临医疗风险尤其是重大医疗风险的场合,多表现为没有必要的各种化验、检查,还有推脱性质的转诊,烦琐的非人性化的医疗文书,这极易动摇医患之间的"诚信"基础,使医患之间相互不信任。

(4)延缓医学的发展,社会成本高昂。防御性医疗回避了高风险的手术和其他治疗措施,不仅可能使某些危重病人丧失治疗机会,也使得对某些疾病治疗的探索无法进行,而在探索中前进是医学的一个显著特点,医学正是在向未知领域探索而发展的,这将影响医疗新技术、新业务的开展。①

## 二、过度医疗行为

目前,对于过度医疗概念的界定,还没有形成最终统一的意见,在理论界广泛存在着以下几种解释。美国社会学家Vincent认为,过度医疗是由于医疗机构对人们生命采取了过多的控制和社会变得更多地依赖于医疗保健而引起的医疗。② 我国较早提出过度医疗的张忠鲁等人认为,过度医疗是多种因素引起的,过度运用超出疾病诊疗需求的诊断手段的过程。③ 杜治政教授关于过度医疗的定义在国内理论界具有广泛的说服力。他认为,过度医疗是由于多种原因引起的超过疾病实际需要的诊断和治疗的医疗行为或医疗过程。④ 其判定标准:第一,诊疗手段是否超出疾病诊疗的根本需要;第二,是否符合疾病诊疗的规律和特点;第三,是否超出当时个人、社会经济承受能力和社会发展水平;第四,是否有利于病人的生理、心理的康复,而非损害。过度医疗行为是与道德相违背的,

---

① 李国炜:《防御性医疗的法律审读与医疗风险管理》,《医学与社会》2004年第4期。

② 文特森·帕里罗:《当代社会问题》,华夏出版社2002年版。

③ 张忠鲁:《过度医疗:一个紧迫的需要综合治理的医学问题》,《医学与哲学》2003年第9期。

④ 杜治政:《过度医疗、适度医疗与诊疗最优化》,《医学与哲学》2005年第7期。

是法律以及相关制度所禁止的。2010 年 7 月 1 日起实施的《侵权责任法》第六十三条规定："医疗机构及其医务人员不得违反诊疗规范实施不必要的检查。"该法的实施有利于保护患者利益。

（一）过度医疗的表现[①]

根据过度医疗在医疗过程中的表现并借鉴目前相关研究成果，可将过度医疗行为归纳为四种主要情形：

（1）过度实施诊断方法和手段。主要表现为医师在对患者疾病进行检查时，实施重复检查、用高档医疗设备做常规检查或者进行本没有必要的检查；对某种疾病的诊断超过了该疾病实际需要的诊断手段，即可以用简便的、一次性能够得到的诊断，却用了复杂昂贵和多次重复的诊断，亦即超越了学术界公认的可行的适宜的诊断方法和手段。

（2）过度实施治疗方法和手段。主要表现为医师在对患者疾病进行治疗的阶段实施了不必要的治疗措施。对某种疾病的治疗采用了多余的、无效的，甚至有害的治疗方法和手段。

（3）过度用药。过度用药虽属过度实施治疗方法和手段的范围，但基于我国医疗领域中过度用药的普遍性、严重性以及由此给患者所造成的财产损害程度，因此将其作为一种独立的过度医疗行为表现形式。

（4）其他过度医疗行为。对属于正常生理范围的现象或者虽有异常现象但这种异常可以通过自身调节很快得以恢复正常的进行医疗干预，也应视为过度医疗。对某些死亡征兆已经很明显或死亡不可逆转的病人仍进行挽救生命的无效治疗也被视为过度医疗。

（二）过度医疗的危害

1.造成了医疗费用的过快上涨

医疗费用的过快上涨是过度医疗的最终表现形式，也是使过度医疗产生其他后果的主要原因，它给国家、社会和个人都带来了巨大压力。

2.造成了医疗卫生资源的浪费

我国有 13 亿人口，占世界人口的 22%，而卫生总费用仅占世界的 2%，卫生资源总体不足是不争的事实。据有关资料显示，医疗机构的过度医疗导致卫生资源浪费达 20%～30%。过度医疗使相当一部分卫生资源用于无效的或效益很低的医疗，而使效益较高的公共卫生保健上的卫生资源大大削弱，传染病、流行病等不能得到很好的预防和控制，严重背离了"预防为主"的医疗卫生事业的方针和政策。

---

① 王安富：《论〈侵权责任法〉第六十三条之法律适用》，中国卫生法学会第四次会员代表大会暨2013 卫生法学高端学术论坛论文汇编。

3.增加患者的痛苦和影响其康复

临床上任何检查和治疗都会给病人带来轻重不等的不适或痛苦，过度医疗增加了这种不适和痛苦。不仅如此，过度医疗还会增加其他负面效应，如检查造成的组织损伤、药物治疗的毒副作用等，不仅使病人更加痛苦，甚至会发生医源性疾病，从而影响患者疾病的康复，甚至造成残疾或死亡，增加病人的经济负担。

4.对医疗卫生机构和医务人员的危害

过度医疗影响医疗卫生机构和医务人员的信誉，严重损害了医疗卫生事业长远发展的根基，导致医务人员业务水平下降。

(三)过度医疗的责任①

《侵权责任法》第六十三条规定的"医疗机构及其医务人员不得违反诊疗规范实施不必要的检查"首次将"过度医疗"纳入了医疗侵权行为的范畴。这对于过度医疗与防御性医疗的法律规制无疑具有进步意义。然而，该立法将过度医疗行为仅仅局限在"不得违反诊疗规范实施不必要的检查"，实属缩小了其应有的调整范围。这是因为，医疗行为包括检查、诊断、治疗方法选择、治疗措施执行、病情发展过程追踪以及术后护理等诸多方面，甚至可能发生在医疗过程之中。其中，检查仅是医疗行为诸环节中的一个。因此，患者在理解和适用该法条的时候必须注意该法条的适用范围仅限于"检查"环节，即医疗机构及医务人员在患者入院后对病情进行检验筛查的过程，仅包括患者从入院到出院诊疗过程中的各种检查项目。如果其他环节存在不必要的诊疗问题，依据《侵权责任法》目前的规定还不能得到救济。事实上，发生在该法所限定的医疗活动中"检查"环节之外的过度医疗行为，同样会造成患者合法权益的损害。

过度医疗侵权行为与医疗知情同意侵权行为是《侵权责任法》规定的两种独立的医疗侵权行为，但在两种医疗侵权责任构成中存在着诸多法律上的竞合。首先，由于过度医疗中医师履行告知义务的违法性，使得过度医疗侵权行为与患者知情同意侵权行为产生竞合。一般意义而言，患者知情同意侵权是由医疗机构及其医务人员在医疗过程中未合法履行告知义务并对患者造成医疗损害而产生的，同时，由于医疗告知义务是在具体的医疗行为中履行的，由此也决定了患者知情同意侵权的形态不同。笔者认为，与其他患者知情同意侵权行为不同，过度医疗中医疗告知义务的履行具有违法性。这是因为在对患者疾病的治疗过程中，医疗告知义务的履行只有建立在全面、充分、真实的基础上才具有合法性。而在过度医疗中，医师在对患者疾病治疗实施不必要的诊疗措施行为时却表现为不履行告知义务，或者未尽充分告知义务，或者履行了"非真实性"告知义务。

① 王安富:《论〈侵权责任法〉第六十三条之法律适用》，中国卫生法学会第四次会员代表大会暨2013卫生法学高端学术论坛论文汇编。

侵害患者知情同意的行为，既可表现为信息披露义务的违反，即对应当告知的信息未告知、未充分告知或虚假告知，也可表现为对患者本人意志的违反，即医疗行为未经其同意、超出其同意范围或者欺骗、引诱、胁迫其作出同意。无论何种违法方式，患者在此基础上作出的同意不生效力，即使治疗本身无瑕疵，侵权行为也成立。其次，如上所述，过度医疗中患者知情同意侵权责任构成中的因果关系具有明显的"两因一果性"特点，即在过度医疗侵权责任因果关系中，一方面患者由此所遭受的医疗损害是由于医疗机构及其医务人员实施了过度医疗行为造成的，同时亦是由于医疗机构及其医务人员违法履行告知义务引起的，即两种违法行为共同导致了患者的医疗损害后果，由此发生了过度医疗侵权责任与患者知情同意侵权责任在因果关系上的竞合。过度医疗时，医务人员要么不履行，要么不充分履行说明义务，而直接采取过度医疗措施，这既侵害患者的知情同意权，也构成过度医疗的侵权责任。再次，过度医疗中告知义务的履行归根结底违背了《侵权责任法》第五十五条以及《中华人民共和国民法通则》(以下简称《民法通则》)第四条"民事活动应当遵循自愿、公平、等价有偿、诚实信用的原则"的规定，这与患者知情同意侵权责任构成具有一致性，即两者都违反了关于依法履行告知义务的规定，由此产生了法规上的竞合。这是因为法律、行政法规、规章以及其他有关诊疗规范的规定，是医疗机构及其医务人员的基本行为规则，是对其在医疗活动中应注意的诊疗义务的基本要求。因此，医疗机构及其医务人员在医疗诊治活动中只要违反这些成文法规定的行为规则，也就应认定其有过错。基于上述两种医疗侵权责任上存在竞合，发生过度医疗时，患者可选择要求医疗机构承担侵害知情同意权的侵权责任，也可以要求医疗机构承担过度医疗的侵权责任。如此，对患者利益的保护更为周全。

### 【案例分析1】膝关节镜手术过度用药案

[案例简介]

患者男性，33岁，因交通事故致右膝后交叉韧带损伤并髁间隆突撕脱骨折，入住某医院行"右膝关节镜检＋后交叉韧带重建术"。住院18天，住院费用总计45397.45元，其中药费13722.61元。肇事方对其治疗费用的合理性产生疑问，提出审查医疗费的司法鉴定。经审查，患者术后应用的力素(二丁酰环磷腺苷钙)、低分子右旋糖酐氨基酸注射液、木糖醇注射液等药物为过度用药，不合理的费用约8231.26元。法院据此判定该部分费用由患方和医院共同承担。

[评析]

力素(二丁酰环磷腺苷钙)为蛋白激酶致活剂，其适应证为心绞痛、急性心肌梗死、心肌炎、心源性休克和各种慢性消耗疾病,也可用于治疗牛皮癣。

低分子右旋糖酐氨基酸注射液是营养性血容量补充药,用于治疗兼有蛋白质缺乏的血容量减少患者。

木糖醇注射液为糖尿病患者的糖代用品,也用于高脂血症、肥胖、肝病手术患者,危重病人,年老体弱者的辅助治疗。

根据住院病案,该案例有以下特点:A. 青年男性;B. 发育正常,营养良好;C. 没有糖尿病、肝炎、结核病、肾病、心脏病等慢性消耗性疾病;D. 膝关节韧带和软组织损伤,对全身状况没有影响;E. 发病时间短,病程短;F. 关节镜手术为微创手术,以损伤小为其优点;G. 以上药物非关节镜手术常规用药;H. 手术前后均为普食,能够正常进食。

综合上述情况,鉴定意见为:在患者的治疗中使用上述药物为过度用药,如为患者要求下使用为不合理的要求,如为院方主动用药,属于超出病种治疗需要的不合理用药。

(案例来源:本案例为本书主编冯正骏经办案例,由冯正骏提供。)

## 【案例分析2】过度检查致患者死亡案

### [案例简介]

患者男性,42岁,近2年来无明显诱因出现心前区疼痛,症状发作无规律性,未系统检查及治疗。近4天来患者出现疼痛发作频繁,活动及休息时均有发作,活动可使疼痛加重,每次发作持续时间不等,每日发作次数不定,发作时伴有胸闷、后背部疼痛,不伴出汗,无头痛,无恶心、呕吐,无咳嗽、咳痰,无腹痛、腹泻等其他症状,心前区疼痛症状可自行好转,未系统治疗,于2013年1月4日13:00在某院就诊,门诊以“冠心病”将患者收入院治疗。患者既往体健,查体无明显阳性体征。2013年1月4日心电图:窦性心动过速。初步诊断:冠状动脉粥样硬化性心脏病?不稳定型心绞痛?

(一)手术及病程记录摘要

2013年1月5日选择性冠状动脉造影术手术记录摘要:……穿刺桡动脉置入5F鞘管,经鞘管注射肝素5000单位,行选择性冠状动脉造影检查提示,左冠优势型,右冠状动脉纤细,冠状动脉未见明显狭窄。向病人家属交代解释造影结果,暂无须行支架置入术。遂撤除导丝、造影导管,结束手术。

2013年1月5日14:00病程记录摘要:患者术后情绪激动,后出现头晕、头痛、恶心、呕吐、吞咽困难。头痛症状呈持续性、进行性加重,急送CT室行颅脑CT检查。颅脑CT,广泛蛛网膜下腔出血,脑干密度略减低。随即患者出现抽搐，意识不清，呼吸浅慢、不规则，立即给予甘露醇静滴，急送ICU继续治疗。……

2013年1月5日17:00病程记录摘要：……心内科××主任现场指导抢救及治疗，并指示应用鱼精蛋白中和肝素，以上医嘱已执行。

2013年1月13日6:00抢救记录摘要：……于5:50×××主任医师宣布临床死亡。……向患者家属建议行尸体解剖，患者家属签字同意尸检。

2013年1月5日化验检查摘要：

| 项目 | 结果 | 参考值 | 项目 | 结果 | 参考值 |
|---|---|---|---|---|---|
| 谷草转氨酶 | 22 | 5～40 U/L | 二氧化碳结合率 | 23.6 | 20～29 mmol/L |
| 谷丙转氨酶 | 19 | 5～40 U/L | 缺血修饰白蛋白 | 48.10 | 0～85 U/ml |
| 谷氨酰氨基转移酶 | 78 | 0～50 U/L | 肌酸激酶 | 106 | 25～220 U/L |
| 碱性磷酸酶 | 42 | 20～114 U/L | 肌酸激酶同工酶 | 8 | 0～24 U/L |
| 总胆红素 | 13.5 | 5～20 mmol/L | 羟丁酸脱氢酶 | 89 | 80～220 U/L |
| 胆碱酯酶 | 11323 | 4500～13000 U/L | 乳酸脱氢酶 | 131 | 109～245 U/L |
| 尿素 | 5.1 | 2.8～7.14 mol/L | 葡萄糖 | 5.15 | 3.9～6.1 mmol/L |
| 肌酐 | 56.7 | 60～120 umol/L | 尿酮体 | 阴性 | 阴性 |
| 血清肌红蛋白 | 24.95 | 25～72 z | 肌钙蛋白1 | 0.00 | 0～0.028 ng/ml |

（二）尸检报告摘要

山东省××医院病理科尸检报告摘要（病理号：A199）

（1）尸体解剖记录摘要

胸腔：……右侧胸腔积液50 ml，呈淡红色，……

腹腔：少许淡红色腹水……髂部静脉血管内查见长13.3 cm、最大横径1.1 cm的血栓样组织，表面光滑，呈暗红色，质脆软。

头颅：自横窦至乙状窦内查见长17.5 cm、最大横径1.5 cm的血栓样组织，延续至颈内静脉。于颈内静脉、锁骨下静脉血管内查见长21 cm、最大横径1.1 cm的血栓样组织，表面光滑，呈暗红色，质脆软。

心脏：……左冠状动脉主干、前降支及旋支动脉管壁轻度粥样硬化，管腔略狭窄；右冠状动脉未见明显异常。

脑：……两侧大脑半球对称，蛛网膜下腔弥漫出血，脑膜局部血管内血栓形成。切面双侧脑室无扩张，组织呈灰白色，质软，……

（2）显微镜检查摘要

心脏：……左冠状动脉轻度粥样硬化，管腔狭窄（<10%）。

脑组织：脑膜明显充血，蛛网膜下腔弥漫性出血，延及部分大脑、脑桥和小脑浅层皮质，部分静脉血管内查见混合性血栓。脑实质充血，神经细胞和血管周围间隙明显增宽。

(3)病理解剖诊断摘要

……脑部蛛网膜下腔弥漫性出血，延及部分大脑、脑桥和小脑浅层皮质，部分脑膜静脉血管内可见混合性血栓。脑实质明显充血、水肿。

……左冠状动脉轻度粥样硬化（Ⅰ级）。

[评析]

一、医方存在过错分析

（一）关于诊断问题

1. 根据患者“病例特点”“鉴别诊断”排除其他疾病，符合“冠状动脉粥样硬化性心脏病、不稳定型心绞痛”的临床表现。

2. 根据卫生部 2009 年版《不稳定性心绞痛介入治疗临床路径》，医方应该对患者进行危险度分层的评估，根据 TIMI 风险评分或患者心绞痛发作类型及严重程度、心肌缺血持续时间、心电图和心肌损伤标记物测定结果，分为低、中、高危三个组别。

患者发作性心前区疼痛 2 年，加重 4 天，心前区疼痛症状可自行好转。查体心肺未见明显异常，心电图检查窦性心动过速，无明显心肌缺血和梗死表现。血清心肌损伤标记物检查未见异常，应该属于低危患者。医方选择性冠状动脉造影术表明冠状动脉未见明显狭窄，山东省××医院病理科尸检报告证实左冠状动脉轻度粥样硬化（Ⅰ级），亦表明属于低危患者。

医方没有对患者进行危险度分层的评估，存有诊断和治疗中未尽谨慎注意的过错。

3. 卫生部 2009 年版《不稳定性心绞痛介入治疗临床路径》规定，超声心动图为必查项目，根据患者具体情况可查脑钠肽、D-二聚体、血沉、C-反应蛋白或高敏 C-反应蛋白、24 小时动态心电图、心脏负荷试验、心肌缺血评估（低危、非急诊血运重建患者）。

中华医学会心血管病学分会介入心脏病学组和中华心血管病杂志编辑委员会制定《中国经皮冠状动脉介入治疗指南 2012》规定，对有临床症状的患者，若狭窄程度低或中等，推荐负荷心电图检查。

医方没有进行上述检查，存有诊断中未尽谨慎注意的过错。

（二）关于治疗问题

1. 卫生部 2009 年版《不稳定性心绞痛介入治疗临床路径》规定，对于低危患者，可优先选择保守治疗，在强化药物治疗的基础上，病情稳定后可进行负荷试验检查，择期冠脉造影和血运重建治疗。

"最优化治疗原则"是一个很重要的临床治疗原则,就是一个疾病可能有多种治疗方案,应该采用最优化治疗原则。选择对病人损害小、痛苦少、费用廉、疗效高、毒副作用轻、风险小的治疗方案,同时避免医源性疾病的发生。如疗效大致相同,则尽可能以非手术治疗替代手术治疗,力争在各方面找到一个平衡点,以期获得最大收益。还要考虑医疗费用问题,以付出最低代价而获得最高疗效为理想,做到质高价廉。

本案患者属于低危患者,既往未进行规范系统治疗,应优先选择保守治疗。医方没有选择合适的治疗方案,存有过错。

2.《临床诊疗指南:心血管分册》(中华医学会编著,人民卫生出版社,2009年)规定,患者具有下列高危因素的,应该早期进行冠状动脉血运重建治疗:

(1)尽管已采取强化抗缺血治疗,但是仍有静息或低活动量的复发性心绞痛或心肌缺血。

(2)cTnT或cTnⅠ明显升高。

(3)新出现的ST段下移。

(4)复发性心绞痛或心肌缺血伴有与缺血有关的心力衰竭症状、S3奔马律、肺水肿、肺部啰音增多或恶化的二尖瓣关闭不全。

(5)血流动力学不稳定。

卫生部2009年版《不稳定性心绞痛介入治疗临床路径》中规定,冠脉血运重建治疗:在强化药物治疗的基础上,中高危患者可优先选择经皮冠状动脉介入治疗(PCI)或冠状动脉旁路移植术(CABG)。PCI:有下列情况时,可于2小时内紧急冠状动脉造影,对于没有严重合并疾病、冠状动脉病变适合PCI者,实施PCI治疗:①在强化药物治疗的基础上,静息或小运动量时仍有反复的心绞痛或缺血发作;②心肌标志物升高(TNT或TNI);③新出现的ST段明显压低;④心力衰竭症状或体征,新出现或恶化的二尖瓣反流;⑤血流动力学不稳定;⑥持续性室性心动过速。无上述指征的中高危患者可于入院后12～48小时进行早期有创治疗。

本案患者不具有上述高危因素,因此不具备CAG＋PCI术的指征。

医方罔顾患者病情,贸然实施CAG＋PCI术,属于过度医疗,存有过错。

(三)关于告知和知情同意问题

《侵权责任法》第五十五条规定,医务人员在诊疗活动中应当向患者说明病情和医疗措施。需要实施手术、特殊检查、特殊治疗的,医务人员应当及时向患者说明医疗风险、替代医疗方案等情况,并取得其书面同意。

医方没有向患方详细说明患者的真实病情,没有向患方说明可以通过心电图、24小时动态心电图、超声心动图、负荷试验、心肌损伤标记物测定明确患者的病情的严重程度，没有向患方介绍可以实施系统的药物治疗使病情得到缓解和控制，存有未尽妥善履行告知义务的过错。

二、因果关系分析

（一）患者并非死于脑动脉瘤继发蛛网膜下腔出血

根据山东省××医院病理科尸检报告，未发现患者存在动脉瘤的情形，因此患者并非因偶合动脉瘤而发生蛛网膜下腔出血导致死亡。

（二）患者蛛网膜下腔出血因介入检查所导致

山东省××医院病理科尸检报告表明，患者除蛛网膜下腔出血，还有胸腔出血和腹腔出血，都是由于介入检查和治疗应用肝素所导致。

医方在治疗中应用鱼精蛋白中和肝素，亦证实患者蛛网膜下腔出血与应用肝素有关。

（三）医方应负完全责任

综合上述，患者并非因心脏病加重恶化死亡，亦非偶合动脉瘤破裂导致蛛网膜下腔出血死亡，完全是因医方违反诊疗规范，过度检查和治疗导致蛛网膜下腔出血死亡。根据《侵权责任法》第六十三条规定“医疗机构及其医务人员不得违反诊疗规范实施不必要的检查”和《侵权责任法》第五十四条规定“患者在诊疗活动中受到损害，医疗机构及其医务人员有过错的，由医疗机构承担赔偿责任”，医方应负完全责任。

（案例来源：本案例为本书主编冯正骏经办案例，由冯正骏提供。）

### 三、“熟人患者”违反医疗程序行为

患者找熟人关系看病是非常普遍的现象。受几千年农业经济的影响，我国民众小农意识依然比较浓厚，“熟人好办事”的传统思想深入人心，医生也生活在人情社会现实中，医疗行业在整个大环境下也避不开人情世故的现实问题。

对历年来已完成的医疗事故争议技术鉴定进行分析，发现缘于找熟人帮忙，日后患方反目，引起争议的竟占20%。这种经熟人关系介绍而引发的争议，最终伤害的是医患双方。和其他行业不同，熟人看病的弊端不仅限于侵犯了每个人平等享有医疗资源的权利，更多的是医生给熟人看病时容易忽视履行正常的医疗程序，增加了医疗差错给患者造成损害的风险。

1.患者找熟人看病的原因

患者找熟人看病凸显了目前优质医疗资源仍较稀缺的情况，患者对医疗资源的需求通过正常的医疗程序得不到满足，便转而向“人情”求助。患者找熟人看病大多是为了通过熟人帮忙找个好一点的大夫，寻求一种安全感，保障医疗安全。部分患者找熟人看病是为了更方便快捷，也有部分患者找熟人看病是为了

节省费用，恐惧撒网式检查和大处方，这都凸显出医患信任的缺失。

2.患者找熟人看病的弊端。

患者找熟人看病不排队，“熟人患者”直接进诊室就诊，常引起其他等待患者的不满，侵犯了每个人平等享有医疗资源的权利。

医生给熟人看病时容易把这些患者“特殊化”，给予特殊的照顾或优惠，如不挂号、不排队、不收费等，不自觉地就省略了主观上认为可以省略的医疗程序和步骤，而一些程序、步骤及检查恰恰是找到患者病因的主要依据。忽视履行正常的医疗程序，增加了医疗差错给患者造成损害的风险。

医生给熟人看病很容易走两个极端，对熟人的症状不是轻易忽视，就是过度重视。小病不治，大病忽视，延误病情后果更严重。

在诊疗过程中，对“熟人患者”，可能会出现碍于情面放弃疾病所需要的常规检查而主要凭借自己经验做判断的情况。在用药方面，也会想办法找便宜但质量相对欠缺的药品替代。不少正常的就医程序被简化，导致不规范医疗，这样反而容易出问题。

医生履行告知义务是患者实现选择权的前提。面对熟人时，医生往往容易省去类似“可能发生……并发症”的警示性告知。知情同意告知不到位，术后或治疗后，即使发生正常的并发症，因熟人事先“不知道”，也容易引发患者不满或医疗纠纷。

病历记录是医生开展何种诊疗最直接的证据，其重要作用已毋庸置疑，但同时也是熟人看病最容易忽视的。无病历或病历记录不完整是硬伤，没有病历记录，出现医疗纠纷，无论是在《侵权责任法》实施前或实施后，都可直接推定医疗机构承担责任。

对于熟人患者，在有关医师不能为其“熟人患者”诊治时，医师为了方便熟人，往往超出自己注册执业的范围为熟人治疗。在“熟人患者”出现不良后果发生医疗纠纷时，由于超出注册执业的范围为熟人治疗是违法的，医师应依法对熟人患者的医疗损害承担责任。

医疗规章制度和诊疗护理规范、常规，是根据长期的医疗实践总结归纳而成的，是保证医疗工作顺利进行，保障医疗质量和患者生命安全的基础。医务人员在对熟人患者给予“关照”的过程中，通常是以违反规章制度或诊疗常规为代价的。如果“熟人患者”没有任何问题，顺利治好疾病出院则一切相安无事。一旦出现患者预期目标不能达成，病情加重或死亡，即使是熟人或熟人相托，出于对金钱的考虑，或给死者一个交代等原因，也很容易引起医疗纠纷。因熟人就医容易出现资料不全、告知不到位、相关程序被简化等问题，医疗机构败诉的概率较大。

## 【案例分析3】双侧交通性鞘膜积液术后死亡

[案例简介]

患者男性，32岁，因发现双侧腹股沟区肿物半年就诊。既往史：平素健康状况一般。外科情况：左侧腹股沟区可触及约4 cm×2 cm肿物，右侧腹股沟区可触及约6 cm×2 cm肿物；活动后及憋气加腹压后明显，平卧静息时用手可还纳于腹腔，双侧肿物进入阴囊，质软，无触痛，压住外环口肿物消失，咳嗽冲击试验阳性。初步诊断：双侧腹股沟疝？双侧精索鞘膜积液？

辅助检查：

(1)数字摄影报告单(胸部正位片)：双侧胸廓对称，纵隔居中，双肺纹理增多，心脏扩大，肺动脉段突出，双膈面光整，双肋膈角锐利。

诊断意见：心脏扩大，必要时B超检查，排除先心？

(2)心电图报告：心律，窦性；心率116次/分；P-R间期0.14″；Q-T间期0.35″；QRS时限0.09″；心电轴右偏；心电位，垂。

心电图测验结果：①窦性心动过速；②不完全性右束支传导阻滞；③ST-T异常。

(3)腹部彩超检查报告单：超声影像，肝稍大，回声稍细密；肝静脉增宽；胆囊壁水肿。

(4)生化检验报告单：总胆红素44.6 μmol/L(参考值2.0～22.0)，直接胆红素13.5 μmol/L(参考值0.0～6.8)，间接胆红素31.10 μmol/L(参考值1.70～12.00)，谷草转氨酶46.0 U/L(参考值8.0～40.0)，肌酸激酶同工酶41.70 U/L(参考值0.00～25.00)，γ-谷氨酰转肽酶142.0 IU/L(参考值0.0～50.0)，乳酸脱氢酶424.0 U/L(参考值109.0～245.0)，α-羟丁酸脱氢酶317.12 U/L(参考值74.00～195.00)。

于入院次日手术经过：……游离精索，见为交通性鞘膜积液，从中断开……手术顺利，术中出血约50 ml，麻醉效果满意，患者大汗、咳嗽、恶心及呕吐，口唇发绀，血压、脉搏、氧饱和度尚平稳，对症处理后好转，术后血压135/100 mmHg，患者安返病房。

手术当日术前访视麻醉协议书：

ASA分级，Ⅰ级；心功能，Ⅰ级；肺功能，正常。

麻醉记录术前情况：

ASA分级，Ⅱ级；心脏大，不全性右束支传导阻滞。

10:30am麻醉开始，BP120/70 mmHg；随即血压开始下降，15分钟后(10:45am)BP100/60 mmHg，开始手术；其后15分钟BP100/60 mmHg；

11:00am 给予麻黄碱、地塞米松后血压逐渐回升；11:15am BP110/70 mmHg；12:30am 手术结束，BP120/70 mmHg。麻醉小结：麻醉效果满意，术始 BP 下降，予以对症处理，术中呼吸急促、出汗，面罩吸氧，术后 PCEH(术后镇痛)。

手术当日 3:00pm 病程记录：患者诉上腹部不适，偶感恶心，无明显憋喘，出汗较多，体温 35.8℃；心电监护提示 HR110 次/分，BP 波动于 132～135/90～100 mmHg，$SPO_2$ 波动于 87%～93%。查体：神清，口唇发绀，双肺呼吸音清，心界叩诊示扩大，心率 110 次/分，律齐，肺 P2 亢进，心尖区可闻及 DM……

术后第一日 10:00am，患者诉刀口无明显疼痛，出血较多，无明显憋喘，持续低流量吸氧中；心电监护提示 HR108 次/分，BP 波动于 110～134/75～90 mmHg，$SPO_2$ 波动于 89%～93%；体温 35.7℃。查体：心率 108 次/分，肺 P2 亢进，心尖区可闻及 DM……急查心超示右房、右室高度扩大，肺动脉高度扩张，三尖瓣反流(重度)，肺动脉高压(重度)，肺动脉瓣反流(重度)，心包积液(少量)。请心内科会诊，考虑扩张性心脏病？心功能为Ⅱ～Ⅲ级，予强心、利尿、扩血管治疗。

患者于术后第二日 4:00pm 突然出现胸闷、憋喘，伴头晕；心电监护提示 HR40 次/分，$SPO_2$ 77%，BP117/80 mmHg；体温不高。查体：神清、口唇发绀，呼吸急促，双肺呼吸音清，未及明显干湿啰音，心律齐，肺 P2 亢进，可及心尖区 DM。立即请内科会诊，预告病危。虽经抢救，于 8:16pm 宣布患者临床死亡。

听证会时，医方述，患者入院当天为星期天，术前查体已经发现心电图异常，胸片示心脏扩大，建议其进一步检查，择期手术。但由于患者本人及家属托熟人迫切要求提前手术，加之经治医生没有认真把握指征，没能认识到原发心脏病的危害性而仓促手术。因此不能完全认定是医生的责任。

[评析]

一、鞘膜积液是鞘膜腔内液体增多而形成的囊性病变，有先天性因素和后天性因素两种。交通性鞘膜积液(先天性鞘膜积液)鞘状突未完全闭合，鞘膜囊的积液可经一小管与腹腔相通，又称先天性鞘膜积液。有时可有肠管或大网膜进入鞘膜囊，称为先天性腹股沟疝。××术前虽然未能作出交通性鞘膜积液的确切诊断，但其发病机理、治疗原则与腹股沟疝相同，对其病情演化的影响无实质性的区别与影响。

二、全面、详细地了解病史是作出正确诊断和制定恰当治疗方案的重要依据，在××入院查体发现存有心电图异常改变的情况，胸片示心脏扩大并建议彩超检查，化验心肌酶谱异常、肝功异常后，说明其存在心脏及肝脏疾患，但医方没有对其心脏病史、肝脏病史进行详细的询问和了解，直到 2008 年 10 月

22日内科会诊时才问出××存有活动后憋喘病七八年，四年前活动量减少，上二楼即出现憋喘的病史。医方存有病史采集不全的过失。

三、手术是治疗外科疾病的有效方法，但手术引起的创伤和失血可使病人的生理功能处于应激状态，任何外科手术都会给病人带来一定的损伤，手术前准备的要求，是采取各种积极措施，尽可能使病人接近生理状态，以便更好地耐受手术损伤。腹股沟疝与交通性鞘膜积液均为择期性手术，对这类手术，应当做好充分的手术前准备，使手术能达到最高的安全性和最好的效果。任何手术都要对病人对手术的耐受力作出正确的评估。不仅要注意外科局部情况，更要重视全身情况（特别是心、肺、脑等重要脏器的功能状态），从而可以发现影响手术耐受力的其他病变。如果疏忽了重要的其他病变，就会造成难以补救的危害，重则危及病人生命。

术前检查已经发现××存有心电图异常改变的情况，胸片示心脏扩大并建议彩超检查，化验心肌酶谱异常、肝功能异常。医方没有对其进行进一步的检查，没有请内科会诊，没有对其心脏、肝脏疾病的种类、性质进行诊断，也未对其心脏、肝脏功能的状态及其对手术、麻醉的耐受力进行评估，仓促进行手术，存在疏忽大意的过失。

虽然医方陈述患者及家属迫切要求提前手术，但患者的病情是否适合手术，应进行哪些检查和准备，何时进行手术的决定权在医方，并不能因此而减轻医方责任。

四、各种麻醉方法和药物对病人的生理功能都有一定的影响；外科疾病本身所引起的病理生理改变，以及并存的非外科疾病所导致的器官功能改变，都是手术期潜在的危险因素。麻醉的风险性与手术复杂程度并非完全一致，手术复杂可使麻醉的风险性增加，而有时手术并不复杂，但病人的病情和并存病却为麻醉带来许多困难。为了提高麻醉的安全性，麻醉前详细询问病史，认真阅读病历，检查病人，对病人的全面情况进行综合评估并根据手术要求和手术规模制定相应的麻醉方案，是麻醉工作的重要环节之一。通过深入了解病史、现患疾病及并存疾病的具体病情、治疗情况，可以更有针对性地做好必要的术前准备（器械、药品等），以减少和避免麻醉中或麻醉后出现一些突发情况给麻醉者带来不利的被动局面，从而提高麻醉的安全性。

患者入院后检查已经发现存有心电图异常改变，胸片示心脏扩大并建议彩超检查，化验心肌酶谱异常、肝功能异常；2008年10月22日内科会诊时发现××存有活动后憋喘病七八年，四年前活动量减少，上二楼即出现憋喘的病史；2008年10月23日全院会诊认为患者存有慢性缺氧、慢性右心功能不全的病况。术前访视麻醉协议书记录，患者ASA分级为Ⅰ级（其标准为体格健康,发育营养良好,各器官功能正常),心功能为Ⅰ级(其标准为无心血管疾病)。麻醉记录术前情况 ASA 分级为Ⅱ级;心脏大,不全性右束支传导阻滞。明显与术前访视评估不一致。说明麻醉医师术前访视时没有对患者的既往病史进行详细了解,没有进行屏气试验、登楼梯试验或 6 分钟步行试验,没有认真了解患者术前的辅助检查报告的内容,也没有仔细对患者进行心功能评估。

根据卫生部颁发的《医院工作制度》中《麻醉科工作制度》的规定,负责麻醉者,在术前一天到科室熟悉手术病员的病历、各项检查结果,详细检查病员,了解其思想情况,确定麻醉方式。患者为择期手术,并非急症,在手术日手术前才仓促进行麻醉访视,随即进行手术,显然没有充足的时间对患者进行详细的术前麻醉访视,对病情和患者对麻醉及手术的耐受能力作出全面评估,不可能对患者不利于手术的状况进行调整和治疗。医方存有违反麻醉工作制度的过失。

五、患者在手术开始时血压下降,在术中出现大汗、咳嗽、口唇发绀、恶心及呕吐等症状,其原因应为麻醉和手术创伤的应激加重心脏负荷导致心衰的表现。在听证会时,医方也认为这是右心衰的原因。但医方对此没有引起足够的重视,术中没有请内科会诊,也没有及时终止手术,反而在血压最低、血氧饱和度最低的时刻开始手术(根据麻醉记录),存有疏忽大意的过失。

六、术后医方没有对术中右心衰的原因进行进一步检查,没有送入监护室观察。根据脉搏氧饱和度($SPO_2$)监测标准,正常成人吸空气时 $SPO_2$ 为 95%~98%,$SPO_2 \leqslant 92\%$ 持续 20 秒以上为低氧血症,$SPO_2$ 处于 90%~92% 为轻度低氧血症,85%~89% 为中度低氧血症,$SPO_2 < 85\%$ 为重度低氧血症。手术当天下午 3 时患者 $SPO_2$ 波动于 87%~93%,口唇发绀,心界叩诊示扩大,心率 110 次/分,肺 P2 亢进,心尖区可闻及 DM,显示患者存有明显缺氧的状况,医方对此没有引起足够重视,没有及时请内科会诊治疗,贻误治疗时机,存有疏忽大意的过失。

患者术中和术后均有口唇发绀,$SPO_2$ 监测均显示有低氧血症,术后应该给予氧气持续吸入。由于长期医嘱的第 1 页缺失,不能显示术后有否给患者氧气吸入,病程记录和护理记录中也没有相关记录。如果术后医方给予患者氧气持续吸入,则没有过失;如果术后医方没有给予患者氧气持续吸入,则存有过失。

七、肝脏是人体最重要的代谢器官,在人体的许多代谢和合成过程中起重要作用。当肝功能不全时,肝脏的合成、解毒和代谢功能会减弱。正常肝脏的氧消耗量为每平方米体表面积约 40 ml/min,在肝细胞受损害的情况下,氧消耗量增高,创伤、手术、麻醉、失血,凡足以减少肝血流量而供氧不足者,例如低血压、呼吸道不通畅、长时间使用血管收缩剂等，都可能加重对肝细胞的损害。肝功能有较严重损害者，手术耐受力显著削弱，危险性增高，凡肝细胞损害较重的病人，都应在术前准备中强调保肝疗法，必须经过长时间的严格准备，方可施行择期性手术。医方在术前和术后没有对患者肝脏损害进行评估和治疗，存有过失。

八、被鉴定人××，其术前病情虽未严重影响平时生活和工作，未引起患者本人和亲属的注意和重视。但综合患者诊疗过程来看，其术前即存有心脏病和肝病。医方术前没有对其心脏病史、肝脏病史进行详细的询问和了解，入院后查体发现其心脏扩大、心肌酶谱异常、肝功能异常，也没有进一步进行检查，没有对其不利于手术的状况进行评估和治疗，仓促手术。术中和术后××发生右心衰竭，医方没有引起足够的重视，没有及时请内科会诊和治疗，以致××发生严重心衰，此时再组织内科会诊和全院会诊，延误了抢救的时机。医方对××的诊疗过程中存有一系列严重过失；其过失与××死亡存有因果关系，是导致××死亡的主要原因，医方应负主要责任。

（案例来源：本案例为本书主编冯正骏经办案例，由冯正骏提供。）

## 四、违反医德规范行为

在“吃、喝、卡、拿、要”的社会不正之风的影响下，医疗行业也存在着一定的吃请受礼与索要红包等违反医德规范的行为。

《执业医师法》明确规定，利用职务之便，索取、非法收受患者财物或者牟取其他不正当利益的，由县级以上人民政府卫生行政部门给予警告或者责令暂停六个月以上一年以下执业活动；情节严重的，吊销其执业证书；构成犯罪的，依法追究刑事责任。

为进一步推进医疗卫生行业作风建设，践行医疗卫生职业精神，营造廉洁行医执业环境，构建和谐医患关系，根据《关于印发加强医疗卫生行风建设“九不准”的通知》(国卫办发〔2013〕49 号)，国家卫生计生委办公厅 2014 年 1 月 29 日发布《关于开展医患双方签署不收和不送“红包”协议书工作的通知》，决定自 2014 年 5 月 1 日起，开展医疗机构和住院患者签署《医患双方不收和不送“红包”协议书》的工作。二级以上医院(含开设住院床位的妇幼保健院、专科疾病防治院等)必须开展，其他医疗机构可参照执行。医疗机构应在患者入院 24 小时内，由经治医师向患者或患方代表提供《医患双方不收和不送“红包”协议书》，并认真解答其疑问。对于二级以上医院所有入院患者，由主管医师或病区主治医师负责与患者及其家属进行沟通，并代表医方在《医患双方不收和不送“红包”协议书》上签字。为体现医院法人代表责任，可在医方签名栏印制法人代表姓名。

患方由患者或其家属签名。各级卫生计生行政部门要切实抓好工作落实，加强监督检查，统一设立投诉电话，由医疗机构印刷在《医患双方不收和不送“红包”协议书》上。医疗机构要将医患双方签署的协议书纳入病案管理，按照有关规定做好归档和保存等工作。

协议书是一个切入点，实际上是希望建立新型的医患关系，就是双方一同努力去战胜疾病。同时也希望通过这个形式，让患者对医生、对医疗卫生界更有信心。

### 五、医疗行为的规范

医疗行为发生嬗变严重影响正常医疗程序，严重危害患者的利益，损害了医患之间的关系，必须要严格予以规范。

(1)政府要切实地、刻不容缓地改善公立医院补偿机制不合理的现状，适度加大国家的财政投入。这是保证医院公益性的基本前提，也是达成医学目的的基本保障。

(2)扩大医疗保险的覆盖面，建立完善的医疗保险制约机制。

(3)提高医务人员的劳务价值。实行薪金制，切断医生收入与服务提供量的直接关系。

(4)建立各种疾病的诊疗指南，建立医疗服务质量控制、评估的指标和管理体系。

(5)加强医德教育，提高医务人员的职业素质。

(6)建立市场经济条件下的医疗法律规范体系，依据医疗行为的特殊性、复杂性制定医疗法律规范、医疗技术规范、医疗道德规范，通过施行法律约束机制、行政约束机制、道德约束机制，适度提高违法成本，始终保持对违法、违规医疗行为的高压态势和震慑力，才能维护正常的医疗市场秩序，才能从根本上保障人民群众的生命健康。

(7)运用物质激励机制、精神激励机制、典型激励机制等各种有效的方法调动医务人员的积极性和创造性，使他们努力去完成救死扶伤的职责，实现组织管理的目标。

# 第三章 医患关系

## 第一节 医患关系的概念和基本模式

### 一、医患关系的概念

医患关系，是指在医疗过程中医务人员与患者所构成的一种双向的人际关系。随着医疗卫生事业的发展和进步，医患关系的概念也发生了相应变化。目前通说中的“医”，不仅仅是指医生，其范围已经发展到包括医生、护理人员、卫生技术人员、后勤人员和医方行政管理人员在内的医疗机构整体，简称医方；“患”也从最初仅指患者个人，发展到包括患者的亲属、单位以及相关的所有社会关系，简称患方。

著名医史学家西格里斯曾经说过，每一个医学行动始终涉及两类当事人：医师和病员，或者更广泛地说，医学团体和社会，医学无非是这两群人之间多方面的关系。现代医患关系不仅仅是病人个体和医务人员个体交往关系的集合，而且是整个医务界与社会关系的缩影。因此，对医患关系正确定性，明确医患关系应当适用的法律规范，从而决定医患纠纷的赔偿和归责原则，对于合法、合理解决医患纠纷，构建和谐医患关系发挥着基础性、决定性的作用。①

医患关系具有较为明显的两面性特点。一方面，医患双方具有相对一致的目标，即患者去医院找医生看病是为了治好疾病；医务人员提供诊疗服务，也是为了帮助患者解除疾病带来的痛苦。但另一方面，医患双方也非常容易产生冲突。由于患者一方因病患所遭受的肉体、精神上的痛苦都是切身的，因此，他们对治愈疾病的期望是很高的。更何况，由于医疗体制等因素的制约，看病难、看病贵的现象极为突出，患方为了治愈疾病往往要花费大量的金钱和精力，如果达不到预期的目标，自然会对医方不满，与医方产生纠纷，甚至发生冲突。而医务人员虽然对患者抱有同情之心，但由于受科学技术发展、诊疗水平以及疾病本身的不确定性等方面的限制，他们并不能保证治愈每个患者。这就产生了所谓的医患纠纷。②

---

① 蒲川，王安富：《医事法学》，西南师范大学出版社2008年版，第26页。

② 奚晓明：《医疗损害赔偿纠纷》，法律出版社2010年版，第7页。

## 二、医患关系的基本模式①

随着医学事业的蓬勃发展和患者主动意识的增强，医患关系的基本模式也发生了较大变化。美国社会学家萨斯与荷伦德提出了医患关系的基本模式，根据医师与患者的地位、主动性的大小，将医患关系分为三种模式，即主动与被动模式、指导与合作模式和共同参与模式。

（一）主动与被动模式

该种医疗模式是传统的医疗模式，医师完全主动，病员完全被动，基本上是构建在医师的“父权思想”与患者的依存信赖之上，其基本特点是医患双方不是双向作用，而是医师对患者单向发生作用。在这一模式中，医生犹如父母，患者犹如被保护的婴儿，因此在医疗过程中，医生具有绝对权威，患者对医生的知识权威与道德权威，处于唯有服从的被动地位。这一模式在现代社会已基本被摒弃，但在特定情况下仍可适用，如对于昏迷、重度休克患者，严重智力障碍和严重精神病患者以及婴幼儿等，只有这种方式才能实现对他们利益最高程度的保护。

（二）指导与合作模式

该种模式在现代医疗活动中最为常见，医患双方在医疗过程中，都具有主动地位，医生具有权威性，充当指导者，患者接受医师指导并密切配合，可为医疗活动提供信息，患者有疑问可提出意见与要求或寻求解释。比如病人因急性感染，主动寻求医生的帮助，医生告诉病人做什么，并期望病人对指令性的治疗服从、合作。这种模式以医务人员的指导为前提，充分调动患者的主动性、积极性，在医生的指导下，共同完成一系列的医疗技术活动。这种模式较为适宜临床，有利于提高疗效和建立融洽关系，但在总体上医患关系权利仍然不平等。

（三）共同参与模式

这是一种较为新型的医患关系模式。在这种模式中，医生与患者具有近似平等的权利，他们可以共同参与医疗方案的制订和实施。这种关系犹如成年人彼此之间的关系，医师此时的意见常常涉及病员的生活习惯、方式及人际关系调整，患者的意见及认识不仅必要，并且具有相当价值。患者不仅能配合治疗，还能参与意见，协助医生作出相对正确的诊疗。这种模式多见于慢性病人，且需患者具有相当的知识水平。其特征在于医生帮助患者治疗，是一种完全双向的关系，对慢性病患者、心理治疗患者较为适宜。此模式对于提高医疗质量，建立良好医患关系有着十分重要的现实意义。

除以上模式外，还有美国学者布朗斯坦提出的传统模式与人道模式的分类。

---

① 蒲川，王安富：《医事法学》，西南师范大学出版社 2008 年版，第 31 页。

传统模式指医生拥有绝对权威，诊疗一经作出，病人则听命服从，执行决定。人道模式体现了尊重患者的意志，注重发挥患者积极参与医疗过程的主动权，患者在作出的医疗处置决定中有发言权，并承担责任，而医生不仅对患者提供技术上的支持帮助，还要有同情心、责任心。医生在很大程度上是教育者、引导者和顾问。人道的医患关系模式比传统的医患关系模式更有效，具体表现在医患关系融洽，疗效更好。

## 第二节　医患关系的法律性质

从法律关系的角度而言，医患关系，是指医师受患者的委托或者其他原因，对患者实施诊断、治疗等行为所形成的法律关系。恰当处理医疗纠纷诉讼，首先要明确医患双方的法律关系的性质：医患双方是何种民事法律关系；在发生医疗纠纷时，责任方承担何种性质的责任；原告方应以何种案由起诉，适用何种法律法规等。医患之间的法律关系是非常复杂的，学界对此争论很多，从不同的角度，会得出不同的结论。

### 一、医疗消费服务关系

在我国，对患者在医疗机构接受服务是否属于消费行为，是否适用《中华人民共和国消费者权益保护法》(以下简称《消费者权益保护法》)，曾经有过非常激烈的争议。

有学者认为，医患双方是医疗消费服务关系。因为在现实生活中，从人的基本生活需要来看，医疗服务是基本生活需要中不可或缺的一部分，患者通过支付对价的方式获得医疗服务和医院提供的药品，与医疗机构之间就形成了消费关系。医院所提供的服务、药品都是有偿的，患者需要花钱才能享受医疗服务，医生、医院为患者提供的医疗服务完全符合《消费者权益保护法》第二条规定的“消费者为生活消费需要购买、使用商品或者接受服务”的情形。医院为患者提供医疗服务和部分药品，患者接受医院的治疗并支付相应对价，这种关系与我们日常生活中从商店买日常消费品并没有质的区别。因此，应当将医疗行为归入消费行为[①]。医患之间的关系是受《消费者权益保护法》调整的消费关系。

目前立法上也有支持“消费说”的做法。如广东、浙江、福建等省份在其《消费者权益保护法》的实施办法中，明确把医患关系纳入消费者权益保护法的调整范围。四川省泸州市中级人民法院在审理医疗损害赔偿案件的地方司法意见

---

① 龙翼飞，魏振瀛，梁书文等：《医疗服务纠纷能否适用〈消费者权益保护法〉》，《商品与质量》2006年第23期。

中，也明确申明审理该类案件要适用《消费者权益保护法》。

反对说认为，医患关系不能套用医疗消费服务关系。因为消费者与经营者是一种平等主体的民事合同关系，为了充分保护消费者的合法权益，我国《消费者权益保护法》明确规定了消费者享有安全权、知情权、选择权、公平交易权、索赔权、受教育权、受尊重权、监督权、保证得到可供商品和服务的权利，消费者的上述权利在每一个消费行为中都可以，也都应当得到落实。反观医患之间的法律关系，上述权利难以简单地套用。这表现在以下几个方面：

第一，一般消费是基于当事双方的意思自治行为，各方依其意愿选择消费交易的对象。医疗服务存在自治限制，医疗行为在某种意义上并非双方合意，而是具有某种强制性，医疗机构在任何情况下无权拒绝患者的就诊要求。若患者的病情超出了医疗机构的治疗范围或治疗能力，医生有义务提示患者转院，但对危重患者因法律规定的强制缔约义务，必须就地治疗，不得拒绝急救。

第二，就消费承诺的内容而言，一般消费的目的均可要求一定的结果。但医疗服务当事人之间形成的是“手段债务”，而非消费关系中常见的“结果债务”。因为医疗行为具有太多的变数与不可预料的危险。即使医术非常高明的医师费尽心力地诊断医疗，也不一定能收到“药到病除”的预期效果，也无法预知其可能引发的副作用或药物过敏。医疗服务承诺的内容是对“医疗手段”的承诺，而非对“治疗结果”的承诺。医疗机构和医务人员只能按照法律的规定及医学规范提供医疗服务，尽最大注意义务进行医疗活动，但不可能提前保证达到某种特定的医疗结果，要求医疗机构承担包治疾病的结果义务是违背医学规律的。

第三，医疗服务属于被动消费行为。就当事人的地位而言，医师凭其专业技能的优势，对医疗行为的规划或执行拥有习惯性的绝对裁量权。尽管现代医学模式强调医患共同参与诊疗过程，医生在进行重大侵袭性医疗行为时要尊重患者的最终决定权是目前医疗界的共识，也是法治社会对患者人格权尊重的体现。但毕竟医生掌握专业知识，具有丰富的临床经验，在一定程度上医生仍可决定治疗方案的取舍，这与其他消费行为截然不同。

第四，医患之间是高度合作的关系，医患之间不是简单的买与卖的关系，二者是以生命健康为代价建立起来的高度协作信任关系，和单纯消费与提供服务的关系也显著不同。医生治疗患者，需要全面了解患者的病史、身体状况与体质以及发病前后的症状等，必须得到患者的配合。患者在医生问诊时应当正确详细地回答问题。同时，患者在用药方面应遵医嘱。在治疗中出现不适或异常状况，应当及时向医生提出。

第五，从法律关系的主体看，在《消费者权益保护法》的理论上，消费者与经营者是一对具有特定含义的概念。消费者是指为生活消费需要而购买或使用商品和服务的个人或单位，是生活消费的主体，而患者因病接受医疗机构的诊疗服务不是日常生活消费，不能等同于《消费者权益保护法》中所指的消费者。经营者则是指为消费者提供商品和服务的生产者、销售者和服务者，必须具有营利性，该“营利性”是指其设定宗旨或目的的营利性，而非其提供服务的有偿性和实际盈利。根据中共中央、国务院1997年1月5日发布的《关于卫生改革与发展的决定》，我国卫生事业是“政府实行一定福利政策的社会公益事业”，即医疗机构具有社会公益性，我国医疗收费尚未实现按成本收费，它只是劳务收费中事业性收费的一种，与由服务成本、利润、税收构成的经营性收费不同，事业性收费只计算服务成本或弥补事业经费不足的部分。特别是医疗服务的客体是人的生命和健康，因此在医患关系中患方支付的诊疗费是一种难以量化的东西，因此，患者就医的行为也并不是真正的等价有偿的消费行为。由此，医患关系不符合《消费者权益保护法》的主体要求。

综上所述，由于医疗本身的特殊性，决定了患者与一般消费者的性质不同，医患关系不能简单地等同于经营者和消费者的关系，患者不是消费者，医疗机构也不是经营者，医疗服务更不是生活消费服务，医患关系不应当简单地适用《消费者权益保护法》。

需要指出的是，并不是所有的医患关系均排除在消费服务关系外，如在医疗美容服务纠纷和营利性医疗机构发生的医患纠纷中，就可能有属于医疗服务关系的案例。①

医疗美容服务纠纷，根据卫生部2002年1月发布的《医疗美容服务管理办法》第二条规定：“本办法所称医疗美容，是指运用手术、药物、医疗器械以及其他具有创伤性或者侵入性的医学技术方法对人的容貌和人体各部位形态进行的修复与再塑。”在有些情况下，接受医疗美容服务的一方，身体完全属于健康状态，只是为了追求更高的生活质量、更完美的外在形象，才接受医疗美容消费服务的。在这种情况下，提供医疗美容服务应是一种经营性质的服务，且是以盈利为目的的，所以医患双方属于医疗消费关系。

根据我国目前对医疗机构性质的划分，医疗机构分为以营利为目的和不以营利为目的两种。由于以营利为目的的医疗机构所提供的不是公共医疗卫生服务，而是为获得经济利益的商业服务，此类医疗机构属于经营者。因此，在营利性医疗机构所发生的医患纠纷中，如果是单纯以营利为目的的医疗行为，则属于消费服务关系，其法律关系受《消费者权益保护法》的调整。

---

① 邢学毅：《医疗纠纷处理现状分析报告》，中国人民公安大学出版社2008年版，第106页。

## 二、医疗服务合同关系

有学者认为医患关系是一种合同关系，即一种非典型的契约—医疗服务合同关系。这是《合同法》规定的无名合同。医疗服务合同是指各类合法医疗机构和患者或一般消费者平等主体之间订立的以医疗服务或相关法定义务及约定义务为内容，约定双方或多方设立、变更、终止民事权利义务关系的协议。医患双方具有平等的民事法律地位，患者出于治疗疾病或改善生活质量的目的，选择特定医疗机构就诊，医疗机构为患者挂号，同意给患者提供医疗服务，这一过程完全符合合同的要约和承诺特征，患者持有的挂号单即是双方合同成立的证明，在不需挂号的诊所，患方的求诊构成一项要约，医师同意给予诊疗构成一项承诺，医疗合同就此成立；在这个合同中，医疗机构向患者提供医疗服务，患者接受医疗服务，并支付相应的医药费用。因此，患者就医就与医院形成了医疗服务合同关系，合同的标的便是医疗机构提供一定的医疗服务。①

该观点的反对者则认为，医患双方不能构成真正的合同关系，理由如下：第一，医患关系不具备合同成立的最基本条件。合同签订的基础是双方意思表示一致，但医生被规定了很多法定治疗义务，如《执业医师法》规定，对急危患者，医师应当采取紧急措施进行诊治，不得拒绝急救处置。也就是说，对危重病人，不管是否挂号，医疗机构及医务人员是否愿意救治，都必须就地治疗，不得拒绝急救。这时医方就必须遵守法律上的强制义务，对患者根本没有选择权，更谈不上双方意思表示一致，不具备合同成立的最基本条件。第二，医患之间的合同关系形式不能确定。如果将医患关系理解为合同关系，只将医方的医疗服务理解为合同的标的，显然是不恰当的，因为在医疗过程中，最受关注的是患者的生命和健康，而不是医疗服务本身，但患者的生命和健康具有太多的不确定性。因为医学的复杂性和个体的差异性，不同个体同一种疾病的转归都可能有所不同，难以确定医疗服务合同的标的，同时由于病程的不确定性和所需治疗费的不确定性，都会导致所谓的合同履行期限不确定、支付价金不确定，这些一连串的不确定说明医患之间不能形成医疗服务合同关系。

有学者不同意上述观点：②对于第一个理由，虽然对于危重病人，医疗机构和医务人员没有选择的权利，必须进行积极救治，但应注意到医疗服务在此种情况下具有“准公共产品”的性质，为了保障社会中病患群体的最基本利益，此时医疗机构负有强制缔约的义务，双方仍构成合同关系。在医方负有强制缔约的义务的情况下，一般不得拒绝病人，但出现预约或已挂号的患者超过其所能承受的

---

① 艾尔肯：《医疗损害赔偿研究》，中国法制出版社2005年版，第35、41页。

② 邢学毅：《医疗纠纷处理现状分析报告》，中国人民公安大学出版社2008年版，第108页。

医疗能力，或出现疑难病症而受技术水平限制而无法承受，在履行说明义务、转诊义务后，医疗机构有权拒绝患方而不构成合同中的违约。对于第二个理由，医疗服务合同的标的完全可以是医疗服务，医方的违约行为并不以是否达到患者期待的结果，即治愈或患方病情好转为标准，而是以是否具有医疗过失，是否违反其应尽的注意义务为标准。因此，大部分医患关系可以视为医疗服务合同关系。

有学者认为，[①]原则上，医患之间的医疗服务合同具有委托合同的性质，特殊情况下，则具有承揽合同的性质。在医患之间的多种合同关系之中，以医方向患者提供诊断、治疗等服务的医疗服务合同为核心。由于医方提供的只是一种医疗服务，而并不确保达到某种确定的结果，也就是说，医方的义务是一种手段义务，而非结果义务，故这种合同的性质，原则上应是一种委托合同或准委托合同。当然，如果医方明确承诺达到某种医疗结果，即所谓“包医”的情况下，医患之间的合同则具有承揽合同的性质。既然医患之间主要是一种委托合同或准委托合同的关系，则医方的主要责任是给患者提供符合医疗水准的医疗服务，并不确保患者的病患一定能得到解除。因此，患方应当正确对待不利的诊疗结果，不能一概将其归咎于医方。

由于医疗行为的特殊性，医疗合同与其他民事合同相比具有一定的特殊性。任何合同的履行都需要各方当事人共同协助，当事人的协力义务在医疗合同中体现得更为重要。因为诊疗是对作为合同当事人的患者自身进行的，患者就诊时，要向医师说明情况、病史等，对医师的提问要尽可能详细准确地回答。在治疗过程中，患者要谨遵医嘱，按时服药、检查，注意休养等。患者还需要调整自己的情绪，结合医师的物理和病理疗法，注重用心理疗法加快自己的康复。如果患者在诊疗过程中不予协力，医师即使有再高的医术也无法实现合同的目的，因患者不配合而致治疗失败时，不能追究医方的法律责任。

但需要指出的一点，并非所有医患纠纷均属于医疗服务合同关系，如患者或其家属进入医疗机构的场所或设施之后，在挂号就诊之前，因医疗机构疏于对其设施、物品的管理或者设施、物品具有隐患而致患者人身或财产损害的，因此时患者并未与医疗机构之间形成就医的合同关系，自然不能以合同关系来调整，而应适用一般侵权的法律关系来调整。在医疗服务结束以后，因医疗机构出具虚假医学证明造成患者名誉权损害，或者因出具不当医学证明而侵犯患者名誉权，或者因故意或过失泄露患者隐私侵犯患者隐私权，医疗机构及相关医务工作人员也应承担相应的侵权责任，这种侵权亦应归属一般侵权的法律关系。

---

① 奚晓明：《医疗损害赔偿纠纷》，法律出版社2009年版，第8页。

鉴于医疗纠纷法律关系的复杂性，有学者提出医患纠纷属于一种笼统的民事法律关系，即包括医疗消费关系、医疗服务合同关系和一般侵权法律关系等多种法律关系。这种观点得到了较广泛的认可，但这种阐述也不能包括全部的医患关系类型。

## 三、医疗无因管理关系

我国《民法通则》第九十三条规定："没有法定的或者约定的义务，为避免他人利益受损失进行管理或者服务的，有权要求受益人偿付由此而支付的必要费用。"该条规定的没有法定的或者约定的义务，管理他人事物的行为，就是无因管理。医疗事务的无因管理是指医方在没有约定义务和法定义务的情况下，为了避免患者的生命健康受到损害，自愿为患者提供医疗服务，双方因此而形成一种债权债务关系。受益人应当偿还无因管理人因管理事务而支出的必要的费用及其利息，清偿无因管理人因管理事务而负担的必要债务，赔偿无因管理人因管理事务所受的直接损失。在医患无因管理关系中，患者则应当按照法律的规定向医方支付相应费用。

医疗事务无因管理关系，主要是基于以下三种情况：一是医师在医院外，发现昏迷的患者而加以治疗；二是对自杀未遂而不愿意就医的人予以救治；三是特定的第三人将意识不清或不能进行意思表示的患者送到医院时，如果该第三人没有负担诊疗报酬的意思，则医院与患者之间的诊疗行为的基础就是无因管理。

无因管理的管理人本无管理事务的义务，但管理人一经管理，就应当管好，这是法律为保护民事主体的合法利益和维护社会经济秩序的必然要求，也是无因管理成为适法行为的必然结果。作为无因管理法律关系中的医疗机构，应当秉承善意的注意义务，即医疗机构和医务人员在医疗服务过程中对被管理人的生命与健康利益的高度善意，对被管理人的人格利益尊重。[①] 具体来说，医疗机构作为管理者应履行适当管理的义务、管理人将管理事实通知本人的义务、管理人不当管理造成损失的赔偿义务。

如果在无因管理过程中，医疗机构因过错对患者造成损害，则表明无因管理行为在性质上已发生了变化，即无因管理行为已转化为侵权行为，医疗机构不再是为患者的利益而提供医疗服务，而是在非法侵害患者权益，因此应负侵权责任。但是如何认定医疗机构的无因管理行为已转化为侵权行为呢？关键是看医疗机构的注意程度和过错程度。一方面，由于无因管理行为是一种受到法律鼓励的行为，从鼓励此种行为的角度出发，对医疗机构在从事管理活动中应尽的注

---

① 史尚宽：《债法总论》，中国政法大学出版社2000年版，第57页。

意程度的要求不应太高，在一般情况下，医疗机构只要按照一个“善良管理人”所应尽的注意义务来处理事务，就应认为已履行了其注意义务。在紧迫状态、不能延误时机的情况下，医疗机构只要不具有恶意或者毫不顾及患者利益，即使具有一般的过失，也不应认为其已构成侵权。另一方面，由于在民法上注意义务的内容常常受利益关系的影响，医疗机构在从事管理活动时，并非为自己谋取利益，而是为患者的利益而行为，所以对医疗机构注意义务的要求不应太高，且对管理人的法律责任要求比较宽松。①

## 四、强制医疗关系

强制医疗关系是不同于常态下医疗的另外一种医患关系。

强制医疗关系是指医疗机构基于国家法律授权或行政机关委托，对严重威胁公益的患者，以卫生行政机构、医疗机构的强制医疗权力和患者的配合治疗义务为主要内容的特殊医疗法律关系。

强制医疗是卫生行政机构和医疗机构代表国家所做的行为，这种特殊的医患关系是国家基于医疗的特殊性和对国民生命、健康的保护，在法律上赋予医疗机构和医务人员代为行使强制医疗的权力，接受强制性治疗不仅是患者的自觉义务，也是国家法律规定应该履行的法定义务。

强制医疗包括强制留置、强制隔离、强制观察、强制治疗等诸多强制性措施。②

(1)强制留置。

在部分传染病暴发流行的紧急状态时期，一方面为了救治患者的生命，另一方面为了保护更广大的社会民众免受传染病的传染，医疗机构应享有留置病人的权力，这种留置具有行政法上的强制性。但这种强制又要注意与其他行政强制的区别，即医疗机构应当坚持说服基础上的强制，强制的目的不是为了惩罚公众而是为了救助其生命，因而医疗机构留置病人具有明显的职业特点。

(2)强制隔离。

强制隔离指将传染期内的病人、病原携带者及疑似传染病病原携带者置于不可能传染给他人的条件下，以防止病原体的进一步扩散。强制隔离具有医学属性和法律属性。在医学上，强制隔离是指切断病源与易感者之间的联系，保护健康人群的一项措施。在法律上，强制隔离制度是指病原携带者及疑似病原携带者被限定在特定的空间生活和接受治疗，其行动自由受到限制，其亲友未经采取特别措施不得探视或与之接触，其他易感人群也被限定在特定的区域内活动

---

① 王岳：《医事法》，人民卫生出版社2009年版，第28页。

② 王岳：《医事法》，人民卫生出版社2009年版，第28页。

的行政措施。

（3）强制观察。

留置病人的目的是为了对其进行检查和治疗，如果通过检查确定患者属于甲类传染病或采取甲类传染病预防、控制措施的其他传染病，就应对其进行强制隔离观察。隔离观察是另一种隔离措施，指对疑似传染病病原携带者在上述条件下进行密切观察，定期进行检查，保证其不传染给其他人员。隔离观察可分为住院隔离观察、集中隔离观察和居家隔离观察。实施隔离观察是针对疑似传染病病原携带者的一项强制措施。对于疑似传染病病原携带者，因为还不能十分明确其是否是传染病病原携带者，而其本身又没有出现传染病的症状和体征，该部分人群活动范围广，传播病原体的形式又很隐蔽，对社会、对人群将会更危险。为了保护其他公众的健康，必须对疑似传染病病原携带者进行隔离观察。隔离期间可以对其某一项或者某几项指标进行定期检查，一旦发现可疑体征和症状必须立即应对，并保持高度警惕，进行更加密切的观察，一旦发现是传染病病人应当立即送医疗机构进行隔离治疗。

（4）强制治疗。

强制治疗指对传染期内的病人和病原携带者在隔离等条件下进行医学治疗，以保证其不传染给其他人员。隔离治疗的期限，可以根据不同法定传染病的具体防治方案而定。根据传染病的类别、传播途径及具体条件，隔离治疗可分为住院隔离、临时病室隔离和家庭隔离。实行隔离治疗有利于病人和病原携带者尽早治愈和恢复健康，同时还可保护其他公众的身体健康，免受传染病的危害，并迅速控制疫情。

### 五、医疗行政管理关系①

有学者提出医患双方还存在医疗行政管理关系，因为在医疗过程中，医患关系实际上是一种管理与被管理的关系，而非平等关系。医方主动，患方被动，患方常处于医方的管理与约束之下，患者自入院后就置于医生控制之下，从治疗方案的选定到饮食起居无不遵从医嘱。虽然近年来有病人选择医生之说，但仍然无助于患者摆脱从属地位，而且在疾病的诊疗过程中患者还必须配合医生的治疗，这更突出了患者的从属地位。

但反对者认为医患双方的法律地位不平等的观点是不准确的。民法上的平等原则，是指参加民事活动的当事人，无论是自然人或法人，其在法律上的地位一律平等，任何一方不得把自己的意志强加给对方，双方当事人享有的权利和承

① 邢学毅：《医疗纠纷处理现状分析报告》，中国人民公安大学出版社2008年版，第110页。

担的义务对等。在医患关系中，医方既不是国家行政管理机关，也不是授权管理病人的其他机构，双方不存在行政上的隶属关系或管理关系。在医方提供服务，患方接受服务的过程中，双方能够各自独立地表达自己的意志，从本质上说是完全平等的。诚然，由于医疗行业的服务性、医学科学的专业性和医患双方医学知识水平的差异性，在医疗活动中，患方常处于医方的约束和管理之下，这些都是医方履行服务义务、患者享受权利的需要，是事实上的不平等，而不是行政管理中的不平等关系。这种事实上的不平等在其他服务性的行业中也普遍存在，但并不影响其服务关系的平等性质。因此，医患双方纯属行政管理关系的论点是站不住脚的。

因此，在一般情况下医患关系不具有行政管理关系的性质，但在一些特殊情况下，医患双方还是可能会存在行政管理关系的，如患者患有对社会安全可能有严重危害的传染病时，将会被医疗机构强制收治，因此而产生的医患法律关系就是公共管理法律关系（又称强制医疗关系）。这就是一种行政管理关系，其法律特征为：医疗机构是按照法律规定对患者进行治疗；患者对医疗机构无选择权。2003 年的“非典”事件即是如此。此类性质的医患法律关系，不是民事法律关系，而是医疗机构受委托在行使国家的行政管理权力。医患之间不具有平等的权利和义务，医患之间的关系在此就属于公共管理法律关系。

综上所述，医患纠纷中医患双方的法律关系多种多样，绝大部分医患关系属于民事法律关系范畴，其中既可为合同关系，亦可为一般侵权关系，还可能属于消费服务关系，除此之外在少数情况下，医患双方还可能属于行政管理关系。明确医患双方的法律关系对我们在医患纠纷诉讼中明确法律适用、判定举证责任、证明因果关系以及确定赔偿原则都具有重要意义。

# 第四章　患者的权利和义务

## 第一节　患者的权利

权利和义务是法律关系的核心内容。权利是法学的一个基本概念，是“法律赋予法律关系主体享有某种作为或不作为的许可。法律意义上的权利实际上就构成法本身，它和相应的义务构成法的核心内容，两者相互依存，有着不可分割的联系。……权利也广泛应用于其他社会规范”。[①] 患者的权利就是指患者基于其病人角色和独立人格所享有的某种作为或不作为的许可。

患者的权利来源于公民的权利，当前我国尚未有统一的患者权利法，作为患者这一特殊主体有关权利的规定只是体现在有关法律法规中，这些法律法规主要有三大类：第一类是法律，包括《中华人民共和国宪法》《民法通则》《执业医师法》《侵权责任法》《消费者权益保护法》等；第二类是法规，包括《医疗机构管理条例》《医疗事故处理条例》等；第三类是卫生部或各省、市、自治区人民政府发布的规章，例如《医院工作条例》《医院工作制度与工作人员职责》《医务人员医德规范》等。目前关于患者权利的规定是间接的、片面的、不充分的。

患者是具有独立人格的自然人，享有其他自然人应当享有的一切权利。基于人权基本内涵的要求，患者的基本医疗权利我们可以称其为公民健康权，该权利与公民的生命权、自由权、平等权同为患者基本人权的重要内容。

### 一、患者的人身权

《民法通则》在民事权利一章专门规定了“人身权”一节，将人身权作为民法的一个独立的组成部分作出规定，使其具有与债权、物权、知识产权等同等的位置。人身权，是指民事主体依法享有的，与其自身不可分离亦不可转让的没有直接财产内容的法定民事权利。人身权是民事主体享有的最基本的民事权利，也是其他民事权利得以享有和行使的前提。人身权具有非财产性、不可转让性、不可放弃性、法定性、绝对性和支配性等特征。依据人身权的客体是人格利益还是

① 曾庆敏：《法学大辞典》，上海辞书出版社 1998 年版，第 461 页。

身份关系进行分类，人身权可以分为人格权和身份权。

（一）患者的人格权

所谓人格权，是指民事主体依法固有为维护自身独立人格所必备的，以人格利益为客体的权利。[①] 患者这一特殊主体的人格权主要有：生命权、健康权、身体权、隐私权以及肖像权和名誉权。

1.生命权

生命权是一项独立的人格权，是指自然人的生命安全不受侵犯的权利。生命权是自然人得以成其为“人”的最基本的人格权。生命权是最基本的人权。《世界人权宣言》中明确指出：人人有权享有生命、自由与人身安全；个体患病、残疾或衰老时，有权享受保障。故《民法通则》第九十八条明文规定：“公民享有生命健康权。”生命健康权，即生命权和健康权。生命对于个体只有一次，具有最高价值。

生命权的重要特征在于：第一，生命权的客体是生命及其安全利益，这与身体权和健康权明显不同。生命是身体权和健康权的根源，身体是生命权和健康权的载体，健康是生命权和身体权的保障。第二，生命权只有在生命安全受到威胁，或者处于危险状态时，才能够行使，否则没有主张权利的必要。而且，对于生命权的主体来说，该项权利的主要内容在于排除生命安全所受到的危险和威胁。当他人非法侵害自身生命安全时，有权依法自卫和请求司法保护，对威胁生命安全的危险，有权采取紧急避险措施。第三，生命安全是公民从事一切活动的物质前提和基本条件，生命一旦丧失，任何法律救济对于权利主体都是毫无意义的，法律救济的唯一功能在于使权利主体的近亲属得到财产上的补偿和精神上的抚慰。

公民的生命非经司法程序，任何人不得随意剥夺。凡致人死亡的非法行为均属侵害生命权的行为。

(1)对患者生命权的保护。

特殊行业工作人员依法负有积极救助生命的义务。为保障广大人民的生命健康，我国《执业医师法》《医疗机构管理条例》《医疗事故处理条例》等法律法规确立了首诊负责制，明确规定医疗机构对危急、重患者必须收诊，若无条件进行救治的，也必须给予相应的医疗处理后，及时进行转诊。即使患者无力支付医疗费用，医疗机构也必须收诊，给予紧急抢救。这是为保障基本人权而在法律上规定的医方强制缔约义务。与此相应，在紧急状态下，患者享有两项基本权利：一是获得医方针对疾患采取必要的紧急处置手段的权利；二是在首诊医疗机构由于

---

① 王利明：《人格权法新论》，吉林人民出版社1994年版，第10页。

医疗资源的限制，无能力治疗患者的疾病时，患者有要求医方及时转诊的权利。

《中华人民共和国刑法》(以下简称《刑法》)第三百三十五条规定："医务人员由于严重不负责任，造成就诊人死亡或者严重损害就诊人身体健康的，处三年以下有期徒刑或者拘役。"所以，如果医务人员不救治患者，导致患者死亡是有可能被追究刑事责任的。

(2)关于安乐死问题。

关于公民有无权利处分自己的生命权，即"安乐死"问题，已经成为现代法学、医学界讨论的热点。

安乐死一词源于希腊语"euthanasia"，意思是"无痛苦的死亡""快乐的脑死亡""尊严的死亡"。《牛津法律大词典》对安乐死解释为：指引起或加速死亡，特别是对不可救药的或病危患者，应其请求引起或加速其死亡。关于安乐死一词的来源，应该说是外来语。但也有学者认为，安乐死出自于《孟子·告子上》中的一句话："然后知生于忧患，而死于安乐也。"

20世纪30—50年代，英国、美国、瑞典等一些国家发起成立"自愿安乐死协会"，向国会提出允许安乐死的议案。1976年9月30日，美国的加利福尼亚州通过了世界上第一个正式的安乐死法令《自然死亡法》(Natural Death Act)。该法令明文规定：当有两个以上的医生证明患者已处于不可逆转的临终状态时，根据患者的愿望而终止维持生命的措施是合法的。1993年2月，荷兰通过了一项关于"没有希望治愈的病人有权要求结束自己生命"的法案。澳大利亚北部地区也通过了类似法案，该法案规定，按要求申请安乐死者必须年满18周岁，经多方确诊患有不治之症，无法忍受痛苦，并要递交有本人亲笔签字的申请书。同时也严格限制医生，实施时应有两名医生和一名心理医生签字同意，三位医生中至少要有一位曾参与该病人的治疗等。荷兰立下患致命疾病时授权医生实施安乐死的遗嘱的已有10万人。而日本、瑞士等国家支持安乐死合法化的人也与日俱增。2000年10月26日，瑞士苏黎世市政府通过决定，自2001年1月1日起允许为养老院中选择以"安乐死"方式自行结束生命的老人提供协助。2001年4月，荷兰通过"安乐死"法案。英国已有2.7万人在医生的帮助下以安乐死的方式结束生命。法国也开始考虑安乐死的合法性。其他各国对是否允许安乐死合法化深感棘手，因为法律付诸实践的强迫性，一旦安乐死立法，用好可以解除病人痛苦，用不好可能成为剥夺病人生命权利的借口，为不义之徒滥用。①

赞成安乐死的观点主要基于以下理由：①个人有权处置自己的生命，既有生的权利，也有死的权利和选择死亡方式的权利；人应当有尊严死亡的权利，对自

① 王岳：《医事法》，人民卫生出版社2009年版，第39页。

己的死亡应当掌握主动权，尤其是当病人极度痛苦而生命又无可挽救之时。②维持一个毫无生命质量和生命价值的生命是毫无意义的，延长这样的生命实际上是给病人死前以痛苦并违反了人类自己希望生活得好的最大愿望；强调生命的质量和价值，给社会带来沉重负担的生命是无价值甚至是负价值的，这样的生命没有抢救的价值。③对于死亡已不可避免，遭受着难以忍受的痛苦的病人，解除其痛苦比延长生命更重要，而让这种病人继续忍受临死前的极端痛苦是不人道的，使病人免于痛苦正是为了病人的利益，因而是人道的。④判断一个垂危病人是否值得继续存活下去，不仅要考虑到病人的利益，而且要照顾到病人亲属、朋友和社会的利益，把大量的资金、人力和物力用在没有希望的病人身上，实际上是一种浪费，不如把这些有限的药物和医疗设备用在其他有康复希望的病人身上。安乐死可以节约医疗资源，对病人、亲属和社会都有利。因此，对医治无望的病人实施安乐死应当是一种公益的做法。

反对安乐死的观点主要基于以下理由：①生命是神圣的，人有生的权利，在任何时候任何情况下都不能主动促使其死亡，否则违反人道原则。②救死扶伤是医务人员的天职，任何情况下促使病人死亡的做法都是不人道的，赐人以死与医生的职责不相称。③实施安乐死实际上是变相杀人，也有可能形成故意杀人，允许安乐死，无异于把杀人的权利赋予了医生。④医生判断并不总是正确的，安乐死可能导致患者错过三个机会：病人病情自然改善的机会、继续治疗可能获得康复的机会、探索新技术新方法使该病可望治疗的机会。医学总是在实践中，在不断探索不治之症的奥秘中，从失败走向成功的，只要有生命现象，就有被救活的可能，如果认为不可救治就放弃治疗，既不利于医学技术的进步，也不利丁医学价值的实现。

在我国对安乐死的定义为：患不治之症的病人在垂危状态下，由于精神和躯体的极端痛苦，在病人和其亲人的要求下，经医生认可，用人道方法使病人在无痛苦状态下结束生命的过程。

从现实来看，无论是医疗机构还是在私人家庭中，放弃抢救的事例非常之多。而放弃抢救实质上就是属于被动安乐死。当然这种被动安乐死的实施有它的困境，就是合法性问题。因为目前在我国没有任何法律赋予医师放弃救治患者生命的权利，相反却有“救死扶伤”的要求，而且放弃抢救还有一个难以满足的安乐死的条件，就是“患者自愿”。在现实生活中，放弃抢救往往是家属提出的。目前学界对这个问题从法律上来讨论，更多的是从医疗服务合同的角度讨论的。将放弃治疗解释为合同当事人一方自动终止医疗服务合同的行为，合同的另一方——医疗机构当然就可以终止其合同义务，放弃对患者的救治。如果发生法律问题，要追究有关人员的法律责任，也应当是追究患者家属的责任，而不是医师的责任。

第八届全国人民代表大会第四次会议期间，北京、上海等地的60多位代表联名提出要求根据中国国情尽快制定安乐死法的提案。之后，每年的全国人民代表大会及全国政治协商会议上，都会收到类似的提案。天津医科大学党委书记崔以泰教授、北京儿童医院名誉院长胡亚美教授都是安乐死的提案人。山东中医药大学祝世讷教授对安乐死进行了长期系统的研究，并于1998年提出了《安乐死暂行条例（草案·建议稿）》，这是我国提出的首部安乐死立法建议稿。但是迄今为止，我国尚未将安乐死问题纳入立法计划。人的生命权是公民的重要权利，人的生命不可随意被剥夺，因此，关于安乐死的立法必须慎重而严谨。应在专家学者广泛调研的基础上，借鉴国外先进的立法经验，结合我国的实际状况，对安乐死问题进行切合实际的规定。在立法之初可以保守一些，严格一些，谨慎一些，然后视法条适用的具体情况再作进一步的修订。

在我国香港和台湾地区，情况则有不同。2000年1月13日，中国香港特别行政区医务委员会通过了《被动安乐死守则》。2000年6月，中国台湾通过了《安宁缓和医疗条例》。

(3)胎儿的生命权问题。

我国法律没有明确规定“胎儿”的含义，理论定义也不尽一致。根据医学辞典解释，受孕12周（也有的认为是8周）以上，四肢明显可见，手足已经分化，才是胎儿。而在此之前则是受精卵和胚胎期，不是胎儿。这是生物学和医学关于胎儿的定义。国内有学者认为，如果接受生物学和医学意义上的胎儿概念，必然会导致受孕12周内的胎儿的合法权益得不到应有的保护，同时会导致法律适用时对于胚胎是否为胎儿的界定困难。因为，目前医学只能对胎儿的发育作出大致的判断，如果某个案件正好是处于临界点12周，判断母亲腹中的生命组织究竟是不是胎儿，要不要作为胎儿保护可能就很困难。

《民法通则》规定，公民的权利能力始于出生。按此规定，孕育中的胎儿当然不享有权利能力。但是胎儿迟早是要出生的，孕育中的胎儿乃未来的民事法律主体，且胎儿是所有自然人生命发育的必经阶段。如果胎儿在其孕育过程中受到损害致其出生后畸形或疾病，或者在其孕育过程中其父母（未来生活的依赖者）受到人身伤害以致丧失劳动能力或者父亲死亡导致其抚养权受到侵害的，在这种情况下，如果胎儿出生后不能享有损害赔偿请求权，显然有失公平。司法实践中，胎儿期间遭受损害进行赔偿的纠纷，找不到保护胎儿所适用的法律。因此，当前正值民法典立法运动轰轰烈烈之时，有必要重新反思胎儿的法律地位以及我国目前对胎儿保护的妥当性，确认其享有的权利范围。[①]

2.健康权

健康权是指自然人以其器官乃至整体功能利益为内容的人格权，它的客体是人体器官及各系统乃至身心整体的安全运行以及功能的正常发挥。健康权包含躯体健康和心理健康两个方面。健康的内容主要表现为健康维护权，有两层含义：其一，保持自己健康的权利；其二，健康利益维护权，当健康受到不法侵害时，受害人享有司法保护请求权。

对于健康权的法律保护涉及多个法律部门。[②] 首先，国家政府在公民健康保护方面负有责任，我国宪法对此有多项规定。如第二十一条关于国家发展医疗卫生事业，开展群众性的卫生活动，保护人民健康的规定。

健康权作为公民人身权利的重要权利之一，在《民法通则》中有比较详细的规定。民法的本质是为一定社会商品经济关系服务的，民法调整人身关系，是因为人身关系可能成为取得财产权利的前提。因此，民事法律在保护公民健康权方面有以下特点：①规范民事主体在经济活动中的健康权保护，有较强的针对性。②以纠正侵权行为为重点。参与民事法律关系的一方主体不得对另一方主体的健康权构成侵害。③当事人双方意思自治，契约自由。双方可以在不违背国家法律和社会公共利益的前提下，约定双方的权利义务甚至包括健康保障方面的约定。④民不告，官不究，被侵害者如果不起诉（由于缺乏知识、信息不对等或其他原因），就难以得到民法的保护。⑤采用经济赔偿的方式使被侵害人得到补偿。⑥损害赔偿一般是事后的，即只有在侵权的健康损害后果发生的情况下，才能得到民事赔偿。

《刑法》对公民健康权的保护力度最大。通过刑事惩罚措施，使侵害人受到法律应有的严厉制裁。侵害公民生命健康权构成犯罪的刑事责任和刑事处罚是《刑法》的重要组成部分。其中与保护健康权有直接关系的规定有：《刑法》第六章第五节关于危害公共卫生罪的规定，包括违反国家法律法规规定，造成传染病传播或者传播危险、非法组织他人卖血、非法采供血和制作血液制品、医务人员严重不负责任以及非医务人员非法行医造成对人体健康的严重损害及其死亡等方面的刑事责任；《刑法》第三章第一节关于生产、销售伪劣商品罪规定了生产、销售不符合国家卫生标准或有关健康标准的药品、食品、化妆品、医疗器械等产品造成严重危害人体健康或者足以严重危害人体健康或严重疾患等方面的刑事责任。《刑法》对于健康权的保护力度虽然大，但是只有那些严重侵害健康权的行为才能构成刑事犯罪，受到刑事法律的惩罚。而且，这类情况一般都已产生健

---

① 王岳：《医事法》，人民卫生出版社2009年版，第40页。

② 苏志：《公民的健康权及其保障》，《中国卫生法制》2002年第1期。

康损害后果，因此对侵害者的刑事处罚和对被侵害者的保护都是事后的救济措施。

公民健康权的保护在大多数情况下，还要依靠行政法律制度。这是因为行政法律制度有以下特点：第一，行政法律规范的实施由政府行政各主管部门推动，这是行政法律规范实施的有力保障。第二，政府的行政执法是事前的，也就是说行政法对于社会的规范是预防性的。行政法的预防性规范作用主要通过政府的行政执法来实现。如国家对食品生产经营活动实行事前卫生许可制度，对于不符合生产经营食品卫生条件的单位和个人不发放卫生许可，禁止其从事生产经营活动，从而从源头上杜绝了有害食品对公众健康的损害隐患。第三，行政法对健康权的保护具有主动性和纠正违法行为具有及时性的特点。法律规定政府有关执法部门根据法律赋予的监督职权，依法主动对管理对象进行监督，及时发现侵害公众健康的隐患，并对违法行为予以纠正，预防健康损害后果的发生。行政部门不依法履行监督职责，就是行政不作为，将承担监管不力的行政责任。从这个意义上说，行政法对公民健康权的保护比通过司法救济的保护效率更高。第四，行政执法具有专业性强的特点，行政部门对主管职责范围内的业务精通，因此可以实施有针对性的监督管理措施，对健康权益的保护到位。第五，行政法向社会提供了更为广泛的保护网络。政府执法部门对社会的经常性监督和对违法行为的纠正，不是仅仅针对特定侵权主体和被侵害对象的个案处理，而是立足于对整个社会公众的健康保护。对于在检查中发现的违法行为，即使民不告，官也究。这就是政府公共卫生管理要达到的目的。民法和刑法则主要是针对特定当事人的侵权与被侵权、伤害与被伤害及其相应法律责任的追究。

与保护公民健康权益有关的行政法律规范主要是卫生行政法律规范。根据调整对象的不同分为三类：一是规范医疗、预防、保健机构和人员的从业（执业）行为和卫生服务活动，调整政府卫生行政机关与医疗、预防、保健机构及其从业人员之间的卫生行政管理关系的法律规范，如《执业医师法》《医疗机构管理条例》等。二是规范药品和其他医疗卫生产（用）品的产、供、销活动，调整政府有关行政管理机关（如药品监督管理部门）与医药产（用）品生产经营者之间形成的行政管理关系的法律规范，如《药品管理法》《医疗器械监督管理条例》等。三是调整政府卫生行政机关与公民、法人和其他组织在从事经济与社会活动中（包括公民的工作、生活、学习或其他活动）发生的与保护公众健康、维护市场经济公共卫生秩序有关的权利义务关系，通称为公共卫生法律规范，如《传染病防治法》《食品卫生法》《职业病防治法》《国境卫生检疫法》《公共场所卫生管理条例》《化妆品卫生管理条例》等。这些法律法规的颁布实施，将逐步改变我国公民健康权的保护状况，提高全体国民的健康水平。

由于医疗行为本身具有创伤性（即违法性）或危险性的特点，医师应当时刻铭记“不得以己所学加重患者病情”的医道原则，每位医师均应在建议患者实施某种治疗方案时，先做一个利弊的权衡。在实施医疗行为前，按法律规定通过知情同意使得其行为的创伤性能够被“排除违法性”。《执业医师法》和《医疗机构管理条例》中均明确规定，医疗机构施行手术、特殊检查或者特殊治疗时，必须征得患者同意，并应当取得其家属或者关系人同意并签字。

3.身体权

身体权，指自然人保持其身体组织完整并支配其肢体、器官和其他身体组织并保护自己的身体不受他人违法侵犯的权利。身体权是公民的基本人格权，属于物质性人格权，身体是生命的物质载体，是生命得以产生和延续的最基本条件，脱离了身体，其他任何权利均无从谈起，公民身体权最重要的就是保持其身体整体的完全性、完整性。公民有对自己身体组成部分的肢体、器官和其他组织的支配权。身体权与生命权、健康权密切相关，侵害自然人的身体往往导致对自然人健康的损害。但是生命权以保护自然人生命的延续为内容，身体权所保护的是身体组织的完整及对身体组织的支配。身体权大多在医疗行为中被侵犯。

（1）身体的属性。

法律学意义上的身体是躯体和身体附属物的总称，它具有自然属性和社会属性。[①] 为方便对身体权的理解，可将自然人的身体组成分为三个基本部分：①主体部分，它是指人的肉体主要组成部分，包括头颅、躯干、内脏器官和肢体等身躯部分，这些身躯的主要构成部分的缺失，将直接造成人体健康水平的降低或残疾。②附属部分，它指人体的主体部分按照人体新陈代谢规律产生的身体衍生物，如毛发、指甲、胡须等。这些身体组成部分与身体分离，不会形成人体的痛苦，也不会造成人体某种功能的丧失和健康水平的降低。③镶装、配置的人工制作的残缺身体部分的代替物，如心脏起搏器、假肢等。

镶装、配置的人工制作的残缺身体部分的代替物，应当说原本并非人体的天然组成部分，从民法的角度来讲，具有物的属性，但当这些器件经过加工与人体结合，成为人体的非天然组成部分时，它们就失去了其单纯的物的属性，而具有了一定的生物属性和社会属性，再以物权的方式对其进行法律保护显然不妥。当然，这些器件虽然附属于人体，与人体的天然器官还是有本质区别的，不能算是人体的实质组成部分，因此也就不能以其是否遭受损坏作为衡量健康权受到侵害的标准。对于损坏这些器件所造成的自然人精神利益和身体利益的损害，其法律救济途径就只能通过对身体权的保护来实现了。

---

① 王岳：《医事法》，人民卫生出版社2009年版，第41页。

镶装、配置的人工制作的残缺身体部分的代替物，如假肢、假牙、义眼、隆胸而注射入胸部的凝胶、人工心脏瓣膜、人工关节、助听器，等等，能否都构成身体的组成部分，还必须区别具体情况，并非所有基于医疗目的而附加于人体的器具都是身体的组成部分。判断这些附加的器具是否构成人体的组成部分，关键是看该器具和人体结合的紧密程度，看该器具是否可以不依赖于专业人员的技术而进行自由拆卸。心脏起搏器、需要专业人员的技术才能拆卸的假肢、已植入牙床的假牙、骨折后需暂时固定骨头而使用的螺钉或钢板、植入体内的人工关节，还有一些女性接受隆胸手术而注射入胸部的凝胶显然都是身体的组成部分。而不需专业技术就可以自由拆卸的假牙和假肢则不是身体的组成部分。这些不需技术就可以自由拆卸的辅助医疗器具是民法上的物。而固定的身体引流管因其并非“身体部分的代替物”，所以尽管也需要依赖于专业人员的技术而进行拆卸，但是不应视其为身体的延伸。

患者移植的器官和其他组织是否为身体的组成部分？随着现代医学科学的发展，人类对自身身体认识的不断发展，目前可以进行多种器官和其他人体组织的移植。最简单的移植如输血、植皮，复杂的移植如肾脏移植、心脏移植、角膜移植等。移植以后的器官和其他人体组织与受移植人成为一体的，即成功的移植，该器官或组织应为受移植人身体的组成部分，他人不能再主张这些器官、组织的身体权。

(2)医学领域侵害身体权的常见行为方式

①对患者尸体的损害。自然人死亡后，民事权利丧失，但尸体仍依法受保护。但有些医生及法医在尸体处理或解剖的过程中，为了积累科学研究资料或进行教学，在不征求死者家属意见，未经死者家属同意的情况下，擅自留取死者的组织或器官，如毛发、牙齿、髌骨、耻骨、胸骨等。根据《民法通则》有关规定，该行为即构成对死者身体权的侵害。又如患者死亡后，在没有死者的遗嘱或未征得死者家属同意的情况下，医务人员出于某种医疗目的，擅自摘取死者的眼角膜、内脏等器官，这种行为同样侵害了死者的身体权。

②对身体组织的非法保留、占有和处分。身体权以身体为客体，最重要的就是保持身体的完全性、完整性。所以，任何人，包括医务工作者，在未得到公民允许的情况下，破坏公民身体完整性的行为均构成对身体权的侵害。例如，在医疗实践中，有些医生基于科研目的，经常会需要活体材料(血液、胃内容物、肠内容物等，其中以血液最为常见)做实验。在多数情况下，医务人员利用工作之便，在未经患者同意的情况下，亲自或托他人通过多方取材的方法，切割和保留患者的身体组织、血液等，为自己的实验留出足够量的活体材料。这些未告知患者，未经患者知情并同意且不以诊断治疗为目的的行为，均属于侵害患者身体权的行

为。又如,在外科的各种手术及妇科的处置中,一部分具有代表性的被切除组织,被泡在甲醛溶液中制成了标本,其目的或是为了教学或科研,但多数并没有得到患者的同意。这些行为无疑都构成了对患者身体权的侵害。

2005 年卫生部针对青岛市卫生局《关于产妇分娩后医疗机构如何处理胎盘问题的请示》作出了《关于产妇分娩后胎盘处理问题的批复》(卫政法发〔2005〕123 号)。在该批复中明确指出:“产妇分娩后胎盘应当归产妇所有。产妇放弃或者捐献胎盘的,可以由医疗机构进行处置。任何单位和个人不得买卖胎盘。如果胎盘可能造成传染病传播的,医疗机构应当及时告知产妇,按照《传染病防治法》《医疗废物管理条例》的有关规定进行消毒处理,并按照医疗废物进行处置。”

③对身体组织之不疼痛的侵害。在临床实践中,很多医务人员都有种错误认识,即对患者身体组织的破坏,只要不给患者造成严重的痛楚,都不认为是对患者的侵害。如前所述,患者的身体权同健康权紧密联系,但内容却不尽相同。身体权所保护的是肢体、器官和其他组织的完整状态,而健康权所保护的是各个器官和整个身体功能的健全。根据这一标准,只要是未经患者知情并同意,对人体无感觉神经分布的组织包括头发、眉毛、体毛、指(趾)甲、牙釉质等实施的侵害行为,虽未构成对健康权的侵害,但均构成对患者身体权的侵害。

④实施过度的外科手术。外科医生的工作是以较小的代价换取患者的生命和健康。绝大多数医生的行医目的是崇高而正义的,但也有例外。如果医师因不合于手术之方法或治疗之目的,施行过度致患者的身体受到伤害者,对患者身体的侵害将成为损害赔偿的原因。例如,有些产科医生为减小医疗风险,不考虑剖宫产的适应证,或自行扩大适用剖宫产的范围,盲目地对一些可以自然分娩的产妇实施剖宫产。

⑤违反义务之不作为。医疗行为领域违反义务之不作为而侵害身体权的情形大致有以下三种:一是违反询问义务的不作为。必要的询问对于实施正确的医疗行为具有重要作用,例如,注射抗生素前要询问就医者是否对该抗生素过敏,医生开处方前要询问就医者是否对某些药物过敏或是否正在服用某类型的药物等等。二是违反检查义务的不作为。必要的术前检查对于诊断的作用不言而喻,而必要的术后检查也同样具有重要作用。例如,手术过程中,由于医生大意,未清点物品即缝合切口,致使纱布等遗留在患者体内。三是违反及时施以医疗行为义务的不作为。例如医师实施手术后未及时换药,而致使患者伤口感染。

## 【案例分析4】无手术指征切除子宫案

[案例简介]

患者女性，54岁，因"闭经4年，少量阴道流血2月余"，到甲医院就诊，宫颈取活检后病理诊断：(3、9点)宫颈黏膜慢性炎，(6、12点)鳞状上皮黏膜及固有层内部分组织不清，考虑CIN(子宫颈上皮内瘤样病变)或癌的可能性，建议再取活检确定。患者又到乙医院就诊，该院再次取活检后病理诊断：慢性子宫颈炎。该医院给患者施行腹腔镜下全子宫切除术。术后病理诊断：全切子宫。子宫颈表面见多量纤维素样坏死组织并慢性炎细胞浸润。术后患者发生膀胱阴道瘘，经再次手术治疗痊愈。患方与乙医院发生纠纷，患方自行委托某司法鉴定所进行鉴定。

[评析]

甲医院虽然考虑患者存有CIN或癌的可能性，但未明确诊断，建议再取活检确定。乙医院术前和术后病理诊断患者并不存在CIN或癌。无论是CIN或慢性子宫颈炎，仅以局部治疗为主，乙医院对其施行子宫全切除术无手术指征，属于过度治疗，存有治疗原则错误的过失(侵犯患者身体权)。患者行腹腔镜子宫全切除术后出现膀胱阴道瘘，分析其发生原因，根据盖然性原则，说明术者术中存有操作不当，对其膀胱造成损伤，医方存有术中未尽谨慎注意的过失。医方过失是导致患者子宫被切除和术后膀胱阴道瘘的原因，过失参与度为100%。患者育有2个子女，已过生育年龄，其子宫缺失，现行《劳动能力鉴定职工工伤与职业病致残等级》《道路交通事故受伤人员伤残评定》和《医疗事故分级标准》均无具体相对应之条文，参照上述标准相近条文，综合评定为九级伤残。

(案例来源：本案例为本书主编冯正骏经办案例，由冯正骏提供。)

4. 隐私权

隐私权是自然人享有的对其个人的与公共利益无关的个人信息、私人活动和私有领域进行支配的一种人格权。[①] 隐私权包括这样几种权能：一是隐私隐瞒权，公民对自己的隐私有权隐瞒，使其不为人所知；二是隐私利用权，权利人可以利用自己的隐私，满足自己在精神上物质上的需要；三是隐私支配权，权利人可以支配自己的隐私，准许或者不准许他人知悉或者利用自己的隐私；四是隐私维护权，当自己的隐私被泄露或者被侵害的时候，有权寻求司法保护。

(1)与医疗、护理活动有关的病人隐私权的法律依据。

---

① 王利明：《人格权法新论》，吉林人民出版社1994年版，第12页。

患者享有不公开自己的病情、家庭史、接触史、身体隐私部位、异常生理特征等个人生活秘密和自由的权利，医院及其工作人员不得非法泄露。法律依据为：

《侵权责任法》第六十二条：医疗机构及其医务人员应当对患者的隐私保密。泄露患者隐私或者未经患者同意公开其病历资料，造成患者损害的，应当承担侵权责任。

《执业医师法》第二十二条第三项规定：医师在执业活动中发行关心、爱护、尊重患者，保护患者的隐私的义务。

《护士管理办法》第二十四条：护士在执业中得悉就医者的隐私，不得泄露，但法律另有规定的除外。

《母婴保健法》第三十四条：从事母婴保健工作的人员应当严格遵守职业道德，为当事人保守秘密。

《传染病防治法实施办法》第四十三条：医务人员未经县级以上政府卫生行政部门批准，不得将就诊的淋病、梅毒、麻风病、艾滋病病人和艾滋病病原携带者及其家属的姓名、住址和个人病史公开。

《医务人员医德规范及实施办法》第三条第五项明确规定：为病人保守医密，实行保护性医疗，不泄露病人隐私与秘密。

(2)在医疗护理活动中侵犯患者隐私权的表现。

在医疗护理活动中，由于医生、护士在疾病诊治过程中的特殊地位，有很多机会接触到病人的隐私。但目前因为多方面的原因，患者的隐私权保护还没有得到应有的重视，患者的隐私权受到侵犯的事例时有发生，常见的有：①病历的文书管理欠规范，对患者私人信息缺乏保护意识。②不当暴露患者身体的隐私部位。③在临床教学中涉及的隐私问题。④泄露患者个人信息。男女混住病房、床头卡、化验室任由翻阅的化验单等都不利于保护患者隐私权。

有的医护人员在撰写医学专著、科研论文时，未经患者同意，采用患者的病容照片，或公开患者自然身份特征的病历资料，给患者造成一定的精神负担，严重影响其学习、工作和家庭生活。

(3)患者隐私权的保护。

按照法律的有关规定，医疗机构及其工作人员在知悉了患者隐私的情况下，就产生了为患者保密的义务，即不得违反社会公共利益、社会公德，未经患者同意或授权而披露、利用、传述、散布、窃取患者隐私，以及非法披露、利用死者隐私或以违反社会公共利益、社会公德的其他方式侵害死者隐私。否则，将承担一定的法律责任。如何维护患者的隐私权，如何规范医护人员的医疗行为，防止发生侵权行为，维护医疗机构良好的社会形象，是医护管理者必须面对的现实问题。

(4)患者隐私权的限制[①]

病人有权要求医师守密,不得无故对外泄漏。但下列情形,不属于无故泄漏:

①依法作证。我国诉讼法未规定医生有拒证特权,在法律有要求时,必须依法履行作证义务,就其所知道的案件情况作证,其证言有可能涉及患者的隐私,但这具有法律依据,并不构成对患者隐私权的侵害。

②向有关机构报告。医师执行业务时,遇有法定的报告情形,必须依法定时间向相应的主管机关报告。例如医生将法定传染病的患者信息报告给卫生行政部门或疾病预防控制部门;医生发现患者涉嫌伤害事件或者非正常死亡时,应当按照有关规定向有关部门报告等。

③为开展医学教学或学术研究而引用病例信息时,有可能将病人之秘密泄露于外,此时应该注意选择以损害最小的方法进行,将可能造成的损害降低到最低程度。

5. 肖像权和名誉权

(1)患者的肖像权

《民法通则》规定,未经本人同意,不得以营利为目的使用公民的肖像。

"肖像权"是指公民以在自己的肖像上所体现的利益为内容的权利。医院使用患者的肖像,或与肖像连带的躯体四肢图像展示、播放,如果为了单纯的收集病例资料,不以肖像形式发表,或作为教科书、论文插图而发表,或是拟制作科普宣传资料而使用,应该认定其不违法。如图像是用来作为吸引病人来源的宣传工具,便带有商业广告性质,是以营利为目的的,若不经患者同意,就是侵权。

(2)患者的名誉权

名誉,从字义上解释,就是指公民、法人的名望声誉,也就是指一个公民、一个法人的品德、才干、信誉等在社会中所获得的社会评价。名誉权是指公民或法人对自己在社会生活中所获得的社会评价即自己的名誉,依法所享有的不可侵犯的权利。

名誉直接关系到公民、法人的人格尊严,它是民事主体进行民事活动,乃至其他社会活动的基本条件。法人的名誉表示社会的信誉,这种信誉是法人在比较长的时间内,在它的整个活动中逐步形成的,名誉权是民事主体的一项重要的人身权利。

《民法通则》第一百零一条规定:"公民、法人享有名誉权,公民的人格尊严受法律保护,禁止用侮辱、诽谤等方式损害公民、法人的名誉。"

---

① 王岳:《医事法》,人民卫生出版社 2009 年版,第 49 页。

除了我国宪法、刑法和一些行政法规比较重视这项权利的保护之外,《民法通则》第一百零一条在确认公民、法人享有名誉权的同时,又以禁止性法律规范规定了禁止用侮辱、诽谤等方式损害公民、法人的名誉。

《消费者权益保护法》规定,消费者接受服务时,享有人格尊严、民族风俗习惯得到尊重的权利。

医务人员应做到:尊重患者的人格,忌用嘲讽、污辱性的语言,忌以患者的身体缺陷当笑料,更不能故意传播;尊重患者民族风俗习惯,如患者是少数民族,要详细询问患者的风俗习惯、忌讳,并帮助患者安排好检查、治疗及生活细节。

(二)患者的身份权

身份是主体在团体或者社会体系所形成的稳定关系中所处的地位。身份权是指民事主体基于特定的身份关系产生并由其专属享有,以其体现的身份利益为客体,为维护该种关系所必需的权利。① 身份权主要包括亲权、配偶权、亲属权和监护权等。

1. 亲权

亲权,是指父母对未成年子女在人身和财产方面的管教和保护的权利和义务。亲权只存在于父母与未成年子女之间,也只能在子女未成年阶段行使。对于成年子女,则不存在亲权,因此,亲权的行使具有时间性。

亲权的内容是亲权制度的核心。从各国的亲权内容分析,主要包括人身方面的亲权和财产方面的亲权两部分。

(1)人身方面的亲权包括姓名决定权、抚养教育权、管束保护权、惩戒权、子女交还请求权、住所指定权、身份行为的法定代理权和同意权以及赔偿义务。

(2)财产方面的亲权包括财产行为的代理权和同意权、管理权、用益权和处分权。

在医学领域侵犯患者亲权的情形主要见于在产科因抱错婴儿导致的“串子案”,以及人工生殖技术精子调包的案例。

## 【案例分析5】产科抱错婴儿导致的“串子案”

[案例简介]

1981年10月29日,赵盛强妻子宫克在通化市人民医院产下一男婴。20年后,他们的儿子赵达在大学参加献血时,得知与父母血型不符。费尽周折,夫妇二人终于查明,当时与他们邻床的孙华东夫妇的儿子孙超酷似赵盛强。随后,赵家和孙家共六人作亲子鉴定,证明孙超与赵盛强夫妇有血缘关系,而

① 杨立新:《人身权法论》,人民法院出版社2002年版,第103页。

赵达与赵盛强夫妇和孙华东夫妇均没有血缘关系。经过多方寻找，赵达的亲生父母及孙华东夫妇的亲生儿子没有下落。2002 年夏天，赵孙两家六人以侵权为案由起诉通化市人民医院，要求其赔偿 360 余万元的财产损失和精神损害费。2003 年 4 月 22 日通化市中级人民法院作出终审判决，判令通化市人民医院立即赔偿赵盛强夫妇寻子寻亲费用 4.5 万元，赔偿两人精神损害抚慰金各 5 万元；判令该医院立即赔偿孙华东夫妇精神损害抚慰金 10 万元，赔偿两人抚养孙超抚养费 35457.98 元；判令该医院立即赔偿赵达精神损害抚慰金 10 万元；判令该医院立即赔偿孙超精神损害抚慰金 4 万元、寻亲费 1400 元。

[评析]

根据《医疗事故处理条例》的规定，医疗事故是指医疗机构及其医务人员在医疗活动中，违反医疗卫生管理法律、行政法规、部门规章和诊疗护理规范、常规，过失造成患者人身损害的事故。因在此案中，医院并未造成患者人身损害，而是造成了赵孙两家的财产损失和精神痛苦，故不属于《医疗事故处理条例》调整的范围。根据《最高人民法院关于参照〈医疗事故处理条例〉审理医疗纠纷民事案件的通知》的规定，因医疗事故以外的原因引起的其他医疗赔偿纠纷，适用《民法通则》的规定，故此案应属于医疗事故以外的侵权行为，应在《民法通则》及其配套司法解释中寻找相应的请求权基础。

民事权利分为财产权与非财产权，其中非财产权又可分为人格权和身份权。首先，赵孙两家财产虽遭到损害，但医院并不是他们的财产权，而是因为侵犯其非财产权而使其遭受的财产损失。既然医院侵犯的是他们的非财产权，那么究竟是人格权还是身份权呢？从法学理论上说，人格权以人格利益为客体，人格利益包括维护公民生理活动能力的安全利益、主体人身专有标志的安全利益、主体所获得的良好社会评价等，而身份权的客体则是基于一定的身份所取得的利益，简称为身份利益。从本案来看，赵孙两家六人虽然精神受到严重损害，但其人格利益并未受损，因为其相关的安全利益未受损且社会评价并未降低（反而引起人们的广泛同情），他们所受的损害是一种基于身份关系上的损害，如父子关系、母子关系等，故可以说，他们遭受损害的是一种身份权，更进一步说，就是亲权。赵盛强夫妇与孙华东夫妇遭受损害的主要是对子女养化教育的权利，而赵达和孙超遭受损害的是获得父母养化教育的权利。

（案例来源：通化市的日志：《20 多年前孩子抱错通化“串子案件”终审开庭》，2013 年 2 月 21 日，http://blog.renren.com/share/258189398/15358694872。）

## 【案例分析6】人工授精精子调包案

[案例简介]

2005年7月，王晖（化名）和陈莉（化名）在某医科大学第四医院（以下简称省四院）通过人工授精技术受孕，2006年3月，陈莉产下一男婴。

2006年6月，在例行的新生儿体检中，发现孩子的血型是“A”型，夫妻双方的血型都是“O”型，男婴血型与夫妻双方不符，经亲子鉴定证实，男婴是陈莉亲生，与王晖无关。

同时在该门诊做人工授精手术的还有另两对夫妇，另两对夫妇人工授精均未成功。经了解，其中一对夫妇男方血型为“B”型，可以排除与婴儿的关系。另一对夫妇，由于男方在手术后车祸身亡，他的血型不得而知，孩子生父是否就是这位车祸身亡的男子，无法确认。

[评析]

人工授精是指将男性精液用人工方法注入女性子宫颈或宫腔内，以协助受孕的方法。主要用于男性不育症。人工授精有配偶间人工授精、非配偶间人工授精两种。

精液处理需要离心两次，更换试管两次。最后将处理好的精子，与女方核对名字后，由术者送入女方宫腔。当天3对夫妇同时进行精液处理，取精杯、试管均写有患方妻子的名字。

出现问题的原因可能有三点：其一，患者提供非自己的精子，但医院在这方面监管比较严格，这种可能性不大；其二，在精液分离、转换试管过程中，医院疏忽大意把标记搞错了；其三，医院利用的是供精者的精子，即其他人的精子。这三种出错的可能性中，第二种可能性相对大一些。患者到医院实施人工授精，生了孩子不是自己的，医院难脱责任。

根据《医疗事故处理条例》对于医疗事故的定义：本条例所称医疗事故，是指医疗机构及其医务人员在医疗活动中，违反医疗卫生管理法律、行政法规、部门规章和诊疗护理规范、常规，过失造成患者人身损害的事故。在这个案例中，患者遭受的精神伤害远远大于人身损害，可视为侵犯患者身份权，确切地说是亲权。

在这个案例中，侵权纠纷中包括医疗事故。医疗事故的赔偿会根据具体伤害程度有最高赔偿额度，侵权方面的赔偿则无最高额度，由法院行使自由裁量权来裁决。

（案例来源：王伟：《医院人工授精精子调包夫妇索赔百万欲瞒天过海》，2006年12月28日，http://news.sohu.com/20061228/n247311223.shtml。）

2.配偶权

配偶权是指存在合法有效婚姻的夫妻关系之间互为配偶，并以夫妻之间的特定身份利益为内容的基本身份权。配偶权是以配偶关系中特定的身份利益为客体的身份权，其权利主体是存在合法有效婚姻的夫妻双方。配偶权具有绝对权和支配权的属性。配偶权的基本内容主要包括：①配偶间相互扶助、扶养的权利和义务；②配偶间忠诚的权利和义务；③配偶间的姓氏决定权和住所决定权；④配偶间的社会活动自由权和日常事务代理权。

配偶权牵扯到身份权之存废、婚内强奸、婚外性关系等若干问题，非本书讨论的范围。

3.亲属权

亲属权，指民事主体因血缘、收养等关系产生的特定身份而享有的民事权利。具体可划分为：父母与未成年子女之间的权利；祖父母、外祖父母与孙子女、外孙子女之间的权利；兄弟姐妹之间的权利。[①] 亲属权是以亲属关系中特定的身份利益为客体的人格权，是专属于具有一定亲属关系的自然人的身份权利。亲属权的基本内容主要包括：①亲属间相互抚养、赡养和扶养的权利和义务；②亲属间的监护、互助和互谅的义务；③亲属间表明相互间身份关系并因此享有一定利益的权利，如财产的代管、继承等权利。

在医学领域与亲属权有关的纠纷主要与知情同意权有关。

## 【案例分析7】患者危笃家属签字放弃治疗不救而亡案

[案例简介]

患者黄某，因与丈夫薛某发生矛盾，一气之下喝了农药。薛某将黄某就近送到某三甲医院急诊，送到医院时黄某处于嗜睡状态，推之可醒并可进行交流。医院拟实施抢救，让薛某签字，不料薛某签字"放弃治疗"并带黄某离院。第二天黄某死于家中。患者死后，黄某娘家人气愤不已，认为是医院和薛某合谋害死了黄某，据此将医院诉至法院，要求医院赔偿。最终因患者当时有判断能力并能交流，院方未找患者签字却找正与其讴气的丈夫签字而败诉，院方承担全部责任。

[评析]

知情同意权是在法定情况下，医方需要取得患方的书面意见后，才能实施相关诊疗措施的行为。签字需要具备几个要素：法定情况、患方以及患方的书面意见。在特殊情况、特定条件下，医方需要对患者（方）进行告知，需要患者（方）签字。医疗法律、法规对医疗告知有较详细的规定，如《医疗机构管理条

① 王利明：《民法》，中国人民大学出版社2000年版，第512页。

例实施细则》第六十二条规定:"医疗机构应当尊重患者对自己的病情、诊断、治疗的知情权利。在实施手术、特殊检查、特殊治疗时,应当向患者作必要的解释。因实施保护性医疗措施不宜向患者说明情况的,应当将有关情况通知患者家属。"特殊检查、特殊治疗,是指有一定危险性,可能产生不良后果的检查和治疗;由于患者体质特殊或者病情危笃,可能对患者产生不良后果和危险的检查和治疗。

这里的"患方"是指患者及其家属。家属包括与患者有血缘或姻亲关系的人,还包括有利害关系的人,比如朋友、同事、领导等。根据《医疗机构管理条例》第三十三条规定:"医疗机构施行手术、特殊检查或者特殊治疗时,必须征得患者同意,并应当取得其家属或者关系人同意并签字;无法取得患者意见时,应当取得家属或者关系人同意并签字;无法取得患者意见又无家属或者关系人在场,或者遇到其他特殊情况时,经治医师应当提出医疗处置方案,在取得医疗机构负责人或者被授权负责人员的批准后实施。"

显然,当出现患者需要手术、特殊检查、特殊治疗的情况时,医方必须向患方告知,并取得患方的签字。根据上述条款,恪守签字原则,签字的顺序应该是,首先由患者本人签字,患者不能签字的情况下再由家属或者关系人签字。只有当患者是无民事行为能力人或者限制民事行为能力人,以及在患者昏迷的情况下(也就是无法取得患者本人意见时),才应该取得家属或关系人意见。结合本案,患者黄某处在嗜睡状态,尚可以进行交流,医师首先应当向黄某告知病情、诊疗措施,取得其本人意见后,才能再让其丈夫签字。

(案例来源:陈云芳:《患者危笃家属签字放弃治疗不救而亡医院承担全部责任》,《医师报》2009 年 11 月 10 日。)

## 【案例分析 8】乳腺癌切除术案

[案例简介]

患者女性,30 岁,发现左侧乳房有一肿块到医院就诊。医生经过检查诊断后明确为乳腺癌而将其收住入院手术治疗。手术医师告诉病人的丈夫,病人需作左侧乳腺切除,丈夫表示同意,并在术前通知书上签了字。手术经过顺利,术后病人清醒后,发现自己左侧乳房已被切除,情绪低落,痛哭流涕,将医院及医生告上了法庭。医生说,做手术前我们告诉了你的丈夫,而且你的丈夫也签了同意书。病人说,问题是你医生手术前为什么不告诉我手术方案。我作为一个年轻的女性不能没有乳房,丈夫签字不能代表我的意见。

(案例来源:一民:《知情同意与保护性医疗制度:医生的难处》,《中国医院》2007 年第 7 期。)

## 【案例分析 9】胃癌切除术案

[案例简介]

患者女性，50 岁，农民，因患胃体部肿瘤收入普外科病房进行手术。由于患者心理负担很重，确诊为肿瘤后，患者的丈夫向经治医生提出尽量不要让患者知道她患了癌症。医生为她做了全胃切除并空肠代胃手术，经过顺利，恢复良好。出院前一天，医生为她做最后一次 B 超检查。在检查中，病人一再询问 B 超医生她胃的情况，医生告诉她已经做过胃切除了。由此，病人意识到自己因患癌症才做了全胃切除手术。当晚病人跳楼自杀身亡。病人丈夫吵到医院，要追究医院的责任，并向医院索赔人民币 14 万元。

[评析]

上述两个案例是较为典型的知情同意权与保护性医疗制度发生的碰撞。近年来，医患矛盾的许多方面均涉及患者的知情同意权，也成为医患矛盾的一个焦点问题。患者的知情同意权是国际上公认的患者的基本权利之一。《医疗事故处理条例》《侵权责任法》也明确规定了保障患者的知情权。患者的知情同意权也越来越多地受到广大医务人员的重视。根据现代法理学，医生为患者实施治疗，尤其是侵袭性治疗，其行为由形式的不合法化为实质上的合法要同时具备三个条件：一是法律的许可与保障，二是出于治疗目的，三是得到患方的承诺。法律界认为患者有自己身体的处置权，最终形成目前患者知情同意权这一患者的法律权利。从伦理学基础讲，知情同意是尊重人的自主权，同时还是基于患者不受伤害的基本伦理。

患者是一个复杂的群体，由于知识层次、文化背景、心理素质、人生价值等方面存在巨大的差异，对治疗的结果、预后的期望也会有很大的不同，再加上家庭社会等方方面面的影响，综合反映在患者身上会出现各种结果。

根据《执业医师法》，患者的知情同意权是患者的基本权利，履行告知义务是医师的一项基本义务。患者的知情同意要有以下几个条件：患者必须具有完全民事行为能力，必须由其本人亲自作出方为有效。如果是未成年人，必须由其监护人和法定代理人同意。但如果一个具有民事行为能力的患者因遭受疾病打击而神志不清、情绪不稳定时，或因患者年老、文化教育水平低等因素影响其对医疗措施的理解时，或在有些情况下，将病情告知患者可能给其心理和生命健康带来重大危害时，如患者的心理承受能力差，病情如实告知后会精神崩溃，丧失治疗信心，出现自杀倾向，等等，则应优先采取保护性的医疗制度。此时应由患者家属行使知情同意权。

首先，医师应向患者家属说明情况，采用由患者授权其家属代理行使知情同意权的方法,并由代理人对医疗措施作出选择。医院必须取得患者亲笔签名的书面授权委托书,证明患者委托其家属代为行使知情同意权。作为代理人的家属还应向院方提交身份证和证明亲属关系的有关证明,如户籍资料。再由代理的家属履行知情同意的相关权力。因病情导致无法进行书面授权的,医务人员应与病人家属充分沟通说明情况并征得同意,还应当将病人情况和与家属的沟通情况在病历中记载清楚,随后由患者家属行使知情同意权,并履行相关义务。

案例8中,患者完全具有民事行为能力,只要本人有同意能力,医疗行为应以本人同意为原则。仅要求患者家属签字同意是一个误区,常常是引起医疗纠纷的一个原因。通常只有患者没有同意能力时,才由近亲属或监护人代为同意。一个年轻女性的乳房肿块,入院时若明确为乳腺癌,应充分告知患者治疗方案和预后,包括根治手术而作乳房切除的可能性和必要性,同时辅以一定的心理疏导,以征得患者对治疗方案的同意和使其做好失去一侧乳房的心理准备。当然,患者有自主作出选择(同意或不同意)的权利。

案例9中,患者是来自农村的50岁妇女,文化层次较低,对肿瘤及预后不甚了解,心理承受力较差。患者的丈夫提出不要让其知道患癌症后,院方应尽量采取保护性医疗措施,以避免对患者产生不利后果。但最后患者还是猜测到自己的疾病而跳楼自杀身亡,产生了不利后果。整个过程中关键是院方的保护性医疗措施是否到位,在发现病人情绪异常时有否采取预防性措施,包括对病人自杀倾向的监管措施。如果院方采取了措施,而病人一意孤行地自杀,院方不必担责任。同时,《执业医师法》和《医疗事故处理条例》对知情同意后患者产生的不利后果医务人员应负何责尚无明确界定。但医院还是应从"以人为本"的角度,要在"避免"上多做文章,多下功夫。因为医疗行为的最终目的是要保护患者的生命权。

(案例来源:一民:《知情同意与保护性医疗制度:医生的难处》,《中国医院》2007年第7期。)

## 【案例分析10】沈阳医学院擅自火化尸体被判侵权案

### [案例简介]

老张夫妇的儿子小张生前在沈阳打工。2000年6月2日,小张在工作中触电受伤,到医院经抢救后医治无效身亡。之后,经公安部门指定,其尸体存放在沈阳医学院。几日后,老张夫妇到这家医学院看望儿子遗体。此时,这家医学院要求老张夫妇支付保管费。但老张表示,他正在与儿子死亡事故的责任人进行赔偿诉讼，保管费以后再说。因协商未果，2000 年 10 月，沈阳医学院在未通知老张夫妇的情况下，将小张尸体按无主尸体火化，导致老张夫妇未能见到儿子最后一面，留下终身遗憾。沈阳医学院擅自处理尸体的行为惹怒了老张夫妇，他们将医学院告上法庭。沈阳医学院辩解称：自己是受公安部门委托，代为保管和处理身源不明的尸体，处理小张尸体的行为符合法律规定。

法院审理认为：沈阳医学院是接公安机关的通知，履行保管死者尸体的义务的，但当老张夫妇前往医院探望其子尸体后，小张尸体已不属于身源不明的尸体范围。医学院在不通知死者家属的情况下，擅自处理小张尸体，使老张夫妇无法对其子遗体进行告别、悼念和表达哀思，造成了死者亲属的精神痛苦。医学院对此负有精神损害赔偿责任。为此，沈阳市中级人民法院判决，沈阳医学院赔偿老张夫妇二人精神抚慰金各 5000 元。

［评析］

医院处理尸体应格外慎重，即使是无主尸体，也应先请示公安机关，待得到答复后再作决定。死者近亲属有权利在死者死亡后见其最后一面，并处理有关丧葬事宜及其他事宜。这些权利都是亲属权的体现。医学院在不通知死者家属的情况下，擅自处理小张尸体，使老张夫妇无法对儿子遗体进行告别、悼念和表达哀思，造成了死者亲属的精神痛苦。本案中，沈阳医学院侵犯的是老张夫妇的亲属权。侵害亲属权的侵权行为责任，主要是赔礼道歉和损害赔偿。如果侵害的是精神性的身份利益，比如像老张夫妇对儿子的祭奠权，应该对其进行精神损害赔偿。这种赔偿应当是象征性的，也就是象征性地赔偿精神损害抚慰金即可，这一方面是对受害人的安慰，另一方面也证明侵权人的行为的性质。另外，老张夫妇在处理儿子人身损害赔偿诉讼的过程中，与医学院发生尸体保管费纠纷。老张正确的做法应是先垫付此费用，再在诉讼赔偿中获得此项补偿，这样就不会出现如此遗憾的事。

（案例来源：周贤忠等：《沈阳医学院擅自火化尸体被判侵犯亲属权》，《云南日报》2006 年 01 月 12 日。）

4. 监护权

监护人是指对未成年人、无民事行为能力或者限制民事行为能力的精神病人的人身、财产以及其他一切合法权益依法进行监督和保护的人。

(1)民事行为能力。

《民法通则》规定，十八周岁以上的公民是成年人，具有完全民事行为能力，可以独立进行民事活动，是完全民事行为能力人。十六周岁以上不满十八周岁的公民，以自己的劳动收入为主要生活来源的，视为完全民事行为能力人。十周岁以上的未成年人是限制民事行为能力人，可以进行与他的年龄、智力相适应的民事活动;其他民事活动由他的法定代理人代理,或者征得他的法定代理人的同意。不满十周岁的未成年人是无民事行为能力人,由他的法定代理人代理民事活动。不能辨认自己行为的精神病人是无民事行为能力人,由他的法定代理人代理民事活动。不能完全辨认自己行为的精神病人是限制民事行为能力人,可以进行与他的精神健康状况相适应的民事活动;其他民事活动由他的法定代理人代理,或者征得他的法定代理人的同意。

(2)监护人的确定。

①未成年人监护人的确定。未成年人的父母是未成年人的监护人。未成年人的父母已经死亡或者没有监护能力的,由下列人员中有监护能力的人担任监护人:祖父母、外祖父母;兄、姐;关系密切的其他亲属、朋友愿意承担监护责任,经未成年人的父母的所在单位或者未成年人住所地的居民委员会、村民委员会同意的。对担任监护人有争议的,由未成年人的父母的所在单位或者未成年人住所地的居民委员会、村民委员会在近亲属中指定。对指定不服提起诉讼的,由人民法院裁决。没有上述监护人的,由未成年人的父母的所在单位或者未成年人住所地的居民委员会、村民委员会或者民政部门担任监护人。

②无民事行为能力或者限制民事行为能力的精神病人监护人的确定。无民事行为能力或者限制民事行为能力的精神病人,由下列人员担任监护人:配偶;父母;成年子女;其他近亲属;关系密切的其他亲属、朋友愿意承担监护责任,经精神病人所在单位或者住所地的居民委员会、村民委员会同意的。对担任监护人有争议的,由精神病人所在单位或者住所地的居民委员会、村民委员会在近亲属中指定。对指定不服提起诉讼的,由人民法院裁决。没有上述监护人的,由精神病人所在单位或者住所地的居民委员会、村民委员会或者民政部门担任监护人。

精神病人的利害关系人可以向人民法院申请宣告精神病人为无民事行为能力人或者限制民事行为能力人。被人民法院宣告为无民事行为能力人或者限制民事行为能力人的,根据他健康恢复的状况,经本人或者利害关系人申请,人民法院可以宣告他为限制民事行为能力人或者完全民事行为能力人。

(3)监护人的法律意义

无民事行为能力人、限制民事行为能力人的监护人是他的法定代理人。监护权是监护人对被监护人的人身、财产和其他权益进行监督和保护的权利。监护是指依照法律规定,对未成年人、无民事行为能力或限制民事行为能力的精神病人的人身、财产及其他合法权益进行监督和保护的法律制度。其目的是为了保护无行为能力人和限制行为能力人的一切合法权利,保护正常的社会经济秩序。监护既是监护人的义务,又是监护人的权利。

监护人应当履行监护职责，保护被监护人的人身、财产及其他合法权益，除为被监护人的利益外，不得处理被监护人的财产。监护人依法履行监护的权利，受法律保护。监护人不履行监护职责或者侵害被监护人的合法权益的，应当承担责任；给被监护人造成财产损失的，应当赔偿损失。人民法院可以根据有关人员或者有关单位的申请，撤销监护人的资格。

## 二、患者在医疗过程中的具体权利

### （一）患者享有平等医疗权

患者最基本的权利就是平等医疗权，患者作为人要受到尊重，凡患者不分性别、年龄、国籍、民族、信仰、社会地位和病情轻重，都有权受到礼貌周到、耐心细致、合理连续的诊治。凡病情需要，都有权获得有助于改善健康状况的诊断方法、治疗措施、护理条件。

### （二）患者享有医疗自主权

广义的医疗自主权包括医疗选择权、医疗同意权与拒绝医疗权，本节的医疗自主权仅指医疗选择权，包括选择和拒绝医疗权。医疗同意权放在患者的知情同意权中论述。

医疗自主权是指患者自由选择或者变更为其治疗的医生、医院或其他提供医疗保健服务的机构，或者在存在多种诊断、检验结果，存在多种治疗或药剂方案时，患者从中进行选择并决定的权利。

患者有民事行为能力，这是患者实施自主权的必要条件。还有，患者要充分知情。只有在医患充分交流的基础上，医务人员向患者详细说明疾病诊断、治疗及预后等的情况后，患者才能进行自主决定，充分表达自己的意愿。这一点是患者行使医疗自主权的关键所在。

患者医疗自主权的主要内容有：

①有权自主选择医疗单位、医疗服务和医务人员。

②有权自主决定接受或不接受任何一项医疗服务，特殊情况下如患者生命危急、神志不清不能自主表达意见时可由患者家属决定。

该项内容也包括治疗方式的选择。由于疾病的不同、患者身体条件的差异，不同病人的治疗方法也会有所不同，有的甚至有多种选择。

③在不违反法律、法规的前提下，患者有要求出院及转院的权利。如果患者要求出院或转院而医生认为患者病情未痊愈而不宜出院或其他情况不宜出院或转院的，应在医嘱和病历记录中写明。

④有权自主决定其遗体或器官如何使用。患者在没有死亡之前，在法律规定范围内对自己的身体有处置的权利，也享有对自己后事的处分权，包括遗体和

器官是否捐献，如何下葬等。医院应尊重遗体的处分权，不得侵犯病人及其家属的处分权。对因医学需要须进行尸体解剖的，应按照卫生部发布的《解剖尸体规则》处理。患者死亡后，其近亲属有权行使此项权利。

患者的自主权并不是无限制性的，患者的自主权必须服从国家法律法规的特别规定。如患者的入院治疗、出院、转院等均必须服从国家法律的规定和医务人员的管理与医嘱。

对于患者是否有拒绝治疗的权利，这个问题还没有明确的法律规定。一般认为，患者也有拒绝治疗的权利。在医生充分履行告知的义务，使患者知道拒绝治疗的利弊及产生的后果之后，患者如仍选择拒绝治疗，就必须自己承担其后果。但拒绝治疗权的行使不是无条件的。某些特殊情况的患者不得拒绝治疗，如吸毒者、传染性疾病患者、严重精神病发病期间的患者等。

（三）患者享有知情权和知情同意权

知情权是指公民应该享有知晓与自己利益相关情况的权利。患者的知情权是指患者在治疗过程中有权获得必要信息的权利，包括有关医疗机构和医生的资质、治疗环境、仪器设备等方面的医疗背景信息，以及直接与患者的病症和治疗有关的具体信息。患者知情权是法律赋予患者的一项基本权利，这是司法自治原则在医患关系中的体现，是尊重患者的选择权与决定权的体现。

患者知情同意权是近年来在医疗诉讼过程中逐步从知情权分化出来的特殊权利，是指在充分知情的基础上，患者对医护人员的建议、方案、决定自愿赞成或默许，同意进行诊断、检查及治疗的权利。同时它又是一项义务，是患者必须履行的，必须作出同意或者不同意的表示，并且必须签字表明。知情是同意的前提与基础，同意是知情的结果和价值体现。患者的同意权只有在完整、客观、真实的知情后才有可能得以实现。

1.我国现行法律、法规对患者知情同意权的规定

《侵权责任法》第五十五条：医务人员在诊疗活动中应当向患者说明病情和医疗措施。需要实施手术、特殊检查、特殊治疗的，医务人员应当及时向患者说明医疗风险、替代医疗方案等情况，并取得其书面同意；不宜向患者说明的，应当向患者的近亲属说明，并取得其书面同意。医务人员未尽到前款义务，造成患者损害的，医疗机构应当承担赔偿责任。

《执业医师法》第二十六条：医师应当如实向患者或者其家属介绍病情，但应注意避免对患者产生不利后果。医师进行实验性临床医疗，应当经医院批准并征得患者本人或者其家属同意。

《医疗事故处理条例》第十一条：在医疗活动中，医疗机构及其医务人员应当将患者的病情、医疗措施、医疗风险等如实告知患者，及时解答其咨询；但是，应

当避免对患者产生不利后果。此外，该条例第十条对患者方病历资料复印(复制)权的规定，第十六条、第十七条关于患者方享有的对主观性病历资料及现场实物进行封存和启封的权利的规定，都是保障患者知情权的重要措施。

《医疗机构病历管理规定》明确规定了患者享有病历复印权。医学资料，尤其是病历资料的获取，是保障患者知情权的重要表现。

《医疗机构管理条例》第二十六条：医疗机构必须将《医疗机构执业许可证》、诊疗科目、诊疗时间和收费标准悬挂于明显处所。

《医疗机构管理条例》第三十条：医疗机构工作人员上岗工作，必须佩带载有本人姓名、职务或者职称的标牌。

《医疗机构管理条例》第三十三条：医疗机构施行手术、特殊检查或者特殊治疗时，必须征得患者同意，并应当取得其家属或者关系人同意并签字。

所谓特殊检查、特殊治疗，是指下列情形之一的诊断、治疗活动：

①具有一定危险性，可能产生不良后果的诊断、治疗活动；

②由于患者体质特殊或者病情危重，可能对患者产生不良后果和危险的检查与治疗；

③临床试验性检查和治疗；

④收费可能对患者造成较大经济负担的检查和治疗。

《医疗机构管理条例实施细则》第六十二条：医疗机构应当尊重患者对自己的病情、诊断、治疗的知情权利。在实施手术、特殊检查、特殊治疗时，应当向患者作必要的解释。因实施保护性医疗措施不宜向患者说明情况的，应当将有关情况通知患者家属。

2.患者知情权和知情同意权的作用

患者知情权是平衡医患双方信息不对称的重要手段。赋予患者知情权，可以在一定程度上弥补患者在实际能力上的不足，纠正医患双方的不对等状态。

另外，患者知情权是阻却医疗侵权行为，保障患者充分行使自主权的前提和基础。医疗行为具有一定的侵袭性，阻却其成为侵权行为的必要条件是获得患者的授权。而患者知情权是成就该授权的前提。

从另一方面来看，患方的知情权与医方的知情权也是密切相关的，两者对立统一于疾病的诊疗过程中。在医患关系中，患方的知情权建立在医方知情的基础上，因为医方首先要对患者的病情有正确的认识和了解才能完全正确地将信息告知患者，所以医方知情权的享有是保证患方知情权的关键前提，患者应如实向医方告知自己的病情，不得有所隐瞒。

3.患者知情权和知情同意权的权利主体

《侵权责任法》第五十五条非常明确地指出："医务人员在诊疗活动中应当向

患者说明病情和医疗措施。需要实施手术、特殊检查、特殊治疗的,医务人员应当及时向患者说明医疗风险、替代医疗方案等情况,并取得其书面同意;不宜向患者说明的,应当向患者的近亲属说明,并取得其书面同意。”

根据上述规定,患者知情权和知情同意权应当由患者本人享有,因此,医方履行告知义务时也必须向患者本人进行。当患者处于昏迷或非理智状态时,其知情权可以由他的法定监护人或近亲属来代为行使。但患者的知情权并不因此而丧失,待他具备或恢复理性思维后可以随时由自己来行使。另外,当对患者实行保护性医疗措施时,为了患者本人的利益暂时不将真实情况直接告知他,而是告诉其监护人或近亲属,但必须取得患者亲笔签名的书面授权委托书,证明患者委托其亲属代为行使知情同意权。作为代理人的亲属还应向院方提交身份证和证明亲属关系的有关证明,如户籍资料等。再由代理的亲属履行知情同意的相关权利。因病情导致无法进行书面授权的,医务人员应与病人亲属充分沟通说明情况并征得同意,还应当将病人情况和与亲属沟通情况在病历中记载清楚,最好由患者亲属签字证实。随后由患者亲属行使知情同意权,并履行相关义务。

患者行使知情权应具有完全民事行为能力。对于未成年人患者,知情权的主体是双亲;对于精神病患者、神志不明的患者,知情权的主体是配偶、双亲、成年子女、其他近亲属等。

4.患者知情权和知情同意权的表达和生效

(1)患者知情和知情同意作为一项承诺,一般用书面形式表达,不管是否同意均应签字表明。口头形式是例外,仅适用于门诊检查、病房查房、一般药物治疗、常规临床检查,手术过程中遇到紧急或需要及时变更情况,抢救过程中施行紧急措施,医学教学过程等情形。

(2)患者的同意必须具备以下条件才能生效:

①患者必须具有同意的能力。一般来说,同意的主体应当是患者本人,而且必须是十八周岁以上,神志清楚、有完全民事行为能力的人。对于未成年患者,知情同意的主体是其父母;对于有精神疾病、神志不清的患者,主体是其配偶、双亲、成年子女、亲属等。

②患者充分理解了知情同意的内容。如果患者未能真正理解被告知的信息内容则同意无效。如果医方夸大或缩小医学信息,误导、欺骗或隐瞒就医者,那么患者在错误理解的基础上作出的错误决定视为无效。

③患者是自愿地作出同意。受强迫或不当影响下所做的决定无效。

5.患者知情权应包括的内容

(1)患者有权知道医疗背景方面的信息,即有关医疗机构和医生的资质、治疗环境、仪器设备、患者如何就诊等方面的信息。

（2）患者对其疾病以及疾病的诊断、治疗具有知情权。患者有权利从医生处获知有关自己目前的病情，该疾病目前的主要治疗方法，需接受的检验，医生的治疗建议，实施某种治疗的性质和目的，治疗方法、成效以及实施治疗的程序，可选择的手术或非手术治疗方案的可行性及益处，成功的可能性、可能伴随的危险，医生对手术中危险的把握以及防范处理的方案，如不采取治疗的后果等，并有权要求医生作出通俗易懂的解释。从医疗角度不宜相告的或当时尚未明确诊断的，应向其家属解释。此外，患者也有权知道处方药物的名称，以及该药物在通常情况下的治疗作用及可能产生的副作用和正确的用法、用量等情况。

（3）患者的病历资料查阅权、复制权和封存权。

患者有权获知有关自己病情及治疗方面的病历资料，对客观性病历有权进行复制，对于主观性病历资料，有权与医方共同予以封存和启封。

患者查阅和复制病历有利于患者的知情权与自我决定权的行使。患者在对自己的病情及治疗情况有更多了解的基础之上，能够更理性地行使自我决定权。赋予患者查阅和复制病历的权利，其实也是医方履行说明义务的一种方式。患者查阅和复制病历有利于加强对医方行为的监督，防止在医疗事故发生后，医方涂改病历行为的发生。

当患者提出希望获得病历的要求时，无论是否发生医疗事故争议，医疗机构均应提供复印或复制服务。复印或复制病历时，应当医患双方共同在场，以确保复印或复制病历的真实性、有效性。复印或复制完成后，经核对无误，医疗机构应在复印或复制病历的每一页上加盖医疗机构印章。

（4）患者对医疗费用有知情权。这是患者当然的权利。患者有责任向医院支付医疗费用，也有权利了解费用的开支情况。医院有责任对患者提出的任何质疑作出明确和让患者满意的答复。

（四）患者享有医疗场所硬件安全权

医患关系成立后，为患者提供保障人身、财产安全的医疗服务，是医疗机构应尽的法定义务。在医患双方存在合同关系的情况下，该义务同时构成医方的合同义务。这里所说的医疗服务，既包括诊疗、护理行为本身，也包括为实现诊疗护理的目的而必须向患者提供的医疗机构的硬件与行政管理服务。

为此，患者有权要求医疗机构尽到如下义务：

（1）医疗机构应保持环境整洁，秩序安宁。

（2）医疗机构应保证其所提供的医疗设施性能良好，不存在妨碍患者安全的因素。

（3）医疗机构负有维护其建筑物处于安全状态的义务。

（4）医疗机构应建立院内感染控制措施，避免患者感染其他疾病。

## 【案例分析11】住院患者坠楼死亡案

［案例简介］

患者男性，因病于2008年5月28日入住某医院治疗，采用的是二级护理标准。2008年7月5日凌晨1时许，患者在经过护士值班台后至配餐室坠楼到三楼。事发前值班护士查房时已发现患者未在病床上，但仍轻率地在巡视单上签名确认无异常。院方在接到值班护士反映患者失踪后，立即报警并通知患者家属。

患方诉称，因被告疏忽看护，患者自医院七楼的配餐室坠落至三楼。在坠楼后，医方又未能进行及时抢救，造成患者最终死亡。医方的行为构成了对患者生命权的侵权，并给家属带来了精神上的创伤，故理应承担赔偿责任。

法院审理认为，公民享有生命健康权。根据相关法律的规定，从事住宿、餐饮、娱乐等经营活动或者其他社会活动的自然人、法人、其他组织，未尽合理限度范围内的安全保障义务致使他人遭受人身损害的，应当承担相应的赔偿责任。被告医院作为从事社会活动的组织，对入住该院的病人负有提供良好的医疗服务与医治方案的义务。良好的医疗服务应包括关注病人的衣食住行、心情变化以及病人在住院期间的必要的人身安全保障义务。但该安全保障义务仅限于"合理限度范围内"，即作为理性人对该场所内可能出现的各种危险情况应采取相应的措施，包括询问、指示说明、告知等，以防他人遭受损害。本案中，受害人作为具有完全民事行为能力之人，其选择坠楼身亡确与被告无直接的因果关系，但被告作为一家医院，在受害人坠楼前，查房护士未见病人却因疏忽未向同房病人询问受害人的去向，受害人深夜前去配餐室(需经过护士值班台)，值班人员亦未察觉异样，其过失已经构成了理性人未尽到对该场所内所负的合理限度范围内的安全保障义务的责任，故被告在此事件中应承担相应的民事责任，根据被告的过错程度，本院确定由被告承担5%的责任为宜。

（案例来源：王娟等：《72岁老人医院坠楼身亡院方被判赔偿一万余元》，《劳动报》2009年08月12日。）

（五）患者的监督权

患者在接受治疗的过程中，有监督维护自己医疗权利实现的权利。患者的监督权具体表现为在病人的医疗权利受到侵犯、生命受到威胁而又被拒绝治疗时，病人有权直接提出疑问，寻求解释或通过社会舆论提出批评，要求有关医疗单位或人员改正错误，求得解决。

患者在接受治疗的过程中，有对医疗机构的批评建议权。患者可以对医院的医疗、护理、管理、保障、医德医风各个方面进行监督，对医院或医务人员各个环节的工作有权作出客观、恰如其分的评价。

对医院收费标准的监督，无论由谁支付医疗费用，病人都有权审查自己的账单，并有权要求解释各项支出的用途。

患者的这种监督，对维护医疗秩序，提高医疗护理质量，防止医疗事故差错有重要作用。

（六）患者的求偿权和诉讼权

《侵权责任法》第五十四条：患者在诊疗活动中受到损害，医疗机构及其医务人员有过错的，由医疗机构承担赔偿责任。

根据上述规定，患者有因医疗过失所造成的损害获得赔偿的权利（包括请求鉴定权、请求调解权、诉权）。

## 第二节　患者的义务

患者的义务是指在医疗活动中，患者应当履行的责任。权利和义务是相依并存的。患者在享有前述权利的同时，必须履行相应的义务。目前我国尚未形成系统、全面的患者义务规范，根据现有的法律法规和理论研究，患者需要承担如下义务。

### 一、诚实、全面地提供疾病信息的义务

患者在就医时，应当向医生如实陈述病史和病情，尽可能正确地传达其健康信息，既不夸大目前的病情，也不隐瞒过往病史。只有诚实、全面地提供疾病信息，医疗人员才能全面、准确地收集、了解就医者的疾病史以及与疾病发生、发展有关的医学信息，并能够在这些医学信息的基础上，作出科学、客观的分析，对就医者病情作出正确的诊断和治疗。

### 二、积极配合检查和治疗的义务

疾病是医生和患者的共同敌人，疾病的治愈是医师与患者的共同责任。为了更好更快地治愈疾病，患者有义务配合医生合理的检查和治疗，如果因患者个人的原因耽误治疗，医生对相应的后果不承担法律责任。而且，患者还应遵守医嘱，随时配合医生的治疗。如果患者因不遵守医嘱而造成不良后果，医生对此不承担责任。此外，积极配合治疗的义务还要求患者在医护人员做了充分告知的情况下，对自己的诊疗作出决定，在接受特殊检查、麻醉或外科手术之前，有签字的义务。签署同意书实质是患者向医疗服务人员授权的一种民事行为，即同意医疗服

务者对其进行"可容许范围内"的医疗伤害行为。患者的此项义务是实施相应医疗服务行为的前提。所以,患者签字义务履行得当,也是对自己权益的保护。

当患者不具备完全民事行为能力时,可由其法定代理人签字;患者因病无法签字时,可由其近亲属签字,没有近亲属的,由其关系人签字。《侵权责任法》第五十六条规定,因抢救生命垂危的患者等紧急情况,不能取得患者或者其近亲属意见的,经医疗机构负责人或者授权的负责人批准,可以立即实施相应的医疗措施。本条规定的"不能取得患者或者其近亲属意见",主要是指患者不能表达意志,也无近亲属陪伴,又联系不到近亲属的情况,不包括患者或者其近亲属明确表示拒绝采取医疗措施的情况。

《侵权责任法》第六十条第一款规定,患者或者其近亲属不配合医疗机构进行符合诊疗规范的诊疗,患者虽有损害,若医务人员已经尽到合理诊疗义务,医疗机构不承担赔偿责任。

### 三、接受强制治疗的义务

强制性治疗是对患有医疗法律、法规规定疾病的患者,对其人身自由加以限制、进行专门性隔离治疗的一种特殊行为,其目的是为了保证社会的安全与社会生活的有序及稳定。该项义务是国家法律规定的义务,即法定义务。

法律规定,患有严重传染病的患者有接受强制治疗的义务,疑似患有严重传染病的人或人群,有接受强制检查、诊断与治疗的义务。此外,还有药物成瘾者的强制戒毒治疗义务和严重的精神疾病患者接受强制治疗的义务等,以避免对他人和社会构成危害或造成传染。《母婴保健法》中规定了医师发现或者怀疑患严重遗传性疾病的育龄夫妻应根据医师的意见采取相应措施的内容。

### 四、遵守医院规章制度和医疗秩序的义务

医院承担着救死扶伤的重大责任,为确保这一职责的更好实现,医院制定了诸多规章制度,如门诊就诊制度、病房管理制度、查房制度、手术制度、药物管理制度、消毒隔离制度、病人探视制度、陪护制度等,这些医疗制度的制定和实施,是长期实践经验积累的结果,都是为了保证医疗质量。患者及其陪同人员有义务遵守这些规章制度,遵守国家法律、法规及医疗机构的管理制度和诊疗规章秩序,配合院内秩序的维持以使所有患者都能在舒适的环境中接受妥当的诊疗。患者自觉遵守这些规章制度也有利于自己的就医权利的保障。

2014年4月22日,最高人民法院会同最高人民检察院、公安部、司法部、国家卫生和计划生育委员会联合制定《关于依法惩处涉医违法犯罪维护正常医疗秩序的意见》,严厉打击暴力杀医、伤医等六种犯罪,对于为了满足自身利益无理

取闹、不听劝阻，纠集他人在医疗机构内私设灵堂、违规停尸甚至打砸医院，严重扰乱医疗秩序，构成犯罪的，人民法院要依法从严惩处；对于教唆他人暴力杀医、伤医，或以受托处理医疗纠纷为名，实则寻衅滋事，对医疗机构、医务人员敲诈勒索的职业“医闹”，人民法院也要严惩不贷。

### 五、尊重医务人员的义务

《执业医师法》规定，全社会应当尊重医师。医师依法履行职责，受法律保护。阻碍医师依法执业，侮辱、诽谤、威胁、殴打医师或者侵犯医师人身自由，干扰医师正常工作、生活的，依照《中华人民共和国治安管理处罚法》的规定处罚；构成犯罪的，依法追究刑事责任。《卫生部、公安部关于维护医院秩序的联合通知》中也讲到禁止侵犯医务人员的人身安全。

### 六、支付医疗费用的义务

医患之间成立医疗服务合同，医生对患者提供妥当的医疗服务，患者则负有给付医疗费用的法律义务。在这种合同中，医生所负的是过程债务或手段债务，而非结果债务，即便患者的疾病未能痊愈，只要医生提供的医疗服务是妥当的、合理的，患者就必须支付相关的费用。医疗费用包括诊疗、处方、检验、药品、手术、处置、住院等各类费用。但是，这并不意味着医生可因患者拒绝交费获得拒诊权。

# 第五章　医生的权利和义务

## 第一节　医生的权利[①]

医生是具有独立人格的自然人，享有其他自然人应当享有的一切权利和义务。

医生由于其职业特点，拥有依法履行职责的权利和义务以及由此派生的权利和义务。

医生的权利和通常意义上的权利不同，它并不体现为利益，医生行使这些权利并不是为了个人利益。相反，这些所谓的权利包含有浓厚的义务色彩，也就是说，医生因职业拥有的权利实质上仍然是一种义务。

本节所指的医生是广义的概念，包括医疗机构及其所有工作人员。

### 一、相关法律规定

《执业医师法》第二十一条规定："医师在执业活动中享有下列权利：(一)在注册的执业范围内，进行医学诊查、疾病调查、医学处置、出具相应的医学证明文件，选择合理的医疗、预防、保健方案；(二)按照国务院卫生行政部门规定的标准，获得与本人执业活动相当的医疗设备基本条件；(三)从事医学研究、学术交流，参加专业学术团体；(四)参加专业培训，接受继续医学教育；(五)在执业活动中，人格尊严、人身安全不受侵犯；(六)获取工资报酬和津贴，享受国家规定的福利待遇；(七)对所在机构的医疗、预防、保健工作和卫生行政部门的工作提出意见和建议，依法参与所在机构的民主管理。"

### 二、行医权

行医权在我国相关的法律中是有规定的，并非一种空泛的或者杜撰的权利。《执业医师法》第三条明文规定："全社会应当尊重医师。医师依法履行职责，受法律保护。"这里所说的"医师依法履行职责"，并且该行为"受法律保护"，就是指

---

① 张宝珠，刘鑫：《医疗告知与维权指南：知情同意权理论与实践》，人民军医出版社2004年版，第6—13页；王岳：《医事法》，人民卫生出版社2009年版，第58—61页。

的行医权。由于医疗行为涉及公民的生命健康问题，因而行医权也是一项必须要通过国家立法予以确认和保护的权利。《执业医师法》正是基于“保障医师的合法权益，保护人民健康”而制定的。

行医权是一项有着丰富内涵和外延的权利，一般包括获知病情权、诊疗方案决定权、处方权、强制缔约权、病史资料使用权、免责权和过失豁免权、出具相应的医学证明文件的权利等。

## 三、获知病情权

获知病情权包括疾病调查权和医学诊查权。

疾病调查权是指医师为进行诊断，围绕患者与疾病有关的所有情况进行询问，对患病情况、身体状况、生活习惯等进行询问和调查的权利，集中表现为医生的问诊。

医学诊查权是指医师在执业过程中，对患者身体、心理状态进行诊断检查的权利。

医师要合理地、有针对性地对患者进行必要的检查。

## 四、诊疗方案决定权

医师相对于患者来说，明显有一种医疗技术上的优势。这种独占性的优势决定了在诊疗活动中医师对诊断、治疗方案的决定权。若这种优势不是独占而是分享的话，就根本违背了医疗服务合同的性质和目的。《执业医师法》第二十一条在规定医师的权利时就指出，医师在注册的执业范围内，选择合理的医疗、预防、保健方案。它在法律上保障了由执业医师来决定医疗方案的选择。

医师拥有诊疗方案的决定权，并不是完全排斥患者对自身利益的自主意思表示，而只是在一些特别的情况下才征求患者或其家属的意见。《医疗机构管理条例》第三十三条规定：“医疗机构施行手术、特殊检查或者特殊治疗时，必须征得患者同意。”这一规定完全是从医疗实践活动中医方技术的独占性出发的。因为从社会一般理念来说，取得执业医师资格者在其医疗活动中的行为一律都推定为是为了患者的利益，利益的一致性使医师不必征求患者的意见，只有在医方的诊疗行为可能要严重损害患者的身体权的情况下，才应与患方就本次医疗行为的得与失进行协商。

诊疗方案决定权不但表现在决定诊断方案和治疗方案上，而且还表现在医师有权为患者提供医学意见或医学建议、出具医学证明文件等行为上。

## 五、处方权

所谓处方权，就是医师可以根据患者的病情来具体选用处方类药物，药店或药房只有在拥有相应处方权的执业医师的医嘱下才能调剂处方药，医师的这种权利就是处方权。医师在取得了执业医师资格后，并不当然就取得了处方权，而必须要在所执业的医疗机构进行处方权登记（个体开业者要在卫生行政管理部门登记）后方能取得处方权。但这种处方权仍然是有限的，执业医师只能在其执业的范围内进行执业处方活动，除非是抢救危重患者或科室轮转学习等特殊情况，否则就是滥用处方权。滥用或超越处方权而造成不良后果的，执业医师要承担相应的法律责任。

处方权是执业医师的独占权，其他人即使拥有医学知识也无权行使，就像审判权是法官的权利一样。这主要是为了尊重和保护患者的人身权，维护社会的行为秩序。医疗单位授予某一医师处方权是一种很庄重的形式，同样，取消医师的处方权也是非常严厉的处分。

### 六、强制缔约权

医疗合同中的强制缔约不但表现为医方不得拒绝患方的就医要求（宪法规定患者有权获得医疗保障），还表现为医方在特殊情况下可强制与患方缔约。社会的需要和法律的规定使执业医师有权对危、急、重等患者实行强制性的医疗服务，如《医疗机构管理条例》第三十一条规定："医疗机构对危重患者应当立即抢救。"《执业医师法》第二十四条也同样规定："对急危患者，医师应当采取紧急措施进行诊治；不得拒绝急救处置。"《传染病防治法》也有对传染患者实行强制治疗和留验的规定，但是这种强制缔约权只限于对法定的危、急、重患者或传染患者行使，而不能在所有的情形下行使，在非法定的情形下仍然要适用要约、承诺的方式。

需要指出的是，虽然这种缔约方式是强制的，但仍然是为患者提供了医疗服务，所以行使行医权者有权收取相应的报酬。患方不能以自身没有请求医方行使行医权为由而拒绝付款。

### 七、病史资料使用权

《执业医师法》第二十一条第一款第三项指出，医师在执业活动中有权从事医学研究、学术交流，参加专业学术团体。这实际包含了医师可以占有并无偿使用在行医中获取的医学资料的意思。因为临床上从事医学研究的资料来源主要是两个方面，一是从书本上来，再就是在临床上的病史资料积累，而后者是最主要的来源。对书本的学习是继承，只有对临床病史资料的收集和使用才是研究。

医师在行使行医权中获取的病史资料的所有权目前尚无定论，但医方有法定的病史资料保管权、法定范围的使用权。对使用的典范还要予以表彰和奖励，如《执业医师法》第三十三条就对此有规定。但病史资料只能是在行使行医权过程中取得，其使用也只能是在医学界内部研究或交流使用，若向医学领域外泄露患者的隐私并造成了严重后果的，就要承担相应的民事责任、行政责任甚至刑事责任。

## 八、免责权和过失豁免权

医疗机构因医疗工作的高风险、高技术等特点，为保障患者自身及其他公民的健康权，医院工作人员在医疗过程中享有医疗意外、不可避免并发症等情况下的免责权。

由于医疗行业是一种高风险的行业，根据风险合理分配的原则，这种风险应该由医患双方来共同承担，其具体的表现形式就是具有行医权者享有过失豁免权。但是这里的过失仅指一般的过失，对重大过失或故意行为，行为人仍旧要承担损害赔偿责任。《执业医师法》对此也作了较为明确的规定，如第五章对法律责任的规定中就基本可分为重大过失（违反卫生行政规章制度或者技术操作规范，造成严重后果的；由于不负责任延误急危患者的抢救和诊治，造成严重后果的；造成医疗责任事故的）和故意（未经亲自诊查、调查，签署诊断、治疗、流行病学等证明文件或者有关出生、死亡等证明文件的；隐匿、伪造或者擅自销毁医学文书及有关资料的；等等）两种情形。可见，我国《执业医师法》中对执业医师在行使行医权时的一般过失是不要求承担民事法律责任的。

从法理上说，过失的程度可以分为一般过失和重大过失两种，而民法中的过失程度在一般情况下是作为赔偿范围的依据，但在有些情况下又是作为确定是否承担赔偿责任的根据。医疗案件中确定责任的过失就应属于重大过失，即执业医师只有在行医中存在重大过失或故意的情形下才承担民事法律责任。执业医师在一般过失情况下不负民事法律责任并不代表其不负任何法律责任，他仍有可能要受到来自行政方面的处理，如低聘、影响晋升或扣除奖金等。

## 九、出具相应的医学证明文件的权利

医师在执业活动中，享有在注册的执业范围内出具相应的医学证明文件的权利。医学证明文件是指疾病诊断书、健康证明书、出生证明书或死亡证明书等具有医学内容的证明文书。这些证明文件涉及患者及其家属的切身利益，当患者或有关方面提出要求时，出具医学证明文书不仅是医生的权利，也是其义务，除有正当理由外，医生不得拒绝。医学证明文件是对患者身体健康状况或出生、死亡等情况的真实记载，一经签署就产生一定的法律效力。医生只能对自己亲自检查、诊断、处置的患者出具医学证明文书；未经亲自诊查和处置，不得向该患者出具疾病诊断书、健康证明书或死亡证明书等医学证明文书。而且文书所记载的内容必须属于医师本人注册的执业范围内。

医师在执业活动中，未经亲自诊查、调查，签署诊断、治疗、流行病学等证明文件或者有关出生、死亡等证明文件，或者隐匿、伪造或者擅自销毁医学文书及有关资料，由县级以上人民政府卫生行政部门给予警告或者责令暂停 6 个月以上 1 年以下执业活动；情节严重的，吊销其执业证书；构成犯罪的，依法追究刑事责任。

## 十、医疗费用支付请求权

医疗服务是有偿服务。医方在提供医疗服务后，有权要求患者方支付相应的医疗费用。

另外，医师在执业活动中，有进行科学研究、学术交流及参加专业学术团体的权利。医师在执业活动中，有权参加专业培训，接受继续医学教育。医师在执业活动中，享有人格尊严、人身安全不受侵犯的权利。阻碍医师依法执业，侮辱、诽谤、威胁、殴打医师或者侵犯医师人身自由，干扰医师正常工作、生活的，依照《治安管理处罚法》的规定处罚；构成犯罪的，依法追究刑事责任。医师在执业活动中，有权获取工资报酬和津贴，享受国家规定的福利待遇。医师在执业活动中享有参与所在机构的民主管理的权利。

## 十一、医疗维权

《侵权责任法》第六十四条规定，医疗机构及其医务人员的合法权益受法律保护。干扰医疗秩序，妨害医务人员工作、生活的，应当依法承担法律责任。

这里的法律责任不仅仅包括民事赔偿责任，还涉及行政责任和刑事责任。

根据医方维护权利的内容和方式的不同，医方维权包括主动维权和被动维权两种。

(1)主动维权。

主动维权是指医疗机构及其医务人员主动地依据国家有关法律、法规的规定，规范自己的医疗行为，加强自律，在医疗过程中完善和保全依法行医的医疗文件，以减少和避免医疗事故和医疗纠纷，充分应对医疗纠纷诉讼的行为。这是从防范医疗纠纷角度入手的维权，医方在维权上显得主动而有效，并且能够提高医技水平和保障医疗质量，即使引发诉讼也能够从容应对，胜算把握较大。因而是一种积极有效的维权。

(2)被动维权。

被动维权是指医疗机构及其医务人员在发生侵害自己权益的事件后，运用法律武器，保护自己合法权益的行为。这是一种被动的、事后弥补行为，对于已经造成的损害只能减少损失和寻求补偿，但是难以彻底消灭权利被侵害的情况。

目前各种机构和组织所谈的维权，主要是所谓的被动维权，主动维权谈得很少。虽然大家已经在做一些主动维权的工作，但是缺乏系统性和理论指导，因而实施的效果不好，且有一定的盲目性。最好的做法是将二者结合起来，提倡以主动维权为主导，以被动维权为补充的维权模式。

## 第二节　医生的义务

### 一、相关法律规定

1.《执业医师法》的相关规定

第二十二条　医师在执业活动中履行下列义务：

（一）遵守法律、法规，遵守技术操作规范；

（二）树立敬业精神，遵守职业道德，履行医师职责，尽职尽责为患者服务；

（三）关心、爱护、尊重患者，保护患者的隐私；

（四）努力钻研业务，更新知识，提高专业技术水平；

（五）宣传卫生保健知识，对患者进行健康教育。

第二十三条　医师实施医疗、预防、保健措施，签署有关医学证明文件，必须亲自诊查、调查，并按照规定及时填写医学文书，不得隐匿、伪造或者销毁医学文书及有关资料。

医师不得出具与自己执业范围无关或者与执业类别不相符的医学证明文件。

第二十四条　对急危患者，医师应当采取紧急措施进行诊治；不得拒绝急救处置。

第二十五条　医师应当使用经国家有关部门批准使用的药品、消毒药剂和医疗器械。

除正当诊断治疗外，不得使用麻醉药品、医疗用毒性药品、精神药品和放射性药品。

第二十六条　医师应当如实向患者或者其家属介绍病情，但应注意避免对患者产生不利后果。

医师进行实验性临床医疗，应当经医院批准并征得患者本人或者其家属同意。

第二十七条　医师不得利用职务之便，索取、非法收受患者财物或者牟取其他不正当利益。

第二十八条　遇有自然灾害、传染病流行、突发重大伤亡事故及其他严重威胁人民生命健康的紧急情况时，医师应当服从县级以上人民政府卫生行政部门的调遣。

第二十九条　医师发生医疗事故或者发现传染病疫情时，应当按照有关规定及时向所在机构或者卫生行政部门报告。

医师发现患者涉嫌伤害事件或者非正常死亡时，应当按照有关规定向有关部门报告。

2.《医疗机构管理条例》的相关规定

第二十五条　医疗机构执业，必须遵守有关法律、法规和医疗技术规范。

第二十六条　医疗机构必须将《医疗机构执业许可证》、诊疗科目、诊疗时间和收费标准悬挂于明显处所。

第二十七条　医疗机构必须按照核准登记的诊疗科目开展诊疗活动。

第二十八条　医疗机构不得使用非卫生技术人员从事医疗卫生技术工作。

第二十九条　医疗机构应当加强对医务人员的医德教育。

第三十条　医疗机构工作人员上岗工作，必须佩带载有本人姓名、职务或者职称的标牌。

第三十一条　医疗机构对危重病人应当立即抢救。对限于设备或者技术条件不能诊治的病人，应当及时转诊。

第三十二条　未经医师（士）亲自诊查病人，医疗机构不得出具疾病诊断书、健康证明书或者死亡证明书等证明文件；未经医师（士）、助产人员亲自接产，医疗机构不得出具出生证明书或者死产报告书。

第三十三条　医疗机构施行手术、特殊检查或者特殊治疗时，必须征得患者同意，并应当取得其家属或者关系人同意并签字；无法取得患者意见时，应当取得家属或者关系人同意并签字；无法取得患者意见又无家属或者关系人在场，或者遇到其他特殊情况时，经治医师应当提出医疗处置方案，在取得医疗机构负责人或者被授权负责人员的批准后实施。

第三十四条　医疗机构发生医疗事故，按照国家有关规定处理。

第三十五条　医疗机构对传染病、精神病、职业病等患者的特殊诊治和处理，应当按照国家有关法律、法规的规定办理。

第三十六条　医疗机构必须按照有关药品管理的法律、法规，加强药品管理。

第三十七条　医疗机构必须按照人民政府或者物价部门的有关规定收取医疗费用，详列细项，并出具收据。

第三十八条 医疗机构必须承担相应的预防保健工作，承担县级以上人民政府卫生行政部门委托的支援农村、指导基层医疗卫生工作等任务。

第三十九条 发生重大灾害、事故、疾病流行或者其他意外情况时，医疗机构及其卫生技术人员必须服从县级以上人民政府卫生行政部门的调遣。

## 二、医生义务的分类

医生的义务可分为法律义务和道德义务，法律义务（最低要求）是必须遵守，必须履行的，否则应承担相应的法律责任，受到法律的制裁。道德义务（最高要求）在一般情况下，也是必须履行的，但有时也可凭自己的良心、喜恶和能力来决定是否履行。违反道德义务时一般不受法律制裁，但有过失并对患者造成损害后果的亦应承担相应法律责任。

（一）医务人员的法定义务（最低要求）

（1）有遵守医疗卫生管理法律（含宪法、法律、法规、部门规章与地方规章）的义务。

（2）有履行医师职责，不违反禁止性医疗操作规范的义务。

（3）对急危患者有不得拒绝抢救的义务。

（4）有不得违规使用麻醉药品、剧毒药品、精神药品及放射性药品的义务。

（5）遇有自然灾害、疫情流行、重大突发性事件时，有服从政府调遣的义务。

（6）有尊重患者人格，保守患者隐私的义务。

（7）有不得出具虚假医疗证明的义务。

（8）发现传染病疫情时，有依法向有关部门报告的义务。

（9）发现涉嫌刑事伤害或非正常死亡，有向有关部门及时报告的义务。

（10）因病情需要必须对患者行重大伤害或重大危险性的治疗措施或试验性治疗时，有征得患者本人同意的义务。

（11）有向患者及其家属如实告知病情、医疗措施、医疗风险的义务。

（12）有不用虚假宣传或广告招揽患者的义务。

（二）医务人员的道德义务（最高要求）

（1）在履行医师职责时，对患者一切可能产生的不良后果有充分注意的义务。

（2）以救死扶伤为天职，无论何时何地只要遇上有需要用医学知识为其提供救助的病患时，医务人员均应向其伸出援助之手。

（3）对患者应不分种族、肤色、性别、老幼，是否有生理缺陷，不论政治地位与经济地位如何，平等地为其提供医疗服务的义务。

（4）只要患者一息尚存，有不放弃救治的义务（患者及其家属主动放弃的除外）。

(5)在告知患者的病情及风险时，有应该注意避免对其产生不良后果的义务。

(6)有精益求精，不断更新知识，提高专业技术水平的义务。

(7)有宣传卫生保健知识，对患者进行健康教育的义务。

## 三、依法执业的义务

医师作为公民除应当遵守国家法律以外，还必须遵守有关卫生法律、法规和规章，遵守有关卫生标准和医疗卫生技术操作规范。卫生部1982年4月7日颁发的《医院工作人员职责》规定，各级医师和其他医务人员均应认真执行各项规章制度和技术操作常规，亲自操作或指导护士进行各种重要的检查和治疗。

## 四、恪守医德的义务

医师在执业活动中，应当树立全心全意为人民服务的意识，坚持和发扬救死扶伤的人道主义原则，遵守职业道德，尽职尽责为患者服务。卫生部1994年8月29日颁布的《医疗机构管理条例实施细则》规定：医疗机构应当组织医务人员学习医德规范和有关教材，督促医务人员恪守职业道德。医师应在重视人的生命和尊重人格的情况下，维护患者的健康，减轻患者的痛苦。

## 五、诊疗义务

医方的诊疗义务是最主要的义务，医方的其他义务都是在这项义务基础上派生出来的。①

医方的诊疗义务是指医方根据患者的要求，运用医学知识和技术，正确地诊断患者所患的疾病，并施以适当的治疗。这里所说的诊疗是指广义上的诊疗，包括诊断、治疗、麻醉、手术、输血等具体的诊疗过程。对于具体的患者应采取什么样的诊疗行为，则应根据其病情而决定。诊疗义务一般不需达成特定的结果，而只能是作为治疗疾病的手段。这一方面是因为诊疗的结果具有不确定性，另一方面也是因为现代医学还不能征服所有的疾病。

如果医方与患者对医疗服务另有约定，应当依约定履行义务，但双方的约定不得违背法律的规定，不得违背公序良俗。

人的生命权是一项基本人权，只要有生的希望，就要全力救治，医生在任何情况下都不能见死不救，剥夺患者的生命。这是医疗职业的特点所决定的。对

---

① 蒲川，王安富：《医事法学》，西南师范大学出版社2008年版，第55页。

医师而言，医疗服务合同带有强制缔约和强制诊疗的特征，只要患者求医，医生无正当理由就不得拒绝，医师负有对患者实施诊查和在条件具备时进行治疗的义务，即使患者不支付医疗费用，医师也不能解除诊疗合同。这一点在病人危急的场合体现得尤为明显。

医方有提供诚信的医疗服务的义务。依照该义务，医方对患者问诊、检查、诊断并实施治疗方案，不能采用假冒名医等手段欺骗就医者。医师不能为创收，对患者给付不必要的诊疗。医疗单位及医务人员应当向患者提供有关医疗服务的真实信息，不得做引人误解的虚假宣传，对患者就其接受的医疗服务的内容、方法、效果、不良反应和副作用等提出的询问，应当作出真实、明确的答复，不得出具各种虚假证明材料。

## 六、注意义务①

在现代侵权责任法上，无论是大陆法系还是英美法系，注意义务是侵权责任的核心要素，是界定过失的基准。

### （一）注意义务的概念

注意义务最早在英美法系中提出。在英国，为了适应越来越多的新型侵权案件的要求，学者们提出了注意义务的概念。在 1932 年的 Donohue VS Stevenson 案中，阿克金（Atkins）法官，根据法律谚语“爱邻居犹如爱自己”，提出了注意义务观点，所谓邻居就是那些与你关系密切并且直接受你行为影响的人。由于你的邻居会被你的行为影响，那么当你将自己的想法付诸行动或可能发生疏忽时，应当对你的邻居给予合理的考虑。也就是说，一个人对自己事务的谨慎与否，不仅可能影响自己的利益，还可能给他人的生命财产安全造成损害，与他人的关系极大。因此，谨慎不仅是对自己事务的注意，还因为关涉到他人，而自然应该被要求、被限制、被约束。此时，谨慎就成了义务，即注意义务。昔日的法官也许不会意识到他当年运用的注意义务概念会逐渐依据每个人身份地位的不同被赋予了相应的职业义务，如旅店主、运送者、马掌铺主的注意义务，后来更是推广到医生、药剂师和律师等。

《牛津法律大辞典》对“注意义务”的解释为：一个人对他人造成损害后，只有当法院判定被告在当时情况下，对原告负有不为加害行为或不让加害行为发生的法律义务，而被告却未加注意，或未达到法律所要求的注意标准，或未采取法律所要求的预防措施而违反此种义务时，他才在法律上对受害人承担过失责任。

---

① 王岳：《医事法》，人民卫生出版社 2009 年版，第 65—69 页；张秦初：《防范医疗事故与纠纷——写给医生》，人民卫生出版社 2006 年版，第 355 页；全国人大常委会法制工作委员会民法室编：《〈中华人民共和国侵权责任法〉条文说明、立法理由及相关规定》，北京大学出版社 2010 年版，第 232 页。

"注意义务"的提法和原则最终确立了注意义务在英美法系侵权行为法中的核心地位。该学说和做法也慢慢渗透到大陆法系国家,在德国和法国,通过法院的努力,都最终形成了司法实践中确定过失侵权责任的重要法理基础。在中国,虽然民法学界对注意义务的关注不够,但令人欣喜的是,司法者先行了一步,在相关司法解释中对注意义务作出了明确的规定。2002 年《最高人民法院关于审理著作权民事纠纷案件适用法律若干问题的解释》第二十条第二款规定,出版者对其出版行为的授权、稿件来源和署名、所编辑出版物的内容等未尽到合理注意义务的,依据著作权法第四十八条的规定,承担赔偿责任。2003 年《最高人民法院关于审理人身损害赔偿案件适用法律若干问题的解释》(以下简称《人身损害赔偿解释》)第六条规定,从事住宿、餐饮、娱乐等经营活动或者其他社会活动的自然人、法人、其他组织,未尽合理限度范围内的安全保障义务致使他人遭受人身损害,赔偿权利人请求其承担相应赔偿责任的,人民法院应予支持。上述司法解释虽仅在个别侵权责任领域内规定和使用,但毕竟已表明,司法实务中已自觉地开始使用这一方法来解决过失侵权案件了。

抽象地说,注意义务是指不使有害结果发生,而使意识集中谨慎行事的义务。注意义务涵括结果预见义务和结果避免义务两部分。结果预见义务是指行为人根据行为时的具体情况所负有的应当预见自己的行为可能引起结果发生的义务。结果避免义务又称结果回避义务,是指行为人所负有的避免因自己的行为而发生危害结果的义务,或使自己的行为发生危害后果的概率降低的义务。注意义务以有预见可能或避免结果的可能为前提。本应当预见可能性存在而没有预见,就要对违反结果预见义务负责。同时有避免结果发生的义务而没有避免,要对结果的发生负责。结果避免义务以结果预见为前提,预见义务以结果避免为目的。预见义务和避免义务统一于注意义务之中。预见义务是避免义务的前提和先决条件,避免义务是预见义务的延伸和归宿。

注意义务应当包括以下两个主要方面:其一,法律、法规所规定的注意义务(成文规定的注意义务)。这是最明确、最容易检索的注意义务发生根据。法律、法规所规定的注意义务最常见的是就特定行业依法规定的安全操作规程。例如《医疗事故处理条例》中医疗事故违法行为的构成要件是以法律、行政法规和诊疗护理规范常规为限的。由于有明确的规定,此种过失认定比较容易。其二,依照合同性质而产生的注意义务(非成文规定的注意义务),亦称为抽象的注意义务。合同性质所决定的注意义务是司法实践中最常见的一种注意义务。合同性质所决定的注意义务往往要根据鉴定人、法官的医学经验和社会经验进行推定、理解或解释。

(二)注意义务的分类

医疗注意义务是医疗过程中的一种法定义务,也是保障医疗行为合法性的重要依据之一。没有重视和履行医疗危险注意义务则易导致过失行为。

1. 医疗注意义务包括一般注意义务和特殊注意义务。

①一般注意义务也称善意注意义务或保护义务，是指医务人员在医疗服务过程中对患者的生命与健康利益的高度责任心，对患者人格的尊重，对医疗服务工作的敬业、忠诚和技能追求上的精益求精。如医疗机构为了避免患者摔倒等意外伤害而采取的保护措施。

②特殊注意义务是指在具体的医疗服务过程中，医务人员对每一环节的医疗法律行为所具有的危险性加以注意的具体要求。从医疗合同成立开始，医务人员对于患者负有提供医疗服务的义务，并且对于患者所发生的疾病以及疾病治疗所引起的生命健康上的危险性，具有预见和防止的义务，也即高度危险注意的义务。

这里要注意，在医疗事故技术鉴定中，鉴定人往往会从两个方面把握、审视医务人员是否履行了合理的注意义务——“结果预见义务”和“结果避免义务”。医师在手术之前会告知患者手术可能产生的风险和并发症，并在《知情同意书》上予以书面告知和记载，这就体现了“结果预见义务”。“结果避免义务”是指医师在预见风险和并发症后，负有避免因医疗行为而发生危害结果的义务。例如，预见到手术可能产生术后切口感染的并发症，就应当在手术前后注意常规使用抗生素药物，这就体现了“结果预见义务”。

(2)从注意程度上，医疗注意义务可以分为两种类型：一是专业基准注意义务，二是最善之注意义务。

①专业基准注意义务要求医疗者在专业技能上符合“专家集团平均人”“标准医生”的专业水平，在注意程度上尽到所属“专家集团平均人”水平的审慎注意。专业技能的标准就是“医疗水准”，即医师在进行医疗行为时，其学识、注意程度、技术以及态度均应符合具有一般医疗专业水准的医师在同一情况下所应遵循的标准。“标准医师”是一个虚拟的人物，实际是一名具有平均水平的医生，对一个不良后果，如果“标准医师”能够做到预见和防范，则认为大多数医务人员都应当能够做到，如果有人未能做到，就认为他有过失；相反，如果“标准医师”也难以做到预见和防范的，就认为不属过失。

②最善之注意义务。这要求医疗者尽力趋向就医者的高度信赖和尽力遵从医者良心，追求最大健康利益。这是比照专业注意义务，在特殊情况下的注意义务。未尽到特殊情况下的注意义务也构成过错，具体包括以下情形：

a. 医院等级的差别。不同等级医院，其医疗水平存在差异，三级甲等医院的医疗水平肯定高于县级医院，无论用前者的水平衡量后者或用后者的水平衡量前者都有可能造成不公。同样的道理，地域差别也应考虑在内，对发达地区医院和欠发达地区医院不能用一把尺子来衡量，对后者，适当降低其预见能力较为合适。

b.医师职级的差别。由于医师职级的不同，对风险的预见能力和防范能力存在差别。所以，对高年资医师的注意义务要求较高.对低年资医师的注意义务要求较低。如以高年资医师的标准去要求低年资医师，就会扩大过失的范围；相反，若以低年资医师的标准去要求高年资医师，就降低了过失的标准，两种情况都是不相宜的。

c.高度专业水准。专业医师的判断能力高于一般专业标准。专业医师是在一定医疗领域的专家，该医师应当预见一般标准的治疗方法具有不合理的危险性，对该医师的注意义务的要求应高于一般专业标准。该医师必须依其能力做最佳判断，尽到“最善之注意义务或完全之注意”方可免责。

d.紧急状况。在紧急医疗状况下，由于条件和时间的限制，可以成为缓和注意义务的客观条件。如一名外科医生对一名内科急症患者进行抢救时，显然，考虑到急救因素，对其注意能力不能要求太高。但只是确因客观条件限制而无法注意才能免责，否则也可能未尽到注意义务。

e.医疗尝试。在医疗尝试前，医生应对患者履行告知义务，患者在获知风险的前提下承诺接受，医师应进行必要充分的比较论证，考虑患者病状体质、医院设备、医生能力、可能的危险，准备相应的应急措施，最大限度地避免和降低医疗风险，否则就可能未尽到注意义务。

f.特殊体质。患者的特殊体质应当是医疗中需考虑和了解的因素，并注意预防措施的常规准备，以最大限度地降低和避免风险，因此未考虑到患者体质也属于未尽到注意义务的范畴。

《侵权责任法》第五十七条规定，医务人员在诊疗活动中未尽到与当时的医疗水平相应的诊疗义务，造成患者损害的，医疗机构应当承担赔偿责任。

医务人员的注意义务就是应当尽到与当时的医疗水平相应的诊疗义务。尽到诊疗义务的一个重要方面，是诊疗行为符合法律、行政法规、规章以及诊疗规范的有关要求。然而，医务人员的注意义务并非与合法合规是完全等同的概念。一个医务人员应当具有的诊疗水平，并非完全能够被法律、行政法规、规章以及诊疗规范的有关要求所涵盖。医务人员即使完全遵守了具体的操作规程，仍然有可能作出事后证明是错误的判断，实施事后证明是错误的行为。然而，医疗行为具有未知性、特异性和专业性等特点，不能仅凭事后证明错误这一点来认定医务人员存在诊疗过错，不能唯结果论，关键要看是不是其他的医务人员一般都不会犯这种错误。因此，本条规定的诊疗义务可以理解为一般情况下医务人员可以尽到的、通过谨慎的作为或者不作为避免患者受到损害的义务。

地区、资质等因素能否在适用本条时考虑，应当结合具体情况。法律、行政法规、规章以及诊疗规范规定了具体要求的诊疗行为，医疗机构和医务人员一般都应当遵守，不应当因地区、资质的不同而有差别。除此以外，有的诊疗行为属于基本性操作，也不一定要考虑这些因素。反之，对于有的诊疗行为，在有的情况下，“与当时的医疗水平相应的诊疗义务”也可以理解为包括地区、资质等因素。

实际医疗活动中，注意义务要确定一个合理的范围，不能把医生的注意义务无限扩大，也不能缩得太小，而应当限制在一个适当的范围内，过大或过小都不利于医患双方权益的保护及医疗活动的正常进行。“注意义务”是理想的，但这并不意味着要求医师是完美的，它所强调的是“通常的注意”的义务。如果一个负责任的医学团体认为，该事项在通常情况下不会被予以注意时，则不能认定医师违反了注意义务。医疗损害司法鉴定中，对实质公正的追求更加注重。其特点是：一方面，鉴定要听取专家的意见并以专家的意见为主；另一方面，鉴定人有对专家意见进行衡量取舍的权利，即在什么情况下对医务人员可以采取宽宥的态度。这也就是有些法学家提出的，不能把医生的注意义务无限扩大，而应当限制在一个合理的范围内。关于这一点，有待进一步研究，制定一个具体的、可操作的标准，使过失的认定更加准确合理。

注意义务贯穿于整个医疗活动中，医务人员必须时刻保持高度的警惕和责任心，稍有疏忽就可能酿成严重后果。从患者挂号或入院开始，医疗合同随即成立，患者在治疗期间所受到的任何伤害，如果与医疗机构的医疗行为及管理等方面存在因果关系，医疗机构就要对此承担相应的责任。作为患者，最不能容忍的是极端不负责任，严重违反诊疗护理常规与规范，并因此造成严重不良后果的医疗行为。所以，医务人员在这一方面更应注意认真履行自己的职责。

### 七、告知义务

#### (一)告知义务的概念[①]

告知义务又称说明义务。医方的说明义务与患者的知情同意权相对应，该项义务主要是指医方为取得患者对医疗行为的同意，而对该医疗行为的有关事项进行说明的义务。此种说明义务的对象主要是医疗过程中具有严重损伤后果的医疗行为，该行为可能影响身体机能甚至危及生命，因此需要患者在知晓自己病情并了解该医疗行为风险的基础上，作出是否同意该医疗措施的决定。一般医疗过程中惯常实施的不具有严重损伤后果的医疗行为，如常规注射、用药等，

---

① 蒲川，王安富：《医事法学》，西南师范大学出版社 2008 年版，第 56 页；全国人大常委会法制工作委员会民法室编：《〈中华人民共和国侵权责任法〉条文说明、立法理由及相关规定》，北京大学出版社 2010 年版，第 238 页。

则不需向患者详尽说明。

医疗行为的对象是人，患者基于其生命权、健康权、身体权等人格权，对自己疾病的治疗有决定权。除了某些疾病依法律的规定实施强制性治疗以外，一般情况下是否接受治疗，接受何种治疗措施，应由患者自己决定。医疗行为虽有利于疾病的治疗，但对患者的身体常有一定的侵害性，如果患者同意接受，那么医疗行为所具有的侵害性即具有正当性，不构成侵害行为。而患者在同意前，必须充分了解医生所采取的医疗行为。然而，一般患者通常并不具有专业的医学知识，难以理解医生所进行的治疗是否妥当。这就要求医师就其采取的医疗行为对患者作出充分的说明，以便患者了解医疗行为的内容及医疗效果。这样患者的自我决定权的行使才具有实质意义。

（二）告知义务的相关法律规定

《侵权责任法》第五十五条规定，医务人员在诊疗活动中应当向患者说明病情和医疗措施。需要实施手术、特殊检查、特殊治疗的，医务人员应当及时向患者说明医疗风险、替代医疗方案等情况，并取得其书面同意；不宜向患者说明的，应当向患者的近亲属说明，并取得其书面同意。医务人员未尽到前款义务，造成患者损害的，医疗机构应当承担赔偿责任。

《侵权责任法》第五十六条规定，因抢救生命垂危的患者等紧急情况，不能取得患者或者其近亲属意见的，经医疗机构负责人或者授权的负责人批准，可以立即实施相应的医疗措施。

《执业医师法》第二十六条规定，医师应当如实向患者或者其家属介绍病情，但应注意避免对患者产生不利后果。医师进行实验性临床医疗，应经医院批准并征得患者本人或者其家属同意。

《医疗事故处理条例》第十一条规定，在医疗活动中，医疗机构及其医务人员应当将患者的病情、医疗措施、医疗风险等如实告知患者，及时解答其咨询。

《医疗机构管理条例》第三十三条规定，医疗机构施行手术、特殊检查或者特殊治疗时，必须征得患者同意，并应当取得其家属或者关系人同意并签字；无法取得患者意见时，应当取得家属或者关系人同意并签字；无法取得患者意见又无家属或者关系人在场，或者遇到其他特殊情况时，经治医师应当提出医疗处置方案，在取得医疗机构负责人或者被授权负责人员的批准后实施。

《医疗机构管理条例实施细则》第六十一条规定，医疗机构在诊疗活动中，应当对患者实行保护性医疗措施，并取得患者家属和有关人员的配合。

《医疗机构管理条例实施细则》第六十二条规定，医疗机构应当尊重患者对自己的病情、诊断、治疗的知情权利。在实施手术、特殊检查、特殊治疗时. 应当向患者作必要的解释。因实施保护性医疗措施不宜向患者说明情况的，应当将有关情况通知患者家属。

《医疗机构管理条例实施细则》第八十八条规定:“特殊检查、特殊治疗;是指具有下列情形之一的诊断、治疗活动:(一)有一定危险性,可能产生不良后果的检查和治疗;(二)由于患者体质特殊或者病情危笃,可能对患者产生不良后果和危险的检查和治疗;(三)临床试验性检查和治疗;(四)收费可能对患者造成较大经济负担的检查和治疗。”

《病历书写基本规范》第二十三条规定,手术同意书是指手术前,经治医师向患者告知拟施手术的相关情况,并由患者签署是否同意手术的医学文书。内容包括术前诊断、手术名称、术中或术后可能出现的并发症、手术风险、患者签署意见并签名、经治医师和术者签名等。

从上述法律规定和临床实践来看,手术同意书的主要内容即是医务人员应当如实向患者告知的内容,是医务人员履行其告知义务和患者行使知情同意权的书面证明。根据这一特点,医生在为患者施行手术前,必须与患者签署手术同意书。

《医院工作制度》中“手术室工作制度”专门规定了“施行手术的几项规则”。其中明确规定:施行手术前必须由病员家属或单位签字同意(体表手术可以不签字),紧急手术来不及征求家属或机关同意时,可由主治医师签字,经科主任或院长、业务副院长批准执行。

(三)告知的主体、对象、方式和内容①

(1)告知的主体是医务人员,包括直接给患者治疗的医师和护士,也包括给患者实施检查、化验的医技人员,还包括保证手术正常实施的麻醉师等。

(2)告知的对象,严格地说应当是患者本人,但是,由于医疗行为的特殊性,特殊情况下这种告知的对象是可以转移的。一是由于患者疾病特殊,或者治疗手段特殊,医疗机构为了保护患者的利益,防止出现不良后果,不便于将疾病的真实情况或者治疗的结果告诉患者本人的,法律规定可以告诉其家属。二是由于患者处于意识昏迷状态,医务人员无法告知其有关情况的,可以告诉其家属。三是患者处于意识昏迷状态,家属又无法联系的,可以告诉其关系人,如果没有关系人的,可以由经治医师提出治疗处置方案,报医疗机构负责人或者医疗机构负责人授权的科室负责人代为行使。四是特殊情况不可能实施告知程序或者需要强制医疗的,但必须有法律规定,并必须依照法定的程序来执行。

由于患者疾病特殊,或者治疗手段特殊,医疗机构为了保护患者的利益,防止出现不良后果,不便于将疾病的真实情况或者治疗的结果告诉患者本人时,应由患者签署授权委托书。无论是患者本人还是其亲属签字时一定要当面签字,

---

① 张宝珠,刘鑫:《医疗告知与维权指南:知情同意权理论与实践》,人民军医出版社 2004 年版,第 25 页。

无书写能力的可以按手印。

(3)告知的方式,可以是公示方式、口头方式和书面方式。但是重大医疗行为,尤其是对患者健康有损害的检查和治疗,医务人员必须书写医疗知情同意书,并将有关内容口头告知给患者及其家属,在患者及其家属充分理解有关内容的前提下,还应当在知情同意书上签字确认。

(4)告知的内容。根据《医疗事故处理条例》第十一条规定,医务人员告知的内容主要包括三个方面,即患者的病情、医师诊断患者的病情将要采取的治疗措施以及患者疾病和治疗措施面临的风险。实践中,因为患者缺乏相应的医学知识,所以医师的说明告知义务并不能仅仅拘泥于在实施具体检查或治疗前。为取得患者在充分理解基础上的有效同意,实施完检查或治疗以后,为避免不良结果发生,医师还应就有关疗养、用药、饮食、活动等注意事项对患者予以告知说明。

(四)医方告知义务的免除①

在实践中,对下列情形可以作为例外,免除医方的告知义务:

(1)依据法律给予医生强制治疗的权限,如在戒毒或传染病治疗过程中,医方可不经说明和患者的同意,采取一定的强制治疗手段。

(2)危险性极其轻微并且发生的可能性极低。例如注射会导致皮肤红肿,这是一般的医学常识并且危险性极其轻微,因此无须医师说明。

(3)由于情况紧急无法取得患者方同意。《医疗机构管理条例》第三十三条规定,医疗机构实施手术、特殊检查或者特殊治疗时,必须征得患者同意,并应当取得其家属或者关系人同意并签字;无法取得患者意见时,当取得其家属或者关系人同意并签字;无法取得患者意见又无家属或者关系人在场,或者遇到其他特殊情况时,经治医师应当提出医疗处置方案,在取得医疗机构负责人或者被授权负责人员的批准后实施。《侵权责任法》第五十六条规定,因抢救生命垂危的患者等紧急情况,不能取得患者或者其近亲属意见的,经医疗机构负责人或者授权的负责人批准,可以立即实施相应的医疗措施。

(4)患者自愿放弃医生的告知、说明义务。

(五)知情同意书的法律效力

知情同意书是否具有法律效力,这是医务人员普遍关心而经常提出的问题。

从法定的医疗文件的角度来看,只要知情同意书的制作是在医患双方平等自愿的基础上签署的,就应当认定其真实有效,是一份具有法律效力的文件。但是,如果该知情同意书具有明显违反法律禁止性规定的内容,则该内容无论是否

① 蒲川,王安富:《医事法学》,西南师范大学出版社2008年版,第57页。

合理，均不具有当然的法律效力，这主要涉及的是风险的免责问题。

知情同意书有效，首先是因为知情同意书是一份患者的授权同意书，是患方授权医师实施治疗的法律文件。其次，知情同意书也载明了医师告知患方的患者健康状况、疾病严重程度和可能的治疗方案，以及医师选择治疗的理论根据和现实意义，治疗本身存在的风险和医师已经准备的防范措施等内容。最后，知情同意书是患方在充分知情的情况下，自愿作出的选择。因此医师的治疗或手术是在患者真实同意的前提下实施的，从侵入并损害患者正常机体的角度来看，医疗行为具有法律上的豁免效力。

首先，手术医师应当在术前充分预见治疗或手术的风险、手术中可能出现的并发症并采取充分的防范措施。一旦术中或者术后真的发生风险，手术医师能够采用已经准备好的措施和方案予以处理。因此，知情同意书上交代的手术风险，表明手术医师应当对手术已经尽到了危险结果的注意义务，这种注意应当是尽善、最佳的注意。手术医师应当充分预料可能出现的不良情况，否则就谈不上防范。如果知情同意书上没有提及的并发症或者其他不良情况发生了，且这种情况又不属于医疗意外，那么，患者和法官都有理由相信手术医师没有尽到其注意义务。其次，手术医师还应当在术前、术中和术后承担危险结果回避义务。这就要求手术医师首先有防范风险的意识，有应对不良情况出现的具体方案和措施，术中及术后一旦发生风险，也能够及时采取措施，尽最大努力化解危险，这就是危险结果回避义务。最后，如果医师已经尽到了这两方面的义务，仍然不能阻止危害结果的发生，影响手术效果甚至影响到患者的健康和生命。此时，患者就应当承担因手术带来的风险，而医师可以免除法律上的责任。因此，涉及到手术并发症时，并非只要患者签了知情同意书就应当免除医师的责任。

从另一个角度看，由于《合同法》第五十三条规定，合同中的下列免责条款无效：(一)造成对方人身伤害的；(二)因故意或者重大过失造成对方财产损失的。因此，知情同意书上书写的“因手术或者治疗造成患者人身损害，患者不追究医院及医师的责任”的免责条款，因违反了法律的禁止性规定而属于无效条款。如果医务人员在为患者手术过程中存在医疗过错并造成了患者人身损害的后果，医疗机构仍应承担相应的民事责任。

综上，医方未妥善履行告知义务，必须承担相应责任，即使履行了告知义务，若存在过失并导致患者人身损害仍然需承担相应责任。

## 八、会诊义务

### (一)会诊的概念

会诊是指由两个以上医生共同研究解决疑难病症的诊治。这可延伸为多人共同研究解决生产、工作上出现的疑难问题。

（二）会诊的分类

①根据患者病情的急缓，分为常规会诊和急会诊。

②根据患者是否住院，分为门诊会诊和住院会诊。

③根据会诊的范围，分为科内会诊、科间会诊、全院会诊和院外会诊。

④根据会诊医师是否直接检视患者，分为现场会诊和远程会诊。

⑤根据会诊特殊专业要求，分为影像会诊和病理会诊。

（三）会诊的相关法律规定

《医院工作制度》规定，凡遇疑难病例，应及时申请会诊。

《病历书写基本规范》规定，会诊记录（含会诊意见）是指患者在住院期间需要其他科室或者其他医疗机构协助诊疗时，分别由申请医师和会诊医师书写的记录。

卫生部《医师外出会诊管理暂行规定》第二条规定，本规定所称医师外出会诊是指医师经所在医疗机构批准，为其他医疗机构特定的患者开展执业范围内的诊疗活动。医师未经所在医疗机构批准，不得擅自外出会诊。

卫生部《关于医师多点执业有关问题的通知》规定，医师多点执业是指医师在两个以上医疗机构从事诊疗活动，不包括医师外出会诊。

（四）会诊的要求

1.会诊的一般要求

凡遇疑难病例、入院三天内未明确诊断、治疗效果不佳、病情严重等情况均应组织会诊讨论。

申请会诊记录应当简要载明患者病情及诊疗情况、申请会诊的理由和目的、申请会诊医师签名等。

会诊医师应当详细了解患者的病情，亲自诊查患者，完成相应的会诊工作，并按照规定书写医疗文书。

经治医师要详细介绍病史，做好会诊前的准备和会诊记录。会诊中，要详细检查，发扬技术民主，明确提出会诊意见。主持人要进行小结，认真组织实施。

门诊会诊意见可记录于门诊病历。住院患者会诊记录应另页书写。会诊记录内容包括会诊意见、会诊医师所在的科别或者医疗机构名称、会诊时间及会诊医师签名等。申请会诊医师应在病程记录中记录会诊意见执行情况。

2.门诊会诊的要求

门诊患者实行首诊负责制。如需要转科检查，可在门诊病历上注以“请××科会诊”的字样，接受会诊科室不得推诿，应优先就诊，认真做好问诊、检查及处理工作，并详细记录。

3.常规会诊的要求

常规会诊应当由会诊医师在会诊申请发出后48小时内完成。

4.急会诊的要求

院区内急会诊的会诊医师应当在会诊申请发出后10分钟内到场(院址分散的酌情适当放宽时限),并在会诊结束后即刻完成会诊记录。抢救须随请随到,危重病人可以电话邀请,被邀请科室不得以任何理由拒绝会诊,严禁会诊医师不亲自查看病人进行电话会诊。

5.科内会诊的要求

由经治医师或主治医师提出,科主任召集有关医务人员参加。

6.科间会诊的要求

由经治医师提出,上级医师同意,填写会诊单。应邀医师一般要在两天内完成会诊,并写会诊记录。如需专科会诊的轻病员,可到专科检查。

7.全院会诊的要求

由科主任提出,向医务科或分管院领导汇报,医务科或分管院领导同意并确定会诊时间,通知有关人员参加。一般由申请科主任主持,院领导参加。

8.院外会诊的要求

本院一时诊治有困难的疑难病例,由科主任提出,经医务科或院办同意,并与有关单位联系,确定会诊时间。会诊由申请科主任主持。必要时,患者由主管医师陪同,携带病历资料到有关单位检查会诊。

9.远程会诊的要求

远程会诊就是利用电子邮件、网站、信件、电话、传真等现代化通信工具,为患者完成病历分析、病情诊断,进一步确定治疗方案的治疗方式。它是极其方便、诊断极其可靠的新型就诊方式,它与科技的紧密配合,有力地带动了传统治疗方式的改革和进步,为医疗走向区域扩大化、服务国际化提供了坚实的基础和有利的条件,也为规范医疗市场,评价医疗质量标准,完善医疗服务体系,交流医疗服务经验提供了新的准则和工具。

10.影像会诊和病理会诊的要求

影像会诊和病理会诊是指携带患者的影像片或病理切片进行会诊。

(五)医师外出会诊、多点执业与走穴

1.医师外出会诊

卫生部《医师外出会诊管理暂行规定》第二条规定,医师外出会诊是指医师经所在医疗机构批准,为其他医疗机构特定的患者开展执业范围内的诊疗活动。医师未经所在医疗机构批准,不得擅自外出会诊。

医疗机构在诊疗过程中,根据患者的病情需要或者患者要求等原因,需要邀请其他医疗机构的医师会诊时，经治科室应当向患者说明会诊、费用等情况，征得患者同意后，报本单位医务管理部门批准；当患者不具备完全民事行为能力时，应征得其近亲属或者监护人同意。

邀请会诊的医疗机构（以下称邀请医疗机构）拟邀请其他医疗机构（以下称会诊医疗机构）的医师会诊，需向会诊医疗机构发出书面会诊邀请函。内容应当包括拟会诊患者的病历摘要，拟邀请医师或者邀请医师的专业及技术职务任职资格，会诊的目的、理由、时间和费用等情况，并加盖邀请医疗机构公章。

用电话或者电子邮件等方式提出会诊邀请的，应当及时补办书面手续。

会诊医疗机构接到会诊邀请后，在不影响本单位正常业务工作和医疗安全的前提下，医务管理部门应当及时安排医师外出会诊。

医师接受会诊任务后，应当详细了解患者的病情，亲自诊查患者，完成相应的会诊工作，并按照规定书写医疗文书。

医师在会诊过程中应当严格执行有关的卫生管理法律、法规、规章和诊疗规范、常规。

医师在外出会诊过程中发生的医疗事故争议，由邀请医疗机构按照《医疗事故处理条例》的规定进行处理。必要时，会诊医疗机构应当协助处理。

会诊中涉及的会诊费用按照邀请医疗机构所在地的规定执行。差旅费按照实际发生额结算，不得重复收费。属医疗机构根据诊疗需要邀请的，差旅费由医疗机构承担；属患者主动要求邀请的，差旅费由患者承担。收费方应向患者提供正式收费票据。会诊中涉及的治疗、手术等收费标准可在当地规定的基础上酌情加收，加收幅度由省级价格主管部门会同同级卫生行政部门确定。

邀请医疗机构支付会诊费用应当统一支付给会诊医疗机构，不得支付给会诊医师本人。会诊医疗机构由于会诊产生的收入，应纳入单位财务部门统一核算。

会诊医疗机构应当按照有关规定给付会诊医师合理报酬。医师在国家法定节假日完成会诊任务的，会诊医疗机构应当按照国家有关规定提高会诊医师的报酬标准。

医师在外出会诊时不得违反规定接受邀请医疗机构报酬，不得收受或者索要患者及其家属的钱物，不得牟取其他不正当利益。

医疗机构应当加强对本单位医师外出会诊的管理，建立医师外出会诊管理档案，并将医师外出会诊情况与其年度考核相结合。

诊疗活动超出登记范围的，按照《医疗机构管理条例》第四十七条处理。

医师违反规定擅自外出会诊或者在会诊中违反规定接受邀请医疗机构报酬，收受或者索要患者及其家属的钱物，牟取其他不正当利益的，由所在医疗机构记入医师考核档案；经教育仍不改正的，依法给予行政处分或者纪律处分。

医师外出会诊违反《执业医师法》有关规定的，按照《执业医师法》第三十七条处理。

医疗机构疏于对本单位医师外出会诊管理的，县级以上卫生行政部门应当对医疗机构及其主要负责人和负有责任的主管人员进行通报批评。

2. 医师多点执业

根据《中共中央国务院关于深化医药卫生体制改革的意见》中“稳步推动医务人员的合理流动，促进不同医疗机构之间人才的纵向和横向交流，研究探索注册医师多点执业”的要求，卫生部发布《关于医师多点执业有关问题的通知》。

医师多点执业是指医师在两个以上医疗机构从事诊疗活动，不包括医师外出会诊。

医师多点执业实行分类管理：①医师执行政府指令任务，如卫生支农、支援社区和急救中心（站）、医疗机构对口支援等，由所在医疗机构批准。②多个医院（社区卫生服务中心）以整合医疗资源、方便患者就医和提高医疗技术水平为目的，通过签订协议等形式，开展横向或纵向医疗合作的，相关医院（社区卫生服务中心）经向《医疗机构执业许可证》登记机关备案，医师可以在开展医疗合作的其他医院（社区卫生服务中心）执业。备案内容包括医师姓名、执业类别、职称、工作时间和执业地点。卫生行政部门应当做好备案医师执业注册信息管理，便于查询和监督。③医师受聘在两个以上医疗机构执业的，应当向卫生行政部门申请增加注册的执业地点。医师原则上应当在同一省、自治区、直辖市内执业，地点不超过三个。

3. 医师走穴

走穴，《现代汉语词典》第六版中的解释是：“指演员为了捞外快而私自外出演出。”随着市场经济的发展，许多医生也开始加入“走穴大军”，利用休息时间私自外出诊治病人。

现行《执业医师法》和有关文件均规定，医生只能在一个医疗机构注册执业；新医改方案中，这一限制将被探索放开，卫生部《关于医师多点执业有关问题的通知》《医师多点执业管理办法（草拟稿）》规定，医师已注册执业地点为第一执业地点，增加注册的执业地点依次为第二、第三执业地点，最多可以登记三个执业点；草拟稿还规定，医师多地点执业仅限于本省辖区内，医师必须具有副高级医学专业技术职务任职资格并在该技术职务上连续任职工作 3 年以上，同时经第一执业地点的医疗机构同意才可以申请多地点执业。

如果医师的外出诊疗行为不符合外出会诊和多点执业的规定，则属于走穴，严格来说属于非法行医。

## 九、转诊义务

（一）转诊的概念

转诊是指医疗预防机构根据病情需要，将本单位诊疗的患者转到另一个医疗预防机构诊疗或处理，转诊是经治医师作出的一项重要医学治疗决定。

（二）转诊的分类

1.下级医院向上级医院转诊

基层医院或下级医院的医生对限于本医院的设备或者技术条件不能诊治的患者，根据转诊原则、转诊指征及患者病情需要，及时将患者转往有救治条件并且具备专业能力和技术水平的上级医疗机构。

2.综合医院向专科医院转诊

由于患者病情的特殊性和疾病管理的需要，综合医院的医生将患者转往专科医院，如传染病（包括结核病等）、精神病和职业病等患者。

3.上级医院向下级医院转诊

二级以上医疗机构将患者下转社区卫生服务中心进行后续治疗、康复或护理。

本文讨论的转诊主要是指下级医院向上级医院转诊。

（三）转诊的相关法律规定

《医疗机构管理条例》第三十一条规定，医疗机构对危重病人应当立即抢救。对限于设备或者技术条件不能诊治的病人，应当及时转诊。第三十五条规定，医疗机构对传染病、精神病、职业病等患者的特殊诊治和处理，应当按照国家有关法律、法规的规定办理。

《医院工作制度》中的转院、转科制度规定，医院因限于技术和设备条件，对不能诊治的病员，由科内讨论或由科主任提出，经医务科报请院长或主管业务副院长批准，提前与转入医院联系，征得同意后方可转院。《医院工作制度》还规定，较重患者转院时应派医护人员护送。

《医院工作制度·入、出院工作制度》规定，危重症患者转院前应明确地向患者及其家属告知转院的理由、可能的后果、途中可能的意外，取得理解与同意，做好转院记录，并与上级医院取得联系，必要时可派医务人员护送。

（四）转诊的条件

（1）患者自由选择或到指定的医疗机构就医的权利受法律法规的保护，医疗机构及医务人员不得无故拒绝。患方主动提出转诊的，医方不得故意拖延，但对于病情危重转诊有危险的，应当妥善告知转诊的风险，并签署知情同意书。同时医方应给予必要的协助。

(2)对限于设备或者技术条件不能诊治的患者,应当及时转诊。“设备和技术条件”应理解为,患者在诊疗过程中不可或缺的、无法替代的医学设备和医学诊疗技能。由于存在专业差别、地区差别、各医院医疗水平的差别等,一般医师不可能面对各种复杂、疑难的疾病都能进行正确的诊断和治疗。因此,在遇到患者出现非本专业的疾病或病情不明的情况时,应及时转诊或与其他专科医师会诊,以免耽误患者接受正确治疗的时机。此时,转诊的建议实质上是医疗方案或手段的一种,而非推脱医疗责任的行为。

(3)在特别危急的情况下,施行首诊负责制,原则上不实施转诊,而应该以抢救患者的生命为第一原则。转诊必须在病情相对稳定的状态下实施。

(4)基于医疗机构所承担的注意义务,在为急危患者进行转诊时,医疗机构还必须进行相应的急救处置。例如根据患者症状怀疑有急性脑疝发生,就应对其进行静脉输入高渗降颅内压药物等急救处置措施,以暂时缓解病情。

(五)转诊程序合法

医疗机构为患者转院,具体程序应该按照《医院工作制度》中的转院制度办理。医疗机构因限于设备和技术条件,对不能诊治的患者,应由科内讨论或由科主任提出,经医务科报请院长或主管业务的副院长批准,提前与转入医院联系,征得同意方可转院。门诊医师对转诊患者应负责填写转诊病历摘要。凡决定转诊、转科或转院的患者,经治医师必须书写较为详细的转诊、转科或转院记录,由主治医师审查签字。转院记录最后由科主任审查签字。如估计途中可能加重病情或死亡者,医疗机构应留院处置,待病情稳定或危险过后,再行转院。较重患者急需转院时,应在急救处置后,派医护人员护送。患者转院时,应将病历摘要随患者转院。

## 十、制作、保存病历的义务①

(一)病历的概念

《医疗机构病历管理规定》第二条对病历的概念进行界定,病历是指医务人员在医疗活动过程中形成的文字、符号、图表、影像、切片等资料的总和,包括门(急)诊病历和住院病历。病历归档以后形成病案。

(二)书写制作病历是医务人员的法定义务

《侵权责任法》第六十一条第一款规定,医疗机构及其医务人员应当按照规定填写并妥善保管住院志、医嘱单、检验报告、手术及麻醉记录、病理资料、护理记录、医疗费用等病历资料。

---

① 本部分内容参考了以下书籍。全国人大常委会法制工作委员会民法室编:《〈中华人民共和国侵权责任法〉条文说明、立法理由及相关规定》,北京大学出版社2010年版,第248—253页。

书写制作病历是医务人员的法定义务。病历书写是指医务人员通过问诊、查体、辅助检查、诊断、治疗、护理等医疗活动获得有关资料,并进行归纳、分析、整理形成医疗活动记录的行为。

病历书写应当客观、真实、准确、及时、完整、规范。

病历应当按照规定的内容书写,并由相应医务人员签名。实习医务人员、试用期医务人员书写的病历,应当经过本医疗机构注册的医务人员审阅、修改并签名。进修医务人员由医疗机构根据其胜任本专业工作的实际情况对其进行认定后,才能书写病历。

(三)病历的保存及期限

按照《医疗机构病历管理规定》的规定,门(急)诊病历原则上由患者负责保管。医疗机构建有门(急)诊病历档案室或者已建立门(急)诊电子病历的,经患者或者其法定代理人同意,其门(急)诊病历可以由医疗机构负责保管。住院病历由医疗机构负责保管。因此,对于一般由患者负责保管的门(急)诊病历资料,医疗机构及其医务人员只有按照相关规定填写、制作的义务,而无保管责任。

《医疗机构病历管理规定》第二十九条规定,门(急)诊病历由医疗机构保管的,保存时间自患者最后一次就诊之日起不少于15年;住院病历保存时间自患者最后一次住院出院之日起不少于30年。

(四)关于病历的法律责任

1.医疗机构有义务为患者提供病历

《侵权责任法》第六十一条第二款规定,患者要求查阅、复制前款规定的病历资料的,医疗机构应当提供。

2.医疗机构向患者提供查阅、复制病历资料的范围

病历资料可以分为两类,一类是客观性病历资料,另一类是主观性病历资料。客观性病历资料,是指记录患者症状、生命体征、病史的病历资料,即《医疗事故处理条例》所明确的“门诊病历、住院志、体温单、医嘱单、化验单(检验报告)、医学影像检查资料、特殊检查同意书、手术同意书、手术及麻醉记录单、病理资料、护理记录”等。而主观性病历,是指医疗机构的医务人员以对病情的观察、对病史的了解和掌握而进行的综合分析所做的记录,指的是死亡病历讨论记录、疑难病例讨论记录、上级医师查房记录、会诊意见、病程记录等。

医疗机构向患者提供查阅、复制病历资料有一定的范围。《医疗事故处理条例》第十条第一款规定,患者有权复印或者复制其门诊病历、住院志、体温单、医嘱单、化验单(检验报告)、医学影像检查资料、特殊检查同意书、手术同意书、手术及麻醉记录单、病理资料、护理记录以及国务院卫生行政部门规定的其他病历资料。再如国家卫生计生委制定的《医疗机构病历管理规定》,医疗机构可以为

申请人复制门(急)诊病历和住院病历中的体温单、医嘱单、住院志(入院记录)、手术同意书、麻醉同意书、麻醉记录、手术记录、病重(病危)患者护理记录、出院记录、输血治疗知情同意书、特殊检查(特殊治疗)同意书、病理报告、检验报告等辅助检查报告单、医学影像检查资料等病历资料。

对于主观性病历资料是否能够复制和查阅,因兼顾到医疗行业的特殊性,《侵权责任法》并未作出明确规定,这部分内容是否能向患者提供,在诉讼中是否应当提供,有必要进一步明确。

3.关于病历资料的相关法律后果

《侵权责任法》第五十八条规定:“患者有损害,因下列情形之一的,推定医疗机构有过错:(一)违反法律、行政法规、规章以及其他有关治疗规范的规定;(二)隐匿或者拒绝提供与纠纷有关的病历资料;(三)伪造、篡改或者销毁病历资料。”

根据《医疗事故处理条例》及《医疗机构病历管理规定》,医疗机构应当按照规定向患者提供相关病历资料,这是医疗机构的一项义务,违反该义务,要承担相应的行政责任。如《医疗事故处理条例》第五十六条规定,没有正当理由,拒绝为患者提供复印或者复制病历资料服务的,由卫生行政部门责令改正;情节严重的,对负有责任的主管人员和其他直接责任人员依法给予行政处分或者纪律处分。除了行政法上的责任外,在民事责任上,如果医疗机构拒绝向患者提供与纠纷有关的医学文书及有关资料,根据《侵权责任法》第五十八条的规定,隐匿或者拒绝提供与纠纷有关的病历资料的,推定医疗机构对患者的损害有过错。在推定过错的情况下,如果医疗机构没有相反证明,则“推定”的过错将被“认定”为过错,医疗机构将承担不利的法律后果。伪造、篡改或者销毁病历资料的,医疗机构也将承担不利的法律后果。

## 【案例分析12】缺少手术记录承担完全赔偿责任案

[案例简介]

2009年12月19日,患儿张××因“右耳疼1天”至A医院就诊,诊断为耳耵堵塞,处以滴眼液滴耳后行外耳道冲洗。12月22日,患儿张××因“右耳疼痛3天余”再次至A医院就诊,查见:右耳耵聍已软化,取出后见鼓膜充血;诊断为急性中耳炎;处以外耳道冲洗。12月22日晚,患儿张××因“发烧2天,发现心律不齐”至A医院急诊就医,查见:窦性心律不齐,频发房早。诊断为急性心肌炎,待查。

2009年12月23日,患儿张××因“发热3天,心律失常1小时”入住B儿科医院,入院诊断:脓毒血症、中枢感染、多脏器功能不全、中耳炎、左隐睾。2009年12月29日头颅CT示颅内出血,脑积水;2010年1月19日在全麻下行脑室外引流术；1月21日患儿带管呼吸时再次出现自主呼吸不规则；病程中患儿肾功能再次恶化，1月25日起进行血透治疗；因脑积水无明显改善，1月29日在全麻下行脑室—腹腔分流术，术后仍未见明显改善；因脑积水仍存在，2月13日行脑室外引流术；随后患儿病情持续恶化，因考虑患儿预后极差，生命挽回可能性很小，3月26日患儿家属表示放弃治疗，签字自动出院，出院后张××于2010年3月26日死亡。

2010年5月12日，原告至B儿科医院将张××的住院病史资料予以封存，其中2010年1月19日和1月29日的两次手术记录缺失。B儿科医院于2010年9月20日向法院提交上述两份手术记录。

2010年9月26日，经B儿科医院申请，法院依法委托某区医学会进行鉴定。2011年12月8日，某区医学会向法院函告：因原告坚持不同意将手术记录作为送检材料进行鉴定，对手术记录内容及具体手术人员不认可，故手术记录不能作为送检材料进行鉴定，医疗事故技术鉴定因资料不全无法进行。期间，双方就是否继续进行医疗事故技术鉴定多次磋商未果。

2012年3月27日，经B儿科医院申请，法院再次委托司法鉴定科学技术研究所司法鉴定中心对系争的两份手术记录进行鉴定，该中心于2012年6月11日出具司鉴中心［2012］微鉴字第36号《司法鉴定意见书》，结论为：B儿科医院的电子病历系统显示，患儿张××的住院病史录中，记录时间为“2010-1-19 16:00:00”的手术记录单的创建时间为“2010-1-21 15:57:25”，编辑时间为“2010-9-20 8:45:35”；记录时间为“2010-1-29 16:00:00”的手术记录单的创建时间为“2010-2-1 16:16:16”，编辑时间为“2010-9-20 8:45:59”（其中记录时间可以在撰写病历时设置，编辑时间为最后一次编辑病历时的系统时间）。编辑的具体内容无法判断。

法院审理认为：医患双方应当依照《医疗事故处理条例》的有关规定提交相关材料。医疗机构无正当理由未依照条例的规定如实提供相关材料，导致医疗事故技术鉴定不能进行的，应当承担责任。责任程度应按照完全责任判定。本案送检材料中缺少的手术记录属住院病史资料，而住院病史资料应由B儿科医院负责保管，现封存的病史资料中缺少手术记录应属B儿科医院之过。至于补充提供的手术记录，根据鉴定结论显示，两份手术记录的形成时间均晚于术后24小时，违反了病历及电子病历书写基本规范的相关规定，且在患儿张××的住院病史封存后仍存在编辑的痕迹，故该手术记录存在严重瑕疵，其真实性难以判断，不能作为送检材料使用。因送检材料缺少手术记录，导致医疗事故技术鉴定无法进行，该举证不能的后果应由B儿科医院承担。据此，本院确定B儿科医院对两原告的损失承担完全赔偿责任。至于A医院，现并无证据显示其在医疗诊疗过程中存有过错，故原告要求其承担赔偿责任之请求，缺乏依据，法院难以支持。

（案例来源：张华等诉复旦大学附属儿科医院医疗损害责任纠纷一案二审民事判决书，上海市第一中级人民法院案号：(2014)沪一中民一(民)终字第1365号。）

### 十一、保守秘密的义务

保守秘密的义务也可以称为维护患者隐私的义务，与之相对应的则是患者的隐私权。保守秘密是医务人员的法定义务。①

从希波克拉底时代就已将保守诊疗秘密视为医师的伦理守则之一："在施行治疗时，我一切所看见或听到的(就在执业之外的社交上也是如此)，凡不可公布的，我全不泄漏，当作神圣不可侵犯的秘密。"1948年9月由世界医学会第二届会员大会通过的《日内瓦宣言》也记载着"我愿尊重告知我的秘密"，后来还加上了"即使在患者死后"的措辞。

### 十二、遵从指挥救灾、防灾的义务

《执业医师法》第二十八条规定，遇有自然灾害、传染病流行、突发重大伤亡事故及其他严重威胁人民生命健康的紧急情况时，医师应当服从县级以上人民政府卫生行政部门的调遣。《医疗机构管理条例》第三十九条规定，发生重大灾害、事故、疾病流行或者其他意外情况时，医疗机构及其卫生技术人员必须服从县级以上人民政府卫生行政部门的调遣。

### 十三、勤勉义务

医师在执业活动中，要保证高质量的医疗服务水平，不仅要有良好的服务态度，还要具备扎实的业务知识和熟练的技能。这就要求医师在实践中不断接受医学继续教育，努力钻研业务，更新知识，提高专业技术水平。医师参加专业培训，接受医学继续教育，既是医师的权利，又是医师的义务。我国《执业医师法》规定了县级以上人民政府卫生行政部门应当制定医师培训计划和提供继续教育的条件，同时采取有力措施对农村和少数民族地区的医务人员实施培训。医疗、预防、保健机构应当按照规定和计划保证本机构医师的培训和继续医学教育，县级以上人民政府卫生行政部门委托的承担医师考核的医疗卫生机构，应当为医师的培训和接受继续医学教育提供和创造条件。

---

① 王岳：《医事法》，人民卫生出版社2009年版，第69页。

### 十四、报告义务[①]

医师发生医疗事故或者发现传染病疫情时，应当按照有关规定及时向所在机构或者卫生行政部门报告。

医师发现患者涉嫌伤害事件或者非正常死亡时，应当按照有关规定向有关部门报告。

医务人员在医疗活动中发生或者发现医疗事故、可能引起医疗事故的医疗过失行为或者发生医疗事故争议的，应当立即向所在科室负责人报告，科室负责人应当及时向本医疗机构负责医疗服务质量监控的部门或者专(兼)职人员报告；负责医疗服务质量监控的部门或者专(兼)职人员接到报告后，应当立即进行调查、核实，将有关情况如实向本医疗机构的负责人报告，并向患者通报、解释。也就是说，发生、发现医疗事故包括可能造成医疗事故的医疗过失行为时，医疗机构有通报、解释的义务，患者则享有知情的权利。对此，患者在发生争议之后，可以行使知情权，要求医疗机构据实通报、解释。

### 十五、卫生宣传义务

医师在执业活动中有向患者宣传卫生保健知识，进行健康教育的义务。

## 第三节　医患双方权利和义务的对立统一

美国哈斯廷中心主任卡拉汉在对传统的医学目的重新审视后，提出了现代医学的四个目的：预防疾病和损伤，促进和维持健康；解除由疾病引起的疼痛和疾苦；照料和治愈有病者，照料那些不能治愈者；避免早死，追求安详死。简言之，医学研究的最终目的，是为患者治疗疾病，减少患者的痛苦，延长患者的生命，提高患者的生存质量。

埃德蒙·D·佩莱格林诺提出“医学是科学学科中最人道的科学，是最经验主义的技艺，是人文学科中最富有科学性的学科”，阐明了医学与人文社会科学的关系。《希氏内科学》序言开篇就是“医学是一门需要博学的人道主义职业。它的道德性质更类似于宗教的传教士。”

就医学的研究方法而言，医学是一门科学，而就医学的应用而言，医学是一门技艺。可见，医学科学以研究疾病为对象，医术以维护和恢复健康为目的。从关于医学目的的结论来看，医学必须定位于完整的人，定位于人的健康和疾病，

① 王岳：《医事法》，人民卫生出版社 2009 年版，第 69 页。

而不只是单纯解决躯体的疾病问题。医生既需要具备以生物医学为核心的自然科学知识,还要具备社会人文学科方面的知识,要竭尽自己所能为患者提供生理、心理、人文的全面服务。

随着我国医疗卫生体制改革的深入,医疗机构面临着越来越多的法律问题,如医患权益的法律保障问题,医院管理的规范化和法制化问题,医院经营发展中的法律问题。随着我国医疗卫生事业的发展和人们法律意识的提高,医疗纠纷和医疗损害赔偿诉讼越来越多,已严重影响医学实践和医患关系,甚至酿成社会风波,成为目前困扰各级医疗部门以及患者的重要问题之一。因此,医务人员不仅需要具备医学知识,还要具备法律知识。

## 一、医患双方权利和义务的对立①

造成医疗纠纷的原因是多方面的。除少数是由于医务人员责任心不强、严重失职、技术水平低下引起的外,还有不少是医患双方观念上的差异引起的。其实是医患双方各自站在自己的立场上,维护各自的权利,强调对方应尽的义务所致。

(一)伦理因素导致的对立

1.以"义务论"为核心的医德模式

以"义务论"为核心的医德模式将对患者实行人道主义作为医生的基本义务,医生必须以患者的健康为唯一目标,无条件地承担救治义务,而患者则以感恩戴德作为回报。但是,这种似乎合情合理的平等的医患关系在医学科学迅速发展的今天,其所包含的不平等却逐渐地凸现出来。在这种关系中,医生担负的是实在的义务,获得的仅仅是心理上的满足;患者得到的是身体的康复,但丧失的却是人格上的平等。强调了医生道德义务的绝对性和无条件性,却忽视了医务人员合理的利益需求,用精神来取代物质上的需求;强调了无条件地救死扶伤,一味追求维持患者的生命,不顾生命质量的高低和后果,却忽视了对患者的尊重。这都是以牺牲医生与患者权利为代价的绝对的和无条件的义务。

2.传统的医学父权主义思想

父权主义也称为家长主义,它无限地夸大了医生在医疗过程中的作用,认为在临床医疗中医生的权威如同父亲在家庭中的权威一样不可动摇。医生的职责就是为患者服务,在医疗决策中必然应把患者的利益放在首位。由于医生与患者之间在医学知识和技能上的差距,为了患者的利益,应该由医生作出决定,从而使医生成为患者的医疗决策者。事实上,在医疗决策中,医生往往会以牺牲或

① 瞿晓敏,达庆东:《防范医疗纠纷的关键:医患双方权利和义务的统一》,《中国卫生事业管理》2001年第8期。

忽视患者的权利为代价主动地为患者决定一切。

（二）医方因素导致的对立

多数医疗纠纷源于经济利益与医患双方缺乏诚信和人文关怀。随着资本进入医学，保健服务成为重要的经济载体，进而成为谋利的手段，使得利益问题特别突出和尖锐起来。利益魔杖使得传承了几千年的传统医德大为褪色，驱使人们去冲击尊重生命和人类尊严的底线。医疗行为现今被利益所驱动，最终将远离医学目的，导致医疗行为与医学目的的背离。如今医疗保健服务早已不仅是济世的手段，同时也是谋利的工具。医院经营者、药品和保健品生产者、相关推销商、医疗器械生产厂家等，都将目光聚集到医疗服务这个有利可图的行业上来，以求最大限度的利润。一些医院以实施“绩效工资”为名，对科室乃至医生个人下达业务收入指标。全心全意为患者服务的高尚医德无法抵挡一切向钱看的利益诱惑，医学伦理底线无声无息地被突破了。医患双方都被经济压力强烈逼迫着，金钱的诱惑动摇着道德的底线，冲淡着人文的情感，瓦解着信任的基础，神圣而严肃的医疗活动被无情扭曲。

平等是现代社会最基本的价值观念，也是社会转型期调节和平衡医患利益的首要准则。理想的医患关系要以医患双方的平等、接纳、友好合作为基础，以一致性的目标和融洽的交流为表现方式，即医患双方本着友好合作的精神，共同致力于疾病的治疗，共同探讨诊治方案。平等的伦理诉求，首先要求社会在安排医患双方的权利和义务时必须体现公正，以必要的干预对强势一方加以适度约束，对弱势一方给以适度扶持。其次要求医患双方平等交往、一视同仁。医患平等就是要求一方把交往的另一方当人对待。医务人员要放下高高在上的架子，平等对待患者，尊重患者的权利，遇事多跟患者沟通；患者也要平等地对待医务人员，尊重他们的劳动。医患双方在整个医疗服务活动中始终具有相同的自然、社会和经济属性，人格是对等的。当然人格平等也包含患者在享受医疗服务时，患者之间精神享受的同一性和社会认同的一致性。

（三）患方因素导致的对立

患者权利的增强。患者权利是20世纪市场经济社会条件下生物医学发展的产物。现代医学技术因素的大大膨胀，人道因素的逐渐丧失以及市场经济对经济效益的无限追求，使患者权利问题的提出成为必然。但是，一味强调患者的权利，忽视患者的义务必然会在认识上产生偏差。部分患者及其家属的不良就医心理与就医行为也是导致医患关系紧张的重要诱因。

在诊疗活动中，就医疗机构和医务人员个人而言，提供服务的能力与患者对服务的要求之间往往会有差距。对患者而言，一般都对现代医疗技术的进步抱着崇敬的态度，将进医院比作进“保险箱”，认为当今医术应该是立竿见影、手到病除，一旦治疗效果不理想，现实与心中的期望产生差异，患者就很难接受和面对现实。医者则时常会面临无效治疗等当下医疗技术所无能为力的问题。由于存在上述认知上的差异，一旦医患沟通不够，往往就会导致严重的暴力和人身伤害。此外，医生面对临床决策时，出于职业素质，一般会表现得更理智；而患者（包括家属）由于对疾病的焦虑，往往容易情绪化，甚至不理智。尤其是在一些具有重大风险的治疗方法的选择上，患者过高的期望与实现这一期盼的现实技术手段的差距会成为医患关系恶化的主要原因。

有的患者仍然将医院看作是社会福利公益事业单位，认为医疗就应当是福利，片面地强调就医权，想尽量少花钱甚至不愿承担医疗费。市场取向对患者而言是现实的，当患者不得不自己购买医疗服务时，对医疗服务就会要求过高，过去对医生的感恩心理开始弱化，逐渐把就医当作消费，把自己等同于消费者，认为付了钱就一定要买到健康和平安。如果钱花了病没治好，就不依不饶，投诉、告状，医学实践中的符合技术范围之内的正常误差，也会成为患者投诉的事件。

还有的患者以个人隐私为由，不顾他人及社会的利益。这些认识上的偏差和过高的期望，同时也是以牺牲他人的权利为代价的。因此，在医患关系中，明晰权利与义务是至关重要的。医患之间权利与义务的不一致，已成为医患之间矛盾、冲突和纠纷的根源。

**二、医患双方权利和义务的统一**①

和谐的医患关系应该是一种双向的医患关系，其实质是医患双方权利与义务的对立统一。在法律上，权利和义务总是对等的。一方面，权利主体在享受法律赋予其的权利的同时，也被赋予了一定的义务。权利义务的一致性是我国民事权利的基本特征，没有无权利的义务，也没有无义务的权利，国家保障民事主体所享有的合法的民事权利，同时又要求民事主体履行相应的民事义务。另一方面，在权利主体与相对人之间的权利与义务的关系是互换的对应关系，医方的权利就是患者的义务，患者的权利就是医方的义务。

（一）医生权利与义务、患者权利与义务的统一

权利与义务的统一，也就是权利与义务对等。医生与患者所享有的权利与他所负有的义务不是自己自由选择的结果，而是社会分配的结果，是社会角色所致。其所享有的权利与所负的义务应是相等的，只有相等才是公正的。无论是权利多于义务，还是义务多于权利，都是不公正的。但是，在行使权利与履行义务时，个人能够自由选择，他能够放弃所享有的一些权利而使所行使的权利小于

① 瞿晓敏，达庆东：《防范医疗纠纷的关键：医患双方权利和义务的统一》，《中国卫生事业管理》2001年第8期。

所享有的权利,也可以不履行所负有的一些义务而使所履行的义务小于所负有的义务。如果医生或患者所行使的权利多于他所履行的义务,是不应该的;而等于所履行的义务,则是公正的;如果医生或患者宁愿承担大于所获权利的义务,那么,其行为表现出的则是一种牺牲性的美德。医生与患者权利与义务的统一就在于医生与患者所享有的权利应该等于他所负有的义务,而他所行使的权利则不应该超过他所履行的义务。

在医患关系中,医生与患者应享有各自的权利和履行各自的义务。也就是说,医生并不是仅有救死扶伤的义务,而无权利可言;患者也并不是只享有健康与医疗的权利,而无须负有相应的义务。医生在履行义务的同时,还享有独立的、自主的权利,其权利与义务是对等的;患者在行使权利的同时,还应负有义务,其义务与权利也是对等的。

(二)医患双方权利和义务的统一

权利与义务的统一还在于一个人的权利与他人的义务的必然联系。一个人以一定方式行使自己的权利,也就意味着另一个人以一定方式对这个人履行义务,反之亦然。这正如道德哲学家彼彻姆所说的那样:“权利的语言可以转译成义务的语言。意即,权利与义务在逻辑上是相关的,一个人的权利迫使别人承担避免干预或提供某种利益的义务,而一切义务同样赋予了别人的权利。”在医患关系中,表现为医患双方权利和义务的一致性。

医生的权利和患者的权利是一致的,医生权利应服从患者的权利。医生的权利维护、保证患者医疗权利的实现,是维护患者健康的权利。当然,医生行使权利必须以为患者尽义务为前提,其权利实施的范围不能超出维护和保证患者权利的实现,不能使患者健康利益受到损害。

医生的义务与患者的权利是一致的。患者的基本权利就是医生的义务,患者作为社会成员和国家公民,具有一般的健康权利和医疗权利,而一旦作为患者进入医患关系之中,又拥有特定的医疗权利。对于医生来说,有提供医疗服务,尊重患者的意愿,提供必要信息和取得患者自愿同意,保守秘密和保护隐私的义务,患者对权利的享有和行使也就意味着医生对义务的承担和履行。患者的医疗权利也就是医生治疗的义务,患者自古以来的同意权利也就是医生的解释和说明的义务,患者的保密权利也就是医生不把患者隐私泄露给他人的义务。

患者的义务与医生的权利是一致的。患者履行自己的义务也就赋予了医生权利,患者履行自己的义务,有利于患者自身的利益,也有利于医生享有权利。在医疗过程中,只有患者履行义务,医生才能有针对性地进行有效的诊断治疗。但是,在治疗过程中,患者并不是完全被动的,除了医生的努力外,如果没有患者的积极配合,有的治疗是难以成功的。功能的恢复、疾病的预防,更需要患者自己的努力。

医生的义务与患者的义务也是一致的。医生的义务都是为了患者的利益，是对患者的健康负责，也是为了医学科学的发展。患者在享有权利的同时，履行应尽的道德义务，这并不仅仅是为自身的健康负责，也是对医务人员的劳动的尊重以及人格的尊重，同样也是对社会的负责。

权利与义务的平等是医患关系的实质。如果只讲医生的义务，而不讲权利，医生的积极性就会受到打击。尊重医生的权利，重视医生正当的物质利益，也是对医生辛勤工作的尊重与肯定。只有使医生的权利得到真正的保证，才能充分发挥医生的聪明才智，全心全意地为患者服务。如果只谈患者的权利，而不讲义务，患者的权利也难以得到保证。明确患者的义务，也是为了尊重患者的自主权，医生与患者都有战胜疾病，保持健康的义务。

明晰医患双方的权利与义务，有利于医患双方的理解和沟通，有利于建立和谐的、双向的医患关系。

医疗保健不仅仅是医生出于责任而服务于患者的一种义务，而且是患者应该享受的一种权利。患者权利的享有和义务的履行也不可能离开医生的帮助，离开社会所能提供的医疗服务而单独实现，更不可能违背生老病死的规律。因此，明晰医患双方的权利和义务，可以使医患双方对基本目标的认识角度和水平趋于一致，并且做到医患双方的基本权益在理论上和事实上的平等。还可以使医患双方都能享有各自的权利，尊重对方的权利，履行自己应尽的义务，并能实事求是地、客观地认识和对待医疗结果，从而建立起适应医学发展的，符合社会发展的，合理的、科学的医患关系，缓解医患关系的矛盾，防范和减少医疗纠纷。

在医疗实践中，必须防止走向极端：单纯追求医德，只强调医生应尽的义务，而忽视甚至排斥医生应有的权利和正当的物质利益；只强调医生的权利，而忽视患者的权利和医生的道德要求；过分强调尊重患者的自主权利，而忽视患者应尽的义务。明晰医患双方的权利和义务，协调医患之间的权利和义务，是防止医疗纠纷产生的关键。

# 第六章　医疗纠纷解决机制

医疗纠纷解决机制，是指社会为解决医疗纠纷而建立的由规则、制度、程序、机构(组织)及活动构成的系统。通俗地讲，可以理解为社会处理、解决医疗纠纷的方式或途径。目前国内处理、解决医疗纠纷的方式主要有协商、调解、仲裁、医疗责任保险和诉讼。诉讼是医疗纠纷的最后解决方式，虽然其通过严格的程序和权威的裁判使医疗纠纷得到具有最高强制力的解决方案，但这往往是以超长时间和超高成本为代价的，在世界各国诉讼都并非医患双方首选的解决方式。①

代替性纠纷解决方式，又称代替性非诉讼解决机制，对医疗纠纷来说，非诉讼纠纷解决机制更能在以下方面发挥它的优势：①非诉讼解决机制能够最大限度地维系本已非常紧张的医患关系，在维护医患双方必要的尊严的同时，能够使双方的权益得到公正的保护，从而维护了社会的稳定；②相比诉讼程序，患者能更加直接、主动地参与医疗纠纷的解决过程，其中立性能得到双方的认可，解决结果更能被双方所接受；③非诉讼解决机制不必依据严格的法律法规确定赔偿方案，而是根据当时、当地和有关的实际具体情况，经双方共同协商达成均能接受的方案的解决方式；④能够有效地保护患者的个人隐私和医疗机构的有关商业信息，使双方都能体面地从纠纷中解脱。②

## 第一节　协　　商

协商又称和解，俗称“私了”，是纠纷或争议的双方当事人本着平等、自愿的原则，就争执问题进行谈判或对话并达成协议的纠纷解决方式。它是历史最为悠久的纠纷解决方式，到目前为止也仍然是最简单、最直接、最节省资源的纠纷解决方式。协商也是《医疗事故处理条例》规定的解决医疗纠纷的三种方法之一。

在协商解决中，纠纷双方无须借助于第三方而达成和解协议，并且协商的形式和程序没有严格的规定，这些特点就使协商这种解决方式具有高度的双方自愿性和极大的灵活性，可有效节约双方的时间和经济成本。在医疗纠纷中，协商

① 邢学毅：《医疗纠纷处理现状分析报告》，中国人民公安大学出版社2008年版，第186页。

② 邢学毅：《医疗纠纷处理现状分析报告》，中国人民公安大学出版社2008年版，第188页。

解决就具有较其他解决方式更为突出的优势。

由于医患双方协商解决医疗纠纷无须程序限制，也无法接受法律的监管，协商解决在实际应用过程中不可避免地存在一定的局限性和弊端。如信息不对称，医方也可能利用患者对医学知识的匮乏、法律知识的不足、未能第一时间掌握病历资料等，故意隐瞒医疗过失行为，向弱势患者施加各种压力，对过失行为造成的后果不予赔偿或尽量少给予赔偿，这样达成的协议显失公平，侵害了患者的合法权益。对有可能构成医疗事故的医疗纠纷，若没有经过医疗事故技术鉴定而协商解决，医疗纠纷的相关责任人就避免了一次定性为医疗事故的可能，逃脱了卫生行政部门和检察机关对相关主体的责任追究，从而使相关责任人逃避法律的制裁。另一方面，这也可能助长患方的不理性行为。在医疗人员有意掩饰其缺点或者有损名誉的事件的企图之下，病人与家属有时提出无理要求，医疗机构往往只能采取破财消灾、花钱了事、速战速决的办法。“私了”勾起了一些人的贪欲，促使更多的人到医院索赔，助长了不良风气，并形成“大闹大赔，小闹小赔，不闹不赔”的恶性循环。此外，协议易被反悔。在签订协议前由于未进行鉴定，协议中对有关事实、矛盾的焦点或过失未予认定，特别是在协议中表达的是给予补偿而不是赔偿的情况下，患方很可能由于认识上的不足、专业知识的缺乏，没有完全了解损害的后果。双方当事人达成协议后，在周围亲朋好友的挑唆下，患方易感吃亏，对协商结果不满意，往往推翻协议，于是要求医院再次赔偿，在协商不成的情况下提起诉讼。

有时患方出于策略考虑，先通过协商把部分赔偿拿到手，然后既有了进一步诉讼的经济基础，又让患方有了医方存在过失的口实“你无过错能够赔钱吗?”，所以医方在协商解决医疗纠纷的过程中，不能无原则地花钱买平安。

如医方存在欺诈，有意隐瞒事实，协议未能起到维护双方合法利益，实现双方利益平衡的作用，协议被推翻也是必然。

医患双方协商解决的规范和完善：

(1)在协商中应坚持双方自愿原则。任何一方不能通过强迫、威胁另一方达到目的；不能以欺骗的方式达到目的。

(2)在协商中应坚持平等公平原则。具体操作中应注意的问题是：医方应尽可能地如实告知患方所受损害的翔实情况，如果双方对医疗侵权行为的责任程度以及损害后果的伤残等级等事项有争议的，可双方共同委托进行司法鉴定，以鉴定结论为依据，严格依据相关的法律、法规所规定的标准，对需要赔偿的费用进行计算，赔偿数额合理，不能显失公平，以避免出现患方在协商解决纠纷后，还向法院起诉的情形。

(3)在协商中应坚持合法原则。协商应在法律许可范围之内，不能违法，不能损害国家和社会的公共利益，不能侵害他人合法权益。

(4)在协商中应坚持实事求是原则。建立在一定的事实认定基础上的协商方案才能保证其合理性和公平性，并且能够很好地被自愿履行。在协商中根据情况引入医疗过失司法鉴定，明确医疗行为是否存在过失，过失与损害后果是否存在因果关系以及参与度，以鉴定意见为依据决定是否赔偿及赔偿数额。

(5)在协商中应强化协议的法律效力。医患双方协商一致达成协议实际上是一种合同行为，签订的协议必须保证是合法有效的。签订和解协议应严格奉行我国《合同法》的一般原则。为强化和解协议的法律效力，可向人民法院申请确认，人民法院根据双方协议内容制作的调解书，与判决书具有同等效力，任何一方不可反悔，不得提出诉讼请求。

## 【案例分析 13】子宫肌瘤切除误伤输尿管案

[案例简介]

患者女性，46 岁。查体发现子宫肌瘤，要求手术，入住某县医院。术中见子宫如 3 月孕大，硬，形态失常，粘连不活动，于左前壁可及 6 cm×5 cm×5 cm包块，右后壁可及 5 cm×5 cm×5 cm 不规则突起，并于后壁近宫颈处探及多个质硬结节，行子宫全切除＋右侧附件切除术。术后切口甲级愈合出院。术后 35 天因腹痛查体发现右肾积水，入住某省级医院，分别行 B 超引导下腹腔造瘘引流及右肾造瘘引流术，术后常规补液抗感染治疗后出院。3 个月后，再次入住某省级医院行腹腔镜右输尿管膀胱再植术，痊愈出院。为获得公平赔偿，某县医院和患者共同委托山东某司法鉴定所对过失、因果关系、参与度及患者伤残等级、误工时间和护理人数及期限给予鉴定，依据鉴定结论给予赔偿。

[评析]

本案例医方在子宫切除术中误伤患者右侧输尿管，医方应负全部责任，医方侵权责任明确，损害后果事实清楚，医方不掩饰自己的过错。医患双方依据第三方鉴定结论作为赔偿的依据，使纠纷获得快捷解决。

(案例来源：本案例为本书主编冯正骏经办案例，由冯正骏提供。)

## 【案例分析 14】静滴右旋糖酐 40 致过敏性休克死亡案

[案例简介]

患者女性，65 岁。患右侧乳腺癌，术后 1 年半，因发现右胸壁肿物，10 天后于 2011 年 10 月 19 日入住山东省××肿瘤医院。查体见右侧胸壁近胸骨边缘切口内侧可及数个肿物，大小不等，直径约 0.5～2.5 cm，质硬，整个肿物范围约 6 cm×7 cm。既往对青霉素、复方新诺明过敏。于 2011 年 10 月 24 日上午行右侧胸壁肿物扩大切除＋左侧乳房皮瓣转移修复术。术后静滴注射用丹参改善微循环治疗。术后发现皮瓣血运不好，有坏死迹象，于 2011 年 10 月 31 日 17:00 在静滴注射用丹参后静滴右旋糖酐 40，当输入右旋糖酐 40 约 10 ml 时，患者突然出现头晕、面色潮红，接着出现呼吸循环衰竭，经抢救 2.5 小时无效死亡。患者亲属拒绝尸检。

[评析]

这是本书主编接待的一个咨询案例。

患者亲属诉说，患者死亡后其亲属曾与医方讨要说法，认为是输注右旋糖酐 40 致过敏性休克死亡，而医方护士长认为从来没听说输注右旋糖酐 40 能导致过敏，患者死亡后亲属拒绝做尸检，推断其可能为急性心梗、脑梗或肺栓塞死亡。

本书主编根据患者亲属提供的资料分析，患者术前查体心电图检查无异常，MRI 检查颅脑无异常，如为突发急性心梗或脑梗，临床表现不支持，而且不会在这么短的时间内出现呼吸循环衰竭，医方认为是急性心梗或脑梗导致死亡没有依据。由于患者没有长期卧床或限制下肢活动的情况，也没有下肢静脉血栓形成或发生肺栓塞的病理基础。

患者原来有对青霉素、复方新诺明的过敏史，其门诊病历、住院记录和住院病案首页均有记录，表明患者为过敏体质。

右旋糖酐 40 药品说明书不良反应第 1 项载明“过敏反应：少数患者可出现过敏反应，表现为皮肤瘙痒、荨麻疹、恶心、呕吐、哮喘，重者口唇发绀、虚脱、血压剧降、支气管痉挛，个别患者甚至出现过敏性休克，直至死亡。过敏反应的发生率约 0.03%～4.7%。过敏体质者用前应做皮试”。禁忌证第 5 项载明“有过敏史者慎用”。

国家药品不良反应监测中心《药品不良反应信息通报》（第三期 2002 年 12 月）刊载《右旋糖酐 40 与过敏性休克》，国家药品不良反应监测中心数据库中，关于使用右旋糖酐 40 引起的可疑药品不良反应病例主要有皮疹、肺水肿、肾功能衰竭、过敏性休克等，其中过敏性休克 53 例，死亡 10 例。现有资料提示右旋糖酐 40 可引起过敏性休克，而且过敏性休克多在首次输入数滴至数毫升时发生，故初次滴注时，应严密观察。鉴于此，提醒广大医务人员严格掌握适应证，避免同复方丹参等中药注射剂联合使用，临床使用时加强监护，防止严重不良反应的发生。

根据以上情况表明，患者为过敏体质，在输注右旋糖酐 40 以前应该进行过敏试验,医方没有进行过敏试验,存有过失。患者表现符合过敏性休克所致死亡,医方过失与患者死亡存有因果关系。

患者户籍在农村,长期在济南市居住,如按农村户籍计算可获得约20万元赔偿,如按济南市居住计算,可获得约30万元赔偿。

患者亲属按照本书主编的指导,拿着右旋糖酐40的药品说明书和国家药品不良反应监测中心的《药品不良反应信息通报》(第三期2002年12月)再次到医院表明态度:愿意协商解决,索赔额度20万~30万元,如果医院没有诚意,将进入诉讼程序。一周后医院主动打电话告知患方,同意协商解决,赔偿20万元。

(案例来源:本案例为本书主编冯正骏经办案例,由冯正骏提供。)

## 第二节　调　　解

所谓调解,就是调停解决,是指在第三者的主持劝说下,纠纷双方当事人自愿协商,排除争端,达成和解,改善关系的一种方法和活动。[①]

我国传统上即强调调解在解决各类纠纷中的重要性,近年来调解的重要性更是得到了有关部门的重视。2002年,最高人民法院发布了《关于审理涉及人民调解协议民事案件的若干规定》,司法部制定了《人民调解工作若干规定》,中共中央办公厅、国务院办公厅转发了《最高人民法院、司法部关于进一步加强新时期人民调解工作的意见》。2004年,最高人民法院、司法部又联合下发了《关于进一步加强人民调解工作切实维护社会稳定的意见》。2007年7月,财政部、司法部也联合下发了《关于进一步加强人民调解工作经费保障的意见》。这些文件的出台为调解工作的顺利开展提供了良好的基础。[②] 2010年1月8日,司法部、卫生部、中国保险监督管理委员会联合发布《关于加强医疗纠纷人民调解工作的意见》(司发通[2010]5号),要求各地司法、卫生、保监部门贯彻"调解优先"原则,积极推进医疗纠纷人民调解和医疗责任保险工作,同时加强沟通与协作,建立健全联席会议制度,共同研究解决工作中遇到的困难和问题。2010年8月28日十一届全国人大常委会第十六次会议表决通过了《中华人民共和国人民调解法》(以下简称《人民调解法》),该法于2011年1月1日起施行。人民调解成为我国纠纷解决机制中的"第一道防线"。

目前我国对医疗纠纷调解的形式主要有:卫生行政机关的调解、人民调解委

---

① 李静堂,郑承泉:《怎样调解民间纠纷》,湖北人民出版社1986年版,第3页。

② 邢学毅:《医疗纠纷处理现状分析报告》,中国人民公安大学出版社2008年版,第193页。

员会的调解、与保险公司结合的调处中心的调解、与仲裁相结合的调解、法院的诉前调解。本节重点介绍卫生行政部门的调解和人民调解委员会的调解，其他调解形式结合有关章节予以介绍。

## 一、卫生行政部门的调解

卫生行政部门的调解是《医疗事故处理条例》明文规定的解决医疗纠纷的三种方式之一，曾对医疗纠纷的解决发挥重要作用。

卫生行政部门的调解，在医疗纠纷的处理中逐步呈现弱化趋势，[①]主要有以下原因：

(1)对患方而言，患方往往认为卫生行政部门和进行鉴定的医学会、医疗机构都是一家人，卫生行政部门会偏袒医疗机构，其中立性受到质疑，患方当然就不愿意由卫生行政部门进行调解。

(2)对医方而言，医方担心除了医疗事故赔偿争议的调解功能，卫生行政部门更具有对构成医疗事故的医疗机构和个人进行行政处罚的功能。如果接受调解，就等于承认存在医疗事故，而存在医疗事故，就会受到卫生行政部门的处罚，这就会对医院的声誉和医生的个人职业前途造成严重影响，故医方也不愿让卫生行政部门进行调解。

(3)对卫生行政部门而言，由于这种调解是基于当事双方自愿的基础上的，是可选择的并且不具有强制力，任何一方的异议都会导致调解无效，其所做的可能是一种费力不讨好的无效劳动。因此各级卫生行政部门对调解持比较消极的态度，也乐于从繁杂的医疗纠纷调解工作中解脱出来。

## 二、人民调解委员会的调解

早在 1954 年 3 月，我国政府就颁布了《人民调解委员会暂行组织通则》，以法规形式在全国范围内确立了人民调解制度。从那时起，被国际社会誉为“东方一枝花”的人民调解制度在中国大地上越开越盛。据司法部提供的数据显示，近 5 年来，全国人民调解组织直接调解、协助基层人民政府调解各类民间纠纷 2900 多万件，调解成功 2795 万件，调结率为 96%；防止因民间纠纷引起的自杀 10 万余件，防止因民间纠纷转化成刑事案件 25 万余件。

根据《人民调解法》的规定，人民调解委员会是依法设立的调解民间纠纷的群众性组织。它不但可以根据当事人的申请调解，也可以主动介入调解。《人民调解法》规定，经人民调解委员会调解达成的调解协议，具有法律约束力，当事人

---

① 邢学毅：《医疗纠纷处理现状分析报告》，中国人民公安大学出版社 2008 年版，第 196 页。

应当按照约定履行。按照最高人民法院的司法解释，人民调解委员会达成的协议具有合同的性质，双方当事人不得随意变更和解除，而且只要协议符合合同的订立原则，协议就是有效的，人民法院将予以确认。这就赋予了调解协议的高效力性。[①] 人民调解作为一项具有中国特色的法律制度，在预防及解决民间纠纷方面发挥着重要作用，被誉为维护社会稳定的“第一道防线”。

司法部、卫生部、中国保险监督管理委员会联合发布的《关于加强医疗纠纷人民调解工作的意见》，对医疗纠纷人民调解工作的意义，医疗纠纷人民调解委员会的性质及组成、受理范围、调解的方法以及收费等等作出规定。

进一步发挥新时期人民调解工作在化解医疗纠纷、和谐医患关系、促进平安医院建设、构建社会主义和谐社会中的重要作用，贯彻“调解优先”原则，引入人民调解工作机制，充分发挥人民调解工作预防和化解矛盾纠纷的功能，积极参与医疗纠纷的化解工作，对于建立和谐的医患关系，最大限度地消除不和谐因素，最大限度地增加和谐因素，更好地维护社会稳定具有十分重要的意义。

医疗纠纷人民调解委员会是专业性人民调解组织，人民调解正在成为化解医疗纠纷的良策，是促进构建和谐医患关系的一项制度性建设，对于构建多元化解决医疗纠纷的长效机制发挥着十分重要的作用。

## 第三节 仲　裁

仲裁，是指根据有关规定或者当事人在自愿基础上达成协议，将纠纷提交仲裁机构，仲裁机构以第三者的身份，对双方发生的争议，在事实上作出判断，在权利义务上作出均有约束力的裁决的一种解决纠纷的制度和方式。仲裁在代替性非诉讼解决机制中是最接近诉讼的一种方式，仲裁裁决的效力也最接近于诉讼判决的效力。

仲裁委员会是根据《中华人民共和国仲裁法》，在直辖市和省、自治区人民政府所在地的市以及根据需要在其他设区的市，由人民政府组织有关部门和商会统一组建的民间机构。其仲裁有学者称之为“准司法手段”，属于民间司法范畴，这种手段具有志愿性。[②]

### 一、仲裁调解

仲裁调解有两种情形，一种是当事人直接向仲裁委员会提出调解的申请，另一种是仲裁庭在裁决前的调解。

---

① 邢学毅：《医疗纠纷处理现状分析报告》，中国人民公安大学出版社 2008 年版，第 197 页。

② 邢学毅：《医疗纠纷处理现状分析报告》，中国人民公安大学出版社 2008 年版，第 204 页。

## 二、仲裁裁决

医疗纠纷仲裁指医疗纠纷的双方当事人在纠纷发生前或者纠纷处理过程中经协商自愿达成协议，同意将纠纷提交仲裁机构裁决，由仲裁机构作出对双方当事人均有约束力的裁决的纠纷解决方式。因为仲裁具有自愿性、专业性、保密性、快捷性、终局性等特点，既能保证公正，又能保护当事人的隐私，所以能够满足当事人的要求，也利于营造良好的医患关系。

医疗纠纷仲裁制度是完善医疗纠纷解决方式的重要探索，虽然仍存在诸多缺陷和争议，但是随着我国医疗纠纷仲裁员队伍的壮大、仲裁经验的丰富，仲裁将显现出其特有的高效性和权威性，在医疗纠纷解决机制中将占有日益重要的地位。

### 【案例分析 15】住院病历被窃案

[案例简介]

患者男性，58 岁，因摔伤致右侧尺骨、桡骨开放性骨折(伤口污染重)，入住某市人民医院行清创、骨折复位内固定术治疗，术后患者右前臂发生感染和筋膜高压，后发生前臂坏死，行右前臂截肢术。患者在某市人民医院住院期间病历丢失，经监控录像证实，该病历为有人窃走，某市医院报案后，因录像显示不清晰，行窃人难以确认。患者住院期间病历丢失后，医方将后来诊疗过程给予记录。患方提出赔偿要求，因无完整病历，某市医学会不予受理进行医疗事故技术鉴定，法院不予立案。医患双方共同委托某市仲裁委员会给予裁决，某市仲裁委员会委托山东省某司法鉴定所依据现有病历材料和影像资料对双方应负责任以及患者伤残等级等事项给予鉴定。鉴定结论为医方应负主要责任，某市仲裁委员会依据鉴定结论给予裁决。

[评析]

病历是医疗事故技术鉴定和医疗过失司法鉴定的关键证据。根据《医疗机构病历管理规定》，住院病历由医疗机构负责保管。《医疗事故处理条例》第八条规定，医疗机构应当按照国务院卫生行政部门规定的要求，书写并妥善保管病历资料。该案例住院病历在患者住院期间丢失，虽然监控录像证实是被人窃走，但行窃人不能确认，医方负有病历保管不善的过失。《医疗事故技术鉴定暂行办法》第十六条规定，当事人未按规定提交有关医疗事故技术鉴定材料的，医学会中止组织医疗事故技术鉴定。该案例虽然医方负有病历保管不善的责任，但事出有因，如果没有鉴定结论，则纠纷难以解决。该案当地法院不受理，某司法鉴定所接受该市仲裁委员会委托，在医患双方均同意以现有材料进行鉴定的情形下，依据现有材料进行论证分析，患者为开放性尺骨、桡骨骨折，某市人民医院行尺骨、桡骨切开复位内固定术符合医疗常规。患者术后右前臂发生感染和筋膜高压，最终导致截肢，与其开放性骨折、伤口污染重存有一定因果关系。因患者住院期间原病历丢失，不能排除某市人民医院在其诊疗过程中存在过错，且与患者损害后果存在因果关系，因此某市人民医院应负主要责任。某市仲裁委员会采纳该鉴定结论，使纠纷得以解决。

（案例来源：本案例为本书主编冯正骏经办案例，由冯正骏提供。）

## 第四节　医疗责任保险

医疗责任保险是指医疗机构与保险公司双方合作开展的医疗执业责任保险业务，由医疗机构作为投保人，保险公司负责赔偿医疗机构及其医务人员在诊疗护理工作中因过失造成患者人身伤亡或健康损害而应承担的经济赔偿责任，是分担医疗机构执业过程中因医疗过失而赔偿的风险的一种社会分担机制。在发达国家这早已作为法定保险制度普遍实行。[①]

高度风险性是医疗行为的特征之一，决定了医疗机构在正常诊疗过程中医疗纠纷是不可能完全避免的。而随着我国人民生活水平的普遍提高和医疗成本的提高，必定导致医疗纠纷及其索赔金额的增加。因此，借鉴其他高风险行业的风险管理机制来平衡医疗行业高风险性和专业稳定发展的矛盾是十分必要的。[②] 对于医疗行业来说，医疗责任保险可以将医疗过程中产生的赔偿风险由个别医院和医生独自承担转而分配至由政府、保险公司（团体）和所有医疗机构和医务人员共同承担，这无疑会对医疗机构及整个医疗事业的健康发展起到保护作用。[③]

2006 年 6 月 15 日，国务院出台了《关于保险业改革发展的若干意见》（国发〔2006〕23 号），提出："采取市场运作、政策引导、政府推动、立法强制等方式，发展执业责任等保险。……通过试点，建立统一的医疗责任保险，来推动保险业参与平安建设。"根据已有的医疗责任险推广的经验，2007 年 6 月 21 日卫生部、国家中医药管理局、中国保监会联合下发《关于推动医疗责任保险有关问题的通知》（以下简称《通知》），拟在全国范围内推动医疗责任险。《通知》要求尚未开展医疗责任保险的地区，可选择部分地区或者部分医疗机构先行试点，待取得一定经验后再逐步推广；已经启动的地区，要探索建立与当地经济发展、医疗服务水

---

① 林文学：《医疗纠纷解决机制研究》，法律出版社 2008 年版，第 82 页。

② 邢学毅：《医疗纠纷处理现状分析报告》，中国人民公安大学出版社 2008 年版，第 217 页。

③ 邢学毅：《医疗纠纷处理现状分析报告》，中国人民公安大学出版社 2008 年版，第 220 页。

平和保险经营水平相适应的医疗责任保险制度。

实践表明，通过大力推行医疗责任保险，医疗纠纷解决率明显提高，有效化解了医患矛盾，实现了多赢的结果和较好的社会效益。这也为我国下一步建立强制医疗保险制度打下了基础。然而经过多年努力，全国范围内绝大多数医院、诊所和医生依然没有投保医疗责任险，医疗责任险投保率过低的问题仍然没能从根本上得到解决。目前，国内包括中国人民保险公司、平安保险公司、太平洋保险公司、天安保险公司、太平保险公司等都推出了自己的医疗责任保险产品，但在自愿投保的情况下，这类险种在市场上的推广并不理想。所以，全国范围内实施医疗责任保险的情况还不容乐观。

### 一、医疗责任保险的作用①

(1)将纠纷从医院内转出，维护了正常的医疗秩序。医疗纠纷给医院和医生带来很大困扰。有些患者高额索赔，有些患者或其家属纠缠不休，医院不胜其烦。发生医疗纠纷后，由保险公司作为第三方介入，可以有效地避免患者与医院之间可能发生的恶性冲突事件。社会力量及早介入，等于设置了医患冲突间的缓冲带。一旦发生纠纷，保险公司直接派调解中心的工作人员参与调解，将处理纠纷现场从医院转出，维护了医院正常的医疗秩序，患者也能更加理性地对待纠纷，依法及时解决。

(2)有利于对患者的补偿。医疗损害发生后，对于肉体、精神上均遭受痛苦的患者来说，最重要的莫过于能够尽快地得到合理的经济补偿。如果医院不能尽快地补偿患者及其家属的经济损失，势必会激化矛盾。医疗责任保险使患者获赔容易且现实，如果理赔顺利，患者不必再为赔偿金额的高低与医疗机构争执不休。

(3)有利于医疗机构防范职业风险。医疗责任保险将集中于一个医院的赔偿责任分散于社会，降低了医疗机构的赔偿压力，又将医疗机构在运营过程中遭遇的不确定的赔偿风险用保费的形式固定下来，利于经济核算。特别是对于那些规模较小、赔偿能力较弱的医疗机构来说，医疗责任险在分担风险方面的作用就更加明显。

(4)有利于规范医院的执业行为。医院投保医疗责任险，就等于社会力量介入了医院的执业活动，可以强化医生的职业保护意识，规范医疗行为。因为多次违规的医生将面临支付高额的保险费，甚至有被有关部门吊销行医资格和保险公司拒保的风险，同时保险公司为降低赔付，将严格监督医生的医疗行为，这有

---

① 林文学：《医疗纠纷解决机制研究》，法律出版社2008年版，第94页。

利于规范医生的医疗行为，减少医疗事故的发生率。这可以督促医院在开展新技术、新业务时，医生要通过培训和考试，才能取得相应的技术资格证书。这让新技术、新业务更规范，医院可能面临的医疗风险也得到了分担。

## 二、医疗责任保险存在的问题[①]

（1）医疗责任保险还不是强制险，医疗责任保险覆盖面不够广。2007年6月，卫生部、国家中医药管理局和中国保监会下发的《关于推动医疗责任保险有关问题的通知》，要求各地积极推动医疗责任保险。该文件不具有强制性，医疗机构可根据自己的需求作出是否投保的决定。由于各医疗机构需求的不一致和认识的不一致，参保率一般都比较低。由于参保率不高，保险的大数法则效应难以得到发挥，保险的功能也就体现得不充分。

（2）推广工作进展缓慢。医疗责任保险涉及医学、保险学及相关法律的专业知识和技巧，而保险公司由于开办医疗责任保险的历史较短，没有相关经验及人才的积累，因此医疗责任保险的品种开发、承保及理赔过程都要摸索进行，并且往往需要借助医学会、律师及相关医疗鉴定机构等外部力量来完成。由此造成险种开发困难，推广工作进展缓慢。全国没有统一的医疗责任保险规范，对医疗责任保险的保险人、被保险人、投保人、保险责任、承保范围、免责条款等一些共性的问题没有作出明确统一的规定，各地的做法五花八门。医疗责任保险险种比较单一，现在基本上就是医疗责任保险这一个险种，还不能很好地适应医疗纠纷处理的各种情况。比如出现医疗意外，医疗责任保险就不起作用，因为医疗意外恰恰是医疗责任险的免责事由。

（3）调处机构人员素质参差不齐，服务不够到位，直接影响调处医疗纠纷的质量。

（4）保险公司商业性太浓。由于保险公司是企业，自然会更多地考虑企业的利润。但医疗责任保险的根本目的显然不是让保险公司来赚钱。保险公司是将其作为一个政治任务，通过承担社会责任来完成的。因为参保面小、赔付率高，很多保险公司开办这个险种后都亏损，因此保险公司对医疗责任保险的积极性也不高。医疗责任保险的主要目的是为了增强医疗机构和医务人员的医疗风险防范意识，提高化解医疗风险的能力，维护正常的医疗秩序，保障医患双方的合法权益。这两个目标往往存在着对立。而保险公司更多地考虑利益，必然使医院和患者的利益受到影响。

（5）医疗责任保险尚待完善。整顿和改善医疗执业环境，构建和谐医患关

---

① 林文学：《医疗纠纷解决机制研究》，法律出版社2008年版，第96页；邢学毅：《医疗纠纷处理现状分析报告》，中国人民公安大学出版社2008年版，第222页。

系，这项工作涉及政府多个部门的职责，是一个系统工程，并且已得到了党中央、国务院和有关部门的高度重视。随着国家保障制度的建立，医疗风险分担机制也应逐步建立和不断完善。国家应从政策层面加大扶持力度，对医疗纠纷调解机构运行经费给予一定保障，对保险费投入给予一定补贴，经过积极探索由难到易，最后形成制度。

有学者建议推行强制医疗责任保险制度，即指国家通过立法建立一种保险制度，确立医疗机构和医生的强制投保义务，以分散医疗损害赔偿的风险，并使受害人的损失及时得以补偿。强制医疗责任保险有两个显著特点：一是强制性，即通过国家法律规定的形式强制实施，将投保该险种作为医院经营、医生执业的前提条件；二是标准化，即整个强制保险体系的运作有一套统一的标准，对于保险责任范围、责任限额、保险费率等均有明确的规定，有助于责任的判定。

医疗纠纷调处机构和医疗过失鉴定要保证独立性，不能附属于医疗行政部门和保险公司，相关的经费也必须独立于保险公司，鉴定结论和调处结果不能受到医疗行政部门和保险公司的制约，否则就不能做到真正的公正和客观。

医疗责任保险经费来源的渠道需要进一步拓宽。医疗责任保险经费需要多方筹措：一方面政府可要求医疗机构每年按一定的比例上交一定数额的收入，医疗责任保险的保险费应纳入医疗机构的成本；另一方面政府须投入一定资金的补助。作为医务工作者则应按从事工作风险大小，作为患者则应根据病情轻重和风险大小按比例购买过失医疗责任保险和医疗意外保险，构建完整的医疗保险体系。

## 第五节　诉　　讼

民事诉讼是指法院在当事人和其他诉讼参与人的参加下，以审理、判决、执行等方式解决民事纠纷的活动，以及由这些活动产生的各种诉讼关系的总和。[①]通俗的说法就是打官司。医疗民事诉讼则为解决医疗纠纷的民事诉讼。诉讼具有严格的程序性、裁判的高度权威性和强制性等特点。司法公正是保障社会公正的最后一道防线，尽管医疗纠纷各种调处机制正在发挥越来越大的作用，但是医疗诉讼仍然是公民健康权利的最终保障。

法院对于医疗纠纷的处理方式包括诉前调解、诉讼调解和诉讼。

### 一、诉前调解

诉前调解是指法院在民事诉讼程序开始之前对双方当事人之间的纠纷进行

① 王岳：《医事法》，人民卫生出版社 2009 年版，第 176 页。

的调解。诉前调解不同于诉讼外的调解，也不同于诉讼中的调解，诉前调解程序独立于诉讼程序，同时又与诉讼程序紧密相连。若调解成功，当事人可以请求法院出具民事调解书；若调解不成功，则由法院予以立案进入诉讼程序进行解决。在性质上它属于法院附设的替代诉讼的纠纷解决机制（ADR），或曰司法 ADR 的范畴。

我国现行民诉法虽没有诉前调解的规定，但法院开展诉前调解的报道却常见诸报端并获得赞誉，可见诉前调解在实践中已具有存在的正当性和必要性。诉前调解主要包括两种情形：一为不具有法院审理性质，即由在法院立案庭设立的人民调解工作室来调解；另一为具有法院审理性质，即由法院立案庭的法官来调解或法官与人民陪审员、人民调解员共同来进行调解。①

## 二、诉讼调解

诉讼调解是指在人民法院审判人员的主持下，双方当事人通过自愿协商，达成协议，解决民事争议的活动和结案方式。② 由于是由法院法官主持的，这种方式也称法院调解。诉讼调解是以当事人行使诉权为基础，以当事人意思自治为条件，以当事人依法行使处分权为内容的一项诉讼制度。

诉讼调解是我国诉讼制度的重要组成部分，是人民法院行使审判权的重要方式。诉讼调解具有调解利用的自愿性、调解目的的和解性、调解过程的协商性、调解内容的开放性、调解中信息的保密性、调解程序的简易性和处理的高效性、调解结果的灵活性和多样性、调解费用的低廉性等优势。③

2004 年，最高人民法院出台了《关于人民法院民事调解工作若干问题的规定》，规定完善了诉讼调解程序，规范了调解活动，健全了调解制度，特别是增强了人民法院和法官的调解意识。在规定出台后，人民法院的诉讼调解工作取得了很大进展。各级法院和广大法官牢固树立“调解是高质量、高效益、高水平的审判”的理念，坚持“调解优先、调判结合”的原则，把调解工作放到更加突出的位置，把调解作为首选的审判和结案方式，实行全程、全员、全面调解，将调解工作贯穿于立案、审判、执行各个环节，贯穿于一审、二审、再审、信访全过程，从民事案件扩大到刑事自诉、轻微刑事、刑事附带民事、执行等类型的案件，推行立案调解、庭前调解、庭审调解、宣判前调解、执行和解、委托调解、联合调解等，加强诉讼调解与非诉讼调解的衔接配合，调动一切力量和资源，利用一切可能的机会，尽最大努力用调解方式化解矛盾纠纷，即使不能调解结案，也要通过调解工作缓

---

① 叶鹏：《浅论诉前调解的定位及操作》，杭州普法网。

② 张卫平：《民事诉讼法》，法律出版社 2004 年版，第 281 页。

③ 李浩：《调解的比较优势与法院调解制度的改革》，《南京师大学报》（社会科学版）2002 年第 4 期。

解矛盾。通过建立完善调解工作领导责任制、调解考评激励机制、调解与判决等诉讼内纠纷解决方式衔接机制、诉讼与非诉讼纠纷解决方式衔接机制等相关工作机制，推动调解工作出成效，上水平，良性发展。

由于调解有如此多的优势，已经被其他一些国家所学习和借鉴，调解已经不再是中国的“东方经验”，而是世界纠纷解决机制中的成功模式。

## 【案例分析 16】人工晶状体植入术后脱落于玻璃体腔案

[案例简介]

患者男性，31 岁。患者因右眼无晶状体眼，于 2010 年 10 月 8 日到肥城矿业××医院住院，行右眼人工晶状体植入＋瞳孔成形术，术后 3 天发现人工晶状体脱位。患者转院到山东施尔明眼科医院行人工晶状体取出加玻璃体切割术，患者与肥城矿业××医院发生医疗纠纷。

[评析]

根据现有材料，被鉴定人××因右眼视物不清 20 余年就诊，在肥城矿业××医院住院行右眼人工晶状体Ⅱ期植入＋瞳孔成形术，术后第三天发现人工晶状体脱位，后在山东施尔明眼科医院手术，证实人工晶状体脱落入玻璃体腔，行人工晶状体取出、全玻璃体切除、脱落视网膜光凝加玻璃体腔气体充填术，其人工晶状体植入术后晶状体脱落于玻璃体腔事实清楚。

肥城矿业××医院在××的诊疗过程中存有以下过错：

(1)《医疗事故处理条例》第十一条规定，在医疗活动中，医疗机构及其医务人员应当将患者的病情、医疗措施、医疗风险等如实告知患者，及时解答其咨询。该条规定，对于医生就是告知义务，对于病人就是知情同意权。医生应该用最通俗的、患者能听明白的语言告知实施的手术方法、同类手术的优缺点、术中术后可能存在的风险，以供病人选择是否同意手术。如患方陈述属实，医方提供的知情同意书为表格式且医师对其内容没有予以逐条解释，患者并不理解知情同意书的内容。如果患者知道术后有可能发生如此严重的后果，会考虑是否进行手术或者选择条件更好的专科医院进行手术，医方存有未妥善履行告知义务的过失。

(2)术前检查“瞳孔区似残留囊膜，右眼玻璃体及眼底窥不清”，手术记录“玻璃体前机化膜”，说明由于玻璃体前机化膜的存在，严重影响视力，以致右眼玻璃体及眼底窥不清。眼屈光间质的透明性是视觉的保证，根据治疗原则应行玻璃体前机化膜的剥切术，以改善眼屈光间质的透明性。医方手术记录中没有关于对玻璃体前机化膜处理的记录，如果是医方对玻璃体前机化膜没有进行剥切,则即便是成功地进行人工晶状体植入,由于玻璃体前机化膜的存在,仍将严重影响患者的视力,医方存在违反治疗原则的过失。如果医方对玻璃体前机化膜进行剥切而没有记录,则表明医方有意在隐瞒某些事实,不排除医方在对玻璃体前机化膜进行剥切时导致后囊破裂的可能性。

(3)医方在其手术知情同意书中已经预见到患者术后存有人工晶体脱位的可能,应该在术中采取必要的措施避免不良后果的发生。关于植入的人工晶状体掉入玻璃体腔的原因,在多部眼科专著中都有论述,人工晶状体掉入玻璃体腔必然先有后囊破裂。"当下方悬韧带或囊膜损伤时,人工晶状体可向下移位""偏位发展加重可使人工晶状体脱入玻璃体"(刘家琦、李凤鸣主编,《实用眼科学》,人民卫生出版社,第 815 页),"未发现后囊已破,误植入人工晶状体"(唐罗生主编,《眼科手术及有创操作常见问题及对策》,军事医学科学出版社,第 105 页)。根据医方手术记录,"因上方瞳孔缘机化固定,人工晶状体位置稍偏下",导致××晶状体掉入玻璃体的原因有两个:一是"上方瞳孔缘机化固定"造成晶状体囊袋过浅,晶状体不对称性植入后不稳定,应该用边缘带孔的人工晶状体缝合固定;二是后囊破裂或/和悬韧带断裂,在术前医方并没有发现患者存在后囊破裂,说明后囊破裂是因手术造成的,对此在手术记录中没有记载,或者是术者故意隐瞒,或者是术者经验不足没有发现,不论是哪一种情形,医方都存有手术操作不当和没有尽到不良结果回避义务的过失。

(4)根据××在施尔明医院的病案入院检查记载,"角膜内皮细胞计数:右眼 749 个/$mm^2$,左眼 2953 个/$mm^2$"。××存在角膜内皮损伤,而××在肥城矿业××医院手术前没有发现此种情况,说明××的角膜内皮损伤是肥城矿业××医院手术操作不当造成的,医方存有手术中未尽谨慎注意的过失。

(5)根据××在施尔明医院的病案入院检查记载,"右眼前房下方少许晶状体皮质",前房存在晶状体皮质易对角膜造成损伤或炎症,而××在肥城矿业××医院手术前没有发现此种情况,说明××的右眼前房下方少许晶状体皮质是医方手术中造成的,医方存有手术中未尽谨慎注意的过失。

(6)根据××在施尔明医院的手术记录记载,"颞上锯齿缘离断,视网膜脱离""右眼玻璃体混浊",在肥城矿业××医院术前医方并没有发现患者存在颞上锯齿缘离断、视网膜脱离和右眼玻璃体混浊,说明颞上锯齿缘离断、视网膜脱离和右眼玻璃体混浊是因医方手术损伤造成的。视网膜脱离、颞上锯齿缘离断和右眼玻璃体混浊的原因为"术中后囊破裂,玻璃体外溢,玻璃体内透明质酸的丢失,使玻璃体内成分改变"(李凤鸣、赵光喜主编,《眼科手术并发症及处理》,云南科技出版社,第 146 页)和掉入玻璃体腔的人工晶状体在玻璃体腔内移动,其边缘和晶状体襻像刀子一样对颞上锯齿缘、玻璃体和视网膜造成损伤所致。由于玻璃体损伤，导致右眼眼压低(2010 年 10 月 13 日山东施尔明医院入院记录眼压：右眼 7 mmHg，左眼 14 mmHg)，也是视网膜脱离的原因。医方存有手术中未尽谨慎注意的过失。

肥城矿业××医院的过错与××损害后果之间的因果关系及原因为：

肥城矿业××医院对××医疗行为的损害后果为：术后晶状体掉入玻璃体腔，并导致玻璃体全切除、角膜内皮损伤、前房晶状体皮质残留、玻璃体混浊、颞上锯齿缘离断、视网膜脱离。虽然再次手术取出人工晶状体，但并不是简单回到植入术前的原点。由于胶体状的玻璃体被切除，玻璃体腔内被空气临时充填，其后逐渐被房水替代，但房水并不能持续有效的维持眼内压，易于再次发生视网膜脱离。××经历了两次眼内手术，对角膜和眼内结构造成两次医源性的严重损伤，患者承受了肉体和精神的巨大痛苦，并且还要进行第三次手术重新植入人工晶状体。

××二期人工晶状体植入，手术有一定难度，对其损害后果的发生存有一定影响。医方存有未妥善履行告知义务的过失，医方存有手术操作不当和没有尽到不良结果回避义务的过失，其过失是导致××损害后果的主要原因。

患方对肥城矿业××医院提出 50000 元赔偿要求，医方要求通过诉讼解决，患方在单方委托司法鉴定后提出起诉，在法院调解下医患双方达成调解协议，医方赔付 98000 元。

(案例来源：本案例为本书主编冯正骏经办案例，由冯正骏提供。)

### 三、诉讼

医疗纠纷通过诉讼解决是最为权威的一种解决方式，本应当是最为医患双方所认可的。但是诉讼方式并不被认为是解决医疗纠纷最好的方式。

医疗官司难打是一个普遍性问题，这对医患双方都是一样的，医疗纠纷诉讼解决是一种无奈的选择。通过打官司来解决医疗纠纷，无论对医院还是对患者，都是最后的选择。对患者而言，往往是在通过协商和调解无法解决问题时，无奈之下诉诸法律的。之所以不愿打官司，是因为医疗纠纷诉讼对于患者来说，是一个涉及医学和法律的双重性的难题，在这两方面都需要专业人士的协助。医疗纠纷诉讼很少是患者及其家属独自参加诉讼的，绝大多数案件需要委托律师参加。目前的法院诉讼费预缴制度、律师收费制度、鉴定收费制度等，给许多患者的诉讼造成了巨额的经济负担，成本很高。打官司费钱、耗时、耗精神，更重要的是，很难预测结果，官司是赢是输，不在个人的掌握之中，即使赢了官司，能够获赔多少，也很难预见，因此，也可能是赢了官司输了钱。这些都是患方应该预先考虑的。同样，医院也有顾虑，打官司影响医院声誉以及可能产生高额的赔偿费用。此外，通过诉讼解决医疗纠纷，往往要经过很长时间，耗费大量精力，时间成本也是不得不考虑的问题。

由于民事诉讼中的法院判决是通过强制的方式解决纠纷，不以当事人的同意为前提。因此在很多情况下，一番针锋相对的较量后，患者心理上产生较大的障碍，患者很难在经过一次诉讼后再去曾经打过官司的这家医院看病，为医患双方今后的进一步合作带来了极大的困难。诉讼使纠纷表面上看起来已经平息，但实际上并没有消除争议主体的心理对抗。诉讼固有的弊端及其难以克服的压力，使得通过诉讼来解决医疗纠纷并不是一种最好的解决方式。

医疗纠纷引发的诉讼，包括医疗民事诉讼、医疗行政诉讼、医疗刑事诉讼。

## 第六节　构建医疗纠纷多元化解决机制

当前，我国正处于社会转型的重要时期，既是经济社会发展黄金期，又是社会矛盾高发期。随着经济体制深刻变革，社会机构深刻变动，利益格局深刻调整，思想观念深刻变化，各类社会矛盾纠纷不断增多，尤其是过去没有的新矛盾、新问题不断出现。医疗纠纷已经成为社会的热点问题，如何依法妥善解决医疗纠纷，积极引入多元化医疗纠纷解决机制，优化司法资源配置，拓宽医疗纠纷处理渠道，为医疗纠纷的有效解决提供更多和更好的办法，对于构建和谐的医患关系，及时有效地解决纠纷显得尤为必要。

为改善社会大环境，政府部门需要建立相对健全和完善的民事责任法律制度。在提高公众法律意识的基础上，提高相信法律、依靠法律的信心，引导公众用合理、合法的手段维护自己的合法权益，严厉制裁无故在医院聚众闹事、围攻、打砸医疗机构和医务人员的非法行为。健全国内民事法律制度，统一医疗纠纷的法律适用，确保患者和医疗机构都能得到公平的对待。同时，推进医疗体制改革，完善社会保障体系，正确引导医患矛盾流向，从根本上缓解医患关系的紧张局面，进而减少医疗纠纷的发生。

多元纠纷解决机制涉及面广、法律性要求高，需要在总结提高的基础上，通过立法予以规范。对民间、行政、司法等不同机制分别予以规范，倡导当事人选择非诉讼方式解决纠纷，鼓励和监督人民法院发挥在多元纠纷解决机制中的促进保障作用，强调各种纠纷解决方式之间的协调衔接。针对当前社会公众对多元纠纷解决机制不够熟悉，对非诉讼纠纷解决方式尤其是民间方式认知不高等情况，要大力加强法制宣传和舆论引导，转变观念，形成科学理性的纠纷解决意识，了解、认同并选择多元纠纷解决机制解决矛盾纠纷，为多元纠纷解决机制的建立提供舆论支撑和良好的社会氛围。

进一步加强人民调解工作。进一步完善人民调解组织网络，加强规范化建设，建立完善工作制度，规范调解工作程序，不断强化其化解矛盾纠纷的功能。加强人民调解队伍建设，优化人员结构，加大业务指导力度，提高人民调解队伍的素质和调解工作水平，增强社会公信力。要加大对人民调解工作的投入，确保各项经费和办公设施落到实处。

大力推动仲裁事业的可持续发展。仲裁所具有的对现代市场经济突出的适应性以及立法所赋予的强制效力等特性，使其成为诉讼之外解决民事纠纷的重要而有效的途径。应加大宣传力度，使当事人充分认识到仲裁的特色和优势，自觉选择仲裁作为其解决纠纷的方式。仲裁机构也要更加重视在相关格式合同中加入仲裁条款的拓展工作。要不断强化仲裁质量，大力培养专家型仲裁员队伍，同时以探索实现仲裁民间化为突破口，逐步减少行政化色彩，提高仲裁公信力。

借鉴国外的经验，结合我国的实际情况，将来的医疗责任险应推广保险人和被保人为利益共同体的相互保险机制，在改善法治大环境、完善社会保障体系等措施的配合下，才能真正起到有效转移风险的作用。

建立适应社会需求的纠纷解决机制，事关社会和谐稳定大局，牵涉到方方面面的问题，是一项系统工程，仅仅依靠某一个部门是难以完成的，这需要在各级党委的正确领导、政府的有力支持、社会各方面的积极参与下，多方努力，强化非诉讼纠纷解决方式之间的衔接配合，完善诉讼与非诉讼纠纷解决之间的衔接机制，重构非诉讼解决机制，建立协商、行政调解、人民调解、法院调解、民间调解和仲裁为一体的非诉讼解决机制，积极探索建立并完善多元化纠纷解决机制的路径。

# 第二篇

# 医疗纠纷人民调解

# 第七章　医疗纠纷人民调解制度

## 第一节　医疗纠纷人民调解的法律依据

### 一、宪法

宪法是国家的根本大法。宪法的内容涉及一个国家的政治、经济、文化、社会、对外交往等各方面的重大原则性问题，确认了社会的核心价值观，规定了一个国家的根本制度和基本制度以及国家的基本理念等。我国宪法规定了我国的国家制度和社会制度的基本原则，如国家性质、政权组织形式、国家的机构形式、公民基本权利和义务、中央和地方国家机关的设置和各国家机关之间的关系等，这些内容是我国国家生活和社会生活中最根本、最重要的问题。我国宪法序言明确规定：本宪法以法律的形式确认了中国各族人民奋斗的成果，规定了国家的根本制度和根本任务，是国家的根本法，具有最高的法律效力。

宪法具有最高的法律效力。宪法的最高法律效力是指在一个国家之内，相对于所有的社会主体的行为，宪法的效力最高。宪法的最高法律效力主要表现在：①宪法是普通法律制定的基础和依据，宪法的基本功能就是确定国家生活和社会生活中的根本制度、基本制度和基本原则，从总体上和宏观上确定控制、分配和保障国家权力的规则，规定公民的基本权利和义务，再由立法机关依据宪法的规定通过制定普通法律进行具体化，使之成为社会实际生活的具体规范。②普通法律的规定与宪法相抵触则无效。任何法律都具有法律效力，但前提是其必须与宪法相一致，这是保证一个国家具有统一宪法秩序的需要。如果普通法律的规定与宪法的规定、精神、基本原则相抵触，则抵触部分无效或者全部无效。换言之，所有的法律都必须以宪法为依据，并不得同宪法相抵触。

《中华人民共和国宪法》第一百一十一条规定：城市和农村按居民居住地区设立的居民委员会或者村民委员会是基层群众性自治组织。居民委员会、村民委员会的主任、副主任和委员由居民选举。居民委员会、村民委员会同基层政权的相互关系由法律规定。居民委员会、村民委员会设人民调解、治安保卫、公共卫生等委员会，办理本居住地区的公共事务和公益事业，调解民间纠纷，协助维护社会治安，并且向人民政府反映群众的意见、要求和提出建议。

这是人民调解制度的宪法依据，也是制定《人民调解法》及其他相关法律、法规的宪法基础，同时也是医疗纠纷人民调解的法律依据。

## 二、人民调解法

为了完善人民调解制度，规范人民调解活动，及时解决民间纠纷，维护社会和谐稳定，第十一届全国人大常委会第十六次会议于2010年8月28日通过并于2011年1月1日起施行《人民调解法》。这是关于人民调解工作的一部专门、系统、完备地规范人民调解工作的法律。

《人民调解法》在全面总结人民调解工作发展经验的基础上，第一次以法律的形式对人民调解工作进行了全面规范，是人民调解制度发展的里程碑，对于推动人民调解工作的发展，充分发挥人民调解的职能作用，有效化解矛盾纠纷，维护社会和谐稳定具有重要而深远的意义。

《人民调解法》对于全面完善人民调解制度具有重要意义。该法以宪法为依据，全面系统地规范了人民调解的性质、任务和原则，人民调解的组织形式，人民调解员的选任，人民调解的程序，人民调解的指导和保障等各个方面的内容，为人民调解工作提供了有力的法律支撑。

《人民调解法》规定了人民调解委员会是依法设立的调解民间纠纷的群众性组织，并对人民调解委员会的组成，人民调解员的产生，调解民间纠纷的程序、方法，调解协议的效力等问题做了全面具体的规定，这些规定都是《中华人民共和国宪法》第一百一十一条规定的具体化。

## 三、最高人民法院的相关规定

最高人民法院于2002年9月16日发布的《关于审理涉及人民调解协议的民事案件的若干规定》规定，经人民调解委员会调解达成的、有民事权利义务内容，并由双方当事人签字或者盖章的调解协议，具有民事合同性质。当事人应当按照约定履行自己的义务，不得擅自变更或者解除调解协议。

最高人民法院于2009年7月24日发布的《关于建立健全诉讼与非诉讼相衔接的矛盾纠纷解决机制的若干意见》（法发〔2009〕45号），对立案前行政机关、社会组织调解与诉讼的衔接及立案后行政机关、社会组织调解与诉讼的衔接等两个方面的衔接机制进行了规范，进一步完善了《最高人民法院关于人民法院民事调解工作若干问题的规定》所提出的确认程序，解决了非诉讼调解与司法程序的有效衔接问题。

最高人民法院于2011年3月23日发布的《关于人民调解协议司法确认程

序的若干规定》,规范了人民调解协议的司法确认程序。

## 四、相关法律法规

### (一)关于加强医疗纠纷人民调解工作的意见

为进一步发挥新时期人民调解工作在化解医疗纠纷、和谐医患关系、促进平安医院建设、构建社会主义和谐社会中的重要作用,司法部、卫生部、中国保监会于 2010 年 1 月 22 日发布《关于加强医疗纠纷人民调解工作的意见》(〔2010〕司发通 5 号)。

《关于加强医疗纠纷人民调解工作的意见》高度重视人民调解工作的重要作用,积极构建和谐的医患关系。构建和谐的医患关系,维护医患双方的合法权益,维持正常的医疗秩序,实现病有所医,是构建社会主义和谐社会的需要。近年来,因医疗产生的医患纠纷呈频发态势,严重影响医疗秩序,一些地方甚至出现了因医疗纠纷引发的群体性事件,成为影响社会稳定的突出问题。贯彻"调解优先"原则,引入人民调解工作机制,充分发挥人民调解工作预防和化解矛盾纠纷的功能,积极参与医疗纠纷的化解工作,才能建立和谐的医患关系。

《关于加强医疗纠纷人民调解工作的意见》将医疗纠纷人民调解委员会定性为专业性人民调解组织,医疗纠纷人民调解委员会原则上在县(市、区)设立。医疗纠纷人民调解委员会人员组成,要注重吸纳具有较强专业知识和较高调解技能、热心调解事业的离退休医学专家、法官、检察官、警官,以及律师、公证员、法律工作者和人民调解员,建立专兼职相结合的医疗纠纷人民调解员队伍。

建立健全医疗纠纷人民调解委员会的保障机制。医疗纠纷人民调解委员会调解医疗纠纷不收费,其办公场所、工作经费应当由设立单位解决,配备必要的办公设施,建立健全各项规章制度,规范工作流程,并将工作制度、工作流程和人民调解委员会组成人员加以公示。

将医疗纠纷人民调解委员会的业务工作范围定位于受理本辖区内医疗机构与患者之间的医疗纠纷,具体包括患者与医疗机构及其医务人员就检查、诊疗、护理等过程中发生的行为、造成的后果及相关原因、责任、赔偿等问题,以及在认识上产生分歧而引起的纠纷。

医疗纠纷人民调解委员会将其调解医疗纠纷的方式定位于采取说服、教育、疏导等方法,促使医患双方当事人消除隔阂,在平等协商、互谅互让的基础上达成调解协议。调解成功的一般应当制作人民调解协议书,人民调解委员会应当督促当事人履行协议。同时,在医疗纠纷调解委员会主持下达成的调解协议,是医疗责任保险理赔的依据。

### (二)关于维护医疗机构秩序的通告

为有效维护医疗机构正常秩序,保证各项诊疗工作有序进行,依照国家有关法律法规的规定，卫生部、公安部于2012年4月30日发布《关于维护医疗机构秩序的通告》。通告中第四条规定，医疗机构应当按照《医院投诉管理办法(试行)》的规定，采取设立统一投诉窗口、公布投诉电话等形式接受患者投诉，并在显著位置公布医疗纠纷的解决途径、程序以及医疗纠纷人民调解组织等相关机构的职责、地址和联系方式。患者及家属应依法按程序解决医疗纠纷。

(三)关于维护医疗秩序打击涉医违法犯罪专项行动方案

为维护医疗秩序，建立和谐医患关系，切实保障广大人民群众的利益，确保医务人员、就诊患者的安全，构建安全稳定的医疗环境，全面推进平安医院创建工作，国家卫计委、中央综治办、中宣部、最高人民法院、最高人民检察院、公安部、民政部、司法部、国家工商总局、中国保监会、国家中医药管理局等十一个部门于2013年12月20日联合发布《关于维护医疗秩序打击涉医违法犯罪专项行动方案》(以下简称《行动方案》)，决定自2013年12月起，在全国范围内开展为期1年的维护医疗秩序打击涉医违法犯罪专项行动。

《行动方案》要求，加强医疗纠纷人民调解组织队伍建设。各级司法行政机关会同卫生计生等部门，积极拓展医疗纠纷人民调解组织覆盖面，完善人民调解组织网络，力争2014年年底覆盖75%的县级行政区域。建立健全医疗纠纷人民调解与医疗机构投诉管理衔接机制，及时引导医疗纠纷通过人民调解化解，有效防止矛盾纠纷扩大升级。医疗纠纷人民调解委员会应当聘请3名以上专职人民调解员，加大培训力度，建立一支能够满足需求，高水平、相对稳定的医疗纠纷人民调解员队伍。

《行动方案》要求，完善医疗纠纷人民调解工作运行机制。地方政府应当保障医疗纠纷人民调解组织的工作场所、工作经费和人员经费，确保调解工作正常运行。各级司法行政机关依法指导、规范医疗纠纷人民调解工作，并协调律师、公证、法援等职能部门为有需求的群众提供法律服务和法律援助。

《行动方案》要求，针对排查出的医疗纠纷，适宜通过人民调解解决的，应当引导到当地医疗纠纷人民调解组织解决；对有暴力倾向的案例，或调解过程中可能激化矛盾，引起治安案件、刑事案件的纠纷，应当及时向当地公安机关和卫生计生行政部门通报，防止矛盾激化。要充分运用人民调解、行政调解、司法调解联动的工作机制，各司其职，协调配合，形成合力，共同做好医疗纠纷预防化解工作。

(四)关于依法惩处涉医违法犯罪维护正常医疗秩序的意见

为依法惩处涉医违法犯罪，维护正常医疗秩序，构建和谐医患关系，根据《刑法》《中华人民共和国治安管理处罚法》等法律法规，结合工作实践，最高人民法院、最高人民检察院、公安部、司法部、国家卫计委会于2014年4月22日联合发布《关于依法惩处涉医违法犯罪维护正常医疗秩序的意见》。

《关于依法惩处涉医违法犯罪维护正常医疗秩序的意见》要求，医疗机构投诉管理部门应当在医疗机构显著位置公布该部门及医疗纠纷人民调解组织等相关机构的联系方式、医疗纠纷的解决程序，加大对患者法律知识的宣传，引导患者依法、理性解决医疗纠纷。对于医患双方自行协商解决不成的医疗纠纷，医疗机构应当及时通过向人民调解委员会申请调解等其他合法途径解决。

《关于依法惩处涉医违法犯罪维护正常医疗秩序的意见》要求，司法行政机关应当会同卫生计生行政部门加快推进医疗纠纷人民调解组织建设，在医疗机构集中、医疗纠纷突出的地区建立独立的医疗纠纷人民调解委员会。司法行政机关应当会同人民法院加强对医疗纠纷人民调解委员会的指导，帮助完善医疗纠纷人民调解受理、调解、回访、反馈等各项工作制度，加强医疗纠纷人民调解员队伍建设和业务培训，建立医学、法律等专家咨询库，确保调解依法、规范、有效进行。

（五）司法部关于进一步加强行业性、专业性人民调解工作的意见

司法部 2011 年 5 月 12 日发布的《关于加强行业性专业性人民调解委员会建设的意见》指出，随着我国经济体制深刻变革，社会结构深刻变动，利益格局深刻调整，思想观念深刻变化，各种矛盾纠纷不断增加，呈现出复杂性、多样性、专业性和面广量大的特点，特别是行业性、专业性矛盾纠纷大量上升，已经成为影响社会和谐稳定的难点、热点问题。大力加强行业性、专业性人民调解委员会的建设，及时有效地化解特定行业和专业领域出现的难点、热点矛盾纠纷，对于加强和创新社会管理，维护社会和谐稳定，具有重要意义。各级司法行政机关要切实增强责任感、使命感，以贯彻实施《人民调解法》为契机，大力加强行业性、专业性人民调解委员会建设，完善人民调解制度，为深化三项重点工作，加强和创新社会管理，维护社会和谐稳定，促进经济平稳较快发展作出积极贡献。

司法部 2014 年 9 月 30 日发布《关于进一步加强行业性专业性人民调解工作的意见》，全面贯彻落实党的十八大、十八届三中全会精神，深入贯彻落实习近平总书记系列重要讲话精神和对司法行政工作的重要指示精神，进一步发挥人民调解在化解行业、专业领域矛盾纠纷中的重要作用，维护社会和谐稳定，深入推进平安中国建设。

（六）医疗纠纷预防与处理条例（送审稿）

根据国务院专题会议部署，为进一步维护正常医疗秩序，建立和谐医患关系，2013 年以来国家卫计委启动了《医疗事故处理条例》的修订工作，将《医疗事故处理条例》修订为《医疗纠纷预防与处理条例》。在总结地方医疗纠纷预防与处理工作经验的基础上深入调研，广泛征求了中央综治办、中宣部、最高人民法

院、最高人民检察院、公安部、民政部、司法部、财政部、工商总局、中国保监会、国家中医药管理局、总后勤部卫生部及各省级卫生计生行政部门、部分行业协会及有关专家的意见。

《医疗纠纷预防与处理条例(送审稿)》为医疗纠纷处理增加了人民调解的渠道,规定了医疗纠纷民事处理的三条途径是:医患协商、人民调解和司法诉讼。第一次以法规的形式进一步明确人民调解在医疗纠纷处理中的作用。

《医疗纠纷预防与处理条例(送审稿)》对医疗纠纷人民调解进行规范。强调医疗纠纷人民调解的专业性,在医疗纠纷人民调解中,设定了启动专家咨询程序和医疗损害鉴定的要求,为人民调解明晰责任,提供专业意见,保护医患双方合法权益。

### 五、地方性法规规章及规范性法律文件

在司法部、卫生部、中国保监会的《并于加强医疗纠纷人民调解工作的意见》出台前后,各地根据实际情况也陆续颁布了地方规章或规范性法律文件规范医疗纠纷的人民调解,主要有:2008年12月22日,天津市人民政府第二十次常务会议通过的自2009年2月1日起施行的《天津市医疗纠纷处置办法》;北京市司法局、北京市卫生局、北京市财政局、北京市公安局、北京市高级人民法院、北京市保监局于2010年5月30日发布的《关于加强医疗纠纷人民调解工作的意见》;上海市人民政府2011年6月14日发布的《关于开展医患纠纷人民调解工作的若干意见》(沪府发〔2011〕30号);等。上海市司法局2011年7月25日发布的《上海市医患纠纷人民调解工作实施办法》,对医患纠纷人民调解工作进一步规范和细化。上海市人民政府2014年1月11日发布《上海市医患纠纷预防与调解办法》,将市政府有关规范性文件上升为市政府规章,人民调解已经成为上海市化解医患纠纷的主要途径。

## 第二节　医疗纠纷人民调解的概念、历史和性质

### 一、医疗纠纷人民调解的概念

人民调解是一项具有中国特色的法律制度,其植根于“息诉止讼”的中国传统文化,是我国人民独创的化解矛盾、消除纠纷的非诉讼纠纷解决方式,素有“东方经验”“东方一枝花”之称。人民调解是指采取说服疏导等方法,促使当事人在平等协商基础上自愿达成协议,解决社会矛盾纠纷的方式。

《人民调解法》所称的人民调解,是指人民调解委员会通过说服、疏导等方

法，促使当事人在平等协商基础上自愿达成调解协议，解决民间纠纷的活动。

人民调解委员会是群众自治组织，人民调解员来自于群众。此处的“民间纠纷”是一个特定的概念，《人民调解工作若干规定》对此做了具体规定：人民调解委员会调解的民间纠纷，包括发生在公民与公民之间、公民与法人和其他社会组织之间涉及民事权利义务争议的各种纠纷。

## 二、医疗纠纷人民调解的历史

中国历史上素有由年高有威信的乡官里正调解民间纠纷的习俗。人民调解作为一种纠纷解决制度始于第二次国内革命战争时期的革命根据地。1931 年制定的《中华苏维埃共和国地方政府暂行组织条例》规定，乡苏维埃有权解决未涉及犯罪行为的各种争执，并设立了负责解决群众纠纷问题的裁判委员。1954 年，政务院颁布《人民调解委员会暂行组织通则》，规定人民调解委员会是群众性的调解组织。1982 年，人民调解制度作为人民群众自治的重要内容被载入《宪法》。1989 年，国务院发布《人民调解委员会组织条例》对人民调解委员会进行规范，这进一步促进了人民调解工作的发展。2002 年 9 月 16 日，最高人民法院公布《关于审理涉及人民调解协议的民事案件的若干规定》，依法确认调解协议具有民事合同性质并依法确认其效力。2002 年 9 月 26 日司法部出台《人民调解工作若干规定》，对人民调解工作作出了具体规定。

2011 年 1 月 1 日施行的《人民调解法》，以法律的形式全面确定了我国的人民调解制度，人民调解制度成为我国社会主义法律制度的重要组成部分。

## 三、医疗纠纷人民调解的性质

人民调解是人民群众自我教育、自我管理、自我服务的重要手段，这一属性及定位是人民调解工作赖以存在的基础，也是长期以来人民调解工作保持强大生命力，深受群众欢迎的根本原因。

人民调解在我国有着悠久的历史渊源和深厚的文化基础，作为一种解决纠纷的传统形式，人民调解在化解矛盾、平息纷争、消除隔阂、沟通关系方面有着不可替代的作用，在国际上享有“东方之花”的盛誉。

人民调解是人民群众自我教育、自我管理、自我服务的一项制度，具有群众性、民间性、自治性，这一属性是人民调解工作赖以存在的基础，也是人民调解工作具有强大生命力的根本原因。在不同的历史时期，人民调解的法律地位、组织形式、工作职能在不断变化，但是，人民调解的性质和属性始终没有改变。

《人民调解法》以法律的形式确认了这一属性。《人民调解法》的突出特点是进一步巩固和坚持了人民调解的群众性、自治性、民间性。人民调解是人民群众自我教育、自我管理、自我服务的重要手段。这一属性及定位是人民调解工作赖以存在的基础，也是长期以来人民调解工作保持强大生命力，深受群众欢迎的根本原因。尽管人民调解组织形式、调解领域、工作方式有许多新的发展变化，但这一性质始终没有改变，也不能改变。

人民调解工作具有广泛的群众性和社会性。它在加强人民的爱国守法教育，增进人民团结，维护社会和谐，促进经济发展，处理社会矛盾纠纷中发挥了不可缺少和不可替代的作用。

## 第三节　医疗纠纷人民调解的工作原则

### 一、人民调解的共有原则

人民调解作为解决纠纷的一种解决方式，有其自身特有的工作原则。《人民调解法》第三条规定："人民调解委员会调解民间纠纷，应当遵循下列原则：（一）在当事人自愿、平等的基础上进行调解；（二）不违背法律、法规和国家政策；（三）尊重当事人的权利，不得因调解而阻止当事人依法通过仲裁、行政、司法等途径维护自己的权利。"

人民调解的共有原则的特点：它不仅适用于医疗纠纷的调解，而且适用于所有民事纠纷的调解。

（一）自愿平等原则

"在当事人自愿、平等的基础上进行调解"体现的是自愿平等原则。这是人民调解的基础，贯穿整个人民调解活动的始终。人民调解必须在当事人平等自愿的基础上进行，调解中不得威胁、强迫、利诱当事人。

首先，当事人可以选择是否接受调解，当事人必须自愿接受调解，如果一方不愿意调解，调解就无法进行；即使在调解进行的过程中，当事人也可以选择是否继续调解。

其次，当事人可以接受人民调解委员会安排的调解员，也可以自主选择调解员。

其三，在调解过程中，对当事人只能进行耐心的劝解、开导、说服，不允许采取歧视、强迫、偏袒和压制的办法。

其四，当事人可以接受调解员提出的调解方案，也可以自行提出调解方案。当事人可以自由选择达成书面协议或口头协议等。经调解达成的协议，其是非界限、责任分担、权利义务内容，必须是当事人自愿接受，而非当事人迫于外力接受的。

其五，当事人在人民调解过程中享有平等的法律地位，这种平等不仅指平等享有权利，而且也包括平等履行义务，任何人均不享有特权。

（二）合法原则

“不违背法律、法规和国家政策”体现的是合法原则。

虽然人民调解是在人民调解委员会主持下调解民间纠纷的一种群众性活动，但也必须依据法律、法规、规章和国家政策进行，必须坚持依法进行调解。如果法律、法规、规章和政策没有明确规定的，依据社会主义道德、风俗习惯、传统等进行调解。

合法原则是人民调解的基本原则。该原则主要内容包括：人民调解必须在法律、法规允许的范围内进行；进行人民调解必须遵循以事实为依据、以法律为准绳的原则；调解的结果和当事人的权利义务的确定，不得违背法律、法规和国家政策；调解程序应当符合相关法律的规定，不得侵害当事人的程序性的权利。

（三）尊重当事人权利原则

人民调解要尊重当事人的诉讼权利，不得因未调解或者调解不成而阻止当事人向人民法院起诉。人民调解不是诉讼的前置程序和必经程序。

“尊重当事人的权利，不得因调解而阻止当事人依法通过仲裁、行政、司法等途径维护自己的权利”体现的是尊重当事人权利原则。调解、仲裁、行政或司法途径都是当事人可以选择的维护自身合法权益的有效途径。当事人有权利选择通过哪种途径主张权利和维护自身合法利益。当事人有权利选择是否采用人民调解来解决纠纷。

（四）无偿调解原则

当事人到各地的人民调解委员会申请调解纠纷不需要缴纳任何费用，这包括到各地的医疗纠纷人民调解委员会申请调解医疗纠纷。《人民调解法》第四条规定，人民调解委员会调解民间纠纷，不收取任何费用。《人民调解法》第六条规定，县级以上地方人民政府对人民调解工作所需经费应当给予必要的支持和保障。《人民调解法》第十二条规定，村民委员会、居民委员会和企业事业单位应当为人民调解委员会开展工作提供办公条件和必要的工作经费。

就医疗纠纷的人民调解而言，除了《人民调解法》规定的保障外，《关于加强医疗纠纷人民调解工作的意见》还规定：医疗纠纷人民调解委员会调解医疗纠纷不收费，其办公场所、工作经费应当由设立单位解决，并配备必要的办公设施。

## 二、医疗纠纷人民调解的特有原则

特有原则是根据医疗纠纷人民调解的特殊要求制定的基本原则，反映了医疗纠纷人民调解的特殊规律，因此是医疗纠纷人民调解的特有原则，简称特有原则。

医疗纠纷属于民事纠纷，医疗纠纷人民调解应该遵守民事调解的共有原则。由于医学问题的特殊性，医疗行为具有高度专业性、复杂性、人身侵害性和不确定性等特点，医疗纠纷人民调解还应当遵循其特有的原则。

（一）医学科学性原则

医学科学性原则，是指在医疗纠纷人民调解中，必须遵循医学科学原理，运用科学知识与技能来研究医学问题，以严格的科学态度对待相关诊疗方法和过程，切忌简单判断，违背科学。医学科学的重要特征之一是它具有技术性和专业性，虽然有大量的诊断治疗技术规范，但并不能囊括一切医疗方法和过程，这是由医学科学的极端复杂性所决定的。所以，要解决医疗专门性问题，除了根据现行规定和经验之外，还要以科学的观点和方法来认识问题、分析问题和解决问题。

因为医疗纠纷的导火线是医疗行为，而医疗行为又是一项以科学性为指导的行为，所以，解决医疗纠纷必须要遵循医学科学性原则。

医疗纠纷比一般民事纠纷更具有专业性，此类纠纷损害往往是对生命权、人身权的侵害，因此医疗矛盾更加尖锐，更加难以处理。如果也以“和稀泥”的方式处理医疗纠纷，必然不能从根本上化解纠纷。因此，医疗纠纷人民调解委员会在调解医疗纠纷时，必须严格依据国家的法律法规、规章制度对医疗行为进行定责归责。在此基础之上，再在医患双方之间进行调解，以化解矛盾纠纷。

为了在调解中顺利达成合意，患者及其家属应咨询或聘请医学专家或专业律师，对有关医学问题、赔偿事宜进行全面的咨询，确定合理的心理预期。而院方在应对调解时，也需要组织相关专业人士进行多科室综合讨论，以对案件进行准确的定性。

（二）医疗专门性问题进行医疗损害鉴定原则

医疗属于高度专门的技术领域，如果不具备专业知识，普通人很难对医疗纠纷的性质、事实的因果关系作出判断，部分调解员也同样缺乏医学知识，同样难以作出判断，这在解决医疗纠纷的过程中表现得尤为明显。

基于此，对损害程度、因果关系和各方责任的认定又是解决纠纷的前提，因而解决医疗纠纷经常需要依赖专家鉴定。随着《侵权责任法》的施行，尽管举证责任不再倒置，改由患方证明医方在诊疗过程中存在过错。可实际上，所谓的“举证责任不再倒置”仅仅是由原来的医方申请医疗损害鉴定改为由患方申请医疗损害鉴定。

鉴定，是指鉴定人运用自己的专门知识和技能，以及必要的技术手段，对案件中发生争议的专业性的问题进行检测、分析和鉴别的活动。鉴定文书属于鉴定结论，是一种重要的证据。鉴定结论是正确认识和处理案件的重要根据之一，是查明事实真相，确定案件性质和明确赔偿责任的重要证据。因此，鉴定结论有“证据之王”的美誉。

（三）医疗纠纷人民调解中医学疑难问题不可知原则

任何科学都不是万能的，科学都有其局限性。能用事实或者科学手段予以证明的，只占整个科学领域中的很小一部分，医学科学更是如此。由于人类的科技水平和认识能力的局限性，在生命科学领域中还存在许多谜团，例如我们至今还不完全了解自己的疾病发生是否与人类的基因缺陷或突变具有决定性关联，仍然不清楚外界因素及药物对人体细胞、器官作用的综合性影响等。由于医疗行为具有不确定性和探索性，并非所有的医学现象都能被事实或科学手段加以证明，医学并非万能，如果认为“凡医学失败均是由医疗过错所造成”，显然是有违科学、有失客观与公正的做法，此即为医疗纠纷人民调解中医学疑难问题不可知原则。

（四）人道主义原则

医疗纠纷人民调解委员会在调解医疗纠纷的过程中，除了以相关法律法规为依据，还要以人道主义为原则，充分考虑医患双方，特别是患方的感情和实际情况。医疗纠纷人民调解委员会不是司法裁判机构，不能像法院或者仲裁机构一样，单纯地作出裁判，而是应以努力促成双方和解为根本出发点和立足点。

（五）公正便捷原则

相较于行政调解、诉讼等其他处理纠纷的渠道，医疗纠纷人民调解委员会调解通常较为快捷。以北京市为例，医疗纠纷人民调解委员会在接到医患双方的调解申请后，将会在45个工作日内处理完纠纷，对于确实需要延长工作时日的，最长可以延长15个工作日。处理时间短并不意味着只是一味追求时间效率，它是在“依法调解”原则的基础上追求效率。医疗纠纷人民调解委员会是专门处理医疗纠纷的机构，有专门的专家和调解员，专事专办。因此相较于法院或者仲裁机构，其处理时间必然更短，工作效率也更高。

（六）属地化原则

医患纠纷人民调解属地化原则是指凡符合受理条件的均纳入所在区县调解范围。

# 第八章　医疗纠纷人民调解机制

## 第一节　国内医疗纠纷调解机制的主要模式

### 一、北京模式

（一）医疗责任保险承保公司指定调解机构调解及评析

2005年1月，国内首家以医学行业协会为支撑的专业医疗纠纷调解机构——北京卫生法学会医疗纠纷调解中心正式运营。随后，北京医学教育协会医疗纠纷调解中心也成立运营。北京市两家专门的医疗纠纷调解中心——北京卫生法研究会医疗纠纷调解中心和北京医学教育协会医疗纠纷调解中心，分别承担太平、人保两家保险公司参保医院与患者之间的医疗纠纷的调解工作。其中，太平洋保险公司负责承保西城、昌平两区的医院，指定北京医学教育协会医疗纠纷调解中心做纠纷调解；中国人民财产保险公司负责其他十六区县的医疗纠纷处理，指定的调解机构是北京卫生法研究会医疗纠纷调解中心。

两个医疗纠纷调解中心都拥有一个由医学法学专家组成的专兼职团队，在接到医疗纠纷调解的申请后，中心经过调查取证确认属于医疗责任保险范畴，则予以受理并进行调解。调解中心的成立，对北京市内医疗纠纷冲突调解发挥了较为明显的作用，通过调解中心的调解，解决了很大一部分医疗纠纷。此外，与诉讼相比，调解大大缩短了纠纷解决的时间，给双方当事人节约了大量的时间成本；调解中心对医患双方不收取任何费用，经费由保险公司从保险费中提取一定比例按月支付，在一定程度上减轻了双方当事人的经济负担。之后，吉林、芜湖、铜陵、无锡等地区也都相继成立了医疗纠纷调解中心，这些都是北京模式的推广。

医疗纠纷调解中心调解解决医疗纠纷固然存在着诸如服务免费、方便快捷等多方面的优点，但是，由医疗责任保险指定调解机构，其功能类似于保险公司的理赔部门，其中立性也受到人们的质疑。此外，调解中心与保险公司合署办公原本是为了方便医患双方，省去烦琐的程序，但是，在实际操作过程中，由于调解中心的经费是从保险公司的医责险中提取的，使得调解中心实质上成了保险公司下属的理赔鉴定机构，缺乏必要的独立性。加之，由于《医疗事故处理条例》和《侵权责任法》关于医疗纠纷的赔偿计算不同，调解中心的赔偿标准也没有统一，导致很多医疗纠纷的赔偿责任虽然相似，但是结果却差异很大。调解中心成立之初取得了很大的成效，但其弊端也日益显著。随着北京市医疗纠纷人民调解委员会的成立，医疗责任保险承保公司指定调解机构的历史随即结束。

（二）医调委经验介绍

医调委是按《人民调解法》的规定，经北京市司法局审批设立的专门从事医疗纠纷调解的群众性组织。

北京市集中了全国优秀的医疗资源，每年为北京市民和外地患者提供大量的医疗卫生服务，门急诊量和住院病人年年激增。但随之而来的是医疗纠纷发生的数量也随之上升，增长势头较快，并成为影响社会稳定的突出问题。为有效缓解医患矛盾，北京市司法局、卫生局、财政局、公安局、高级人民法院和北京保监局六个部门于 2011 年 5 月 30 日发布了《关于加强医疗纠纷人民调解工作的意见》（以下简称《意见》），北京市医疗纠纷人民调解委员会也于同日挂牌成立。

《意见》指出，要建立医疗纠纷人民调解工作联动机制，明确工作职责，形成化解医疗纠纷工作合力。北京市成立由市司法局、市卫生局、市财政局、市公安局、市高级人民法院、北京保监局组成的“北京市医疗纠纷处理协调指导委员会”（以下简称指导委员会），负责协调各部门履行职责，指导医疗纠纷人民调解工作；定期对医疗纠纷人民调解委员会的工作进行评估，不断提高人民调解工作水平。委员会下设办公室，办公室分别设在市司法局基层处和市卫生局医政处，负责指导委员会的日常工作。指导委员会及办公室要定期召开会议，通报相关情况，研究和解决工作中遇到的困难和问题。

司法行政部门应当把医疗纠纷人民调解工作纳入全市人民调解工作的整体规划；负责指导医疗纠纷人民调解委员会的规范化建设；负责指导医疗纠纷人民调解委员会开展调解工作；会同卫生行政部门在医疗事故技术鉴定专家库的基础上建立医学、药学和法学相关专家组成的专家库，为医疗纠纷的调查、评估和调解提供技术咨询；开展对医疗纠纷调解人员关于医疗纠纷处理、调解工作规范等方面的法律、法规、政策培训。

卫生行政部门负责做好医疗纠纷防范工作，提高医疗质量，妥善处理医患矛盾；负责动员组织各级各类医疗机构参加医疗责任保险；负责指导医疗机构提高医院管理水平；规范医疗机构内部的医疗纠纷处理流程；协调相关部门负责医疗纠纷人民调解委员会组建工作；协调财政部门负责医疗纠纷人民调解委员会经费保障工作。

财政部门负责按照现行财政管理体制和部门预算管理要求，把医疗纠纷人民调解工作相关经费纳入财政预算,加强医疗纠纷人民调解经费的监督、管理,提高资金使用的效益。

公安机关负责加强发生医疗事故的单位及其周边地区的治安管理,维护好医疗机构的正常诊疗秩序,对医疗机构内发生的各类刑事、治安案件,要及时出警,依法查处。

人民法院负责医疗纠纷人民调解工作指导,建立医疗纠纷诉前引导、诉中委托或邀请调解工作机制,建立医疗纠纷人民调解的协议确认程序,做好医疗纠纷人民调解机制和诉讼解决机制的衔接工作。

保险监督管理部门负责配合市卫生局完善本市医疗责任保险制度,引导保险机构完善医疗责任险条款费率,配合人民调解工作,鼓励保险公司开发适合医疗机构、医务人员需求的保险品种,督促保险机构依法合规经营,保障被保险人和利益相关人的合法权益。

《意见》明确了医疗纠纷人民调解委员会的工作职责。医疗纠纷人民调解委员会应当做好以下工作:调解医疗纠纷,防止医疗纠纷激化;通过调解工作宣传法律法规和医学知识,引导医患双方当事人依据事实和法律公平解决纠纷;向医疗机构提出防范医疗纠纷的意见、建议;经调解解决的医疗纠纷,制作书面调解协议;向患者及家属或者医疗机构提供医疗纠纷调解咨询和服务;统计医疗纠纷人民调解工作的相关信息;向指导委员会报告医疗纠纷和调解工作的情况;完成指导委员会交办的其他工作。

北京市医疗纠纷人民调解委员会现有调解员 52 人,承担全市医疗机构医患纠纷的调解工作。其中包括:中央、厂矿企业、市属三级医疗机构 52 家,区属二级医疗机构 96 家,各级各类医疗机构 6304 家。医疗纠纷调解工作任务艰巨繁重。截止到 2015 年 9 月 30 日医调委共受理案件 7710 件,结案 7098 件。结案案件中,有责协议结案 3789 件,无责协议结案 1910 件,有责未达成协议 681 件,退出调解 289 件。

北京市医疗纠纷人民调解委员会自成立以来取得了很大的成效。其工作特点及优势如下:

(1)独立第三方公正调解。

俗话说"端谁碗,看谁脸",原来调解中心的经费是从保险公司的医责险中提取的,使得调解中心实质上成了保险公司下属的理赔鉴定机构,缺乏必要的独立性。北京市医调委经费由北京市财政保障,与保险公司、医疗机构和患者没有任何形式的关联,作为独立的第三方参与医疗纠纷的调解,确保中立和公正地调解医疗纠纷。

(2)严密的组织形式和严谨的调解程序。

北京市医调委把工作人员分为立案组、调解组和评估组。各组分工明确：立案组负责案件的受理与分配工作；调解组负责材料收集、医患双方的联系与沟通调解工作；评估组则根据提交的材料进行医疗损害责任分析评估及外院咨询工作。每个案例随机有两名调解员和一名评估员组成调解小组，且根据调解员的工作背景、年龄、工作经验等综合因素进行组合，基本保证每个调解小组有一位医学背景的人员。

(3)科学化的调解工作模式。

北京市医调委设立评估组，评估员不必直接面对患方，避免了受医患双方情绪、压力的影响，使评估员可以根据客观事实进行评估，更能保证评估的公平公正和认定医疗损害责任的科学严谨。这又使得调解人员能更加专注于与医患双方的沟通，实现化解医患矛盾的目标。采取医患双方"背靠背"的调解模式，避免矛盾的进一步激化。

(4)坚持专业化的调解道路。

由于医疗纠纷具有医学的专业性和复杂性，为了保证能够科学、正确地对医疗行为进行分析，合理地确定医疗机构的责任，评估组全部由医学专业的人员组成，且主要是由年龄较大、资历较深、职称较高的人员组成。

北京市医调委还组建了"医疗纠纷人民调解专家库"，该专家库专家全部是来自三甲医院临床一线的具有高级职称的医师，目前专家库拥有专家 1497 人，涉及学科 45 门。评估员针对疑难复杂案例预先写出诊疗经过、咨询的主要问题等材料，并用邮箱发给咨询专家，让专家对案情初步有所了解，再按约定的时间与专家当面请教沟通。咨询专家从专业上指导医疗损害责任评估，保证了调解建议的科学严谨。

北京市医调委组建了两个合议组，一个是由医调委内部专家组成的小合议组，一个是由外请的专家组成的大合议组。根据诊疗经过结合专家咨询意见，评估员写出评估意见书，每天晨会后提交给小合议组评议，小合议通过的进入下一步程序，有缺陷的返回修改。

小合议通过的案例中涉及患者死亡的或者赔偿额超过 1 万元的，要提交给每周一次的大合议，提交给外请的专家组评议。

北京市医调委还设立了由资深医学专家和法学专家担任的审核岗，分别从医学和法学的角度对所有调解文书把关。

(5)诉调相对接的纠纷处理模式。

医调委努力与人民法院建立医疗纠纷诉前引导工作机制。对于未经医疗纠纷人民调解直接到法院起诉的，在征得当事人同意的基础上，可引导当事人先到医调委进行调解。法院在审理医疗纠纷的过程中，也可委托医调委进行调解。

目前已经在海淀法院、东城法院开展诉调衔接制度的试点。诉调对接使一些专业性较强但事实清楚、双方责任明确的案子，通过调解达成协议，大大节省了医患双方的维权成本。

(6)信息化的管理模式。

北京市医调委建立了计算机信息管理系统，用于录入或查询纠纷调解情况，其所有工作均经过该平台完成。通过对各类纠纷数据的统计分析，一是能发现医调委内部存在的调解工作问题，通过改进措施，提高调解工作的效率，积累调解经验；二是能发现医疗机构质量管理中的问题，通过信息反馈的形式，有针对性地对其进行纠纷防范培训，提高整体管理水平。

(7)真正的无偿调解。

北京市医调委调解医疗纠纷，不收取任何费用。医疗损害责任的认定由自己的专家完成，不用另外委托鉴定(有的省市调解不收费，但委托鉴定还是由申请人按规定缴纳鉴定费用)。咨询专家的费用由专项办公经费解决。医患双方自委托调解开始到达成调解协议，不用交任何费用。

## 二、上海模式

### (一)普陀区医疗纠纷人民调解委员会

2006年4月29日，上海市普陀区正式挂牌成立了我国第一家专门的医疗纠纷人民调解委员会。它是区、县级层面的医疗纠纷人民调解组织，由上海市普陀区人民政府出资，聘请专业的医学界、律师界、司法界人士组成，为普陀区医疗机构与患者发生的医疗纠纷提供非诉讼方式解决争端的服务。其性质为群众性自治组织。

发生纠纷后，医患双方无须提交调解申请等书面材料，也不需要事先进行医疗事故鉴定，只需双方达成共识同意由医调委调解纠纷即可。调委会受理立案后，先由医学专家和律师进行医学技术评估和法律服务，之后，再由人民调解员进行调解。医疗机构、患者可以任意选择自己信任的调解员，也可由医调委指定的调解员进行调解。这些医学专家和律师都是由普陀区政府出资聘用的已经退休的医学界、律师界、司法界的专家，他们担任医调委的专职调解员，充分保证了调解中心的专业性和权威性。此外，普陀区医疗纠纷人民调解委员会的受案范围较广，基本覆盖广义的医疗纠纷范畴，不仅不局限于医疗事故造成的损害赔偿纠纷，还包括了普通的医疗损害赔偿、医疗服务合同纠纷以及医疗服务过程中的其他医疗纠纷。山西、江苏太仓成立的医疗纠纷人民调解委员会就是上海模式的成功推广。

普陀区医疗纠纷人民调解委员会成立后，协助解决了大量的医疗纠纷，尤其是重大医疗案件纠纷,发挥了人民调解在医疗纠纷方面的效能。其简便的申请程序、专业的调解队伍、免费的服务等得到了大家的认可。但是,它也存在着一定的问题:首先是法律地位不明确,医疗纠纷人民调解委员会是上海市普陀区的一种机制创新,当时在我国法律上还没有明确其地位,上海市人大和政府也没有相关的地方法规或规章明确机构的定位,地位比较尴尬;其次是经费困难,政府没有确定的财政支持,所以其经费短缺,日常的办公经费也无法得到有效的保障,运行艰难;再者是没有独立的办公地点,其临时办公地点在卫生局卫生监督所中,容易有两者是一家的感觉,造成患者的误解。

(二)上海市医调委及区县医患纠纷人民调解工作办公室

上海政府部门一直致力于探索缓解医患矛盾的途径。2011 年 6 月 14 日,市政府发布了《关于开展医患纠纷人民调解工作的若干意见》,自 2011 年 8 月起,上海全面推进医患纠纷人民调解,并确定医患纠纷人民调解实行属地化原则,无论是市级医院还是区级医院发生的纠纷,凡符合受理条件的,均纳入所在区县医患纠纷人民调解委员会的调解范围。2012 年 8 月,上海市司法局、上海市卫生局以及上海市公安局联合发布《关于维护本市医疗机构秩序的通告》。上海市司法局、各区县司法局均建立了医患纠纷人民调解工作办公室,同时重组了由第三方组成的医患纠纷人民调解委员会(医调委),还组建了由医学、法律、法医、心理等方面专家组成的医患纠纷人民调解专家咨询库,为纠纷调解提供咨询意见。据统计,专家库现有各类专家 922 名。如果遇到一些复杂棘手的或是预估赔付额会超过 10 万元的重大纠纷,医调委可以启动专家咨询程序,从专家库中抽取 3 位专家组成专家组,由专家组出具咨询意见,供人民调解员参考。

自那时起,上海任何一家医院发生医患纠纷,不论索赔金额多少,只要医患双方当事人自愿申请或者患方索赔金额超过 3 万元并同意人民调解的,都可求助所在区县医患纠纷人民调解委员会。这种方式当时为中国各大城市之首创。上海司法行政部门还多方努力使人民调解与保险理赔机制相衔接。

根据上海市司法局的统计,自 2011 年 8 月至 2013 年年底,上海各医调委共计受理医患纠纷 6784 件,调解成功 5555 件,成功率达 82%,涉及协议金额 2.98 亿元人民币。

上海市人民政府 2014 年 1 月 11 日发布的《上海市医患纠纷预防与调解办法》,将市政府有关规范性文件上升为市政府规章。2014 年市司法局会同市卫计委制定了《关于进一步加强医患纠纷类信访与人民调解工作对接的意见》。2014 年,全市医患纠纷调解总量继续保持增长态势。据统计,全市共计受理医患纠纷 3720 件,其中调解成功 3048 件,调解成功率近 82%,涉及协议金额 1.6 亿元,较 2013 年医患纠纷 3000 件,调解成功率约 80%,理赔金额 1.4 亿元均有提高。

在设立医调委之前，解决医患纠纷主要有“三种途径”：一是由卫生部门主持调解，患者家属寻求官方途径进行解决，一般将此称之为“官了”；二是司法途径，让法院说了算，此为“司了”；三是“私了”，即医患双方自行协调解决。

然而这三种解决之道可谓弊病多多。“官了”，在患者家属看来，作为医院的主管方，卫生部门主持调解纠纷，让人感到主管部门与医疗机构有点“亲亲相护”，对于主管部门的立场，难以令人信服地做到客观、公正、公平；“司了”，走司法途径，主要是司法程序时间较长，对医疗机构和患者家属来说耗时耗力，对双方来说维权成本都比较高；“私了”，医患双方面对面直接调解，不仅各说各理，甚至一方为了大事化了、小事化无，只能采取退让态度，最终导致“私了”走入一个误区，即“大闹大赔，小闹小赔，不闹不赔”，给医疗机构带来较大风险，有时也损害了医生的权益，不仅不利于纠纷的解决，反而进一步激化了矛盾，甚至发生群体性事件。

在“官了”“司了”“私了”三种途径都走不通的情况下，社会呼吁需要一个既不站在医疗机构利益方又不代表患者家属的第三方机构，保持客观公正地对医疗纠纷进行调解。上海各区县的医调委正是在一片疾呼声中诞生的，被称为“新老娘舅”。它的出现，使医疗机构和患者不再面对面地发生冲突，避免双方各说各话，使医疗纠纷的调解有了一个“缓冲带”，也有利于维护医患双方的权益。

## 三、天津模式

### (一)天津市仲裁委员会医疗纠纷调解中心

2006 年 12 月 8 日，天津第一家医疗纠纷调解机构——天津市仲裁委员会医疗纠纷调解中心挂牌成立，该中心是天津仲裁委员会下设的一个分支机构，隶属于天津市仲裁委员会管理。仲裁委聘任医学、法学专家专门从事医疗纠纷调解工作，这些仲裁员、调解员都是兼职的，与仲裁机构也没有隶属关系。医疗纠纷调解中心不主动参与医疗纠纷的调解，发生纠纷的医患双方在自愿基础上将纠纷提交调解中心调解，调解中心审核无误后受理，调解中心确定接受调解申请后，成立医疗纠纷调解庭，调解庭由 1 到 3 名调解员组成，调解员由当事人选择或者委托调解中心主任指定。调解中心开庭调解医患双方的纠纷，开庭过程不对外公开，保护双方当事人的隐私。自调解中心调解庭第一次开庭之日起，医疗纠纷需要在 20 日内调解完毕或者进行仲裁，双方当事人申请的，可以适当延长。调解中心调解采用一裁终裁制，根据《中华人民共和国仲裁法》的规定，仲裁调解书一经当事人签收或者裁决书一经作出即发生法律效力，当事人不能就同一纠纷再申请仲裁或者向人民法院提起诉讼，也不能上诉。此外，调解中心的调解不是免费的，一般都是按照双方争议金额采用累进制按比例进行收费。

实际操作层面上，该医疗纠纷调解中心的工作并不理想，成立半年仅受理1起案件。存在的主要问题有以下几点：①程序烦琐。医疗纠纷调解中心不仅不主动介入调解，而且即使医患双方当事人都同意进行调解，也必须在调解之前提交一系列的文件证明材料，这对处于医患冲突中的双方特别是患方来说，很难接受。②专业化程序低。天津模式的仲裁调解，让本身为调解劳动纠纷而设立的机构去调解专业性很强且与原有业务不相关的医疗纠纷，有无能力进行调解这是最大的疑问。③收费高昂。医疗纠纷调解中心的调解，不仅需要收取申请费用，还要根据医患双方的赔偿争议金额进行收费，费用过高，很难被医患双方接受。

（二）天津市医疗纠纷人民调解委员会

2009年1月，天津市政府率先在全国颁布实施了《天津市医疗纠纷处置办法》，提出依法公正处置医患纠纷的一整套长效机制。成立独立"第三方"调解机构——医疗纠纷人民调解委员会就是措施之一。其中规定，索赔额在1万元以上的医疗纠纷都要到医调委或法院解决，医患双方自行解决的，将对医疗机构考核实行一票否决制，并追究医院责任。市级二级以上各类公立医院，都要参加医疗责任保险，其他医疗机构可以自愿参加医疗责任保险。此举被国家卫生部称之为"天津模式"。

2009年2月1日，天津市医疗纠纷人民调解委员会（以下简称"天津市医调委"）成立。天津市医调委是根据有关法律、法规和《天津市医疗纠纷处置办法》的相关规定由天津市司法局批准设立，天津市医调委隶属于天津市人民调解员协会，是参与化解医疗纠纷的专业性的调解组织。医调委与医疗机构无隶属关系，与患方无利害关系，是独立于卫生行政部门、医患双方当事人的第三方群众性人民调解组织。

医调委成立后，作为独立的第三方机构，在医患双方平等自愿的原则下受理医疗纠纷。先查清事实，再分清责任，然后依法确定理赔数额，既保证了患方在信息不对称情况下也能获得合理赔偿，也保证了医方在无过错情况下不予赔偿。

为保障调解工作的公正公平，让医患双方都信任医调委的工作，天津市在《医疗纠纷处置办法》中规定：医疗纠纷人民调解委员会的设立及其组成人员，依法向司法行政部门备案，其工作经费和人民调解员的补贴费用由财政予以保障。医疗纠纷人民调解委员会调解医疗纠纷不收取费用。

医调委属于在民政备案的社团组织，是最早采取政府购买服务方式运作的法律援助机构，并得到社会各方面的认可。医调委作为第三方机构承担着社会责任。为保证医调委公正公平办事，政府必须购买他们的服务，使其在医患之间处于中立地位。

天津市医调委自成立以来，运行机制不断走向成熟，取得了良好的成效。其工作特点及优势如下：

(1)健全的组织结构。天津市医调委设有接待受理部、调解部、综合部、指导部四个核心部门，分别负责接待受理、案件调解、绩效考核、对外宣传、制定规章等工作，分工明确，权责统一。

(2)完善的工作制度。绩效考核方面，为提高调解效率，保障调解成功率，天津市医调委将调解完结率、成功率、调解效率、案均赔偿额作为调解员工作量的重要衡量指标，对于违规行为采用扣分制，并针对调解员和助调员的不同情况采用两条制度齐进，即除以上考核指标外，将当事人的满意度、当事人的上访情况纳入调解员的考核范围，而将调解笔录的录入速度、录入质量纳入助调员的考核范围，形成了完备的绩效考核制度；规范调解流程方面，注重调解的规范性和严谨性，如来电来访登记、月接待量统计、责任人签字确认等；员工业务培训方面，天津市医调委定期组织讨论学习会，交流沟通技巧，补充医学、法律知识，提升调解能力，适时开展研讨会，就调解工作中遇到的疑难、不确定问题进行研讨、协商，会后组织工作人员分享会议结果，对会议中提及的问题尤其是与调解纠纷有关的问题进行总结、讨论。

(3)专业化的调解员队伍。天津市医调委的调解员队伍由具有医学、法学专业背景的调解员组成。调解员均为退休人员，具有丰富的社会阅历，其中多数调解员的专业背景为医学，涵盖了妇产、护理等专业，从事临床、鉴定等工作，具有专业的医学知识，部分调解员具有法学专业背景，有从事医疗纠纷处置工作的背景和经历。

(4)面对面的调解形式。天津市医调委坚持“面对面”调解和公开调解，即调解公开进行，医方、患方、医调委三方共同参与调解，保险公司作为理赔人可以参与案件调解。通过面对面调解和公开调解来实现参加调解三方的相互监督、相互制约，由此保障调解的公平和公正。

(5)保险公司的充分参与。天津市医调委率先采用医疗责任保险机制，通过医疗责任保险利用保险公司来分担医疗机构的赔偿压力，使医疗机构能够客观、冷静地处理医疗纠纷案件。目前二级以上公立医院以及部分一级公立医院和民营医院已经投保医疗责任保险，保险公司已经进入医疗纠纷领域。

(6)定期组织的医疗纠纷案例分析会。天津市卫计委定期组织医疗纠纷案例分析会，医疗纠纷案例分析会设立的目的是优化医疗纠纷人民调解机制，监督调解行为、保障调解的公平公正，监督医疗机构的纠纷处置方式，是预防医疗纠纷的有效途径和措施。

## 四、南京模式

(一)营利性中介机构调解

2003 年 12 月,江苏省司法厅和江苏省民政厅审批同意成立南京民康健康管理咨询服务有限公司,专门从事医疗纠纷诉前的调解与研究,开创了专业服务机构介入医疗纠纷调解的先河,是以公司制方式运营的营利性咨询机构,成为江苏首家具有独立法人资格的专业医疗纠纷调解营利性中介机构。公司聘请医学界有名气的退休专家任职公司的医学专家,向委托人分析案情,提供《调解状》《诉讼状》《律师辩护词》《上诉状》等资料,并可以接受委托人委托,协助解决医疗纠纷,获得经济赔偿。所有服务收取从五十到上千元不等的服务费。后期,有一些专家参与了专家志愿活动,帮助分析案情和提出解决方案,不收取费用。2004 年 11 月成立的天津市金必达医疗事务信息咨询服务有限公司也是这种模式。

南京模式运行过于商业化,其提供的咨询、调解等服务都是收取费用的。对于多数患者来说,已经在医疗纠纷中遭受一定的医疗损害,付出了较大的医疗成本,再拿出不小的一笔费用进行调解,使患方很难接受。而且,中介机构私营公司的身份,取信于医院也很困难,很多医方根本不买它的账。此外,为了体现咨询调解的专业性,公司聘请的都是医学界业内很有名气的专家,并且按市场标准支付相关的薪资,再加上场地费、资料费等一系列费用,如果采取低收费的方法,公司将很难运作。

(二)鼓楼区医患纠纷人民调解委员会

自 2008 年 3 月起,在南京市委市政府和江苏省司法厅、卫生厅的领导下,南京市司法局、卫生局在鼓楼区、秦淮区、高淳县进行了医患纠纷人民调解工作试点。同年 12 月,江苏省司法厅、卫生厅在南京市召开全省医患纠纷人民调解工作现场会,全面推广“南京模式”。2009 年 4 月,南京市政府办公厅转发了市司法局、市卫生局的意见,全市 13 个区县按照“独立型”“依托型”“融合型”三种类型,全面建立医患纠纷人民调解委员会,还统一成立了法学专家咨询委员会、医学专家咨询委员会,为各区县医患纠纷调解工作提供技术服务和支撑。2010 年 9 月,全国医患纠纷人民调解工作座谈会在南京召开,15 个省市、39 个单位、160 余名代表参加了会议。

南京市司法局相关负责人介绍,在统一认识的基础上,南京市确定了“全市统一组织,区县实体运作,部门加强合作,着眼化解实效”的工作思路,创新组织网络,建立医患纠纷人民调解工作新体制,始终坚持医患纠纷调解组织的人民调解属性和提高社会公信力的目标,紧紧把握中立性和专业性这两个基本要求,从组织指导、具体运作和专业支持三个层面,搭建“三个平台”,建立了新型的医患纠纷专业性人民调解组织。

一是搭建组织指导平台。南京市司法局与市卫生局先后多次共同召开医疗机构负责人会议，联合出台了一系列文件，形成了一系列制度，做到"统一组织形式，统一调解流程，统一共享资源，统一档案台账"。二是搭建具体运作平台。在区（县）调委会设立医患纠纷人民调解委员会，调委会主任由司法局分管调解工作的副局长担任，副主任由卫生局、公安局分管领导担任，委员由本地区具有法学、医学专长的人大代表、政协委员和其他知名人士担任。三是搭建专业支撑平台。为了适应医患纠纷调解工作的专业性要求，在重视调委会以及调解员队伍建设的基础上，成立了市医患纠纷人民调解工作法学咨询委员会和医学咨询委员会两个专家咨询机构，为各区（县）调解疑难复杂纠纷提供专业的咨询意见和调解建议，增强人民调解化解医患纠纷的能力。

此外，南京市还形成了"调解引导、服务保障、联调联动、纠纷预防"四个机制，其间还衍生出建立人民调解接待站、举办工作学习研讨班、运行经费纳入财政预算等机制建设新举措，使医患纠纷人民调解工作具有整体性和系统性，以此整合调解资源，衔接调解环节，增强调解效能。

南京市司法局2012年5月4日还与卫生局联合发文，出台进一步健全医患纠纷人民调解工作的协调合作机制，进一步加强对区县医患纠纷人民调解委员会的工作指导，进一步健全市两个"专家咨询委员会"的工作制度，进一步推进医患纠纷人民调解工作和医疗责任险的有效衔接，进一步加强化解医患纠纷的宣传与业务培训工作等5项举措，深入推进医患纠纷人民调解工作。

鼓楼地区有各类医疗机构220家，其中三甲医院8家、二级医院4家。可以说，鼓楼地区的医患纠纷解决好了，全南京的医患纠纷也就解决了一大半。

鼓楼区医患纠纷人民调解委员会自2008年3月成立以来，坚持人民调解的工作属性，建立和完善了"人民调解引导、纠纷预防和服务保障等工作机制"，采取了四项举措提升调解成效。一是建立多部门联调联防机制。由驻区13家三级以上医院、市医院协会、区公安分局、区卫生局等单位建立联席会议制度，定期召开形势分析会，共同剖析调解难题，特别是针对群体性纠纷事件，建立信息传达、现场稳控、公平沟通、妥善解决等联动联调机制，切实有效化解医患矛盾纠纷，预防矛盾激化升级。二是成立医患纠纷人民调解专家咨询组。由南京医科大学、南医大二附院专家及区法院、驻区律师事务所、辖区医院选派的多名法学和医学专业人员组成专家咨询组，有效提升医患纠纷人民调解工作的专业化程度、权威性和公信力。三是挂牌成立南医大鼓楼地区医患纠纷调解研究基地。鼓楼区医调委与南京医科大学医患沟通研究中心合作，医调委提供医患纠纷人民调解工作的经验、相关信息和案例，南京医科大学医患沟通研究中心为医调委提供学术和专业支持，提升化解医患矛盾纠纷的能力和水平。四是借助新媒体推进人民调解工作。开通医调委微信公众账号——“南京鼓楼医调委”，及时发布有关医患纠纷的人民调解常识、典型案例、宣传图片等资料，为群众提供调解预约在线申请、咨询等功能，进一步提高服务质量与效率。

### 五、宁波模式

依据宁波市政府通过的《宁波市医疗纠纷预防与处置暂行办法》，宁波市于2008年3月成立了宁波市医疗纠纷理赔处理中心与宁波市医疗纠纷人民调解委员会，作为宁波医疗纠纷第三方调解机构处理宁波市内发生的医疗纠纷。这被媒体称为“宁波解法”，其最主要的做法是成立医疗纠纷人民调解委员会与医疗纠纷理赔处理中心两大机构。其中，医疗纠纷理赔处理中心为宁波医疗责任保险共保体（人民保险、太平洋保险、平安保险和大地保险）联合设立，而医疗纠纷人民调解委员会则由宁波市司法局、卫生局、财政局、保监局等机构设立，受宁波市司法局直接领导。两个机构都聘请专业临床医学、药学、卫生法学、保险学等方面的专家任职。

依照宁波市政府出台的《宁波市实施医疗责任保险的若干规定》，宁波市内各级公立医疗机构，全部参加医疗责任保险，非公立医院原则上参照执行。由于医疗责任险风险大收益小，很难吸引保险公司，宁波市政府与保险公司协商后，由人民保险、太平洋保险、平安保险和大地保险成立保险共保体接受医疗责任保险。医疗机构向保险公司投保医疗事故责任险，发生医疗纠纷后，由保险公司组成的共保体下属的医疗纠纷理赔处理中心参加处理、理赔。患方索赔额不足1万元的，医院可以与患者协商处理，协商不成的由医疗纠纷人民调解委员会调解处理；超过1万元的医疗纠纷，医院无权处理，应当通知理赔处理中心处理，若理赔处理中心不能与患者达成一致意见，则邀请医疗纠纷人民调解委员会共同负责处理。这种理赔中心与医调委分金额合作的做法是宁波模式最特别的做法。

宁波模式的优点：①调解不收费。②身份独立。医疗纠纷人民调解委员会独立于卫生行政部门之外，由司法部门负责日常管理和人员招聘。③经费有保障。与其他地方的医疗调解组织相比，宁波市医疗纠纷人民调解委员会由宁波市政府发布的规章进行设立，法律地位明确，其日常办公经费和补贴有专项的财政进行保证，确保其独立性。宁波模式存在很多优点但也有一定的问题：①免赔事项众多。虽然宁波各大医疗机构基本都投保了医疗责任险，但由于保险公司在设立医疗责任险时，附属了很多免赔事项，而其中很多事项都是在医院中易发的，导致很多医疗机构缴纳了保费却得不到赔偿。②惜赔现象丛生。宁波模式的做法是将1万元以上的医疗赔偿交由医疗纠纷理赔处理中心负责，而理赔处理中心实质上是几个保险公司的下设机构，难免会从保险公司的利益出发，很可能会对患者提出的索赔出现“惜赔”现象，影响整个调解的效果。

## 六、济宁模式

2005 年 12 月 9 日，济宁市成立了专业进行医疗纠纷调解的非营利性社团组织——济宁市医患维权协会，标志着济宁市医疗纠纷第三方调解机制正式建立。协会由民间力量发起，在市卫生局的推动下和司法局、民政局等部门的支持下成立。为满足医患双方对医疗纠纷解决方式多元选择的需求，更有效地化解医疗纠纷，协会借助自身平台优势，与法律允许的医疗事故技术鉴定、司法鉴定等责任认定机构和人民调解、行政调解、法院调解、仲裁、诉讼等多种医疗纠纷解决方式有机衔接，使得医患双方在协会能够自由选择，得到多元化一站式的便捷服务。2008 年 5 月，依托医患维权协会，医疗纠纷人民调解委员会由济宁市司法局批准设立，医调委属于人民调解的范畴，贯彻依法、自愿、不干涉诉权和调解不收费原则。协会为医调委提供专业技术、物质经费等综合保障。此外，卫生行政部门在协会设立“济宁市医疗事故争议行政调解办公室”，方便患者选择行政调解途径解决医疗纠纷；仲裁委员会在协会设立“济宁市仲裁委员会医疗争议仲裁庭”作为仲裁委员会的派出机构，方便当事人选择仲裁途径解决医疗纠纷；济宁市市中区人民法院在协会设立“法官工作室”，在立案接待时、立案接待后的庭审前或者审理中，医患双方均可委托在协会设立的责任认定机构进行责任认定并随时咨询、沟通，以利于医疗纠纷公平、快捷地解决，也可以委托医调委调解，调解不成的再将案件移交至法院审理。

济宁市医患维权协会的成立减轻了医疗机构、医疗事故鉴定机构、法院、卫生行政机构等社会有关部门的压力，改善了患者的就医环境。在原有的医疗纠纷解决体制下，患者“诉求难”，在纠纷发生后，不知道如何进行权利救济。协会将现有的医疗纠纷解决途径进行整合，为患者提供“一站式”便捷服务，患者可以选择适合自己的纠纷解决方式解决纠纷，这有效地维护了患者的权益。此外，协会与医疗机构保持经常性沟通，通过平时的案例分析和集中的培训活动，及时向医疗机构提出改进服务的建议，使医疗机构的防范意识和内在服务质量得到提高，因医疗机构原因造成的医疗纠纷大为减少。在济宁市政府和主管部门的大力支持下，协会改善了办公条件，但作为一个社会团体组织，缺乏稳定规范的经费筹资渠道，这在很大程度上影响了协会的持续发展。

## 七、海南模式

（一）什么是“海南模式”

2010 年 6 月 2 日，由海南省卫生与计划生育委员会（以下简称“省卫计委”）全力推进，海南省社会治安综合治理委员会办公室（以下简称“省综治办”）牵头，以包括中共海南省委宣传部、海南省高级人民法院、海南省人民检察院、海南省公安厅、海南省司法厅、海南省财政厅、海南省民政厅、中国保险监督管理委员会海南监管局在内的“海南省十厅局”联合发出《关于印发〈关于建立海南省医疗纠纷人民调解机制的工作方案〉（以下简称方案）和〈海南省医疗纠纷预防与处置暂行规定〉（以下简称规定）的通知》（以下简称通知），《通知》的核心是着眼于“改善民生，维护稳定”的大前提，将医疗纠纷人民调解机制正式纳入“构建和谐医患关系”和“构建平安和谐海南和推进国际旅游岛建设”的总体规划中来，从“调解优先”的原则入手，将医疗纠纷这个当前社会的突出问题通过“调解与疏导”相结合的模式，尝试通过政府部门联合推动人民调解机制，“高效、便捷”地处理医患矛盾。因为医疗纠纷的调解必然涉及赔偿，而赔偿的合法性、合理性、公正性也就成了调解机制能否顺利推行的关键所在，所以保险行业特别是“保险中介”的顺势引进，为医疗纠纷人民调解赔偿的合理化、专业化提供了有力保障。鉴于上述种种情况，有人把海南模式概括形容为“政府搭台，各方参与，全省统保，市场运作，专业调解，调赔结合”。

这里所说的“政府搭台”，正是指海南省卫计委不遗余力地全面推动医疗纠纷调解机制的建立和健全，突出表现是在 2010 年 9 月召开的海南省医疗责任保险工作会议上，省卫计委主要领导讲话强调“在全省公立医疗机构中推行医疗责任保险制度是既定政策，医疗责任保险开展情况将列入医疗评审工作和平安医院建设，实行一票否决制”，紧接着在 2011 年 1 月发布的《关于切实抓好海南省医疗责任保险投保工作的紧急通知》中以文件形式对前述内容加以固定，同时，文件还规定“对无特殊原因不参加医疗责任保险的，各级卫生行政部门要进行问责”，省卫计委的鲜明态度对于全省公立医疗机构扎实推进医疗纠纷人民调解机制起到了至关重要的作用，而医疗机构“全省统保”符合了保险的“大数法则”，使得医疗责任保险赔付有了充足的资金来源，也就保障了医疗纠纷人民调解的顺利进行。不仅如此，按照《方案》的设计，省医调委的重要职能之一是进行医疗风险防控的研究，并负责相关数据的统计，这对于过去因为缺乏足够数据支持而长期徘徊在医疗纠纷领域之外的保险行业具有里程碑式的意义。换而言之，这为保险公司合理厘定保费从而实现“保本微利”的可持续发展打下了基础。

2011 年 3 月，全省投保金额达到 1100 万元，当年全年投保达到 2073.55 万元,2012年达到2654.57万元,到了2014年已经突破3500万元,投保医疗机构从最初的230家一路攀升到现在的1672家,调解案件从2011年的237宗上升到2014年的608宗,这些数据从一定层面反映出“海南模式”医疗纠纷调解机制旺盛的生命力。

(二)“海南模式”存在问题评析

在取得成绩的同时,“海南模式”也暴露了相当的问题。

问题一:调解评估程序设计存在缺陷,评估结果缺乏公信力。

就目前整体的医疗鉴定体制而言,无论是各级医学会还是司法鉴定机构,都缺乏与之匹配的、具备“三性”(独立性、公正性、权威性)的鉴定机构和程序,因此也就无法保证可以作出有足够社会(司法)公信力的鉴定结论。同样,在医疗纠纷调解机制中,由于缺乏有专业技术人员参与的现场听证环节,先是由保险公司聘请的医学专家根据医患双方提供的书面材料作出一个模棱两可的结论,再由非专业的人员(人民调解员)跟医患双方进行沟通,基本上会导致“鸡同鸭讲”的效果。这样的“非正式”鉴定大行其道,原因不外两个方面:一是节约成本,二是回避(专家与当事方)冲突。但也正是由于评估环节的不透明,导致当事各方的质疑常常无法得到正面回应,医患双方对评估结论不理解、不信任,调解效果自然也就大打折扣。

问题二:对于调解机制缺乏反馈(反评)制约。

在执行机制的过程中,有关部门出现了“重推广、轻监管(反馈)”的情况,尤其是保险理赔,它是整个调解机制保障中的重要一环,监管反馈问题也是最为突出的:虽然《通知》规定“成立由省卫生厅、保监局、医调委等单位相关领导组成的省医疗责任保险统保工作领导小组及办公室,负责全省医疗责任保险统保的领导监督工作”,但这个机构并没有具体的工作方法和标准,实践中主要表现在于缺乏对保险服务进行“量化打分”,召开“年度反馈意见会”常常只见“意见”不见“措施”,对于医疗机构反映的理赔速度慢、理赔程序烦琐等问题常常“视而不见”,在保险公司强烈表示要求全程介入诉讼过程(实际上基于人力成本、时间成本以及专业成本的考虑,这种目标几乎是不现实的),又缺乏全面介入的能力时,保险公司的意见与医疗机构的意见、医调委的意见甚至是法院的判决都常常出现严重的分歧,在这种情况下,保险公司基于自身利益或者其他因素的考虑,对案件不予赔付,导致各方矛盾升级。由于没有一个真正可以制约保险理赔及相关行为的实质性机制和措施,造成了医疗机构在续保过程中的排斥情绪。

问题三:医调委对保险(中介)公司依赖程序过高。

由于医调委在经费运作上依赖于保险中介公司的佣金部分,财务上对于保险中介公司有相当的依赖性,这实际上导致了保险中介公司对医调委的绝对控制，甚至可以说医调委是保险中介公司在具体运作，这就必然影响到医调委办案的独立性。

（三）“海南模式”发展措施探讨

措施一：完善评估听证机制，主要可以设计在调解评估程序中增加由医学专家、医疗纠纷处理专家共同参与的医患调解听证环节，在充分听取各方意见的情况下现场为其答疑解惑，最大限度地争取医患双方的理解和信任。

措施二：补充调解专家机制，即在固定专职调解员的基础上，考虑聘请各大医疗机构专职从事医疗纠纷处理工作的资深人员作为调解专家，兼职处理其他医疗机构的医疗纠纷调解工作。这样既能有效节约用人成本，又能将调解专业队伍进行有效扩容，吸收更多更有经验、表现出色的纠纷处理人员甚至是专家到调解员队伍中来，这些人大多对医疗纠纷的处理有着丰富的经验，同时也有较好的行业评价和深厚的专业基础，对更好地处理纠纷自然是有百利而无一害。

措施三：设置考评反馈机制，可以考虑由医疗机构选取代表定期为调解机制中的主要环节、部门甚至是关键人员打分，并实行量化考核，主要考核对象应当是保险公司、医调委以及相关具体工作人员。探讨建立更为高效、便捷、利于医患调解的赔付机制，在保险赔付的环节上多下功夫，必须有效减少甚至杜绝“拒赔”事件的发生。

措施四：加大政府财政对医调委的投入和扶持力度，弱化保险公司和中介公司对调解的种种影响，从而改变医调委的依附地位，使其成为真正的独立机构。也就是“政府花钱买服务”，既让医患双方实现了“免费调解”，同时又切实保障了医调委“独立”第三方的地位，实现其调解的中立性和权威性。

措施五：加强与政府部门，特别是公安部门的联系，加强与社会各界的沟通，要在最大程度上争取到政府对医疗纠纷暴力事件（“医闹”）的坚决打击，在最大程度上争取到社会各界对医疗纠纷调解工作的理解、认可和支持，通过对重大案件调解结案的正面宣传和推广，从而真正树立医疗纠纷调解的“品牌效应”，获得社会、民众的广泛拥护，最终使得第三方调解处理医疗纠纷的模式得以深入人心。

各省市在医疗纠纷人民调解工作中作了各种尝试和努力，并取得了很好的效果，如山西模式、甘肃模式等，限于篇幅，不再一一介绍。

## 八、台湾模式

目前，台湾地区医疗纠纷的处理途径主要有：和解、调解、仲裁和诉讼。由于医患双方对医疗信息与医疗技术的掌握严重不对称，且相互之间存在较大矛盾与冲突，和解的方式无法有效解决纠纷。只有在争议双方当事人事先订有协议的情况下才可以提起仲裁。如患者与医疗人员在就医前或就医时，预先以书面的形式就有关现在或将来之争议签订仲裁协议书，便可就医疗纠纷提起仲裁。但在现实情况中，医生和患者之间预先签订仲裁协议的情况几乎不存在，因此，采用仲裁方式解决医疗纠纷的可能性不大。与诉讼相比，调解具有迅速，节省成本，保护隐私的优点，且具有操作性。据统计，在台湾社会中近八成的医疗纠纷是在民间调解机构的斡旋下以调解方式解决的。① 2000 年“台湾卫生主管部门”起草的所谓“《医疗纠纷处理法(草案)》”首次确定了“调解强制，仲裁任意”的医疗纠纷处理基本原则，规定医疗纠纷当事人在提起诉讼前，必须先进行调解，即调解成为医疗纠纷诉讼的前置程序，非经依法调解不得起诉。根据调解主体的不同，台湾医疗纠纷调解分为法院调解、卫生行政机关调解和民间第三方调解三种主要模式。

（一）法院调解

“台湾当局的所谓‘民事诉讼法’第四百零三条第一项第七款明确规定，因医疗纠纷发生争执者，于起诉前必须先由法官与调解委员会调解。由此可见，在民事诉讼中，须对医疗纠纷案件进行法定的强制调解，调解是诉讼的前置程序。但在司法实践中，由于刑事附带民事诉讼不需要交纳诉讼费，且不需要对医疗过失负举证责任，因此，绝大多数医疗纠纷当事人不愿意选择民事诉讼和法院调解，而是选择刑事附带民事诉讼的模式。据相关资料显示，台湾地区每年有近百名医师因医疗业务过失罪而获刑。②

（二）卫生行政主管机关调解

负责医疗纠纷调解的卫生行政主管机构为卫生部门下设的医事审议委员会。“台湾当局的所谓‘医疗法’”第九十条规定，行政院卫生署设立医事审议委员会，各个县市卫生局也相应设置医事审议委员会，各县市的医事审议委员会的职能之一就是负责调解医疗争议。该“文件”第一百条规定，医事审议委员会委员应就不具民意代表身份之医学、法学专家学者及社会人士遴聘之，其中法学专家学者及社会人士之比例，不得少于三分之一。1998 年 4 月“台湾卫生主管部门”又出台了所谓的“医事争议调处作业要点”，积极配合调解医疗纠纷。有些地方政府根据地方特点制定了相应的条例或办法，例如“台北当地主管部门”制定了所谓的‘台北市医疗争议调处自治条例’”。但由于在卫生行政部门设置调解委员会，无法做到绝对的公平，逐渐暴露出医医相护，故意拖延，压迫患者以及没

① 张滨，胡亚林:《域外医疗纠纷 ADR 制度对我国医疗纠纷调解制度的启示》,《中国卫生法制》2013 年第 1 期。

② 邱怀萱:《从医疗纠纷谈台湾病患权益》,台湾阳明大学卫生福利研究所硕士学位论文,2001 年,第 9 页。

有从实质上减少诉讼等问题。因此，在现实中，几乎没有由该种模式调解成功的案例。①

（三）民间第三方调解

台湾民间团体积极参与医疗纠纷的调解组织主要有消费者文教基金会（简称“消基会”）、台湾医疗改革基金会（简称“医改会”），以及各地的医师公会等。“消基会”历年来接受的医疗纠纷投诉案件排在所有消费者投诉案件的第二位，且其工作实效也得到了大多数患者的信任。根据调查，有42%的患者家属在出现医疗纠纷后会选择“消基会”进行调解。目前，“消基会”的服务范围主要在于为患方提供医疗纠纷信息咨询服务，帮助患者进行医疗鉴定，协助患方与医方进行协商或者与患方共同对抗医院，捍卫医疗消费者权利等。② “医改会”成立于2000年，该会的服务范围包括：进行医疗品质民意调查，建立以民众为中心的医疗环境体检指标；推动符合民众医疗权益的社会立法与修法，并监督医疗决策体系之运作；收集与整理相关资料，促进医疗改革议题交流，提供医疗改革讯息及出版等。③

台湾医疗纠纷调解制度的特点在于调解是医疗纠纷提起民事诉讼的前置程序，提起诉讼必须先经过调解。医事审议委员会是医疗纠纷的调解组织，“消基会”和“医改会”等民间团体积极参与医疗纠纷的调解，成为有效解决医疗纠纷的第三方调解机构。但在具体的实践中，尽管相关“文件”规定了地方卫生主管机关设置医事审议委员会办理关于医疗争议的调解事项，但却缺乏对于调解要件、调解程序和调解效果等内容的具体规范。

## 第二节　国外医疗纠纷第三方调解机制的主要模式

医疗纠纷是世界各国普遍面临的重大难题，尽管诉讼仍然是各国医疗纠纷的主要解决方式，但已经不再被视为维护权利的唯一途径。在经历了医疗纠纷诉讼“大爆炸”以及医疗纠纷赔偿费用迅速上升之后，各国不再盲目依赖诉讼，开始寻找替代诉讼的非诉讼纠纷解决方式，如和解、调解、仲裁等。而第三方调解机制已经成为各国在解决医疗纠纷时所采取的非诉讼模式的主要选择。

---

① 邱清华：《医疗纠纷的民间团体的角色——消基会》，《台湾医界》1994年第6期，第38—42页。

② 张杰：《论医疗纠纷的调解机制》，中国人民大学硕士学位论文，2008年5月，第31—33页。

③ 台湾医疗改革基金会网站：http://www.thrf.org.tw/Page_Show.asp? Page_ID=48，[2015-06-08 10:28:05]

## 一、美国模式

20世纪60年代开始，由于患者对医疗的过度期待、媒体对医疗诉讼的过度宣传和律师对诉讼方式的鼓励，导致美国的医疗纠纷大量增加，美国各州法院收到的医疗纠纷诉讼迅速增长，占用了大量的司法资源。① 为了解决医疗纠纷过多的问题，克服医疗诉讼的弊端和局限性，很多州法院积极倡导把诉讼外纠纷解决途径（ADR）作为解决和处理医疗纠纷的主要手段。1997年，美国仲裁协会（AAA）、美国律师协会（ABA）以及美国医师协会（AMA）作为发起机构，联合成立了国家医疗纠纷解决委员会（NCHCDR），并由其实施"正当程序议定书"（Due Process Protocol）计划，以推进ADR在解决医疗纠纷过程中的广泛运用。1998年，该委员会向三家发起机构提交了最终报告，推荐了包括调解、仲裁、混合ADR等方式在内的一系列的医疗ADR方式。目前，医疗ADR已经成为美国解决医疗纠纷的主要手段，其主要方式有协商、审前委员会筛查制、仲裁、健康法庭、调解等。在各种医疗ADR中，根据相关调查资料显示，医疗纠纷主要通过调解和仲裁得到解决，其中85%左右的争端解决采用了调解方式。从1974到现在，美国已经有25个州在立法中明确规定，医疗纠纷案件在起诉前必须通过调解等方式进行协商，以减轻法院的压力。②

（一）医疗纠纷解决委员会是医疗纠纷的调解组织

美国医疗纠纷解决委员会是医疗纠纷的调解机构。医疗纠纷解决委员会不是由政府设立的，而是由美国的几大行业协会（包括美国仲裁协会、美国律师协会、美国医师协会）共同设立的第三方组织。相对于政府组织，协会设立的委员会更具有专业性、中立性和公正性，容易获得双方当事人的认可，从而有利于快速、有效地解决医疗纠纷。由于美国实行严格的三权分立制度，因此，在任何医疗纠纷处理的过程中，行政机关都不参与调解。

医疗纠纷发生后，医患双方向委员会提出申请，委员会派调解员主持进行调解。调解员本身并不发表主导性的意见，一般提供咨询和建议，整个调解过程完全保密，调解资料也不公开，解决纠纷的方案主要由当事人双方达成，但双方最终达成的协议不具有法律约束力。调解员大多是美国退休的法官、执业的律师及社会工作者。

调解员作为调解的推动者，发挥着关键的作用。其作用在于帮助双方减少争议，拉近各方的立场和减少各方提出的极端要求，了解各方对调解者提出建议的接受程度，探索替代性方案和寻求解决办法，制定解决当前问题和未来各方需

---

① 邝琼芬：《美国医疗纠纷替代性解决机制研究》，《前沿》2013年第4期。

② 洪英，夏梦：《美国医疗纠纷解决机制及其启示》，《中国司法》2014年第9期。

要的和解协议。调解员会敦促各方思考自己的诉求、争议问题的优先顺序、提出的观点以及如何处理与对方之间的争论。在适当的时候，调解员可能提出关于最终解决办法的建议，并将核实协议的细节，确保协议条款全面、具体、明确。[①]参加调解的当事人能够获得调解员的个人信息，调解员如果不能得到各方的认可，将不能参与调解。调解员应当具备医疗专业知识和实践能力，以便将医疗专业知识与纠纷调解结合起来，同时必须遵守行为标准规范。目前美国调解员主要是退休法官和执业律师及其他社会工作者。

（二）调解是诉讼的前置程序，且收取一定的费用

目前，美国绝大多数的州都从立法上规定，在医疗纠纷的处理中，调解是诉讼的前置程序，即必须先经过调解程序，才能向法院起诉。将调解设为起诉的前置程序，一方面有助于节约司法成本，减少不严重的医疗纠纷占用司法资源的情况，另一方面也有助于医疗机构和患者通过协商主动解决纠纷。医疗纠纷解决委员会组织调解员进行调解时，需要收取一定费用，但所收取的费用并不高，主要包括少量的管理费和按小时计算的调解员薪金，该费用由参与调解的双方当事人共同承担。[②]

（三）调解程序简便灵活

美国医疗纠纷采用了较为灵活的调解程序，具体如下：

第一，约定调解和提出调解申请。各方可以在合同中增加有关调解的条款，对调解员的条件、费用支付方式、会谈地点等作出约定。在发生医疗纠纷后，双方可以提出调解请求，请求方应当提供与引起纠纷相关的含有调解条款的合同副本。

第二，调解前的准备。各方应该准备能够支持其诉求及期望结果的事实、材料和合理的推理。要通过调解使双方达成都能接受的协议，通常需要各方愿意提出适合对方的合理合法的建议。调解应当在患者及其家庭和医疗服务提供者都方便的地点进行。

第三，调解员调解。收到调解请求后，委员会将安排调解员进行调解。调解员在调解开始前会就程序问题和基本规则作出说明，包括各方发言机会、发言顺序、礼仪、未解决问题的讨论、秘密会议的使用、保密程序等。之后，发起方陈述其对问题的理解、与纠纷相关的事实、诉求及其原因。对方将获得同样的机会陈述自己的观点。调解员只是了解各方的看法、利益和立场，在纠纷问题上则保持

---

① Alternative Dispute Resolution and the Irish Healthcare System: A comparative, best-practice diagnosis of the administering of Mediation to the Irish Healthcare System.(2010-06-15), http://www.cpdseminars.ie/articles/mediation-healthcare-adr-ireland/#_ftnref.［2015-05-21:16:32］.

② 曹其杰:《医疗纠纷第三方调解机制研究》,西南政法大学硕士学位论文,2013年3月,第34页。

中立，不得对纠纷的最终结果提出任何主导性的意见和建议。当共同讨论处于僵持阶段时，调解员可决定私下或召开秘密会议会见各方当事人。

第四，达成调解协议。经过讨论后，双方达成最终协议。协议条款通常由调解者或者各方的律师进行书写，由双方当事人分别签字，副本由调解各方保留。如果调解没有对所有或任何一个问题达成和解协议，调解双方当事人可选择仲裁或诉讼的模式解决纠纷。①

美国医疗纠纷调解制度将调解设定为诉讼的前置条件，有利于节约诉讼成本和司法成本。调解委员会由行业协会组成，保障了调解的中立性、专业性和权威性，容易获得双方当事人的认可。调解员在调解过程中处于绝对的中立，纠纷解决的最终协议完全由双方当事人在讨论的过程中自主达成，充分体现了双方当事人的意思自治。同时，采用简便灵活的调解程序，且收取很低的调解费用，节约了当事人的时间成本和经济成本。但美国的调解制度在证据的采用上存在不利于患者的方面。由于医疗纠纷解决委员会一般情况下是依据医疗机构提供的证据，来作出是否存在医疗过失的审查结论，但在处理医疗纠纷前，患者并不了解医疗事故中医疗过失是否存在。因此，在调解过程中，患者可能会为了达成和解而妥协，导致患者存在着医方证据优先采用的顾虑。

## 二、德国模式

20 世纪 70 年代起，德国医疗纠纷诉讼急剧增加，不断攀升的损害赔偿费用不仅招致医疗保险危机，而且导致医务人员为了规避风险采取保守诊疗。针对这些问题，德国不断探索解决医疗纠纷的新方法和新途径。1975—1978 年，德国各地的医师协会创设了处理医疗纠纷的一种新的诉讼外模式，即设立由各州医师协会和保险公司共同合作成立的，将调解和鉴定有机结合起来的医疗纠纷调停所，其目的在于处理医患纠纷，鉴定有无医疗过失并制定鉴定书，据此提出具体的调解方案。该种模式是患者权利救济的一项自愿的、诉讼外的纠纷解决方式，在实践中取得了积极的成效。据德国医学会数据显示，2009 年共受理了 11000 例调解申请。②

### （一）医疗纠纷调停所是医疗纠纷的调解组织

德国医疗纠纷调解的机构为调停所，主要包括两类：一类是设立在医师协会的调停所；一类是设立在保险公司的调停所。医师协会调停所是德国专门负责

① 曹艳林，王将军，郑雪倩等：《部分国家医疗纠纷第三方调解经验分析》，《中国医院》2012 年第 7 期。

② Marc S. Stauch. Medical Malpractice and Compensation in Germany[J]. *Chicago-Kent Law Review*, 2011, 86(3):1139—1168.

医疗纠纷庭外解决的独立机构，由各州医师协会单独设立或者由多个州的医师协会联合设立，由法律人士和医生组成。其职责是将医疗纠纷纳入民事纠纷的范围进行解决，并判断医疗纠纷中医师责任之有无、责任的大小以及赔偿数额。调停所由经验丰富的法律人士和医师组成，他们负责对医疗纠纷进行事实认定和法律评价。① 由于调停所为一个或者几个医师协会联合的下设组织，且联邦层面没有进行统一立法，因此没有全国统一的调停所。目前全德国有四个调停所，分别为巴伐利亚调停委员会、北德调停所、萨克森调停所、莱茵兰—普法尔茨调停所。各地调停所只在组织程序上有所不同，其他方面的做法基本一致。目前最大的调停所是北德调停所，共有 9 个地区医师协会加盟，调停所有 33 名医生、4 名律师及 17 名其他工作人员。②

（二）调解具有较强的专业性和主导性，不收取调解费用

德国医疗纠纷调解制度的专业性非常强。调解的各个过程，包括资料的分析、鉴定事项的确定、鉴定的过程以及最后赔偿责任和金额的判定等，都是由德国医学权威和有经验的律师来完成的，其方法和裁决都非常具有专业性，能够得到各方的认同。与美国调解人员处于绝对的中立地位不同，德国权威的专家在调解过程中具有较强的主导性，专家小组对医疗纠纷案件的鉴定结果和事实进行辩论，形成纠纷解决的最终结论和建议。同时，调解服务不收费。根据医师协会与保险公司达成的协议，医患双方申请调停所调解，申请材料费用、邮寄费用、鉴定费用等相关费用都由保险公司承担，患者和医生不用付费。不过，如果医患双方聘请律师参加调停活动，律师费用则需要由医患双方自身承担。③

（三）调解程序

调停处调解医疗纠纷的程序如下：

第一，当事人申请。医患双方或单方当事人向调停处提出调解的申请。申请书可以在调停处的网站主页上下载，内容包括申请人和对方当事人双方的姓名、地址、出生日期，有争议的医疗行为发生的时间、地点，损害发生前 5 年内以及发生后就诊的医院和医生的名称、地址、主治领域，是否提出损害赔偿请求，是否已经起诉，有无医疗保险等事项。

第二，组成专家小组。调停处在收到调解申请后，根据相关情况组成一个专家小组。该小组中必定有一名医生与涉嫌造成事故的医生具有相同的专科，且须得到医患双方当事人的同意。

---

① 张滨，胡亚林：《域外医疗纠纷 ADR 制度对我国医疗纠纷人民调解制度的启示》，《中国卫生法制》2013 年第 1 期。

② 曹其杰：《医疗纠纷第三方调解机制研究》，西南政法大学硕士学位论文，2013 年 3 月，第 40 页。

③ 曹其杰：《医疗纠纷第三方调解机制研究》，西南政法大学硕士学位论文，2013 年 3 月，第 41 页。

第三，确定管辖权。申请人提出请求后，专家小组决定该起医疗纠纷是不是属于自己的管辖范围。专家小组受理近5年发生的由于医疗过错或者缺乏知情同意导致的医疗纠纷调解请求，对法院受理的民事或刑事案件，专家小组不再受理。

第四，开展调查和鉴定。调停所依据申请人提交的申请资料，开始进行相关的调查和资料事实的确认，并且明确双方及其保险公司是否都同意调停所调解。如果双方及其保险公司都确认同意，并对提供的材料没有异议，则调停所进入正式的调解程序。调停所的医学专家和法律专家要经过会议讨论，分析所有的相关材料，确定需要鉴定的事项。鉴定事项会告知患者、医生和保险公司，给予他们修正、补充鉴定事项的机会。当各方对需要鉴定的事项没有异议后，调停所会告知各方并将材料和鉴定事项在约4个星期后呈送给独立鉴定人。独立鉴定人一般需要3～4个月进行医疗责任的鉴定，给出医生是否存在责任以及相关根据的最终意见。

第五，提出最终建议。专家小组的医学和法律专家在考虑鉴定人提出的建议后，全体成员对鉴定结果及事实进行辩论，形成最终结论和提出最终建议，制作涵盖事实认定、医疗判断以及法律评价的书面通知，并发给当事人。但专家小组所作出的结论不具有强制约束力。如果申请人接受专家小组提出的最终建议，那么由医疗责任保险公司进行赔付。如果医疗责任保险公司拒绝赔付，患方可以起诉该公司。如果患方不接受专家小组提出的最终建议，可以通过诉讼解决纠纷。①

德国设立调停处解决医疗纠纷的优点在于：组成专家小组进行纠纷的最终裁定，具有权威性，能够在较短时间内给出解决的最终方案，节省了当事人的时间成本，减少了双方激烈冲突的发生；调解机构的办公费用由医疗保险公司支出，调解服务不收取费用，节省了当事人的经济成本。② 但是，调解机构关于医疗事故的最终处理意见只是建议性的，不具备法律效力，任何一方当事人随时可以反悔而提起诉讼，从而使得调解协议没有任何约束力，影响了调解的效果，并造成司法资源的浪费。同时，所进行的鉴定容易出现书面审查主义的倾向，该程序不对当事人进行调查取证，不召集双方进行口头辩论，不要求他们提供关于事情真相的证明材料，也不允许当事人对鉴定意见提出异议和反对。③

---

① 曹艳林，王将军，郑雪倩等：《部分国家医疗纠纷第三方调解经验分析》，《中国医院》2012年第7期。

② 孙萍：《论国外医疗纠纷的多元化解决机制》，《广西青年干部学院学报》2014年第3期。

③ 杨天乐：《和谐社会视角下医疗纠纷第三方调解问题研究》，湖南大学硕士学位论文，2013年9月，第46页。

## 三、日本模式

在日本，医疗纠纷诉讼平均耗时两年左右，严重消耗医患双方的精力。为减少医疗纠纷诉讼，日本设立了医师协会，寻求解决医疗纠纷的非诉讼模式。1973年，日本医师协会创建了“医师职业责任保险制度（Professional Liability Insurance）”，将调解制度与保险制度结合起来，为医疗纠纷的处理提供了一种法庭外的类似仲裁的调解机制。2004年12月，日本颁布《促进利用诉讼外解决纷争手续的法律》（简称“ADR法”），主张在处理医疗纠纷时，尊重纷争当事方自主解决纷争的努力，不通过诉讼，而采用通过公正的仲裁人或调解人介入使各方达成和解的解决方式。2007年9月，东京三律师会率先成立ADR部门，现已有9个都道府县11个律师会设立该部门。如日本茨城县在医师协会的主导下，成立了由律师会、市民代表、专家学者组成的“茨城县医疗问题中立处理委员会”，为医患双方提供开诚布公交流的机会。日本内阁会议于2014年2月还通过了建立第三方医疗事故调查制度的法案，希望借此增进医患双方之间的信任。①

### （一）医师职业责任保险制度

为了有效解决医疗纠纷，日本医师协会与保险公司合作，形成了独具特色的医师职业责任保险制度。医师协会与保险公司在医疗索赔的受理、医疗事实的调查、医疗责任的判定方面均形成了比较详细和具有操作性的程序和规则。医师协会和保险公司的良好合作，使得医师职业责任保险制度在解决医疗服务中出现的医疗纠纷和医疗索赔方面发挥了良好的作用。②

日本医师协会（Japanese Medical Association，JMA）是一种行业自治组织，目前，在全国范围内有1个日本医师协会，在地方有47个府道县医师协会。③日本医师协会医师赔偿责任保险是由东京海上火灾保险股份有限公司等4家（后增至5家）损害保险公司作为保险者发起的。日本的医生在取得医师资格注册后，就可自由参加各地医师协会。医师入会须缴纳一定的会费，其中的一部分作为赔偿责任保险费用。若发生保险事故，保险公司支付给每一位被保险人的赔偿限额为1亿日元（含诉讼费用）。但是，其赔偿的对象必须是由于医疗行为造成的他人身体障碍，并且是赔偿金额在100万日元以上的事故。

### （二）医疗纠纷处理委员会

随着1973年医师赔偿责任保险的引入，日本医师协会、都道府县医师协会

---

① 张超：《日本：“ADR法”促医疗纠纷调解》，《法制日报》2014年5月20日第009版。

② 曹其杰：《医疗纠纷第三方调解机制研究》，西南政法大学硕士学位论文，2013年3月，第38页。

③ 郑渊，雷晓坤：《日本的医疗纠纷处理与防范机制及其对我国的启示》，《中国医院管理》2004年第12期。

内部均设立了医疗纠纷处理委员会，专门负责解决医疗纠纷。而且都道府县医师协会设由医学专家和律师组成的调查委员会和鉴定委员会，综合了医学和法学方面的专业研究知识，其目的就在于保证人身伤害及其民事责任认定的合理性和公正性。① 同时，日本医师协会在处理医疗纠纷时，不同的机构有不同的分工。首先由当地协会赔偿评定委员会进行初步的评定，对于地方协会上报的案件则由本部的医师协会会同保险公司以及专家进行调查，而最后的责任判定则由责任审议理事会决定，各个机构之间既分工合作，又相互监督，防止徇私和错漏。在具体的调解过程中，为了保障纠纷处理的公平性并保护当事人的隐私，医疗纠纷处理委员会采取了严格的匿名制，提交给享有最终责任裁决权的责任审议理事会和索赔评审委员会的调查材料，当事人各方以及相关利益人的姓名和名称都会匿名，保障最终裁决不会偏私和有所顾忌。②

（三）调解程序

日本医疗纠纷采用较为简便灵活的调解程序，通过医师协会进行医疗纠纷调解和索赔，从提出要求到医师协会作出裁决和判定，一般只要3～12个月。相比于动辄几年的诉讼程序，通过医师协会解决医疗纠纷相对快捷得多。当发生医患纠纷时，被保险医师将患者的请求以及事故的发生经过写成《事故报告书》提交给本地医师协会。本地医师协会的赔偿评定委员会召集会议，听取医师、患者或其代理人的相关证词，征询医学专家、律师的意见，对赔偿的责任及赔偿金额进行评估。当患者索赔或者赔偿评定委员会确定的数额低于8930美元时，由当地医师协会协同保险理赔机构处理；当数额高于8930美元时，则委托日本医师协会处理。③ 地方医师协会委托日本医师协会进行申请理赔时，应向日本医师协会提交具体的委任状。

日本医师协会的赔偿评定委员会将会同医学专家、律师和保险公司代表组成调查委员会，对提交的医疗纠纷案件进行重新调查。调查委员会将调查的结果及相关资料转交给每月一次的责任审议理事会进行审议。责任审议理事会由10名权威专家组成，一般医学专家6名，法律专家4名。由医学专家和法学专家组成的审查委员会从医学和法学两个角度进行研究，以公正合理地认定人身伤害和确定民事责任。为了保证审议的公正，相关利益人员将回避，所有提交的材料包括患者、医师的姓名及医院的名称也将会隐匿。审议结果过半数通过，以书面形式提交一份决议。决议的内容主要包括：是否承担赔偿责任、承担赔偿的

---

① 黄丁全：《医事法》，中国政法大学出版社2003年版，第70页。

② 曹其杰：《医疗纠纷第三方调解机制研究》，西南政法大学硕士学位论文，2013年3月，第39页。

③ 曹其杰：《医疗纠纷第三方调解机制研究》，西南政法大学硕士学位论文，2013年3月，第39页。

数额和其他为公正处理医疗纠纷所需要的事项三方面。[①]

日本医师协会和保险公司联合处理的机制保证了调解的公正性和透明性，有助于快速有效地解决医疗纠纷。医疗纠纷处理委员会内部设置调查委员会和鉴定委员会，由法律专家和医学专家组成，能够保证鉴定的权威性和客观性。该机制采用灵活的调解程序，对当事人的资料进行严格的保密，保护了当事人的隐私，节省了当事人的成本，易于被医患双方当事人接受，从而推动了纠纷及时有效地解决。

## 四、澳大利亚模式

在澳大利亚，医疗卫生服务体系相对完善，向澳大利亚国民提供了高质量的医疗服务，但是据统计每年仍有约 4%的医生会受到医疗纠纷的投诉和医疗索赔。为了减轻法院的压力，节省司法成本，澳大利亚各州不断探索解决纠纷的诉讼外模式。目前，新南威尔士州形成了解决患者与医疗机构纠纷的比较成熟的第三方调解机制。

### （一）健康投诉管理委员会处理医疗纠纷的调解

新南威尔士州于根据 1993 年出台的《医疗投诉法案》(Health Care Complaints Act)设立了健康投诉管理委员会(Health Care Complaints Commission，HCCC)，专门解决患者与医生之间的医疗纠纷。健康投诉管理委员会是州政府设立的正式机构，其经费由州政府保障，每年预算约 1100 万澳元，保证了该机构的权威性、独立性和公正性。委员会的工作人员属于州公务员，具有正式的编制，受公务员管理制度约束，委员会主管由州政府的卫生行政部门任命。健康投诉管理委员会主要分为行政部门(Executive Unit)、评估部门(Assessment Unit)、调解部门(Conciliation Unit)、调查部门(Investigation Unit)、法律部门(Legal Division)和合作服务部门(Corporate Services)。健康投诉管理委员会的工作内容涉及接受咨询，接待投诉，调解活动，医疗调查以及给医疗服务机构提供建议等。任何人认为医疗服务提供者的诊疗行为影响了个人的治疗及恢复效果等都可向该委员会投诉，患方可以以对医疗服务的态度、医生的诊疗行为等的质疑和不满为由向委员会投诉，医疗服务机构也可以向委员会咨询处理医疗纠纷的程序和经验。[②]

### （二）调解不公开且免费，调解协议具有法律效力

健康投诉管理委员会按照 1993 年制定的《医疗投诉法案》开展工作，其中与医疗纠纷调解相关的部门是评估部门和调解部门。评估部门主要负责评估投诉

---

① 孙萍:《论国外医疗纠纷的多元化解决机制》,《广西青年干部学院学报》2014 年第 3 期。

② 曹其杰:《医疗纠纷第三方调解机制研究》,西南政法大学硕士学位论文,2013 年 3 月,第 36 页。

案件的严重性，对是否构成临床医疗上的错误，要听取专家意见，由专家来评价不当行为的严重性，如是否存在明显的照顾欠缺、决定不当等专业性不符合要求的情况。该部门作出评估后，将不严重的案件转交至调解部门调解解决，调解部门联系被投诉的医院，让投诉人与医院直接沟通，或者由调解员作为独立的中间人让双方当事人对话。调解过程是在双方自愿的基础上不公开进行的，在调解的过程中可以有亲戚或朋友参与，但是不能有法律代表参加。调解员不能强迫任何一方退款或者赔偿。健康投诉管理委员会对投诉的双方当事人提供的调解都是免费的，在调解过程中所发生的费用都由委员会来承担。调解部门有20名独立的调解员作为第三方来处理健康投诉，调解员必须参加培训，他们不一定具有医学背景，但大部分都有法律背景。调解员没有权利要求医院提供材料，如果调解员需要医院的相关材料，可以要求调查员去调取。① 经委员会主持的调解，医疗机构和患者达成和解，最终签署的调解协议具有法律的效力。虽然法律不排除患者向法院继续起诉的权利，但是违反调解协议可能会被医疗机构起诉违约责任。

（三）调解程序

当医疗纠纷发生后，患者向行政部门投诉，行政部门接收后，转到评估部门进行评估，评估部门有专门的医学专家来评估是否存在临床上的严重过错以及明显的照顾不周和诊治不当。如果评估部门的专家经过评估认为案情没有达到严重的标准，则将案件交由调解部门进行调解，调解部门会派出独立调解员去调解医患双方的纠纷。如果评估部门认为存在临床上的严重过错，或者案件材料不够明显需要进一步取证，则会将案件转交给调查部门，调查部门会派出调查员去医疗机构调查，查阅医疗记录、临床诊治意见记录，听取患者投诉、证人证词和专家意见。如果认为可以进行调解解决，则将案件转交给调解部门。如果存在《医疗卫生法案》(Public Health Act)规定的几种严重的医疗疏漏，则将案件交给委员会下设的法律部门，由法律部门进行起诉。合作服务部门提供委员会活动人力资源、信息通信技术等方面的全程支持。通过调解部门的调解达成和解的医疗纠纷，需要签署一份书面的协议，协议一般不需要当场签名，而是由双方回去考虑后再签署，在此期间患方可以征求自己律师的意见，而医院一般会争取保险公司的意见。双方签署和解协议后，纠纷即处理完毕，相关赔偿由保险公司支付。患者如果反悔也可以向法院诉讼，但是法律规定调解部门的调解内容不能作为起诉的证据，医院也可以起诉患者违反和解协议。②

---

① 曹艳林，王将军，郑雪倩等：《部分国家医疗纠纷第三方调解经验分析》，《中国医院》2012年第7期。

② 曹其杰：《医疗纠纷第三方调解机制研究》，西南政法大学硕士学位论文，2013年3月，第37页。

澳大利亚解决医疗纠纷的健康投诉管理委员会由法律规定其工作机制以及工作原则，由政府成立，由政府提供经费，保证了其处理医疗纠纷所需要的权威性和公正性。委员会内部各个部门分工协作，有助于快速地对纠纷案件和事实作出界定，从而针对不同情况进行不同的处理。委员会的调解不公开且免费，保障了当事人的隐私，节省了当事人的成本。同时，调解协议具有法律效力，违反协议可能会被起诉，这对签订协议的双方当事人形成了约束，有助于保证调解的严肃性，防止司法成本的浪费并节约法院的资源。

## 五、法国模式

法国享有全球最完善的医疗体系，但法国每年仍发生各种类型的医疗纠纷约 60 万起。通过诉讼模式解决这些纠纷，不仅需要耗费大量时间，而且需要投入大量资金，从而导致医疗纠纷的解决成为社会的一大难题。2002 年，在法国消费者协会等团体的施压下，法国议会投票通过了《患者权利和卫生系统质量法》，引入了医疗纠纷的调解程序，规定在法国每个大区设立医疗事故调解与赔偿委员会，负责处理有关医疗事故、医疗损害和医院感染的纠纷及法律规定的其他纠纷。①

### （一）医疗事故调解与赔偿委员会调解医疗纠纷

法国医疗事故调解与赔偿委员会是医疗纠纷的第三方调解组织。该委员会由行政法院或者普通法院的在职或名誉法官主持，由患者和其他医疗服务受益者代表、医务专业人员代表、医疗和卫生服务机构负责人、国家医疗事故赔偿办公室成员、保险公司代表等 20 个成员（不含主席）组成。为保证地区委员会的独立性和公正性，地区委员会的人员组成和职能行使的实体和程序规则都由最高行政法院通过法令决定。国家医疗事故赔偿办公室确保委员会行使其职能所需的经费，同时也为委员会提供技术和行政方面的支持，具体包括为其提供所需的人员。委员会成员及其他人员对于在调解工作中掌握的文件和信息应当保密。委员会在进行调解时，可以将其全部或部分职权委托给委员会的成员或是委员会成员以外的调解员。受委托的调解员在委托的权限范围内，行使与委员会成员同等的职权并履行同等的义务。②

### （二）调解案件的受理范围

根据医疗事故严重程度的不同，适用不同的医疗纠纷调解方式。对于一些

---

① Lussiez C. Informing the Patient on Medical Liability: What Can We Do? [J]. *World Hospitals and Health Services*, 2009, 45(1):15—16.

② 曹艳林，王将军，郑雪倩等：《部分国家医疗纠纷第三方调解经验分析》，《中国医院》2012 年第 7 期。

不严重的医疗纠纷案件，患者可以向医务调解员写信求助，医务调解员会将案件提交给每个医院内专门负责医院和患者关系及医疗质量的委员会，由医务调解员根据患者的请求，在委员会内指定一名专家进行鉴定，医院的保险公司会根据专家的意见进行赔偿事宜。患者也可以直接向医疗事故调解与赔偿委员会提出调解的申请。但是医疗损害程度达到以下法定严重程度之一的，患者应当直接向医疗事故调解与赔偿委员会提出调解申请：第一，患者肢体至少有24%的部分会永久残疾的；第二，患者连续有6个月以上丧失劳动能力的；第三，患者在12个月内累计6个月以上失去劳动能力的。①

（三）调解程序

医疗事故调解与赔偿委员会的调解程序如下：

第一，当事人申请。任何人如果认为自己在预防、诊断或治疗行为中受到了损害，均有权向医疗事故调解与赔偿委员会提出调解请求。

第二，委员会进行鉴定。医疗事故调解与赔偿委员会在收到申请后，应按照法律规定从国家医疗事故专家名单中挑选专家组成专家组对损害进行鉴定，在确定专家组成员时确保专家符合相应条件以保证他们相对于纠纷双方的独立性。专家组或专家可以进行一切必要的调查，并有权要求当事方和第三人提供与损害相关的医疗专业人员、医疗机构和卫生服务组织人员及其他机构人员的有关文件，专家组对调查中掌握的信息应进行保密。专家组应当在各当事方或其他被通知参加鉴定的人员都在场的情况下进行鉴定。如果专家不履行义务，或者违背公正，或者无法正常行使职责，国家医疗事故调解与赔偿委员会可以自行决定或者应地区委员会的请求，将该专家从专家名单上除名。国家医疗事故赔偿办公室承担专家组进行鉴定所需的费用。

第三，委员会作出报告。医疗事故调解与赔偿委员会在收到权利人申请的6个月内就损害发生的情形、造成损害的原因、损害的性质和范围以及赔偿适用的机制作出报告，并将报告转交给调解申请人、所有与该纠纷有利害关系的人员以及国家医疗事故赔偿办公室。

第四，达成协议。纠纷当事人在进行较为充分的辩论后，达成最终协议。调解的最终结果会被记录在由申请者本人和相关卫生从业人员签署的文件上，文件副本由申请人留存。当事人在调解笔录上签字后，即具有法律效力。

第五，进行赔偿。如果医疗事故调解与赔偿委员会认定，损害是由医疗专业人员、医疗机构、卫生服务组织或是卫生产品生产者导致的，那么对造成损害的人员或机构承担民事或行政责任的承保人应当承担赔偿责任，如果承保人认为

① 曹其杰：《医疗纠纷第三方调解机制研究》，西南政法大学硕士学位论文，2013年3月，第41页。

损害并不是由其被保险人导致的，承保人可以对应承担赔偿责任的第三方或者对国家医疗事故赔偿办公室提起代位诉讼。如果承保人不提供赔偿金，或者应承担损害责任一方没有投保，或者保险金已用完，国家医疗事故赔偿办公室应当代替承保人，在支付后可以提起代位诉讼。①

法国成立了专门的医疗事故调解与赔偿委员会作为处理医疗纠纷的第三方调解机构，该机构的人员组成和职责由最高行政法院通过法令决定，保证了其法律地位和调解的权威性。国家医疗事故赔偿办公室提供委员会所需的经费，保证了地区委员会的独立性和公正性。在具体的调解中，根据事故严重程度选择不同的调解方式，有助于节省司法成本，快速有效地解决各类纠纷。同时，由于法国医疗保险制度相当完善，使得许多医疗纠纷案件中，虽然不存在医疗过错，但患者因现代医疗水平限制或者其他不可预知的医疗风险导致了医疗损伤，国家医疗赔偿管理局也会提供相应的补偿，从而切实保障患者的权利。

综上所述，从国外医疗纠纷调解制度的实际经验来看，第三方调解机制成为国外解决医疗纠纷的首选模式。各国不但通过立法将调解制度法律化，而且将调解程序规定为诉讼的前置程序，非经调解不得提起诉讼。在调解机构的选择中，更多地选择行业协会、基金会等民间机构来进行调解，有助于保证调解的公正性、独立性和专业性。为了保证调解的实际效率，发达国家均以完善的医疗保险制度作为基础。完善的保险制度解决了医疗纠纷中最重要的赔偿资金的来源问题，降低了医患纠纷的烈度和医患双方的敌对程度。同时，在医疗纠纷第三方调解机制的程序设计上，都采取了调解过程不公开等有效的保障措施来保护各方充分的参与权。另外，各国第三方调解机制普遍采取免收费或者低收费的政策。这种调解机构非营利性的制度设计，节省了医患双方的经济成本，也由于不收费而保证了其中立性的地位。另外，虽然规定调解是诉讼的前置程序，但如果调解失败，或者达成调解协议后某方反悔，仍然享有提起司法诉讼的权利。

## 第三节 医疗纠纷人民调解的作用和优势

医疗纠纷的特殊性、诉讼解决模式的缺陷决定了非诉讼解决模式已成为解决医疗纠纷的重要途径。在解决医疗纠纷的非诉讼模式中，调解具有无法替代的制度优势，在有效化解医患矛盾，保障当事人的合法权益，构建和谐的医患关系方面发挥了积极的作用。我国各地建立的处理医疗纠纷的第三方调解组织，充分发挥了人民调解在预防、化解医患纠纷中的独特优势和职能作用，实现了医

① 曹艳林，王将军，郑雪倩等：《部分国家医疗纠纷第三方调解经验分析》，《中国医院》2012 年第 7 期。

患纠纷处理的法律效果和社会效果的统一。[①] 具体而言，第三方调解机制的作用及优势主要体现在以下几个方面。

## 一、符合中国传统诉讼文化，易于为社会大众接受

我国的调解历史源远流长，是中国传统诉讼文化的重要内容。其源于我国古代民间"排难解纷""止讼息争"的传统，因契合了中华民族"和谐"精神与"无讼"理想的价值追求，成为民间乃至官府解决矛盾纠纷的基本准则之一。儒家思想认为，和谐是一种至上的理想，"贵和持中""贵和尚中"，强调人与人之间"以和为贵"。这种文化性格决定了古代中国人对于诉讼的态度，决定了"无讼""息讼"等法律观念的产生。"无讼"被视为施政和社会秩序所能达到的最高境界，可以说也是调解所追求的理念。但在现实生活中，民事纠纷的大量发生却不依统治者的意志为转移，于是，统治者通过调解的形式最大程度的实现国家公权力对个人私权利的干涉，从而实现"无讼""息讼"的目标，因此，调解的利用成为最普遍和有效的方式。20 世纪以来，随着经济社会的快速发展，各种矛盾凸现叠加，为了实现社会的和谐有序发展，人民调解的适用范围向土地承包、拆迁安置、环境保护、医患纠纷等社会热点、难点纠纷扩展。

目前，针对日益增多的医疗纠纷和医患矛盾，选择第三方调解方式解决医疗纠纷，不仅符合我国传统诉讼文化，而且从更高层次上适应了构建和谐社会的需要。与传统的民事诉讼模式相比，人民调解制度具有中立性、独立性、公正性等制度优势，能够充分考虑双方当事人的意愿，降低医患双方的敌对程度，促成双方在自愿的基础上达成和解。医疗纠纷人民调解在实践中发挥了重要的作用。因此，第三方调解机制作为具有中国特色的非诉讼纠纷解决方式，不仅体现了中国传统社会纠纷解决方式在当今社会发挥的作用，而且成为解决医疗纠纷和化解医患矛盾的一项重要的法律制度，在我国医疗纠纷解决机制中始终发挥着独特的作用。

## 二、具有中立性和公正性，有助于缓和医患关系

医疗纠纷发生后，采用诉讼或自行协商的方式均无法有效地解决医患矛盾，缓和医患关系。诉讼建立在是非对错的严格界定上，因此双方当事人在此纠纷解决过程中互相质证和争辩，为了获得对自己有利的处理结果都尽力指责对方以减轻或免除自己的责任，这可能进一步导致冲突，激化矛盾。自行协商，由于双方的力量对比悬殊、信息的不对称等因素，一旦协商失败，容易引起患方的不

---

① 刘江江：《人民调解法治新论》，中国政法大学出版社 2012 年版，第 285 页。

理智行为，直接导致双方的关系破裂。这些都容易加剧医患之间的不信任，造成社会性对立，不利于建立和谐医患关系。[①] 卫生行政部门的调解虽然具有较强的专业性和权威性，但其中立性和公正性却受到强烈质疑。由于卫生行政部门作为医院的主管部门往往和医方有着千丝万缕的联系，患者不信任卫生行政部门的调解，他们宁愿去医疗机构闹事，甚至出现“大闹大解决，小闹小解决，不闹不解决的‘医闹’的现象”。[②] 同时，医疗机构担心卫生行政部门为了避免患方上访而牺牲自己的利益，也不愿意选择行政调解的途径。[③]

人民调解组织是独立于卫生行政部门和医疗机构的第三方组织，与医患双方无利害关系，具有明显的中立性和公正性。在当前医疗纠纷日益增多和传统处理方式效果不灵的情况下，人民调解为患者提供了一个简便、快捷、免费的纠纷解决途径，只要患者愿意，医疗纠纷调解人员即可介入调查，协助解决纠纷。医疗纠纷人民调解从独立和公正的角度，客观分析医疗纠纷的事实，剖析医疗纠纷的焦点，提出解决医疗争端的合理意见，及时进行损害的赔偿和补偿。通过人民调解模式解决医疗纠纷，能够大大减少医患之间因直接对话导致的冲突不断升级、纠纷不断恶化的现象，对改善在医疗纠纷解决过程中医患双方的对立关系有很大的帮助。[④] 同时，医疗纠纷第三方调解机构的经费由政府财政拨款。《人民调解法》第六条规定：“县级以上地方人民政府对人民调解工作所需经费应当给予必要的支持和保障。”也就是说，各级财政部门对医疗纠纷第三方机构的办公支出和人员经费给予保障，不仅保证了调解机构是一个不隶属于任何行政机关的中立的群众性民间组织，具有中立的法律地位，而且还保证了在调解过程中不掺杂其他机构或人员的利益因素，体现其公益性。[⑤] 因此，医疗纠纷人民调解机制虽然不一定可以减少医疗疏失或医疗伤害的发生，但能够及时地解决医疗纠纷，公正地补偿病人的损失，合理地解除医师的压力，从而有效地缓和医患矛盾。

### 三、调解过程灵活，有助于降低医疗纠纷的解决成本

以诉讼方式解决医疗纠纷，结案的法定期限为六个月，有法定情形的还可以延长。从司法实践来看，目前大多数医疗纠纷诉讼都在一年以上。起诉、答辩、

---

① 刘梅芳：《我国医疗纠纷第三方调解机制研究》，广东外语外贸大学硕士学位论文，2013 年 6 月，第 11—13 页。

② 宁波市司法局基层处：《人民调解破解医患纠纷的新途径——宁波市医疗纠纷人民调解委员会工作纪实》，《宁波通讯》2008 年第 9 期。

③ 丁凤楚：《论我国医疗纠纷人民调解制度的构建》，《法学杂志》2011 年第 S1 期。

④ 陈志刚，才玉娟：《关于推广第三方调解机制解决医疗纠纷的探讨》，《中外医疗》2012 年第 12 期。

⑤ 李晓堰，王海容：《医疗纠纷第三方调解机构的公信力之再探讨》，《医学与法学》2013 年第 5 期。

鉴定、举证、开庭都必须投入大量时间,对当事人的工作、生活造成很大影响。而且,由于医疗纠纷具有医学和法律的双重性,在司法实践中,很少有医疗纠纷诉讼是患者及其家属独自参加的,绝大多数需要委托律师参加。而中国目前的法院诉讼费预缴制度、律师收费制度、鉴定收费制度等,给患者诉讼造成了巨大的经济负担。① 和解方式虽然形式简单快捷,但因患方缺乏医学知识,对医方的解释缺乏信任,导致医患双方所掌握的医疗信息严重不对称,容易产生不合理赔偿。卫生行政部门的调解一般需要首先通过鉴定确定为医疗事故,然后才进入调解程序。法院主持的调解除了一般的司法流程,还需要进行相关的医疗事故鉴定或者司法鉴定。这些都需要耗费大量的人力、财力以及时间成本。

而采用人民调解解决医疗纠纷,调解员主要是帮助厘清事实和分析状况,充分尊重医患双方的意思自治,可以社会公德等作为处理依据,用种种灵活的方法帮助当事人消除隔阂,分析医疗纠纷的症结所在和双方当事人的利益所在,提供可供讨论的解决方案,并为他们之间开展谈判进行协调和疏通。② 调解规则对当事人并没有法律约束力,当事人可以约定采用它,并可以对其作出增减,也可以不采用它而自己约定调解的有关程序。当事人甚至对证据与事实也都不必过于计较,可以省去医疗纠纷解决中的鉴定程序。在调解过程中除依据成文的法律法规外,还可以参照不成文的社会规范和社会公德作为纠纷解决依据,如可以参考行业标准、诊疗常规、权威解释、公序良俗等。

在实践中,为了寻求和解和及时解决医疗纠纷,双方当事人往往愿意相互妥协和折中,省去一些不必要的程序和步骤。这不仅节省了当事人的时间成本,而且节省了司法成本和社会成本。如北京市医疗纠纷调解委员会(简称医调委)规定,医调委应当在当事人材料提交齐全之日起45个工作日内结案。但经双方当事人申请或因医疗纠纷调解情况确有需要的,可以延长30个工作日。③ 这与诉讼解决途径持续数月甚至数年相比,节省了大量的时间成本。同时,第三方调解机制要求医疗机构必须参加医疗责任保险,即将集中于一个医疗机构的侵权赔偿责任分散于社会,以降低其赔偿的压力。这种通过医疗责任保险解决医疗纠纷的方式,将卫生行政部门从处理纠纷的公务中解脱出来,无须投入更多的人力和财力,不仅节约了大量的社会公共资源,而且节省了政府的开支,节约了行政管理成本。④ 另外,在《人民调解法》指导下建立的医疗纠纷人民调解制度,不收

---

① 李青华:《医疗纠纷第三方调解机制研究》,中国海洋大学硕士学位论文,2011年5月,第20页。

② 曹其杰:《医疗纠纷第三方调解机制研究》,西南政法大学硕士学位论文,2013年3月,第20—22页。

③ 桂平静:《患方对医疗纠纷人民调解机制态度的调查研究——以北京市医调委患方为例》,北京中医药大学硕士学位论文,2013年5月,第8—9页。

④ 艾尔肯:《论医疗纠纷第三方调解的制度优势》,《医学与法学》2014年第5期。

任何费用，使得医患双方节省了诉讼途径中所要支付的诉讼费、律师费等经济成本，在情感上更容易被医疗纠纷的当事人接受。

**四、具有专业性，有助于及时有效地解决医疗纠纷**

医疗行业是专业性强、风险高的行业，医疗纠纷涉及大量的医学知识和法律知识，具有复杂性和专业性的特点。在传统的纠纷处理模式中，其主体都不是专业的调解机构，缺乏调解必要的专业知识和经验技能，无论患方还是医方，都难免会对知识背景单一的卫生行政机关工作人员和法官所作出的调解、裁判产生怀疑。如卫生行政部门调解，其主要是负责区域内的卫生管理工作，进行医疗纠纷调解一般只是派个别工作人员到医院进行相关的协商，缺乏处理纠纷的必要经验和业务培训。而民事诉讼也一样，人民法院的法官一般不具备医学方面的专业知识，对于医疗行为中是否存在过错等无法进行辨别，在责任认定和赔偿的裁量上容易出现外行的困窘，其调解很难令人信服。而医疗纠纷人民调解委员会则解决了其他非诉讼模式存在的缺点，由具备专门医学、法学知识和实际调解经验的人才组成调解员队伍，并设置由著名的医生、法官、律师组成的专家库。这些专家往往学有专长，且德高望重，他们有的精于医术，有的精通法律，其对医疗纠纷的过错认定采取“专家合议制”，有助于保证调解结果的专业性和权威性。[①] 一方面，医调委对可能涉及的法律责任、医患纠纷的处理程序和调解结果的可行性进行分析，找出发生纠纷的症结所在，提出合理的纠纷解决方案和建议；另一方面，调解员在私密场合主持医患双方争议事实的认定和赔偿事项的协商，整个过程不对外公开，从维护当事人的合法权益出发，通过释法析理，引导正确维权，有助于保护双方当事人的隐私，从而赢得医患双方当事人的信赖，为解决医疗纠纷奠定了良好的基础。[②]

综上所述，在当前医疗纠纷日益增多和传统处理方式效果不灵的情况下，第三方调解机制能迅速有效地解决问题，节约成本，保障隐私，对于医患双方的和谐更是发挥着积极正面的作用。引入第三方调解机制有利于形成多元整合优势，优化医疗纠纷解决方式。同时，在处理医疗纠纷过程中，第三方调解机构能及时发现和反映医疗服务质量和安全、医院管理方面的问题，并同时反馈给卫生行政部门和医疗机构，有利于医院督促整改既存的问题，促进医院业务管理的优

① 桂平静：《患方对医疗纠纷人民调解机制态度的调查研究——以北京市医调委患方为例》，北京中医药大学硕士学位论文，2013 年 5 月，第 8—9 页。

② 艾尔肯：《论医疗纠纷第三方调解的制度优势》，《医学与法学》2014 年第 5 期。

化，提升医疗服务质量，实现医患关系的和谐发展。[①]

# 第四节　医疗纠纷人民调解的发展趋势和理想模式

## 一、医疗纠纷人民调解的发展趋势

借鉴境外第三方介入解决医疗纠纷的模式，结合各地方的特点，全国各地勇敢地进行了民间第三方独立参与医疗纠纷解决模式的试点与探索，各地也都取得了令人可喜的成绩。经过多年的试点与探索，特别是《人民调解法》实施后，大家不约而同地将各自不同的模式转为医疗纠纷人民调解模式，不论大家有意或是无意而为，也不论这些纠纷本质上是否具有人民调解的性质，单这一现象本身就说明医疗纠纷人民调解是国内未来解决医疗纠纷的方向，是符合中国国情和中国传统的解决方式，它将作为医疗纠纷的基本解决方法。

国内外医疗纠纷解决的模式都在追求公平、公正、低成本、便捷快速及有效，同时还在追求普通人对于医疗科学的理解。但基于医疗科学本身的专业性及探索性，普通人难以理解。医疗服务对象的难以理解与医疗科学的应用与发展产生了冲突，这成为医疗纠纷产生及难以解决的根本原因，而普通人通过自我学习，了解医疗科学的基本规律必然成为预防和解决医疗纠纷的方向。如果没有系统学习过医学基础理论，生活中的自我学习也难以实现。要求有人能将晦涩的医学语言"翻译"成为一般人能理解的生活语言，这是人们理智参与医疗纠纷解决及医疗纠纷能够有效预防与解决的条件，也是一般人自我学习和正确面对医疗的条件，而人民调解委员会正是来自于人民，促进人民群众自我学习、自我教育的群众自治组织，这也是人民调解委员会生命力的源泉。

国内外医疗纠纷第三方介入进行解决的各种模式都明显偏重于追求公平、公正、便捷快速，但在促进普通民众的理解方面却显得无能为力。尽管不同的模式在公平、公正、便捷快速方面取得了不俗的成绩，但由于大家对医学科学的不理解，延伸出了大家对基于医学科学规律得出的公平、公正的结果不认可，使得产生医疗纠纷的根本矛盾未能得到有效解决，于是医疗纠纷的预防与处理依然是大家面临的难题。医疗纠纷人民调解组织正是基于促进普通人参与医疗体系的建立与维护，参与医疗体系管理，提高民众对医学科学规律的理解而建立的民间自治性组织，这也是基于中国传统习俗及具有中国特色的医疗纠纷解决模式。但经过几年的试行与探索，其中出现了许多难题。

---

① 杨天乐:《和谐社会视角下医疗纠纷第三方调解问题研究》，湖南大学硕士学位论文，2013年9月，第25—28页。

首先，如何让医疗纠纷人民调解委员会具有人民性及群众自治性。与普通民事纠纷的人民调解不同，普通的民事纠纷来源于生活中群众能理解的鲜活的自我行为，群众自身对其有基本的衡量标准，对大众的合理看法也有基本的了解。但医疗行为对于大众来说只是被动参与，参与过程中对于医务工作者的医疗行为几乎完全不能理解，对于产生不良后果的原因也无法理解，于是其难以形成对医疗纠纷的基本衡量标准，也难以了解大众对于医疗纠纷的看法是否合理，因而医疗纠纷人民调解组织难以像普通民事纠纷人民调解组织那样进行组建。普通民事纠纷调解组织可以通过基层群众的选举产生，基层群众选举下组建的人民调解组织生活在群众中间，调解工作时刻处于群众的监督下，这保证了普通民间调解组织的人民性及群众自治性。普通民事纠纷的人民调解员需要具备的是丰富的生活阅历，了解大众合理的看法及国家相关的法律、法规及政策等社会生活中相对容易获得的信息。但医疗纠纷的调解不仅应具备作为普通人民调解员需要具备的条件，而且还需要具备医学基础理论，了解医学科学的基本规律，更要有将晦涩的医学术语、医学逻辑“翻译”成为群众理解的生活语言的能力，这样的条件是通过基层群众的选举无法产生的。在全国各地的探索与试验过程中，有些地方已经试验了通过基层民众选举产生的自治组织与普通民事纠纷的人民调解员进行医疗纠纷的调解，但最终却发现无力公平、公正地解决医疗纠纷，而且由分散的基层自治组织聘请专业人员进行调解不仅难以实现，也难以让各方面的人力形成合力并且会极大地增加社会成本。于是全国各地对组建既保持有人民群众自治性，又保持纠纷调解的公平、公正性及降低社会成本的专业化医疗纠纷人民调解组织进行了富有成效的试验。综合大家的经验，人民调解组织的建立遵循这样的模式：由地方人民代表大会代表、政府相关机构代表、医院及医务工作者自治组织代表、基层自治组织代表联合组建医疗纠纷人民调解委员会，保险机构、保监会、地方人民法院、媒体等机构配合医疗纠纷人民调解委员会的工作并提供支持；由医疗纠纷人民调解委员会聘请具有相应能力和条件的人担任人民调解员进行医疗纠纷的咨询与调解，医疗纠纷人民调解委员会委员不直接参与医疗纠纷的调解及咨询工作，医疗纠纷人民调解委员会委员负责组织各自治组织及相关参与方对医疗纠纷调解委员会的调解及咨询工作进行监督，负责对调解员的调解工作进行经常性监督和评审，负责制度及调解员待遇建设，负责对医学科学的特点、规律进行通俗化的宣传工作，等等。

其次，具有医疗纠纷人民调解员能力和素质的调解员难寻。人民调解员首先要能理解专家对医疗行为的解释，要有能力对专家的解释进行通俗化的翻译，这就要求调解员必须具备基本的系统医学理论知识，并有一定的医学临床经验，但这样的人员通常集中在各个医院，在我们现在医院医务工作者本就相对缺乏的情况下从医院引进相关人员几乎是件不可能的事情。因而各地调解员的来源大多是退休的医务工作者，但由于人民调解员本身具有一定的志愿者及社工性质，可给予的待遇与其能在社会上其他地方获得的待遇相差过大，另外其所面对的负面情绪影响又远远高于在其他地方，因而没有所谓“政治前途”及发展需要的退休医务工作者们不愿意屈身于医疗纠纷人民调解委员会。同时医疗纠纷人民调解员还应熟悉国家相关的法律、法规及政策等，这要求原本的医务工作者们必须重新学习相关知识，并且要理解相关法律、法规及政策的制定理由，对于年事已高的他们来说这是痛苦的煎熬。因此，各人民调解委员会基本上采取具备临床医学知识和具备法律知识的不同人员配合工作。另外调解员还必须具备一定的心理治疗知识，这不仅是医疗纠纷调解所需要的，也是调解员自我舒缓所需要的。种种原因使得各医疗纠纷人民调解委员会的调解员聘任捉襟见肘，加上医院也需要大量具备调解能力、素质与经验的调解人员，他们能给出的待遇相对于医疗纠纷人民调解委员会要高，医疗纠纷人民调解委员会好不容易培养起来的年轻调解员纷纷流向医院，这又使本就存在调解员人员荒的医调委雪上加霜。因而建立稳定而专业的调解员队伍也成为各医调委迫切的任务。

医疗纠纷人民调解员需要具有医学、法律、心理学等学科的交叉知识，现有的教育体系几乎不可能培养出能独立进行调解工作的人才，因而要想建立稳定而专业的调解员队伍就必须先建立调解员培训及分级评价体系，要理清不同级别的调解员所需要具备的知识及能力，需要明确对助理、初级、中级及高级调解员的条件。这不仅能便于调解员待遇的合理化，使调解员能够依条件进行自我学习与提升，也能使他们看到自己的未来发展方向并培养其对调解工作的忠诚度，从而增加调解员队伍的稳定性。

另外，各地的医调委大多采取调解员全程主导进行调查取证、咨询专家、提出评估建议等工作模式，但这样的模式在现实的运作中也显现出诸多的缺陷。不同学识及经历的人对于医疗纠纷及医疗科学的理解不同，对同一个专家表达的意思的理解也不一致，不同调解员与医方及患方的关系影响着其对于医疗责任的判断，不同调解员对于压力的承受能力也同样影响着其对于事物的判断，再加上专家合议时为保证快速和低成本，专家无法做到详细地了解案件过程，并且易受调解员的情绪及表达内容的影响。于是现实工作中经常出现类似的案件由不同的调解员给出的建议之间差异很大，甚至同一个调解员对于类似的案件给予不同的对象的建议也具有相当大的差别的情况，这严重影响着调解工作的公平、公正，有时不得不依赖行政手段进行解决，无法做到人民调解委员会自我独立发展。就此北京市医疗纠纷人民调解委员会进行了非常细致和卓有成效的试点及研究工作。采取的方法是将调解岗与评估岗进行分离，评估组相对独立地进行与评估有关的工作，主要由具有一定的临床工作经验的原医务工作者组成，负责向医学和法学专家进行咨询，依据医学和法学专家的意见并结合相关的常规、规范等给出初步的评估意见；之后进行由法律专业人士及主办调解员、部门领导、具有丰富调解与评估经验的调解员参与的初步合议，合议中除理清事实，判断是否穷尽相关证据资料，调整评估结论等工作外，还引导主办调解员理解后“翻译”成大众易懂的语言。初步合议于每个工作日上午举行，保证给出建议的及时性和培训调解员及评估员的持续性。之后还有由医调委内部及外部包括临床医务工作者、退休法官、律师、司法鉴定等方面的专家，主办调解员和评估员参加的每周一次的再次合议。调解组人员主要负责与医患双方进行沟通解释，进行事实的调查及取证，依据评估结果计算赔偿建议等工作。经过几年的研究，对比试验前后医调委给出的调解建议及结合各方面的反馈意见表明，这样的工作模式在建议的一致性、准确性及公正性方面具有质的优势，工作效率未见下降，成本未见提升，而且有利于医调委独立地发展，是值得推广的工作模式。

在美国党魁分肥制泛滥、垄断盛行、民不聊生的时代，时任美国总统西奥多·罗斯福这样表达：“我们知道我们面临众多的困难，但我们有信心解决一个又一个难题。”我们也同样知道我们在医疗纠纷的预防及解决方面存在众多的困难，甚至要比其他国家所面临的更多，但我们同样有信心去解决一个又一个难题，也能解决新出现的难题。

## 二、医调委的发展理念和理想模式

医疗纠纷人民调解委员会发展到现在，尽管还存在许多的问题，而且随着进一步的发展还会出现新的问题，但经过这几年的试验与探索，未来的医调委模式已经比较清晰地呈现在了我们面前。不论每个医调委内部如何调配，未来医调委都将遵循以下原则。

### （一）群众自治性

来自于群众，服务于群众，接受群众监督始终都是医调委具有活力的根本保证。不论是境外的第三方调解模式还是到目前为止境内的各种第三方民间调解模式，基本上都偏重于医疗机构、专业组织、政府的功能，而作为医疗服务对象和医疗关系中的最大群体的普通民众，除因个案参与外，平时基本不能参与其中。医疗纠纷人民调解与之前最大的区别就在于其通过各种各样灵活的方式引导普通民众参与医疗纠纷民间调解组织的建立、管理、学习等，并借由参与人的体会带领普通人学习、理解医疗科学的特点及发展规律，消除医患双方非理性的认识及误解，实现对医疗行业的有效监督，促进医疗行业科学、健康地发展。作为群众自治性组织，医疗纠纷人民调解委员会既不是医院的“律师”，也不是患方的

“律师”，它是医疗行业的从业者与作为医疗服务对象的广大群众为预防与解决医患关系中的各种难题而共同组建的自治性组织。

（二）调解管理制度化及系统化

各地对于调解管理制度化及系统化的探索都取得了非常可喜的成绩。调解管理制度化和系统化不仅能保证调解建议及调解过程的公正性，减少人为因素在调解过程中的影响，而且能保证广大群众及各种组织对医疗纠纷调解委员会常态化的监督，有利于医调委在社会上建立公信力，也有利于对医调委人员的管理。

（三）调解程序的规范化

人民调解必须依法进行。医调委的调解过程必须不违反国家法律、法规及政策的精神。用规范化的调解程序进行调解工作是保证医疗纠纷能公平、公正处理的最有效手段。

（四）调解员队伍的职业化

医疗的专业性强，医疗纠纷的调解对调解工作者的要求高，有其工作的独特之处，难以简单地从其他行业获取相关人才。但全国对于相关人才的需求量很大，这就要求医调委必须建立起独立的人才培养体制和拥有职业化的队伍。这是医疗纠纷人民调解稳定及健康发展的保证。

（五）调解依据的专业化

临床医学有其特点，它本身的探索性与试验性、诊断及治疗手段的缺陷性等使其规律难以为普通人所理解。建立稳定的高素质与专业化的专家团队（医学及法学）是保证调解建议符合科学规律及保证公正的前提。

（六）调解技巧的人性化与调解方式的灵活性

医疗纠纷人民调解既不同于法院判决，也不同于仲裁，其追求的不是简单的处理结果，更大的目的是追求广大人民群众对医疗科学特点的理解，追求对医疗工作者进行有效的监督，追求使医务工作者严格执行医学科学的要求，追求医疗体系的健康发展。因而调解过程中更多需要的是活泼的生活语言，是将晦涩的医学语言及医学的逻辑类比为生活的情理；此外当然要和普通的民事纠纷的调解一样，要将法律条文及逻辑具体化为生活的行动；还有就是需要调解员理解立法背后的原因。立法背后的原因实际上就是人们的行为，是能为大家所理解的内容。但毕竟医学的专业化使得医患双方很难在短时间内获得认识的趋同，意图通过几次公开面对面的方式使医患双方达成一致的结果往往是不但不能达成一致，相反会使矛盾进一步激化，不能起到化解矛盾的作用。因而在医疗纠纷的调解过程之中，不能像普通的民事调解那样做到全程公开，也不能为了追求公开而公开。对于行为和事实的调查这种大家能理解的情况，如果存在认识上的不一致，可采取公开面对面的形式；而对于结论的解释及说服过程则应分别进行调解，采取背对背的调解方式。

（七）参与调解的自愿性

自愿参与为调解的前提，不同的解决途径的目的不同，而医患双方针对具体的医疗纠纷所希望达成的目标也不一样，调解不能解决所有的问题，医患双方都有权依据自己所要达成的目标决定是否选择调解。

（八）调解协议的规范化及法制化

在第三方的参与和见证下，一旦医患双方达成一致并在自愿的条件下签字，任何一方如果违反协议相关内容的，另一方有权要求对方按协议内容履行，如拒不履行的，另一方有权申请相关部门强制执行。

（九）调解程序监督的公开化

医疗纠纷本身的特殊性及所涉内容较强的私密性，再加上现今普通民众对医学科学规律的不理解，使得无法做到对具体案件内容的公开化，但可以做到对调解程序监督的公开化。

（十）档案管理的电子化

档案管理的电子化不仅能减少成本，而且保存时间更长久，查阅及归类更方便，可以更方便调解员队伍的培训。

总之，未来医疗纠纷调解追求的目标是在公开、公信、公平、公正的条件下有法、有理、有据、有情地灵活多样地预防与化解医疗纠纷，促进医患关系的和谐，保证医疗系统健康发展，树立医调委在医患双方间及社会上的公信力。

# 第九章　医疗纠纷人民调解委员会

## 第一节　医调委概述

### 一、医调委的概念、性质和法律地位

组织机构是把人力、物力和智力等按一定的形式和结构，为实现共同的目标、任务或利益，有秩序、有成效地组合起来而开展活动的社会单位。人民调解的组织机构是各地的人民调解委员会。《人民调解法》第七条规定："人民调解委员会是依法设立的调解民间纠纷的群众性组织。"医疗纠纷人民调解的组织机构是医疗纠纷人民调解委员会，它是在司法部门指导下成立的调解医疗纠纷的群众性组织，不属于卫生行政部门，是独立于医患双方的第三方非企业法人，具有较强的中立性。上海市人民政府于 2014 年 1 月 11 日发布的《上海市医患纠纷预防与调解办法》第五条规定，医调委依法独立调解医患纠纷，不受任何组织或者个人的干涉。

2010 年 8 月 28 日颁布实施的《人民调解法》第五条规定："国务院司法行政部门负责指导全国的人民调解工作，县级以上地方人民政府司法行政部门负责指导本行政区域的人民调解工作。基层人民法院对人民调解委员会调解民间纠纷进行业务指导。"

2010 年 5 月，司法部、卫生部、中国保监会三部门联合颁布的《关于加强医疗纠纷人民调解工作的意见》指出："近年来，随着我国经济、社会、文化等各项事业的快速发展，人民群众不断增长的医疗服务需求与医疗服务能力、医疗保障水平的矛盾日益突出，人民群众对疾病的诊治期望与医学技术的客观局限性之间的矛盾日益突出，因医疗产生的医患纠纷呈频发态势，严重影响医疗秩序，一些地方甚至出现了因医疗纠纷引发的群体性事件，成为影响社会稳定的突出问题。贯彻'调解优先'原则，引入人民调解工作机制，充分发挥人民调解工作预防和化解矛盾纠纷的功能，积极参与医疗纠纷的化解工作，对于建立和谐的医患关系，最大限度地消除不和谐因素，最大限度地增加和谐因素，更好地维护社会稳定具有十分重要的意义。"该文件还指出："医疗纠纷人民调解委员会原则上在县（市、

区)设立。各地应结合本地实际,循序渐进,有计划、有步骤开展,不搞一刀切。……医疗纠纷人民调解委员会受理本辖区内医疗机构与患者之间的医疗纠纷。”

全国各地对医疗纠纷人民调解委员会的建设非常重视,很多省、市、县根据《人民调解法》和《关于加强医疗纠纷人民调解工作的意见》的相关规定,结合当地特色,因地制宜地下发了具体实施医疗纠纷人民调解委员会工作的相关文件,成为医疗纠纷人民调解委员会的法律保障。医疗纠纷人民调解工作的法制建设有了长足进展,医疗纠纷人民调解委员会的法律地位也得到了确认。

## 二、医调委的工作范围和职责

(一)医调委的工作范围

本行政区域内医疗机构及其医务人员在检查、诊疗、护理等过程中与患者发生的医疗损害赔偿纠纷,医患双方向医调委提起调解申请的,医调委应当受理。

(二)医调委的工作职责

(1)受理和调解医疗纠纷,维护医患双方合法权益。

(2)通过调解工作宣传法律、法规、规章和医学知识,引导医患双方当事人依据事实和法律公平解决纠纷。

(3)经调解解决的医疗纠纷,制作医患纠纷人民调解协议书;按照医患双方当事人的要求,就医患纠纷人民调解协议书协助申请司法确认。

(4)向患者及其家属或者医疗机构提供医疗纠纷调解的咨询服务。

(5)对正在发生的医患冲突,医调委可视情况派遣人民调解员到现场进行疏导、劝说,防止矛盾激化。

(6)开展医疗纠纷排查、预防工作,防止矛盾激化;向医疗机构提出防范医疗纠纷的意见、建议。

(7)分析医疗纠纷发生规律,定期向司法行政部门、卫生行政部门报告医疗纠纷人民调解工作的情况,并提出相应对策和建议。

## 三、医调委的工作原则和纪律

(一)医调委的工作原则

遵循合法、公正、及时、便民的原则,做到事实清楚、定性准确、责任明确、处理恰当。

详见第七章第三节。

(二)医调委的工作纪律

(1)依法调解,不得违背法律、法规和国家政策。

(2)秉公调解,不得徇私舞弊,不偏袒一方当事人。

(3)尊重当事人的权利,不得因调解而阻止当事人依法通过仲裁、行政、司法等途径维护自己的权利。

(4)语言文明,不得歧视和侮辱当事人。

(5)保守秘密,不得泄露国家秘密、商业秘密和当事人隐私。

(6)严格自律,不得索取、收受财物或者牟取其他不正当利益。

## 第二节　医调委的组织机构和岗位职责

### 一、人民调解工作的组成形式和组建

《人民调解法》第八条规定:"村民委员会、居民委员会设立人民调解委员会。企业事业单位根据需要设立人民调解委员会。人民调解委员会由委员三至九人组成,设主任一人,必要时,可以设副主任若干人。人民调解委员会应当有妇女成员,多民族居住的地区应当有人数较少民族的成员。"《人民调解法》第三十四条规定:"乡镇、街道以及社会团体或者其他组织根据需要可以参照本法有关规定设立人民调解委员会,调解民间纠纷。"根据相关规定,人民调解工作的组成形式有以下几种:一是村民委员会、居民委员会设立的人民调解委员会;二是乡镇、街道设立的人民调解委员会;三是根据需要企业事业单位设立的人民调解委员会;四是因区域性、行业性的需要设立的人民调解委员会,包括在流动人口聚居区、经济开发区、行政接边区、集贸市场等区域设立的人民调解委员会。医疗纠纷人民调解委员会属于行业性的人民调解委员会。

2010 年 5 月,司法部、卫生部、中国保监会三部门联合下发《关于加强医疗纠纷人民调解工作的意见》,该文件的下发标志着一种新型的医疗纠纷处理机制与模式的建立,即医疗纠纷人民调解委员会的正式成立。医疗纠纷人民调解委员会原则上在县(市、区)设立,各医疗机构可以设立医疗纠纷人民调解工作室。医疗纠纷人民调解委员会的设立及其组成人员,应当向区级司法行政机关备案。由于医疗纠纷具有医疗的专业性,而且医疗纠纷对患者的侵害大,涉及的赔偿金额一般较大,必须最大限度地保障医患双方的合法权益。因此,从事医疗纠纷人民调解工作的人员一般由退休医生、法官和有医学法学知识背景的人员组成。

### 二、医调委内工作部门和工作岗位的设置

医调委在工作范围内,严格履行调解医疗纠纷的工作职责、工作原则、工作纪律、职务规范,内设工作部门,将接待受理、实施调解、综合保障等调解工作环节进行明细分工,设定的岗位职责科学、准确,使各项工作环节衔接有序,以建立

部门职能、岗位职责明确，绩效考核有效，监督保障有力的工作机制。

（一）医调委的工作部门设置

医调委一般可内设六个工作部门，即接待立案部、调解部、责任认定（评估）部、法律事务部、综合部、理论研究培训拓展部；附设医疗纠纷专家咨询委员会。

（二）医调委的工作岗位设置

（1）医调委设主任 1 名，副主任 2 名，分管六个工作部门。

（2）医调委按照人民调解员的条件和医疗纠纷调解工作的专业需要，聘任内设工作部门负责人、调解员、助理调解员等工作人员，从事医疗纠纷调解各项工作的人员统称人民调解员。

（3）根据国家和当地的有关规定，医调委应当与聘用的人民调解员签订聘用协议、合同。

（4）医调委设立的专家咨询委员会由市司法局、卫计委、保监局审核确定的医学、法律、司法鉴定、保险专家组成。医调委按照要求，对医调委专家咨询委员会组成人员进行登记备案，颁发聘书并负责管理、咨询工作。

## 三、医调委内设工作部门的主要职能

（一）接待立案部工作职能

（1）负责来访、来电及调解申请的接待、登记、统计、总结。

（2）对应当受理调解的医疗纠纷，负责审核医患双方当事人的调解纠纷主体资格和申请调解应当提交的相关证明材料，指导当事人填写申请调解、授权委托等文书。对不予受理调解的，帮助当事人理清产生纠纷的原因，指出解决纠纷的其他途径。

（3）对一方当事人单独申请调解的医疗纠纷，应及时与对方当事人进行联系，根据对方意愿决定是否受理。

（4）及时将受理的案件分配给调解部调解员。

（5）做好立案组各项工作登记台账及计算机录入工作，并负责本部门的业务统计工作。

（二）调解部工作职能

（1）接到受理案件后，调解员应在 24 小时内与医患双方进行联系、沟通。

（2）在首次谈话中应当告知当事人的权利、义务，医疗纠纷调解处理程序及医疗损害责任赔偿原则；充分听取当事人的陈述和赔偿诉求，并做好谈话记录。

（3）收集医患双方应当提交的病历材料及其他相关证据材料，根据调解需要收集相关票据。医患双方调解材料收齐后 24 小时内移交责任认定（评估）部。

（4）根据《医疗损害责任评估意见书》认定的医疗过错责任结论，确定赔偿责任度。依照《侵权责任法》人身损害赔偿标准计算赔付金额。

（5）依照《医疗损害责任评估意见书》及赔偿金额作出最终调解意见，在医调委规定时间内与医患双方沟通协商，耐心疏导，促使当事人在平等协商的基础上自愿达成调解协议。

（6）简单医疗纠纷的调解。事实清楚，损害后果明确，医方同意赔偿，赔偿金额不超过人民币1万元的医疗纠纷，属于简单医疗纠纷。在双方当事人同意的基础上，简单医疗纠纷适用简易程序，即可直接签署调解协议，并在调程记录中记载赔偿依据。

（7）负责整理调解卷宗，装订归档；做好计算机档案的录入工作。

（8）发现“火星案”及时向医调委领导汇报，研究解决方案。

（9）参加值班和紧急现场处理。

（三）责任认定（评估）部工作职能

（1）收到调解部交送的医患双方材料后，明确医患双方纠纷原因，仔细查阅病历材料。

（2）对简单明确的医疗纠纷做出《医疗损害责任评估意见书》。

（3）责任评估组集体讨论《医疗损害责任评估意见书》，进行医疗过错责任分析。

（4）对病情复杂，专业性强，纠纷激烈及涉及死亡、残疾等的调解案卷，作出病历摘要，全面准确提出咨询目的。

（5）聘请专家咨询，完整记录专家意见，依据专家咨询意见作出《医疗损害责任评估意见书》。

（6）经责任评估组集体讨论确认《医疗损害责任评估意见书》。

（7）将医患双方材料及《医疗损害责任评估意见书》移交调解组。

（8）参加值班和紧急现场处理。

（9）负责信息系统医疗情况、专家咨询、医疗责任部分反馈意见的填写。

（四）法律事务部工作职能

（1）为调解工作提供法律咨询服务。

（2）审查赔付明细表及相关法律文书，审查调解工作程序的合法性。

（3）参加专家合议会。

（4）负责调解人员法律知识的培训。

（五）综合部工作职能

（1）负责医调委各类文件资料的收发管理、承办传阅、归档保管和调解卷宗的登记周转、审核验收、归档保管等档案管理工作。

（2）负责医调委各类统计报表、工作总结、专题报告、调研报告、会议记录的编写以及建立规章制度等文字材料工作。

(3)负责医调委绩效考核的统计分析、建立岗位绩效考核档案等绩效考核工作。

(4)负责医调委在互联网建立的网站平台的管理、使用、维护工作。

(5)负责调解工作计算机系统的开发、维护及日常管理。

(6)负责医调委工作人员的招聘、解聘和人事资料汇集保管,工作津贴发放,等人事管理工作。

(7)负责医调委的财务、固定资产、办公用品管理等后勤保障工作和安全保卫工作。

(8)承办医调委专家咨询委员会登记备案、变更调整等管理工作,负责与卫生、司法、公安、法院等相关主管机关的联系、协调事项。

(9)负责医调委车辆的管理及调度。

(10)负责外来单位的接待服务和维护医调委正常工作秩序。

(11)医调委主任交办的其他工作。

(六)理论研究培训拓展部工作职能

(1)检查调解工作质量,收集疑难典型案例,分析和总结调解工作中存在的问题和经验。

(2)负责结案后随访工作,及时汇总并向医调委主任汇报。

(3)开展医疗纠纷预防与处理理论与实践的研究,为调处人员提供相关政策、法律法规、医院管理和医疗技术进展的情报信息。

(4)组织入职培训和在职培训,提高业务素质和办案质量。

(5)拓展服务范围,分析汇总各医疗机构和各专业容易发生纠纷的原因、防范措施,向医疗机构提供医疗纠纷防范培训。

(6)负责医调委的宣传工作;组织撰写新闻报道、论文和理论专著。

(七)医疗纠纷专家咨询委员会工作职能

(1)根据相关法律法规和有关规范性文件规定,为医疗纠纷调解工作提供咨询服务。

(2)为医疗纠纷调解工作提供医学、法律、保险、司法鉴定方面的咨询服务,积极化解医疗纠纷和医患矛盾。

## 四、岗位职责

(一)医调委主任岗位职责

(1)主持医调委全面工作。

(2)负责纠纷受理、案件调解的审批工作。

(3)负责医调委制度建设、队伍建设工作。

(4)负责指导医调委理论研究和调研工作。

(5)负责与有关机关、部门的联系协调工作。

副主任协助主任分管某一方面的工作。

(二)部门负责人岗位职责

(1)督促检查本部门工作人员严格履行医调委制定的工作职责、工作原则,遵守工作纪律、职务规范,保障医调委依法、公正、便捷地完成医疗纠纷调解工作任务。

(2)按照医调委关于调解医疗纠纷工作的接待受理、实施调解、综合保障的职能分工,合理安排、科学组织本部门工作人员实施本部门工作职能,履行岗位职责。

(3)按照医调委制定的操作规程、调解工作流程和绩效考核工作规定的审批权限,履行相应审核把关职责。

(4)以调解工作为中心,团结协作,相互支持,紧密配合,做好本部门与各部门之间的衔接、服务工作。

(5)完成医调委主任交办的其他工作。

(三)调解员岗位职责

(1)负责医调委受理的医疗纠纷调解工作。

(2)落实调解工作各项规定,履行医疗纠纷调解工作职能。

(3)对所承办调解案件的工作进度、数量、质量和调解结果负主要责任。参加所管案件的咨询、专家合议及听证会,根据专家合议意见完成定责报告并送专家审查。

(4)指导、监督助理调解员制作调解文书,装订调解卷宗,归档,做到调解文书规范,调解卷宗材料齐全。

(5)向当事人宣传医学、法律知识,防止纠纷激化,引导当事人依据事实和法律,公平解决纠纷,依法维护当事人的合法权益,做到程序完结,案结事了。

(6)合理安排调解工作进度,注重工作效率,不断提高案件的调解成功率、时限完结率和回访满意率。

(7)参加现场办案值班。

(8)完成部门主任交办的其他工作。

(四)助理调解员岗位职责

(1)辅助调解员开展医疗纠纷调解工作。

(2)按照调解员的安排,承担调解前的准备,调解文书的制作打印,调解回访,调解卷宗装订、归档等工作。

(3)发挥参谋助手作用,在纠纷调解中积极发表对纠纷调解的建议和主张。

(4)在调解员的安排下,协助做好法律、卫生知识的宣传,疏导当事人化解矛盾。

(5)加强调解技能训练,不断提高自身综合素质和履行岗位职责的能力。

(6)完成部门主任交办的其他工作。

(五)接待受理工作人员岗位职责

(1)负责接待医疗纠纷调解的咨询、申请。

(2)负责接待受理咨询工作的登记统计、总结分析。

(3)负责审核医患双方当事人的主体资格和所提交的相关材料,指导当事人填写调解文书,提出受理意见签呈报批;对不予受理调解的,告知解决纠纷的其他途径。

(4)在接待受理中仪表规范,待人礼貌,用语文明,服务热情,工作高效,构建与医患双方当事人平等沟通、交流的平台,提高医调委的公信力,树立医调委的良好形象。

(5)认真倾听当事人的咨询、请求,向当事人宣传医学、法律知识,引导当事人理性表达利益诉求,依法维护自身权益。

(6)接待咨询医疗纠纷的基础资料记载准确,受理调解医疗纠纷的卷宗材料审核无误;不予受理的,理由正确充分,当事人准确理解。

(7)完成部门主任交办的其他工作。

(六)内勤工作人员岗位职责

(1)按照医调委主任和部门负责人的安排,做好本部门的内务工作。

(2)负责医调委文件、资料、统计报表和调解卷宗的登记、传阅、复核和归档管理。

(3)负责各类统计报表按时上报工作。

(4)负责起草本部门的文件等文字材料。

(5)负责本部门固定资产(办公设备)的登记、管理、使用、维护和保管。

(6)完成领导交办的其他工作。

## 第三节　医调委的管理、指导和保障

### 一、医调委的管理和指导

人民调解工作必须置于党的领导和人民政府的指导之下。只有加强指导和监督,才能保证人民调解工作的正确方向,保证人民调解工作依法、规范、健康发展，充分发挥其“第一道防线”的作用。《人民调解法》规定，国务院司法行政部门负责指导全国的人民调解工作，县级以上地方人民政府司法行政部门负责指导本行政区域内的人民调解工作。基层人民法院对人民调解委员会调解民间纠纷进行业务指导。

指导人民调解工作是司法行政机关的法定职责。《人民调解法》赋予司法行政机关指导人民调解工作的职责，对司法行政机关依法指导人民调解工作提出了新的更高的要求。一是加强对人民调解工作的指引和规范。司法行政机关通过研究制定有关人民调解工作的方针、政策和法规，制定本行政区域内人民调解工作发展的方向、目标和规划，提出具体任务和措施，并负责督促、检查和落实。二是加强对人民调解委员会日常工作的指导。根据人民调解工作的实际和存在的问题，加强对人民调解委员会的组织建设、队伍建设、业务建设和制度建设的指导，推动人民调解工作的开展。三是加强对人民调解员的业务培训。业务培训是司法行政机关指导人民调解工作的重要手段，要制定完备的培训规划，明确培训目标、任务、人员、内容、方式方法和经费保障等，并精心组织，定期实施，切实提高人民调解员的业务素质和调解能力。

基层人民法院对人民调解委员会调解民间纠纷进行业务指导。基层人民法院的工作，特别是其民事审判活动与人民调解工作关系密切。赋予基层人民法院对人民调解委员会调解民间纠纷进行业务指导的职责，能够发挥基层审判机关的优势，增强业务指导的针对性和实效性。人民法院的业务指导，主要是引导当事人向人民调解组织申请调解，依法审理涉及人民调解协议的民事案件，依法开展司法确认等与其审判职能相关的工作。

上海市人民政府于2014年1月11日发布的《上海市医患纠纷预防与调解办法》第四条第一款规定，司法行政部门负责指导医患纠纷人民调解工作，推进医患纠纷人民调解工作的规范化建设。上海市司法局于2011年7月25日发布的《上海市医患纠纷人民调解工作实施办法》第六条规定，市和区县司法行政部门及医患纠纷人民调解工作办公室应当推进区县医调委等人民调解组织建设，并且加强对医患纠纷人民调解工作的组织、指导和管理。

北京市司法局、卫生局、财政局、公安局、高级人民法院和北京保监局六部门于2011年5月30日发布的《关于加强医疗纠纷人民调解工作的意见》第一条规定，成立由市司法局、市卫生局、市财政局、市公安局、市高级人民法院、北京保监局组成的“北京市医疗纠纷处理协调指导委员会”(以下简称指导委员会)，负责协调各部门履行职责，指导医疗纠纷人民调解工作；定期对医疗纠纷人民调解委员会的工作进行评估，不断提高人民调解工作水平；制定全市统一的医疗损害责任赔付项目、标准和责任程度，不断提高人民调解工作水平。委员会下设办公室，办公室分别设在市司法局基层处和市卫生局医政处，负责指导委员会的日常工作。指导委员会及办公室要定期召开会议，通报相关情况，研究和解决工作中遇到的困难和问题。

司法行政部门应当把医疗纠纷人民调解工作纳入全市人民调解工作的整体规划；负责指导医疗纠纷人民调解委员会的规范化建设；负责指导医疗纠纷人民调解委员会开展调解工作；会同卫生行政部门在医疗事故技术鉴定专家库的基础上建立相关医学、药学和法学专家组成的专家库，为医疗纠纷的调查、评估和调解提供技术咨询；开展对医疗纠纷调解人员关于医疗纠纷处理、调解工作规范等方面的法律、法规、政策培训。人民法院负责医疗纠纷人民调解工作指导，建立医疗纠纷诉前引导，诉中委托或邀请调解工作机制，建立医疗纠纷人民调解的协议确认程序，做好医疗纠纷人民调解机制和诉讼解决机制的衔接工作。

## 二、医调委的经费支持和保障

人民调解委员会调解民间纠纷不收取任何费用，这是人民调解工作一直坚持的重要制度，也是人民调解工作的一大特色。但是，人民调解委员会正常开展工作，需要必要的经费支持和保障。过去，国家财政对人民调解工作没有专门的投入，实践中主要靠基层组织的自有经费解决。2007 年 7 月，财政部与司法部联合下发《关于进一步加强人民调解工作经费保障的意见》，规定人民调解工作经费的开支范围包括司法行政机关指导人民调解工作经费、人民调解委员会工作补助经费、人民调解员补贴经费。

《人民调解法》专门作出规定：国家鼓励和支持人民调解工作。县级以上地方人民政府对人民调解工作所需经费应当给予必要的支持和保障，对有突出贡献的人民调解委员会和人民调解员按照国家有关规定给予表彰奖励。该法同时规定，村民委员会、居民委员会和企业事业单位应当为人民调解委员会开展工作提供办公条件和必要的工作经费。《人民调解法》还规定了对人民调解员的优待抚恤：人民调解员从事调解工作，应当给予适当的误工补贴；因从事调解工作致伤致残，生活发生困难的，当地人民政府应当提供必要的医疗、生活救助；在人民调解工作岗位上牺牲的人民调解员，其配偶、子女按照国家规定享受抚恤和优待。《人民调解法》关于财政支持和保障以及优待抚恤方面的规定，是对广大人民调解员的关心和厚爱，是对人民调解工作的有力支持和保障。这对更好地开展人民调解工作起到了巨大的推动作用。

《关于加强医疗纠纷人民调解工作的意见》指出：医疗纠纷人民调解委员会调解医疗纠纷不收费。其办公场所、工作经费应当由设立单位解决。经费不足的，各级司法行政部门按照财政部、司法部《关于进一步加强人民调解工作经费保障的意见》的要求，争取补贴。

医疗纠纷人民调解不向双方当事人收取任何费用，但鉴于医疗纠纷的高发性和纠纷解决的专业性，进行调解时需要投入大量的资金。倘若没有充足的资金作为后盾，人民调解的各项工作将无法顺利开展。目前医疗纠纷人民调解的经费主要由地方财政支持，尽管我国日益重视人民调解的积极作用，投入越来越多的经费，但并未建有相应的经费保障专项制度，仅仅依靠地方财政补贴显然捉襟见肘。

北京市规定，财政部门按照现行财政管理体制和部门预算管理要求，把医疗纠纷人民调解工作相关经费纳入财政预算，加强医疗纠纷人民调解经费的监督、管理，提高资金使用的效益。北京市医疗纠纷人民调解委员会的工作经费由市财政部门予以安排，同时可以接纳社会捐赠、公益赞助等资金作为其经费的补充来源。

上海市规定，市、区县医调办的运行经费（包括人员经费、公用经费和专项经费），分别由市、区县财政予以保障。区县医调委的补助经费，包括办公场所使用经费、开办经费、工作经费（主要用于购置办公用品、文书档案和纸张等）以及医患纠纷人民调解专家咨询费等，由区县财政予以保障。人民调解员的补贴经费，包括人民调解员聘用经费、人民调解员办案补贴（根据医患纠纷的难易程度，分别按每件500元、800元、1000元给予补贴），由区县财政予以保障。专家咨询费参照人民调解员办案补贴标准执行。

## 第四节　医调委与相关部门工作的衔接

### 一、医调委与相关部门工作的衔接

上海市明确医患纠纷人民调解工作的指导思想是坚持“自愿、公正、及时、便民”原则，依托本市大调解工作体系建设，形成以人民调解为平台，司法行政、卫生行政、保险监管、公安等政府职能部门大力支持，社会广泛参与的工作格局，探索建立便捷、公正、高效的医患纠纷第三方调解机制，切实发挥人民调解工作在化解医患纠纷中的重要作用。

上海市明确了相关部门的职责：

（1）司法行政部门：牵头制定完善医患纠纷人民调解的制度框架；参与组建医患纠纷人民调解专家咨询委员会；推进人民调解组织建设；对人民调解工作进行业务指导与管理。

（2）卫生行政部门：牵头制定医患纠纷人民调解的赔付标准；组建医患纠纷人民调解专家咨询委员会；加强对医疗机构的监督和指导，督促医疗机构通过人民调解化解医患纠纷。

(3)保险监管部门:探索建立医患纠纷人民调解与保险理赔的衔接机制,在本市公立医疗机构全面建立健全医疗责任保险制度,逐步向非公立医疗机构推广,并积极拓展相关的商业险种。

(4)公安部门:维护医患纠纷人民调解工作和医疗机构的正常秩序,对扰乱医疗机构和医患纠纷调解场所秩序的行为依法及时处置。

(5)财政部门:为医患纠纷人民调解工作相关机构和人员提供经费保障。

(6)申康医院发展中心:加强对市级公立医疗机构涉及医患纠纷相关工作的管理和指导,督促市级公立医疗机构积极通过人民调解妥善化解医患纠纷。

(7)其他有关部门在各自职责范围内,积极配合市、区县医调办做好医患纠纷化解工作。

## 二、人民调解启动中与其他纠纷解决方式的衔接

根据《人民调解法》第十八条,对适宜通过人民调解方式解决的纠纷,基层人民法院、公安机关可以在受理前告知当事人向人民调解委员会申请调解,引导当事人通过人民调解来解决这些矛盾。在实行依法治国,建设社会主义法治国家的进程中,需要采用多种方法化解纠纷,健全解决社会纠纷的多种机制,采用调解的方法,可以以较小的成本、较短的时间,使矛盾纠纷在进入司法途径之前得到化解,节省司法资源和解决纠纷的社会成本。此为调解优先原则的体现。

## 三、人民调解实施中与其他纠纷解决方式的衔接

《人民调解法》第二十五条规定,人民调解员在调解纠纷过程中,发现纠纷有可能激化的,应当采取有针对性的预防措施;对有可能引起治安案件、刑事案件的纠纷,应当及时向当地公安机关或者其他有关部门报告。

矛盾冲突是复杂多变的,在调解过程中,双方当事人的矛盾可能因为各种原因升级,发生激烈的言语冲突,甚至出现肢体冲突;尤其是当一方有过暴力或犯罪经历时,一定要采取有针对性的预防措施,比如邀请当地派出所干警参与调解,采取相应的预防措施,以避免严重的社会治安问题、刑事案件的发生。

对于调解不成的纠纷应当终止调解,根据案情并依据有关法律、法规的规定,告知当事人可以通过仲裁、行政、司法等途径维护自己的权利。

## 四、人民调解协议的效力与司法途径的衔接

### (一)调解协议的形式

经调解,当事人达成协议有两种方式:一种是签订书面的调解协议书,另一

种是达成口头协议。调解协议书自各方当事人签名、盖章或者按指印，人民调解员签名并加盖人民调解委员会印章之日起生效。口头调解协议自达成协议之日起生效，人民调解员应当记录口头协议的内容。

（二）调解协议具有法律约束力

《人民调解法》规定，经人民调解委员会调解达成的调解协议，具有法律约束力，当事人应当按照约定履行。这一规定，明确了人民调解协议在法律上的效力，履行调解协议不仅是当事人的道德义务，而且是其法定义务。同时，《人民调解法》要求人民调解委员会应当对调解协议的履行情况进行监督，督促当事人履行约定的义务。

（三）调解协议的司法确认

《人民调解法》第三十三条确立了调解协议的司法确认制度，即：

经人民调解委员会调解达成调解协议后，双方当事人认为有必要的，可以自调解协议生效之日起三十日内共同向人民法院申请司法确认，人民法院应当及时对调解协议进行审查，依法确认调解协议的效力。人民法院依法确认调解协议有效，一方当事人拒绝履行或者未全部履行的，对方当事人可以向人民法院申请强制执行。人民法院依法确认调解协议无效的，当事人可以通过人民调解方式变更原调解协议或者达成新的调解协议，也可以向人民法院提起诉讼。

这里有三点需要注意：一是双方共同申请确认，调解协议生效后，如果当事人认为有必要通过人民法院确认调解协议的效力，应当共同申请；二是申请的期限，申请司法确认的期限是调解协议生效之日起三十日内；三是司法确认的效力，人民法院依法确认调解协议有效，该调解协议即具有强制执行效力，一方当事人拒绝履行或者未全部履行调解协议所约定的义务，对方当事人可以向人民法院申请强制执行。

《人民调解法》确立的司法确认制度对于维护人民调解的公信力，提高司法效率，有效维护当事人的合法权益具有重要意义。

2011 年 3 月 21 日最高人民法院审判委员会第 1515 次会议通过的《最高人民法院关于人民调解协议司法确认程序的若干规定》进一步明确和规范了人民调解协议的司法确认程序，是人民法院对人民调解工作强有力的支持，是重要的司法救济和司法保障手段，更利于调解协议的履行，尤其是有利于医疗纠纷调解协议的履行。

## 五、联动机制

（一）部门联动机制

医疗纠纷是一个复杂的社会问题，涉及很多的相关部门，尤其是在一些重大、复杂的医疗纠纷发生时，为了维护正常的医疗秩序，防止“医闹”现象和恶性事件的发生，需要上级卫生主管部门、属地派出所、司法部门、综治部门和患方所在地镇、街、村领导等相关部门和人员的共同参与。各个相关部门联合起来共同行动解决医疗纠纷的方式收到了显著的效果。例如，2009 年，广州市第一人民医院有 3 起激烈的医疗纠纷是运用联动机制调解处理的，达到了预期效果，医患双方比较满意。

（二）三调联动机制

三调联动机制是指在调解解决医疗纠纷的过程中注意坚持司法调解、行政调解和人民调解相结合，充分体现“调解优先”的原则。医疗纠纷进入司法程序后，法官对医患双方当事人先行调解，调解不成且不愿意通过其他途径解决的才进入审判程序。法官具有较为丰富的纠纷调解经验，但是医学专业知识不足；卫生行政人员对卫生领域的相关政策较为了解，但缺乏临床经验及法学知识；部分人民调解员法学或者医学知识比较欠缺。司法调解、行政调解和人民调解三种调解形式各有利弊，在一种调解形式不能解决当事人之间的纠纷的情况下，可以借助其他调解队伍的力量，联合起来，共同解决医疗纠纷。

# 第十章　医调委的人民调解员

## 第一节　人民调解员的产生及任职条件

### 一、人民调解员的产生

人民调解员是经群众选举或者接受聘任，在人民调解委员会领导下，从事人民调解工作的人员。根据《人民调解法》第十三条，人民调解员包括两类，一是人民调解委员会委员，二是人民调解委员会聘任的人员。总体来说，这两类人员具有一个共同点，即都属于人民调解委员会中的工作人员。因此由于人民调解委员会的群众性组织性质，他们仅具有普通组织工作人员的身份，均不属于国家机关工作人员。但是，根据两种人员的来源不同，他们在具体的产生程序上也存在差异。

（一）人民调解委员会委员

人民调解委员会委员是人民调解委员会的组成人员，一般通过选举方式产生。具体来说，村民委员会、居民委员会的人民调解委员会委员由村民会议或者村民代表会议、居民会议推选产生；企业事业单位设立的人民调解委员会委员由职工大会、职工代表大会或者工会组织推选产生。当选任的人民调解委员会委员有特殊情况不能履职时，原选举单位应当补选。此外，村民委员会成员、居民委员会成员或者企事业单位有关负责人也会兼任人民调解委员会委员。

具体到实践中，人民调解委员会委员通常由三类人员担任：一是村民委员会、居民委员会、企事业单位的人民调解委员会主任，二是相关辖区内的司法助理员，三是相关辖区内居住的懂法律、有专长、热心人民调解工作的社会志愿人员。与此同时，从调解工作的实际开展情况来看，人民调解委员会委员的来源还应当考虑性别均衡与民族团结问题。一方面，在性别结构上，人民调解委员会中应有部分女性委员。另一方面，在民族结构上，多民族聚居地区的人民调解委员会中，应当有人数较少的民族的人员担任委员。

人民调解委员会委员每届任期三年，任期届满时进行改选，但是可以连选连任，没有连任次数限制。

（二）人民调解委员会聘任的人员

人民调解委员会根据需要，可以聘请部分符合条件并愿意从事调解工作的社会人士担任调解员。这类聘任人员可以是专职调解员，也可以是兼职。与人民调解委员会委员相同的是，聘任的人民调解员任期也是三年，每三年聘任一次，可以续聘，不受聘任次数限制；任职期间，若遇特殊情况不能履行职务，原聘任单位可以进行补聘。

实践中，医疗纠纷人民调解委员会基本从医学、法学方面的专家中选聘调解员。以北京市医疗纠纷人民调解委员会为例，调解员多数从具有多年实务经验的退休医务工作者、退休法官中选任。相比之下，具有相关专业背景的大学毕业生虽然具备专业知识，但在调解技能上稍逊一筹，因此被直接选聘为人民调解员的情形相对较少。

## 二、人民调解员的任职条件

（一）法定任职条件

1. 国籍要求

根据《人民调解法》，担任人民调解员的必须是我国公民，亦即，具有我国国籍。这是任职人民调解员的首要条件。具有外国国籍的人和无国籍人，即使全部符合其他条件，也不得被选举或聘任为人民调解员。这是因为，调解制度极富中国特色，外国人和无国籍人很难真正了解和掌握这项制度，也很难胜任人民调解员的工作。同时，经人民调解委员会调解达成的调解协议具有法律效力，因此人民调解员在调解过程中的作用至关重要，必须严格符合行为规范。因此，由我国公民担任人民调解员，有利于从法律上对其进行规制，确保调解工作的顺利开展。

2. 年龄要求

担任人民调解员，必须年满 18 周岁。在我国，只有年满 18 周岁的成年人才具有完全民事行为能力，可以单独从事各项民事活动，享有民事权利，履行民事义务。相比于其他民事活动，调解工作的复杂性更甚、难度更高。举轻以明重，对普通民事活动适用的民事行为能力的要求自然也应适用于调解活动。

3. 思想品质要求

首先，人民调解员应当公道正派。一方面，人民调解员是中立的第三方，应当秉持公平正义理念，不徇私，不偏袒任何一方当事人。另一方面，调解员应当客观公正，避免主观臆断，要充分尊重客观事实，合理地还原事实真相，并据之判断是非曲直，帮助当事人平等达成调解协议。

其次，人民调解员应当联系群众。人民调解委员会是群众性组织，其中的调解员来自群众，是群众推选或聘任来帮助处理纠纷的人员，其本质也属于群众的一分子，自应与群众保持密切联系。同时，只有紧密联系群众，不脱离群众，人民调解员才能了解群众遇到纠纷时的真正需求，也才能提出合适的调解方案，并以具有说服力的调解方式，提高方案的接受度。

再次，人民调解员应当热心人民调解工作。人民调解员面对的是各种矛盾冲突和脾气性格迥异的当事人，工作琐碎、繁杂，有时为了劝解当事人需要连续工作数小时，费心费力。但如果达不到当事人的最初预期，很可能吃力不讨好，无法达成调解协议，使调解工作付诸流水，还会受到当事人的怀疑甚至指责。而与此形成鲜明对比的是，人民调解员不属于国家机关工作人员，很难获得丰厚的待遇和奖励，更多的是一种义务性付出。据此，只有热爱人民调解工作并愿意为之奉献的人士才能真正投身于此，尽职尽责地做好调解工作。

4.文化知识要求

首先，人民调解员应当具有一定的文化水平和政策水平。人民调解员面对的当事人形形色色，其中不乏具有较高知识水平的人。如果调解员自身的文化素养低，将很难与他们沟通，更不用说成功劝解。不过，此要求也不应绝对化，相比较于学历水平，调解技巧和群众威望可能更为重要。因此，对人民调解员的受教育程度不宜作出硬性规定。①

其次，人民调解员应当具有一定的法律知识。一方面，人民调解员在当事人之间进行调解工作，应当在理清事实的基础上，坚持原则、明法析理、主持公道，不能违背法律、法规和国家政策，不能一味为了追求当事人接受调解方案的结果，而混淆是非，“和稀泥”或者“各打五十板”。另一方面，在实践中，调解员也往往需要准确地讲解有关法律、法规和国家政策，使当事人知晓如果诉诸法院将可能面临的审理结果，才能让当事人心悦诚服地自愿接受调解方案并执行调解协议。当然，法律知识可以通过各种途径进行学习和掌握，立法没有强制性要求人民调解员具备法律专业背景。

（二）意定任职条件

对医疗纠纷人民调解员来说，由于调解事项的专业复杂性和冲突尖锐性，除了前述法定任职条件之外，一些医疗纠纷人民调解委员会还会结合各自的实际情况，提出更加具体、细致的任职条件。综合而言，主要包括以下两项：

1.专业背景要求

医疗纠纷人民调解员面对的是医疗过程中产生的医患纠纷，在许多情形下，患方当事人主张医方未采取恰当的诊疗护理措施而导致医疗事故，并据此要求

① 扈纪华，陈俊生：《中华人民共和国人民调解法解读》，中国法制出版社2010年版，第56页。

医方承担法律责任，进行损害赔偿。对此，调解员首先需要判断的就是医务人员有无违反医疗卫生管理法律法规和诊疗护理规范、常规，是否存在过错，诊疗结果未达到患方要求是因为存在医疗事故还是属于诊疗活动中正常的风险范围。据之，调解员应当具有相应的医学专业背景，亦即，经过专业的医学学习，取得必要的学历，打下比较坚实的医学理论基础，同时经过一定时间的医学临床工作或医院管理工作，储备比较丰富的实务经验。

此外，与普通医务工作者不同的是，调解员不仅需要明晰前述医学上的技术性问题，还应当了解医患纠纷的相关法律问题，例如医疗事故的鉴定与处理程序，医疗事故的责任承担、赔偿数额的确定方法等。

据此，在实践中满足本项专业素养要求的人员大多来自医疗机构和法院，包括各专科中的医学专家，医疗管理机构中具有丰富的医疗纠纷处理和医院管理经验的工作人员，以及法院中专门审理医疗纠纷案件的审判人员。

2. 业务能力要求

医疗纠纷人民调解员应当具有良好的人际沟通能力和语言文字表达能力。

医疗纠纷大多是在患方出现人身伤亡的情形下产生的，此时患方通常情绪激动且与医方的对立性较强。于是，调解员首先需要安抚患方情绪，取得患方信任，才能使患方心平气和地接受调解，与医方协商。在这方面，调解员的人际沟通能力便十分重要。继之，由于患方通常不了解医学知识和法学知识，调解员需要以深入浅出的方式向其解释该诊疗过程是否合规及诊疗结果的产生原因，如果存在医疗事故，还应当阐明医方的责任内容、责任形式、赔偿数额的确定方法等。此外，调解员还应告知医疗事故的通常处理方式，调解协议的效力与执行等问题。这就需要调解员具备较强的语言文字表达能力，既能准确、清晰地进行阐释、说明，又能将当事人达成的调解方案表述成文，形成一份内容清楚、文笔流畅、符合法定要求的调解协议。

## 第二节　人民调解员的职责与工作纪律

### 一、人民调解员的职责

#### （一）开展调解活动

1. 查明事实

调解不是和稀泥，应当分清是非曲直，否则，达成的调解方案可能歪曲事实、违背正义，调解员可能成为一方当事人获得不正当利益、欺压打击另一方当事人的工具甚至帮凶。

人民调解员查明纠纷所涉事实，主要通过两种方式。一是听取当事人陈述。当事人是纠纷的直接参与者，往往能够提供第一手信息。但是，考虑到当事人的立场，人民调解员应当给予双方当事人相同的陈述机会，平等地听取他们各自的表达，并从中分辨出真实有效的信息，避免偏听偏信。二是查看证据材料。这在医疗纠纷中主要表现为各种病历资料，包括化验单、医学影像检查资料、手术及麻醉记录单等客观病历资料，以及疑难病历讨论记录、会诊意见、上级医师查房记录等主观病历资料。相对于当事人的陈述，这些证据材料的真实性更强，更能如实反映事件真相，应当成为人民调解员查明事实的主要依据。

2.明晰法理

调解虽然不同于诉讼，不要求严格以法律为准绳，但其达成的调解协议具有一定的法律约束力。因此，人民调解员仍需使调解过程在不违背法理的前提下进行。换言之，调解员不能完全受当事人主导，而应在一定程度上先摒除当事人的主张，就事论事地确定案件纠纷的应然处理方式，亦即，明确双方当事人的哪些观点有法律依据，对此纠纷双方各应承担何种法律责任，等等。如此，调解员才能掌握明晰的调解方向，使调解方案不至于违背法律、法规和国家政策；同时，符合法理的调解方案才能最终获得双方当事人的真心认可，增强其实际执行力。

3.耐心疏导

纠纷双方当事人通常都不具备相应法律知识，只是站在自己的立场上，依据社会常识判断对错。在此情形下，要让他们放下对立情绪，客观、冷静地理解是非曲直，并非易事。这就需要人民调解员耐心劝解，消除他们的隔阂，并说服他们理解和接受符合法理的调解方案。

这一点在医疗纠纷中表现得更突出。医患双方的专业知识相差悬殊，绝大多数患方都不具备相应的医学知识，虽然经过医方的说明，仍无法理解有些诊疗过程中的正常风险，很难接受“治疗不一定治愈”的事实。而在医患矛盾日益加剧的现实背景下，再加上有些情形下医方未以足够的耐心，用通俗的用语详加说明和与患者沟通，很容易导致患方从一开始就对医方抱有不信任态度。在这些不利条件下，人民调解员必须先向患方解释清楚事实真相，在此基础上再将自己分析得出的纠纷应然处理方式，向医患双方进行阐述，使之都能接受，或稍加变通，平等协商、互谅互让地达成解决办法。换言之，人民调解员要将自己确认的事实和是非曲直，通过耐心劝解转化为双方当事人都接受的方案，促成矛盾的解决。

（二）制作调解协议

经调解，双方当事人达成调解方案的，可以采取口头协议方式或制作调解协议书。具体来说，如果当事人认为无须制作调解协议书而采取口头协议方式时，人民调解员应将此协议内容制作笔录。如果当事人提出请求，或者人民调解员认为有需要的，则应制作正式的调解协议书。

根据《人民调解法》及《人民调解工作若干规定》，调解协议书主要包括如下事项：(1)双方当事人的基本情况，例如姓名、住址、联系方式等。(2)纠纷的主要事实、争议事项以及各方当事人的责任。从内容上看，这一点与判决书有些相似，但是考虑到人民调解的群众性，在撰写时不必像判决书那样严谨，也不必把法律条文进行详细阐释和分析，只要能够把事件的来龙去脉和是非曲直说明清楚即可。(3)当事人达成调解协议的内容。此即纠纷的解决方案，包括双方当事人各自享有何种权利，承担何种义务等。在医疗事故引起的纠纷中，这主要是指医方的赔偿数额。(4)履行的方式、地点和期限。这是纠纷解决方案的细化，以提高解决方案的可操作性。以医疗事故损害赔偿为例，双方可以写明是一次性付清赔偿金，还是分期支付；具体支付日期是何时；采用现金支付还是转账支付；如果采用现金支付，是医方将款项送到患方所在地，还是患方到医院自提；等等。

需要说明的是，前述调解协议书的主要事项不属于强制性规定，而是示范性条款，换言之，实践中的调解协议书是否载明这些事项，可以由当事人自己决定。

(三)引导当事人采取其他纠纷解决方式

如果虽经努力调解，双方当事人仍未达成一致意见、形成调解协议的，人民调解员也不应听之任之，而应进行善意的提示与告知，引导当事人通过其他方式依法解决医疗纠纷，例如向法院起诉或由其他部门处理。

人民调解机制的根本目的是解决纠纷、化解矛盾。如果在达不成调解协议时，调解员就对双方当事人放任不管，很可能导致矛盾激化；如果当事人再作出过激行为，会使得矛盾更加无法调和。因此，从善良第三者的角度出发，在纠纷转由其他机关处理前，调解员应当给予当事人以正确的引导，帮助其寻求其他纠纷解决途径。实践中，由于医疗纠纷处理的特殊性，人民调解员可以给予比较细致的说明，告知几种处理方式以及大致的处理程序，如果当事人(尤其是患方)需要更加具体的指导时，人民调解员应予以耐心帮助。

## 二、人民调解员的工作纪律

(一)行为规范

1. 不得偏袒一方当事人

人民调解员的首要作用是平复当事人情绪，避免矛盾激化，在此基础上再努力化解矛盾，消除隔阂，寻求纠纷解决方式。在此过程中，如果调解员偏袒一方当事人，容易引起对方的不满和愤怒，反而会加剧双方的冲突，甚至可能引起极端事件。退一步讲，即使对方没有意识到调解员的偏袒行为，在调解员偏袒态度引导下达成的处理方案也必不符合公平正义原则，无法保护当事人的合法利益，也无法让过错方承担应有的责任。对于此种处理方案，当事人很难自愿接受，最终往往达不成调解协议，白白浪费时间与精力。

在医疗纠纷中，人民调解员不得偏袒一方当事人应当注意两点：一是不得偏袒医方，实践中许多调解员具有医院工作经历，可能和参与调解的医方具有某种联系，此时应当摒除个人因素，公正地主持调解工作；二是不得偏袒患方，医疗纠纷中的患方往往处于弱势地位，值得同情，但调解员不能以情感代替理智，仍应以事实和法理为先。

2.不得侮辱当事人

参与调解的当事人各种各样，有时可能提出完全不合理的要求，甚至自说自话，不讲道理。对此，人民调解员应当做好耐心劝导工作，不能心生反感，更不能进行讽刺或侮辱。另外，如果当事人在情绪激动之下，作出不当言行，甚至谩骂、攻击调解员，调解员仍应保持良好态度，也可以等当事人情绪平复之后再继续调解工作，但是不能采取对立立场，不能以眼还眼、以牙还牙。

3.不得索取、收受财物或者牟取其他不正当利益

人民调解员应当廉洁自律，不收受任何一方当事人给予的好处，包括金钱、礼品、子女的升学机会等，也不得接受性贿赂，当然，更不应主动向当事人索取这些不正当利益。此外，当事人表示调解员工作辛苦，以请客吃饭等休闲方式表示慰问，人民调解员通常也不宜参加。

这种廉洁性要求不仅是为了防止人民调解员收受一方当事人给予的不正当利益后，在调解工作中作出偏袒行为，引导双方达成有违公平正义的调解协议，也是为了维持调解员队伍的正面形象。在实践中，即使调解员收受了一方当事人给予的好处而最后并未偏袒于他，仍会引起另一方当事人对调解结果是否公平的怀疑，不利于调解协议的达成和履行。久而久之，公众将质疑人民调解制度的公正性，从而直接影响该制度的社会认可度。

4.不得泄露当事人的个人隐私、商业秘密

人民调解员在调解过程中可能获悉当事人的隐秘信息，例如，患方的病情、家族病史、家庭成员，医方的医疗器械采购渠道、院内制剂配方、诊疗技术诀窍，等等。这些涉及当事人的隐私权和商业秘密权，无论是当事人主动告知，还是人民调解员在调查过程中得知，调解员都有保密义务。换言之，在调解过程中以及调解结束之后，调解员都不得向第三人泄露这些隐秘信息，更不得利用这些信息从事与本次调解无关的活动。当然，在调解过程中，调解员所了解的此方当事人的隐秘信息，也不得透露给彼方当事人，以免彼方以之为凭借威胁，迫使此方接受不公平的调解协议。

5. 必要时遵守回避原则

《人民调解法》没有正式提出人民调解员的回避制度，司法部《人民调解工作若干规定》则作出了原则性规定，认可当事人对调解员享有回避请求权。在此基础上，一些地方性的医疗纠纷调解委员会制定了更加细致的人民调解员回避制度。

以北京市为例，《北京市医疗纠纷人民调解规程（试行）》规定了调解员应当回避的三种事由：一是调解员为本医疗纠纷当事人或当事人、代理人的近亲属；二是调解员与本医疗纠纷有利害关系；三是调解员与本医疗纠纷当事人有其他关系，可能影响公正调解。当调解员具有这三种情形之一时，当事人可以提出回避请求，调解员也可以自行回避。

人民调解工作是建立在当事人信任的基础之上的，如果调解员具有应当回避的事由而不回避，会降低当事人的信赖度，直接影响调解工作的顺利进行，最后即使达成了调解协议，其效力也可能受到当事人的质疑。

（二）违规处理

人民调解员在调解工作中违反前述行为规范时，应当依据法律规定及人民调解委员会章程的规定进行处理。具体而言，如果行为人的违规情节轻微，可以由所在的人民调解委员会给予批评教育、责令改正。批评处分不是目的，使调解员时刻谨记行为规范并意识到严守工作纪律的重要性才是关键。若经教育仍拒不改正，则说明其不符合人民调解员的任职条件，应当免除其调解员职务。如果行为人的违规情节严重，已经造成了一定的负面后果，通常此时已给自己甚至整个人民调解委员会的声誉带来不利影响，原推选或聘任单位应当对其予以罢免或解聘。

此外，如果人民调解员因违反前述行为规范的行为而触犯了其他法律，例如侮辱当事人构成对其名誉权的侵犯、泄露当事人的个人隐私或商业秘密构成对其隐私权或商业秘密权的侵犯，则还需依法承担侵权责任等其他法律责任。

## 第三节　人民调解员的权利与义务

### 一、人民调解员的权利

（一）审查和调查的权利

为了查明纠纷所涉事实真相，人民调解员享有一定的审查和调查权。一方面，人民调解员应当审查当事人所提交材料的真实性与合法性。在医疗纠纷中，这主要表现为医方记录的病历资料有无假造、是否事后所补，知情同情书上的患方签字是否真实，患方有无相应的民事行为能力、签字是否有效，等等。另一方面，当当事人所提交的材料不齐备，或其真实性与合法性存在可疑之处时，人民调解员应当主动进行调查，例如向患者与其家属以及有关医务人员询问与纠纷有关的事实情况，或者请求医方补交相关病历资料等证明材料。

需要说明的是，人民调解员仅仅是群众性组织中的工作人员，不属于国家司法机关工作人员，因此其审查与调查的权利相对较弱，在很大程度上有赖于双方当事人及其他相关人员的积极配合。如果被调查人员不予配合，人民调解员只能耐心劝导，不能为查明事实真相而强行讯问或调取材料，更无权采取罚款、拘留等强制措施。

（二）制作调解文书并署名的权利

人民调解员应对整个调解过程制作笔录，记载纠纷的受理和处理过程以及最终结果。如果经调解达成调解协议，一般情况下，调解员可以制作正式的调解协议书，清楚载明当事人的基本情况，纠纷的主要事实、争议事项以及各方当事人的责任，当事人达成调解协议的内容、履行的方式、期限等事项。经双方当事人签名、盖章或者按指印后，人民调解员也应在调解协议书上签名并加盖人民调解委员会印章。如果当事人认为无须制作调解协议书而采取口头协议方式的，调解员仍应将协议内容进行书面记录。

应当注意，记录调解情况既是人民调解员的权利，也是其义务。通常情况下，无论调解结果如何，调解员都应进行记录。这一方面是为日后可能出现的争议提供证据，而在当事人达成调解协议的情形下，将之明确记录在案，还有利于督促双方主动履行协议。另一方面，记录调解情况利于人民调解工作长期、稳定地开展与改进。对已有的调解情况记录进行分析、统计，可以总结经验教训，形成一套较有成效的调解程序与调解技巧，促进日后调解工作的顺利进行。同时，调解情况记录也能够鲜明地显示出纠纷的高发地带与各类案件中当事人的主要利益诉求，以之指导医务工作，有利于从根源上减少和避免医疗纠纷。

（三）履行职务不受他人非法干涉的权利

人民调解员虽然不属于国家司法机关工作人员，但也是解决民间纠纷、维护国家法制、促进社会和谐稳定的重要力量，其任职是由群众选举或聘任得来的，履行职则是依法进行的，而在其主持下达成的调解协议具有法律效力，对于维护公平正义、保障当事人的合法权益具有重要意义。因此，我们应当为人民调解员依法履行职务、正常开展工作提供必要的保障。具体来说，人民调解员进行调解活动应当具有独立自主的权利，不受其他行政机关、社会团体和个人的非法干涉。司法行政机关只能依法对人民调解工作予以规范和指导，不宜直接干预某具体纠纷的调解工作，更不能发出违反法律、法规和国家政策的命令。人民调解员在依法履行职务的过程中，受到非法干涉甚至打击报复的，可以请求司法行政机关和有关部门依法予以保护。

## 二、人民调解员的义务

人民调解员在遵循行为规范的前提下履行职责是其工作的基本内容，因此从广义上说，前述人民调解员的职责和行为规范也属于义务范畴，是调解员在工作中的应为事项。除此之外，调解员还应当履行下列义务。

### （一）宣传法律法规

《人民调解委员会组织条例》与《人民调解工作若干规定》都将“通过调解工作宣传法律、法规、规章和政策，教育公民遵纪守法，尊重社会公德”作为人民调解委员会的任务，而此任务当然由人民调解员具体执行。换言之，在调解工作中，人民调解员不仅要解决某项具体的纠纷，使双方当事人明白在此纠纷中谁是谁非、各自承担何种责任，把此次纠纷圆满化解，还应当以此为契机，向当事人介绍、讲解并宣传有关的法律规定和国家政策，使之既知其所然又知其所以然。如此，当事人才能真正知法守法、依法办事，避免以后发生类似纠纷。

同时，除了在处理具体的纠纷过程中，向特定的当事人讲解法律法规和国家政策之外，人民调解员还可以在日常工作中定期或不定期地开展法律宣传，就社会生活中易发生争议的问题向广大公众介绍国家立法规定和有关政策，预防纠纷的发生。

### （二）亲自办理调解事务

一方面，调解工作的顺利开展有赖于纠纷当事人对办案调解员的充分信任和调解员的工作能力。因此，人民调解员一职虽然不属于国家司法机关工作人员，但仍具有极高的严肃性和专业性，不是人人都能担任的。另一方面，人民调解员在调解过程中经常会接触到当事人的隐秘信息，这在医疗纠纷调解中体现得更加明显，如果将调解事务交由他人完成，获悉该隐秘信息的人群范围将会扩大。即使对相关主体都提出保密要求，仍然可能违背当事人的意愿。毕竟对当事人来说，获知其隐秘信息的人越少越好。因此，一般情形下，人民调解员应当亲自办理调解事务，不能委托他人代为处理。换言之，自接到调解事项开始的一切工作，包括宣布调解会场纪律、核对当事人、宣布调解员名单、告知当事人权利义务、询问当事人是否提出回避申请等程序性事务，以及听取当事人陈述、确定事实真相、劝导当事人达成调解共识、宣传法律法规、制作调解协议书等实体性事务，都应由调解员亲自完成。当然，如有特殊情况，例如调解员突遇意外事件或因病不能继续调解工作，则在征询当事人意见后，可转由其他调解员处理。

### （三）预防纠纷激化

一般来说，经过作为中立第三方的人民调解员的说服疏导，纠纷当事人的矛盾应当渐渐趋于缓和，即使最终未达成调解协议，随着时间的推移和调解员的劝解，当事人在纠纷刚发生时的激动情绪也应慢慢平复。但是也有例外情况。例如，若一方当事人在调解过程中态度强硬、拒不让步、甚至使用不文明言辞，就可能引起对方的怒火。再如，在调解工作的间隙，若有案外第三人出于自己的目的挑拨、怂恿当事人，也可能使事态急转直下。因此，人民调解员在说服疏导当事人的同时，应当密切关注当事人的情绪和态度，留意一切可能导致纠纷激化的事件，尽力防止矛盾激化。如果发现纠纷有可能激化时，应当及时采取有针对性的处理措施；对有可能引起治安案件、刑事案件的纠纷，不能疏忽大意，也不能过于自信，认为一切尽在自己掌控中，而应及时向人民调解委员会报告，并与当地公安机关或其他有关部门联系。

## 第四节　人民调解员的待遇与奖励

### 一、人民调解员的待遇

#### （一）误工补贴

由于不属于国家机关工作人员，人民调解员无法享受公务员待遇。同时，在人民调解不收费的制度下，人民调解委员会的工作经费都难以落实，更不用说人民调解员的个人待遇。这就导致人民调解员的回报与付出不成比例，在许多时候，调解员都是无偿从事调解工作，有时甚至为了解决纠纷，调解员还需自己支付交通费、通信费等，用于核查真相、劝解当事人。长此以往，既会打击人民调解员从事调解工作的积极性，也不利于调解工作的顺利开展。鉴于此，财政部与司法部于 2007 年发布了《关于进一步加强人民调解工作经费保障的意见》，将人民调解员的补贴经费列入人民调解工作经费范围，并规定了具体的保障办法：一方面，将司法行政机关指导人民调解工作经费列入同级财政预算；另一方面，由地方财政根据当地经济社会发展水平和财力状况，适当安排人民调解员补贴经费，而乡镇（街道）、村（居）委会、企事业单位等设立人民调解委员会和人民调解员的机构也应继续对其提供支持。

应当承认，该意见对于改善人民调解员的待遇、保障其生活所需具有十分积极的作用。但是仔细分析可以发现，意见中将人民调解员的补贴经费界定为发放给被司法行政部门正式聘请的人民调解员调解纠纷的生活补贴费。这就有点类似于工资，仅将受益主体限于正式聘请的人民调解员，无法涵盖所有人员。2010 年的《人民调解法》在此方面进行了调整，规定“人民调解员从事调解工作，应当给予适当的误工补贴”。以“误工补贴”取代“补贴经费”，且未区分人民调解员的类型，使该款有关人民调解员待遇的规定可以适用于所有类型的调解员，包括选举出的和聘任的调解员，也包括专职调解员和兼职调解员。换言之，只要作为人民调解员从事调解工作，就可能为开展工作支付一些费用，也会因此占用了从事其他工作的时间而减少收入，相关机构应当对调解员进行一定的补偿。对于这一点，《中华人民共和国人民调解法解读》中予以明确承认，指出“补贴的标准主要是以人民调解员从事调解工作直接造成的经济损失和人民调解员开展工作中的必要经济开支为限度”。①

（二）因公致伤时的医疗、生活救助

人民调解员从事调解工作，面对的是产生较大纠纷的当事人，有时当事人情绪激动，可能对调解员不满而采取过激行为对其造成损害。这在医疗纠纷中比较常见，尤其是当专业“医闹”介入和煽动之后，调解员与医方工作人员都可能受到人身伤害的威胁。当然，伤害事件发生后，行为人应当承担相应的侵权责任，进行损害赔偿。但是考虑到有些情形下，行为人可能缺乏经济赔偿能力，而调解员受伤严重，生活发生困难，因此《人民调解法》对当地人民政府提出“提供必要的医疗、生活救助”的要求。换言之，此时当地人民政府不能置之不理，而应对人民调解员施以援手，实施必要的救助，帮其渡过难关或给予一定的生活保障。这既是人道主义的体现，也是消除调解员后顾之忧、促进人民调解工作顺利开展的需要。

需要指出的是，根据立法者的立法意图，本款有关人民调解员救助的规定，不仅适用于调解员在开展调解工作的过程中致伤致残，还包括其他与调解工作有关的情形，例如在前往调解现场的途中遭遇交通事故，调解结束后受到当事人打击报复等。② 这些都属于调解工作的延伸工作范围，调解员在从事这些活动时受到伤害，追根溯源，仍与调解工作脱离不了关系，因此也应将之纳入救助条款的适用范围，以对调解员进行全面保障。

（三）因公牺牲后的抚恤和优待

如果在前款规定的情形中，人民调解员受伤过重不治身亡，相关机构应当做好其遗属的抚恤和照顾工作。例如，向其配偶、子女发放相应的抚恤金，在入学、工作等方面给予其配偶、子女一定的优待，等等。此外，在前款规定的情形之外，如果人民调解员因公殉职，例如劳累成疾、在工作岗位上病故，也应适用本款规定。这既对因公牺牲的人民调解员给予了补偿，给其遗属以宽慰，又能解决遗属的实际生活需要，体现国家的人文关怀。

---

① 扈纪华，陈俊生：《中华人民共和国人民调解法解读》，中国法制出版社 2010 年版，第 63 页。

② 扈纪华，陈俊生：《中华人民共和国人民调解法解读》，中国法制出版社 2010 年版，第 63 页。

### 二、人民调解员的奖励

人民调解员不属于国家机关工作人员，目前尚无正式的晋升机制，因此，对调解员的奖励机制就尤其显得重要。一方面，这是对调解员认真工作、辛勤付出的肯定与回报，符合公平理念。另一方面，这也能够对调解员形成一定的激励，促进他们全心全意从事人民调解工作。

《人民调解法》与《人民调解工作若干规定》均对调解员的奖励机制规定得比较笼统，只提出县级以上地方人民政府应当对有突出贡献的人民调解员按照国家规定给予表彰奖励，但没有要求具体的方式和形式。我们认为，实际工作中，可以采取以下方式和形式。

在奖励方式上，可以采取定期奖励与特殊奖励相结合的方式。一般情形下，人民调解委员会等相关机构可以对调解员的工作进行定期统计、检查与考评，评选出该阶段中成绩显著、贡献突出的人民调解员，按照既定的奖励标准进行奖励。如果发生特别情形，例如突遇重大纠纷或者在纠纷调解过程中突发紧急状况使当事人安全、社会安定面临重大威胁时，因调解员处理得当而避免了人身财产的重大损失，也可予以特别表彰。

在奖励形式上，可以开拓多种奖励形式。除了传统的授予荣誉称号、颁发奖杯和证书、发放奖金等，我们还可以尝试新的奖励形式。例如，对于非正式聘任的人民调解员，可以破格进行正式聘任。再如，对于思想水平高、业务能力强、表现突出的人民调解员，可以进行培养、锻炼，使其担任人民陪审员。此外，对于达到一年工作年限、成绩卓著的人民调解员，可以开通其他工作渠道，例如在相应职位的国家公务员招聘时，同等条件下给予优先录取的资格，等等。

## 第五节　人民调解员的素质培养

### 一、人民调解员的培养主体

《人民调解法》与《人民调解工作若干规定》都提出，司法行政机关应当加强对人民调解员的培训。这是立法的明确要求，但是考虑到具体的可操作性，我们认为，人民调解委员会作为人民调解员的直接主管机关，也应当负有培养培训调解员的义务。

（一）人民调解委员会

人民调解委员会从事的是人民调解的第一线工作，拥有本地区民事纠纷发生情况与人民调解工作开展情况的第一手材料，能够直观地感受到本地区人民调解工作对调解员素质与能力的具体要求。同时，作为人民调解员的直接主管机关，人民调解委员会能够从日常工作中清楚地了解各位调解员的优势与不足，知晓其擅长处理何种纠纷，对何种纠纷缺乏处理经验。因此，人民调解委员会可以从实际情况出发，根据各位调解员的具体情况，因材施教，提出有针对性的培养培训方案，切实提高调解员的素质与能力。

具体到实践中，人民调解委员会可以制定详细的调解员培养培训制度，作为本单位的常规工作内容，并将调解员参加培养培训的情况与其工作检查和考评联系起来。当然，培养培训的形式可以多样化，关键在于培养培训的成效，要以切实提高调解员的素质和能力为最终目标。

（二）司法行政机关

司法行政机关是人民调解工作的指导机关。各级司法行政机关都负有推进本地区人民调解委员会的组织建设、队伍建设、业务建设和制度建设，规范人民调解工作，提高人民调解工作的质量和水平的责任。据此，培养培训人民调解员也成为司法行政机关的一项重要任务。

与人民调解委员会不同，司法行政机关不仅仅主管调解工作，而且涉及监狱管理、律师管理、公证事务管理、法制宣传等各个方面，因此其对调解工作的指导应当是宏观的，站在整个司法活动的高度上进行的，且要将调解作为解决纠纷、宣扬法制、维护社会安定的环节之一，与其他司法制度彼此衔接与配合。

在实践中，司法行政机关可以对本辖区内的各人民调解委员会的调解工作进行全面统计、分析，并结合公证事务管理、律师管理等工作中获得的信息，对调解工作进行全局性的统筹安排，然后以之为指导，确立本阶段对人民调解员培养培训的重点和方案。具体执行时，司法行政机关可以与人民法院合作开展培养培训工作。

此外，除了前述专职负有人民调解员培养培训职责的机构之外，调解员自己也应当努力工作，注重学习，不断提高自己的职业素养。从某种意义上说，这是进行人民调解员素质培养的最关键环节，任何外部的培养培训只有在激发了调解员的内在积极性之后，才能真正发挥效用。

**二、人民调解员的培养内容**

（一）思想素质

人民调解员在任职之初，就应当符合相应的思想品质要求，为人公道正派、注意联系群众、热心人民调解工作。但这仅仅是入职的基本条件，要成为一名优秀的人民调解员，在人民调解工作中作出相应的成绩，还需在随后的工作中不断加强学习，更加全面地提高思想素质。这包括但不限于以下三点：

一是爱岗敬业、热情服务。人民调解员在入职时一般都具有从事调解工作的热忱,但是随着工作的实际开展,一方面面对各种各样的矛盾纠纷和形形色色的当事人,需要投入极大的耐心、时间和精力,有时可能还要受到当事人的误会和指责;另一方面又无法从调解工作中获得应有的回报,更多的是一种无偿付出,长久下来,可能会磨灭最初的热情与耐性,导致一些调解员在任职期满后不愿留任,甚至在任期内就缺乏工作的主动性和积极性。要解决这些问题,除了有关方面加大对人民调解员待遇的保障力度之外,还需依靠对调解员思想素质的培养,使其从内心深处产生并保持爱岗敬业、热情服务的观念。

二是诚实守信、举止文明。人民调解工作的顺利开展在很大程度上依赖于当事人对调解员的好感与信任。如果调解员出现不诚信的行为,将极大地降低其个人威望,此时无论其是否依据事实真相开展调解工作,也无论其分析的是非曲直是否符合法律规定,都可能引起当事人的怀疑而被拒绝接受。另外,如果调解员在调解过程中出现不文明的言行,可能降低当事人的好感度,尤其当其受到一方当事人的不敬或攻击时进行反击,很可能使之以为调解员与对方当事人站在了同一战线而要求中止调解。因此,人民调解员应加强素质修养,做到诚实守信、举止文明,人民调解委员会、司法行政机关在进行培养培训时也应注重这一点。

三是坚持原则、廉洁自律。人民调解员不属于国家司法机关工作人员,没有十分严格的纪律要求,同时其调解纠纷也不需要严格依据法律规定,而是可以根据实际情况进行适当调整。这就容易使调解员放松警惕,发生偏袒一方当事人或从当事人处收受不正当利益的情况。我们在加强调解员素质培养时应当对此予以特别注意,始终以之作为调解员培养培训的重要工作内容,保持高度警觉,不能松懈。

(二)知识水平

对于处理普通民事纠纷的人民调解员,立法没有提出太高的知识水平的要求。但是医疗纠纷不同于普通民事纠纷,专业性极强,如果欠缺必要的知识,将无法胜任调解工作。因此,对于医疗纠纷人民调解员来说,必须具备一定的医学知识和法律知识,并了解相应的医事操作与法律操作实务。

从医疗纠纷人民调解员的现实情况出发,现在从事医疗纠纷调解工作的调解员主要由三部分构成:一是具有医院工作经历的医学专家以及医院管理工作人员;二是具有医疗纠纷案件审理经历的审判人员;三是大学毕业生,其中有些具有医学或法学的专业背景。

一般来说,三部分组成人员中,只有第二部分完全符合医疗纠纷人民调解员的知识水平要求。即便如此,我们也应加强对他们学习与更新知识的要求,因为医学是一门实践性科学，总是随着实践的发展而处于不断进步中，不了解最新的医学知识和操作实务，将很难判断医疗纠纷中是否存在不当行为；国家的立法也在健全完善过程中，必须随时掌握法律规定的变化情况，才能使调解工作不违背法律法规和国家政策。

对于第一部分组成人员来说，除了加强医学知识的更新之外，知识水平的培养重点应当放在法律知识上。此时，我们不能仅仅满足于让他们学习和掌握医疗纠纷相关法律知识，而是应当以此为核心，同时也适当学习其他相关的民事法律知识。因为在医疗纠纷处理过程中有时可能涉及其他问题，例如患方的隐私权保护、医方的商业秘密保护，甚至患者的民事行为能力确认、监护等。调解员只有全面掌握这些法律知识，才能在调解工作中处理周到。

第三部分组成人员具有明显的年龄和精力优势，应当是人民调解员队伍中坚强的后备力量。但就目前来看，他们的知识水平相对薄弱，即使毕业于医学或法学专业，也往往缺乏实务操作能力而难以在短期内胜任调解工作。因此，人民调解委员会和司法行政机关应加大对他们的培养力度。

（三）调解技能

调解工作在相当程度上是对人的工作，而非对事的工作，因此人际沟通能力是人民调解员最需要的能力之一。这不仅包括说话的艺术，还包括细致观察与随机应变的能力，拥有这些能力才能预防出现矛盾激化事件。另外，要尽量说服劝导当事人，疏解其心中的不满与对立情绪，互谅互让地解决纠纷。

此外，人民调解员还应积极锻炼并努力提高文字表达能力。经调解，双方当事人达成调解协议时，通常应制作书面的调解协议书。考虑到调解员的中立性与其在调解过程中的主导性，此调解协议书一般由调解员拟定。虽然这在格式上不要求像判决书那样严谨、正式，但也具有法律约束力，是双方当事人日后履行责任的依据，因此调解员的文字表达能力就显得十分重要，既应用词准确、避免含糊或歧义，又不宜长篇累牍、增加当事人的阅读负担。

当然，调解技能的提高是个日积月累的过程，无法一蹴而就。因此，人民调解委员会和司法行政机关在对人民调解员进行培养培训时，应将调解技能作为一项日常培训项目，始终作为培训工作的重点。

## 三、人民调解员的培养方法

人民调解委员会和司法行政机关对人民调解员进行素质培养，可以采取多种方法，常见的包括以下三种：

一是开办正式的培训班。考虑到实际操作性，可以由司法行政机关主办，将其辖区内的人民调解委员会的调解员全部纳入。至于授课形式可以灵活多样，既可以全面、系统地介绍调解工作所需的思想素质、知识水平和调解技能，又可以针对某种类型的纠纷或某一方面的具体知识进行讲解。师资方面则可以结合各方面的力量，例如可以聘请医学专家、法官等，相关医疗机构、法院等应当积极配合司法行政机关的工作，为授课提供人力支持。

二是开展系统内的交流学习。同一人民调解委员会内部或者不同人民调解委员会之间都可以开展互相交流与学习，介绍先进经验与心得，讨论工作中遇到的难点及其解决办法。这种方式十分接地气，有利于避免无的放矢或纸上谈兵，其开展也不必拘于一定的形式，可以建立定期的交流机制，也可以随时进行。

三是组织旁听法院庭审。相比较来看，人民调解员开展调解工作是非官方、群众性地解决民间纠纷，法官审理案件则是以国家公权力解决纠纷。二者的工作内容具有很大的相似性，仅是解决纠纷的途径不同，最后处理结果的法律效力有差异。因此，组织人民调解员旁听法院庭审，对于提高调解员的自身素养具有十分直接的积极作用。调解员既能感受到法律工作的威严和维护公平正义的使命感，又能学习专业的法律知识，还能借鉴法官调查案件事实真相、主持法庭辩论的经验。因此，司法行政机关和法院应当进行协调和配合，定期组织人民调解员观摩法院审理案件，学习法官处理纠纷和撰写判决书的方法。

此外，就医疗纠纷人民调解来说，司法行政机关还可以与卫生行政部门联系，组织调解员到医疗机构观摩、见习，了解诊疗规范和医学知识，并借鉴医院管理部门处理医疗纠纷、化解医患矛盾的先进经验。

## 第六节　我国人民调解员的队伍建设

### 一、我国人民调解员队伍建设中存在的问题

#### （一）年龄结构不合理

我国现有的医疗纠纷人民调解员队伍呈现两极化态势，一部分是退休的医务工作者和法官，另一部分是年轻的大学毕业生，且多为缺乏实务经验的应届生，而中间梯队即具有一定经验又年富力强的人民调解员则比较匮乏。这种年龄结构无论是在短期内还是从长远来看，都具有较大的不合理性。

首先，这种年龄结构不利于当前医疗纠纷人民调解活动的开展。随着计算机技术和网络的普及，现代化办公已经遍及各个领域，人民调解自不应例外。但是，作为当前调解主力的多为退休的医务工作者和法官，囿于年龄因素，他们中有很多人对现代化办公技能并不熟练，例如在利用网络搜索信息等方面不能得心应手，而在此方面具有优势的年轻调解员又不具备足够丰富的调解经验，换言

之，他们双方须互相配合才能共同完成调解工作。相对于日益增多的医疗纠纷来说，这势必不利于提高工作效率。

其次，这种年龄结构不符合医疗纠纷人民调解工作长期发展的需要。近年来，医疗纠纷与日俱增，可以预见，在医患矛盾比较激烈的社会背景下，此种状况在较长时间内还会继续。这就需要一支年龄结构呈梯形的调解员队伍，以满足人民调解工作长期发展的需要。但是，现有的医疗纠纷调解员队伍恰恰缺乏中坚力量，很可能面临这样一种危险，即当退休的医务工作者和法官由于年龄因素无法继续调解工作时，年轻的大学毕业生还在成长过程中，不足以支撑起这项艰巨的任务。

（二）队伍构成不稳定

一方面，作为当前医疗纠纷调解员队伍主力的退休医务工作者和法官无法保证足够人手。虽然每年都会有新退休的医务工作者和法官，但他们中愿意担任医疗纠纷人民调解员的并不多，这就使调解委员会无法保证每年因年龄因素无法继续调解工作而空出的调解员职位得到补充。进一步来看，现有的从退休的医务工作者和法官中选任的调解员，由于年龄因素，也不宜承担过重的工作任务，有时还可能由于健康原因而需临时退出调解员队伍。这就潜藏着一个隐患，即当出现医疗纠纷需要进行调解时，调解委员会具有实务经验，可以独立承担调解任务的调解员中抽不出人手来开展此项调解工作。

另一方面，从大学毕业生中聘任的人民调解员的流动性也比较大。大学毕业生缺乏实务经验，而且由于人生阅历不足也往往在人际沟通等业务能力上有所欠缺，因此他们通常是作为后备力量加入调解员队伍的，需要经过一定时间的培养和锻炼才能独立承担调解任务。但是，实践中有些年轻的调解员仅将此工作作为自己职业生涯的一段经历，在调解委员会中任职一段时间后就另寻其他工作岗位。这就造成调解员队伍中的后备力量不足，往往是刚把一个大学毕业生培养成功，可以独立开展调解工作，他就离开了调解员队伍，有时甚至此培养过程还未完成他就离职了。

在这两方面的作用之下，实践中的医疗纠纷人民调解员队伍稳定性较差，不仅体现在人员数量时有变动，还体现在具体的人员构成上。这些都不利于调解工作长期、稳定地开展。

## 二、我国人民调解员队伍建设现存问题的原因

（一）缺乏稳定的任用机制

人民调解委员会既非政府部门又非事业单位，而是群众性组织，因此其现有的工作人员任用机制比较随意。

一方面，聘用调解员既不必提前报请相关机构批准，也不受编制人数的限制。这虽然具有灵活机动的优点，可以根据实际情况随时调整任用计划，但在符合聘用条件的人员较为稀缺的现实条件下，难免有平时不注意储备人员，出现需求时临时抱佛脚之虞，可能出现一定时期内人手不足的危险。加之各调解委员会的聘任活动都是自己主导，自己进行的，这就导致各调解委员会在聘用条件上可能存在较大差别，反映到实际调解工作中，便可能因调解员的能力与素质差异而影响具体案件的调解过程与最终结果。

另一方面，人民调解委员会的内部管理机制完全由各委员会自主决定。实践中，有的人民调解委员会内部管理比较松散，调解员岗位缺乏明确的职称评定机制，换言之，在此岗位上无论工作多久，表现多出色，也缺乏职业上升空间。这就在很大程度上使从事人民调解工作丧失了对年轻人的吸引力，造成实践中许多具有坚实专业基础和较强工作能力的大学毕业生不愿担任调解员，或者即使进入调解员队伍也只是作为职业生涯的一个中转站，不愿长久从事此职业。

（二）缺乏有力的待遇保障

我国现行人民调解制度实行免费调解原则，人民调解委员会调解民间纠纷，不收取任何费用。因此，人民调解委员会没有自己的收入来源。与此同时，在群众性组织的属性下，人民调解员也无法享受国家工作人员或事业单位工作人员的待遇，只能由地方财政根据当地经济社会发展水平和财力状况，适当安排一些补贴经费，其标准限于人民调解员从事调解工作直接造成的经济损失和人民调解员开展工作中的必要经济开支。可以说，此补贴经费的数额十分有限，不仅与国家机关工作人员或事业单位工作人员的待遇相差较大，在某些地方甚至处于社会中下水平。例如，在经济比较发达的上海市徐汇区，专职人民调解员的补贴最高只有2500元/月，最低的更是仅有1200元/月。显然，与医学和法学人才通常选择的其他职业相比，人民调解员如此低的待遇水平很难吸引社会上的优秀人才，也很难留住调解员队伍中的已有工作人员。

## 三、加强人民调解员队伍建设的思路

（一）确立稳定的人民调解员任用机制

调解属于纠纷解决机制之一。因而从广义上说，调解员具有一定程度上的司法执法人员属性。鉴于此，能否确立稳定的人民调解员任用机制不仅关系到具体的人民调解委员会的工作能否顺利开展，也影响到医疗纠纷能否妥善解决，社会法制能否得以维持。可以说，人民调解员的任用是关系社会和谐稳定的大事，具有相当的严肃性。因此我们认为，人民调解员的任用机制可以在一定程度上参考借鉴国家机关工作人员和事业单位工作人员的聘用管理机制。

首先，可以以一定区域（例如县级行政区划）为单位，根据医疗纠纷发生情况与现有人民调解员人数的统计数据，确定一定时期内的招聘计划和招聘要求，面向社会公开招聘、择优录取，然后各人民调解委员会根据自己的实际需求，从中选用合适的调解员。遇有特殊情况时，各调解委员会之间还可以短期借调调解员。这样做，一方面有利于保证该地区的调解员总体人数符合实践需要，避免因各调解委员会对调解需求的预测失误或突发性状况而出现人员不足的危险；另一方面也有利于确保该地区人民调解员的总体素质与能力，促进医疗纠纷的调解解决。当然，在此过程中还可以增加其他环节，例如由该地区相关部门对新聘用的人民调解员进行统一岗前培训，提高其从事医疗纠纷人民调解工作的综合能力。

其次，应当建立正式、完善的调解委员会内部管理机制。具体而言，一是明确人民调解员的岗位职责并制定科学的考核办法，从德、能、勤等方面对调解员的工作情况进行考评，既考察其实际工作态度与能力，又敦促其严格遵守工作纪律。不过需要注意的是，由于最终能否达成调解协议涉及多方面因素，包括案件本身的复杂程度、双方当事人的调解意愿、“职业医闹”是否介入等，并非完全由调解员的工作决定。因此，我们在考核调解员的工作情况时不宜过于注重调解结案率，而应综合考虑。二是应当确立人民调解员的职称评定体系，并以对其工作的考核情况为基础确定职位晋升机制。这尤其有利于提高人民调解员岗位对大学毕业生的吸引力，使其看到职业上升空间，从而有利于将优秀人才留在调解员队伍中，并激励他们的工作热情与积极性。

（二）加强对人民调解员工作经费的保障

可以多渠道增加人民调解员工作经费来源。

一是加大政府财政投入。地方财政应将人民调解员工作经费列入同级财政预算，并在现有的投入基础上，根据当地经济社会发展水平和财力状况，适当增加。

二是由医疗机构缴纳部分经费。在一定意义上，医疗纠纷人民调解工作是因医疗机构工作不当，产生医疗纠纷而引起的，二者之间具有一定的正相关关系，亦即，医疗机构工作规范性越差，便产生越多医疗纠纷，而需要越多的人民调解员开展调解工作。因此，医疗机构应当承担人民调解员工作经费中的一部分。具体到实践中，可以先确定医疗纠纷人民调解委员会的工作经费中一个比例，由当地医疗机构共同承担的比例，即确定医疗机构缴纳总额。然后，根据过去一段时间（例如过去三年）调解委员会受理的以各医疗机构为一方当事人的医疗纠纷数量及其他相关因素，确定当地医疗机构缴纳总额中各医疗机构分别应当承担的比例。如此，既符合公平理念，也有利于从侧面督促各医疗机构加强工作规范性，减少医疗纠纷的发生。

三是接受社会捐助。医疗纠纷人民调解是解决医疗纠纷、缓解医患矛盾的重要方式。从其开展调解工作为免费来看，它具有一定程度的公益性质。据此，我们可以鼓励社会各界热心捐赠，以促进医疗纠纷人民调解工作的发展。当然，应当注意，接受捐赠必须符合法律法规和国家政策的规定，不应接受来源违法的捐赠，也不得为了获取更多捐赠而接受捐赠人提出的不合法或不合理条件，例如不得接受其提出的作出偏袒某方当事人的调解方案的要求。

# 第十一章　调解的方式、程序和技巧

## 第一节　调解的方式

在医疗纠纷的人民调解中，主要有“面对面”调解法、“背靠背”调解法、“面对面”与“背靠背”结合的调解法。

### 一、“面对面”调解法

在调解过程中，双方当事人全程参与，同时在场，即“面对面”调解法。

“面对面”调解法，当事人可以开诚布公地把自己的想法和意见说出来，供对方考虑。其优点是调解须通过面对面地倾听当事人陈述，能在最短时间内了解双方当事人的争议焦点，当面摆事实、讲道理，从情、理、法多方面对双方进行调解和规劝，并最终经过数番耐心调解，促使双方达成协议。

“面对面”调解法的缺点是有的当事人之间矛盾较大，在一起会产生对立情绪，“吵架”“触角”，等等，反而不利于调解。尤其是在医疗过程中实际存在过错而医方又不承认，极力为自己开脱的情况下，面对面的会谈会对患者造成二次刺激，患者情绪容易失控，双方容易争吵，使冲突进一步升级，矛盾进一步恶化，造成场面失控。

“面对面”调解法对调解员有较高的要求，需要其具有较强的业务素质和控制调解进程及场面的能力。

天津市医疗纠纷人民调解委员会通常采取“面对面”调解法。

### 二、“背靠背”调解法

“背靠背”调解法，也称单独调解法，是指分别做双方的调解工作，在其中穿梭斡旋，而双方当事人在调解过程中并不见面的方法。

将双方分开并单独谈话，能够了解当事人最真实的想法，找出双方矛盾的症结所在，亦可避免发生正面冲突，然后再进行分头引导，有利于促使双方态度缓和。

有的当事人面子思想很强，当面不相让，调解员当着双方有些话也不好说，背靠背做说服开导工作，往往会收到较好的效果。

调解中要清单技巧，如一方当面指出另一方的不足，另一方往往面子上下不来，不容易被接受。有时候有的医院愿意尽早结束纷争，多赔点钱了事，但要说成是出于人道主义的补偿，而不能说成赔偿，这些话是不能当着患者说的。而患者更不愿当着医方的面服软退让。

采用“背靠背”调解法时，要特别注意语言方式，避免让当事人产生调解员偏向另一方的想法。

“背靠背”调解法的缺点是耗时太长。

北京市医疗纠纷人民调解委员会通常采用“背靠背”调解法。

### 三、“面对面”与“背靠背”结合的调解法

先“面对面”，后“背靠背”是最好的调解方法。

在收集到所有的调解材料后，调解员要全面反复地阅读材料，充分了解基本医疗过程和双方争议的矛盾所在，确定需要向双方了解的问题，然后通知医患双方在合适的时间举行“听证会”，通过双方“面对面”的陈述和争议，使整个医疗过程更加清晰，对患者主张的而病历中又没有记录的事实，调解员可以通过“自由心证”作出合理的“裁量”。

随后，再采取“背靠背”分别劝说的方法，使双方逐步缩小意见差距，化解矛盾，促成调解成功。

## 第二节　调解的程序

### 一、接待和咨询

（一）电话咨询

医调委应设立咨询电话，安排专人接听，或正常工作时间由立案组接听，其他时间安排轮流值班接听。

接听电话要做到及时、耐心、热情，并问清来电的简要诉求，对属于受案范围的，讲明医调委受案程序和如何填写及提交申请书。不属于受案范围的，解释不能受理的理由，不能当时答复的可以后续再作答复，避免与来电者发生冲突。接听医方来电的原则同上，若医方没有提交过材料，告知应提交的证件及授权委托书。接听其他内容的电话，问清来电事由后予以答复和办理。以上为首问责任制，对每个来电做到件件有着落，处理好并做好电话记录。

（二）接待来访

接待来访应安排专人负责，一般安排立案组负责接待。

对来访人要热情主动，及时接待，细心询问来访者事由。

(1)未立案的，了解基本情况。对属于受案范围的，告知受理程序并指导患方填写申请书及授权委托书，并及时与医方沟通。对不属于受案范围的，向患方解释不能受理的原因并告知解决纠纷的其他途径。对来访人叙述的情况做好记录。

(2)已立案，在调解过程中的，及时与调解员联系，分配调解室。如调解员外出，与调解员取得联系，处理好来访人的事件。

(3)有关单位来人联系工作的，及时与相关部门联系，引导与相关部门接洽。

## 二、受理与立案

### (一)医调委受理范围与条件

1.受理范围

本行政管辖区域内医疗机构及其医务人员在检查、诊疗、护理等过程中与患者发生的医疗损害赔偿纠纷，医患双方向医调委提起调解申请的，医调委应当受理。

2.受理条件

(1)医患双方自愿申请；

(2)在诉讼时效内；

(3)当事人与医疗纠纷有直接利害关系；

(4)有具体的调解请求、事实依据和理由。

### (二)医调委不予受理的情形

(1)患者与本辖区以外医疗机构发生的医疗纠纷；

(2)一方当事人明确拒绝调解的；

(3)当事人已向人民法院提起诉讼的(人民法院委托医调委人民调解的除外)；

(4)人民法院对医疗纠纷已作出裁判的；

(5)一方当事人已经向卫生计生部门申请医疗事故争议行政处理，卫生计生部门已经受理或者已经作出处理的；

(6)因非法行医而引发的纠纷；

(7)因非医疗机构发生人身损害引发的纠纷(如生活美容)；

(8)在医疗机构诊疗期间发生的非医疗行为引起的其他民事纠纷；

(9)有法律法规规定其他不宜由医调委调解的情形。

### (三)立案时应提交的材料

1.立案时患方应提交的材料

医调委受理医疗纠纷调解申请后，通知申请人应在接到通知之日起7个工作日内提交如下材料：

(1)患者的有效身份证明原件及复印件。

(2)有关医疗纠纷的书面陈述一份。陈述内容包括事件主要经过、医方存在的主要过错或疑问、索赔要求等。

(3)与医疗纠纷有关的病历材料。已在医疗机构建立病历档案的，可提交病历复印件一份；未在医疗机构建立病历档案的，应提交病历原件及复印件各一份；在其他医疗机构就诊应提交的病历等材料的复印件一份，患者的全部影像资料如X线片、CT、MRI等。

(4)证明损害后果的票据原件及复印件各一份。

(5)患者死亡的，应提供死亡证明原件及复印件。

(6)死亡患者医疗纠纷调解的申请人应为其所有法定继承人，参加调解时除上述材料外还应提供申请人的有效身份证明原件及复印件、申请人与患者的关系证明原件等。申请人超过3人的，应委托代理人参加调解。

(7)患方可委托代理人参加调解，代理人除上述材料外，还应提供代理人的有效身份证明原件和复印件、委托授权书原件等；以律师身份代理参加调解的，还应提供律师事务所委派函原件及律师执业证原件和复印件；以公民身份代理的，代理人需提供所在社区、单位以及有关社会团体出具的推荐信。

(8)费用、票据(门诊：处方底联；住院费用清单；报销后的分割单)。

(9)误工证明(有固定收入的：税单、单位劳资部门证明；其缺勤或扣除工资情况)。

2.立案时医方应提交的材料

(1)患者住院病历复印件一份，必要时提交原件。若是抢救急危患者，提交在规定时间内补记的病历资料复印件一份。

(2)患者门诊病历已在医院建立档案的，提交门诊病历复印件一份。

(3)依法具有检验资格的检验机构对封存保留的输液、注射用物品、血液和药物等实物作出的合法的检验报告。

(4)尸检报告。

(5)有关医疗纠纷的书面陈述一份，陈述内容包括事件主要经过、针对患方质疑的存在的主要过错的答复、对索赔要求的态度等。

(6)与医疗纠纷调解有关的其他材料。

医方提交的材料须注明医疗机构规范名称并加盖有效印章。

(四)立案工作程序

(1)对应当受理调解的医疗纠纷，审核医患双方当事人的调解纠纷主体资格和申请调解应当提交的相关证明材料。

(2)对一方当事人单独申请调解的医疗纠纷及时与对方进行联系,根据对方意愿决定是否受理。对方不同意调解的,除做好信息录入及文字登记工作外,还应告知申请方,并做好解释工作。

(3)指导患方填写调解申请书和授权委托书。

(4)通知患方在接到通知之日起7个工作日内交齐相应材料。

(5)24小时内分配案卷号,及时将受理的案件分配给调解岗调解员。

(6)做好立案组各项登记台账及计算机录入工作。

(7)对旧案重新启动的,如原号办理的与原调解员商议仍由原调解员继续办理,如需重新立案则要请示有关领导同意后再立案。

(8)对已经进行医疗损害鉴定的,不管是医疗事故技术鉴定还是医疗损害司法鉴定,单方委托鉴定还是双方委托鉴定,均应请示有关领导后确定是否立案。

(9)立案组负责人负责对立案组人员的管理及各项工作的监督指导。对受理立案的进行审核,对有异议的进行协调处理,并解决来电、来访疑难问题。

## 三、调解前期准备或组织听证会

本阶段工作可通过两种形式进行,由调解员分别约见医患双方当事人或者召集医患双方当事人共同参加听证会。

### (一)分别约见医患双方当事人

(1)接到受理案件后,调解员在24小时内与医患双方进行联系、沟通。

(2)在首次谈话中应当告知当事人的权利、义务,医疗纠纷调解处理程序及医疗损害责任赔偿原则;充分听取当事人的陈述和赔偿诉求,并做好谈话记录。

(3)收集医患双方应当提交的病历材料及其他相关证据材料,根据调解需要收集相关票据。医患双方调解材料收齐后24小时内移交责任评估组。

(4)告知当事人医调委是按《人民调解法》的规定,经司法局审批设立的专门从事医疗纠纷调解的群众性组织,是独立的第三方,与当事双方无任何关联。

(5)告知当事人医调委指定的本案调解员姓名,若当事人有正当理由可以要求调解员回避,询问并确定当事人是否同意由医调委指定的调解员对本案进行调解。

(6)告知当事人医疗纠纷调解工作的流程及材料交齐后的结案时间。

(7)告知当事人医调委调解的依据是法律、法规、部门规章和诊疗护理操作常规、规范的规定,并会在基本事实清楚的基础上,结合专家合议意见提出调解建议。

(8)告知当事人根据《人民调解法》的规定,医调委调解纠纷不收取任何费用。

(9)告知当事人如其申请鉴定,可以去司法鉴定机构做司法鉴定,或去各级医学会做医疗事故技术鉴定,医调委可依据鉴定结论进行调解。

(10)告知当事人如果其无法提交调解所需的材料,医调委可视具体情况做中止或终结调解。

(11)告知当事人所提交的调解材料除原件外不退还,自己应留有备份。医调委对医患双方提供的材料负有保密义务。

(12)如一方当事人对另一方当事人提供证明材料的真伪有质疑时可告知,医调委不具有对药品、医疗器械、病历资料等证明材料进行真伪鉴定的资质,如当事人怀疑证明材料的真实性,医调委终结调解。

(13)告知当事人在调解过程中,任何一方都有权随时中止或终结调解,并有权选择其他任何的合法途径,医调委不出具调解协议书以外的文字材料。

(14)医患双方认可调解建议,视为自愿达成调解协议,由医调委制作医疗纠纷调解协议书。协议书经双方当事人签名、盖章或按指印,并由调解员签名并加盖医调委印章。医患双方不能达成调解协议的,调解终结。医患双方可选择其他合法途径维护自己的权益。医患双方未明确表示是否接受调解建议的,视为自动放弃调解。

(15)经人民调解委员会调解达成的调解协议,具有法律约束力,当事人应当按照约定履行。经司法确认的调解协议书具有强制执行力。

(二)组织听证会

1.组织听证会的目的、意义

(1)组织听证会可以给医患双方当事人提供一个充分陈述和表达的机会,使双方的权利进一步得到尊重和维护;

(2)通过医患双方当事人对医疗过程的详细陈述,更加细致地还原案件原貌,弥补书面材料存在的不足,让调解员进一步了解案件事实和双方争议的焦点;

(3)通过调解员或专家就有关问题的提问和了解,进一步澄清事实;

(4)通过对调解有关问题的说明和沟通,使当事人和调解员增加理解和互信;

(5)因为调解过程更加透明、公开,调解当事人普遍参与,所以经过听证程序作出的调解意见更加容易被当事人所理解和接受。

2.听证会前的准备

(1)在举行听证会前7天向医患双方通知举行听证会的时间、地点,以便各方做好参加听证会的准备。

(2)告知当事人应准备的材料,如身份证、律师证、授权委托书。鉴定材料不齐时告知当事人应补充提交的材料；提交陈述书，并告知当事人陈述书的主要内容。

(3)介绍调解员的基本情况，当事人若有回避要求的向医调委提出，并说明理由。

(4)每方参加听证会的人数限定在 3 人以内。

(5)调解员在听证会前应熟悉案情，就听证会需重点了解的事情和询问的问题有针对性地拟出听证提纲。

(6)做好制作听证笔录的准备，会前确定记录人员。记录人也应事先熟悉案情，以便记录时抓住重点。笔录是记载整个听证活动的书面凭证，听证结束后，听证笔录需交医患双方当事人审核签字，然后归档备查。有条件的机构可以在做好笔录的同时，将整个听证会的过程进行录音、录像，进行体检的也应录像或拍照。进行录音、录像、照相前应向双方说明并取得同意。

3.听证会的纪律

为保证听证会顺利进行，在听证会正式开始前，主持人应宣布听证会纪律，主要内容包括：

(1)参加听证会当事人每一方人数不超过 3 人。任何一方当事人无故缺席、自行退席或拒绝参加听证会的，不影响调解的进行。不设旁听席。

(2)参加听证会的双方当事人在主持人的主持下进行听证，服从主持人安排，配合调解工作。

(3)参加听证会的双方当事人不得大声喧哗，不得无理取闹及采取过激行为，不得无故扰乱听证会场，不得抽烟及大声交谈，酒后不准参加听证会，应关闭手机或设置为震动状态。

(4)双方当事人和调解员之间不得互相握手、寒暄、示意或私自交谈。

(5)听证会不是法庭审判，不进行双方辩论和争论。听证分三阶段进行。第一阶段，先患方后医方分别进行陈述，限定时间为每方各 15 分钟，每方有一人主要发言，其他人可以补充，但不要重复，所有发言时间均计入 15 分钟内。在一方陈述时，另一方不得打断对方的陈述。第二阶段，由调解员或专家就有关问题进行了解和询问，问到哪一方，由哪一方回答，另一方不得随便发表意见。第三阶段，补充陈述，一般限定时间为每方各 5～10 分钟，也是先患方后医方，可以针对对方陈述进一步发表己方意见或补充新的观点，已经陈述过的内容不得重复。

(6)如有违反或扰乱听证会场纪律，发生干扰听证会正常进行的情况时，主持人有权宣布休会；经劝阻无效者，令其退出会场；情节严重致使听证会无法继续进行者，须承担相应责任。

(7)医患双方不得携带和使用录音、录像、照相等设备；如已经带入会场的，应交工作人员暂时保管。

4.听证会的程序

(1)主持人对听证主体进行介绍,如:医调委受双方委托,对××与××医院医疗纠纷一案进行调解,今天举行听证会。我是听证会的主持人,姓名×××,职务或职称是××。医调委指定的第一调解员是××,职称××;第二调解员是××,职称××;邀请专家××,职称××。担任本次听证会记录的是调解助理××。本次听证会将进行录音/录像,作为调解的依据之一,询问医患双方参与人是否有回避要求并签字予以确认。

(2)宣布听证会纪律。

(3)核实医患双方参与人的身份,提交身份证明和参与听证会的授权委托书。

(4)履行告知、回避的程序,询问医患双方参与人是否要求调解员回避,并在告知同意书上签字确认。

(5)医患双方提交陈述书和通知补充的材料。

(6)对听证的三个阶段予以说明。

(7)患方和医方分别陈述。

(8)调解员或专家就有关问题了解和提问,需要对当事人体检的可进行体格检查。

(9)补充陈述。

(10)对陈述书中不属于调解范围的事项予以说明。通过听证,认为仍有材料需要补充的,告知须在限定时间内提交。

(11)告知本案例调解的受理日期为×年×月×日,自听证会后或补充材料收集齐全后45个工作日之内结案。

(12)制作听证记录,医患双方代表签字。

## 四、医疗损害责任评估

### (一)医疗损害责任评估的内容

医疗损害责任评估的内容包括:医方在患者的诊疗过程中是否存在过失,患者的损害后果,医方过失与患者损害后果是否存在因果关系,过失参与度,患者是否存在伤残及等级,以及患方精神损害的评估。

### (二)医疗损害责任评估的依据和标准

(1)法律。如《侵权责任法》《执业医师法》《母婴保健法》《人口与计划生育法》《献血法》《职业病防治法》《传染病防治法》以及《药品管理法》等。

(2)行政法规。如《医疗事故处理条例》《医疗机构管理条例》《护士条例》《麻醉药品管理办法》以及《医疗用毒性药品管理办法》等。

(3)规章。如《医疗事故技术鉴定暂行办法》《医疗事故分级标准(试行)》《医疗机构管理条例实施细则》等。在我国司法实践中还包括最高人民法院制定的司法解释。

(4)诊疗规范。诊疗规范有时又称为"诊疗常规""诊疗护理常规、规范"等。所谓诊疗规范,是指基于维护患者生命健康权、规范医疗行为的目的,在总结医学科学技术成果和以往诊疗护理经验的基础上,在医疗活动中逐渐形成的有关医疗行为的规范或指南。包括各级卫生行政部门、各类医学行业组织制定的各种标准、规程、制度、规范、指南、指引、临床路径、专家共识等成文文件。

(5)医学文献。医学文献是指符合医学水准的各种医学专著、教科书、文献或药典等,都可作为医师注意义务的根据。在司法实践中,法院也常常引用医学文献记录,作为判断医师在医疗活动中是否已经尽到了其应尽的注意义务的根据。

(6)医疗服务合同的约定。医患关系从某种意义上具有合同关系的一些属性,故不能排除医患之间协商约定注意义务。如患者对诊疗方法提出特殊要求,只要符合有关规定和操作规程,医师应当尊重,并履行充分说明义务和告知义务;而与患者关于治疗效果的约定一般应认定无效。我国《医疗广告管理办法》也明确禁止医疗机构使用宣传或者暗示诊疗效果的文字。但实践中如果医疗机构或医务人员通过广告等各种方式宣传或暗示诊疗效果,或者对患者作出诊疗效果的承诺,使患者产生信赖,应该认可这种承诺的效力,将其作为医疗注意义务的依据来判断其医疗过失。

(7)行业习惯。医疗习惯是指尽管不成文,但在治疗活动中约定俗成的、为多数医疗机构及其医务人员通常遵循的诊疗护理惯例或者通行的做法。法律、行政法规、部门规章、诊疗规范、医学文献、医疗服务合同的约定和行业习惯在评估中的适用上法律效力依次降低。

详见本书第十七章。

(三)医疗损害责任评估的程序

(1)调解岗收齐案件相关的材料后,即进入调解期限起算日。

(2)对于事实清楚,损害后果明确,医方认可并同意赔偿的纠纷,在双方当事人平等协商基础上,赔偿金额不超过1万元的,适用简易程序(可直接签署协议,并在调程记录中记载赔偿依据)。

(3)调解岗根据双方的申请,在首次谈话后提炼归纳双方争议要点,将材料移交责任评估岗,并向责任评估岗介绍案情。

(4)责任评估岗收到调解岗移交的医患双方材料后,认真阅读医患双方提交的所有材料，根据医患双方争议要点，归纳、提炼诊治经过。

(5)在整理诊治经过时，对资料不全的案件及时通知调解部补充。

(6)责任评估岗对事实清楚、责任明确的纠纷，可直接制作《医疗损害责任评估意见书》，不进入专家咨询程序。

(7)对病情复杂，专业性强，纠纷激烈及涉及死亡、残疾等的调解案卷，做出病历摘要，全面准确提出咨询目的。

(8)聘请专家进行咨询，完整记录专家意见。依据专家咨询意见作出《医疗损害责任评估意见书》。

(9)将《医疗损害责任评估意见书》提交医调委内部专家组成的合议组(小合议)讨论，集体讨论人数不得少于 3 人，对于专业审核意见不一致时采取少数服从多数的原则。

(10)讨论通过的进入下一程序，没通过的返回重新修改。

(11)讨论通过的交由审核部修改审核，通过后，转调解部计算赔偿费用。

(12)复杂案件应提请医调委外请专家组成的合议会(大合议)，经合议会确认调解赔偿建议。

## 五、专家咨询

专家咨询制度是医疗纠纷人民调解的特色之一，是一项很重要的制度，能够确保调解的科学性和责任认定的专业性，为医患纠纷人民调解工作提供专业支撑。

(一)专家库的专家应具备的条件

(1)有良好的业务素质和执业品德。

(2)受聘于三级(或二级专科)医疗卫生机构和省属(及以上)医学教学、科研院所及市级(及以上)司法机关并担任相应专业正高级技术职务，在理论与实践上均有较深造诣，并熟悉医疗卫生管理法律，行政法规，部门规章，诊疗护理规范、常规。

(3)年龄在 70 周岁以下，健康状况能够胜任医疗纠纷责任认定工作。

(二)需要专家咨询的情形

(1)患者死亡或严重残疾的案件。

(2)认定为医疗纠纷突发事件的。

(3)案件引起社会普遍关注，并经媒体报道的。

(4)案件争议时间长，案发时间超过五年(含五年)的。

(5)专业性强，难以确定诊疗行为过失、责任及程度、损害后果及其因果关系的。

(6)医患双方矛盾激烈,医患双方对争议事实存在重大分歧的。

(7)其他疑难、复杂和有重大社会影响的案件。

(8)内部定性及责任认定分歧意见较大、难以作出合议结论的。

(三)专家咨询的程序

(1)有专人负责专家咨询的协调工作。

(2)由评估员提出专家咨询的申请,注明咨询的专业,写出诊疗经过,报协调员。

(3)协调员报分管主任确定是否需要咨询、咨询的医院和专家,协调员与咨询专家联系,确定时间,并将诊疗经过摘要从邮箱发给咨询专家。

(4)协调员填写咨询费领取单,主管主任批准后凭单领取,咨询时由评估员当面交给会诊专家。

(5)评估员按约定时间带病历与影像资料到咨询专家所在医院咨询,并如实记录专家咨询意见。每个案例需有两名评估员或调解员参加。

(6)返回医调委后客观如实填写《专家咨询意见》。

(四)专家咨询需要注意的问题

(1)专家回避。就是甲医院发生的纠纷应咨询乙医院的专家,乙医院的纠纷应咨询丙医院的专家。

(2)选择在本专业享有较高权威和知名度,有较高造诣的专家。比如,北京集中了全国最优秀的医疗资源,大医院林立,发生纠纷的医院或医师也是具有较高的权威和知名度的,给他们找错,一定要让他们心服口服,用北京方言讲责任认定要"凿瓷实喽"。

(3)多数情况下咨询的专家能实事求是地作出客观的分析和判断,但也有个别专家出于对同行的同情,对过错轻描淡写。咨询前一定要做好充分准备,把案情吃透,详细列出咨询提纲,第一步不谈自己的观点,先向专家请教;第二步提出自己的观点,与专家探讨印证。

(4)案例涉及多专业的要分别咨询涉及专业的专家,从不同角度对案例进行分析。

(5)对专家意见一是要尊重,二是不能盲从,因为专家没有时间仔细阅读全部病历,掌握的资料不全面,可能存在疏漏,有时需要再次咨询另外的专家。

## 六、专家合议

专家合议分为医调委内部专家组的合议(通常称为小合议)和医调委外请专家组的合议(通常称为大合议)。

(一)医调委内部专家组的合议

(1)医调委内部专家组由5～7人组成,合议由医调委业务副主任或评估部负责人主持,每次合议不得少于3人。

(2)每天晨会后对完成《医疗损害责任评估意见书》的案例进行合议,评估员和调解员分别汇报案情、评估意见和赔偿意见。

(3)经过合议确定医疗损害赔偿责任,意见不一致时采取少数服从多数的原则。

(二)医调委外请专家组的合议

1.医调委外请专家组的组成

一般聘请内科、外科、妇产科和儿科资深专家各一名,法律专家一名,鉴定专家一名,富有医疗纠纷理论与实务研究经验专家一名。合议由医调委业务副主任主持。

2.合议的范围

(1)医疗损害后果涉及死亡、残疾,责任评估无过错的案件;

(2)重大疑难案件;

(3)计算赔付金额超过1万元的案件;

(4)小合议审核时争议较大的案件;

(5)医方对调处、赔偿结论持异议的案件。

3.合议的内容

(1)医疗机构在执行诊疗规范、履行告知义务等方面是否存在过错;

(2)医疗过错行为与损害结果之间是否存在因果关系;

(3)医疗过错行为在损害结果中的责任程度;

(4)其他与争议事实有关的专业问题。

4.合议的程序

(1)合议时评估员负责就医学专业问题向合议会进行说明,调解员就双方申请人的调解请求、调解建议等相关情况向合议会进行说明。对承办的合议案例要做到案情清楚、事实清楚、定性清楚、责任认定清楚、定损计赔清楚、医患双方争议要点清楚。

(2)参会人员讨论,依据独立、客观、公正的原则确定过失性质、责任程度、赔偿范围及数额,作出合议结论。

(3)记录员填写《专家合议记录》,由参与合议的专家分别签名,合议结论作为调解的依据。

## 七、赔偿计算

调解员依照《侵权责任法》人身损害赔偿标准计算赔付金额。详见本书第二十二章。

## 八、制作调解协议书

（一）调解协议书的形式

《人民调解法》第二十八条规定，经人民调解委员会调解达成调解协议的，可以制作调解协议书。当事人认为无需制作调解协议书的，可以采取口头协议方式，人民调解员应当记录协议内容。

本条规定了人民调解协议可以采取书面和口头两种形式。对于双方当事人达成的调解协议，为防日后反悔，可以制作调解协议书。人民调解员可以根据情况，询问双方当事人是否要制作调解协议书。当事人认为无须制作调解协议书的，人民调解员没有必要再制作，但应当记录协议内容。这是因为双方当事人当时可能已经和解，认为只需口头协议即可，但事后仍有可能反悔，所以要求人民调解员记录协议在案，以备日后查阅。

（二）调解协议书的内容

《人民调解法》第二十九条规定，调解协议书可以载明下列事项：（一）当事人的基本情况；（二）纠纷的主要事实、争议事项以及各方当事人的责任；（三）当事人达成调解协议的内容，履行的方式、期限。

《医疗纠纷人民调解协议书》的格式详见本书第十三章。

（三）工作程序

根据合议结论赔偿结果确认后，先向医方通报征求意见，确定医方能够同意赔付的最高标准。根据医方意见，拟定和患方谈话的策略、提纲和内容，根据案情采取面谈或电话通知的形式。适当向患者或家属解释，谈话时只告知赔偿或不赔偿的结果，不作其他不利于纠纷的解释，避免调解不当引发“调解纠纷”；对不能接受调解建议者，应耐心说服劝导，引导患方通过其他合法途径解决。

医患双方同意调解方案后，再次审查医患双方单证、原始有效票据是否齐全，起草打印、签署《医疗纠纷人民调解协议书》。签字前确认参与调解人无误后方可履行签字手续。医方调解负责人签字并加盖医疗机构公章，患方签字，医调委调解员、记录员签字并加盖调解证章，协议书一式三份（医方、患方、医调委各一份），存档备案。

（四）调解协议书的法律效力

《人民调解法》第三十一条规定，经人民调解委员会调解达成的调解协议，具有法律约束力，当事人应当按照约定履行。人民调解委员会应当对调解协议的履行情况进行监督，督促当事人履行约定的义务。

## 九、司法确认

《人民调解法》第三十三条规定，经人民调解委员会调解达成调解协议后，双方当事人认为有必要的，可以自调解协议生效之日起三十日内共同向人民法院申请司法确认，人民法院应当及时对调解协议进行审查，依法确认调解协议的效力。

人民法院依法确认调解协议有效，一方当事人拒绝履行或者未全部履行的，对方当事人可以向人民法院申请强制执行。

人民调解协议经双方当事人平等协商订立后就具有法律效力，双方当事人应当履行，但却不具备强制力，一方当事人反悔后拒不履行，人民调解委员会也不能强制执行。遇到这种情况，另一方当事人只能通过仲裁、行政、司法途径解决。虽然这些手段都能够达到解决纠纷的目的，但却会增加当事人的负担和成本。

为了维护民事关系的稳定，方便当事人行使权利，《人民调解法》规定了调解协议的司法确认制度。双方当事人在达成调解协议后，为防日后反悔打官司的麻烦，可以自调解协议生效之日起三十日内向人民法院申请司法确认。调解协议一旦被司法机关确认有效，一方当事人拒绝履行或者未全部履行的，对方当事人可以不经诉讼程序直接向人民法院申请强制执行。

司法确认是免费的，人民法院办理人民调解协议司法确认案件，不收取费用。

双方当事人达成人民调解协议后，申请司法确认调解协议，医调委应该给予必要的协助。

## 十、调解的中止和终止

### （一）调解的中止

调解的中止是指由于某种原因暂时停止调解，中止调解的原因消除后，恢复调解。中止可以发展到终止。

中止调解的原因有：

（1）当事人提交的有关医疗纠纷调解材料不完整，需补充调解材料的。

（2）当事人提交的有关医疗纠纷调解材料不真实，需补充调解材料的。

（3）患者不能在指定的时间、地点接受检验的。

（4）因特殊检验需预约时间或者等待检验结果的。

（5）患者状态不稳定，影响调解结论的（如患者评定伤残，等待评定时机的）。

（6）当事人拒绝配合调解，失去联系超过60日的。

（7）一方当事人死亡，尚未确定权利义务承受人的。

（8）一方当事人丧失行为能力，尚未确定法定代理人的。

（9）一方当事人的法人或者其他组织中止，尚未确定权利义务承受人的。

（10）其他应当中止调解的情形。

医调委中止调解应书面告知医患双方当事人，并制作《中止调解通知书》。

（二）调解的终止

调解的终止是指由于某种原因停止调解，不再继续。调解终止后，当事人再次申请人民调解且符合受理条件的，医调委应当受理调解。

终止调解的原因有：

（1）一方当事人死亡，没有继承人，或者继承人放弃调解权利的。

（2）一方当事人在调解过程中，已向人民法院提起诉讼的（人民法院委托医调委人民调解的除外）。

（3）一方当事人在调解过程中，已向卫生行政部门申请医疗事故争议行政处理的。

（4）一方当事人提出停止人民调解的。

（5）经多次调解，人民调解员认为已无调解成功可能的。

（6）调解期限届满，仍未达成调解协议的。

（7）其他情况使调解无法进行的。

调解终止的，人民调解员应当告知当事人可向人民法院提起诉讼，并制作《终止调解通知书》。

当事人向人民法院提起诉讼的，医调委可以视情况给予必要的协助，但不得将调解中一方当事人提供的资料提供给对方当事人，法律、法规另有规定的除外；当事人如符合法律援助条件的，医调委可以协助其办理相应手续。

## 十一、调解的反馈和回访

（一）调解的反馈

调解的反馈是指在调解终结后医调委根据医疗损害责任评估意见向医疗机构提出存在的问题和改进建议。《医疗损害责任评估意见反馈书》由评估员填写。

1.存在的问题

（1）医方存在的医疗过失行为。要求事实清楚、客观，因果分析条理清晰、合理，定性准确。

（2）与过失行为相对应的违规事实与条款。

（3）责任程度的认定。

（4）病历资料存在的问题（书写规范，纠纷点的病程记录，三级医师查房质量，术前讨论，手术记录，告知同意书，会诊、诊断与治疗方案等）。

（5）管理存在的问题（院、科两级），重点医疗制度的执行落实情况（存在的缺陷）。

(6)服务理念问题(引发纠纷的不良因素)。

2.建议

针对医院及科室管理、医疗行为的规范性、重点医疗制度的执行情况及人文服务等问题逐项提出合理的防范意见。

对医疗执业中存在的普遍性问题,医调委应当定期向卫生行政部门提交医疗纠纷防范建议,并组织医疗机构进行医疗纠纷防范培训。

(二)调解的回访

医调委根据改进工作和医疗纠纷防范的需要,对医疗纠纷调解进行回访,并将情况记录在案。

零赔付案及撤调案例应于结案后分别在两周、一个月内向医疗机构履行追访制度,了解患方的基本动态,填写追访情况登记表,报调处内勤登记,由内勤统一报信息室备案。

## 第三节　前法官王东老师的调解技巧

调解员王东老师是原北京市第一高级人民法院的三级高级法官,主持审理过许多全国知名的大案要案,退休后担任北京医调委的调解员,她的调解成功率特别高,有很多调解经验和技巧,时常冒出许多充满哲理的智慧语言。

### 一、取得当事人的信任,是调解成功的关键

王东老师最重视的一条经验是"取得当事人的信任,是调解成功的关键"。

调解的关键是当事人的信任,赢得信任会给调解带来两方面的好处,一方面调解员可以在当事人信任的基础上,在交流中了解当事人真实的想法,知道调解最终可到达的底线,为进一步调解奠定良好的基础;另一方面赢得当事人的信任,会使调解员分析的各种利害关系为当事人所相信,而调解员不失时机地提出的调解建议,当事人通常会接受。

那么,怎样才能取得当事人的信任呢?

王东老师的经验有3条:

一是"人的心长得不正,偏向左边,那是上帝的事,但一个人的良心要正,那是个人的事,任何人做事都要讲良心。良心要求我把患者的事当作自己的事,尽最大的努力争取和维护患者的合法权益。老百姓最重视良心,和老百姓讲良心,容易获得他们的信任。"

二是"要让患者把调解员当作自己人,首先调解员要把患者当作自己人,如不能说我们医调委如何如何,要说咱们医调委如何如何,一句话就拉近了距离。"

三是“在了解案情的基础上，如果医方确实存在过错、工作方式方法不当或者态度恶劣，可以说‘如果是我的亲人遇到这样的事情，也得要个合理的说法’，让当事人感到调解员具有亲和力，能够理解其处境。”

经常有当事人说：“王老师，我听你的，你说怎么办我就怎么办。”

## 二、换位思考

王东老师倡导要学会“换位思考”，如果我是当事人，我会怎么想，我会怎么办。

换位思考，首先是站在当事人的立场思考。调解医疗纠纷，不仅需要医患双方的交流和沟通，更重要的是调解员和当事人的交流和沟通，换位思考在与当事人进行沟通时是非常重要的，因为不了解当事人的立场、感受及想法，调解员就无法正确地思考与回应。调解员应当站在当事人的立场和角度，设身处地、将心比心地去思考矛盾产生的原因、解决问题的关键和所能接受的向对方让步的底线，这有利于提出合情合理解决纠纷的方案。

通过换位思考设身处地地理解当事人能够给当事人带来很大的好感，感到自己被尊重，从而愿意与调解员交流和沟通。

换位思考方法的运用，会让当事人感觉到调解员是从当事人的利益出发，从而消除对调解员的抗拒心理，听取调解员的合理建议，便于调解的顺利进行。

## 三、调解员要善于倾听

王东老师说：“在调解的过程中要善于倾听，这是一种重要的沟通方法和技巧。”

王东老师还说：“患方不仅仅需要经济赔偿，更需要的是尊重和信任，调解员对他们有足够的尊重，耐心听取他们‘祥林嫂’式的陈述，他们看到了调解员的真诚，气就消了一半，问题解决起来就容易得多。”

在调解中，首先要学会倾听和了解别人。因为只有懂得倾听，我们才能赢得对方的信赖和好感，使沟通顺利进行。倾听是一种礼貌，愿意倾听当事人说话表示我们乐于接受别人的观点和看法，这会让说话者有一种备受尊重的感觉，有助于建立和谐、融洽的人际关系。

在调解中，要耐心倾听，让当事人的激愤和不良情绪得到宣泄和释放。倾听时，我们应该注视着当事人的眼睛。通常情况下，当事人对我们是否在认真倾听他说话的判断，是根据我们是否看着他来作出的。如果在当事人说话时我们的眼睛盯着别处，当事人就会认为我们对他的谈话不感兴趣，从而打击他谈话的积极性。

在调解中，要有互动，恰当运用肢体语言。在交谈时，即便我们还没有开口，我们内心的真实情绪和感觉就已经通过肢体语言清楚地展现在对方眼前了。如果我们在倾听时态度比较封闭或冷淡，对方自然就会特别注意自己的一言一行，比较不容易敞开心胸。反之，如果我们倾听时态度开放、充满热情，对对方的谈话内容很感兴趣，对方就会备受鼓舞，从而谈兴大发。激发对方谈兴的肢体语言主要包括：自然微笑，不要双臂交叉抱于前胸，不要把手放在脸上，身体略微前倾，时常看对方的眼睛，微微点头等。

在调解中，要善于引导当事人。在交谈过程中，我们可以说一些简短的鼓励性的话语，如"哦"，"嗯"，"我明白了"，等，以向对方表示我们正在专注地听他说话，并鼓励他继续说下去。当谈话出现冷场时，也可以通过适当的提问引导对方说下去。例如，"你对此有什么感觉"，"后来又发生了什么"，等。倾听别人谈话时，我们通常都会有几秒钟的时间，可以在心里回顾一下对方的谈话内容，分析总结出其中的重点。在倾听过程中，我们只有删除那些无关紧要的细节，把注意力集中在对方说话内容的重点上，并且在心中牢记这些重点，才能在适当的时机给予对方清晰的反馈，以确认自己所理解的意思和对方一致，比如，"你的意思是××吗"，"我不知道我听得对不对，你的意思是××对吗"，等。

## 四、调解要讲老百姓听得懂的语言

王东老师说："调解要讲老百姓听得懂的语言，如医疗纠纷解决机制是法学家使用的语言，医疗纠纷解决途径是法律工作者的语言，解决医疗纠纷有几种方法或几条道，则是老百姓听得懂的语言。"

要讲老百姓听得懂的话，切忌空话，套话及又臭又长、不切合实际的大话。要把医学术语、法律术语转化为群众话语，做到深入浅出、入脑入心，更好地析事明理、解释疑惑。

## 五、要宣传调解的优势

有的患者对选择诉讼还是调解犹豫不定，王东老师的解释是："无论是打官司还是调解，依据的都是同一个法律，同一个赔偿标准，不会有很大的差别，也就是个秤高秤低的问题。但打官司要交诉讼费，要交鉴定费，你不懂法律，不知道怎么打官司，请律师还要花钱，还要花费很长时间，打一个医疗官司至少要一年半载。调解不用花任何钱，最多也就 2 个月时间，你对调解结果不满意，也不影响你继续打官司，你看哪条道对你合适？"

有的患者怀疑医院病历作假，王东老师的解释是："糖是甜的，盐是咸的，咱们医调委有很多有经验的专家，大家一块合议，叫作小合议，牵扯到专业性很强的问题，还会咨询这个专业知名的专家，最后还有外请的专家的大合议，如果应该是甜味的医院说成咸的，或者应该是咸味的说成甜的，专家一眼就能看出来，有什么问题专家都能分析出来。”

### 六、调解要因人而异

调解员在调解工作中要面对形形色色的人，这就需要调解员善于揣摩当事人的心理活动，在倾听的过程中，首先要摸清当事人属于哪一种性格类型。王东老师说：“调解中特别注意两种人，一种是没有文化蛮不讲理的人，还有一种是特别有文化爱抠死理的人。对不同的人说不同的话，采取不同的调解方法。”

对没有文化蛮不讲理的人，不能和他对着来，即便他满嘴跑火车也不和他争辩，采取“冷处理”的方法，让他先回去考虑一下，问问其他人应该怎样处理，给他时间，让他自己想明白了，打消不切合实际无理的要求。等他冷静下来，再把有关医学问题、涉案法律问题详细解释给他听。

对特别有文化爱抠死理的人，调解员首先要弄懂弄通所有涉案的医学问题、法律问题，心中有底。然后要先抑后扬，“先抑”是指在谈话中要随时注意当事人的破绽，包括法律上的、道德上的，抓住破绽，抓住弱点，毫不留情地揭穿他、摆平他，在关键问题上让他口服心服，在气势上要压倒他。所谓“后扬”是指在“先抑”的基础上，必要时候应给他一个台阶，让他借坡下驴，因为这种人往往比较爱面子，如果没有台阶下，可能会把他逼入“死胡同”，难以达成调解协议。

### 七、调解要辨法析理，因势利导

有的患者或家属强调“生命无价，健康无价”，王东老师的解释是：“生命无价，健康无价，那是文学语言。到了法院，到了医调委，讲的是赔偿，赔偿就只能是钱的赔偿，生命和健康就有价了，这个‘价’就是依照医疗过程的事实和法律定的，归根结底就是一个钱的问题。”

有的患者或家属强调“我不要钱，我要求把医生逮起来”，王东老师的解释是：“把医生逮起来是不可能的，只有在法院（执行死刑）、在医院里和马路上死了人（交通事故）刑事警察才会去调查。如果在医院死了人就把医生逮起来，就没有医生看病了，没有医生看病，今天你我都不会坐在这里了。法律维护的是你的合法权益和合理要求，你要求把医生逮起来，那你先到派出所报案去。”

有的患者情绪激动，说“不赔钱不赔礼道歉也行，只要让我打他几巴掌就行”，王东老师的做法是引导患者或家属采用合法的途径理性维权，“不能做犯法的事，如果犯法被逮到局子里去了，在街里街坊也不好看，自己的合法利益也得不到维护”，“发生医疗纠纷很正常，不要去折腾去闹，事情总有人管嘛，要是没人管，你‘闹’还值得同情，有人、有机构、有政府管，你闹有什么用？不要把有理变成无理取闹，都不是靠病人和死人发财致富的明白人，有什么问题坐下来好好解决呗”，“我不能保证你不气愤、不郁闷、不发疯，但我可以做到让你在和我谈话的这一两个小时心情会逐步好转、会笑、会开心、会忘记‘仇恨’”。

## 八、过错剖析

有的当事人素质较高，可能并不太在意获得赔偿的金额，但更注重的是合情合理、公平公正，通俗地讲，“要的是个说法”。这时，作为调解员，在调解过程中要说明白、公平的话，应当针对案件事实和当事人纷争的焦点，将其行为纳入法律或政策的轨道进行法律适用的解说，对案件进行剖析，并提出具体适用的条款，只有以事实为根据，以法律为准绳，才能让当事人信服；只有在让当事人明白其诉求有无道理及各自应承担什么责任的基础上，才能让当事人明白为什么要提出如此的调解方案，从而最终促成调解协议的达成。

## 九、讨价还价“两头压”

在医疗纠纷的调解中，医院想的是尽量地少赔或不赔，患方想的是尽可能地多赔，俗话说“要价无多，还价无少”。王东老师采取在确定的赔偿范围内“两头压”调解法。在调解过程中，结合“背对背调解法”，给医院做工作时解释这是经过集体合议确定的合理方案，经过诉讼，法院判决也不会比这少，早一天达成协议医院早一天素净，事结案了，说服医院接受调解协议；给患方做工作时也解释这是经过集体合议确定的合理方案，即便是打官司到法院也是这么一个结果，不能有不合理的过高要求。打官司还要付律师费、诉讼费和鉴定费，还要花费很长时间，你要不信也可以打官司试试。双方各自作出哪怕是很小的让步，就会促成协议达成，达到理想的调解效果。

## 十、调解员必须是文武全才

医疗纠纷的调解既涉及医学问题，又涉及法律问题，王东老师说调解员必须是既懂医又懂法的文武全才。

王东老师是法官出身，对法律条文是清清楚楚，可以给当事人解释得明明白白，但起初她对医学是一窍不通。因此她非常善于学习，虚心向评估员请教，认真把案情搞明白。王东老师说：“老百姓不懂什么是并发症，我原来也不懂，经过很长时间才理解。打个比方，一个人的肚子、肠子得了病要做手术，必须先切开肚皮，做完手术肚皮必然会有瘢痕，这个瘢痕就是并发症。出现瘢痕增生是个人体质问题，碍不着医生什么事。但如果手术后切口发生了血肿或感染，则要分析其发生的原因，医生在处理中是否存在不当，采取的措施是否到位。”

现在王东老师在给当事人解释时说得头头是道，有的当事人甚至误以为她是学医出身，称呼她为“王大夫”。因此，调解员们有时跟她开玩笑，也称她为“王大夫”。

# 第十二章　医疗纠纷突发事件现场紧急介入

## 第一节　医疗纠纷突发事件概述

### 一、医疗纠纷突发事件的概念和范围

医疗纠纷突发事件是指扰乱医疗机构正常医疗秩序、危害他人人身安全的事件。

医疗纠纷突发事件的范围包括但不局限于以下行为引发的事件：

(1)聚众冲击或者占据医疗机构诊疗、办公场所的；

(2)在医疗机构内聚众闹事、寻衅滋事的；

(3)在医疗机构拉条幅、设灵堂、焚香烧纸、摆花圈、散发传单、喧闹、张贴大字报的；

(4)围堵医疗机构大门、重要出入口或者就医通道，影响人员正常进出的；

(5)拒不将遗体移放太平间或者殡仪馆，违规停尸的；

(6)侮辱、威胁、恐吓、殴打，或以其他方式故意伤害医务人员，非法限制医务人员人身自由，或者阻碍医务人员依法执业的；

(7)在医疗机构损毁或者抢夺医务资料、公私财物、医疗器械和其他医疗设施的；

(8)非法携带易燃、易爆危险物品和管制器具进入医疗机构的；

(9)其他扰乱医疗秩序、危害他人人身安全的行为。

### 二、医疗纠纷突发事件的分类

(一)一般突发事件

不听从解释和劝阻，并出现下列情形之一的为一般突发事件：

(1)患方事件参与人员 10 人及以下，且在医疗机构内发生拉条幅、散发传单、喧闹、张贴大字报等情形的；

(2)患方事件参与人员 20 人以下，不通过正常途径反映解决问题，干扰医疗机构正常医疗和工作秩序，没有导致严重后果的。

（二）较大突发事件

不听从解释和劝阻，并出现下列情形之一的为较大突发事件：

（1）患方事件参与人员 20 人及以上，50 人以下的；

（2）发生侮辱、威胁、恐吓医疗机构医务人员或工作人员的；

（3）发生占据医疗机构办公、诊疗场所，围堵就医通道，干扰正常医疗和工作秩序等情形的；

（4）患者死亡后，其亲属不听从劝阻，拒不按规定处置尸体，停放病房超过 2 个小时，或者将尸体强行停放在医疗机构公共区域或办公地点的；

（5）发生损毁或者抢夺医务资料、公私财物、医疗器械和其他医疗设施等情形的；

（6）患方事件参与人员 10 人以上，且有在医疗机构内拉条幅、设灵堂、焚香烧纸、摆花圈、散发传单、喧闹、张贴大字报等情形的。

（三）重大突发事件

不听从解释和劝阻，并出现下列情形之一的为重大突发事件：

（1）患方事件参与人员 50 人及以上，100 人以下的；

（2）殴打、侮辱或非法限制医疗机构工作人员或者医务人员人身自由，或者阻碍医务人员依法执业的；

（3）事件参与人员非法携带易燃、易爆危险物品或者管制器具的；

（4）围堵医疗机构大门、重要出入口或者就医通道，影响人员正常进出的。

（四）特别重大突发事件

不听从解释和劝阻，并出现下列情形之一的为特别重大突发事件：

（1）患方事件参与人员 100 人及以上的；

（2）采用管制器具围攻、伤害工作人员或者医务人员的；

（3）使用易燃、易爆危险物品，影响公共安全的；

（4）危害群众人身安全或有教唆患方亲属自杀、自残等倾向的；

（5）游行或封堵交通主干道的。

### 三、医调委在医疗纠纷突发事件中的作用和措施

各级卫生计生、综治、公安、司法和保监等部门应按职责范围处理好医疗纠纷突发事件。医疗纠纷突发事件现场紧急介入也是医调委的一项重要工作，应该积极发挥作用，防止矛盾激化，防止民事纠纷转化为刑事案件。医调委应根据医疗纠纷突发事件的分级，分别启动相应应对机制。

（一）设立应急联动专线电话

应急联动专线电话由专人值守接听，同时承担向医调委主任及各部门报告

的任务，并按照主任指示调度人民调解员前往纠纷现场开展调解工作，与现场指挥部保持紧密联系。

（二）一般突发事件的应对

接到一般突发事件报告后，医调委应积极做好调解准备，并根据现场指挥部要求，安排调解部人民调解员在第一时间到达现场，主动宣传第三方人民调解机制，争取医患双方同意进入人民调解程序。当事件升级后应向医调委报告申请相应升级。

（三）较大突发事件的应对

遇到较大突发事件，医调委应安排调解部负责人带领人民调解员到现场。

（四）重大突发事件的应对

遇到重大突发事件，医调委应安排医调委副主任带领调解部负责人和人民调解员在第一时间到达现场。

（五）特别重大突发事件的应对

一旦遇到特别重大突发事件，医调委主任应带领副主任、调解部负责人和人民调解员、法律和医学专家在第一时间到达现场，主动宣传第三方调解机制，争取医患双方同意进入调解程序。

每次应急联动结束后，医调委要对调解员现场应急联动工作效果进行专题回访，回访内容包括到达时间、工作态度、工作效果等，回访结果作为人民调解员绩效考核的重要内容之一。

## 四、现场紧急介入的程序

(1)接到医疗机构请求或现场指挥部紧急现场处理纠纷的通知后，医调委应及时安排相应人员，携带工作证、《医疗纠纷人民调解申请书》《紧急现场处理记录表》《医疗纠纷人民调解患方须知》等文书赶赴现场。

(2)到达现场前，相应人员应与医方取得联系，初步了解事态及医患双方争议点、双方的要求与态度和患方人数等基本情况。

(3)到达现场后，相应人员出示工作证件，亮明身份。先与患方沟通，主要对象是患者及其近亲属。患方人数较多的，应让他们推举代表进行沟通。先向患方了解纠纷始因、经过及基本要求，取得患者及家属的信任。初步目的是稳定局面，控制事态发展，尽最大的努力将医疗纠纷由院内转移到院外处理，引导患方接受调解，让患方撤离医疗机构。不做纠纷是非的判断，不进入纠纷调解程序。

(4)不为患方的申述所引导，重点告知其××市政府关于医疗纠纷调解处理的三条途径（医调委调解、卫生行政调解、民事诉讼），告知其医调委的性质和职能，人民调解原则与依据，患方在医疗纠纷人民调解中的权利与义务，有关的法律常识，引导患者理性思考有关问题。

(5)如患方同意接受调解，条件成熟时可出示《医疗纠纷人民调解申请书》《医疗纠纷人民调解患方须知》和中心名片，说服患者接受医调委调解或通过其他两条途径解决纠纷。

(6)适时恰当地向患方告知医调委的基本调解程序和患方应配合医调委工作的有关事项(如事件经过的陈述书、有关病历资料、有效身份证明的复印件、委托书等)。

(7)不介入病历封存、解封和实物封存、检验的有关事宜，只履行有关规定的告知义务。

(8)患方对死因有异议时，应告知其尸检的意义。如患方拒绝尸检，应告知尸检的有关规定，但应注意方式，避免引发矛盾。不介入医患双方有关尸检问题的具体事宜。

(9)在紧急现场处理的过程中，特殊问题应及时与医调委有关负责人或总值班处联系并妥善处理。

(10)在与患方沟通结束后，应与医方进行简单沟通，避免给患方造成误解，避免纠纷扩大。

(11)现场处理完毕，应及时向医调委负责人或总值班处报告。

(12)填写《紧急现场处理记录表》，存档。

## 第二节　现场紧急介入的方法和技巧

### 一、快速切入现场

(一)快速掌握第一时间的情况

由于一般患方到达现场后可能会有等待后续家属(一般是直系亲属或者是家里的长者及其他重要成员)到来的时间，这被称为“空档期”。恰当地利用“空档期”可以为成功地解决纠纷做好前期铺垫，在这个时间里可以直接或者间接地向在场人员了解基本信息，包括已经到场人员的身份、事发时的状况，让已经到场的人员(特别是患方)感受到自己已经受到重视，切不可一味坚持非要等到所有人都到齐了才开场，更忌讳的是对不幸事件的发生表现得“呆若木鸡”甚至是“漠不关心”，这样很可能会错过“破冰”的最佳时期。“破冰”这个概念曾广泛应用于销售行业，意为当销售人员进入一个相对陌生的环境想要推销自己的产品时，如果一开口就是商品本身的介绍，那么极有可能面临的情况是，对方要么冷若冰霜，要么嗤之以鼻。原因是我们的本能通常会对陌生的人和事充满警惕和不信任,这是人类进化过程中自然形成的自我保护机制。那么在接触过程中如何“破冰解冻”就显得尤为重要,也就是对现场第一时间的氛围掌控,这将直接决定你的“冰冻层面”是否可以顺利打开。在纠纷处理中,道理也是一样,如何营造现场的氛围,从而在第一时间争取主动是我们必须首要解决的问题。通常,我们在到达现场后应当有意识地迅速扫视在场人员,目的是对现场人员的情况有所了解,为下面的沟通探寻契机。考虑到实际情况中患方人员通常不会一次性赶到,而是可能会陆续到达,在此过程中我们要见缝插针,迅速与已经到场的人员进行第一时间的沟通,要争取做到与先到的人员建立初步的信任和好感,进而让他们的情绪感染后来的人员。因为情绪是会相互感染的。而沟通不一定涉及案件内容,甚至不必是语言上的沟通,可以是招呼现场人员递上一杯水,主动做一个让座的动作甚至是投去一个真诚的目光,都可能起到意想不到的作用。这些细节将给对方留下一个初步的良好印象,为下一步谈话营造良好的气氛,在此基础上我们再伺机引入正题。

(二)克服恐惧和焦虑

医调工作通常是在纠纷持续相当时间,已经达到一定程度时才被通知介入的,等你到达现场,往往已经是一片混乱,有人哭喊,有人咒骂甚至是直接对你出言不逊。此时你可能会感到心跳加速、口干舌燥,这是肾上腺素急剧分泌的结果,是紧张所产生的生理反应,也预示着你的恐惧和焦虑。如果你不能有效地控制这种负面情绪,结果将是灾难性的。克服恐惧和焦虑,进而摆脱它们对你的不良影响,是我们在调解工作中必须具备的基本能力。我们至少可以通过两种方式,将恐惧和焦虑转化为积极的动力:

(1)积极的想象。简单说就是对自己进行心理暗示,例如“他们的愤怒不是针对我的”,“我有能力让大家相信我”,“把话说得再中肯一些,语速再放慢一点,让每一个人都听得清楚”。

(2)身体的调整。这里主要是对呼吸的控制和身体的放松活动。紧张的情绪可能会打乱我们呼吸的节奏,使我们的说话显得慌乱、不连贯而缺乏自信。这个时候多运用深呼吸,并且有意识地配合以适当的语速,使我们的声音听起来强劲有力,从而向在场的人传递出有能力解决问题的信心。另外,你也可以试试在桌子下面晃晃脚或者把手背到身后自己伸伸十个手指,这些小动作都可以减少你的身体紧张度,有效缓解紧张情绪。

(三)正确把握角色

在调解过程中,调解员必须正确把握自身角色,即“客观、中立”,切忌“拍脑门”和“拉偏架”。在现实场景中,我们时常可以遇到缺乏处理纠纷经验的医务人员,特别是一些科室领导或者部门负责人为了尽快息事宁人,常常夸大第三方调解的作用和效果，“这个案子肯定能赔不少，至少得赔××万”“以前××案还没这个情况严重，都赔了××万”。这样导致当事人对索赔的期望值被人为抬高，这个时候调解员必须尽快把这根线拉回来，让调解的基调尽可能回到正常轨道，但要尽量注意委婉，比如可以向患方透露“关于刚才××主任的说法我们可以说明一下，我们的第三方调解赔偿是由医学、法律还有保险理赔专家综合评估后由保险公司统一赔付的，具体金额需要您和医院共同配合后才可能得出一个比较客观的数据”，切忌说“没有这样的事”，“不可能赔这么多”等等类似的话。

另外，在一些情况下，可能遇到比较“认死理”的当事人，调解员可能会遭遇一些误解甚至是人格的侮辱，这个时候必须有一个职业素养的底限要坚持，就是不能以一时、一己之好恶动摇调解的立场和角色的把握。在某些时候我们甚至可以看到调解员由于对当事人(可能是医疗机构、医务人员，也可能是患方)的同情，而流露出明显的态度倾向(如果是出于调解策略考虑则可以除外)，甚至公然在言语上对一方支持或者是谴责。这都是调解工作的大忌，不仅可能会影响到调解的效果，还可能会使当事方对调解丧失信任而导致最终的调解失败。

所以，调解员对自身角色的把握是至关重要的，甚至可以说是直接关系到调解工作的成败，因此，我们必须时刻把对角色的正确把握作为提高调解水平、提升职业素养的重要环节来学习和领悟。

(四)掌握现场互动的技巧

在现实调解工作中，我们可以不断尝试向当事人引导性地发问，借当事人之口得出我们想要的信息，从而引导其思维在无形中向调解的需要靠拢。例如，“家里有几口人”，“父母(孩子)一般都是谁来照顾”，“现在家里情况怎么样”。当然，这种看似寻常的问题，背后都带有潜在的目的性，一是为了打开沟通的局面，二是在询问的过程中要迅速找到与当事人的共同点，因为说服的第一步是找出双方“一致的基础”，这能让对方认为是接收到“彼此理解”的信息并不断加以强化。在此过程要根据当事人的反应随时调整谈话的角度，比如有的当事人比较健谈，那么不可以离题太远，要在适当的情况下尽快切回主题。如果遇到戒心较强的当事人，情况就要麻烦一些，可能你的问题要更多地做些策略性的倾向调整，例如可以说“发生这样的情况我们一般会更多地向弱势方倾斜”，“你有什么实际困难可以直接向我们提，能办的我们尽量争取办”，当然前提是与另一方当事人(通常是医疗机构负责处理纠纷的人员)能够事前达成默契，以避免发生一些不必要的误会。

## 二、正确理解信息，作出有利判断

对于一名合格的调解员而言，察言观色是一项基本的技能，要长期地深入学习和实践。当能够熟练地运用它的时候，我们就可以适时地看透他人的内心变化，从而有效地调整我们的谈话策略。当一个人心中不满或怀有敌意时，说话会变得无力、无趣味，给人以极端呆板的感觉，话也少。与此相反，若有亏心事，或想撒谎时，本来是个话少的人，会突然变得很健谈，这些都是心情通过谈话方式表露的常见情况。

喜悦的表情特征：头会稍微后仰，伴发出笑声；除捧腹大笑外，额和肩一般都处于平静状态；下眼睑上升，外眼角出现皱纹；口张开，上齿露出；唇角后移，上唇上升；下颚下垂、震颤。

发怒的表情特征：头前倾；左右肩靠近；眉头处下降，在眉间形成倒八字；眼睛瞪大；鼻翼扩大；口朝横向生硬张开，下齿可见；唇角下垂，下唇有力；下颚强力地向前突出。

哀伤的表情特征：头垂向前方；左右肩靠近；眉头上升，成八字，眉和额之间形成皱纹；眼睛部分或完全闭上；鼻子略变细变长；口咧开、歪嘴；唇角下垂，下唇颤抖；下颚下垂。

恐惧的表情特征：头向后移，躲避；眉上升，吃惊时额头形成皱纹；眼睛瞪大；鼻翼扩大；口张开；唇角略下垂；下颚固定不动。

厌恶的表情特征：头偶尔出现偏斜；略微在两眉间出现皱纹；眼睛一般细，伴有眼球活动；鼻根处出现皱纹，鼻翼向两侧歪；口稍上升；唇角下垂，下唇突出；下颚上提。

即使对方的表情不像上述这样典型，而是以其他形式表现出来，只要我们留心观察、加强学习，也一样能够捕捉到。

下面我们尝试以最常见的分类方式，即从医方、患方、其他方的角度进行解释。

（一）医方给予的信息

1.医生想说什么——无奈？无助？委屈？愤怒？

很多医务人员在遇到医疗纠纷时是感到彻头彻尾的愤怒和委屈，更多的则是无奈与无助。试想一下，连续抢救几个小时甚至十几个小时的辛苦，换来的却是对方的误解甚至是谩骂、侮辱，更有甚者是人身威胁，很有可能医务人员的表达会词不达意或者是力不从心。此时调解员的工作是配合医疗机构的负责人员，稳定医护人员情绪，了解和还原事实的真相，为下一步的调解工作做准备。

2.医院想说什么——息事宁人还是据理力争？

医疗机构作为一个部门或者单位，在纠纷发生后一般会有一个初步意见。尽管这种意见的形成由于时间关系可能比较粗糙，但是大体也可以分为“息事宁人”和“据理力争”两大类，一般情况下可能前者居多。正如前文所述，调解员首先是要在把握好角色的前提下运用好处理技巧。我们在听取了医疗机构意见后首先要表明会充分尊重其原则立场，根据情况尽可能地满足其诉求。

3.不能说的事情

周杰伦有一部电影叫《不能说的秘密》，医疗行业里其实也有很多不能说的事情，至少开会的时候或者病历讨论、死亡讨论的时候常常可以听见这样的开场白，“关上门来说，这件事情其实……”，“严格意义上讲，在治疗过程中我们存在……方面的问题”，“下面的问题，我们认为有待商榷……”。为什么要“关上门”才能讲，因为有些问题是医疗机构或者医务人员心知肚明，却又不好拿上台面说的事情。这既有可能是医疗操作的人为失误，也有可能是一些低级错误，更有可能是科室之间的配合漏洞，甚至可能涉及一些个人乃至科室之间的摩擦、矛盾，这种事情是“家丑”万不可“外扬”，所以常常就隐晦成“不足为外人道也”的东西。调解员首先应当有这种敏锐性，可以及时发现端倪，同时也不要一味去“戳人痛处”，可以在充分沟通，获取信任的前提下，将信息尽可能搜集全面，为下一步调解做准备。

(二)患方给予的信息

1.患方想说什么——质疑？愤怒？文化？习俗？

一般情况下，患方遭遇亲人的伤痛甚至死亡这样的重大变故，或者就是患者本人伤痛加重，对医疗行为产生本能的质疑乃至愤怒是医疗纠纷中最为常见的，也是可以理解的。但是这样的信息有的传递得比较明显，而有的则显得比较隐蔽，这与患方的家庭背景、文化程度、个人性格等等有极大的联系，也跟地域文化有着千丝万缕的关系。中国地大物博，人文风俗各地有各地的不同，全国各个省份都会有这样的典型，同样一件事情的解决，比如遇到纠纷，有些地方以说理为主，有些地方以吵架为主，有些地方以威胁甚至直接赤膊上阵为主，甚至有些地方就以“闹”出名。有些地方家里有人去世，族人村邻一定会登门吊唁，主人也会大摆酒席招待远方来客，把丧事办得极为隆重；而有些地方则认为家人在家以外的地方过世(包括医院)是极为“晦气”之事，“人死不能回家门”，免得惹得村里四邻都倒霉遭殃，所以有些已经在医院断气的患者，其家属不得不要求医院给死者继续挂上输液瓶，戴着呼吸面罩，由医护人员陪着救护车“护送”回家。调解员只有在充分了解患方方方面面的背景情况的前提下，才可能对症下药，正确处理患方反映出来的诉求信息。

2.想说又不能说的事情

结合前面说的医方“不能说的秘密”，患方也常常有些难言之隐。一般来说，直系亲属把事情“闹大”是为了争取更多赔偿，这是最常见的情形。但也有其他各种例外，比如笔者曾经多次遇到过患方非直系亲属甚至是非亲属“表现出众”

的情况，他们有的是因为与死者感情深厚，心中情绪难以宣泄，有的是因为介绍患者来医院就医，现在患者治疗无效过世，心存愧疚，还有的是因为担心患者家里抚养(赡养)人口众多，自己无法交代等原因，当然也不排除有人想从中渔利，这个属于“职业医闹”的范畴，在下文中会有探讨。因此，调解员必须懂得如何去区分这几类信息，这对下一步调解中采取的措施和策略都会有极大帮助。

(三)其他方面给予的信息处理

1. 卫生行政部门释放的信息

当前，医疗纠纷处理立法工作不断推进，有明显的“去行政化”的趋势，即将医疗纠纷的处理从过去长期行政处理背景中淡化出来。卫生行政部门直接参与医疗纠纷调解的情况已经大为减少，但这并不意味着行政处理从医疗调解工作中完全退出。每当有影响重大的案件，现场局势紧急等情况，或者患方强烈要求，卫生行政部门还是会出面参与协调工作。此时，调解员要认清形势，处理好与卫生行政部门的平衡关系，因为从法律上讲人民调解是“独立第三方”，本身不受其他任何部门(包括卫生行政部门)的影响和干预。但正是由于历史原因，很多人的惯性是有事“找上级”“找领导”，这种时候调解员自己要首先分清“人民调解”与“行政调解”的界限与区别，把握好“第三方”的立场和角度，充分理解卫生行政部门在接收案件处理过程中释放的信息，特别是要注意某些卫生行政部门人员在言行上一旦出现“不作为”或者是“乱作为”的信息苗头，则调解员既要果断摆明态度，又要注意方式和策略。例如某些卫生行政部门的干部，平时不注意学习，或者本身就抱有某些不良情绪，到了纠纷调解现场信口开河，发表倾向性意见，有激化矛盾的可能时，调解员必须要积极采取各种方式，转移各方注意力，再伺机将话题引回正轨。

2. 当遭遇公安部门执法不力

公安机关在医疗纠纷调解中的职能主要是维持现场秩序，避免扰乱调解甚至是暴力威胁的情况发生。但是在实践中，公安执法人员常常也认为“人死为大”，患方值得理解同情，因此对于很多过激言行是“睁只眼闭只眼”，这无形中等于滋长了某些人“闹”的情绪，最后使得现场走向失控的境地。因此，对于这种可能情况的预判、预估是调解员必不可少的硬功夫。调解员要在事情发展到恶化之前及时与公安执法人员进行沟通，尽量争取得到公安执法人员的理解和配合，如果沟通确实无效要及时向上汇报，通过上层介入处理。

3. 要善于读懂语言以外的信息(沉默的背后是什么)

有资料显示，一个人要向外界传达完整的信息，单纯的语言成分只占7%，声调占38%，另外55%的信息都需要由非语言的体态来传达，而且因为肢体语言通常是一个人下意识的举动，所以，它很少具有欺骗性。

由肢体动作表达情绪时，当事人经常并不自知。当我们与人谈话时，时而蹙额，时而摇头，时而摆动手势，时而两腿交叉，我们多半并不自知。正因如此，心理学家提出如下的假设：当你与人说真话的时候，你的身体将与对方接近；当你与人说假话的时候，你的身体将离开对方较远。此一假设验证的结果发现：如果要求不同受试者，分别与别人陈述明知是编造的假话与正确的事实时，说假话的受试者会不自觉地与对方保持较远的距离，而且显得身体向后靠，肢体的活动较少，面部笑容反而增多。

特别提示：如果在调解过程中对方始终保持沉默，说明对方要么是在抗拒你的解释和建议，要么就是根本没听懂。遇到这种情况你要尽快调整思路和说话的角度，想方设法打破僵局，建立基本的信任是第一步。如果对方是在与你交谈的过程中突然沉默，代表对方极有可能是在思考你提供的信息的可信度，这种情况你可以考虑进一步加强说服的力度，打消其疑虑，切不可以沉默对沉默，导致前功尽弃。

(四)分歧不一定都会引向冲突

双方意见出现不一致，这在调解过程中是常见现象，主要源于当事方对事实的认识不一致，比如患方一口咬定，损害后果的出现就是由医疗机构、医务人员的过错造成，要求其必须承认并承担全面责任，包括要求写保证书、签赔偿协议、马上给钱等等。这种情况医疗机构当然是无法答复的，如果不善于加以引导，极易进入纠纷的冲突阶段。每当遇到这种情况，调解员需要马上做的事情当然不是去加入谁是谁非的争论，而是将各方对于过错和责任的分歧导向(专家)独立评估，要让当事人明白，医疗机构没有权利去拒绝或者承认任何有关“责任”“赔偿”的问题，“责任”是由独立第三方来判断，“赔偿”是由保险公司来处理，一味找医疗机构去做这样的争论只会是让当事方白费力气。

## 三、有效利用信息，重构融洽氛围

(一)快速解读信息，及时调整思路

当你发现要解释说服的事情和人无论如何也说不到一块的时候，一定不要再抱着“咬定青山不放松”的态度。调解中非常忌讳的就是“一条道走到黑”，调解员必须要学会去分析局势，分析面前的人和事。“为什么不接受我的说法”，这是一个经常要在脑子里面盘旋的问题，而且要找到答案，究竟是“对调解程序不满意(不理解)”，还是“对调解人员不满意(不信任)”，或者是对医务人员或者医疗机构本来就心存怨恨，现在正好是“新账、老账一锅端”，还是家里意见不统一，另有“难言之隐”，等等。总之要根据现场情况综合分析信息，在最短的时间内找到症结所在，及时调整说话的思路(策略)，这样才有可能收到出奇的效果。

（二）“控场”的要领——紧紧抓住“最能说的人”和“作决定的人”

纠纷现场常常人员混杂，有人会抱怨，有人会咒骂甚至是威胁，但我们在实践中接触到的最有杀伤力的是“最能说的人”。所谓“有理走遍天下”，指的就是“能说理”“会说理”的人，他们在纠纷发生的过程中起到的作用无疑是巨大的。如果能够与他们达成一致，纠纷的处理将会事半功倍，否则将是截然相反的结局。同时，合格的调解员还必须学会在最短的时间内发现谁是“作决定的人”，通常情况下“最能说的人”和“作决定的人”是整个纠纷调解的“灵魂人物”，有的时候这两者是合二为一的，那么尤其要注意在调解交涉过程中与他们的接触和沟通，这是决定整个调解进程发展的关键所在。

## 四、典型案例

下面是笔者亲身经历的几个案例和处置，希望能给大家提供一些参考思路。

（一）渐进式沟通

### 【案例分析17】通水检查的死亡应急处理案

［案例简介］

患者黄某，女，43岁，广西人，于2004年至海南“旅游”时到当地某三甲医院进行“输卵管通水”检查，在此过程中发生意外死亡，初步分析原因是通水时宫腔内压异常增高，输卵管出现破口，通水使用的液体（过氧化氢）反流进入血管，造成患者严重气栓导致死亡。

事件发生后，医院成立了紧急应急小组，由院长挂帅，业务副院长综合协调，负责善后工作。笔者作为小组成员，负责全程接待工作，与死者家属进行面对面沟通。首先在与死者家人联系的时候，采取的是递进沟通法，即电话中只说黄某来医院检查时出现意外，目前正在“抢救”（其实已经死亡），请家里火速派人过来协助“抢救”。笔者至码头接到包括其丈夫在内的三名家属后，先简单告知检查的原因和目的，发现其丈夫并不太明白为什么妻子会来做这种检查，但是对妻子检查出现意外表现出焦急。在从接站码头到医院的过程中，笔者告知医院已经组织了院内外最好的专家和技术骨干“正在全力抢救”，但“情况不容乐观”，为了不影响抢救的进行，建议家属就近先至医院附近宾馆休息，耐心等待结果。但家属执意表示要到医院现场等候，在此过程中笔者以接电话、收短信的方式不断向家属间接传递信息“情况越来越严重”，其丈夫一直嘴唇发抖，旁边两人不停加以劝慰。到达医院后，继续向家属传递“病情加重”的信息，在数小时后宣告“患者已经死亡”。在此后的沟通过程中，家属虽然也很悲痛，但对于医院“积极抢救”和第一时间通知家属的态度留下了良好的印象，对整个的沟通和接待表示肯定和感谢，这也就为下一步的调解处理打下了良好的基础。

[评析]

本案例中，患者是身体强健的中年妇女，在一项一般人认为没有太大风险的“检查”过程中突然死亡，这对患者家属来说显然是一件难以接受的事情。在此类严重的突发事件中，处理的关键是要给患方一个“心理缓冲”，不能一下就告诉其死亡的事实，否则家属很可能立即情绪失控，后果不堪设想。同时，在接待的过程中要注意把握“告诉坏消息”的节奏，同时要充分地体现出对患者“抢救”的重视和对患方家属的尊重和关心，这常常可以争取到患方家属的好感，为下面可能出现的纠纷和调解事先营造一个较为宽松有利的气氛。

（案例来源：本案例为本书副主编徐宇杰经办案例，由徐宇杰提供。）

（二）突破“难缠”患者（家属）——给个“台阶”再缓冲

## 【案例分析 18】反复纠缠“闹赔”案

[案例简介]

患者毕某，女，61岁，东北人，定居海南近十年，于2014年9月，因“皮肤过敏”至某三甲医院皮肤科治疗，在使用激素类药物后，血压曾一过性升高(170/110 mmHg)。此后患者认为出现高血压、心脏B超报告异常、肾功能损害(尿蛋白＋＋＋)、黄斑病变等均由“错用激素”引起，多次到医调委及医院“闹赔”，并扬言不能满足其要求(5万元赔偿)就自杀。医调委专家经过首次评估，认为医院诊疗规范，符合操作原则，即当患者第一次反应有血压增高表现时已经现场为其测量，当时并未发现血压异常，在第二次使用激素时患者自诉有血管胀痛等症状时立刻复查血压，发现血压确实有所增高后立即停用激素，同时请心内科等相关专科进行会诊，并进行了相应处理，因此不应当承担赔偿责任，但考虑到患者“难缠”的实际情况，打算在“1万元以内额度”进行考虑。患者对此评估意见严重不满，在医调委吵闹多次无果后再次返回医院企图对医院领导进行威胁。笔者受命接待了此患者，在接待过程中，笔者首先耐心倾听了患者的陈述，在此过程中观察到此人有典型的“更年期”表现，属于多疑、易怒、易受暗示型人格。因此在下面的谈话中，笔者充分引导其将抱怨的问题发泄出来，并且紧紧抓住其提出的“肾功能异常，亟须治疗”而“经济困难”作为突破的关键，首先重点强调对其目前疾病(肾功能异常)的关注，建议其先积极进行治疗，不要因为“纠结(纠缠)于调解评估结果”而耽误了治疗，最终是自己的身体健康受到损害，这个论点很快获得患者的共鸣和认同，然后表示治疗费用有困难"可以商量",在有效吸引患者注意后话锋一转,强调第三方调解是政府指令,医院与患者"不得自行协商赔偿"是底线,患者又要开始发作时笔者话锋再次一转,提出一个"折中方案",即由患者申请,医调委审核同意,医院暂行垫支部分"应急治疗费用"(1 万元以内),但前提是患者必须书面承诺接受医调委的二次评估,如果再次评估的结果仍然是与第一次相似,患者再不满意也必须走法律诉讼途径解决争议,否则除了要立即退还前面垫支的费用外还将承担一切法律责任(后果)。此时患者已经完全按照笔者设计的路线顺利前进,表示愿意接受这些条件,积极配合后续调解工作,并作出书面保证。

[评析]

此例中,患者在前期与医调委及医院工作人员的接触中一直抱有严重的抵触情绪,根本原因在于调解过程中其本人已经逐渐意识到自己的要求(5 万元)与评估结论严重脱轨。在无法达到其"超额赔偿"的要求后,以"闹""缠"的形式向有关部门施加压力。因此,本案的突破口在于给患者一个"台阶",如果还是一味地告诉她"事情只能这样",结局自然是无法预料的。但是如果对其表现出适度的"关注"和"同情",在取得其理解和共鸣的基础上,再适时抛出"折中方案",患者就显然容易接受得多,至少可以在心理和面子两个层面给患者一个缓冲,从而将"难缠"的僵局打破,为下一步的顺利处理打通了道路。

(案例来源:本案例为本书副主编徐宇杰经办案例,由徐宇杰提供。)

(三)抓住"关键人物"

## 【案例分析 19】羊水栓塞死亡案

[案例简介]

患者叶某,女,26 岁,海南人,于 2013 年 6 月,因妊娠足月,进入某三甲医院"住院待产",在生产过程中突然发生"羊水栓塞"意外死亡。由于事情发生时是上午 8 时许,病房医生大多正在交班,而此后医生进行有关抢救并未及时告知家属。大约在一个半小时以后,守在产房门口的患者父亲主动询问一个进出的护士才得知女儿已经在进行抢救,生命垂危。到下午 1 时,患者转入重症监护室,两个小时后患者抢救失败宣告死亡。家属由此认为,医院没有及时发现患者病情发生变化,也就没有尽到及时转诊和抢救的义务。于是家属聚集数十人在重症监护室门前,事态非常严重。医调委在接到医院报案后第一时间赶到现场,由笔者主导了整个谈话过程。首先笔者按照有关要求,有限制地协调有关家属代表进入重症监护病区的会议室,向家属代表介绍了医调委相关人员的身份,并向家属表明了处理医疗争议的立场和原则,随后开始向家属代表介绍治疗的相关情况，在此过程中不断有新的家属进入会场。就在在场家属代表逐渐进入状态表示理解时，又有一名五十来岁的男性家属进入会场，没听两句就先拍起了桌子，要求医院马上对患者的死亡作出解释，并且立即赔偿。笔者发现，前面已经开始进入理解状态的家属代表们很快又被这名态度强硬的家属影响，现场局势瞬间发生了变化，由此笔者判断，此人应该是家族中比较有影响力的成员，因此立即将谈话对象重点转向这位“舅舅”。很快，由于对“舅舅”的谈话表示重视，笔者通过倾听、理解、重复最终引发了“舅舅”的强烈“共鸣”，特别是对于调解评估的意义和不回避责任的态度申明，再次获得了包括“舅舅”在内的家属代表的一致认同。在顺利结束了首轮沟通谈判后，笔者始终保持与“舅舅”的密切联系和接触，有问题随时沟通，多从家属的角度去思考和解释，“舅舅”也从开始的对抗转为理解、配合，最终以较为合理的赔偿额度调解结案。

[评析]

本案中，“舅舅”作为“关键人物”的出现，既是挑战也是机遇，所谓“成也萧何，败也萧何”，抓住了“关键人物”就是机遇，错过了就是巨大的危机。所以笔者在对“舅舅”的身份和影响力做了准确判断后，紧紧抓住这个“关键人物”，在沟通上以“舅舅”为第一目标，顺利地与其达成共识，依靠“舅舅”回去做家属的工作，最终将所有家属的情绪都融入了调解的正常轨道。因此，在突发事件中，必须要积极寻找这个“关键人物”，同时要将沟通技巧充分应用到这个人身上，才可能取得较为理想的效果。

（案例来源：本案例为本书副主编徐宇杰经办案例，由徐宇杰提供。）

（四）读懂患者的沉默——“沉默”是另一种表达

### 【案例分析 20】手术致眶内壁缺损眼球内陷案

[案例简介]

某三甲医院耳鼻喉科患者刘某某，64 岁，天津人，因患“真菌性鼻窦炎”于 2014 年 1 月 9 日下午行右鼻窦开放术，术后出现右眼球塌陷、眼球无活动、对光反射消失现象，经诊断发现患者出现眶尖综合征(右)，外伤性(手术源性)眶内壁缺损，眼球内陷(右)。医院建议按视神经挫伤治疗，眼球内陷及骨折修复待术后 2 周处理(建议到上级专科医院)。经过调查，很快发现是由于医生疏忽大意，手术中穿透了筛板，进入了眼眶，进而将眼内容物当作赘生物而刮除。这是非常严重的医疗差错，后果也极为严重，患者可能会因此一眼失明。患者得知这一情况后，情绪严重失控，一度扬言要医生“以眼换眼”“以命抵命”。在科室负责人以及投诉处理工作人员多次协调处理无果的情况下，笔者赶至病房，患者的家人已经是怒不可遏，谴责、威胁之声不绝于耳，而患者却并不开口说话，只是双眼紧闭。笔者一边倾听家属的斥责抱怨，一边观察患者的情况，发现患者并无传说中情绪上的狂暴或者冲动，于是在家属抱怨稍停间隙主动向患者询问病情，借着询问，实际是在向患者解释病情，特别是对于患者眼睛的损伤情况做了详细说明，并且告诉其可能存在失明的巨大风险，但是如果损伤的神经可以得到及时检查，尽管希望渺茫但也许可能有修复的机会。患者实际上一直在仔细听着笔者的解释和分析，听到这里睁开了眼睛，笔者抓住机会，继续向患者说明如果不及时处理损伤一侧的眼睛，很有可能会波及另外一侧眼睛，因此建议其积极治疗，不要消极等待。患者有所动容，家属也开始关心下一步的治疗措施，笔者趁机又介绍了一些国内专科条件较好的医院，为患者同意治疗并接受调解创造了条件。

[评析]

本案中，患者沉默的背后是极端震惊和连续愤怒之后的疲倦和对治疗信心的丧失等多重因素的叠加反应，不能在此时去与患者谈什么赔偿问题，诚如家属所言“再多钱也换不回自己的眼睛”，最应该立足关心的仍然是患者的身体和治疗。因此在患者的病情上多下功夫，做足功课，以引起患者和家属的关注方面显得极其重要。因此，对于非突发情况，在介入处理前要尽可能地调查了解情况，搜集治疗方面的信息，同时诚恳地向患者本人表示关注，给予适当的建议等等，最后化解沉默，达成共识。

（案例来源：本案例为本书副主编徐宇杰经办案例，由徐宇杰提供。）

（五）花季少女离奇死亡——公安执法不力，媒体倾向性报道

## 【案例分析21】猝死案

[案例简介]

患者谢某某，女，23岁，因“发热伴全身酸痛2天”于2013年12月9日10:53在某三甲医院急诊科就诊。14:20左右，患者突发腹部剧烈疼痛、抽搐，后呼之不应，医院立即抢救。经积极抢救，患者呼吸心跳一直未恢复，于17:00宣告临床死亡。患者死亡后，医院领导与家属多次沟通，家属拒绝将患者的尸体移走，并一再扬言要求医院赔偿其人民币100万元，否则就不移走尸体。直到12月10日凌晨3:30左右，家属仍拒绝按照相关规定对患者的尸体进行处理，并威胁要召集更多的人到医院闹事。同时，当地主流媒体对案件进行了倾向性（不利于医方）报道，导致调解工作一度陷入被动。在此过程中当地公安

分局的个别人员与所谓患方家属眉来眼去，有明显的偏向嫌疑。患方受到上述各方的“鼓舞”，对于医调人员提出的方案一律不予理睬，只是一再重申“三不一要”原则，即“不解剖（鉴定）”“不走法律程序（调解或者诉讼）”“不需要明确死亡原因”“只要赔钱就行（金额100万）”。

综合上述情形，医疗机构及医调部门判断，有“职业医闹”和警方个别人员内外勾结的可能性极大，加上媒体不分青红皂白地倾向性报道，多拖一分钟，就多一分钟的危险，因此果断求援，分别向当地省委省政府、市委市政府特别是上级公安部门积极报告，寻求帮助。最终在卫生行政部门、公安部门甚至是纪检部门的联合参与下，问题最终回归调解的途径解决。

［评析］

本案中，由于涉及层面较为复杂，已经超出了一般调解案件可控范畴。因此，发现事情苗头不对（当地公安办案人员有明显倾向）时，不要与其争辩，更不能抱侥幸心理消极等待，必须要及时向上报告，争取上级部门，特别是政府职能部门的理解和支持，将前面的苗头和倾向通过更高级别的行政手段加以矫正、排除。这个时候不仅要看调解员个人的调解水平高低，还要看其判断能力、协调能力及应变能力的综合表现。

（案例来源：本案例为本书副主编徐宇杰经办案例，由徐宇杰提供。）

（注：第九章第一节“海南模式”与本章节内容系四川省教育厅人文社会科学重点研究基地——四川医院管理和发展研究中心立项资助的《我国医疗责任保险制度与医疗纠纷处理机制的衔接研究》课题的一部分，项目编号SCYG2015-1-02）

# 第十三章　医调委的工作制度、文书规范和档案管理

## 第一节　医调委的工作制度

医疗纠纷人民调解委员会的工作制度包括调解范围、内设机构及岗位责任制和日常工作制度,有关制度前面已经述及的不再重复。

### 一、人民调解员职业道德基本规范

(一)崇尚法治,尊重科学

基本要求:树立法律意识,培养法治精神,遵守调解程序和法律规定;遵循科学原理、科学方法和技术规范。

(二)服务大局,执业为民

基本要求:坚持以人为本,牢固树立社会主义法治理念;保障司法,服务调解,化解矛盾纠纷,维护公民合法权益。

(三)客观公正,探真求实

基本要求:尊重规律,实事求是,依法独立执业,促进司法公正,维护公平正义;对法律负责,对科学负责,对案件事实负责,对执业行为负责。

(四)严谨规范,讲求效率

基本要求:认真负责,严格细致,一丝不苟,正确适用技术标准;运行有序,保证质量,及时有效,严格遵守实施程序和执业行为规则。

(五)廉洁自律,诚信敬业

基本要求:品行良好,行为规范,举止文明,恪守人民调解职业伦理;遵守保密规定,注重职业修养,注重社会效益,维护职业声誉。

(六)相互尊重,持续发展

基本要求:尊重同行,交流合作,公平竞争,维护人民调解执业秩序;更新观念,提高能力,继续教育,促进人民调解行业可持续发展。

### 二、人民调解员执业纪律规范

(1)人民调解员不得以个人名义接受调解委托,不得私自向委托人或利害关

系人收取任何费用、礼品或谋取任何利益。

（2）人民调解员接受其他组织或调解机构的聘请，参加特定事项调解，应当事先得到所在调解机构的准许。

（3）人民调解员不得无故拒绝承接所在调解机构指派的调解业务，对已承接的调解业务应当在规定或约定的时限内完成。

（4）人民调解员不得明知自己有应当回避的情形而不及时告知所在调解机构并主动提出回避。

（5）人民调解员不得将应由自己亲自完成的调解事项转交他人代理，对调解辅助人员参与的工作应当进行必要的指导和监督。

（6）人民调解员不得故意发表或唆使他人发表错误、失实的调解意见，不得违背行业操守，草率处理任何与调解有关的事项。

（7）人民调解员不得单独会见待调事项的利害关系人，必要的调查、询问等工作应当与所在调解机构安排的其他人员共同进行并制作笔录。

（8）人民调解员不得以任何方式泄露或公开执业中知悉的国家秘密、商业秘密或个人隐私，也不得利用其为自己或他人谋取利益。

（9）人民调解员不得以任何方式贬损同行的声誉。

（10）人民调解员不得以隐瞒事实、弄虚作假、消极抵制等手段妨碍司法行政机关的执业监管活动。

## 三、人民调解公开制度

为使人民调解客观、中立、公正、公平，特制定人民调解公开制度。

（1）业务范围公开：公开本机构人民调解业务范围。

（2）名册公开：公开本机构人民调解员姓名。

（3）程序公开：公开本机构调解的委托、受理、实施、达成协议等程序步骤。

（4）执业监督公开：公开本机构的投诉电话和投诉负责人。

（5）职业道德公开：公开本机构制定的《人民调解员职业道德基本规范》。

（6）标准公开：公开本机构业务范围所涉及的调解技术标准和技术规范。

## 四、人民调解诚信管理制度

（1）为牢固树立以诚信为本，信誉为重的观念，进一步提高人民调解的社会公信度，形成诚信执业的良好风气，树立人民调解行业的整体形象制定本制度。

（2）按要求建立诚信档案。

（3）人民调解委员会要建立健全人民调解各项工作的规章制度，保证调解程序公开，实行依法回避、保守秘密、按时限调解、对调解结论负责的制度。

(4)对本机构的人民调解员进行职业道德和职业纪律教育,监督人民调解员严格依照规定的程序履行职责,保证调解结论的客观、公正。

(5)建立受理案件登记簿,载明受案时间、委托单位、调解内容、人民调解员、申请调解人、结案时间和协议执行情况。

(6)进行调解时,保证有2名以上人民调解员进行调解,并由专人进行复核。调解文书客观、严谨,符合制作规范要求。

(7)对人民调解员不履行调解工作职责,违反职业道德规范的,要予以批评、警告,责令改正。

## 五、人民调解员的权利和义务

(一)人民调解员享有的权利

(1)了解、查阅与调解事项有关的情况和资料,询问与调解事项有关的当事人、证人等。

(2)要求调解委托人无偿提供调解所需要的鉴材、样本。

(3)进行调解所必需的检验、检查和模拟实验。

(4)拒绝接受不合法、不具备调解条件的调解委托。

(5)拒绝解决、回答与调解无关的问题。

(6)调解意见不一致时,保留不同意见。

(7)接受岗前培训和继续教育。

(8)获得合法报酬。

(9)法律、法规规定的其他权利。

(二)人民调解员应当履行的义务

(1)受所在调解机构指派按照规定时限独立完成调解工作,并出具调解意见。

(2)对调解意见负责。

(3)依法回避。

(4)妥善保管调解资料。

(5)保守在调解活动中知悉的国家秘密、商业秘密和个人隐私。

(6)自觉接受司法行政机关的管理和监督、检查。

(7)参加调解岗前培训和继续教育。

(8)法律、法规规定的其他义务。

## 六、当事人的权利和义务

(一)当事人享有下列权利

(1)自主决定接受、不接受或者终止调解。

(2)要求有关调解人员回避。

(3)不受压制强迫，表达真实意愿，提出合理要求。

(4)自愿达成调解协议。

(二)当事人承担下列义务

(1)自觉遵守调解现场秩序，尊重人民调解员。

(2)如实陈述纠纷事实，不得提供虚假证明。

(3)不得加剧纠纷、激化矛盾。

(4)尊重对方当事人行使权利。

(5)自觉履行人民调解协议。

## 七、回避制度

(1)医疗纠纷人民调解实行回避制度。

(2)人民调解员有下列情形之一的，应当自行回避，医患双方当事人有权以口头或者书面方式申请调解员回避：①是本医疗纠纷当事人或者当事人、代理人的近亲属的；②与本医疗纠纷有利害关系的；③与本医疗纠纷当事人有其他关系，可能影响公正调解的。

(3)当事人提出回避申请，应当说明理由。被申请回避的调解员在医调委作出是否回避的决定前，应当暂停参与本纠纷的调解工作，但需要采取紧急措施的除外。

(4)调解员是否回避应当由医调委主任或副主任决定。

(5)医调委对当事人提出的回避申请，应当在申请提出之日起三个工作日内作出决定并告知当事人。

(6)对符合回避情形的申请，故意不作出回避决定的责任人和知道应当自行回避而不回避者，将根据有关规定追究其责任。

## 八、保密制度

(1)为了加强对调解工作的保密管理，依据国家有关保密条例的规定制定本制度。

(2)认真贯彻执行党和国家有关保密工作的方针、政策、决定、指示，经常开展保密宣传教育，提高全员保密观念。

(3)人民调解员应当保守在执业活动中知悉的国家秘密、商业秘密，不得泄露个人隐私。

(4)保密范围：①调解过程中知悉的国家秘密、商业秘密、个人隐私；②本机构出具的调解文书及委托人、当事人提供的相关资料；③调解员研究调解的意见记录；④本机构长期积累的案例汇编及业务统计数据；⑤本机构重大决策不对外公布的事项；⑥其他应当保密的事项。

(5)调解文书的制作、收发、传递、使用、复制、摘抄、保存和销毁由专人执行。

(6)采用电脑技术存取、处理、传递的本机构的秘密，由电脑操作人员负责保密。

(7)保管措施：①调解档案由本机构统一归档管理；②非经批准，保密范围内的文件、资料不得复制和摘抄；③收发、传递和外出携带文件资料，由指定人员负责，并采取必要的安全措施；④文件资料应在专门的资料柜中存放。

(8)不准在私人交往和通信中泄露本调解机构秘密，不准在公共场所谈论本调解机构秘密，不准通过其 wb 方式传递本调解机构秘密。

(9)不准随意放置、携带或丢弃涉密文件、资料和调解案卷材料。定期检查、清理秘密文件、资料，严防将秘密文件、资料和文件底稿随同废纸遗弃。

(10)本机构工作人员发现秘密已经泄露或者可能泄露时，应立即采取补救措施并及时报告。

(11)对违反保密制度规定者给予批评教育，情节严重出现下列情形之一的，予以辞退并要求其赔偿经济损失：①故意或过失导致泄露本调解机构秘密，造成严重后果或重大经济损失的；②违反本保密制度规定，为他人窃取、刺探、收买或违章提供本调解机构秘密的；③利用职权强迫他人违反保密规定的。

(12)泄密情节严重，构成犯罪的，依法追究有关人员的刑事责任。

## 九、继续教育培训制度

(1)为提高人民调解员的政治素质、业务能力、法律素养和职业道德水平，使其专业知识和技能不断得到更新、补充和拓展，特制定本制度。

(2)继续教育与培训的内容，由调解机构办公室根据司法行政机关的要求和业务工作的需要，按季度安排布置，以部门为单位组织实施并认真落实。

(3)人民调解员继续教育包括培训和自学两种形式。

①培训形式包括：a. 司法行政机关组织的培训；b. 司法行政机关认可的其他形式。

②自学形式包括：a. 主管部门或单位组织的业务学习、岗位培训；b. 接受法律专业或其他专业的学历教育或其他教育形式的培训；c. 参加行业培训。

(4)调解机构办公室根据学习计划的进度安排，提前准备有关资料发各部门，并根据集中授课的时间安排，提前通知授课人员备课和认真组织课堂授课，确保培训质量。

(5)提倡全体人民调解员利用工作间隙时间自学，但学习内容应当与计划相一致。每周五 14:00—16:00,为集中学习、培训时间,无特殊情况,各部门要认真组织,不得任意挤占培训时间。

(6)本机构鼓励和支持人民调解员按规定接受继续教育和培训,保证人民调解员参加继续教育培训的时间和其他必要条件。

(7)人民调解员的培训情况由培训单位组织考核,自学情况由本机构组织考核,并将其成绩列入人事考核档案,作为奖惩、晋升、任免的参考。

## 十、投诉管理办法

第一条 为加强医调委投诉管理,规范投诉处理程序,维护正常调解秩序,保障医患双方合法权益,根据《人民调解法》等法规、规章,结合人民调解工作实际,制定本办法。

第二条 本办法所称投诉,主要是指医疗纠纷调解中所涉及相关人员(以下统称投诉人)对医调委提供的调解方法、方式、服务及环境设施等不满意以来信、来电、来访等方式向医调委反映问题,提出意见和要求的行为。

第三条 医调委设有专人负责投诉管理工作。投诉的接待、处理工作应当贯彻"以人为本"的理念,遵循合法、公正、及时、便民的原则。

第四条 投诉人认为人民调解员在调解活动中有下列违法违规情形之一的,可以向医调委或上级司法行政机关投诉:

(一)超出调解业务范围从事调解活动的;

(二)违反调解程序规则从事调解活动的;

(三)因不负责任给当事人合法权益造成损失的;

(四)违反调解不收费管理规定的;

(五)调解机构无正当理由拒绝接受调解委托的;

(六)调解员私自接受调解委托的;

(七)调解员故意做虚假调解的;

(八)其他违反人民调解管理规定的行为。

第五条 投诉人应当向医调委提交书面投诉材料。投诉材料内容包括:被投诉人的姓名、投诉请求以及相关的事实和理由,并提供人民调解协议书等相关的证明材料。投诉材料应当真实、合法、充分。

投诉人委托他人代理投诉的,代理人应当提交投诉人的授权委托书和本人的身份证明。

第六条 医调委收到投诉材料后,应当即时填写《医调委投诉处理登记表》。登记表应当载明投诉人及其代理人的姓名、性别、职业、住址、联系方式,被投诉人的姓名、投诉事项、投诉请求、投诉理由及相关证明材料目录,投诉的方式和时间等信息。

第七条　医调委收到投诉材料后发现投诉人提供的信息不齐全或者无相关证明材料的，应当及时告知投诉人补充。

第八条　有下列情形之一的，不予受理：

（一）投诉事项已经司法行政机关处理，或者经行政复议、行政诉讼结案，且没有新的事实和证据的；

（二）仅对调解意见有异议的；

（三）对调解程序规则及调解技术规范有异议的；

（四）投诉事项不属于违反人民调解管理规定的。

第九条　医调委应当自收到投诉材料之日起 3 日内，作出是否受理的决定，并书面告知投诉人或者其代理人。情况复杂的，可以适当延长作出受理决定的时间，但延长期限不得超过 5 日，并应当将延长的理由告知投诉人。

投诉人补充投诉材料所需的时间不计算在前款规定期限内。

第十条　医调委受理投诉后，应当进行调查。调查应当全面、客观、公正。调查工作不得妨碍被投诉人正常的调解活动。

第十一条　医调委进行调查，可以要求被投诉人说明情况、提交有关材料。

调查应当由两名以上工作人员进行，并制作笔录。调查笔录应当由被调查人签字或者盖章；不能签字、盖章的，应当在笔录中注明有关情况。

第十二条　被投诉人应当如实陈述事实、提供有关材料，不得提供虚假、伪造的材料或者隐匿、毁损、涂改有关证据材料。

第十三条　医调委在调查过程中发现有本办法第八条规定情形的，可以终止投诉处理工作，并将终止理由告知投诉人。

第十四条　医调委在调查过程中，发现被投诉人的违法违规行为仍处在连续或者继续状态的，应当责令被投诉人立即停止违法违规行为。

第十五条　医调委应当根据调查结果，依据投诉性质将投诉分类如下：

（一）有效投诉：分为一般投诉、严重投诉。

符合以下条件之一的即构成严重投诉：

1.违规、违纪、违反调解规程，引起医患双方极大的不满，经核实已造成恶劣影响的；

2.投诉人向媒体、上级行政部门进行上访、投诉的；

3.服务态度恶劣，言语不当，违反人民调解员职业道德而引发投诉的；

一般投诉：除严重投诉、恶意投诉和不实投诉外的投诉。

（二）无效投诉：包括恶意投诉、不实投诉和未立案的投诉。

第十六条　医调委应当根据调查结果，作出如下处理：

(一)被投诉人有应当给予行政处罚的违法违规行为的，移送有处罚权的司法行政机关，依法给予行政处罚；

(二)被投诉人违法违规情节轻微，没有造成危害后果，依法可以不予行政处罚的，应当给予批评教育、训诫、通报、责令限期整改等；

(三)投诉事项查证不实或者无法查实的，对被投诉人不做处理，并应当将不予处理的理由书面告知投诉人。

对于涉嫌犯罪的，移送司法机关依法追究刑事责任。

第十七条　医调委受理投诉的，应当自受理之日起三十日内办结；情况复杂，不能在规定期限内办结的，经负责人批准，可以适当延长办理期限，但延长期限不得超过三十日，并应当将延长的理由告知投诉人。

第十八条　医调委应当自作出处理决定之日起七日内，将投诉处理结果书面告知投诉人、被投诉人。医调委应当将投诉处理结果记入被投诉人的执业诚信档案。

第十九条　被投诉人对医调委的投诉处理决定有异议的，可以依法申请复议。

第二十条　医调委将投诉纳入绩效考核考评体系，统计结果与绩效考核挂钩。

确认《医调委投诉受理登记表》各项内容已填写完成，对投诉信息进行整理归档，对投诉相关电子文档整理保存。

## 十一、纠纷受理登记制度

(1)审核调解申请人主体资格，指导当事人填写纠纷调解申请表。

(2)认真听取当事人对纠纷情况的陈述，并进行客观、翔实的记录。

(3)对即将激化的纠纷，可在稳定事态发展的基础上先行调解，而后补办纠纷登记手续。

(4)登记的内容应包括各方当事人的基本情况、纠纷事由、调解请求事项、登记人签名或盖章、登记日期等。

(5)及时确定调解人员。

(6)遇到重大、复杂纠纷，及时向调委会主任报告。

## 十二、重大和复杂纠纷集体研究制度

遇到重大和复杂纠纷，要召开医调委会全体委员会议，分析案情，研究调解方案和协调、处置措施，预防矛盾激化和发生突发事件。

重大和复杂纠纷主要包括：对社会产生较大影响的纠纷，影响医疗机构正常工作秩序的纠纷，已经激化或可能激化的纠纷，领导批转要求调解处理的纠纷，案情复杂难以认定责任、双方争执不下的纠纷等。

## 十三、工作报告制度

(1)医患纠纷人民调解委员会应坚持每季度向当地人民调解委员会汇报一次纠纷情况分析和调解工作情况。

(2)医患纠纷人民调解委员会的专职调解员，应坚持每月调解工作会议汇报工作，遇有重大、复杂纠纷应及时报告。

(3)调解联络员应主动与医患纠纷人民调解委员会及专职调解员保持工作联系，对不能自行化解的纠纷应及时报告并引导患方当事人申请调解，及时汇报本单位纠纷调解和预防工作情况。

## 十四、统计上报制度

(1)每月统计医患纠纷排查调处情况，于每月 1 日前上报××市司法局基层科和××市卫计委医政处。

(2)每季度统计医患纠纷发案情况，分析纠纷类型、特点，分类统计，并提出预防纠纷的方案、措施。

(3)每半年、每年度，统计出半年、全年医患纠纷排查调处情况，并上报××市司法局基层科和××市卫计委医政处。

(4)统计工作要实事求是，要及时、准确、客观，全面反映情况。

## 十五、例(早)会制度

医疗纠纷人民调解委员会根据具体的情况召开早会、周会、月会，对调解过程中遇到的疑难案例、工作重点难点及预防纠纷的措施进行交流、讨论、学习，总结调解心得体会。

遇有紧急情况，可以召开临时会议决定处理意见。

医疗纠纷人民调解委员会每天进行早会，通报前一天新立案件；合议组讨论新评估完的案件。

## 十六、专家咨询制度

(1)调处案件中遇疑难病例、专科性强的病例及其他定责困难的病例需外请专家咨询时，应由负责专业审查的专家审阅后提出。

(2)专家咨询病例应符合下列情况：

①患者死亡或严重残疾的；

②认定为医疗纠纷突发事件的；

③案件引起社会普遍关注，并经媒体报道的；

④案件争议时间长，案发时间超过五年（含五年）的；

⑤专业性强，难以确定诊疗行为过失、责任及程度、损害后果及其因果关系的；

⑥医患双方矛盾激烈，医患双方对争议事实存在重大分歧的；

⑦其他疑难、复杂和有重大社会影响的；

⑧内部定性及责任认定分歧意见较大、难以作出合议结论的。

（3）由主管主任安排咨询医院和咨询专家。

（4）由评估员填写咨询费领取单，主管主任批准后凭单领取，咨询时当面交给咨询专家。咨询费标准一般为每次 200 元，根据会诊的难度和数量适当地增加。

（5）由评估员做好咨询资料的准备，完成病例摘要及咨询提纲。

（6）咨询应有 2 名以上人员参加，完整记录专家会诊意见，客观如实填写《专家咨询意见》，咨询后在计算机系统中进行登记。

## 十七、调解回访制度

为了建立完善自我监督机制，不断提高医疗纠纷人民调解工作服务水平，结合医调委工作实际，制定本制度。

（一）组织实施

医调委常务副主任主管医疗纠纷调解回访工作，办公室负责组织实施，并设专人负责具体工作。

（二）回访范围

经医调委调解结案并已归档、医患双方达成调解协议及未达成调解协议的调解案。

（三）回访内容

（1）重点回访医调委在纠纷调解中是否做到了依法、依规进行调解及是否依法、依据提出调解建议；

（2）当医疗机构和患者需要医调委到现场进行调解时，医调委是否反应迅速；

（3）调解人员在调解中能否以负责的工作态度与医患进行及时、充分的沟通；

（4）医患当事人对医调委调解工作的满意程度及意见建议；

（5）调解结案后的患者动态。

（四）回访形式

主要通过电子邮件、信函进行回访，特殊情况通过电话回访，必要时进行上门回访。一般情况下，对医方以发送电子版回访表的形式，对患方以发给纸质回访表的形式进行回访。

（五）回访流程

（1）每月上旬，由办公室调取两个月前调解结案并已归档的调解案进行回访。

（2）对医方的回访，由办公室按照调取的回访名单逐件制作《医疗纠纷调解回访表》，并通过电子邮箱分别发送给各医疗机构的联系部门，同时电话通知联系人及时接收。

医方接到回访表后，于10日内逐件分别填写回访意见，作出工作评价，并由医疗机构的联系人统一反馈至市医调委办公室。

（3）对患方的回访，由接案组和调解组在患方到医调委或医疗机构听取反馈调解建议、签写调解协议时，当面发给纸质回访表。患方填写的回访表可直接放入医调委设置的意见箱，也可发送传真或邮寄至医调委办公室。

（4）办公室将收集的回访数据和情况及时进行汇总，写出回访工作报告，报主管主任审阅，并按照审批意见将情况报送市卫生局有关领导及处室，或向全体人员进行通报。

（5）将回访情况列入当月的绩效考核。

## 十八、考核、激励制度

为充分调动医调委工作人员的工作积极性，建设高素质的调解人员队伍，提高医调委工作人员的调解业务能力，医调委应建立完善的考核、激励制度，并根据具体情况，制订出完善的考核、激励细则。

## 十九、责任追究制度

医调委调解人员在调解工作中违反法律、法规、政策及规范性文件，不熟悉调解工作流程或因业务能力、调解技能不足进而激化了医患之间矛盾，并造成严重后果的，应对相关责任人员进行责任追究。同时，责任追究必须坚持实事求是、客观公正、有责必问、有错必究和教育与惩处相结合等原则。

## 二十、档案管理制度

详见本章第三节。

# 第二节　医调委的文书规范

## 一、医疗纠纷调解患方申请书及医疗纠纷调解告知书

**××市医疗纠纷人民调解委员会**

**医疗纠纷调解患方申请书**

医调字第　　　号

<table>
<tr><td rowspan="4">患者</td><td>姓名</td><td></td><td>性别</td><td></td><td>年龄</td><td></td><td>民族</td><td></td></tr>
<tr><td>身份证号</td><td colspan="2"></td><td>住址</td><td colspan="4"></td></tr>
<tr><td>单位、职务</td><td colspan="4"></td><td>职业</td><td colspan="2"></td></tr>
<tr><td></td><td colspan="2"></td><td colspan="2">联系电话</td><td colspan="3"></td></tr>
<tr><td rowspan="3">申请人</td><td>姓名</td><td></td><td>性别</td><td></td><td>年龄</td><td></td><td>民族</td><td></td></tr>
<tr><td>与患者关系</td><td colspan="2"></td><td>住址</td><td colspan="4"></td></tr>
<tr><td>单位、职务</td><td colspan="3"></td><td>联系电话</td><td colspan="3"></td></tr>
<tr><td colspan="2">医疗机构名称</td><td colspan="4"></td><td>就诊科室</td><td colspan="2"></td></tr>
</table>

有关诊疗经过：

---

医方存在主要过错、损害后果、因果关系及理由：

---

续 表

| |
|---|
| 具体请求(索赔金额):<br><br><br>申请人签字:　　　　　　申请日期:　　年　　月　　日 |

## ××市医疗纠纷人民调解委员会调解告知书

(一)××市医疗纠纷人民调解委员会(以下简称医调委)是依法设立的专业从事医疗纠纷调解的群众性组织。医调委调解医疗纠纷,不收取任何费用。

(二)医患双方在申请医疗纠纷人民调解之前,应当充分了解医疗纠纷人民调解的性质、原则、效力和当事人的权利、义务。

(三)医患双方申请调解后,应当提供相关的病历资料和材料。患方要求赔偿的,应当提供原始单证及其他有效凭证。

(四)当事人拒绝如实提供调解所需的相关材料的,医调委中止调解。医调委对医患双方提供的材料负有保密义务。

(五)一方当事人已提起诉讼或行政调解的,医调委不受理调解或终结调解。调解员不参与任何一方的诉讼活动。

(六)医调委受理调解后,医患双方应当在七个工作日内提交相关材料。医调委依照法律、法规、部门规章和诊疗护理规范、常规,在基本事实清楚的基础上,结合专家合议意见进行调解。

(七)医调委调解医疗纠纷,自当事人材料提交齐全之日起四十五个工作日内结案。

医患双方自愿达成调解协议的,由医调委制作医疗纠纷调解协议书。协议书经双方当事人签名、盖章或按指印,并由调解员签名并加盖医调委印章之日起生效。

医患双方不能达成调解协议的,医调委终结调解,医患双方可以依法通过司法、行政、鉴定等途径维护自己的权利。

医患双方未明确表示是否接受调解建议的,视为自动放弃调解,按调解终结处理。

(八)医调委无权对医患双方争议事由作出鉴定意见,不出具调解协议书以外的文字材料。

(九)医调委不具有对药品、医疗器械、病历资料等证明材料进行真伪鉴定的资质。如当事人怀疑证明材料的真实性,医调委将中止调解。

(十)在调解过程中,医调委只接待双方当事人及其委托代理人。各方参加调解的人员不得超过3人。

（十一）医患双方应当依法维权，不得干扰医调委的正常工作。调解过程中若发生侮辱、谩骂调解员，影响调解工作继续进行的，医调委终结调解。

医调委联系电话：××××××××

以上内容我已知悉，自愿申请由医调委进行调解。

患方申请人签字：________________

××××年××月××日

## 二、患方提交材料告知书

### 患方提交材料告知书

××市医疗纠纷人民调解委员会受理医疗纠纷调解申请后，申请人应在接到通知之日起七个工作日内提交如下材料：

1.患者的有效身份证明原件及复印件。

2.有关医疗纠纷的书面陈述一份，陈述内容包括事件主要经过、疑问、索赔要求等。

3.与医疗纠纷有关的病历材料：已在医疗机构建立病历档案的，可提交病历复印件一份；未在医疗机构建立病历档案的，应提交病历原件及复印件各一份；在其他医疗机构就诊的病历等材料的复印件一份。

4.证明损害后果的票据原件及复印件各一份。

5.患者死亡的，应提供死亡证明原件及复印件。

6.死亡患者医疗纠纷调解的申请人应为所有法定继承人，参加调解时除上述材料外还应提供申请人的有效身份证明原件及复印件、申请人与患者的关系证明原件等。申请人超过3人的，应委托代理人参加调解。

7.患方可委托代理人参加调解，代理人除上述材料外，还应提供代理人的有效身份证明原件和复印件、委托授权书原件等；以律师身份代理参加调解的，还应提供律师事务所委派函原件及律师执业证原件和复印件；以公民身份代理参加调解的，代理人需提供所在社区、单位以及有关社会团体出具的推荐信。

## 三、医疗纠纷调解医方申请书

××市医疗纠纷人民调解委员会

医疗纠纷调解医方申请书

医调字第　　　号

<table>
<tr><td>医疗机构名称</td><td colspan="5"></td><td colspan="2">医责险参保公司</td><td colspan="2"></td></tr>
<tr><td>医疗机构地址</td><td colspan="5"></td><td colspan="2">机构代码</td><td colspan="2"></td></tr>
<tr><td>医疗机构级别</td><td colspan="5">三级、二级、一级、门诊部医务室、其他</td><td>性质</td><td colspan="3">公立、民营、合资、外资</td></tr>
<tr><td>法人姓名</td><td colspan="2"></td><td>职务</td><td colspan="2"></td><td>联系电话</td><td colspan="3"></td></tr>
<tr><td>代理人姓名</td><td colspan="2"></td><td>职务</td><td colspan="2"></td><td>联系电话</td><td colspan="3"></td></tr>
<tr><td>当事科室</td><td colspan="5"></td><td>案发日期</td><td colspan="3"></td></tr>
<tr><td rowspan="2">当事医师</td><td>姓名</td><td colspan="2"></td><td>性别</td><td></td><td>年龄</td><td></td><td>学历</td><td></td></tr>
<tr><td>职称</td><td colspan="2"></td><td>执业年限</td><td></td><td>类别</td><td colspan="3">正式职工/返聘/外请/多点执业</td></tr>
<tr><td>患者姓名</td><td colspan="2"></td><td>性别</td><td colspan="2"></td><td>年龄</td><td colspan="3"></td></tr>
<tr><td>患方联系人</td><td colspan="2"></td><td>与患者关系</td><td colspan="2"></td><td>联系电话</td><td colspan="3"></td></tr>
</table>

委托调解事由(简要诊治经过、对本案的认识及处理意见):

医疗机构:(公章或签名)

申请日期:　　　年　　月　　日

医调委咨询电话:×××××××××

## 四、当事人授权委托书

授权委托书

××市医疗纠纷人民调解委员会:

兹委托________在________与________________之间的医疗纠纷调解案

中，作为我的调解代理人。

其委托代理权限为：陈述事实，参加调解，代为承认、放弃、变更诉求，代为领取医疗纠纷调解赔偿款等事宜。

委托人：____________

受托人：____________

年 月 日

**五、所有继承人授权委托书**

**授权委托书**

××市医疗纠纷人民调解委员会：

经________、________、________、________协商，由________作为代表，参加患者________与____________之间医疗纠纷的调解。

委托代理权限为：陈述事实，参加调解，代为承认、放弃、变更诉求，代为领取医疗纠纷调解赔偿款等事宜。

委托人：________、________、________、________

受托人：____________

年 月 日

**六、医疗纠纷调解受理通知书**

**××市医疗纠纷人民调解委员会**

**医疗纠纷调解受理通知书**

医调字第 号

____________：

你方与____________（患者或医疗机构）之间的医疗纠纷，已于 年 月 日向本医调委申请人民调解，经审查符合受理条件，本委指派人民调解员________、________负责该案调解。

如对上述人民调解员有异议，可自收到本通知起五个工作日内，向本委提出申请________人民调解员回避并说明理由。也可在公示的人民调解员中另选一名调解员替换。

××市医疗纠纷人民调解委员会
年　　月　　日

## 七、医疗纠纷调解不予受理通知书

**××市医疗纠纷人民调解委员会**
**医疗纠纷调解不予受理通知书**

医调字第　　　号

________：

你方与________________（患者或医疗机构）之间的医疗纠纷，已于　　年　　月　　日向本医调委申请人民调解，经审查因下列原因不予受理，特此通知。

□患者与本辖区以外医疗机构发生医疗纠纷的；

□一方当事人明确拒绝调解的；

□当事人已向人民法院提起诉讼的，但人民法院委托医调委人民调解的除外；

□人民法院对医疗纠纷已作出裁判的；

□一方当事人已经向卫生计生部门申请医疗事故争议行政处理，卫生计生部门已经受理或者已经作出处理的；

□因非法行医而引发的纠纷；

□因非医疗机构发生人身损害引发的纠纷（如生活美容）；

□在医疗机构诊疗期间发生的非医疗行为引起的其他民事纠纷。

□有法律法规规定其他不宜由医调委调解的情形。

××市医疗纠纷人民调解委员会
年　　月　　日

---

**医疗纠纷调解不予受理通知书回执**

××市医疗纠纷人民调解委员会：

________________号医疗纠纷不予受理通知书本人已收讫。

当事人：________________
年　　月　　日

## 八、调程记录

### ××市医疗纠纷人民调解委员会
### 调程记录

医调字　　　号

患者姓名：　　　　　　申请人：　　　　联系电话：
医疗机构名称：　　　　　　　　　　　　联系电话：

| 日期 | 事　项 | 主办人 |
|---|---|---|
| | | |
| | | |
| | | |
| | | |
| | | |
| | | |
| | | |
| | | |
| | | |
| | | |
| | | |
| | | |
| | | |
| | | |
| | | |
| | | |
| | | |

## 九、医疗纠纷调解中止通知书

**××市医疗纠纷人民调解委员会**

**医疗纠纷调解中止通知书**

医调字　　号

______________：

本医调委于　　年　　月　　日受理的你方与______________(患者或医疗机构)的医疗纠纷,因下列原因无法继续进行,决定中止调解：

□当事人提交有关医疗纠纷调解材料不完整,须补充调解材料。

□当事人提交有关医疗纠纷调解材料不真实,须补充调解材料。

□患者不能在指定的时间、地点接受检验。

□因特殊检验需预约时间或者等待检验结果。

□患者状态不稳定,影响调解结论(如患者评定伤残,等待评定时机)。

□当事人拒绝配合调解,失去联系超过60日。

□一方当事人死亡,尚未确定权利义务承受人。

□一方当事人丧失行为能力,尚未确定法定代理人。

□作为一方当事人的法人或者其他组织终止,尚未确定权利义务承受人。

□其他应当中止调解的情形。

(调解的中止是由于某种原因暂时停止调解,中止调解的原因消除后,恢复调解。中止可以发展到终止。)

××市医疗纠纷人民调解委员会(章)

调解员：______________

年　　月　　日

---

**医疗纠纷调解中止通知书回执**

××市医疗纠纷人民调解委员会：

______________号医疗纠纷调解中止通知书本人已收讫。

当事人：______________

年　　月　　日

## 十、调解终止通知书

### ××市医疗纠纷人民调解委员会
### 医疗纠纷调解终止通知书

医调字　　号

________：

本医调委于　　年　　月　　日受理的你方与________（患者或医疗机构）的医疗纠纷，因下列原因无法继续进行，决定终止调解：

□一方当事人死亡，没有继承人，或者继承人放弃调解权利的。

□一方当事人在调解过程中，已向人民法院提起诉讼的，但人民法院委托医调委人民调解的除外。

□一方当事人在调解过程中，已向卫生行政部门申请医疗事故争议行政处理的。

□一方当事人提出停止人民调解的。

□经多次调解，人民调解员认为已无调解成功可能的。

□调解期限届满，仍未达成调解协议的。

□其他情况使调解无法进行的。

（本医疗纠纷调解终止后，当事人再次申请人民调解且符合受理条件的，本医调委将继续进行调解。）

××市医疗纠纷人民调解委员会（章）

调解员：________

年　　月　　日

---

### 医疗纠纷调解终止通知书回执

××市医疗纠纷人民调解委员会：

________号医疗纠纷调解终止通知书本人已收讫。

当事人：________

年　　月　　日

## 十一、专家咨询记录表

专家咨询记录表

医调字第　　　号

| | | | | | | | |
|---|---|---|---|---|---|---|---|
| 患者姓名 | | 性别 | | 年龄 | | 就诊医院 | |
| 疾病诊断 | | | | | | | |
| 咨询医院 | | 科室 | | 专家姓名 | | 职称 | |
| 咨询理由与要求 | | | | | | | |
| 专家咨询意见 | | | | | | | |
| 记录人 | | | | | | 年　月　日 | |

## 十二、评估合议记录表

××市医疗纠纷人民调解委员会
评估合议记录表

医调字第　　　号

| | | | |
|---|---|---|---|
| 患者姓名 | | 医疗机构名称 | |
| 评估员 | | 调解员 | |

责任分析：

续　表

| 合议意见： | | | | | |
|---|---|---|---|---|---|
| 记录人 | | 审核人 | | 合议日期 | 年　月　日 |

十三、医疗纠纷人民调解协议书

××市医疗纠纷人民调解委员会
医疗纠纷人民调解协议书

（201　）　　医调字第　号

申请人×××，男，××××年××月××日出生，×族，××市东城区公司职员，住所地×××××××××。身份证号码：××××××××××××××××××联系方式：

委托代理人×××，（律师）律师事务所名称及职务。联系方式：

×××，（公民）××市西城区公司职员，住所地××××××××。

申请人×××××医院，住所地××××××××。法定代表人×××，院长。

委托代理人×××，（律师）律师事务所名称及职务。联系方式：

×××，（公民）××××医院医务科干部，住所地××××××××。

纠纷主要事实、争议事项（将患方要求赔偿的理由、赔偿数额简单列此）：

经调解，自愿达成如下协议：

一、本协议书签收后十五日内，××市××医院一次性赔偿×××医疗费、住院伙食补助费、护理费、交通费、住宿费、营养费及处理本次纠纷发生的各项费用共计人民币　元。大写　元。

二、本调解书签收当日，免除×××的住院费（医疗费）共计人民币　元。

三、本协议签字后生效，×××与××××××医疗纠纷终结，双方不再追究对方责任，不得以任何理由、任何方式向对方提出任何要求，不得实施有损对方声誉的行为。如因该协议内容而给他人造成损害的，双方愿意承担相应的民事责任和其他法律责任。医患双方确认再无其他争议。

本协议一式叁份，医患双方当事人与人民调解委员会各持壹份，效力相同。

医方当事人（签名盖章或按指印）　　人民调解员（签名）

患方当事人（签名盖章或按指印）　　记录人（签名）

××市医疗纠纷人民调解委员会印章

年　月　日

## 十四、反馈意见书

××市医疗纠纷人民调解委员会

反馈意见书

医调字第　　号

| | | | |
|---|---|---|---|
| 医疗机构 | | 患者姓名 | |
| 受理时间 | | 结案时间 | |
| 主要办案人员 | | | |
| 患方要求赔偿标的 | | 调解结果 | |

院方存在的主要问题及建议：

××市医疗纠纷人民调解委员会

年　月　日

## 十五、投诉受理登记表

××市医疗纠纷人民调解委员会

投诉受理登记表

医调字第　　　号

| 投诉人姓名 | | 性别 | | 年龄 | | 联系方式 | |
|---|---|---|---|---|---|---|---|
| 被投诉部门 | | 被投诉人姓名 | | | | 案件编号 | |
| 投诉接待人 | | 涉案医疗机构 | | | | 投诉时间 | 年　月　日 |
| 投诉内容 | | | | | | | |
| 处理结果 | | | | | | | |
| 经办人 | | | | 时间 | | 年　月　日 | |
| 审核人 | | | | 时间 | | 年　月　日 | |
| 备　注 | | | | | | | |

# 第三节　医调委的档案管理

医调委的档案管理应符合《人民调解法》《中华人民共和国档案法》的相关规定。

医调委档案是医调委在调解工作中形成并归档的具有查考利用价值的文字、图表、声像等不同形式或者载体的文件材料，是调解员工作、活动的真实记录。保管、整理好医调委档案是医调委的重要任务。医调委应重视和加强档案管理工作，建立健全有关业务文件材料的收集整理、立卷归档、保管利用等各项规章制度。

调解结束后，应做好调解文书的归档工作。调解文书包括卷宗封面、卷宗目录、人民调解申请书、纠纷受理调解登记表、当事人提供的证据材料、调查笔录、调解笔录、人民调解协议书、回访记录及有关凭证等。调解文书归档要一案一卷，标明卷号，装订成册，分期存放，并确定保管期限。以下为××市医疗纠纷人民调解委员会医疗纠纷调解档案立卷归档办法和医疗纠纷调解档案管理办法。

## 一、××市医疗纠纷人民调解委员会医疗纠纷调解档案立卷归档办法

### ××市医疗纠纷人民调解委员会<br>医疗纠纷调解档案立卷归档办法

第一条　医疗纠纷人民调解档案(简称医调档案)，是医疗纠纷人民调解委员会(以下简称医调委)开展业务活动的真实记录，反映医调委的工作情况，体现医调委在维护社会稳定中的作用，为加强对医疗纠纷人民调解档案的管理，根据档案法律规范制定本办法。

第二条　适用范围：本市医调委及本区县派出机构在调解纠纷过程中形成的文件材料、记录等立卷归档与管理。

第三条　医调档案按一案一卷、一卷一号原则立卷。

第四条　调解员或助理调解员在调解过程中使用的各种证明材料、往来公文、谈话笔录、调查笔录、调解笔录等，都必须用钢笔或签字笔书写、签发，字体要整齐、清晰。

调解告知书、医疗损害责任医方认定意见书、医疗损害责任认定书、医疗损害赔偿计算明细、医疗责任赔偿说明、调解协议书要求用打印机打印，其他按统一专用纸或格式表打印或填写。

第五条　调解员或助理调解员从接受当事人申请时起，即应注意收集保存有关材料，着手立卷的准备工作。

第六条　调解员或助理调解员在法律事务办理完毕后，即全面收集、整理和检查全部文书材料，要补齐遗漏的材料，清理不必立卷归档的材料。

第七条　在立卷归档过程中，法律效力和文字内容相同的材料只存一份。

第八条　对不能归档附卷的实物证据，可将其照片及证物的名称、数量、规格、特征、保管处所、质量检查证明等记载或留存附卷后，分别保管。

第九条　医调档案应按照案卷封面、卷内目录、案卷材料、卷底的顺序排列，案卷材料应分别按正副卷及其以下顺序排列：

(一)正卷目录顺序：

1.双方当事人申请书(含调解告知书)……

2.患方提供资料……

3.医方提供资料……

4.调程记录、调查记录、谈话记录、现场勘验记录……

5.医疗过失技术专家鉴定书、司法鉴定书、专家咨询意见、合议记录表……

6.医疗损害责任认定书……

7.医疗损害赔偿计算明细表……

8.医疗责任赔偿说明……

9.医疗责任赔偿单证……

10.调解协议书或调解终(中)止书……

11.医疗责任争议案调处意见反馈书……

12.调解材料收退清单……

(二)副卷目录顺序：

1.患方提供的病历资料复印件　　　　　共　　页

2.医方提供的病历资料复印件　　　　　共　　页

3.医疗损害责任认定的法定依据、医学技术依据及参考资料　共　　页

4.影像资料、照片　　　　　共　件　共　张

5.其他资料：(1)(2)(3)(4)(5)等(每项单起一行，注明各项单位和总数)

第十条　医调档案正卷由办案负责人一律使用阿拉伯数字逐页编号，两面有字的要两面编页号。页号位置正面在右上角，背面在左上角，无字页不编号。

由办案负责人一律使用阿拉伯数字在医调档案正卷目录后填写页码。

第十一条　由档案管理人员负责用0.7号签字型笔统一填写医调委统一印制的案卷封面规定项，内容要规范统一，字迹要工整，医院名称可简写。

第十二条　医调文书材料装订前要进一步整理，对破损的材料要修补或复制，复制件放在原件后面。对字迹难以辨认的材料应当附上抄件。窄于或小于卷面的材料，要用纸张加衬底；大于卷面的材料，要按卷面大小折叠整齐；需附卷的信封要打开平放，邮票不要揭掉。文书材料上的金属物要全部剔除干净。

第十三条　案卷暂由统一印制的档案袋装入，档案行政部门强制要求时案卷装订统一使用棉线绳，三孔订牢。

第十四条　医调档案应在结案之日起五日内由办案人员作为立卷负责人按上述要求整理立卷，经办案负责人审查签字后由立卷人移交综合办公室档案管理员，档案管理员根据档案管理要求将案卷装入档案袋，编号上架，同时办理交接签字手续。

第十五条　档案管理人员接收档案时应进行严格审查，凡不符合立卷要求的，有权退回，令立卷人重新整理，全部合格后，办理交接手续。

第十六条　涉及单位机密和当事人隐私的案卷应列为密卷，案件承办人应在归档时在档案封面右上角加盖密卷章。

第十七条　随卷归档的录音带、光盘、录像带等声像档案，应在每盘带上注

明当事人的姓名、内容、档案编号、录制人、录制时间等，逐盘登记造册归档。

第十八条　本办法自发布之日起执行。

## 二、××市医疗纠纷人民调解委员会医疗纠纷调解档案管理办法

### ××市医疗纠纷人民调解委员会<br>医疗纠纷调解档案管理办法

第一条　为加强医疗纠纷人民调解档案的科学管理，统一医调档案管理工作制度，根据《中华人民共和国档案法》和市档案管理条例及有关规定，结合人民调解工作实际，特制定本办法。

第二条　医调档案是人民调解工作的真实记录，明确了纠纷当事人之间的权利义务，最高人民法院《关于审理涉及人民调解协议的民事案件的若干规定》第一条明确规定："经人民调解委员会调解达成的、有民事权利义务内容，并由双方当事人签字盖章的调解协议，具有民事合同性质。当事人应当按照约定履行自己的义务，不得擅自变更或者解除调解协议。"因此，保管、整理好医调档案是医调委及调解工作人员的重要任务。

第三条　调解档案工作将纳入医疗纠纷人民调解目标绩效考核中，与奖惩挂钩。

第四条　调解档案由综合办公室档案室集中统一管理，任何部门、个人不得据为己有。

第五条　医调委配备专职档案管理人员。

第六条　专兼职档案管理人员的职责是：

（一）收集、整理、保管和统计本医调委的档案和有关资料，确保档案的完整和安全；

（二）积极开展档案的利用工作，为调解员或助理调解员开展工作提供服务；

（三）指导、督促、检查医疗纠纷人民调解文书材料的立卷归档工作；

（四）接受区司法局和区档案局的业务指导、监督、检查，定期汇报档案工作情况；

（五）完成领导交办的有关档案工作的其他任务。

第七条　档案管理人员接收案卷时，应按照《××市医疗纠纷人民调解委员会档案立卷归档办法》的要求，检查案卷质量，并按规定办理归档手续，在案卷封面左上角应盖归档章。

第八条　对已接收的案卷，按年度顺序排列编号。

第九条　档案管理人员要熟悉所藏档案的情况，主动了解各部门对利用档案的需要，积极做好提供工作。

第十条　档案管理人员的档案编号必须与受理案号和电子档案号三者合一，以便根据受理案件登记本或计算机信息系统编号可随时检索。

第十一条　医调委建立医调档案借阅制度和档案借阅登记簿。借阅档案必须履行一定的审批和登记手续，并限定借阅期限。因特殊情况不能按期归还的，应办理延期手续。

第十二条　因调解工作需要调阅已归档案卷，应履行借阅手续。

第十三条　上级部门因工作需要调阅档案的，凭正式调卷函，办理借阅登记手续后方可。

第十四条　人民法院、人民检察院和有关国家机关因工作需要，要求查阅有关档案的，凭正式查卷函件，经主管主任同意后办理查阅手续。因特殊情况必须借出的，应经同级司法行政机关批准。借出时要查点清楚，办理正式借据，并告知归还日期。借出的档案不得转借其他单位或个人使用。

第十五条　凡涉及单位秘密、商业秘密或当事人隐私的调解业务档案，以及当事人要求保密的档案，不得借阅和查阅。特殊情况必须查阅的，须报同级司法行政机关批准。

第十六条　凡经批准允许查阅的档案，可以摘抄或者复印，但密级档案不在此列。

第十七条　对查阅或借出的医调档案，要及时催还。还回时如发现案卷被拆、文件材料短缺、涂改、增删、污损等情况，应立即向主管主任汇报并及时追查。

第十八条　档案管理人员必须严格遵守保密制度，保守国家机密、商业机密和个人隐私。不得违反制度向任何人提供档案和扩大保密范围，不得向他人泄露档案的内容。

第十九条　医调档案的保管期限规定为永久、长期和短期三种。

（一）凡需要长远查考、利用的医调档案，列为永久保管；

（二）凡长期内需要查考、利用，作为证据保存的医调档案，列为长期保管，保管期限为50年；

（三）凡短期内需要查考、利用，作为证据保存的医调档案，列为短期保管，保管期限为15年。

具体保管期限，由立卷人提出意见，报由档案室负责人按本规定决定。

第二十条　医调档案的保管期限，从该纠纷调解成功或终止后的下一年起算。

第二十一条　医调档案案卷目录与卷内文件登记簿、档案收进登记簿、档案移出登记簿、档案销毁登记簿、档案销毁批件列为永久保管。

# 第三篇

# 医疗损害责任认定

# 第十四章 医疗纠纷调解与医疗损害鉴定

## 第一节 医调委调解中的医疗损害责任认定

医疗纠纷成因复杂，专业性强，当事人利益诉求多元化，在医疗纠纷调解工作中，医疗损害责任的认定和损害的赔偿往往是医患双方争议的焦点，也是调解工作的难点。在调解实务中，医疗损害责任的认定通常有两种方式，其一是医调委组织专家对医疗损害责任进行认定，其二是医调委委托鉴定机构对医疗损害责任进行认定。

### 一、医调委组织专家对医疗损害责任进行认定

北京市医调委在2013年7月启动了“责任评估与调解沟通”机制，将调解工作划分为医疗责任评估和调解两个岗位，建立“医疗责任评估与调解分开”的模式。调解员负责将材料收集齐，转交给评估组。评估员接手案例后，要先看病历，写病历摘要，形成自己的思路和判断，再咨询专家，记录专家意见，在每天早上8点的合议会中进行汇报，由大家讨论评价。如果病人死亡，或赔付金额在2万元以上，评估员还要参加每周的大合议会，由评估组进行合议，形成初步调解建议，计算赔偿金额并外请专家再次合议，形成最终调解建议。这种模式既保证了责任评估人员不受医患双方影响，能公平公正、科学严谨地评估医疗损害责任，又使得调解人员能更加专注于与医患双方的沟通，实现化解医患矛盾的目标。

### 二、医调委委托鉴定机构对医疗损害责任进行认定

天津市医调委建立了摸清事实、分清责任、依法赔偿的三步调解程序，以严谨的调解程序保证调解结果的公平公正。如当事人申请鉴定，则委托鉴定机构对医疗损害责任进行认定，基于医疗损害鉴定结论来处理医疗纠纷。基于此，调解员应该了解和掌握有关医疗损害鉴定的知识。

# 第二节　医疗损害鉴定概述

## 一、医疗损害鉴定的概念

医疗损害鉴定，是指医疗机构及其医务人员因为其医疗行为存在法定过错并造成患者人身损害而导致医疗损害民事纠纷时，人民法院或医调委对于纠纷中的医疗技术等专门问题对外委托相关机构进行的鉴定。

2010年7月1日《侵权责任法》实施以前，医疗损害民事诉讼中的鉴定因人民法院委托的鉴定机构不同，其鉴定名称也不同。人民法院委托医学会进行的鉴定，称为“医疗事故技术鉴定”；委托司法鉴定机构进行的鉴定称为“医疗过错司法鉴定”。

为了正确适用《侵权责任法》，最高人民法院于2010年6月30日发布的《关于适用侵权责任法若干问题的通知》中第三条规定，人民法院适用《侵权责任法》审理民事纠纷案件，根据当事人的申请或者依职权决定进行医疗损害鉴定的，按照《全国人民代表大会常务委员会关于司法鉴定管理问题的决定》《人民法院对外委托司法鉴定管理规定》及国家有关部门的规定组织鉴定。

但是，对于人民法院委托医学会进行的鉴定，2010年6月28日卫生部发布的《卫生部关于做好〈侵权责任法〉贯彻实施工作的通知》（卫医管发〔2010〕61号）将其定义为“医疗损害责任技术鉴定”。对于人民法院委托司法鉴定机构进行的鉴定，2010年11月18日发布的《北京市高级人民法院关于审理医疗损害赔偿纠纷案件若干问题的指导意见（试行）》将其定义为“医疗损害责任过错鉴定”。

司法鉴定机构也可以接受人民调解委员会或仲裁机构的委托进行医疗损害鉴定。

## 二、医疗损害鉴定规则的适用

2010年7月1日《侵权责任法》实施以前，医疗事故技术鉴定适用2002年卫生部颁布实施的《医疗事故技术鉴定暂行办法（试行）》，医疗过错司法鉴定适用2007年司法部颁布实施的《司法鉴定程序通则》。

卫生部于2010年6月28日发布的《卫生部关于做好〈侵权责任法〉贯彻实施工作的通知》指出，医疗损害责任技术鉴定仍然适用《医疗事故技术鉴定暂行办法》，而医疗损害责任过错鉴定，将仍然适用《司法鉴定程序通则》。

## 三、医疗损害鉴定的内容

当事人有权对以下内容申请鉴定：

(1)医疗机构的诊疗行为有无过错；

(2)医疗机构是否尽到告知义务；

(3)医疗机构是否违反诊疗规范实施不必要的检查；

(4)医疗过错行为与损害结果之间是否存在因果关系；

(5)医疗过错行为在损害结果中的责任程度；

(6)人体损伤残疾程度；

(7)其他专门性问题。

## 四、医疗损害鉴定的主体

人民法院根据当事人的申请或者依职权决定进行医疗损害鉴定的，按照《全国人民代表大会常务委员会关于司法鉴定管理问题的决定》及国家有关部门的规定组织鉴定。

由人民法院委托进行医疗损害责任过错鉴定的，应当委托具有相应资质的鉴定机构组织鉴定。

在国家有关部门关于医疗损害鉴定的新规定颁布之前，人民法院也可以委托各级医学会进行医疗损害责任技术鉴定。

## 五、医疗损害鉴定结论的使用

在医疗损害民事诉讼中，医疗损害鉴定结论是诉讼中的一项重要证据，依据《最高人民法院关于民事诉讼证据的若干规定》(以下简称《证据规定》)，未经质证的证据不能作为定案依据。因此，鉴定后，人民法院会组织医患双方对证据进行质证。

医疗损害鉴定文书应当在法庭上出示，由当事人质证。医疗损害鉴定文书经法庭质证确认后，方具有证据效力。

对有缺陷的医疗损害鉴定结论，可以通过补充鉴定、重新质证或者补充质证等方法解决的，不予重新鉴定。当事人有证据证明医疗损害鉴定结论有《证据规定》第二十七条第一款规定的情形之一的，可以申请重新鉴定。当事人申请重新鉴定的，应当在人民法院指定的期限内提出。

## 六、医疗事故技术鉴定与医疗损害司法鉴定的异同

### (一)医疗事故技术鉴定与医疗损害司法鉴定的相同点

(1)鉴定对象都是医疗纠纷，目的都是为损害赔偿认定责任。

(2)鉴定均控制在医学范围内,不超出此范畴。

(3)对公正的追求一致,但都可能受到其他因素的干扰。

(4)都是一种证据,法院审查与评断的标准基本相似,在实际判案中的效力基本相似。

(5)都是以通过专家讨论的方式作为鉴定手段。

(6)如何完善操作性,是二者需共同努力解决的问题。

(二)医疗事故技术鉴定与医疗损害司法鉴定的差异性

1.鉴定的机构

(1)根据《医疗事故处理条例》的规定,医疗事故技术鉴定的机构为医学会。设区的市级地方医学会和省、自治区、直辖市直接管辖的县(市)地方医学会负责组织首次医疗事故技术鉴定工作。省、自治区、直辖市地方医学会负责再次组织鉴定工作。必要时,中华医学会可以组织疑难、复杂并在全国有重大影响的医疗事故争议的技术鉴定工作。实行省、市二级医疗事故技术鉴定制度,有级别的区分,省级鉴定为最终鉴定。

(2)从事医疗损害鉴定的鉴定机构则为依法成立的司法鉴定机构。根据《全国人民代表大会常务委员会关于司法鉴定管理问题的决定》的相关规定,司法鉴定机构和鉴定人均需由省级人民政府司法行政部门审核登记,编入鉴定人和鉴定机构名册并公告。目前各鉴定机构没有级别和隶属关系,都是平等的鉴定机构,均可受理初次鉴定和重新鉴定。

2.鉴定人的确定

(1)医学会设立专家库并对当事人准备抽取的专家进行随机编号,主持双方当事人随机抽取相同数量的专家编号,最后1名专家由医学会随机抽取。

(2)司法鉴定机构受理鉴定委托后,指定本机构中具有该鉴定事项执业资格的2名或多名司法鉴定人进行鉴定。

司法鉴定机构在进行鉴定的过程中,涉及特别复杂、疑难、特殊技术问题的,可以向本机构以外的相关专业领域的专家进行咨询,但最终的鉴定意见应当由本机构的司法鉴定人出具并对其承担责任。

3.实施鉴定的法律依据

(1)医疗事故技术鉴定依据《医疗事故处理条例》以及《医疗事故技术鉴定暂行办法》等规定进行。

(2)医疗损害司法鉴定与其他司法鉴定一样,根据《全国人民代表大会常务委员会关于司法鉴定管理问题的决定》以及司法部《司法鉴定程序通则》等规定进行。

4.实施鉴定的项目和内容

(1)医疗事故技术鉴定对是否构成医疗事故进行鉴定,并将结果作为行政处理的依据。构成医疗事故的,医疗机构和医务人员除承担赔偿责任外,尚需承担行政责任和刑事责任。

(2)医疗损害司法鉴定不对是否构成医疗事故进行鉴定,仅对医疗行为是否存有过失、损害后果,医疗行为与损害后果的因果关系及其参与度进行鉴定。有过失、与损害后果存有因果关系的鉴定结论,只能作为赔偿责任的依据,不能作为行政处罚的依据。

5.启动鉴定的时间和程序

(1)《医疗事故处理条例》及《医疗事故技术鉴定暂行办法》规定了三种鉴定启动方式。一是卫生行政部门委托:卫生行政部门在解决医疗事故争议中,对需要进行医疗事故技术鉴定的,交由负责医疗事故技术鉴定工作的医学会组织鉴定。二是医患双方共同委托:双方当事人协商解决医疗事故争议,对需进行医疗事故技术鉴定的,应共同书面委托医疗机构所在地负责首次医疗事故技术鉴定工作的医学会组织鉴定。三是司法机关委托:司法机关(主要是人民法院)在诉讼中应当事人申请或依职权委托鉴定医学会鉴定。最高人民法院将诉讼中的医疗事故技术鉴定称为“医疗事故司法鉴定”。

《医疗事故技术鉴定暂行办法》第十三条规定:“有下列情形之一的,医学会不予受理医疗事故技术鉴定:(一)当事人一方直接向医学会提出鉴定申请的;(二)医疗事故争议涉及多个医疗机构,其中一所医疗机构所在地的医学会已经受理的;(三)医疗事故争议已经人民法院调解达成协议或判决的;(四)当事人已向人民法院提起民事诉讼的(司法机关委托的除外);(五)非法行医造成患者身体健康损害的;(六)卫生部规定的其他情形。”

(2)司法鉴定机构在诉讼前可接受医患双方当事人的共同委托、患方或医方的单独委托,也可接受有关行政部门、各类企业、事业单位或社会团体的委托进行鉴定。已经进入诉讼程序的可接受人民法院的委托进行鉴定。

6.鉴定的内容和表述形式

不管是医疗事故技术鉴定还是医疗过错司法鉴定,其目的都是为损害赔偿认定责任,但它们承担的任务、适用的领域不尽相同,如医疗事故技术鉴定的主要任务是判定是否构成医疗事故,为双方协商解决或为卫生行政单位进行行政处理或者为通过诉讼获得法律赔偿提供依据;医疗过错司法鉴定的主要任务是确定医疗机构在提供医疗服务的过程中,是否存在过失,过失与患者目前状况(死亡或医疗损害后果)的因果关系,从而为法院确定在出现患者死亡或医疗损害时,医方的责任及责任大小提供依据。因而两者各自的内容和表述形式也不尽相同。

(1)医疗事故技术鉴定书的分析说明过于简单,关注的是医学上的医疗规范评价及是否构成医疗事故,而对医疗机构的整体行为的法律意义缺乏分析。个别医疗事故技术鉴定还因为各种原因自觉或不自觉地站在医疗机构一边。囿于对法律因果关系理论知识的欠缺,有时出具了不是医疗事故结论的鉴定书,但又列举了医疗机构存在的诊疗不足,却没有分析这些诊疗不足会给患者造成什么样的影响,对该不足的法律意义缺乏分析,并直接得出诊疗不足不是患者发生损害后果原因的排除性结论。这不仅有违医学上的因果关系确定原则,更有违法学上的因果关系理论原则,因此就会在审判中造成麻烦,往往会引起医患双方对鉴定结论和审判结果的不服而导致上诉。

(2)有学者通过调查得出,大部分法官认为司法鉴定的内容和形式最好,对医疗损害司法鉴定的认可程度更高一些。司法鉴定对医疗行为论述得更全面,对一些《医疗事故处理条例》不涉及的法律问题也有所论述,采用的理论和概念更适用于医疗赔偿诉讼,使用起来较医疗事故技术鉴定感觉更直接。司法鉴定意见往往指出了医疗机构存在的过失和不足,并充分地分析了该过失和不足的法律意义,同时对该过失和不足产生的客观条件进行分析,为法官提供了良好的事实因果关系判定基础,法官可以在此基础上对法律上的因果关系进行判定。

7.鉴定结论的形式要件

《中华人民共和国民事诉讼法》(以下简称《民事诉讼法》)第七十七条规定,鉴定人应当提出书面鉴定意见,在鉴定书上签名或者盖章。最高人民法院《证据规定》第二十九条规定:"审判人员对鉴定人出具的鉴定书,应当审查是否具有下列内容:(一)委托人姓名或者名称、委托鉴定的内容;(二)委托鉴定的材料;(三)鉴定的依据及使用的科学技术手段;(四)对鉴定过程的说明;(五)明确的鉴定结论;(六)对鉴定人鉴定资格的说明;(七)鉴定人员及鉴定机构签名盖章。"

(1)《医疗事故处理条例》对医学会出具的医疗事故技术鉴定书的内容亦作出明确规定。对比我国《民事诉讼法》《证据规定》与《医疗事故处理条例》对鉴定书的形式要求,其最主要不同之处在于:前两者要求所有鉴定结论必须由鉴定人签名,而后者却没有此项规定。《民事诉讼法》是由全国人大颁布的规范性文件,根据《中华人民共和国立法法》的规定,其法律效力高于由国务院发布的《医疗事故处理条例》。《证据规定》是最高人民法院正式颁布实施的司法解释,对法院审理案件具有约束力。如果医学会出具的医疗事故技术鉴定书没有参加鉴定的专家签名,那么根据《民事诉讼法》及《证据规定》的规定,该鉴定书因不具备法定形式要件而不具有证明力,不能作为法庭认定事实的依据。然而我国目前的实际情况是,尽管医学会出具的鉴定书没有参加鉴定的专家的签名,但是法庭却很少因此而不采信医疗事故技术鉴定书。其常见的做法是对此类鉴定书的不足“视而不见”。由于参加鉴定的医学专家极少在鉴定书上签名，这就使鉴定结论缺少作为证据的法定形式要件，经常招致当事人，尤其是患方的质疑，削弱了医疗事故鉴定结论的威信，同时也影响了审判工作的顺利进行。

（2）《司法鉴定程序通则》第三十五条规定：“司法鉴定文书应当由司法鉴定人签名或者盖章。多人参加司法鉴定，对鉴定意见有不同意见的，应当注明。司法鉴定文书应当加盖司法鉴定机构的司法鉴定专用章。司法鉴定机构出具的司法鉴定文书一般应当一式三份，二份交委托人收执，一份由本机构存档。”在鉴定书上签名并非简单的程序要求，更重要的是表示鉴定人对其鉴定结论负责。

8.鉴定人出庭接受质询

鉴定人出庭作证是一项诉讼活动，是由诉讼法所规定的参与诉讼的行为，是为法庭提供科学证据的重要环节。鉴定人出庭作证是确认鉴定结论的重要程序。司法人员对鉴定结论进行审查和确认的方法很多，但通过鉴定人出庭确认证据是其中最重要的方法。同时，鉴定人出庭作证是鉴定人的义务，是其鉴定工作的继续。

根据我国法律规定，鉴定结论仅属证据的一种，对鉴定结论的认定，需要经过双方当事人在法庭上进行质证。《民事诉讼法》第七十八条规定：“当事人对鉴定意见有异议或者人民法院认为鉴定人有必要出庭的，鉴定人应当出庭作证。经人民法院通知，鉴定人拒不出庭作证的，鉴定意见不得作为认定事实的根据；支付鉴定费用的当事人可以要求返还鉴定费用。”《证据规定》第五十九条规定：“鉴定人应当出庭接受当事人质询。鉴定人确因特殊原因无法出庭的，经人民法院准许，可以书面答复当事人的质询。”鉴定结论作为一种证据，未经法庭质证不得作为定案的根据。

（1）《医疗事故处理条例》未明确规定在诉讼阶段，医疗事故鉴定有关人员是否应出庭，能够在何种情况、以何种方式和何种身份出庭作证。医学会仅是医疗事故鉴定的组织者，不能出庭解答双方关于鉴定结论的问题。而鉴定结论为合议制产生的，参加鉴定的专家个人不署名，也不能对鉴定结论负责，故也拒绝出庭。医学会虽然是一个中立性的学术团体，但它接受卫生行政部门的领导，并受到医疗机构的经济支持，其中立性本来就受到患方的怀疑。而当对鉴定结论出现争议时，医学会及医学鉴定专家不愿出庭接受质询，其作出的鉴定结果，必然会受到患方质疑，从而使这一鉴定机构的公信力大大降低。医疗事故技术鉴定的专家极少出庭，使得对其鉴定结论的质证失去了其应有的法律意义，大大削弱了医疗事故鉴定结论作为专家证据所应有的威信，导致法庭无法对鉴定结论进行有效审查。这也是目前法院不再委托医学会进行鉴定的理由之一。

(2)在司法鉴定中,司法鉴定专家出庭接受质询,回答鉴定过程中有关的技术性问题的情况已较为普遍。但司法鉴定专家并不是自发地乐于出庭质证,而是与相关法规的制定有极大的关系。2005 年 2 月 28 日,第十届全国人民代表大会常务委员会第十四次会议通过的《全国人民代表大会常务委员会关于司法鉴定管理问题的决定》规定,在出现争议鉴定结论时,鉴定人必须根据法官的要求出庭作证,否则将承担相应的法律后果。《司法鉴定人登记管理办法》则明确了对应当出庭而拒不出庭的鉴定人的制裁和惩罚措施。《司法鉴定人登记管理办法》第二十二条第六项规定,司法鉴定人应当依法出庭作证,回答与鉴定有关的询问。该办法第三十条规定:“司法鉴定人有下列情形之一的,由省级司法行政机关给予停止执业 3 个月以上 1 年以下的处罚;情节严重的,撤销登记;构成犯罪的,依法追究刑事责任:(一)因严重不负责任给当事人合法权益造成重大损失的;(二)具有本办法第二十九条规定的情形之一并造成严重后果的;(三)提供虚假证明文件或者采取其他欺诈手段,骗取登记的;(四)经人民法院依法通知,非法定事由拒绝出庭作证的;(五)故意做虚假鉴定的;(六)法律、法规规定的其他情形。”《民事诉讼法》第七十八条规定:“当事人鉴定意见有异议或者人民法院认为鉴定人有必要出庭的,鉴定人应当出庭作证。经人民法院通知,鉴定人拒不出庭作证的,鉴定意见不得作为认定事实的根据;支付鉴定费用的当事人可以要求返还鉴定费用。”以上规定对司法鉴定人出庭作证的义务给予法律上的强制,保证了鉴定人出庭作证,在诉讼中确实收到了很好的效果,改变了以往司法鉴定人不出庭的习惯。

## 第三节　医疗损害鉴定的委托

### 一、委托的原则

#### (一)公平、公正、公开原则

公平原则是民法的一项基本原则,它要求当事人在民事活动中应以社会正义、公平的观念指导自己的行为、平衡各方的利益,也要求以社会正义、公平的观念来处理当事人之间的纠纷。公平最重要的价值是保障法律面前人人平等和机会均等,避免歧视。公正主要是维护正义,防止徇私舞弊。公平强调实质正义和实体正义,核心是平等。公正强调形式正义和程序正义,核心是无私和中立。

医调委调解医疗纠纷应该公平对待医患双方当事人,医患双方当事人拥有平等的权利和义务。

公开原则,即人民调解活动应当向社会公开,如调解制度公开,调解程序公开，调解姓名公开，鉴定机构选择方法和程序公开，等等。

（二）尊重当事人选择原则

医调委委托医疗损害鉴定应当尊重医患双方选择鉴定机构的权利，不能限定选择的范围，医疗事故技术鉴定与医疗损害司法鉴定都应在选择范围之内。

任何形式的垄断都是法制的倒退，有选择，才有竞争，有竞争，才有优化，有优化，才能实现优胜劣汰，从而最大限度维护医患双方的合法权益。

（三）司法鉴定优先原则

在选择医疗事故技术鉴定还是医疗损害司法鉴定时，一般患方不会主动选择进行医疗事故技术鉴定，在医方选择进行医疗事故技术鉴定而患方选择医疗损害司法鉴定的情况下，医调委应说服医方尊重患方的选择，如此有利于纠纷的调解。

（四）可选择异地鉴定原则

医调委委托医疗损害鉴定应当允许进行异地鉴定。异地鉴定回避了地域性因素，鉴定专家顾虑少，受外界干扰相对较少，比较公正、公平，提高了鉴定的科学性、公正性和客观性。异地鉴定可以有效提高患者对鉴定意见的信任度，有效促进医疗纠纷的调解。如果争议发生地的医疗水平低，而医患双方委托做鉴定的地方医疗水平较高，那么鉴定的科学性会更高，而且对于异地鉴定医患双方接受程度高，再鉴定率低，便于一次性解决争议。

异地鉴定中的异地，可以是同省的异地，也可以是跨省的异地。考虑到成本因素，异地鉴定应当采取就近原则。

## 二、选择鉴定机构方式

医患双方当事人可以就选择医疗事故技术鉴定还是医疗损害司法鉴定进行协商。

医患双方都同意进行医疗事故技术鉴定的，则进行医疗事故技术鉴定。

医患双方都同意进行医疗损害司法鉴定的，则进一步对选择哪一个鉴定机构进行协商。可根据双方当事人各自书写的三家司法鉴定机构进行对比选择，靠前的相一致的司法鉴定机构，即为双方当事人共同确定的司法鉴定机构。如无一致的司法鉴定机构，则从双方各自书写的三家司法鉴定机构中以随机摇号的方式确定司法鉴定机构。

# 第四节　参加听证会的准备

## 一、参加司法鉴定听证会的一般准备

（一）会前准备

听证会前，一定要确定听证会的时间和地点。因为听证会多半是在外地进行，安排好时间和行程就非常重要。

（二）参加人员准备

（1）不论是患方还是医方，患者和经治医师最好参加听证会，以便回答鉴定人对诊疗过程的提问及进行有关事实的确认。如果患者和经治医师不能参加听证会，则参加听证会的各方至少要有一人对诊疗过程非常熟悉。

（2）患方最好聘请一名医学专家和一名律师参加听证会，以便就医学问题和法律问题分别与鉴定人进行交流，更充分地表达自己的理由和依据，更好地维护自己的合法权益。

（3）医方最好聘请一名律师或熟悉法律的人士参加听证会，以便就法律问题与鉴定人进行交流。

（三）材料准备

包括当事人的身份证及复印件、委托参加听证会的授权委托书、临床诊治过程的所有资料、陈述书。

## 二、陈述书的书写

在诉讼中，患方和医方应分别提交起诉状和答辩状，在司法鉴定中，均称为陈述书。

（一）患方陈述书

患方陈述书是鉴定专家在鉴定前了解当事人申请鉴定意图的重要书面材料，有助于在鉴定专家心中形成对诊疗过程的初步印象，从而对鉴定结论产生一定的影响，故患方陈述书是一份非常重要的鉴定文书。

患方陈述书应当包含医疗和法律两方面的内容分析，要求抓住主要问题，做专业阐述，行文应简明而扼要，以期既充分表达当事人的意见，又达到影响专家印象的效果。主要包括以下内容：①当事人的身份、联系方式等；②对医疗事件争议的焦点；③争议焦点的事实依据；④阐明医疗机构的过失构成医疗事故或医疗过失，且该医疗过失与损害结果具有因果关系等理由。

《侵权责任法》中要求患方举证医方存在“过失”和其与“损害结果”间的因果

关系，而最终进行责任划分的时候需要一个“过失参与度”，这也就提醒患者，能找出强有力的证据证明“过失”与“损害结果”之间存在因果关系，依旧是有利的。

（二）医方陈述书

医方陈述书是与患方陈述书针锋相对的。患方陈述书是患方陈述院方的过错，而医方陈述书则是院方说明自己没有过错。

医方陈述书由首部、陈述理由、尾部和附项三部分组成。

首部应写明下列内容：①标题。标题写明“陈述书”。②医方陈述人的基本情况。应先写医院的全称和所在地；另起一行，列写医院的法定代表人及其姓名、职务；再另起一行，列写委托代理人及其姓名、职务。③陈述事由。鉴定过程中的陈述书与诉讼阶段的答辩状有些不同，多描述为“医方就与患方医疗损害赔偿纠纷一案，发表如下陈述意见”。

陈述理由是陈述书的主体部分，写法没有统一的规定，一定要针对患方在陈述意见中提出的事实和理由进行有针对性的陈述，并可提出相反的事实、证据和理由，以证明自己的理由和观点是正确的，提出的要求是合理的。

## 三、对鉴定意见不服的救济

鉴定结果是必然不会使双方都满意的，对不满意的一方也会有相应的救济手段。简而言之，存在要求鉴定机构补充说明、申请鉴定人出庭接受质询、补充鉴定和申请重新鉴定等几种方式。

# 第十五章　医疗纠纷调解的证据和举证责任

## 第一节　医疗纠纷调解的证据

医调委在医疗纠纷的调解中，对于证据的收集和举证责任的分配应参照民事诉讼的相关证据规定。

### 一、民事诉讼证据的概念

民事诉讼证据是指在民事诉讼中能够用来证明案件客观事实情况的各种材料。案件客观事实包括两方面内容：一方面是民事法律关系发生、变更或消灭的事实；另一方面是当事人因民事权利和义务发生争议的事实。民事诉讼证据包括民事诉讼中当事人向法院提供的和法院依职权收集的用以证明案件事实的各种材料，也是法院认定有争议案件事实的根据。医患纠纷案件诉讼证据属于民事诉讼证据范畴。

### 二、民事诉讼证据的特征

民事诉讼证据的特征有三个方面：客观性、关联性和合法性。

(1)客观性，是指证据必须客观存在的事实，即具有客观性。客观性是指民事诉讼证据本身是客观的、真实的，而不是想象的、虚构的、捏造的。

(2)关联性，是指证据与证明对象之间具有的某种内在的联系。

(3)合法性，是指证据必须符合法律的要求，不为法律禁止，即具有合法性。合法性不仅指证据必须按照法定程序收集和提供，而且还必须符合法律规定条件。合法性包括以下三个方面的要求：收集证据的合法性、证据形式的合法性、证据材料转化为证据的合法性。

民事诉讼证据的客观性、关联性与合法性是任何一份民事诉讼证据都必须同时具备的属性，三者缺一不可。

### 三、民事诉讼证据的作用

人们常说的“打官司就是打证据”“证据乃诉讼之母”等话语道破了证据在诉

讼中的作用。在民事诉讼当事人双方之间对案件的事实认识不一致，各执一词，法官难以定夺时，就要依靠双方提供的或依法调查的证据来判定是非。如果没有证据来证明自己的主张，当事人必然要承担败诉的不利后果。因此，当事人要想实现自己实体法上的权益，就必须依据有利于自己的证据，运用《民事诉讼法》及相关的法律、法规中关于举证责任方面的规定，提出维护自己合法权益的诉讼请求。

在医疗损害诉讼中，作为受害人的患方，多数情况下在举证责任方面存在着诸多障碍，对医疗损害行为无法举证，这就有可能使其所遭受的损害得不到应有的赔偿。因此，为了使患者提出的损害赔偿权益得以实现，第一步就是要及时、充分获得证据。

**四、证据的种类**

《民事诉讼法》第六十三条规定："证据包括：（一）当事人的陈述；（二）书证；（三）物证；（四）视听资料；（五）电子数据；（六）证人证言；（七）鉴定意见；（八）勘验笔录。证据必须查证属实，才能作为认定事实的根据。"

**五、医疗损害案件证据的表现形式**

（一）当事人的陈述

当事人的陈述是指案件的直接利害关系人向人民法院所作的关于案件事实和证明这些事实情况的陈述。当事人的陈述包括当事人对案件事实的陈述和对案件事实的承认两种情况。后者又称为当事人自认，即当事人对事实的承诺，是与认诺（即对诉讼请求的承认）相对的一个概念。诉讼上的自认，是指当事人在诉讼过程中向法庭承认对方当事人所主张的不利于己方的事实。当事人的陈述作为证据形式最显著的特点就是具有"两重性"，即真实性与虚假性并存。因此，我国《民事诉讼法》第七十五条第一款规定："人民法院对当事人的陈述，应当结合本案的其他证据，审查确定能否作为认定事实的根据。"

（二）书证

书证是指以书面文字、符号、图形所记载的内容或表达的含义来证明案件事实的证据。书证是医患纠纷诉讼中最常用的重要证据，通常包括：病历、处方、影像片、检验报告、检查报告、医嘱记录、护理记录、手术记录、与病人家属的谈话记录、医务人员的出勤记录、收费凭证、入院证、出院证、死亡证明、医疗广告、医院的规章制度、患者在其他医疗机构诊治的病历等有关资料、行政机关的调查资料与结论等。

（三）物证

物证是指以物品的形状、质量、规格、痕迹等外部特征和物质属性证明案件事实的证据，通常包括医疗行为涉及的物品、器械等，如：药品及其包装、血液的残余、液体药品的残余、胎盘、手术切除组织、手术切除物、患者（胎儿）尸体、诊断和治疗设备、器材、药品和器材的采购资料（采购记录、发票）和流转记录等。物证往往采取现场提取、保存的方式进行收集。

（四）视听资料

视听资料是指用录音、录像的方法记录下来的有关案件事实的材料，比如：用录音机录制的当事人的谈话，用录像机录制的人物形象及其活动，用电子计算机储存的数据和资料等。在医患纠纷案件中，医患双方当事人提供的视听资料主要是各类录音资料（如患方录制的谈话录音）、录像资料（如医院拍摄的医患双方协商经过）等。在有条件的医疗机构中，对于医疗行为可以采用视听资料的方式进行证据的固定，有利于以医疗侵权为由提起的诉讼中侵权责任的认定。需注意，有关视听资料一定要保存原件，不能进行裁切和编辑。

（五）电子数据

电子数据证据是以数字化信息编码的形式出现的，能准确地储存并反映有关案件的情况，是对案件具有较强证明力的独立的证据。从证据形式上看，电子数据证据介于物证与书证之间，如医方提供的以纯数字方式存储的电子病历（如磁盘、光盘）。

（六）证人证言

证人证言是指证人以口头或书面的形式向人民法院做的对案件事实的陈述，既可以是亲眼看到的、听到的，也可以是从他人或其他地方间接知道的。根据最高人民法院《证据规定》，证人应当出庭作证，接受双方当事人的质询。

在医患纠纷案件审理过程中，患者家属（非诉讼当事人）、医务人员、其他病人等均具有证人资格，可就其知道的案件事实出庭作证，但其证言能否被法庭采信而作为认定事实的依据，则需经法庭质证并由法官综合认证后才能确定。

（七）鉴定意见

鉴定意见是指人民法院指定或当事人双方协商确定的专门机构对案件中涉及的专门性问题，通过技术鉴定所给出的意见。常见的有医疗事故技术鉴定、医疗过错司法鉴定和伤残等级鉴定等。

（八）勘验笔录

所谓勘验，是指人民法院审判人员，在诉讼过程中，为了查明一定的事实，对与案件争议有关的现场、物品或物体亲自进行或指定有关人员进行查验、拍照、测量的行为。对查验的情况与结果制成的笔录称之为勘验笔录。勘验笔录是一种独立的证据，也是一种固定和保全证据的方法。

## 六、医学文献及教材能否作为证据

在医患纠纷案件的诉讼过程中，医患双方均可向法庭提供各种教科书、医学文献、经典专著等作为证据，以证明自己的主张，即医疗机构是否存在医疗过错以及患者损害后果与医疗行为之间是否存在因果关系。

医学文献及教材能否作为证据？有的学者认为“证据就是证明案件真实情况的事实”，根据该观点，医学文献及教材均不属于证据范围，因而也不可能得到双方质证和法庭的认证。

何家弘教授提出“证据就是证明的依据”。从法律的角度界定，证据就是证明案件事实或者与法律事务有关之事实存在与否的根据。无论这“根据”是真是假或半真半假，均是证据。同时，证据和定案依据是两个既有联系又有区别的概念。一般来讲，定案依据都是证据，但是证据并不一定都能成为定案依据。据此，在医患纠纷诉讼过程中，医患双方均可将教科书、医学文献、个人专著等作为证据向法庭提交。然而，这些证据能否成为法庭定案的依据，则需经过双方质证和法庭认可才能确定。

事实上，在一般情况下，由于受知识结构、医疗知识的高度专业性等因素的影响，法官缺乏对医疗问题进行自主判断的能力，因而必须借助医学专家的力量进行审理，通过鉴定的方式确认医疗机构是否存在医疗过错。因此，在审判实践中，法官很难单独对教科书、医学文献、个人专著等证据的证明效力作出认定。对此，医患双方均应加以特别注意。

## 七、无需举证证明的事实

在诉讼过程中，当事人在起诉状、答辩状、陈述及其委托代理人的代理词中承认的对己方不利的事实和认可的证据，人民法院应当予以确认(但当事人反悔并有相反证据足以推翻的除外)。此外，依据最高人民法院《证据规定》第九条规定：“下列事实，当事人无需举证证明：(一)众所周知的事实；(二)自然规律及定理；(三)根据法律规定或者已知事实和日常生活经验法则，能推定出的另一事实；(四)已为人民法院发生法律效力的裁判所确认的事实；(五)已为仲裁机构的生效裁决所确认的事实；(六)已为有效公证文书所证明的事实。

前款(一)、(三)、(四)、(五)、(六)项，当事人有相反证据足以推翻的除外。”

## 八、证据效力判断的一般方法

### (一)对单一证据效力的判断方法

通常从以下几个方面综合考虑：

(1)证据的来源是否符合法律规定。

(2)证据形成的原因及其内容是否真实。

(3)证据的形式是否符合法律规定。

(4)证据提供者的情况及其与案件有无利害关系。

(5)书证是否是原件,物证是否是原物;复印件或者复制品是否与原件或者原物的内容、形式及其他特征相一致。

(二)对数个证据效力的判断方法

通常从以下几个方面综合考虑:

(1)一方当事人提供的证据,对方当事人认可或者不予反驳的,可以确认其证明效力;对方当事人反驳但举不出相反证据的,可以综合其他证据进行判断。

(2)国家机关、社会团体依职权制作的公文书证的证明力一般大于其他书证。

(3)物证、历史档案、鉴定意见、勘验笔录或者经过公证、登记的书证,其证明效力一般高于其他书证、视听资料和证人证言。

(4)证人提供的对与其有亲属关系或其他密切关系的一方当事人有利的证言,其证明力低于其他证言。

(5)原始证据的证明力一般大于传来证据。

(6)直接证据的证明力一般大于间接证据。

(7)有证据证明持有证据的一方当事人无正当理由且拒不提供该证据,如果对方当事人主张该证据的内容不利于证据持有人,可以推定该主张成立。

(8)当事人提供的证人在人民法院通知的开庭时间没有正当理由拒不出庭的,由提供该证人的当事人承担举证不能的责任。

(9)对证人的智力状况、品德、知识、经验、法律意识和专业技能等进行综合判断。

(三)对鉴定意见效力的审查判断

通常从以下几个方面结合案件其他证据综合考虑:

(1)鉴定机构是否具有相应的鉴定资质,鉴定人是否具有鉴定资格,是否属于应当回避的情形。

(2)鉴定人做鉴定时,是否存在受到威胁、利诱或收买等干扰鉴定的情形。

(3)审查鉴定所依据的材料与所送检的鉴定材料是否一致,是否全面和真实。

(4)审查鉴定的程序是否符合法定程序。

(5)审查鉴定意见是否有科学依据,论据是否充分,论据与结论是否有矛盾,论证是否符合逻辑。

(6)审查鉴定文书是否规范。

(7)审查鉴定意见与其他证据是否有矛盾。

(8)审查鉴定意见是否经过法庭质证。

(四)不能单独作为认定案件事实的材料

一般有以下几种情况：

(1)未成年人所作的与其年龄和智力状况不相当的证言。

(2)与一方当事人有亲属关系的证人出具的对该当事人有利的证言。

(3)没有其他证据印证并有疑点的视听资料。

(4)无法与原件、原物核对的复印件、复制品。

(5)无正当理由未出庭作证的证人证言。

## 第二节　举证责任

### 一、举证责任的概念

举证具有提供证据的含义，即主张某一权利的人应当提供充分的证据，否则其主张不能被认定，或者不能成立。

根据《民事诉讼法》的规定，举证责任是指根据举证责任分配规则，当案件事实无法查明时，由负有举证责任的一方承担不利的诉讼后果。

### 二、举证责任分配的概念

所谓举证责任分配，是指按照一定的标准，将不同法律要件事实的举证责任，在双方当事人之间预先进行分配，使原告对其中的一部分事实负举证责任，被告对另一部分事实负举证责任。

### 三、医疗损害责任案件的举证责任分配规则

我国医疗损害责任案件的举证责任分配规则，将 2002 年 4 月 1 日和 2010 年 7 月 1 日作为两个界点。

(1)在 2002 年 4 月 1 日之前，我国法院审理医疗损害赔偿案件适用的是相对严格的“谁主张，谁举证”的一般举证责任规则，患方应就医疗机构存在过错且造成其相应损害后果承担举证责任。

(2)在 2002 年 4 月 1 日之后至 2010 年 7 月 1 日《侵权责任法》生效前，根据《证据规定》第四条第一款第八项的规定，实行的是举证责任倒置规则，即在医疗侵权案件中，医疗机构应就其医疗行为不存在过错、医疗行为与损害结果之间不

存在因果关系承担举证责任，即实行的是严格的过错推定和因果关系原则。在此过程中，医方的举证责任明显重于患方。

(3)随着《侵权责任法》的颁布和实施，这一举证责任的分配原则已发生重大变化。由于在一般情况下，医疗损害责任认定实行过错责任原则，而该原则的基本举证规则是“谁主张，谁举证”，因此，患方的举证责任将明显加重。

## 四、举证责任倒置

所谓举证责任倒置是指在特殊类型的民事诉讼中，将原告承担的举证责任转由被告承担的一种举证责任分配的形式。举证责任倒置是民事诉讼举证责任承担的特殊情况，也是民事诉讼证据制度的重要内容。它必须由相关的法律或司法解释作出逐一的例外规定，它一般适用于特殊类型侵权案件和某些技术性、专业性较强的案件。

如前所述，2002 年 4 月 1 日起施行的《证据规定》第四条第一款规定的“下列侵权诉讼，按照以下规定承担举证责任：……(八)因医疗行为引起的侵权诉讼，由医疗机构就医疗行为与损害结果之间不存在因果关系及不存在医疗过错承担举证责任”不再适用。

## 五、举证责任转换

在民事诉讼中，举证责任并非始终是归当事人一方承担的，举证责任是可以转换的，它既可以从原告方转移到被告方，也可以从被告方转移到原告方。它是为了在法律上减轻赔偿权利人的负担，依据举证责任分配原则决定原来应当承担举证责任的人相互易位，以改变举证责任的归属而采取的一种方法。举证责任转换是举证责任分配原则的例外形式，它的目的是解决在诉讼中适用举证责任分配原则造成的在当事人之间不公平的现象，在适用举证责任的转换时，要求加害人应就因果关系不存在的事实负本证责任，负本证责任的加害人如果不能举证，法院应判决该当事人败诉。如果负本证责任的当事人举证成功，除非对方能就相反事实举证，否则法院应判决本证当事人胜诉，而请求损害赔偿的当事人则不必就该相反事实的证明承担举证责任。

对于举证责任的转换，一般都是由法律加以特别规定。

在医疗损害赔偿诉讼中转换当事人之间的举证责任，必须具备两个要件。其一，必须有重大诊疗过失存在。这种重大的诊疗过失，应当以明显违反医学界所公认的规范为前提。并且对这种重大诊疗过失的存在，应由请求损害赔偿的原告(患者)承担举证责任。其二，诊疗过失必须具有足以引起原告(患者)所受伤害的性质。此项要件只是要求诊疗过失具有成为患者所受伤害原因的可能性即为足矣，并不要求过失行为与伤害后果之间具有必然性。诊疗过失是不是足以引起实际伤害，在诉讼实务上，法官一般依据专家的鉴定意见以及医学知识和经验加以判断。作为被告的医方承担因待证事实真伪不明而对自己不利的判决后果。

### 六、举证责任缓和

举证责任缓和是指依据法律的规定，在诉讼中原告的举证存在障碍，无法达到法律要求的证明标准，在适当降低原告的证明标准，原告的证明达到一定标准的情况下，视为其已经完成举证责任，实行举证责任转换，由被告承担举证责任的一种举证责任方式。

一般情况下，按照“谁主张，谁举证”的原则，依据《侵权责任法》的规定对医疗损害纠纷案件实行过错责任原则，即由患方对医疗损害事实的存在及医疗行为与损害结果之间具有因果关系承担举证责任。但是，在特殊的医疗损害责任案件中，由于医疗行为的专业性、复杂性，医疗信息的不对称等原因，要求受害者一方完全证明出因果关系和当事人的过错难度过大且极不公平，引入举证责任缓和制度来帮助受害者一方进行维权，则显得尤为重要。

医疗损害举证责任缓和是指在一般过错原则的举证责任基础上，患者一方对因果关系的证明举证达到一定的程度时，则推定因果关系成立，转由医疗机构一方负责举证，推翻因果关系推定。在医方没能证明或其证明不成立的情况下，由法官推定存在损害事实及具有因果关系。

### 七、妨碍证明理论

所谓妨碍证明是指没有举证负担的诉讼当事人一方，因故意、过失行为，将诉讼中的证据伪造、隐匿或销毁，致使双方当事人就有争议的待证事实无据可查、无证可用，因而形成在待证事实真伪不明的情形下该方当事人所应承担的法律后果。在司法实践中，常有一方当事人因故意、过失将诉讼中的对己方不利证据伪造、隐匿或销毁，从而导致负有举证责任的当事人无法将该事实予以证据证明，其后果直接影响到赔偿权利人权益的实现和法官心证的形成过程。

在医疗损害赔偿诉讼中适用妨碍证明理论的情形，主要有两种。其一，医师违反其诊疗义务以外的附随义务，致使患者对造成的损害无法证明。如早于规定的期间结束废弃诊疗记录，未保存从患者体内取出的遗留物或手术的诊疗记录不完全等都属于此类情形。在法理上对于医师的这类妨碍证明的行为，法官根据违反义务程度，采取弹性的证据评价方式，依自由心证个别加以裁量，以减轻原告的举证负担，一般不采用举证责任转换的方式。其二，医师因疏忽大意没有实施所应为的诊疗或检查行为，致使患者对造成的损害难以证明。如因未拍摄解明病因所必需的X线片而未发现患者有骨折现象，未替患者实施细菌检查确定感染原因等都属于此类情形。医师的这类过失行为均违反了本来的诊疗义务，它类似于重大诊疗过失行为，所以，应当采取举证责任转换的方法来解决举证责任分配的问题。

《侵权责任法》第五十八条第二项和第三项规定，医疗机构隐匿或者拒绝提供与纠纷有关的病历资料和伪造、篡改或者销毁病历资料的情形，推定医疗机构有过错。这两项情形，一方面反映了医疗机构的恶意，另一方面使患者难以取得与医患纠纷有关的证据资料，这时再让患者举证已不合理。因此，推定医疗机构有过错。在推定过错的情况下，如果医疗机构没有相反证明，则"推定"的过错将被"认定"为过错，医疗机构将承担不利的法律后果。

## 八、患方举证责任

根据《侵权责任法》第七章及总则部分的相关规定，在医疗损害赔偿案件中，一般情况下适用过错责任原则，只有在特殊情况下才适用过错推定原则和无过错责任原则。根据过错责任原则，作为原告的患方应当举证证明医疗过错、损害后果和因果关系三个侵权责任的构成要件，在适用过错推定原则时，患方可在符合法定情形时不承担医疗过错的举证责任，但仍需要证明损害事实和因果关系两个构成要件。同样，在适用无过错责任时，患者亦需要举证证明损害事实和因果关系的存在。

### （一）证明存在医患关系

患方向医疗机构主张权利并要求其承担民事责任的前提条件是患者曾在该医疗机构就诊，并与医疗机构之间形成了医疗服务关系。在一般情况下，患方完成这一举证任务并不难，患者在医疗机构就诊的病历、诊断证明书、交费单、挂号单等诊疗凭证，均可以证明医患之间医疗服务合同关系的存在。

### （二）证明存在损害后果

医疗损害赔偿须基于患者的生命健康受到损害的客观事实。损害事实的存在，是确定医疗机构侵权责任的重要构成要件，无损害即无赔偿。如果医疗机构存在医疗过错，但并没有对患者的生命健康造成任何损害的，则医疗机构不承担损害赔偿责任。

医疗损害赔偿的基础是患者损害后果的存在。因此，患方在向法院起诉主张权利之前，应当明确要求被告对何种损害后果承担赔偿责任，并有义务证明损害后果的存在，否则不要贸然起诉，以免付出不必要的时间、精力和财力。

### （三）证明医方存在过错

在医患纠纷案件审理过程中，医患双方争议的焦点，往往是医疗机构及其医务人员的医疗行为是否存在不当或违规之处，如果存在不当或违规之处，该不当或违规之处是否与患者的损害后果之间具有因果关系。但是，由于医疗行为本身高度的专业性，普通公众很难就上述问题作出专业判断，即使医疗行业的从业人员也可能因专业不同而无法作出判断。完成该举证责任的最好方式，是申请进行医疗损害鉴定。

另外，根据《侵权责任法》第五十八条的规定，在三种特殊情况下实行过错推定原则。如果患方有证据证明医疗机构存在下述法定情形之一，同时医疗机构不能反证其不存在过错的，则推定医疗机构存在过错：(1)违反法律、行政法规、规章以及其他有关诊疗规范的规定；(2)隐匿或者拒绝提供与纠纷有关的病历资料；(3)伪造、篡改或者销毁病历资料。

需要特别注意的是，上述过错推定原则是有前提条件的，即有法定事实的存在，而对该法定事实存在的举证责任仍由患方承担。

(四)证明存在因果关系

医疗过错造成损害后果的证明，即因果关系的证明，是医疗损害赔偿案件中最重要的环节，同时也是最困难的证明事项。让对医学并不了解的患者或家属证明因果关系的存在，在一般情况下是难以单独完成该项举证责任的。在这种情况下，患方可以通过申请鉴定来完成该项举证责任。

(五)证明赔偿请求依据

在医患纠纷案件中，患者除应证明其与被告医疗机构存在医疗服务关系并因此受到损害外，还应就其赔偿请求承担举证责任。患方作为原告，应向法庭提供证据，证明其各项赔偿请求的事实依据。对于该事项，实行“谁主张，谁举证”的举证规则。如果患方未能就其赔偿请求提供充分的证据，则其请求将不会得到法院的支持。

## 九、医方举证责任

《侵权责任法》实施后，在一般情况下，医疗损害责任认定实行过错责任原则，而该原则的基本举证规则是“谁主张，谁举证”，因此，患方的举证责任将明显加重。但是，这并不意味着医方将不承担任何举证责任。在医疗损害赔偿纠纷案件中，医方应向法庭提供如下证据。

(一)被推定医疗技术过失时提供反证

如果医疗机构能够证明以下事由，则可以证明医疗机构没有医疗过失。

(1)在紧急情况下，为抢救垂危患者生命而采取紧急医学措施造成不良后果。因为紧急抢救措施是在危急的情况下采取的，为了挽救患者的生命，对紧急措施可能出现的问题不再考虑，两相衡量，抢救生命是第一位的。因此在这种情况下造成的不良后果，不认为是医疗侵权，医疗机构不承担赔偿责任。

(2)在医疗活动中，由于患者病情异常或者患者体质特殊而发生医疗意外。医疗意外是指医务人员无法预料的情况，以及根据实际情况无法避免的医疗损害后果。医疗意外有两个主要特征：一是医疗机构及医务人员对损害后果的发生没有主观上的过失，通常是由于患者病情特殊或者体质特殊引起的；二是损害后果的发生属于医疗机构及医务人员难以防范和避免的。具备这两个特征造成的医疗损害后果，构成医疗意外，应免除医疗机构的赔偿责任。

(3)在现有医学科学技术条件下发生无法预料或者不能防范的不良后果。这种情况实际上也是一种医疗意外。发生意外的原因，就是医学科学技术条件的限制。在现有医学科学技术条件下，对所发生的不良医疗后果无法预料，或者已经预料到了但是没有办法进行防范，在这种情况下造成的不良后果，不构成医疗损害责任，医疗机构不承担民事责任。

(4)因患方原因延误诊疗导致不良后果。医疗人员对患者诊疗护理，必须得到患者及其家属的配合。在诊疗护理过程中，如果是由于患者及其家属的原因延误治疗，出现人身损害后果，说明受害患者一方在主观上有过错。按照过错责任原则，如果损害后果完全是由于患者及其家属延误治疗造成的，就证明医疗机构对损害后果的发生没有过错，应免除医疗单位及医务人员的赔偿责任。如以下情形：

①患者的过失，直接引发医方的不当治疗，以致造成损害；

②不遵守医嘱，导致医疗损害的发生或扩大；

③拒绝接受适当治疗，导致损害的发生或扩大；

④未再接受诊治，导致损害发生或扩大；

⑤患者或家属不配合，拒绝手术签字，拒绝接受治疗，造成不良后果；

⑥患者及其家属隐瞒或伪造病情，造成抢救延误；

⑦患者隐瞒病史并且该情况不易被发现，导致误诊误治；

⑧患者乱投药，或自用不恰当的药物，或不接受医师的劝告而坚持自动出院；

⑨患者明知诊疗机构和诊疗行为者无诊治其疾病的能力、设备，且经诊疗行为者劝告其转院后仍坚持由原诊疗行为者诊治，因诊治能力和医疗设备不足而受到损害；

⑩其他能证明患方存在过错的相关事实和证据。

如果患者及其家属不配合治疗是构成损害事故的原因，且医务人员也存在医疗过失时，应依过失相抵原则由双方分担责任。

(5)因不可抗力造成不良后果。不可抗力可能使医疗机构在正常的医疗活动中造成患者的损害。但因其直接原因是不可抗力，不是医疗过失，因而应当免责。

上述内容，有的已经被《侵权责任法》第六十条规定为免责事由，可以直接适用法律的规定进行抗辩。

医疗机构如欲提供证据证明其不存在违规之处，亦可提出鉴定申请进行医疗损害鉴定。当然，这与既往医方提出鉴定申请又有本质区别。以往，医方申请鉴定，是在实施“有过错推定”规定情形下其举证的方式之一，否则医方可能因医学专业性导致无法查清事实而承担不利的法律后果。但是根据《侵权责任法》的规定，医方欲申请鉴定反证患方证据的不成立，应当发生在患方已提供证据证明其存在违规行为之后。

（二）被推定医疗伦理过失时提供反证

医疗伦理过失，是指医疗机构或医护人员从事医疗行为时，违反医疗职业良知或职业伦理，对应履行的告知、保密等法定义务疏忽和懈怠。具体表现是未对病患充分告知或者说明其病情，未对病患提供及时有用的医疗建议，未保守与病情有关的各种隐私、秘密，未取得病患同意就采取某种医疗措施或停止继续治疗，或者违反管理规范造成患者其他损害。事实上，医疗伦理过失，就是医疗机构及医务人员未尽告知、保密等法定义务的过失，这本身就构成医疗过失。

医疗伦理过失的证明责任，实行推定过错后过错要件的举证责任倒置。过错推定之后，医疗机构如果认为自己的医疗行为没有过失，则实行完全的举证责任倒置规则，由医疗机构自己举证证明，出示自己已经履行法定义务，不具有医疗过失的证据。能够举证证明的，不构成侵权责任；不能举证证明的，过错推定成立，构成医疗损害责任。

比如，《侵权责任法》第五十五条规定了医务人员的法定告知义务。因此，当患方提出医方未能尽到该项法定义务时，医方将承担其已尽告知义务的举证责任，例如向法庭提供经患者或家属签字同意的手术同意书或类似知情同意文书。能够证明自己依照医疗伦理和良知已经履行了告知义务，即可确认医疗机构不存在医疗伦理过失。

（三）医疗机构证明医疗行为与损害结果没有因果关系

在法官推定因果关系之后，如果医疗机构一方认为自己的医疗行为与损害结果之间没有因果关系，则须自己举证证明，只要能证明医疗行为与损害事实之间无因果关系，就可以推翻因果关系推定，免除自己的责任。

医疗机构一方证明自己的医疗行为与损害结果之间没有因果关系，证明标准应当采取高度盖然性的标准，即极大可能性。对此，被告认为自己的行为与原告损害结果之间没有因果关系，应当证明到法官确信的程度。对此，医疗机构一方否认因果关系要件，应当针对下述四点进行：第一，无医疗行为损害，损害结果也会发生；第二，有他人或者受害患者一方的过错存在，并且是其损害发生的原因，医疗机构一方如果能够证明在医疗行为和损害事实之间存在其他可能造成损害的原因，如受害患者自己的行为或者第三人的行为是造成损害的原因，就可以否认自己的侵权责任或者减轻自己的侵权责任；第三，自己的医疗行为不是损害发生的原因；第四，具有科学上的矛盾，按照这个推定形式无法得出这样的结论，不可能存在这样的结果时，就可以推翻因果关系推定。

即使实行因果关系推定，也要给医疗机构举证的机会，使其能够举出证据证明自己的医疗行为与损害后果之间不存在因果关系，以保护自己不受推定的限制。如果医疗机构无因果关系的证明是成立的，则推翻因果关系推定，医疗机构不构成侵权责任；如果医疗机构不能证明或者证明不足的，则具备因果关系要件，因果关系推定成立。

在已经确定医疗机构及医务人员的医疗行为与损害结果有因果关系，并且存在医疗过失，构成医疗损害责任的情况下，应当适用原因力规则，以更准确地确定医疗机构的赔偿责任。其原因在于在一般情况下，医疗过失行为并不是医疗损害后果发生的全部原因。例如不当医疗行为、落后医疗设备、就医者特异体质以及第三人行为等，都有可能成为医疗损害结果的原因。

（四）提供与纠纷相关的病历资料

病历是一种重要的书证。在医患之间就患者的诊断、治疗和护理等问题发生争议时，病历对于认定医疗机构是否存在医疗过错以及解决医疗争议，具有其他证据难以替代的证明作用。由于病历资料一般由医疗机构负责保管，因此，提供病历以解决医患争议即成为医疗机构的法定义务。

与纠纷有关的病历资料应取“病历”之广义含义，即不仅是与诊断、治疗和护理有关的资料，还应包括与医疗收费、医疗产品使用、输血有关的资料。例如，当患方与医方就医疗收费发生争议时，医方应提供相应的治疗项目明细单、医嘱单等。再如，当患方就医疗器械使用发生争议时，医方应提供医疗器械生产商的医疗器械生产许可证、产品合格证等资料。由于“纠纷”的含义非常宽泛，事先很难界定“与纠纷有关”的范围，因此，医疗机构最好是提供完整的病历资料，以避免不利的法律后果。

门诊病历一般由患者保管，住院病历由医方保管。当发生患者不能提供门诊病历或者患者家属抢夺、撕毁住院病历，造成医疗机构举证困难之情形时，依据最高人民法院《证据规定》第七条所规定的公平、诚信原则，应重新调整医方的举证责任，发生举证责任转移，由患方就医疗行为与损害结果具有因果关系及医疗行为有过错承担举证责任。

# 第三节　证据保全和证据交换

## 一、证据保全

证据保全又称为保全证据，是指人民法院在起诉前或在对证据进行调查前，依据申请人的申请或当事人的请求，以及依职权对可能灭失或今后难以取得的证据，予以固定和保存的行为。人民法院解决民事纠纷，认定案件事实是必不可少的环节，认定案件事实必须依靠证据。由于民事案件的事实是过去发生的事实，民事案件的起诉、审理直至判决需要一个过程，所需的证据可能会由于没有及时收集而因人为或客观的原因灭失或难以取得，于是为了维护当事人的合法权益，为了人民法院公正审理民事案件，需要采取一定的措施，将可能灭失或以后难以取得的证据固定或保存下来，这就是保全证据的制度。依据我国《民事诉讼法》的规定，只要具备证据保全条件，当事人或诉讼参与人即可向法院申请采取证据保全措施，法院也可以依职权主动进行证据保全。

人民法院进行证据保全，可以根据具体情况采取查封、扣押、拍照、录音、录像、复制、鉴定、勘验、制作笔录等方法。人民法院进行证据保全时，可以要求当事人或者诉讼代理人到场。

## 二、证据交换

依据最高人民法院《证据规定》，经当事人申请，人民法院可以组织当事人在开庭审理前交换证据。人民法院对于证据较多或者复杂疑难的案件，应当组织当事人在答辩期届满后、开庭审理前交换证据。

交换证据的时间可以由当事人协商一致并经人民法院认可，也可以由人民法院指定。人民法院组织当事人交换证据的，交换证据之日举证时限届满。当事人申请延期举证经人民法院准许的，证据交换日相应顺延。

证据交换应当在审判人员的主持下进行，在证据交换的过程中，审判人员对当事人无异议的事实、证据应当记录在卷；对有异议的证据，按照需要证明的事实分类记录在卷并记载提出异议的理由。通过证据交换确定双方当事人争议的主要问题。

当事人收到对方交换的证据后提出反驳并提出新证据的，人民法院应当通知当事人在指定的时间进行交换，证据交换一般不超过两次，但重大、疑难和案情特别复杂的案件，人民法院认为确有必要再次进行证据交换的除外。

## 第四节　争议病历的评估和认定

医疗纠纷之所以不好解决，主要有两方面原因：医方常对自身过错遮遮掩掩、避重就轻，甚至拒不认责；患方往往夸大事实、漫天要价，甚至聚众闹事。在医疗纠纷中，病历是判断医方有无过错和赔偿责任的重要依据，无论是调解或诉讼，病历争议都是难点和热点问题之一，病历争议的评估和认定是弄清事实、分清责任的重要环节。

### 一、病历相关法律法规

《侵权责任法》第五十八条规定："患者有损害，因下列情形之一的，推定医疗机构有过错：(一)违反法律、行政法规、规章以及其他有关诊疗规范的规定；(二)隐匿或者拒绝提供与纠纷有关的病历资料；(三)伪造、篡改或者销毁病历资料。"

《执业医师法》第二十三条规定："医师实施医疗、预防、保健措施，签署有关医学证明文件，必须亲自诊查、调查，并按照规定及时填写医学文书，不得隐匿、伪造或者销毁医学文书及有关资料。医师不得出具与自己执业范围无关或者与执业类别不相符的医学证明文件。"

《执业医师法》第三十七条规定："医师在执业活动中，违反本法规定，有下列行为之一的，由县级以上人民政府卫生行政部门给予警告或者责令暂停六个月以上一年以下执业活动；情节严重的，吊销其执业证书；构成犯罪的，依法追究刑事责任："……(四)未经亲自诊查、调查，签署诊断、治疗、流行病学等证明文件或者有关出生、死亡等证明文件的；(五)隐匿、伪造或者擅自销毁医学文书及有关资料的；……。"

《医疗事故处理条例》第九条规定："严禁涂改、伪造、隐匿、销毁或者抢夺病历资料。"

《医疗机构病历管理规定》第五条规定，医疗机构应当严格病历管理，严禁任何人涂改、伪造、隐匿、销毁、抢夺、窃取病历。

《侵权责任法》第五十八条第二项和第三项规定，医疗机构隐匿或者拒绝提供与纠纷有关的病历资料和伪造、篡改或者销毁病历资料的情形，推定医疗机构有过错。这两项情形，一方面反映了医疗机构的恶意，另一方面使患者难以取得与医疗纠纷有关的证据资料，这时再让患者举证已不合理。因此，推定医疗机构有过错。

在诉讼中患方亦应提交自己保管的门诊病历、检验报告、影像资料和在其他医院就诊的资料，如果影响有关事实的认定，则患方承担举证不能的后果。

患方不能窃取、抢夺病历，如有上述行为，亦应承担相关责任。

## 二、患方对病历真实性的异议负举证责任

病历资料是记载医务人员问诊、查体、辅助检查、诊断、治疗、护理等医疗活动的书面记录，是证明医疗机构是否存在医疗过错最重要的证据。在医疗侵权诉讼过程中，医疗机构在向法庭提供了原始病历资料并就其内容加以合理说明后，即完成了有关病历的举证责任。

根据我国《民事诉讼法》的有关规定，患方可以对医疗机构提交的病历的真实性提出异议，这是当事人所享有的法定诉讼权利，如医疗机构提供的病历资料与患方依法定程序复印或复制的病历资料内容不同、病历内容曾被涂改、部分内容系事后添加等。但是，根据“谁主张，谁举证”的一般举证责任分配原则，当事人对自己提出的主张有义务提供证据加以证明，因此患方在对病历真实性提出异议的同时，亦应承担向法庭提供病历内容缺乏真实性的相关证据的责任。必要时，患方可以通过申请文字检验的方式加以证明。

如果患方认为医院提交的病历内容是不真实的，是事后伪造的，但是患方未能向法庭提交任何证据证明病历内容的不真实性，则法庭认定患者的主张不能成立。如果患方认为医院向法庭提交的病历内容与患者事先复印或复制的病历内容明显不一致，经调查证实，医院提交的病历确实经过了涂改、添加甚至伪造，则法庭据此判决医院败诉。如果患方认为病历中的签名或其他内容系伪造，又不同意进行文书司法鉴定，则患方承担举证不能的责任。

## 三、病历争议评估

### （一）评估中怎样认定病历的真实性和是否存在重大瑕疵

对于病历真实性的认定尚无专门的方法和鉴定机构，病历真实性的认定非法医临床鉴定的范围，评估中对有争议的病历应综合分析判断。

1. 从病历的形式和格式分析判断

（1）对有疑点的部分，在鉴定中一定要拿病历的原件与复印件仔细核查，观察外观上是否存在更改的痕迹。病历的刮痕、涂改都是通过病历原件发现的，很难从复印件中察觉。

（2）不要对病历上的姓名、床号、日期等偶然发生的个别、孤立的笔误过多注意，但是如果上述项目发生一系列错误，就要引起注意，考虑该病历是否存在重新书写或被修改的可能。

（3）查找的重点要突出。有无缺少病历规定的项目，如术前讨论记录、会诊记录、特殊检查和治疗的告知、知情同意书等。

(4)有无增删、修改页码。

2. 从病历的内容分析判断

(1)内容上是否存在矛盾,注意病历内容是否前后一致,是否符合疾病发生、发展、演变的规律。

(2)重要内容是否记录,如给予了治疗却没有病程记录和医嘱记录,重度颅脑损伤的病人没有神志、呼吸、血压等生命体征的记录等。

(3)注意病历书写的时限,时间上是否连贯。《病历书写基本规范》对不同情况书写病历的时限作出了明确规定,要求医方按时观察病情并进行记录。

(4)程序上是否严格符合国家有关规定。而其中的重中之重,就是要考察医疗机构对于患者核心诊断措施的有关材料是否在内容上存在瑕疵。修改和造假一般都发生在医疗过错之后的病历上。修改病历往往会留下一些蛛丝马迹,而且此时医院往往会请专家会诊,专家会诊记录尤其是外院专家会诊对患者病情变化的分析和判断,往往对于患方找出疑点会有所启发。

如有一消化道穿孔案例,在法院开庭审理期间,医院代理人向法官陈述,当时医院本来是想进一步检查以排除消化道疾患,但是患者家属拒绝,并拿出病历,指出家属拒绝检查的签字记录。在法庭开庭时,患者的妻子也来了,她表明完全不能理解医院为什么会有这样的说法,因为丈夫当时住院的情景她还历历在目,当时是她一再要求医生予以重视却无人理她,怎么现在变成她拒绝检查了呢?这个情况引起了主审法官的注意,根据法官的判断,对事实两种截然不同的陈述,说明一定有一方在说谎。法官于是再次查看病历上原始的记录,在一页病程记录上,的确看到有家属的签名,在签名的上面,有一段文字,包含了两层意思,一是医方告知病人病情,二是家属拒绝做任何消化道的检查。再仔细看,法官发现这段文字语法似乎不太连贯,而且是两支笔书写形成,墨水颜色深浅不一。第一层意思,即病情告知字迹的墨水颜色与下面签名字迹的墨水颜色一致,而拒绝检查字迹的墨水颜色为另外一种颜色。法官就此明确询问患者家属,患者家属坚决否认曾经签字拒绝检查。法官当即指出,该段文字的第二层意思,即家属拒绝检查涉嫌事后添加,存在篡改病历的可能,并明示双方应当就此进行病历文书鉴定。患者据此申请进行文书鉴定并预交了鉴定费用,经法院委托某物证检验中心鉴定,结论为有关病历资料上的字迹"家属不同意进行任何消化道的检查"系事后添加。由此法院对医院提供的病历不予认可,认定医院存在过错,判决医院承担赔偿责任。

(二)调解中对病历争议的处理

在调解中医患双方对病历有争议的应区别具体情况进行处理。

(1)在调解中患方对医方提交的病历真实性有异议,若患方指出的问题仅是个别地方的瑕疵或笔误，法官应向患方释明该问题对医疗行为无重要影响，询问双方是否同意以现有材料进行调解，双方同意则签字予以确认，调解继续进行；不同意的，法官应向患方释明应该进行争议病历的评估，费用先由患方支付，根据评估结果继续调解。

(2)在调解中患方对医方提交的病历真实性有异议，患方指出的问题足以完全否定病历的真实性，足以影响医疗过失与因果关系的分析，如果医方不能作出合理解释，则医方应负举证不能的责任。

(3)在调解中应让患方提交的材料或者注意询问的情况有：

①患者就诊前的情况，如在其他诊所或者医疗机构就诊过等，由此可能导致问题转嫁给后接诊医院；

②患者不配合治疗和隐瞒病史，应详细询问有关情况；

③患者出院后的情况，如出院后病人脱离了医方的观察，患者存在的未遵医嘱等情况都可能导致医方无法举证；

④门诊病历、辅助检查等部分资料原件可以由患者拿走，或者由患者自己保存，如果患者拒不交出，也会影响鉴定。

如果患方刻意不提交有关材料，很可能存在不利于患方的隐情。如果调解员认为缺乏这些材料影响调解的，应书面通知患方补充提交有关材料或负举证不能的责任。

# 第十六章　医疗纠纷调解中医疗损害责任认定

## 第一节　医疗损害责任的归责原则

### 一、归责原则的概念和意义

所谓归责原则，是指在行为人的行为或物件致他人损害的情况下，根据何种标准和原则确定行为人的侵权民事责任。一定的归责原则决定着侵权行为的分类，也决定着责任构成要件、举证责任的负担、免责条件、损害赔偿的原则和方法、减轻责任的根据等。[①]

有侵权就有责任，归责的根本含义，是决定侵权行为造成损害的赔偿责任的归属，即决定何人对侵权行为的损害结果承担赔偿责任。归责的核心，是决定何人对侵权行为的结果承担责任时应依据何种标准。[②] 如果将侵权行为的损害事实作为起点，将责任作为终点，那么，归责就是连接这两个点的过程。因此说归责是一个复杂的责任判断过程，责任是归责的结果。[③]

有学者指出，侵权责任归责原则，是侵权法的统帅和灵魂，是侵权法理论的核心。[④]

在司法实务上，侵权责任归责原则的重要意义在于使当事人掌握侵权责任归责原则，有助于保护自己的合法权益，在合法权益受到损害的时候，能够保证及时得到赔偿。

### 二、医疗损害责任归责原则

《侵权责任法》第七章及总则部分的相关规定充分地考虑了医疗行为本身的特殊性，其基本宗旨是妥善处理医患纠纷。界定医疗损害责任采用了区分不同

---

① 王利明，杨立新：《侵权行为法》，法律出版社 1996 年版，第 27 页。

② 杨立新：《侵权责任法》，法律出版社 2010 年版，第 54 页。

③ 王利明：《侵权行为法归责原则研究》，中国政法大学出版社 1992 年版，第 18 页。

④ 杨立新：《侵权责任法》，法律出版社 2010 年版，第 58 页。

情况的多元归责原则体系，既切实保护了患者的合法权益，也保护了医务人员的合法权益，促进了医学科学的进步和医疗卫生事业的发展。

（一）过错责任原则

《侵权责任法》第六条第一款规定："行为人因过错侵害他人民事权益，应当承担侵权责任。"《侵权责任法》第五十四条规定："患者在诊疗活动中受到损害，医疗机构及其医务人员有过错的，由医疗机构承担赔偿责任。"由此可见，过错责任原则是我国侵权法的基本归责原则，也是主要的归责原则。它调整一般侵权行为的责任归属问题。

过错责任原则，是以过错作为价值判断标准，判断行为人对其造成的损害是否应承担侵权责任的归责原则。①

过错责任原则是以过错作为归责的必备构成要件。缺少这一要件，即使侵权人的行为造成了损害事实，并且侵权人的行为与损害结果之间有因果关系，侵权人也不承担赔偿责任，即所谓的"无过错即无责任"原则。

过错责任原则在举证责任上按照民事诉讼的基本规则进行，由原告承担举证责任，即"谁主张，谁举证"。原告要对自己的主张承担全部的举证责任，如果举证不足或者举证不能，应当承担败诉的结果。

过错责任原则在适用范围上适用于一般侵权行为，即在法律没有特殊规定的情况下，均应适用该归责原则。确定的标准是，只有在法律有特别规定的情况下，才不适用过错责任原则，即特殊侵权行为不适用过错责任原则。

过错责任原则要求行为人尽到对他人谨慎和注意的义务，努力避免损害后果。在判断医务人员是否存在医疗过失时，主要是审查其是否尽到了医务人员应尽的注意义务。

（二）过错推定原则

《侵权责任法》第六条第二款规定："根据法律规定推定行为人有过错，行为人不能证明自己没有过错的，应当承担侵权责任。"《侵权责任法》第五十八条规定："患者有损害，因下列情形之一的，推定医疗机构有过错：（一）违反法律、行政法规、规章以及其他有关诊疗规范的规定；（二）隐匿或者拒绝提供与纠纷有关的病历资料；（三）伪造、篡改或者销毁病历资料。"这是我国侵权法第一次明确规定过错推定原则的一般规则。

过错推定原则，是指在法律有特别规定的场合，从损害事实的本身推定侵权人有过错，并据此确定造成他人损害的行为人赔偿责任的归责原则。

推定，是指根据已知的事实，对于未知的事实所进行的推断和认定。过错推

① 杨立新：《侵权责任法》，法律出版社2010年版，第59页。

定，也称为过失推定，是指如果原告能够举证证明损害事实、违法行为和因果关系三个要件，就能证明其所受的损害是由被告所致，而被告不能证明对于损害的发生自己没有过错，则从损害事实的本身推定被告在致人损害的行为中有过错，并就此承担赔偿责任。

过错推定原则在证明主观过错要件上实行举证责任倒置，原告不承担举证责任，而是被告承担举证责任。如果被告认为自己在主观上没有过错，则须自己举证，实行举证责任倒置，证明自己没有过错；证明成立者，推翻过错推定，否认行为人的侵权责任。被告如果证明不足或者不能证明，则推定过错成立，行为人应当承担侵权民事责任。

（三）无过错责任原则①

我国《民法通则》第一百零六条第三款规定："没有过错，但法律规定应当承担民事责任的，应当承担民事责任。"此项规定是我国民事立法对无过错责任的确认。《侵权责任法》第七条规定："行为人损害他人民事权益，不论行为人有无过错，法律规定应当承担侵权责任的，依照其规定。"《侵权责任法》第五十九条规定："因药品、消毒药剂、医疗器械的缺陷，或者输入不合格的血液造成患者损害的，患者可以向生产者或者血液提供机构请求赔偿，也可以向医疗机构请求赔偿。患者向医疗机构请求赔偿的，医疗机构赔偿后，有权向负有责任的生产者或者血液提供机构追偿。"这是我国现有法律中唯一的关于医疗损害责任认定适用无过错责任原则的法律规定。

无过错责任原则还称为严格责任、危险责任或者风险责任。其真实含义，就是不问过错，只要是在法律规定的情形和场合，行为人的行为造成了被侵权人的损害，具备了法律规定的要件，不论行为人是否有过错，都应当承担侵权责任。

适用无过错责任原则的意义在于加重行为人的责任，使被侵权人的损害赔偿请求权更容易实现，受到损害的权利及时得到救济。

（四）公平责任原则②

《侵权责任法》第二十四条规定："受害人和行为人对损害的发生都没有过错的，可以根据实际情况，由双方分担损失。"由于该条款规定在《侵权责任法》的总则部分，根据法律条款适用规则，在分则部分没有特别规定的情况下适用总则部分规定，因此，尽管立法者在第七章没有对该原则加以规定，但该原则同样适用于医疗损害赔偿案件。

《侵权责任法》采用的归责体系是过错责任原则、过错推定原则和无过错责任原则，没有将公平责任原则作为单独的归责原则加以规定。立法者之所以没

① 杨立新：《侵权责任法》，法律出版社2010年版，第64页。

② 陈志华：《医疗损害责任深度释解与实务指南》，法律出版社2010年版，第55页。

有将公平责任作为单独的归责原则加以规定，最重要的原因是：从理论上说，公平责任不能作为侵权法的归责原则。侵权法中最基本的归责原则仍然是过错责任，至于过错推定责任和无过错责任均需要法律的明确规定。[①] 如前所述，尽管立法者在第七章没有对公平责任原则加以特别规定，但因该法总则部分有此规定，因此，该原则在一定的条件下，可以适用于医疗损害赔偿案件。[②]

公平责任原则即公平分担损失原则（简称公平原则），又称衡平原则，是指当事人双方在对造成损害均无过错的情况下，由人民法院根据公平观念，在考虑当事人的财产状况及其他情况的基础上，责令当事人对受害人的财产损失给予适当的补偿。从性质上讲，公平原则是以公平观念作为价值判断标准来确定损失分担大小的，而不是依据民事责任的分配。在我国《侵权责任法》中，公平原则解决的是损害的分担问题，并非侵权责任的依据问题。公平责任的目的不在于对行为人的不法过错实施制裁，而在于在双方当事人对造成的损害均无过错的情况下，由当事人适当分担损失。[③] 因此，在医疗损害赔偿纠纷的司法鉴定中，是否适用公平责任原则，并非司法鉴定的范围。

公平原则有以下特点：行为人必须没有过错；行为人承担的不是侵权责任，而是基于衡平理念适当分担受害人的损失；受害人的损失由行为人和受害人共同分担；行为人仅适当分担受害人的损失，没有最高限额的规定。

鉴于公平原则是对过错责任原则、过错推定原则无法适用时的补充，因此，如果依照过错责任原则、过错推定责任原则能够处理的案件，则应依照过错责任原则或过错推定责任原则处理，而不能适用公平原则。[④]

## 第二节　医疗损害责任的构成要件

在医疗损害纠纷司法鉴定实践中认定医疗损害责任的构成要件主要是：

（1）医疗行为是否存有过失（错）。《医疗事故处理条例》第二条对医疗过错的内涵作了规定，即“违反医疗卫生管理法律、行政法规、部门规章和诊疗护理规范、常规”。《侵权责任法》第五十七条对医疗过错的内涵作了界定，即“医务人员在诊疗活动中未尽到与当时的医疗水平相应的诊疗义务，造成患者损害的，医疗机构应当承担赔偿责任”。

（2）患者是否存在损害后果。构成医疗损害责任必须有损害后果，有过失但

① 王利明：《中华人民共和国侵权责任法释义》，中国法制出版社 2010 年版，第 103 页。

② 陈志华：《医疗损害责任深度释解与实务指南》，法律出版社 2010 年版，第 58 页。

③ 奚晓明：《〈中华人民共和国侵权责任法〉条文理解与适用》，人民法院出版社 2010 年版，第 47 页。

④ 陈志华：《医疗损害责任深度释解与实务指南》，法律出版社 2010 年版，第 59 页。

没有造成损害后果的，也不构成医疗损害责任。

(3)医疗行为与损害后果之间是否存有因果关系。医疗行为只有与损害后果有因果关系，医疗机构才应当承担赔偿责任。

根据过错责任原则原理，在适用过错责任时，医疗损害责任的构成要件为三个，即在医疗损害案件中，医疗机构承担医疗损害责任的条件是：①医疗机构及其医务人员存在医疗过错；②患者有一定的损害后果；③医疗机构及其医务人员的医疗过错与患者损害后果之间存在因果关系。只有同时具备上述全部要件，医疗机构才承担医疗损害责任。鉴于过错推定原则是过错责任原则的一种表现形式，因此，根据过错推定原则认定医疗机构应当承担医疗损害责任时，适用与过错责任原则相同的构成要件，区别在于过错要件是通过推定来实现的。

在适用无过错责任原则认定医疗损害责任时，由于该原则不要求行为有过错，因此，适用无过错责任认定医疗损害责任时，仅要求患者有一定的损害、医疗机构的医疗行为与患者损害后果之间存在因果关系两个要件。①

另外要注意，构成医疗损害责任的侵权主体必须是医疗机构及其医务人员。这是构成医疗损害的主体条件。医疗机构是指依照《医疗机构管理条例》的规定取得《医疗机构执业许可证》的机构，主要是各级各类医院，也包括卫生防疫站、保健站和取得《医疗机构执业许可证》的县级以上城市从事计划生育技术服务的机构；医务人员是指经过考核和卫生行政机关批准或承认并且依法取得执业资格的医疗卫生专业技术人员，主要包括医师和护士，此外还有卫生防疫人员、药剂人员及其他技术人员。不具备上述主体条件的医疗行为，属于非法行医，造成的损害不属于医疗损害，而属于一般侵权损害。

还要注意构成医疗损害责任的医疗行为必须发生在合法医疗活动中。合法医疗活动是指合法医疗主体开展的医疗活动。医务人员在其任职的医疗机构以外的个人医疗行为导致的侵害不属于医疗损害，应由个人承担侵权责任。

## 第三节　医疗损害民事责任

### 一、民事责任的概念

民事责任是指在民事活动中，民事主体违反合同或者侵害他人的民事权利所应承担的民法规定的不利后果。②

我国《民法通则》第一百零六条规定："公民、法人违反合同或者不履行其他

① 陈志华：《医疗损害责任深度释解与实务指南》，法律出版社2010年版，第63页。

② 江毅：《医疗损害民事责任研究》，中国医药科技出版社2007年版，第14页。

义务的，应当承担民事责任。公民、法人由于过错侵害国家的、集体的财产，侵害他人财产、人身的，应当承担民事责任。没有过错，但法律规定应当承担民事责任的，应当承担民事责任。”本条规定是我国民事责任制度的总纲。

民法保护民事权利主要通过两个途径：其一，确认民事主体享有民事权利，确保民事权利的行使和实现；其二，民事权利的实现与否有赖于对方当事人作为或者不作为义务的履行。如果当事人不履行民事义务，则通过民事责任制度强制其履行义务，以确保民事权利的实现。①

## 二、医疗损害的民事责任

医疗损害的民事责任，可以分成违约责任、侵权责任和其他责任。违约责任，是指合同当事人违反法律、合同规定的义务而应承担的责任。侵权责任，是指行为人因侵害他人的财产权益与人身权益，依法应当承担的责任。无论是违约责任还是侵权责任，主要的责任形式都是损害赔偿。但其他民事责任形式在医疗事故民事责任承担中也有运用，比如赔礼道歉、恢复名誉、返还医疗费、支付违约金等；在损害即将发生，且患者家属有所发现时，患方可以要求医方消除危险或者排除妨碍；在损害已经发生，并还在继续进行时，患方可以要求医方停止侵害。排除妨碍或消除危险是对将来损害的一种预防，其成立要件不同于民事损害赔偿责任成立的要件，它既不一定要求过错的存在，也不要求有实际损害的存在。其他民事责任的成立要件则是根据依违约或侵权而承担不同的责任。②

区分违约责任、侵权责任和其他责任的意义在于：责任发生的事由不同，责任的构成要件、责任方式也有所不同。例如违约责任的基础是合同义务，合同义务是由当事人约定的，违反合同义务就应当承担违约责任；侵权责任不能事先由当事人约定，缔约过失责任和基于合同后义务产生的责任，只能根据法律规定的原则和具体情况确定。③

## 三、医疗损害的侵权责任

医疗损害侵权责任是指医方当事人（加害人）侵害他人（患者）法定民事权利时依法应承担的民事责任。侵权责任的性质包括患者财产损失和非财产损失。财产损失包括直接损失和间接损失。直接损失是指患者因遭受医疗侵权而造成的现有经济利益的实际减少，诸如患者的医疗费、护理费、营养费、死亡丧葬费等。间接损失是可得利益的减少，如患者因受到伤害而误工造成的收入减少，或

---

① 蒲川，王安富：《医事法学》，西南师范大学出版社 2008 年版，第 110 页。

② 江毅：《医疗损害民事责任研究》，中国医药科技出版社 2007 年版，第 14 页。

③ 蒲川，王安富：《医事法学》，西南师范大学出版社 2008 年版，第 114 页。

者由于劳动能力的降低而导致将来劳动收入的减少等。非财产损失包括人身损害和精神损害。人身损害主要指由于诊疗不当给患者带来的身体上的痛苦、组织器官的损伤、健康状况的恶化、残疾甚至死亡等情形，这是对患者生命权、健康权和身体权的侵害。精神损害指医疗过失给患者带来的精神痛苦，包括对患者名誉权、隐私权的侵害，还包括因患者的死亡、对患者人格权的侵害，给患者的近亲属带来的财产或精神上的伤害。①

医疗损害侵权责任的目的即是要制裁医疗机构和医务人员的侵权行为，保障患者以及其他人员的人身利益、财产利益以及精神利益，以恢复受损害人的权益。医疗损害侵权责任的承担方式主要是损害赔偿，而返还财产、恢复原状等财产责任形式无法适用。同时，由于医疗侵权可能造成受害人精神利益的损害，因此非财产责任例如赔礼道歉、消除影响等也是主要的责任承担方式。②

### 四、医疗损害的违约责任

违约说认为，医院与患者之间所形成的是一种非典型的契约关系，是指医院与患者之间就患者疾患的诊察、治疗、护理等医疗活动形成的意思表示一致的民事法律关系，一般称之为医疗服务合同。患者到医院挂号后，表明该医疗服务合同已经成立，在医院和患者之间产生相对应的权利义务关系。就医院方面而言，其权利主要为接受患者的报酬；其义务，一是须以治疗为目的进行医疗活动，二是在实施医疗行为之前履行说明的义务，三是医疗过程中遵守医疗规章制度，严格实施医疗程序，保障医疗后果。按照医疗服务合同的要求，如果医院一方在医疗过程中，因医护人员的过失，造成医疗损害，属于违约行为，应当承担违约责任。③

违约责任的承担方式主要是实际履行、违约金责任、损害赔偿责任、定金责任等。由于医患方订立医疗契约时，一般不约定违约金和给付定金，在医方违反其应尽的义务而对患者造成了财产损害和精神损害的情况下，由于违约金责任和定金责任不存在，实际履行已不可能，所以一般适用损害赔偿责任，即违约责任的性质主要是财产责任，无法对医疗事故的受害人的精神伤害予以法律保护。

### 五、侵权责任与违约责任的竞合

竞合是指由于某种法律事实的出现，而导致两种或两种以上的权利发生冲

---

① 古津贤：《医疗侵权法论》，吉林大学出版社 2008 年版，第 88 页。

② 强美英：《医疗损害赔偿责任分担研究》，知识产权出版社 2010 年版，第 79 页。

③ 古津贤：《医疗侵权法论》，吉林大学出版社 2008 年版，第 88 页。

突的现象。[①] 民法上的责任竞合是指由于某种违反义务的行为，在法律上通常符合多种民事责任的构成要件，从而导致多种责任形式并存和相互冲突的现象。从民事权利的角度来看，责任竞合是指当不法行为人实施的一个行为在法律上符合数个法律规范的要求时，使受害人产生多项请求权，且这些请求权相互冲突的现象。因此，民事责任竞合又被称为请求权竞合。[②] 在司法实践中，从法律上如何确定医疗损害责任竞合的规则，对于正确认定医疗损害的民事责任，充分保障当事人的合法权益尤为重要。

《合同法》和《侵权责任法》有各自的保护范围。《合同法》和《侵权责任法》产生违约责任与侵权责任的竞合现象，既体现了违法行为的复杂性和多重性，又反映了合同法与侵权法既相互独立、又相互渗透的状况，如在某些情况下，侵权行为是直接构成违约的原因，这即是所谓的"侵权性的违约行为"。同时，违约行为也可能造成侵权的后果，这即是所谓"违约性的侵权行为"。一种违法行为虽然只符合一种责任要件，但是，法律从保护受害人的利益出发，要求合同当事人根据侵权行为制度提出请求和提起诉讼，或者将侵权行为责任纳入合同责任的适用范围。[③]

从理论上讲，在医患纠纷中，当事人既可以医疗机构违反医疗服务合同规定的义务为由要求医疗机构承担违约责任，也可以医疗机构侵害其人身、财产权利为由来追究医疗机构的侵权责任。在违约责任与侵权责任竞合时，选择违约损害赔偿请求权，还是选择侵权损害赔偿请求权，对于当事人利益的保护有很大的不同。一个医疗损害事实既符合违约责任的构成要件，又符合侵权责任的构成要件，当事人针对这两个独立并存的请求权，可选择其一行使，其中之一一经行使，另一请求权随之消失。当事人不得在行使一项请求权的同时行使另一项请求权，也不得在行使一项请求权之后再行使另一项请求权，只能作出一次选择。如果其中一个请求权因时效消失，则时效较长的另一请求权仍然存在。因此，当事人在选择请求权时，应当考虑违约损害赔偿和侵权损害赔偿的不同，选择行使对自己有利的请求权，并诉请法院予以保护。[④]

由于侵权责任与违约责任归责原则不同、举证责任不同、责任范围不同、免责条件不同、受害人亲属是否享有损害赔偿请求权不同、行使请求权时效不同和诉讼管辖不同，在诉讼中患方是提起医疗侵权之诉还是医疗违约之诉，属于当事人的权利，应当由其自行决定。如果患方以医方侵权为由提起诉讼，法院应当以

---

① 王利明：《民法·侵权行为法》，中国人民大学出版社1993年版，第211页。

② 艾尔肯：《医疗损害赔偿研究》，中国法制出版社2005年版，第54页。

③ 古津贤：《医疗侵权法论》，吉林大学出版社2008年版，第237页。

④ 艾尔肯：《医疗损害赔偿研究》，中国法制出版社2005年版，第58页。

“医疗损害赔偿纠纷”为案由，作为侵权之诉来审理；如果患方以医方违约为由提起诉讼，法院则应当以“医疗服务合同纠纷”为案由，作为违约之诉来审理。

医疗侵权损害赔偿责任与医疗违约损害赔偿责任之间并不存在本质的不同，因此，在审理医疗损害赔偿纠纷案件时，不论患方以医方存在侵权为由提起医疗侵权之诉还是以医方存在违约为由提起医疗违约之诉，相应的审判结果不应有本质的不同。但在特殊的案件中，两者还是存在一定差异的。在有些情况下，患方只能提起侵权之诉，而不能提起违约之诉。例如，在强制医疗过程中，因医方的医疗过失导致患者损害的，由于双方本不存在合同关系，故患方只能提起侵权之诉而不能提起违约之诉。同理，在另一些情况下，患方则只能提起违约之诉而不能提起侵权之诉。例如，在医方产前检查疏失导致缺陷婴儿出生的情况下，患方要求医方承担损害赔偿责任，其应当提起侵权之诉还是违约之诉？对此问题，司法实践中虽然有不同的意见，但最高人民法院民一庭的意见认为，医方在进行产前医学检查过程中，由于没有尽到相应的义务导致检查结论失实，使患方生育缺陷婴儿，额外增加抚育、护理以及治疗费用，蒙受纯粹财产上的损失，构成加害给付，医方应当根据《合同法》第一百零七条的规定承担相应的违约损害赔偿责任。患方以侵权为由提起侵权之诉的，因现行法律对纯财产损害没有相应的请求权基础规范，故侵权诉讼不能成立。在此种情况下，人民法院应当就此向当事人释明，告知其以正确的案由起诉。损害赔偿的范围包括当事人作为合同对价支出的各项费用以及额外增加的抚育、抚养、护理费等纯粹财产上的损失。但在确定损害赔偿范围时，应当根据其确定性、可预见性和合理性予以限制，并应当考虑损益相抵、过错相抵等因素。①

一般情况下，选择侵权行为提起侵权之诉对患方更为有利，但不能排除在少数情况下，选择合同责任可能更有利于患方的利益。

## 第四节　医疗损害行政责任

根据相关规定，当事人已向卫生行政部门申请医疗事故争议行政处理的案件，医调委不予受理。有关医疗损害行政责任，仅作为调解工作的一般了解。

### 一、医疗损害行政责任的概念和构成②

医疗损害行政责任，是指医务人员在诊疗护理工作中不遵守规章制度和操作规程，违反行政法律规范，造成严重不良后果而应承担的法律责任。

---

① 奚晓明：《医疗损害赔偿纠纷》，法律出版社 2010 年版，第 33 页。

② 乔世明：《医疗事故的行政处理与刑事责任》，人民军医出版社 2009 年版，第 1 页。

民事责任要件特别注重行为的损害后果，有损害后果才有民事责任，没有损害后果就没有民事责任。但行政责任要件却更为注重违法行为而不特别强调损害后果，有时只要违法（主要表现为违反规章制度）行为情节恶劣，没有损害后果也要承担行政责任。

## 二、医疗损害行政责任的特征[①]

（一）行政责任产生于违反行政法

违反行政法是承担行政责任的前提，只有行为人违反了行政法所规定的职责或义务，才能令其承担行政责任。具体的医疗行政法规包括中央和地方各级政府及其卫生行政管理部门依法制定的法规、命令、决定等。在医疗单位工作的医务人员均受其管辖，必须严格遵守规定，违反行政法规者就要承担相应的行政责任。

（二）行政责任只适用于特定的人

即只适用于应受行政管辖的国家工作人员和企事业单位职工，并非对每个社会成员都适用。医疗事故行政责任只能由国家批准或承认的医务人员来承担，非医务人员不能承担医疗事故的行政责任。

（三）行政责任只能由法定机关追究

行政责任只能由国家行政机关或国家授权的企事业单位的行政领导机关追究。追究程序按行政管理法规所规定的程序进行。当事人对追究其行政责任不服时，一般向上一级行政机关申诉，也可以向人民法院起诉。

## 三、医疗损害行政责任的法律地位和作用[②]

医疗损害行政责任的法律责任体系，由民事责任、行政责任、刑事责任这三部分构成。这三个组成部分各有其特点和侧重，相互独立而不可替代。其中，行政责任，在法律上是指行政法律关系主体由于违反行政法律规定而应承担的法律后果；具体到医疗领域，是指发生医患纠纷后，有关责任人和责任单位因违反了行政法律规定，而必须承担的行政法律责任，这种责任既不同于以补偿受害人物质和精神损失为主的民事责任，也不同于以惩罚为主的刑事责任，而是着眼于整肃公共秩序，补救公共利益的损失，兼有补偿性和惩罚性，是重点在于预防新的医疗事故发生的法律责任制度，因此，行政责任在医疗事故的法律责任体系中，有其独立的法律地位。

就医疗事故的预防而言，行政责任是最具影响力的法律责任。之所以如此，

---

① 乔世明：《医疗事故的行政处理与刑事责任》，人民军医出版社 2009 年版，第 3 页。

② 乔世明：《医疗事故的行政处理与刑事责任》，人民军医出版社 2009 年版，第 8 页。

是由于在医疗事故所引发的3种法律责任中，刑事责任虽然最为严厉，但它只针对性质极其恶劣、后果特别严重的医疗事故，因此不具有普遍性，绝大部分医疗事故的责任人不会被追究刑事责任；而民事责任虽然应用最为普遍，但由于一般只涉及经济赔偿，对责任人的影响力有限；行政责任则同时具有普遍性和惩罚性的特点，落实行政责任能够处罚对医疗事故发生负有责任的人员和单位，且具有惩戒作用。它的应用面较刑事责任广，惩罚性较民事责任强，其应用会切实给责任人带来不利后果，小至通报批评、声誉受损，大至剥夺责任人的执业权利，无一不给当事责任人带来心理震撼，也给其他人以警戒。落实行政责任，一方面惩戒了直接责任人，使他们对自己的不当行为加以检讨，在今后的工作中加以改进；另一方面也教育了其他潜在的医疗事故责任人，使其尊重法律、遵守法律，从而达到防止医疗事故再次发生的目的。如果确定是有关当事人违反了法律法规和规范，那么该当事人就应当受到相应的行政处罚。从公平角度而言，这也是对守法医务人员的保护。

## 四、医疗损害行政责任的基本原则①

### （一）保护公民的生命安全和身体健康原则

保护公民的生命安全和身体健康是指行政机关在行使行政权力、管理行政事务过程中，必须依法进行，不得与法律相抵触，任何违反行政法的行为都应承担相应的法律责任。保护公民的生命安全和身体健康是我国卫生工作和卫生立法的最终目的。一切卫生工作的实质就是利用和改造环境、预防和治疗疾病、增强人的体质，围绕着人的生命和健康进行，实现其保障公民生命安全和身体健康的基本目的。法律是维护公民生命健康权的有力武器，医疗卫生法律及其法规等更是确认和遵循了这一基本原则。对于危害公民生命和健康的行为，依照相关法律规定，要用法律手段来制裁，追究其民事、行政责任，甚至刑事责任，决不允许侵犯公民健康的违法者逃避法律责任。

### （二）行政效益原则

行政效益原则又称效率原则，即要以最小的经济消耗获取最大的社会效果。卫生行政工作涉及面广，影响力大，保护人们的生命和健康，对国家的整体发展起着举足轻重的作用。如果不注重行政效益的原则，将会产生不利的影响。只有在行政活动中注重行政效能，才能使各项工作不因行政低效而受到阻滞，才能取得较好的经济效益和社会效益，提高国家的管理效能。

### （三）行政明确性原则

行政明确性原则是指行政行为的内容应明白确定，具有可了解性（行政行为

① 乔世明：《医疗事故的行政处理与刑事责任》，人民军医出版社2009年版，第18页。

的方式、内容,必须使公民或国家机关能了解其意义)、可预见性(行政行为的方式、内容的明确性须使公民得以预见行政机关会采取什么措施以及自己行为的后果)和可审查性(行政行为是否达到明确性原则的要求,最后必须有接受司法审查的可能,只有如此,人民权益才能得到保障)。它是基本人权原则和法律安定性原则及法律明确性原则的共同要求,能促进安全、自由、公正和效率等价值的实现,因此广泛适用于行政立法、行政授权、行政处分、行政指导和行政合同等领域。

(四)公共利益优先原则

卫生行政部门的主要职能是通过建立健全法律法规、规章制度等手段维护公民的生命健康权。医疗卫生行业是保护公民生命和身体健康的一线行业,它具有高技术、高风险、高压力的特点。医学领域新成果、新技术、新材料、新产品的相继问世并广泛应用,一方面为提高医疗诊治水平做了贡献,另一方面也给医疗行为增加了风险。医学人才培养比其他行业的人才培养耗费国家更多的人力和财力。为了促进医学发展,保护公民的生命健康,医疗卫生机关的行政活动就必须遵循公共利益优先的原则,从而维护绝大多数人的公共利益。

(五)公平合理原则

公平合理原则是一个基本的社会原则,同时也是一个基本的法律原则。由于行政活动的广泛、细致和多样性,法律法规不可能具体、周全、严密地规范所有的行政行为,这就需要法律赋予行政主体一定的自由裁量权。即行政主体依据法律、法规赋予的职责权限,基于法律、法规及行政的目的和精神,针对具体的行政法律关系,自由选择并作出公正而合理的行政决定。自由裁量不等于在法律框架内的恣意裁量,其行使须符合公平和合理的要求,体现人权、平等、自由等法的精神和理念,符合行政法的目的和精神,正确处理相关因素,遵守法律程序,在自由裁量范围内选择对相对人权益损害最小的方式进行。

## 五、医疗损害行政责任的内容①

(一)医疗行政主体承担的行政责任的内容

依据《医疗事故处理条例》的规定,卫生行政部门应当根据医疗机构发生医疗事故的等级和情节轻重的不同,对其采取以下行政处罚措施。

1. 警告

警告是一种轻微的行政处罚措施,适用于对发生了等级低、情节轻微的医疗

① 乔世明:《医疗事故的行政处理与刑事责任》,人民军医出版社 2009 年版,第 25 页。

事故的医疗机构进行行政处罚。

2.责令限期停业整顿

责令限期停业整顿是卫生行政部门对发生医疗事故的医疗机构采取的较为严厉的强制性行政处罚方式。这种处罚方式主要适用于发生严重医疗事故或情节严重的医疗机构。从实际情况来看,责令限期停业整顿主要适用于规章制度不健全、内部管理混乱的医疗机构。在医疗实践中,一个医疗机构如果规章制度不健全、内部管理混乱,则极有可能发生医疗事故。为了防止此类医疗机构再次发生医疗事故,卫生行政部门有必要责令其限期停业整顿。

3.吊销执业许可证

只有对于拒不进行限期停业整顿,或者经过停业整顿后仍然达不到规定标准的医疗机构,卫生行政部门才可以采取吊销其执业许可证的措施,终止其营业。

(二)医疗行政相对人承担的行政责任的内容

行政相对人承担的行政责任,也属于行政违法责任,是指作为行政相对人的公民、法人或者其他组织因违反行政法律规范而依法应承担的法律后果。对于违反行政法律规范的公民、法人或其他组织,有管辖权的机关依据行政处罚程序对其处以行政处罚,或者实施其他形式的制裁。

1.行政处分或者纪律处分

行政处分是一种内部行政行为,是由行为人的单位依据相关行政法律、法规、规章对其违法行为作出的处分,不具有可诉性。行政处分分为六种:警告、记过、记大过、降级、撤职、开除。

纪律处分的方式主要有公开检查、通报批评等。

2.行政处罚

行政处罚是指国家行政机关对违反行政法律规范的行政相对人所给予的一种惩戒或制裁。行政处罚是一种外部行政行为,是由法律授权的行政机关对行政相对人的违法行为,依据行政法律、法规、规章作出的处罚。行政处罚行为是行政机关的行为,是对违反行政法律规范的行政相对人施加的一种行为,是一种严厉的行政行为。

行政处罚根据科以行政相对人义务的标准可划分为三类。

(1)限制或剥夺权利的行政处罚。它包括限制人身自由的处罚、剥夺财产权的处罚和限制或剥夺行为权的处罚。

(2)科以义务的行政处罚。它包括科以金钱给付义务的处罚和科以作出行为的处罚。

(3)对行政相对人的声誉产生影响的行政处罚。

《行政处罚法》第八条规定，行政处罚分为警告，罚款，没收违法所得、没收非法财物，责令停产停业，暂扣或者吊销许可证、暂扣或者吊销执照，行政拘留，法律、行政法规规定的其他行政处罚。

《执业医师法》第三十六条规定，以不正当手段取得医师执业证书的，由发给证书的卫生行政部门予以吊销。该法第三十七条规定，医师在执业活动中，有违反卫生行政规章制度或者技术操作规范，造成严重后果的；由于不负责任延误急危患者抢救和诊治，造成严重后果的；造成医疗责任事故的等十二种情形之一的，由县级以上人民政府卫生行政部门给予警告或责令暂停六个月以上一年以下执业活动；情节严重的，吊销其医师执业证书。该法第三十九条规定，未经批准擅自开办医疗机构行医或非医师行医的，由县级以上人民政府卫生行政部门予以取缔，没收违法所得及其药品、器械，并处十万元以下罚款；对医师吊销其执业证书。

《献血法》第十八条规定，有非法采集血液的，血站、医疗机构出售无偿献血的血液的，非法组织他人出卖血液的行为之一的，由县级以上地方人民政府卫生行政部门予以取缔，没收违法所得，可以并处十万元以下罚款。该法第十九条、第二十条、第二十一条对采供血中的违法行为规定了警告、罚款、责令改正、限期整顿的行政处罚形式。国务院《医疗机构管理条例》第四十五条至第四十九条对违反该条例有关规定的行为规定了警告、罚款、没收非法所得、吊销《医疗机构执业许可证》的行政处罚形式。在其他关于妇幼保健、计划生育、传染病防治的法律、行政法规、地方性法规、行政规章中也设立了相应的条款，对相应行政管理中的违法行为予以行政处罚。

对发生医疗事故的医务人员的行政处罚有两种方式：一种为责令暂停执业活动，期限为六个月以上一年以下；另一种为吊销执业证书，吊销执业证书是一种严厉的行政处罚方式，适用于对情节严重的医疗事故的发生负有责任的医务人员。行政处理应当由卫生行政部门依照法定程序作出。

应当注意，如果医务人员的行为构成医疗事故罪的，则该医务人员既要承担刑事责任，又要同时承担行政责任。

3.行政赔偿

行政赔偿，是指行政机关及其工作人员违法行使职权侵犯了公民、法人或其他组织的合法权益并造成损害，由赔偿义务机关依法承担损害赔偿的法律制度。行政赔偿产生于行政职权行使过程中，它是由行政机关及其工作人员的行政侵权行为引起的；行政赔偿是在行政侵权行为给相对人的合法权益造成了一定损害的情况下形成的，赔偿应由赔偿义务机关承担。

行政赔偿与行政补偿不同，与民事、刑事赔偿亦不同。行政赔偿的法律责任主体是行政主体，其赔偿经费来源于国家财政，所以说行政赔偿实际上是一种国家赔偿。如某卫生局非法吊销了某医师的执业证书，对其造成的经济和精神损失，就要由国家财政出资予以赔偿。

我国目前行政赔偿责任的方式有金钱赔偿和实物赔偿两种，其中金钱赔偿方式较为多用，广泛适用于物质损害赔偿、人身损害赔偿和精神损害赔偿等；以同等数量、质量的实物进行赔偿适用于实物损害后，既不能返还原物，也无法恢复原状的情况。

## 六、卫生行政机关对于医疗损害的行政处理程序①

医疗行政责任是行政违法行为者向国家承担的责任，它只能由有关国家行政机关依照行政法律规范予以追究。

### （一）立案

《卫生行政处罚程序》第十四条规定："卫生行政机关对下列案件应当及时受理并做好记录：（一）在卫生监督管理中发现的；（二）卫生机构监测报告的；（三）社会举报的；（四）上级卫生行政机关交办、下级卫生行政机关报请的或者有关部门移送的。"

《卫生行政处罚程序》第十五条规定："卫生行政机关受理的案件符合下列条件的，应当在七日内立案：（一）有明确的违法行为人或者危害后果；（二）有来源可靠的事实依据；（三）属于卫生行政处罚的范围；（四）属于本机关管辖。卫生行政机关对决定立案的应当制作报告，由直接领导批准，并确定立案日期和两名以上卫生执法人员为承办人。"一般情况下，卫生行政机关常常通过医疗机构重大医疗过失行为或医疗事故的报告制度来了解发生医疗事故的情况，也可以通过各级医学会定期统计反馈的途径，掌握医疗机构发生医疗事故的具体情况，有时是通过受害患者控告揭发的形式启动行政处理程序。

### （二）调查和取证

调查和取证即卫生行政部门对案件事实调查核实、收集证据的过程。调查终结后，承办人应当写出调查报告，其内容应当包括案由，案情，违法事实，违反法律、法规或规章的具体款项等。

### （三）审查调查结果

调查取证终结后，应当对违法行为的事实、性质、情节以及社会危害程度进行合议，分别提出处理意见：对发生医疗事故且确有应当受行政处理的违法行为，依法提出卫生行政处理的意见；对发生医疗事故但违法行为轻微的，依法提

① 乔世明：《医疗事故的行政处理与刑事责任》，人民军医出版社2009年版，第58页。

出不予卫生行政处理的意见;对发生医疗事故而且违法行为构成犯罪需要追究刑事责任的,应当移送司法机关;对情节复杂或有重大违法行为的给予较重的行政处理时,行政机关的负责人应当集体讨论。

(四)告知

卫生行政部门在作出行政行为时,应将有关事项及时告知当事医疗机构及医务人员。告知的内容包括:行政处理认定的事实、理由和依据,当事人依法享有的权利,听证的时间和地点等。当事人对于行政处理享有陈述权、申辩权、要求告知权、要求听证权、复议申请权、诉讼请求权、提出赔偿权等一系列合法对抗权利。

(五)听证

听证制度是指行政机关在作出影响相对人权利义务的决定之前,应当听取当事人陈述、申辩和质证,然后根据经双方质证、核实的材料作出行政决定的一种程序制度。听证范围广泛,可以使当事人了解决定所依据的事实和理由,实现为自己辩护的权利,促进行政活动的公正性。

听证遵循公正、公开的原则。听证实行告知、回避制度。卫生行政机关必须充分听取当事人的陈述和申辩,当事人提出的事实、理由或者证据成立的,应当采纳。卫生行政机关不得因当事人申辩而加重处罚。举行听证时,案件调查人提出当事人违法事实、证据和适用听证程序的行政处罚建议后,当事人可以进行陈述、申辩和质证。案件调查人员对认定的事实负有举证责任,当事人对自己提出的主张负有举证责任。听证结束后,听证主持人应当依据听证情况,提出书面意见。

(六)确认和评估

卫生行政机关应当根据听证情况进行复核。违法事实清楚的,依法作出行政处罚决定;违法事实与原来认定有出入的,可以进行调查核实,在查清事实后,作出行政处罚决定。

听证程序后,卫生行政部门将所有关于认定医疗事故责任的材料及当事医疗机构或医务人员的听证辩护材料统一交由专门的、独立的评估组讨论和认定。评估组的功能主要是对经医疗事故鉴定定为医疗事故的案件或其他重大过失案件就医疗机构及医务人员的责任性质、社会危害做综合评定,根据评定结果决定行政处理方案。此评定结果与民事责任的认定相分离,仅仅适用于行政处理。经过评估组讨论后,交由卫生行政部门照此处罚。另外,卫生行政机关的承办人不能参与听证程序和评估程序;听证主持人参与听证程序和评估程序,待评估结束后,将案件交回承办人。

此程序可以最大限度地保证医疗机构和医务人员的辩护权利得到公正的

实现，避免个人干预情况的发生，也较易让医疗机构及医务人员心甘情愿地接受处罚，使得每一例行政处理都收到良好的社会效果，提高卫生行政机关管理的效能。

（七）行政处理决定书的制定和送达

对于决定给予行政处理的，卫生行政机关应当制定符合法律规定形式的行政处理决定书。行政处理决定书必须加盖作出行政处理决定的行政机关的印章。卫生行政处理决定书应当在宣告后当场交付当事人，并取得送达回执。送达时由被处罚的单位或个人签收，并在送达回执上记明收到日期、签名或盖章。

## 七、医疗损害的医疗卫生行政监督①

医疗损害的医疗卫生行政监督是指国家卫生行政机关依照法律授权，按照法定程序对发生的医疗事故进行监督和处理，对相关医疗机构主体和相关责任人适用法律进行规范，以保障医疗损害事件的正确解决，进而采取有效措施避免医疗事故发生的具体行政事务活动。

（一）医疗损害行政监督的特点

1.主体的特定性

医疗损害行政监督的主体主要是国家各级卫生行政机关，只有卫生行政机关才是真正意义上的卫生行政主体，才具有政府职能部门的资格。在特定条件下，法律法规可将医疗事故的监督权授予某一组织，这种组织被称为法律、法规授权组织，一般应视同于行政主体。卫生行政机关要把监督权委托给其他组织行使，必须有法律、法规或规章明确规定，并承担法律责任。

2.职权的法定性

医疗损害行政监督主体所执行的法律规范，只能是法律规定应当由卫生行政监督主体执行的法律、法规、规章。执法主体只能在法定职权内履行卫生行政监督职责，不得越权。

3.行为的主动性

医疗损害行政监督是一种直接影响相对人权利和义务的主动行为，不以相对人的意愿为转移。医疗损害行政监督行为，在法的制定和实施之间筑起桥梁。

4.国家强制性

医疗损害行政监督是国家卫生管理行政权运转的一种特殊方式，是由卫生行政主体单方面决定的国家管理活动，是国家意志的体现，具有国家强制性。

（二）医疗损害行政监督的主要内容

医疗损害行政监督的主要内容包括如下几个方面：

---

① 乔世明：《医疗事故的行政处理与刑事责任》，人民军医出版社2009年版，第64页。

(1)对重大医疗过失行为进行调查。

(2)对医疗机构报告的医疗事故进行审核并逐级报告。

(3)受理当事人医疗事故争议处理申请。

(4)需进行医疗事故技术鉴定的移交医学会组织鉴定。

(5)对医疗事故鉴定结论进行审核。

(6)应双方当事人请求进行医疗事故赔偿调解。

(7)对发生医疗事故的医疗机构和医务人员作出行政处理。

(8)在医疗事故的其他方面进行行政监督。

(三)医疗损害行政监督对象的具体违法情形

《医疗事故处理条例》列举了医疗损害行政监督对象(医疗机构)违反有关预防和处置医疗事故法定义务的十种违法行为:

(1)未如实告知患者病情、医疗措施和医疗风险的;

(2)没有正当理由,拒绝为患者提供复印或者复制病历资料服务的;

(3)未按照国务院卫生行政部门规定的要求书写和妥善保管病历资料的;

(4)未在规定时间内补记抢救病历内容的;

(5)未按照规定封存、保管和启封病历资料和实物的;

(6)未设置医疗服务质量监控部门或者配备专(兼)职人员的;

(7)未制定有关医疗事故防范和处理预案的;

(8)未在规定时间内向卫生行政部门报告重大医疗过失行为的;

(9)未按照本条例的规定向卫生行政部门报告医疗事故的;

(10)未按照规定进行尸检和保存、处理尸体的。

(四)医疗损害行政监督的责任

医疗损害行政监督责任,是指卫生行政监督机关、卫生行政监督人员在医疗损害行政监督工作中,主管或应予配合监督以实施卫生法律、法规和规章的过程中,所必须承担的各项责任。包括卫生行政机关、卫生监督机构、卫生行政监督人员为保证医疗损害行政监督而必须履行的职责,必须做的具体工作和违反职责,违反法律、法规所应承担的后果。行政监督的责任,是落实行政责任制的核心,也是实行卫生行政监督责任制的基本要求。

《医疗事故处理条例》第五十三条规定:“卫生行政部门的工作人员在处理医疗事故过程中违反本条例的规定,利用职务上的便利收受他人财物或者其他利益,滥用职权,玩忽职守,或者发现违法行为不予查处,造成严重后果的,依照刑法关于受贿罪、滥用职权罪、玩忽职守罪或者其他有关罪的规定,依法追究刑事责任;尚不够刑事处罚的,依法给予降级或者撤职的行政处分。”

### 八、医疗损害行政责任的法律救济

当事的医方或患方对其中某一方面的处理不服时，一般可以向上一级行政机关申诉，也可以向人民法院起诉，或者选择其他的法律救济途径。

## 第五节 医疗损害刑事责任

根据相关规定，追究负有责任的医务人员刑事责任，应向当地检察机关提出申请，医调委不予受理。有关医疗损害刑事责任，仅作为调解工作的一般了解。

### 一、医疗事故罪

医疗事故罪是指医务人员在医务工作中由于严重不负责任，造成就诊人死亡或者严重危害就诊人身体健康的行为。①

《医疗事故处理条例》第五十五条规定："医疗机构发生医疗事故的，由卫生行政部门根据医疗事故等级和情节，给予警告；情节严重的，责令限期停业整顿直至由原发证部门吊销执业许可证，对负有责任的医务人员依照刑法关于医疗事故罪的规定，依法追究刑事责任；尚不够刑事处罚的，依法给予行政处分或者纪律处分。"

《执业医师法》第三十七条规定："医师在执业活动中，违反本法规定，有下列行为之一的，由县级以上人民政府卫生行政部门给予警告或者责令暂停六个月以上一年以下执业活动；情节严重的，吊销其执业证书；构成犯罪的，依法追究刑事责任。……（十二）发生医疗事故或者发现传染病疫情，患有涉嫌伤害事件或者非正常死亡，不按照规定报告的。"

《刑法》第三百三十五条规定："医务人员由于严重不负责任，造成就诊人死亡或者严重损害就诊人身体健康的，处三年以下有期徒刑或者拘役。"本条款对医疗事故犯罪的罪名、罪状、量刑等作了明确规定，成为目前惩处此种犯罪最权威的法律依据。

医疗事故罪的主体是具有执业资格的医务人员，不具有技术职称资格和虽具有技术职称资格但未经执业资格注册的医务人员不能成为该罪的主体。

医疗事故罪在犯罪客观方面的表现为，犯罪行为必须是由于严重不负责任，造成就诊人死亡或产生严重损害就诊人身体健康的结果的行为。在司法实践中，只有当一般医务人员对医疗事故的发生负完全责任或主要责任时，才能构成

---

① 乔世明：《医疗事故的行政处理与刑事责任》，人民军医出版社2009年版，第160页。

医疗事故罪；如果其只是负次要责任，一般不追究医务人员的刑事责任。

医疗事故罪在犯罪主观方面的表现是过失，即行为人并不希望危害结果的发生，只是因为疏忽大意或过于自信的过失，才导致危害结果的发生，危害结果的发生并不是行为人的本意。如果是故意，则是故意杀人罪或故意伤害罪。①

追究医疗事故行为人刑事责任的案件一般由人民检察院公诉，不属于自诉案件，也就是说人民法院不能依受害人的自诉而直接受理案件。追究医疗事故行为人刑事责任的途径有两个：一是卫生行政部门在处理医疗事故过程中，认为行为人符合《医疗事故处理条例》的相关规定，可能构成犯罪，因此与所在区域的基层（县、区级）人民检察院联系、移送有关案件材料，供人民检察院审查；二是医疗事故受害人及其家属、社会团体等，认为医疗事故已构成犯罪，直接向有管辖权的人民检察院举报。人民检察院认为已构成犯罪的，无论卫生行政部门和受害方是否已经处理，也不管卫生行政部门和受害方是否同意，都可以直接受理此案，传讯犯罪嫌疑人。此类案件一般由人民检察院自行侦查，直接起诉，不通过公安机关侦查再移送检察院起诉。②

## 二、非法行医罪

非法行医罪是指未取得医生执业资格的人非法行医，情节严重的行为。③

非法行医罪是1997年《刑法》设立的新罪名。未取得医生执业资格的人非法行医，情节严重的，处3年以下有期徒刑、拘役或者管制，并处或者单处罚金；严重损害就诊人身体健康的，处3年以上10年以下有期徒刑，并处罚金；造成就诊人死亡的，处10年以上有期徒刑，并处罚金。行医是关系到人民生命健康的特殊职业，国家有关法律法规对该行业作了严格的规定，对行医者的资格也进行了严格的限制，要求行医者除了要有良好的思想品格外，还要有一定的技术资格，以保证人民的生命健康安全。对违反法律规定、非法行医的行为，国家有关法律明确规定了较为严厉的惩罚。

### （一）非法行医的认定

《最高人民法院关于审理非法行医刑事案件具体应用法律若干问题的解释》第一条规定："具有下列情形之一的，应认定为刑法第三百三十六条第一款规定的'未取得医生执业资格的人非法行医'：（一）未取得或者以非法手段取得医师资格从事医疗活动的；（二）个人未取得《医疗机构执业许可证》开办医疗机构的；（三）被依法吊销医师执业证书期间从事医疗活动的；（四）未取得乡村医生执业

① 王岳：《医事法》，人民卫生出版社2009年版，第165页。

② 乔世明：《医疗事故的行政处理与刑事责任》，人民军医出版社2009年版，第182页。

③ 乔世明：《医疗事故的行政处理与刑事责任》，人民军医出版社2009年版，第201页。

证书，从事乡村医疗活动的；（五）家庭接生员实施家庭接生以外的医疗行为的。”

（二）情节严重及严重损害就诊人身体健康的认定

《最高人民法院关于审理非法行医刑事案件具体应用法律若干问题的解释》第二条规定：“具有下列情形之一的，应认定为刑法第三百三十六条第一款规定的‘情节严重’：（一）造成就诊人轻度残疾、器官组织损伤导致一般功能障碍的；（二）造成甲类传染病传播、流行或者有传播、流行危险的；（三）使用假药、劣药或不符合国家规定标准的卫生材料、医疗器械，足以严重危害人体健康的；（四）非法行医被卫生行政部门行政处罚两次以后，再次非法行医的；（五）其他情节严重的情形。”

《最高人民法院关于审理非法行医刑事案件具体应用法律若干问题的解释》第三条规定：“具有下列情形之一的，应认定为刑法第三百三十六条第一款规定的‘严重损害就诊人身体健康’：（一）造成就诊人中度以上残疾、器官组织损伤导致严重功能障碍的；（二）造成三名以上就诊人轻度残疾、器官组织损伤导致一般功能障碍的。”

《最高人民法院关于审理非法行医刑事案件具体应用法律若干问题的解释》第五条规定，本解释所称“轻度残疾、器官组织损伤导致一般功能障碍”“中度以上残疾、器官组织损伤导致严重功能障碍”，参照卫生部《医疗事故分级标准（试行）》认定。

（三）数罪并罚

《最高人民法院关于审理非法行医刑事案件具体应用法律若干问题的解释》第四条规定，实施非法行医犯罪，同时构成生产、销售假药罪，生产、销售劣药罪，诈骗罪等其他犯罪的，依照刑法处罚较重的规定定罪处罚。

（四）共同犯罪

共同犯罪是指二人以上共同故意犯罪，这是我国《刑法》第二十五条第一款对共同犯罪所下的定义。根据这一定义，构成共同犯罪必须具备以下要件：一是犯罪主体必须是两人以上，二是客观方面必须具有共同的犯罪行为，三是主观方面必须具有共同的犯罪故意。根据以上分析，可以看到，共同犯罪只存在于直接故意和间接故意两类罪过形式中，在过失犯罪中不存在共同犯罪的情况。在非法行医罪中，构成共同犯罪的情况有：

（1）明知受雇者不具备执业资格，仍然雇佣的，构成共同犯罪。

（2）数人合伙非法开办诊所，其中一人诊治行为单独导致严重后果，对其他合伙人应按共同犯罪处理。因为该数人合伙开办诊所，具有共同的犯罪故意，尽管其他合伙人的行为并没有直接造成严重后果，但非法诊所的存在为非法行医的发生创造了条件，对犯罪结果的发生具有不可推卸的责任。当然，对于该数人处罚应分清责任，即对于其中的负责人和直接行为人以主犯论处，而对于其他人一般以从犯论处。

(3)出借(出租)、转让、出卖《医疗机构执业许可证》，他人利用该许可证进行非法行医，造成严重后果，对于出借(出租)、转让、出卖人应按非法行医罪的共犯论处。

(4)对于为非法行医者出资、免费提供场所的亲戚和朋友，应分别对待，不能一概而论。一般情况下，亲戚、朋友仅仅是一般意义上的帮助，不具有从中牟利或其他非法目的，主观上不具有共同的犯罪故意，因此不宜按非法行医罪的共犯论处。但对于明知非法行医者没有"两证"，仍为其提供便利，造成严重后果的，则应按非法行医罪从犯论处。

(5)对在非法医疗机构中工作的护士、勤杂人员，如会计、保安，若知道该机构没有《医疗机构执业许可证》，则说明上述人员至少已经知道该机构处在非法状态中，且其行为在客观上对严重后果的造成具有促成作用，自然应按非法行医罪的从犯论处。当然，对于加入时间较短、对严重后果的造成所起的作用较小者，则只宜按一般违法行为处理，而不必追究刑事责任。

## 三、受贿罪

《刑法》第三百八十五条规定："国家工作人员利用职务上的便利，索取他人财物的，或者非法收受他人财物，为他人谋取利益的，是受贿罪。国家工作人员在经济往来中，违反国家规定，收受各种名义的回扣、手续费，归个人所有的，以受贿论处。"

执业医师利用职务之便，索取、非法收受患者财物或者牟取其他不正当利益的行为，情节严重、构成犯罪的，以受贿罪论。

医务人员收取药品回扣、购置医疗器械回扣、赞助费、新药推荐费等亦构成犯罪，《执业医师法》第三十七条明确规定了执业医师受贿行为的法律责任。2007 年 6 月 29 日第十届全国人大常委会第十九次会议开始对《中华人民共和国刑法修正案(六)》(以下简称《刑法修正案(六)》)草案首次提请审议。草案中关于扩大商业贿赂犯罪主体的内容尤为引人关注。《刑法修正案(六)》草案正式通过，明确规定医生收受药品回扣行为属于商业贿赂罪的范畴。

## 四、涉及人体器官的犯罪

### (一)人体器官界定

"人体器官"应作广义理解。2007 年 3 月 21 日国务院第一百七十一次常务会议通过，自 2007 年 5 月 1 日起施行的《人体器官移植条例》第二条规定了人体器官移植的含义，其中涉及人体器官的界定，“本条例所称人体器官移植，是指摘取人体器官捐献人具有特定功能的心脏、肺脏、肝脏、肾脏或者胰腺等器官的全部或者部分，将其植入接受人身体以代替其病损器官的过程”。随着人体器官移植技术的不断发展，可供移植的人体器官类型必将越来越多。

（二）组织出卖人体器官罪

鉴于涉及人体器官的犯罪形式呈现多样化、复杂化的趋势，已严重威胁到人民群众的生命健康安全，2011 年 2 月 25 日第十一届全国人大常委会第十九次会议表决通过的《中华人民共和国刑法修正案（八）》（以下简称《刑法修正案（八）》）第三十七条规定了组织贩卖人体器官罪。

《刑法修正案（八）》第三十七条第一款规定，在刑法第二百三十四条后增加一条，作为第二百三十四条之一：“组织他人出卖人体器官的，处五年以下有期徒刑，并处罚金；情节严重的，处五年以上有期徒刑，并处罚金或者没收财产。”

依法打击出卖人体器官行为的组织者，从交易（主要是出卖）环节禁止人体器官的非法买卖，能够切断非法买卖人体器官犯罪的利益链条，进而最大限度地减少直至杜绝人体器官的非法买卖。

（三）故意伤害罪

《刑法修正案（八）》第三十七条第二款规定：“未经本人同意摘取其器官，或者摘取不满十八周岁的人的器官，或者强迫、欺骗他人捐献器官的，依照本法第二百三十四条、第二百三十二条的规定定罪处罚。”即对非法摘取、骗取他人器官的行为，以故意伤害罪、故意杀人罪进行定罪处罚。

未经本人同意摘取其器官，或者摘取不满十八周岁的人的器官，或者强迫、欺骗他人捐献器官等行为，严重侵害了被害人的人身权利。在司法实践中，已经出现了强行摘取被害人人体器官的案例。尤其是一些无家可归的街头流浪者，很容易成为此类犯罪行为的潜在目标。此外需要强调的是，不满十八周岁的人并无独立的意思表示能力，摘取此类人员的器官无疑是对未成年人合法权益的严重侵害。

对于此类违背当事人真实意愿非法摘取活体器官的行为，尤其是摘取不满十八周岁的人的器官的行为，依照故意伤害罪定罪处罚，加大对此类行为的惩处力度，非常有助于加强对未成年人的法律保护，同时能够从源头上禁止活体器官的非法买卖。

（四）盗窃、侮辱尸体罪

《刑法修正案（八）》第三十七条第三款规定：“违背本人生前意愿摘取其尸体器官，或者本人生前未表示同意，违反国家规定，违背其近亲属意愿摘取其尸体器官的，依照本法第三百零二条的规定定罪处罚。”即对非法摘取尸体器官的行为,依照盗窃、侮辱尸体罪进行定罪处罚。

随着人体器官移植的法律规范日益完善,非法摘取人体活体器官面临着诸多的现实困难,一些不法分子开始将目光投向尸体器官。违背本人生前意愿摘取其尸体器官,或者本人生前未表示同意,违反法律规定,违背其近亲属意愿摘取其尸体器官的行为,侵害了社会善良风俗,破坏了社会风尚,侵犯了死者及其家属的名誉权,并且给死者家属带来巨大的心理伤害。但在司法实践中,此类犯罪行为尚未引起社会的广泛关注。对于此类非法摘取尸体器官的行为依照盗窃、侮辱尸体罪定罪处罚,有助于从源头上禁止尸体器官的非法买卖,切实维护死者的尊严和社会风尚。

## 五、与医务人员有关的其他犯罪

### (一)与医疗有关的故意伤害罪和杀人罪

与医疗有关的故意伤害罪和故意杀人罪是指医务人员借行医之便,用投毒或其他手段造成他人人身伤害或死亡,这是一种严重侵犯公民权利的犯罪。

不作为的故意杀人,是指医务人员违背义务,对本该实施的行为消极地不予实施,从而导致他人死亡。

### (二)非法提供麻醉药品、精神药品罪

麻醉药品是指连续使用后易产生生理依赖性、能成瘾癖的药品,如吗啡、可卡因、哌替啶(杜冷丁)等,这些药品均属于管制药品。精神药品是指直接作用于中枢神经系统,使之兴奋或抑制,连续使用能产生依赖性的药品,如咖啡因、布桂嗪(强痛定)、苯巴比妥等。违反国家规定,向走私、贩卖毒品的犯罪分子,或者以牟利为目的,向吸食、注射毒品的人非法提供这些药品的医务人员即构成犯罪。

### (三)生产、销售假药、劣药罪

药品是关系人民生命健康的特殊商品,保证药品质量,对保障人民群众用药安全,有效地维护人民群众的生命健康,保持社会稳定,具有重大意义。1997 年修订后的《刑法》在国务院有关法规的基础上,增设了制造、销售假劣药品的相关罪名,分别规定在一百四十一条(生产、销售假药罪)和第一百四十二条(生产、销售劣药罪)中。其中,假药是指依照《中华人民共和国药品管理法》的规定属于假药和按假药处理的药品、非药品,即:(1)药品所含成分与国家药品标准规定的成分不符的;(2)以非药品冒充药品或者以他种药品冒充此种药品的。此外,有下列情形之一的药品,按假药论处:(1)国务院药品监督管理部门规定禁止使用的;(2)依照本法必须批准而未经批准生产、进口,或者依照本法必须检验而未经检验即销售的;(3)变质的;(4)被污染的;(5)使用依照本法必须取得批准文号而未取得批准文号的原料药生产的;(6)所标明的适应证或者功能主治超出规定范围

的。劣药是指依照《中华人民共和国药品管理法》的规定属于劣药的药品，即药品成分的含量不符合国家药品标准的。此外，有下列情形之一的药品，按劣药论处：(1)未标明有效期或者更改有效期的；(2)不注明或者更改生产批号的；(3)超过有效期的；(4)直接接触药品的包装材料和容器未经批准的；(5)擅自添加着色剂、防腐剂、香料、矫味剂及辅料的；(6)其他不符合药品标准规定的。

本罪侵犯的客体是复杂客体，它既侵犯了公民的生命健康权利，又侵犯了国家药品管理制度。本罪的客观方面表现为行为人实施了制售假劣药品，足以严重危害人身体健康的行为。本罪在犯罪形态上属于危险犯，即不以实际造成危害人身体健康的结果为既遂条件，只要其行为足以危害人体健康，不论这种危害是否已经发生，都构成犯罪。就是说，只要有制造或销售假劣药品的行为，即足以构成犯罪，无须待患者服用后实际造成对身体健康的危害，实际危害只是量刑时才需要考虑的情节。

医务人员犯此罪的，主要发生在购销环节，某些药品采购人员或药剂科工作人员在金钱的诱惑下，不惜以损害患者的生命健康权益为代价，拿假药充真药，拿劣质药冒充优质药，购进和售出了一些质量上不合格的药物。还有些医生为了捞取回扣，给患者开出那些通过不正当途径流进医院的假劣药品，不但给患者带来不必要的经济损失，而且严重地损害了患者的健康，因此，上述行为即可相应构成销售假药罪、销售劣药罪。①

根据《中华人民共和国刑法》，医师在执业过程中还可能涉及如下几种刑事犯罪：传染病菌种、毒种扩散罪，非法组织卖血罪，强迫卖血罪，非法采集、供应血液和制作、供应血液制品罪，采集、供应血液和制作、供应血液制品事故罪，生产、销售不符合标准的医用器材罪，重大环境污染事故罪，妨害国境卫生检疫罪，妨害传染病防治罪，等等。

(四)强奸罪

强奸罪是指违背妇女意志，以暴力、胁迫或其他手段强行与妇女性交的行为。

但并非只有暴力、胁迫下的强行性交才是强奸。判断性交行为是否属于强奸，实质性的因素是看妇女是否“不敢、不能、不知”反抗，而不能只看是否有暴力、胁迫行为。实践中，医师利用职业便利强奸妇女，通常采用暴力、胁迫之外的其他方法。

(五)伪证罪

在医疗活动过程中，医务人员出具虚假诊断证明或者虚构伤情，致他人经济损失或被判处刑罚而承担刑事责任的，一经查实，则构成伪证罪。

① 乔世明：《医疗事故的行政处理与刑事责任》，人民军医出版社2009年版，第226页。

## 六、涉医违法犯罪

一段时期以来，一些地方相继发生患者及其家属因不能理性对待诊治结果而暴力杀医、伤医、打砸医院、聚众滋事等违法犯罪行为，严重扰乱了正常医疗秩序。袭医事件频发，跟违法成本太低有关，即惩罚不够重，导致医疗行业成了高危行业。袭扰医务工作者性质严重，是以危险行为威胁公众安全，不能和其他场所同类案件、同样伤情采取同等执法，因为它危害了公共安全。

最高人民法院会同最高人民检察院、公安部、司法部、国家卫生和计划生育委员会于 2014 年 4 月 24 日发布联合制定的《关于依法惩处涉医违法犯罪维护正常医疗秩序的意见》，严肃追究、坚决依法打击涉医违法犯罪行为。《关于依法惩处涉医违法犯罪维护正常医疗秩序的意见》规定，公安机关要加大对暴力伤医、杀医、扰乱医疗秩序等违法犯罪活动的查处力度，接到报警后应当及时出警、快速处置，需要追究刑事责任的，及时立案侦查，全面、客观地收集、调取证据，确保侦查取证质量。人民检察院应当及时依法批捕、起诉，对于重大涉医犯罪案件，必要时可以派员适时介入侦查活动，对收集证据、适用法律提出意见。人民法院应当加快审理进度，在全面查明案件事实的基础上依法准确定罪量刑，对于犯罪手段残忍、主观恶性深、人身伤害危险性大的被告人或者社会影响恶劣的涉医犯罪行为，要依法从严惩处。

依法惩处在医疗机构及其公共开放区域采取违规停放尸体、私设灵堂、摆放花圈、焚烧纸钱、悬挂横幅、堵塞大门等方式扰乱医疗秩序或者其他公共秩序的行为。《关于依法惩处涉医违法犯罪维护正常医疗秩序的意见》规定，上述行为尚未造成严重损失，经劝说、警告无效的，要依法驱散，对拒不服从的人员要依法带离现场；对首要分子和其他积极参加者给予行政拘留、罚款等治安处罚；构成犯罪的，依法追究刑事责任。

依法惩处非法限制医务人员人身自由的行为。《关于依法惩处涉医违法犯罪维护正常医疗秩序的意见》规定，以不准离开工作场所等方式非法限制医务人员人身自由的，依照治安管理处罚法的有关规定处罚；构成犯罪的，依法追究刑事责任。

依法惩处公然侮辱、恐吓医务人员的行为。《关于依法惩处涉医违法犯罪维护正常医疗秩序的意见》规定，公然侮辱、恐吓医务人员的，依照治安管理处罚法的规定处罚；采取暴力或者其他方法公然侮辱、恐吓医务人员情节严重（恶劣），构成犯罪的，依法追究刑事责任。

依法惩处非法携带枪支、弹药、管制器具或者爆炸性、放射性、毒害性、腐蚀性物品进入医疗机构的行为。《关于依法惩处涉医违法犯罪维护正常医疗秩序的意见》规定，有上述情形的，依照治安管理处罚法的规定处罚；危及公共安全情节严重，构成犯罪的，依法追究刑事责任。

依法惩处故意扩大事态、教唆他人实施涉医违法犯罪行为，或者以受他人委托处理医疗纠纷为名实施敲诈勒索、寻衅滋事等行为。《关于依法惩处涉医违法犯罪维护正常医疗秩序的意见》规定，有上述行为的，要依法从严惩处。

诈骗罪也是一种犯罪形式，诈骗罪是指以非法占有为目的，用虚构事实或者隐瞒真相的方法，骗取数额较大的公私财物的行为。如医患合伙诈取医保费和诈骗保险费，有关的医务人员、鉴定人、证明人、财产评估人故意提供虚假的证明文件，为他人诈骗提供条件的，以诈骗共犯论处。

《关于依法惩处涉医违法犯罪维护正常医疗秩序的意见》明确规定，处理医疗纠纷有三道程序：医疗机构应当设立专门的投诉管理部门；对于医患双方自行协商解决不成的医疗纠纷，引入第三方调解机制；在第三方调解无效等情况下起诉至人民法院的医疗损害赔偿案件，法院应当及时立案受理，对调解不成的案件，及时依法判决，切实维护医患双方的合法利益。

## 第六节 医疗损害法律责任竞合

### 一、医疗损害法律责任竞合有关法律规定

《民法通则》第一百一十条规定："对承担民事责任的公民、法人需要追究行政责任的，应当追究行政责任；构成犯罪的，对公民、法人的法定代表人应当依法追究刑事责任。"

《物权法》第三十八条第二款规定："侵害物权，除承担民事责任外，违反行政管理规定的，依法承担行政责任；构成犯罪的，依法追究刑事责任。"

《刑法》第三十六条第二款规定："承担民事赔偿责任的犯罪分子，同时被判处罚金，其财产不足以全部支付的，或者被判处没收财产的，应当先承担对被害人的民事赔偿责任。"

《刑法》第三百三十六条第二款规定："未取得医生执业资格的人擅自为他人进行节育复通手术、假节育手术、终止妊娠手术或者摘取宫内节育器，情节严重的，处三年以下有期徒刑、拘役或者管制，并处或者单处罚金；严重损害就诊人身体健康的，处三年以上十年以下有期徒刑，并处罚金；造成就诊人死亡的，处十年以上有期徒刑，并处罚金。"

《侵权责任法》第四条规定："侵权人因同一行为应当承担行政责任或者刑事责任的，不影响依法承担侵权责任。因同一行为应当承担侵权责任和行政责任、

刑事责任，侵权人的财产不足以支付的，先承担侵权责任。”

《执业医师法》第三十七条规定：“医师在执业活动中，违反本法规定，有下列行为之一的，由县级以上人民政府卫生行政部门给予警告或者责令暂停六个月以上一年以下执业活动；情节严重的，吊销其执业证书；构成犯罪的，依法追究刑事责任。……（十二）发生医疗事故或者发现传染病疫情，患者涉嫌伤害事件或者非正常死亡，不按规定报告的。”

《执业医师法》第三十九条规定：“未经批准擅自开办医疗机构行医或者非医师行医的，由县级以上人民政府卫生行政部门予以取缔，没收其违法所得及其药品、器械，并处十万元以下的罚款；对医师吊销其执业证书；给患者造成损害的，依法承担赔偿责任；构成犯罪的，依法追究刑事责任。”

《医疗事故处理条例》第五十五条第一款规定：“医疗机构发生医疗事故的，由卫生行政部门根据医疗事故等级和情节，给予警告；情节严重的，责令限期停业整顿直至由原发证部门吊销执业许可证，对负有责任的医务人员依照刑法关于医疗事故罪的规定，依法追究刑事责任；尚不够刑事处罚的，依法给予行政处分或者纪律处分。”

《医疗事故处理条例》第六十一条规定：“非法行医，造成患者人身损害，不属于医疗事故，触犯刑律的，依法追究刑事责任；有关赔偿，由受害人直接向人民法院提起诉讼。”

### 二、民事责任和行政责任、刑事责任的竞合及解决机制①

根据法律责任的类型，法律责任可以分为民事责任、行政责任和刑事责任。民事责任是指公民或法人因违反民事法律、违约或者因法律规定的其他事由而依法承担的不利后果，包括侵权责任、违约责任等。行政责任是指因违反行政法律或行政法规而应当承担的法定的不利后果。刑事责任是指因违反刑事法律而应当承担的法定的不利后果。

法律责任竞合，是指行为人的同一行为符合两个或两个以上不同性质的法律责任之构成要件，依法应当承担多种不同性质的法律责任的制度。民事责任、行政责任和刑事责任虽然是三种性质不同的法律责任，却可能因为同一法律行为而同时产生。一个行为既违反了民法又违反了行政法或者刑法，由此同时产生民事责任、行政责任或者刑事责任，即发生责任竞合。从法理上说，责任竞合的原因是法条竞合。民事与行政、刑事的法条竞合存在于我国现行法中，从而可能导致民事与行政、刑事责任竞合的情形。

---

① 全国人大常委会法制工作委员会民法室：《中华人民共和国侵权责任法条文说明、立法理由及相关规定》，北京大学出版社 2010 年版，第 14 页。

民事责任、行政责任和刑事责任作为三种不同性质的法律责任，各自有其不同的发生根据和特定的适用范围。一般情况下，三者各自独立存在，并行不悖。侵权责任是民事责任的一种，侵权人因同一行为应当承担行政责任或者刑事责任的，不影响其依法承担侵权责任。

## 三、在财产赔偿和处罚上侵权责任优先①

一般情况下，民事责任、行政责任和刑事责任独立存在，并行不悖，但是在特定的情况下，如一责任主体的财产不足以同时承担民事赔偿责任和承担罚款、罚金及没收财产等行政或刑事责任时，三种责任就发生了冲突，难以同时适用，这必然会产生哪一种责任优先适用的问题。民事责任优先原则就是解决这类责任竞合时的法律原则，即一责任主体的财产不足以同时满足民事责任、行政责任或者刑事责任时，优先承担民事责任。如一企业生产伪劣产品，造成消费者人身、财产损害，并构成生产伪劣产品罪，其需同时承担对消费者的侵权责任以及生产伪劣产品罪的刑事责任，如果在刑事责任中被判处罚金，且其财产不足以同时支付对受害人的赔偿以及罚金时，对受害人的侵权责任应优先于罚金承担。

当然，民事责任优先原则的适用也是有条件的。第一，责任主体所承担的民事责任须合法有效，其发生的依据或基于法律的规定或基于约定。第二，对于同时产生的民事责任、行政责任或刑事责任，如果责任主体的财产都能负担，则两种责任并行不悖，责任人同时承担两种责任。只有在责任主体的财产不足以同时负担时，才会出现民事责任优先的问题。

## 四、侵权责任优先的理由②

民事责任优先原则的确立有以下几个原因：

(1)民事责任优先是实现法的价值的需要。

民商法、行政法、刑法虽是三个不同的法律部门，各自有调整范围，但保护公民、法人的合法权益却是它们共同的目标和任务。在同一责任主体的财产不足以同时承担民事责任和缴纳罚款、罚金及没收财产等行政、刑事责任时，如果不执行对受害人的赔偿，受害人的合法权益就难以得到有效的保护。国家和个人承受财产损失的能力差别很大，在不足以同时承担两种以上责任时，不执行缴纳罚款、罚金及没收财产等行政、刑事责任，因为这不会使国家发生经济上的困难，

---

① 全国人大常委会法制工作委员会民法室：《中华人民共和国侵权责任法条文说明、立法理由及相关规定》，北京大学出版社 2010 年版，第 14 页。

② 全国人大常委会法制工作委员会民法室：《中华人民共和国侵权责任法条文说明、立法理由及相关规定》，北京大学出版社 2010 年版，第 15 页。

但如果不履行民事责任却可能使个人陷入极大的困难乃至绝境。民事责任优先原则，体现了三个法律在保护公民、法人合法权益方面的一致性。在这些责任无法兼顾时，民事责任优先可以取得良好的社会效益，也更能体现法律的人道和正义。人道和正义是法的社会功能的体现，也是法所追求的主要价值所在。

(2)民事责任优先是维护市场经济秩序和交易安全的需要。

民事主体在民事活动中依法取得的权利，应具有法律的保障性。如果一方当事人对另一方当事人依法享有债权，但却因其承担财产性的行政、刑事责任后丧失清偿债务的能力而无法实现该权利，则必然造成当事人在以后的民事活动中投入一定注意核对该当事人是否存在违法或犯罪行为以免影响自己权利的实现。这样必然影响当事人之间进行交易的信心和速度，也不符合市场经济秩序和交易安全应具有法律保障性的要求。实行民事责任优先，则可以有效地克服这种弊端。

(3)缴纳罚款、罚金及没收财产等行政责任、刑事责任体现了国家对行为人的惩罚。

民事责任主要是平等主体之间发生的一方依法向另一方承担的责任，目的在于弥补权利人因他人的民事违法行为而给其造成的经济损失，补偿性是民事责任的显著特征。这种补偿性的责任一旦遭到破坏，权利人的权利则难以实现。

(4)民事责任、行政责任和刑事责任的目的和功能不同。

民事责任的主要目的是给受害人以损失补偿、权利恢复，行政责任和刑事责任则具有惩罚行为人、维护社会秩序的目的。在责任人的财产不足以承担两种以上的责任时，不承担民事责任，民事责任的目的就无法实现。行政责任、刑事责任的责任形式涉及人身和财产，除了财产性的罚款、罚金及没收财产外，还可以对责任主体进行人身制裁。与民事责任单一的财产性特征相比，行政、刑事责任具有人身性和财产性的双重特征。在三者发生竞合时，即使民事责任优先适用，结果可能造成财产性的罚款、罚金及没收财产等行政制裁或刑事制裁难以实施，但并不影响责任人承担人身方面的行政责任、刑事责任，在一定程度上，行政责任、刑事责任还可以在对责任人人身制裁和财产制裁上进行选择，以达到制裁责任人的最终目的。

因此，在民事责任与行政责任、刑事责任发生冲突时，承担民事责任优先。

## 五、民事责任与行政责任、刑事责任的解决机制

### (一)民事责任的解决机制

根据民事责任优先的原则，可以通过协商、调解、医疗保险、仲裁和诉讼等各种途径获得解决。医疗损害赔偿纠纷诉讼时效为一年，医疗合同赔偿纠纷的诉

讼时效为两年。

（二）行政责任的解决机制

根据《医疗事故处理条例》规定，发生医疗事故争议，当事人申请卫生行政部门处理的，由医疗机构所在地的县级人民政府卫生行政部门受理。医疗机构所在地是直辖市的，由医疗机构所在地的区、县人民政府卫生行政部门受理。

当事人自知道或者应当知道其身体健康受到损害之日起一年内，可以向所在地卫生行政部门提出医疗事故争议处理申请。

当事人既向卫生行政部门提出医疗事故争议处理申请，又向人民法院提起诉讼的，卫生行政部门不予受理；卫生行政部门已经受理的，应当终止处理。根据该款规定，已经人民法院判决获得民事赔偿的，若再向卫生行政部门申请追究医疗机构和医务人员的行政责任，卫生行政部门不予受理。

（三）刑事责任的解决机制

追究医务人员的刑事责任，应向当地检察机关提出申请。

# 第十七章　医疗纠纷调解中医疗过失认定

## 第一节　医疗过失的概念和类型

### 一、医疗过失的概念

医疗过失的概念，在本书第一章已经述及，医疗损害解决的是医疗活动中的过失损害。《医疗事故处理条例》第二条对医疗事故的界定也能表明医疗过错限指过失。该条规定："本条例所称医疗事故，是指医疗机构及其医务人员在医疗活动中，违反医疗卫生管理法律、行政法规、部门规章和诊疗护理规范、常规，过失造成患者人身损害的事故。"这一规定中明确了构成医疗事故的主观状态是过失。

有学者将医疗过失定义为：医疗机构及其医务人员在医疗活动中，违反医疗卫生管理法律、行政法规、部门规章制度、诊疗护理规范、常规等要求的业务上必要的注意义务，从而引起他人生命、身体损(伤)害的情形。①

### 二、医疗过失的类型

(1)依医疗过失发生时的心理状态，医疗过失可分为疏忽大意的医疗过失和过于自信的医疗过失。②

疏忽大意的医疗过失是指在医疗活动中医疗服务提供者应当预见或可以预见到自己的医疗行为可能对患者造成的损害结果，但因疏忽大意而未预见到；或者对不当医疗行为的损害后果能够避免或防范其发生，但因疏忽大意而未能避免或防范从而致使损害结果发生。如问诊马虎、擅离职守而延误治疗或抢救，对危重病人不积极施救，使用不合格药品或医疗器械等。

过于自信的医疗过失是指行为人虽能预见其医疗行为可能给患者造成损害，但轻信能够避免，从而致使患者遭到损害，如自以为医术精湛、经验丰富而未

① 强美英：《医疗损害赔偿责任分担研究》，知识产权出版社2010年版，第164页。

② 强美英：《医疗损害赔偿责任分担研究》，知识产权出版社2010年版，第166页。

对病情详加分析而盲目手术等。在医疗活动中，医疗服务提供者虽然为具有医学专业知识的专家，但是医疗行为直接影响到患者的生命、健康，即使是极其轻微的医疗过失行为都有可能给患者造成损害。因此，应要求医师在医疗活动中对患者尽高度注意义务。

(2)依据医疗活动的内容，医疗过失可为分为医疗技术过失和医疗伦理过失两类。①

医疗技术过失是指医疗机构或者医务人员在从事病情诊断、治疗措施的执行以及病情发展过程的追踪或术后照护等医疗行为时，不符合当时既存的医疗专业知识或技术水准的过失。

医疗伦理过失系指医疗机构或医务人员从事各种医疗行为时，未对病患充分告知或者说明其病情，未给病患提供及时有效的医疗建议，未保守与病情有关的各种秘密，以及未取得病患同意即采取某种医疗措施或停止继续治疗等，违反医疗职业良知或职业伦理上应遵守的规则的过失。

(3)依据医疗活动的过程，医疗过失可分为诊断中的过失、治疗中的过失和病历书写中的过失。

诊断中的过失是指病史询问中的过失、体格检查中的过失、病情观察中的过失、化验检查的过失和特殊检查中的过失。

治疗中的过失是指药物治疗中的过失、手术治疗中的过失、物理治疗中的过失、护理中的过失和一般治疗措施(如吸氧、吸痰、胃肠减压等)中的过失。

病历书写中的过失是指未按照《病历书写规范》的要求书写病历导致的质量过失和病历保管中的过失。

(4)依据医疗过失的严重程度，医疗过失可分为严重(或重大)过失、一般过失和轻微过失。

## 三、医疗过失的法律意义②

过失是侵权责任法中的核心概念，是行为人在法律上应负责任的重要根据。因此，医疗过失自然是构成医疗损害民事责任的核心。

### (一)医疗过失是医疗侵权的构成要件之一

我国《侵权责任法》第五十四条明确规定:“患者在诊疗活动中受到损害，医疗机构及其医务人员有过错的，由医疗机构承担赔偿责任。”如果医方没有过失，即使其医疗行为直接给患者造成了损害后果，也不承担民事责任。如医生严格

---

① 陈忠五:《法国法上医疗过错的举证责任》,《东吴法律学报》2006 年(第 18 卷)第 1 期,第 38—47 页。

② 强美英:《医疗损害赔偿责任分担研究》,知识产权出版社 2010 年版,第 167—169 页。

遵守手术操作规程对被确诊为恶性肿瘤的患者行子宫切除术，该医疗行为直接造成患者器官缺失，但该损害结果并非医疗过失行为所导致，故医方不承担任何责任。但若医生在实施该手术过程中，因疏忽而将纱布遗留在患者腹腔内且未及时发现即行关闭术，此时医生只对其疏忽遗留纱布的医疗过失行为所造成的损害后果承担侵权责任，而对其切除子宫行为，因不存在主观过失而不构成侵权。可见，医方主观上是否存在过失是决定医疗行为是否构成侵权的关键要素，医疗过失是确定医疗损害赔偿责任的构成要件。

（二）医疗过失是医疗侵权责任的最终归责要件

我国医疗侵权责任中实行过错责任的归责原则，即无过失则无责任。这是现代侵权责任法追究行为人法律责任最基本的归责原则，也是现代法律文明与进步的具体体现。也就是说医疗过失不仅是医疗侵权的构成要件，也是医疗侵权责任承担的决定性因素和最终条件。通过医疗过失的认定来最终决定医方是否应承担侵权损害赔偿责任。

（三）医疗过失是确定医疗侵权损害赔偿责任范围的依据

尽管医疗侵权责任的构成仅以医疗过失为要件，无须进一步要求加害人有更严重的主观过失的可归责性，但在确定医疗损害赔偿责任的大小时，还要考虑行为人的主观过错程度。在司法实践中处理具体的医疗损害赔偿案件，往往是行为人主观过错越重，则责任越重；主观过错越轻，则责任越轻。因此，医疗过失在确定医疗侵权损害赔偿责任范围层面上有着重要的实际意义。

## 第二节　医疗过失认定的标准

医疗过失认定中的核心问题是医疗过失认定的标准。关于医疗过失认定的标准存在不同学说。

### 一、主观过错说、客观过错说和主客观相结合的过错说

（一）主观过错说①

主观过错说认为过错是由行为人内在的意志决定的，主观过错表明行为人在道德上具有应受非难性。所以，主观过错说的理论以伦理学的正当和非正当行为的评价为基础，以道德评价为内容。主观过错说强调只有有过错的行为人对其造成的损害负责，才能督促人们正确的行为，承担对社会和他人的责任。所以过错责任应惩罚的对象是有过错心理的行为人。主观过错说认为，故意和过

① 王岳：《医事法》，人民卫生出版社 2009 年版，第 86—87 页。

失是行为人的基本过错方式，但在行为人实施侵权行为时，由于不同的行为人内在的心理过程对其行为及其后果所持的态度各不一样，这就决定了过错程度是有区别的。考察过错需要分析行为人对自己的行为或后果的理解、判断、控制、认识等方面的状况及能力，从意志的活动过程来确定过错程度，并决定行为人的责任和责任范围，如放任、严重疏忽、不注意等心理态度就表现为不同的过错程度。根据主观过错说，过错仅是一种心理状态，并不包括行为人的外部行为；在归责时，还应根据违法性要件确定行为人的行为是否合法。和过错一样，行为人行为的违法性也是行为人应对所发生的损害赔偿负责任的依据。以主观过错为归责要件并取代结果责任，是法律文明的表现和社会进步的标志。在我国，民法以主观过错为归责要件，对于发挥侵权行为法的教育和预防作用是十分必要的。

但是，主观过错说的不足之处在于以下两点。①对行为人的心理状态进行精确的检验，对于法官来说乃是一种负担，人的主观意志因受各种因素的影响，从而具有对其行为及其后果的不同认识和判断能力，同时各个行为人在实施民事侵权行为时，由于受特定环境的影响，其认识能力也将发生变化，法官要对每一位行为人实施行为时的心理状态和意志过程作出准确判断是极为困难的。②主观过错说给受害人强加了过重的举证负担，使受害人的利益难以获得保护。如果是由于缺乏知识、记忆、观察、想象、预见、智力、判断、应变能力等产生的危险行为，受害人需要承担过重的心理状态标准举证责任。受害人要证明行为人的主观状态必须有心理学专家的证词，更何况，某个人因缺乏技术或能力而对他人造成损害，很难说他具有心理状态上的过错。同时，主观过错说不能解释团体的过错，尤其是法人的过错，人们只能指责法人有悖于某种行为标准，而不能将其归结于心理状态的过错。现代社会团体的责任在不断增加，因此心理状态说的适用范围也越来越狭窄。由于上述原因，使主观过错说在实际运用中常常限制了行为人的责任，不能达到有效保护受害人的利益及所受损害得以及时补救的目的。这与现代社会发展要求扩大行为人的责任、及时填补不幸的受害人的损害的要求是不相符合的。

主观过错说认为，过错是一种心理状态，所以在司法实践中，对行为人过错的认定就是这种心理状态的再现性描述。行为人“主观上无法预见自己的行为引起的结果，他对此结果则不负任何责任；相反，如果他能够预见这种结果，就要承担责任”。能够预见或不能预见的标准是以行为人自身的各种要素诸如年龄、经验、学识等，而不是以行为人之外的第三人的预见能力作为标准，这就是主观过错说的实质。

持该流派观点者以《德国民法典》为代表，绝大多数大陆法系国家和我国台湾地区等均采此说。

（二）客观过错说[①]

客观过错说不是以行为人的主观心理状态，即行为人的预见能力或识别（判断）能力作为过失的认定标准，而是以某种客观的行为标准来衡量行为人的行为，进而作出其有无过失的判断，如果其行为达到了该客观行为标准的要求，则认定没有过失，反之，则认定有过失。这就是过失认定的客观过错说。在侵权法理论中，这个"客观的行为标准"可能是"良父"，或法律拟制的"理性人"。

所谓"良父"，即"善良家父"，是一个谨慎、勤勉的人的别称。在古代罗马法中，家父享有处理家族事务的全权，因而要求他具有比一般人更强的责任心。"良父"的注意即为一个勤勉之人所应尽的注意，没有尽到此种注意即为过失。"良父"标准对大陆法系国家所采取的认定过错标准影响很大，是过失判断客观过错说的渊源。

英美法系的国外学者、法官往往这样描述"理性人"：一个"理性人"被认为既不会过于担惊受怕，也不会过于胆大妄为。一般的普通人偶尔会做出鲁莽的行为，而理性的人则永远是一个谨慎的人、细心的人，永远遵守其行为标准。"理性人"是一种理想、一种标准，谨慎是他的向导，安全第一是他的生活准则。可见，"理性人"是法学家、法官所拟制出来的用以衡量所有人的行为在法律上是否合适的一个模范式标准人物。"理性人"的行为标准既要高于容易疏忽出错的普通人，又要低于基于职业原因负有高度注意义务的专业人士。"理性人"在英美普通法的审判实践中成为人们耳熟能详的经典概念，成为判断行为人承担过错责任的主要标准。

客观过错说是以某种行为标准来判定行为人有无过错。客观过错说又分为违反义务说、行为标准说。

1. 违反义务说。普通法的过失概念采纳了"违反义务说"。普通法学者温菲尔德指出，普通法所称的过失，是指被告违反了某种法定的注意义务，并对他人造成了损害。可见，温菲尔德所称的义务以"法定的注意"为内容。在 Donoghue V. Stevenson 一案中，法官阿特金认为，"人们有义务采取合理的措施避免在合理的预见范围内因其作为和不作为给他人造成的损害。此种义务应针对那些和我密切相关，并受我的行为直接影响的人。这种情况使我在打算从事有关的作为和不作为时，必须合理地考虑他们将会受到的影响"。此案成为普通法过失理论的基础渊源，形成著名的"阿特金公式"。同时，"违反义务说"也为许多大陆法系国家的立法和司法实践所采纳。德国民法规定，违反以保护他人为目的之法规者，负损害赔偿义务。（《德国民法典》第八百二十三条第二款）

---

① 王岳：《医事法》，人民卫生出版社 2009 年版，第 87—88 页。

法国法积极注重运用“良父”标准来衡量行为人的过失，并把过失作为违反了“良父”应负的注意义务。以违反注意义务的标准来认定行为人的过失，在交通事故、产品责任、医疗损害等领域被运用得越来越广泛。

2.行为标准说。行为标准说是注意义务的发展，即以某种标准化的注意义务来衡量行为人是否具有过失。“良父”提供了一种行为标准，在大陆法系国家中，过错是指行为人未能像一个“良父”，即一个细心的、谨慎的、顾及他人的人在同样的外部环境下的行为。适用“良父”标准最典型的国家是法国。按照法国法，“良父”标准适用于任何人，不管是成年人还是未成年人，不管是智力健全的人还是心神丧失的人。应该通过与一个细心和谨慎的人的智力状态相比较来发现行为人是否有过错。“良父”标准适用的弹性很大，给了法官较大的自由裁量权。德国法也采纳了客观标准，以同职业、同年龄人的行为来衡量行为人的行为。德国法的做法兼顾了行为人的职业、年龄的特点，使客观标准在衡量过错时更为合理和准确，但是德国法采纳的是一般人的标准，对于行为的个人特点是不予考虑的。普通法则采取了“理性人”的标准。这个标准基本上与“良父”标准相当。普通法学者霍姆斯指出：公共政策需要建立过失责任，但过失应以“理性人”的标准来判断。他认为“法律的标准是一般适用的标准。构成某特定行为内在性质的情绪、智能、教育等情状，层出不穷，因人而异，法律实难顾及。个人生活于社会，须有一定平均的行为，而在某种程度牺牲自己的特色，此对公益而言，诚属必要。某人生性急躁、笨手笨脚，常肇致意外而伤害邻人，在此情形，某天生的缺陷于天国审判中固然会被容忍，但此人就自己的行为对邻人而言，确会造成困扰，某邻人要求他人就自己的行为践行一定的标准，由社会众人所设立的法院应拒绝考虑加害者个人的误差”。对此，温菲尔德进一步指出：在适用“理性人”的标准时，必须了解“理性人”是否可以预见。因此，“理性人”标准包含一定的主观因素。

（三）主客观相结合的过错说①

现今更多学者从主客观相结合的角度提出折中性的主客观过错说，即认为过错包含客观因素和主观因素两个方面，“客观因素指违反法定或约定之责任，主观因素指歉疚及非难之感受”②。这种学说是比利时法学界的主流观点和经典理论，更多的法国学者也持该观点。美国著名学者沃伦·A·西维在其《过失：主观抑或客观？》一文中指出：“主观的法律过错其实根本不存在。”我国也有学者认为，过错是一种主观和客观要素相结合的概念，过错是一种主观的心理状态，同时也是受行为人主观意志支配的外在行为，过错还是法律和道德对行为的

① 古津贤：《医疗侵权法论》，吉林大学出版社2008年版，第184—185页。

② 曾世雄：《损害赔偿法原理》，中国政法大学出版社2001年版，第74页。

否定评价，对过错的判断标准应分别就故意和过失加以确定。过错本质上属于主观属性，是行为人的可归责的一种心理状态，这种心理状态偏离了正常人在正常情况下的心理状态，或者说它包含了不正当或者不良的目的或动机，也正是由于这种不正当或不良的目的或动机而具有可责难性。当然单纯的思想意志并不能够使最终的法律责任成立，即使加害人实际真的存在不正当的心理状态，我们也无法钻进人的内心去观察和考量其当时的心理状态是否具有过错。加害人不正当的心理状态只有通过外在的行为表现出来才可以判断其内心是否具有过错，过错程度大小，进而决定其是否应承担民事责任。也就是说，要认定行为人是否有过错，我们不是要查明被告的心理状态或意志状态，而是要查明被告人的行为方式。只有行为方式是实际存在的，才是能由证据证明并由经验所感知的。① 因此，在强调过错主观属性的同时，还应考虑其内心意志支配下的外在行为表现。“过错是违法行为的心理基础和驱动力，违法行为是过错的外在表现；但是存在过错并不必然出现违法行为，出现违法行为也并不必然基于过错。”②

尽管关于过错的本质属性各种学说流派各执一端，但对于过错类型的划分却基本一致。通常过错最基本的分类是故意和过失。故意是指行为人预见到自己行为的后果，仍然希望或放任该后果发生的一种心理状态，是一种典型的可归责的心理状态。过失是行为人对自己行为的结果应当预见或者能够预见而没有预见，或者虽然预见却轻信可以避免该后果发生的心理状态。行为人对自己行为的结果应当预见或者能够预见而没有预见的情形，称“疏忽”或疏忽大意的过失；行为人对自己行为的结果虽然预见却轻信可以避免该后果发生的情形，称为“懈怠”或轻信的过失。过失强调的是行为人对自己行为后果的注意性、预见性和控制性。换句话说，一般情况下，如果行为人注意了应注意的义务就可避免损害结果的发生；相反，行为人应注意但没有注意，或者能注意而不注意，疏忽或懈怠，使损害结果发生则应该对自己的过失负责。过失在侵权法中具有普遍性，大多数侵权行为均因过失而发生，民事责任的有无，与加害人的主观恶性程度无关，不管是故意抑或过失行为人均应承担损害赔偿责任。

## 二、医疗水准说

在日本，用医疗水准说来说明医疗过失的判断标准问题。医疗水准说侧重于医学上出现新的进展时如何把握医疗过失的判断标准的问题。医疗水准的概念首先由松仓丰治教授提出。他认为，医疗水准可分为“学术上的医疗水准”和“实践中的医疗水准”，前者为研究水准或学界水准，其核心由学术界一致认定而

---

① 喻敏：《对侵权行为法中过错问题的再思考》，《民商法论丛》1998 年第 9 卷，第 228 页。

② 张新宝：《侵权责任构成要件研究》，法律出版社 2007 年版，第 436 页。

形成；后者为经验水准或技术水准，它是基于医界普遍实施的技术而形成的。判断医师注意义务违反的标准应该是“实践中的医疗水准”而非“学术上的医疗水准”，即认为“诊疗当时临床实践的医疗水平是医师注意义务的内容”，决定医疗水准的因素包括学术界的不断尝试、实践经验的积累及医疗技术设施的改善等。日本司法判例在此基础上加以运用，形成了司法判例中医疗水准的初步理论，此后经过上百起的早产儿视网膜症事件使这一理论的地位最终得到确立，成为医疗过失的抽象判断标准。①

与早产儿视网膜病变有关的案例有两类，一类是 Chloroquine Retinopathy，即氯喹性视网膜病变，氯喹（Chloroquine）从 1944 年开始应用于临床，最初用来治疗疟疾，以后用途逐渐扩大，可用于治疗肝阿米巴病、华支睾吸虫病、肺吸虫病、结缔组织病（盘形红斑狼疮及类风湿性关节炎）等。氯喹被口服后，人体肠道能快速且充分地将其吸收，1～2 小时后血中浓度最高，约 55％的药物在血中与血浆成分结合，长期服用氯喹的副作用之一是可导致严重的视网膜病变。1988 年 3 月 11 日东京高等裁判所对早产儿网膜症事件进行判决，该事件是一孕妇在怀孕期间服用了该药，医师未告知该药可能对胎儿产生的副作用，故而婴儿一出生就被诊断为患有视网膜病变，据此而发生医疗纠纷。因早产儿视网膜病变而引起的诉讼在日本已有多起，医方败诉的占近 80％。

另外，早产儿视网膜病变以往曾被称为 Terry 综合征或晶状体后纤维膜增生症，该症状由 Terry 在 1942 年发现，1950 年 Heath 将其命名为早产儿视网膜病变。孕期在 34 周以下，出生体重小于 1500g，出生后有吸氧史的早产儿，视网膜病变发生率约为 60％；孕期更短或出生体重更轻的婴儿，发生率可达 66％～82％。早产儿的吸氧时间越长，吸氧浓度越高，发病率也越高。但也有学者认为早产儿视网膜病变是由高浓度给氧后迅速停止，使组织相对缺氧所致，与吸氧时间长短无关。无吸氧史者，亦可因胎儿血红蛋白氧饱和度的急剧上升、胎儿氧分压转入新生儿氧分压时的急剧转换等导致本病。此外，母体贫血及多胎儿等，亦为本病发病的原因之一。1967 年（昭和 42 年）秋的日本临床眼科学会上，天理医院的永田医师作了用光凝固法阻止该症发生的两例成功试验的报告。在两年后的同一学术会议上，永田医师又报告了新的 4 例成功治疗案例，这两次报告均在第二年的眼科专门杂志上发表。此后自 1970 年（昭和 45 年）开始，日本几家尖端医疗机构进行了光凝固疗法的试验，并于第二年将试验案例公开发表，到 1972 年（昭和 47 年）试验已超过 100 例，成功率较高。此时医学界对该症尚未开发出其他有效的治疗方法。因惧怕光凝固法严重的后遗症以及在成功原因上

---

① 江毅：《医疗损害民事责任研究》，中国医药科技出版社 2007 年版，第 68—70 页。

对是因自然治愈还是治疗发生效果的难以判别，致使很多医师对该种疗法持不信任态度，从而造成此项方法的有效性不能得到一致肯定的情形。早产儿网膜症事件引发诉讼的原因是医师未采用光凝固疗法对患者加以治疗使患者亲属认为医师使患者丧失了治愈机会，诉讼中的争议点是医师是否存在对光凝固术的说明义务与转医义务，该问题的解决直接依赖于对光凝固法是否达到实践中的医疗水准所作出的判断。围绕该症发生的最初判决是1974年(昭和49年)3月的日赤高山医院事件，在第一审判决中法院指出：作为医师，在面对患者的治疗不能听凭其恶化的局面时，如果此时回避最恶劣后果的治疗手段为医学界常例尚未承认的方法，但医师认为其具有有效性时，则使用该种治疗手段为医师的最善的注意义务；但不能允许因该治疗手段不是医学界的常例而默认症状的自然恶化。该判决对医师课以很高的注意义务，以患方胜诉告终。而在该案的上告审中最高判在1982年(昭和57年)3月30日判词中写道：健康管理业务的人，与之业务性质相适应，要求负有为防止危险的实际经验上必要的最善的注意义务，上述注意义务的基准为诊疗当时的临床医学实践中的医疗水准。依此法院判定该案中不存在医师方责任，改变了一审的判决结果。该判决中注意义务的基准为诊疗当时临床医学水准作为注意义务，也就是说医疗过失抽象的判断基准被确立了下来。正是在此基础上，日本司法界最终解决了早产儿网膜症诉讼。

日本厚生省于1974年(昭和49年)就光凝固法专门组织了一个研究班，研究班于1975年(昭和50年)3月发表研究报告，对该疗法的适当、适期、具体方法等内容作了阐述，使该疗法最终在日本医疗界得以普及。法院依此在判决中对发生于研究报告发表前的事件以疗法未达医疗水准判定医方不存在过失，对发生于报告发表后的事件则认定该疗法已在医界得到普及，达到实践中的医疗水准，从而医师具有依该方法加以治疗或在不具备治疗条件时进行说明的义务，不履行此项义务就认为医方存在过失，应承担法律责任①。

有学者认为医疗水准说为医疗行为确立了一项统一的标准，比较公正地解决了医患纠纷，但也并非十全十美，在今后的发展中应注意和不断完善的问题有：

(1)明确医疗水准、转医义务与说明义务的具体关系。当医方对确定为现有医疗水准范围内的医疗技术不能进行操作时，就具有了说明义务与转医义务。

(2)正确处理医疗水准与科学发展的关系。“学术上的医疗水准”的不断进步，促进了“实践中的医疗水准”的不断进步，医疗水准具有动态性特点，有必要正确处理“学术上的医疗水准”和“实践中的医疗水准”的关系。当医师依据现已

① 艾尔肯：《医疗损害赔偿研究》，中国法制出版社2005年版，第110页。

达到一般医疗水准的治疗方法对患者加以治疗后，科学的进一步发展对该方法进行了否定时，是否存在医疗过失的判断应依据实施医疗行为的时间而定。如果该医疗行为是在科学的发展对该医疗水准的治疗方法否定以前作出的，医师不存在过失；如果是之后作出的，则存在过失。

(3)调和医疗水准与期待权的关系。当患者染有严重病症，甚至直接危及生命时，他往往渴望尝试任何医疗手段来救治自己，患者这种对医方寄予最高希望的权利在法律上可称为患者的期待权。但以医疗水准作为判断医师抽象过失的基准与该项患者的期待权有所抵触。依医疗水准说，凡是超出一般实践中医疗水准之上的治疗手段，医师即不负有以该手段对患者进行治疗及在不能操作该手段时派生出的相关说明义务与转医义务。这样就等于患者的期待权得不到保障。这种矛盾是由医患双方利益调和上的冲突所造成的，医疗水准是着眼于公正处理医方责任问题，患者期待权是出于最大化保护患者利益的考虑，两者都具有一定的合理性。为解决这个冲突，首先，医方在诊疗义务上应严格遵循医疗水准，对于超出一般水准之上的技术，医方经认真权衡之后有权选择是否对患者进行使用，患方不得提出异议。但对于相关的说明义务，则应依据最大限度保护患者生命健康利益的原则，要求医方就超出一般水准之上的技术对患者履行不带有倾向性的说明义务，其相应产生的后果也由患者自己承担。医疗水准说揭示了判断医疗过失的基本原则，但在作具体的医疗过失判断时还应考虑医疗的专门性因素、地域性因素、紧急性因素。①

### 三、注意义务说

在现代侵权责任法上，无论是大陆法系还是英美法系，注意义务是侵权责任的核心要素，是界定过失的基准。

详见第五章。

### 四、法定标准说

(一)法定标准的含义

法定标准是指广义上的法律对行为人注意义务的规定，医疗过失将这样的规定作为判断过失的标准。

广义的法律包括法律、行政法规、部门规章、地方性法规和政府规章等，在我国司法实践中实际上还包括最高人民法院制定的司法解释。在医疗损害的司法鉴定中也包括临床诊疗技术操作常规和规范，是基于医疗服务合同而产生的特

① 龚赛红：《医疗损害赔偿立法研究》，法律出版社2001年版，第181—185页。

别约定义务。诊疗技术操作常规和规范不仅包括成文的常规规范，也包括人们在实践中普遍遵循的不成文的各种惯例。

《司法鉴定程序通则》第二十三条规定，司法鉴定人进行鉴定，应当依下列顺序遵守和采用该专业领域的技术标准、技术规范和技术方法：(一)国家标准；(二)行业标准和技术规范；(三)该专业领域多数专家认可的技术方法。

(二)法定标准的内容

1. 法律

法律有广义、狭义两种理解。广义上讲，法律泛指一切规范性文件；狭义上讲，仅指全国人大及其常委会制定的规范性文件。在本书中，法律系指狭义上的规范性文件。全国人大及其常委会颁布的与医疗行为相关的法律主要有：《侵权责任法》《执业医师法》《母婴保健法》《人口与计划生育法》《献血法》《职业病防治法》《传染病防治法》《药品管理法》等。

2. 行政法规

行政法规通常简称为"法规"，是指国务院为执行法律的规定需要制定行政法规的事项或《中华人民共和国宪法》第八十九条规定的国务院行政管理职权的事项，根据宪法和法律而制定的规范性文件。法律和法规的区别主要在于制定机关的不同，法律由全国人大及其常委会制定，行政法规则由国务院制定。其次，两者效力层次不同，法律的效力高于行政法规。国务院制定的与医疗活动有关的行政法规主要有《医疗事故处理条例》《医疗机构管理条例》《护士条例》《麻醉药品管理办法》《医疗用毒性药品管理办法》等。

3. 规章

规章在我国一般用作"部门规章"的简称，是指国务院各部、委员会等具有行政管理职能的直属机构，根据法律和国务院的行政法规、决定、命令，在本部门的权限范围内，为执行法律或者国务院的行政法规、决定、命令的事项而制定的规范性文件。例如卫生部发布的《医疗事故技术鉴定暂行办法》《医疗事故分级标准(试行)》《医疗机构管理条例实施细则》等。在我国司法实践中还包括最高人民法院制定的司法解释。

4. 诊疗规范

诊疗规范有时又称为"诊疗常规""诊疗护理常规、规范"等。所谓诊疗规范，是指基于维护患者生命健康权，规范医疗行为的目的，在总结医学科学技术成果和以往诊疗护理经验的基础上，在医疗活动中逐渐形成的有关医疗行为的规范或指南。包括各级卫生行政部门、各类医学行业组织制定的各种标准、规程、制度、规范、指南、指引、临床路径、专家共识等成文文件。

5. 医学文献

医学文献是指符合医学水准的各种医学专著、教科书、文献和药典等。这些都可作为医师注意义务的根据。在司法实践中，法院也常常引用医学文献记录，作为判断医师在医疗活动中是否已经尽到了其应尽的注意义务的根据。

6.医疗服务合同的约定

医患关系从某种意义上具有合同关系的一些属性，故不能排除医患之间协商约定注意义务。英美法理论认为，如果被告违反了出于自愿对原告允诺的注意义务，则应承担过失侵权责任。笔者认为，医疗合同约定的注意义务不能一概而论，应根据具体情况判断。如患者对诊疗方法提出特殊要求，只要符合有关规定和操作规程，医师应当尊重，并履行充分说明义务和告知义务；而与患者关于治疗效果的约定一般应认定无效。我国《医疗广告管理法》也明确禁止医疗机构使用宣传或者暗示诊疗效果的文字。但实践中如果医疗机构或医务人员通过广告等各种方式宣传或暗示诊疗效果，或者对患者作出诊疗效果的承诺，使患者产生信赖，则判决应该认可这种承诺的效力，将其作为医疗注意义务的依据来判断其是否为医疗过失。

7.医疗习惯

医疗习惯是指尽管不成文，但在治疗活动中约定俗成的、为多数医疗机构及其医务人员通常遵循的诊疗护理惯例或者通行的做法。

医疗习惯可否作为注意义务依据，医学界存在不同认识。有学者认为，医疗习惯的形成具有很强的个人因素，而且往往相对陈旧，存在明显漏洞或与医疗水准不适应的情形，因此原则上不应作为依据适用，但可以作为医疗注意义务的参考因素；医疗习惯仅限于判定过失的轻重与其程度时作参考，不得直接以此否定注意义务。也有学者认为医疗习惯的形成具有平均医疗行为的合理性和在临床实现的可能性，对医疗水准的认定有非常重要的影响，可以作为医疗注意义务的依据。

（三）法定标准的适用

法律、行政法规、部门规章、诊疗规范、医疗服务合同的约定和行业习惯在鉴定医疗过失的适用上，法律效力依次降低。

《司法鉴定程序通则》第二十二条规定，司法鉴定机构应当建立鉴定材料管理制度，严格监控鉴定材料的接收、保管、使用和退还。司法鉴定机构和司法鉴定人在鉴定过程中应当严格依照技术规范保管和使用鉴定材料，因严重不负责任造成鉴定材料损毁、遗失的，应当依法承担责任。该条规定明确了技术标准和技术规范的层级结构和适用顺序。

## 五、判断医疗过失的辅助原则[①]

基于同一病情，同一诊断，常有多种不同的治疗方案。对于这些不同的治疗方案，医师必须结合自己的医疗经验及医学知识加以选择。不同的选择可能会导致差异较大的后果，医疗结果就具有相当大的不可预测性，不能仅因治疗结果的无效或不幸，就让医方承担责任。因此，要结合医学上的一些判断标准对医疗行为的后果作出法律评价，保证实现法律的公正。

判定医方的医疗行为是否符合医疗水准和尽到了注意义务，可结合以下原则考虑：

（一）“医学判断”法则

所谓“医学判断”法则，是指只要医疗专业者遵循专业标准的要求作决定，就不能仅因事后判认其所作的决定错误而对其科以责任。医方在对患者施行诊疗时，若其已尽到符合其专业要求的注意、学识及技术标准，对于因其“诚实的错误”判断所致损害，无须负责。美国有判例（Raybrun V. Day）认为，外科医师注意到可能有纱布遗留于患者腹部，经搜查仍无所获，基于患者情况危及生命，未继续寻找而将伤口缝合，不能仅因纱布遗留于患者腹部即科医方以损害赔偿责任。

（二）“可尊重的少数”法则

该法则是指不能仅基于医师从多数经认可的治疗方法中所作的选择而对医师科以责任。医师进行诊疗行为时，必须具备高度之专门知识与技术，但各个医师对同一病状的诊疗可能持有不同的见解，在此情况下，要容许医师有相对程度之自由裁量权。“在裁量范围内之学问，因无过失可言。唯其基于裁量权所采之学问，尤其是采用医师个人独特惯行时，则其方法，应以不违反医学常识，且经医学界公认为合理的方法始可。医疗学说之选择，其亦相同。以此，医师所用之独特方法或采取之学说，若无医学界公认为含合理之依据，亦可推定其过失。”科学与全民公决不同，而且“真理往往掌握在少数人手里”，因此，当医疗行为给患者带来损害时，不能因多数人同意采取某种治疗措施就肯定其完全正确而不承担责任，也不能因所采用的治疗方法系属少数人认可而让该少数人承担责任，切记判断责任的有无乃是看其过失的有无。只要医师采取的治疗方法不违反其专业标准，就不能认定其有过失。

（三）“最佳判断”法则

医方所为的诊疗护理行为除必须符合其专业标准所要求的注意义务、学识

① 关淑芳：《论医疗过错的认定》，《清华大学学报》（哲学社会科学版）2002年第5期。

及技术等之外，美国某些法院还要求，医师所谓的判断必须是其“最佳判断”，尤其是当该医师知道目前盛行的医疗方法具有不合理的危险时，法院并不以该医师之诊疗行为符合一般标准即使其免责。也可以说，当医师的专业判断能力高于一般标准，而该医师又明知一般标准所要求的医疗方法具有不合理的危险性时，法院对该医师的注意义务的要求高于一般标准。法院要求该医师必须依其能力作“最佳判断”方可免责。（注：美国法院认为，“如果医师未能为其最佳判断，即不能仅因其遵守一般专业水准所认可的标准而自然免责。……无论其知识、技术及智慧超出一般水准多少，医师必须做其最佳判断”。）

在 Faulkner V. Pezeshki 一案的判决中，法院进而认为，“倘医师已建立其专业能力标准并证明所为系符合该标准，若陪审团从其他证据得知该医师所为并未符合其所为是适当且必需的行为时，该医师即不得申诉原告未证明其过失”。

高浓度的氧气会导致早产儿失明，在 Burton V. Brooklyn Doctor's Hosp 一案中，负责照护该早产儿的小儿科住院医师下指示调低氧气的浓度，两天后，小儿科指导医师在未诊视该早产儿且明知增加氧气浓度有危险的情况下，取消该住院医师的指示而下令调高氧气浓度，导致该早产儿失明。法院认为该指导医师明知该早产儿在前一指示的较低浓度下状况良好而仍调高氧气浓度，故科医院及该指导医师以责任。法院认为，“虽然传统上认为增加氧气对早产儿的存活很重要，但某些研究（包括被告自己的研究）指出，增加氧气乃不必要且具有危险性的行为，尤其对健康的婴儿。且负责医师已建议降低浓度，被告即不能主张其诊疗为符合专业所可接受而免其责任”。日本民法理论中也有类似要求，称为“最善之注意义务”“完全之注意”。

“最佳判断”法则与医师的一般注意义务有别。若医师的“最佳判断”虽异于一般的治疗方法，但对患者来说，也增加了诊疗的安全性，则当然可以适用这一法则。若医师的“最佳判断”不但与传统的治疗方法有违，且增加了患者的其他危险，法院适用该原则时须非常小心，宜适用前述法则以增加医师诊疗的弹性。也即，“最佳判断”法则应仅适用于该最佳判断的治疗方法不增加患者危险性或该治疗方法已被认为属于“可尊重的少数”时，方可适用。

（四）“允许风险”法则

“允许风险”法则或称“允许危险”法理、“容许性危险”法则。该法则本是新过失理论的理论依据。它认为，仅有侵害他人权益之事实，并不一定须加以处罚，在某种特殊情况下，为谋求社会进步，应允许威胁权益之人类活动的存在，而医疗行为恰属此类。近代以来，科学发达、物质文明进步迅速，使人类生活水平显著提高，但同时也增加了人类人身和财产损害的风险。正如汽车给人类带来方便及效率的同时，也带来交通事故的频繁发生一样，医学的进步使以往被认为属于绝症的疾病，也有了治愈的可能，从而给患者及其亲人带来欢乐和希望，但新药的使用，亦伴随着副作用的产生。但是，医学的进步乃是经过千千万万次的反复实验和数次的失败才得到的。因此，判断医疗行为是否产生责任，应考虑“允许风险”法则的适用，“允许风险”理论已成为与患者承诺并重的阻却医疗行为违法性的另一支柱。

（五）“蛋壳脑袋”规则

“蛋壳脑袋”规则，是指某人有一个像“鸡蛋壳那样薄的脑袋”，通常不会对正常人造成伤害的打击却会造成对该人的损害。比如某人在这个长着“蛋壳脑袋”的人头上轻轻一拍表示打招呼，却造成该人的死亡。为确定责任，保护受害人，在判断行为与损害之间是否存在因果关系时，应认为存在因果关系并且加害人有“过失”。

“蛋壳脑袋”规则，在英国称为“The Eggshell Skull Rule”或“The Thin Skull Rule”。该规则由英国马肯农(Mackinnon)法官于1939年创立。马肯农法官在一个案例的判决中指出：“一个对他人犯有过失的人，不应计较其受害人的个人特质，尽管受害人的这种个人特质增加了他遭受损害的可能性和程度。对于一个因受害人头骨破裂而引起的损害赔偿请求，受害人的头骨的异常、易于破裂不能成为抗辩的理由。”在马肯农法官首创的“蛋壳脑袋”规则中，强调指出“一个对他人犯有过失的人”，不管他人是否有特殊体质，只要造成了损害事实，就要承担损害赔偿责任。王泽鉴先生也指出：“被害人的特殊体质对因果关系的成立不产生影响，加害人不得主张被害人患有严重心脏病、血友病、药物过敏等而不负侵权责任。”可见，为确定责任，保护受害人，在判断行为与损害之间是否存在因果关系时，应认为存在因果关系并且加害人有“过失”。作出这一判断的最重要原因是，存在损害事实。因为，尽管受害人是“蛋壳脑袋”，但如果没有加害人的一拍、一推等哪怕是非常轻微的外力作用，受害人也不会受损害。如果受害人遭受的损失由受害人独自承担，而加害人不承担损害赔偿责任，于情不通，于理难容，不能体现法律的公正与合理。因为“填补损害系侵权行为法的基本机能”，填补损害是基于公平正义的理念，其主要目的在于使被害人的损害能获得实质、完整、迅速的填补。

应当注意的是，“蛋壳脑袋”规则即使要求加害人承担赔偿责任，也必须考虑受害人自身特殊体质的原因力，根据加害人行为的原因力确定其赔偿责任。患者自身特殊体质通常与医疗过失行为一道构成医疗损害结果的共同原因。因此，应当对患者自身特殊体质与医疗过失行为进行原因力比较，确定医疗过失行为的原因力，据此再确定赔偿责任。

（六）医疗的紧急性与医疗尝试

在认定医方过失时，还有医疗的紧急性与医疗尝试对其影响的问题。

所谓医疗的紧急性，是指由于医疗判断的时间紧促，医方对患者的病情及病状无法作详细的检查、观察、诊断，自难要求医生与平常的注意能力等同。因此，紧急性在医疗过失上，便成为最重要的缓和注意义务的条件。有学者认为，此并非有意减轻医方的注意义务，而是仍以相同的注意程度作为判断标准，不过在因紧急情况而无法注意的情况下，可免除医方责任的承担。

所谓医疗尝试，是指任何医疗行为虽均具有抽象之威胁，医学理论更要依赖新的药物尝试或技能实验才能发展。这时，常有相当多的"未知领域"的存在。医生在此未知领域，当负注意义务。因此，医生在进行新的医疗尝试时，除经患者承诺外，还要对患者的症状、体质、医院的设备、医生的能力及其他必要的实验及可能的危险，均应先慎重考虑，并应提供周全的应急设备，否则，将难逃过错之咎。

（七）地区性原则

由于不同地区的经济、文化发展状况有差距，因此无论是医师执业的环境还是医疗经验，都有地区性的差异。这在我国尤为明显。在一些偏远的农村，许多医务工作者对现代医疗知识及医疗技术知之甚少。由于地区的局限与落后，这些医生拥有的也许只是他们刚从医时的医疗观念，而经济的不发达、文化上的闭塞等原因又使他们无法接触新的医学知识，掌握新的医疗技能。因此，判定医生是否尽到注意义务，应以同地区或类似地区（指发展水平大致相当，环境、习俗、人口等相似的地区）的医疗专业水准为依据。

英美法系上对于医疗水准与"地域"的关系，有三种标准。①同地区标准。指该医疗人员执业所在地区一般医疗人员所应具有的水准。②类似地区水准。指与该医疗人员执业所在地人口、环境、习俗等因素相似之其他地区的一般医疗人员所应具有的水准。③国家标准。指全国一般医疗人员所应具有的一般医疗水准。也即医疗水准不能全国一律加以适用，不能以对教学医院所要求的诊疗标准来要求小诊所或边远地区医院的医师，要求其以同样的水准对患者予以治疗，而是应在医师皆具备医疗专业素养义务的前提下，对于特定的碍于其设备及技术无法诊断的情况，向患者予以告知，促其转院。

曾有人对该原则表示质疑，认为它会使医生不求上进，且近年来医学资讯传播发展迅速，医学交流活动频繁，治疗方法也日趋一致，因此应采用全国性的标准，即以整个国家的一般医疗人员所具有的医疗水准为依据。也有人认为，就医生的医学知识及技术而言，充分的医学交流，可以使地区间的差异减小；但就医疗的个案来讲，医疗设备及客观环境的差异，仍然会影响医生对该案治疗资讯的获得，如医生的会诊、诊疗器械、检验设备抑或医疗人力等资源的欠缺，都会影响到医生诊断时的判定和诊疗的结果。因此，除非医生对转诊的义务有所违反，即明知自己对患者不能确诊或不能作出有效治疗，或患者有转诊的条件却不告知患者应转诊而拖延患者及时转诊时，那么，其有限的设备或相关医疗资源的欠缺，对医疗责任构成中的过错都有影响。因此，在判定医生的过错时，应考虑到地域、环境等地区性的差别因素，既不纵容医生的过错，又要针对具体环境而不对医生过苛。

（八）一般医师与专科医师的不同

在医疗行业，存在着诸多分工。首先有医院管理人员与医务工作者之分，医务工作者依其专业，又有医生、护士、检验师、麻醉师、药剂师等区分。他们的注意标准应依其所属专业而加以判断。医院内大都有内科、外科、口腔科、神经科、小儿科、牙科、五官科、妇产科等之分，每个科内都有专业医师，如今已不再、也不可能有包治百病的全能医师。因此，专科医师对其专门领域内的注意义务标准要高于一般医师的注意义务。美国有判例（Bruni V. Tatsumi）认为，专科医师的注意义务乃是全国性标准，并无地区性差别。至于是否为专科医师，不能以其是否取得该专业的执业证书或同类的资格证书为依据，而要看该医师是否以该专科的形态执业。Lewis V. Soriano 一案中，法院认为，一般医师从事治疗骨折及脱臼的治疗时，即使他承认自己并未受过此类专科训练，也应依骨科专科医师的注意标准判断其是否有过错。倘若其能力未能及于专科医师的水平而强行为之，应从保护患者利益的角度出发依专科医师的标准来判断该医师是否有过错。当专科医师从事一般医师利益的治疗时，则依一般医师的注意义务标准判断。

## 第三节　医疗过失的认定

### 一、医疗过失认定的原则

在医疗损害责任纠纷司法鉴定中，我们通常参照以下原则认定医方有无过失：

（一）医方医疗行为是否违反法定标准

《医疗事故处理条例》第五条规定，医疗机构及其医务人员在医疗活动中，必须严格遵守医疗卫生管理法律、行政法规、部门规章和诊疗护理规范、常规，恪守医疗服务职业道德。由此可见，法定标准是医务人员必须遵守的行为准则和应掌握的技能。

鉴定人必须熟悉相关的法律法规，在认定医疗机构及其医务人员是否存在过失时，首先要明确指出在特定的病例及特定的条件下，相关的法律法规是如何规定要求的，而医疗机构及其医务人员是如何执行的。如果医疗机构或医务人员的行为明显地违反了相关的法律法规，则可以认定医疗机构及其医务人员存在过失。

（二）医方是否妥善履行其各项义务

医生的义务是必须遵守、必须履行的，否则其应承担相应的法律责任，受到法律的制裁。

鉴定人应重点审查医方是否妥善履行诊疗义务、注意义务、不良结果预见义务、不良结果回避义务、告知义务和转诊义务。

（三）医方是否存在免责事由

鉴定人对医方医疗行为进行医疗过失的认定时还要注意医方是否存在免责事由。免责事由，是指被告针对原告的侵权诉讼请求而提出的证明原告的诉讼请求不成立或不完全成立的事实。如果医方医疗行为符合免责事由，则不能认定为过失。

（四）医方是否坚持“专业判断”的原则

坚持以医学的技术手段而非法律的推定原则作为医疗过失鉴定的主要技术支撑。

## 二、医疗过失认定的程序

在医疗损害赔偿纠纷责任认定中，我们通常遵循以下程序认定医方有无过失：

（一）审查送检材料是否齐全，明确医患双方争议焦点

审查送检材料是否齐全，包括患者全部诊疗资料如门诊病历、住院病案、化验检查、其他检查报告（B超等）及影像学资料（X线片、CT、MRI、数字减影血管造影等），必要时调取病理学资料（细胞学涂片、病理组织切片、蜡块、大体标本等），还包括司法鉴定委托书、起诉状、答辩状、鉴定申请书、其他鉴定机构鉴定书以及双方当事人愿意提供的其他相关材料。送检材料不全的应该予以补充。

通过审查送检材料以及开展听证会，明确医患双方争议的焦点，针对争议的焦点重点进行分析。

（二）审查医疗机构诊疗科目和经治医务人员资质，有无非法行医

《医疗机构管理条例》第二十条规定，医疗机构改变名称、场所、主要负责人、诊疗科目、床位，必须向原登记机关办理变更登记。

第二十四条规定，任何单位或者个人，未取得《医疗机构执业许可证》，不得开展诊疗活动。

第二十五条规定，医疗机构执业，必须遵守有关法律、法规和医疗技术规范。

第二十六条规定，医疗机构必须将《医疗机构执业许可证》、诊疗科目、诊疗时间和收费标准悬挂于明显处所。

第二十七条规定，医疗机构必须按照核准登记的诊疗科目开展诊疗活动。

第二十八条规定，医疗机构不得使用非卫生技术人员从事医疗卫生技术工作。

根据上述规定，医疗机构必须按照注册的诊疗科目、执业地点开展诊疗活动。

如果医疗机构超出注册的诊疗科目、执业地点开展诊疗活动，使用未取得医生执业资格的人开展诊疗活动，未取得《医疗机构执业许可证》开展诊疗活动，那么医疗机构就是非法行医。虽然非法行医的认定及处理非法医临床鉴定的范围，但如果医方存在非法行医的行为，或至少存在过错，可在鉴定意见书中提出该问题，由法庭或相关部门进行处理。

（三）审查病历书写是否规范，有无质量缺陷

病历是关于患者疾病发生、发展、诊断、治疗情况的系统记录，是临床医师根据问诊、查体、辅助检查以及对病情的详细观察所获得的信息，经过归纳、分析、整理、书写而成的档案资料。

病历不但真实反映患者病情，也直接反映医院医疗质量、学术水平及管理水平；病历不但为医疗、科研、教学提供极其宝贵的基础资料，也为医院管理提供不可缺少的医疗信息；在涉及医疗争议时，病历又是帮助判定法律责任的重要依据；在医疗保险中，病历是相关医疗付费的凭据。

《病历书写规范》对病历书写作出明确规定，医疗纠纷中常见的涉及病历的问题如下：

(1)医疗资料保管不利，发生丢失、毁损：医疗机构承担着保管医疗资料的义务(由患者保留的除外)，而资料一旦丢失，医疗机构可能会承担举证不能的责任。

(2)病历记录存在重大瑕疵：有很多病历记录的质量难以达到法律要求。表现在：

①重要内容没有记录，造成举证不能。例如：给予了治疗却没有病程记录和医嘱记录，没有重度颅脑损伤的病人关于神志、呼吸、血压等生命体征的记录，等。

②缺少病历规定的项目。例如缺少术前讨论记录、会诊记录等。

③缺少特殊检查和治疗的告知和知情同意书。

④不注意病历书写的时限。《病历书写规范》对不同情况书写病历的时限作出了明确规定，然而由于不按时完成病历而导致举证不利的情况却并非少见。

(3)违规修改病历。

违规修改病历的情况时有发生，包括：涂抹病历内容、增删页码等。根据卫

生部卫政法发〔2005〕28号文件规定，医疗机构不如实提供相关材料或者不配合相关调查，导致医疗事故技术鉴定不能进行的，应当承担医疗事故责任。事故等级按照患者发生的人身损害后果而定级，责任程度按照完全责任判定。

由此患方在诉讼过程中可能不去探纠诊疗行为是否存在过错，而转向力求证明病历是虚假的、伪造的，病历一旦被证明为虚假病历就丧失了证据力，医方将为此付出惨重代价。

为此，树立依法行医的观念，规范医学资料的管理和病历的书写，增强法律意识和证据意识十分重要。重要的不仅仅是"我做了什么"，还要力求用证据证明"我为什么这么做"。

（四）审查诊断是否正确和及时

（1）审查病史询问中该问的问了没有，包括主要疾病的阳性症状和主要的阴性症状，鉴别诊断症状时是否进行了询问和记录。

（2）审查体格检查中该查的查了没有，包括主要疾病的阳性体征和主要的阴性体征，鉴别诊断体征时是否进行了检查和记录。

（3）审查化验检查和其他特殊检查中该查的查了没有，是否根据患者的病情和病情的发展及时进行有针对性的检查和复查。

（4）对留院观察的患者和住院治疗的患者是否根据其病情及时进行了观察，有无对患者病情变化进行记录并及时修正诊断。

（5）审查临床医师的诊断思维原则，即实事求是原则、"一元论"原则、发病率和疾病谱观点优选诊断原则、先考虑器质性疾病后考虑功能性疾病原则和先考虑可治疾病原则。在审查医师临床诊断思维原则的基础上，审查诊断步骤，收集资料，验证和修正诊断，判断诊断依据是否充分。

（6）审查是否进行了鉴别诊断，即是否根据患者症状、体征和检查结果对容易混淆的疾病进行甄别。

（五）审查治疗是否正确和及时

（1）临床治疗是科学，也是艺术，有规律也有准则。审查治疗方案，即审查治疗计划时，首先判断治疗方案是否遵循临床治疗准则，即救死扶伤准则、整体性治疗准则、个体化治疗准则、最优化治疗准则、重视心理治疗准则和预防为主准则。

（2）判断采用的药物疗法（包括中药疗法、西药疗法、中西药物结合疗法、抗微生物类药物疗法、抗肿瘤药物疗法、免疫调节疗法、口服疗法、注射疗法、外用疗法等），审查使用药物的适应证、禁忌证、用法、用量、不良反应、注意事项、是否为伪劣药品以及联合用药是否恰当。

（3）判断采用的手术疗法（急诊手术、择期手术、根治性手术、姑息性手术、修补术、切除术、引流术、解决梗阻术、移植天然或人造组织或器官术等），审查手术治疗的适应证、禁忌证、手术方式、手术操作、并发症、治疗并发症的预防措施、医疗器械和材料质量等。判断麻醉方法是否妥当、是否进行麻醉术前访视和耐受性评估、术后是否进行访视。

（4）判断采用的护理级别和饮食是否符合患者的病情，是否按照护理级别进行规范护理。

（5）判断采用的辅助治疗措施是否到位，如吸氧、胃肠减压、各种引流的处理。

（6）判断采用的其他治疗措施是否恰当，如放疗的指征、剂量、范围和时间。

### （六）审查是否妥善履行告知义务、患者知情同意义务、会诊义务和转诊义务

详见第五章。

# 第十八章　医疗损害后果

## 第一节　医疗损害概述

### 一、医疗损害的概念

损害，是指由于他人的加害行为或者事件使受害人人身或财产上的利益受损而产生的不利状态或不利后果。侵权责任法所救济的损害，正是指受害人人身或者财产方面的不利后果。①

对于医疗损害的概念，学界存在两种观点：一种观点认为，医疗损害是指医疗机构在实施诊断、治疗、护理等行为时因过错造成的对就诊人的损害；②另一种观点认为，所谓医疗损害是指在诊疗、护理过程中，医疗行为引起的使患者利益受损的事实，即医疗行为对患者所造成的人身伤亡、财产损失、肉体疼痛和精神痛苦，以及对患者隐私权和名誉权的侵害，以上情形均是医疗行为引起的对患者不利的后果和事实。③ 由此看出，第一种观点对于医疗损害的界定较注重主观的标准，将医疗损害发生与否的认定限定为医疗机构是否存在"过错"；后一种观点从医疗行为引发的不利后果来界定损害。④

医疗损害又称为医疗损害事实，在司法鉴定实务中通常称为医疗损害后果，医疗损害后果是医疗侵权行为的构成要件之一，损害的发生是产生赔偿责任不可或缺的前提，损害的认定是对损害赔偿进行司法解决的出发点。医疗损害责任的确定应当遵循"无损害，无赔偿"原则，只有确定了损害，才能够赔偿，因而损害是确定赔偿的基础。

但并非一旦患者发生损害，医疗机构就都予以赔偿，基于医疗行为具有侵袭性和高度风险性的特点，任何诊疗措施都可能对患者的人身利益造成一定的损害。俗话说"是药三分毒"，无论医术如何高明、设备如何先进，任何医疗行为都

① 张新宝：《侵权责任法原理》，中国人民大学出版社 2005 年版，第 53 页。
② 王利明：《民法典侵权责任法研究》，人民法院出版社 1993 年版，第 516 页。
③ 龚赛红：《医疗损害赔偿立法研究》，法律出版社 2001 年版，第 122 页。
④ 强美英：《医疗损害赔偿责任分担研究》，知识产权出版社 2010 年版，第 132 页。

不能避免对患者组织和器官发生侵害。医疗行为对患者身体有一定的损害，但总体上有利于患者本人，也有益于社会，因此，法律允许医疗行为在一定限度内对个体利益进行侵害。但是，医学上对这种具有伤害特点的侵袭行为，具有严格的限制，只有在公认的医学标准范围内实施的行为才属于法律允许的行为，才受到法律的保护。它在一定程度上具有侵害社会利益的合法性，这种侵袭性的结果大部分应该是可知和可预测的，这也就是遵循法学上认同的“可允许的范围内”原则。换言之，医疗损害并不必然导致医疗损害责任，只有在医疗行为有过失，且该过失行为与医疗损害之间有因果关系时，医疗损害责任才能成立。医疗损害不是因为医疗行为造成了对患者的损害，而是因为不法的医疗行为造成了对患者的损害。正如德国法学家耶林所说：“使人负损害赔偿的，不是因为有损害，而是因为有过失，其道理就如同化学上之原则，使蜡烛燃烧的，不是光，而是氧。”①

## 二、医疗损害的特征

作为侵权法的损害后果，应当具有以下特征：①损害是侵害合法民事权益所产生的对受害人人身或者财产不利的后果；②这种损害后果在法律上有救济的必要和救济的可能；③损害后果应当具有客观真实性和确定性。②

基于上述理论，医疗损害的特征为：

(1)医方医疗行为的过失侵害患者的合法权利并产生不利的后果。由于侵权行为而受到损害的是人的身体、健康和生命，即造成被侵权人受伤、残疾甚至死亡，以及产生形式上或者实质上的身体完整性损害的后果；侵权行为侵害的客体是被侵权人的身体权、生命权和健康权，而不是其他权利；因侵权行为导致伤、残而造成被侵权人的财产损失，以及造成被侵权人近亲属的财产损失。③

受害人只有在其合法利益受到不法侵害的时候，才能够使其所受的损害在法律上得到救济。对艾滋病者实行强制隔离和治疗，这样的行为有可能导致病人收入的减少和痛苦的暂时增加，虽然他们在社会上自由活动的权利被侵害，但该行为却是法律所允许的，所以这种“损害”就不是应当承担责任的“损害”。

(2)医疗损害后果只有在法律上被认为具有补救的可能性和必要性时，才能产生民事责任。从量上来看，由于人们在日常的社会生活中，不可避免地会发生各种摩擦和冲突，由此产生的损害只有达到一定的程度时，在法律上才有救济的必要性。如某护士在给患儿输液时，经反复多次才将针头扎入静脉，因此造成患

---

① 王泽鉴：《民法学说与判例研究(一)》，三民书局股份有限公司 1979 年版，第 150 页。

② 张新宝：《侵权责任法原理》，中国人民大学出版社 2005 年版，第 54 页。

③ 杨立新：《侵权责任法》，法律出版社 2009 年版，第 427 页。

儿身体局部淤血，家长遂要求赔偿患儿的疼痛损失，对此，卫生行政部门和法院均未予以支持。为了维护社会正常的经济生活，法律常常要求人们对来自他人的轻微伤害宽容地予以接纳，或者在此情况下根据法律规定，行为人不必对造成他人轻微损害的行为承担法律责任。从质上来看，由于损害是他人的加害行为或者事件使受害人人身或财产上的利益受损而产生的不利状态或不利后果，因此，其本质上仍然是对他人权利的侵害。值得注意的是，损害法律救济的可能性并不只限于那些能够计算、能够赔偿的损害。这是因为根据民法上的补救措施，对损害的法律救济也不只限于损害赔偿，还包括停止侵害、排除妨碍、消除危险、恢复名誉、消除影响和赔礼道歉等。[①] 受害人请求保护的利益，应当与受法律保护的权利有密切联系。

(3)医疗损害后果具有确定性和客观性。[②] 医疗损害后果的客观性，是指这种损害后果是一个客观事实，是真实存在的损害。医疗行为给他人人身、财产造成的损失，既包括财产损害，同时也包括精神损害；既包括直接损害，也包括间接损害。换言之，侵权行为造成的人身损害往往会产生巨额的经济损失，如被扶养人的扶养费用等；医疗侵权行为造成的人身损害通常包括对生命权、健康权、隐私权的损害等。

医疗侵权损害结果的确定性应当包括：第一，这种损害结果是指已经发生的事实，如果是未来利益受到的损害或尚未发生的损害就不具有确定性，如患者由于输血而感染乙肝，这种损害结果的发生就具有确定性；第二，这种损害结果的产生能够依据社会的一般观念予以认定。如前例中的患者由于输血而感染了乙肝，必然会影响到他今后的生活质量和工作效率，这是一个确定的事实。然而如果因为这个人感染乙肝而使得他的邻居不能正常生活和工作，则是一个难以确定的事实。

## 三、医疗损害的分类

对医疗损害进行分类，即将各种损害类型化，从而针对不同的损害进行不同的补救，此种类型化的划分的意义在于：首先，明确损害的可补救性，即在通常情况下，只有符合法律规定的损害类型才能获得补救，而在特殊的情况下，对于不符合法律规定的损害类型也能比照法律规定的类型予以赔偿；其次，将各种损害类型化能够为受害人请求赔偿提供法律依据；再次，将各种损害类型化也能为司法审判人员正确确定赔偿的范围提供依据。[③]

---

① 古津贤：《医疗侵权法论》，吉林大学出版社2008年版，第103页。
② 古津贤：《医疗侵权法论》，吉林大学出版社2008年版，第103页。
③ 强美英：《医疗损害赔偿责任分担研究》，知识产权出版社2010年版，第135页。

医疗损害可以通过不同角度作不同分类。

(一)财产损害、人身损害和精神损害①

根据《民法通则》第一百零六条、第一百零七条和第一百二十条,以及《侵权责任法》第十六条、第十九条和第二十二条的规定,可以把医疗损害分为财产损害、人身损害和精神损害三种类型,此种分类方法是损害的基本分类,并为各国法律所普遍采纳。

1.人身损害

人身损害,是指侵害身体权、健康权、生命权所造成的损害事实。在通常情况下,人身损害事实是侵权人的不法行为侵害他人的身体权、健康权、生命权,造成被侵权人受伤、残疾甚至死亡,并且造成了被侵权人及其亲属的财产损失,或者只是侵害身体权并没有造成伤害,但使被侵权人的精神利益受到损害的事实。

2.精神损害

精神损害,是指侵害姓名权、肖像权、名称权、名誉权、信用权、荣誉权、人身自由权、隐私权、性自主权等精神性人格权以及身份权造成的损害事实。这种损害也叫作人身无形损害,习惯上叫作精神损害。

3.财产损害

财产权利的损害也叫财产损害事实,是指侵权人的不法行为侵害他人所有的财物以及其他财产权利,致使被侵权人的财产或者财产利益遭到损坏或毁灭的损害事实。

(二)医疗技术损害、医疗伦理损害以及医疗产品损害

有学者借鉴法国的医疗科学过错的概念,将医疗损害分为医疗技术损害、医疗伦理损害以及医疗产品损害。

1.医疗技术损害

医疗技术损害是指医疗机构及医务人员在医疗活动中,违反医疗技术上的高度注意义务,具有违背当时的医疗水平的技术过失,造成患者人身损害的医疗损害,此种损害又可分为诊断过失损害、治疗过失损害、护理过失损害、感染传染损害、孕检生产损害和组织过失损害。②

2.医疗伦理损害

医疗伦理损害是指医疗机构和医务人员违背医疗良知和医疗伦理的要求,违反医疗机构和医务人员的告知或者保密义务,具有医疗伦理过失,造成患者人身损害以及其他合法权益损害的医疗损害责任,包括违反咨询告知损害、违反知

① 杨立新:《侵权责任法》,法律出版社 2009 年版,第 72 页。

② 杨立新:《医疗损害责任研究》,法律出版社 2009 年版,第 120 页。

情同意损害、违反保密义务损害、违反管理规范损害。①

3.医疗产品损害

医疗产品损害是指医疗机构在医疗过程中使用有缺陷的药品、消毒制剂、医疗器械、血液及其制品等医疗产品，因此造成患者人身损害，医疗机构或者医疗产品的生产者、销售者应当承担的医疗损害赔偿责任。②

## 第二节 医疗损害的具体内容

### 一、对患者的人身损害

(一)对患者生命权的损害

1.死亡

我国《民法通则》第九十八条规定："公民享有生命健康权。"这里的生命健康权，实际上是生命权、健康权与身体权的总称，可见我国的立法是将生命权规定为一项独立的人格权而加以保护的，这也是世界上多数国家的立法体例。生命是生物体所具有的活动能力，而法律意义上的生命仅指自然人的生命，是人体维持生存的基本的物质活动能力。生命是不可替代和不可逆转的，是人得以存在的体现，是公民享有权利和承担义务的前提和基础，是自然人的最高人格利益。生命权为独立的人格权，因而有别于身体权、健康权，也有别于劳动能力。其法律特征是：(1)生命权以民事主体的生命安全为客体；(2)生命权以维护人的生命活动能延续为基本内容；(3)生命权的保护对象是人的生命活动能力。

侵害生命权，就是以不法的手段剥夺他人生命的行为，其直接表现为导致他人的死亡。医疗侵权行为对患者生命权的侵害表现为，由于一方的过失而使患者的生命丧失，也即导致患者死亡。在医疗活动中，对患者生命权的侵害，可以表现为医方的积极行为，如医疗行为不当而导致患者死亡；也可以表现为医方的消极行为，如应该履行医疗义务而未履行或履行不及时而导致患者死亡。③ 对于这种导致患者死亡的医疗过失行为，医方在承担相应的法律责任的同时，也要承担对受害人家属的民事损害赔偿责任。

2.丧失生存机会④

在美国的许多州，允许将"丧失生存机会"作为一种损害后果，并作为一个独

---

① 杨立新：《医疗损害责任研究》，法律出版社2009年版，第136页。

② 杨立新：《医疗损害责任研究》，法律出版社2009年版，第157页。

③ 蒲川等：《医事法学》，西南师范大学出版社2008年版，第136页。

④ 朱广友：《法医临床司法鉴定实务》，法律出版社2008年版，第299页。

立的诉讼理由。诉讼请求并非是指控“医务人员的过失行为造成病人的死亡”，而是指控“医务人员的过失行为造成病人丧失了生存机会”。

对于上述问题，日本法律界称之为“期待权侵害理论”或“延命利益丧失论”。当医疗方的不作为有重大过失，但又无法认定如果医疗方实施该作为患者就能够免除死亡时，可以将损害的内容由“死亡”改变为“不能得到适当治疗的机会或者期待利益的丧失”。延命利益侵害是指由于医生的过失使患者的死期提前，患者的延命可能性被剥夺。日本司法界接受了该理论，但由于生存可能性实质上只是一定概率的救命可能性，具有相当的不透明性，且产生的损害及其核算相当困难。所以，主张考虑精神损害赔偿更具实际意义。当然，在计算赔偿数额时应该适当考虑生存可能性的大致程度。

在我国，虽然相关的法律规定尚不明确，但许多法院在审判实践中已经承认“丧失生存机会”是一种医疗损害后果，并将其作为医疗机构或医务人员承担损害赔偿的重要依据。由此可见，在实行医疗损害鉴定时，有关人员必须正确理解“丧失生存机会”作为医疗损害后果的真正含义，并能够对此进行正确判断。我们认为，涉及恶性肿瘤（或极危重疾病）的医疗纠纷司法鉴定，应该在鉴定意见中明确说明患者因医疗过失行为丧失了一定的生存机会（或生存期），如果某种疾病的生存期有相关统计学调查结果，可具体说明生存期的长短。而医疗过失行为在“丧失生存机会”这一损害后果中的原因力（即参与度）大小则依据病情的严重性和复杂性而有所不同，但原则上应确定为次要原因，参与度低于30%，具体的责任程度应由法庭裁决。

（二）对患者健康权的损害

健康不仅为疾病或衰弱之消除，而系体格、精神与社会适应之完全健康状态。[①] 根据这一定义，“健康”一词包括生理健康和心理健康两方面的含义，因此健康权也应包括生理健康权和心理健康权。但是，由于法律承认精神损害赔偿，心理健康权归属于这一制度并受到保护，所以，这里所说的健康权只是指生理健康权。

健康权是指以自然人凭借其身体组织的完整和生理机能的正常运作及完善发挥，来维持人体生命活动为内容的人格权。健康权包括以下几方面的内容：(1)健康维护权；(2)劳动能力保持权；(3)健康利益的有限支配权。其法律特征有三点：一是健康权虽以人体的生理机能正常运作和功能完善发挥为具体内容，但不以人体的整体构造为客体，从而使之与身体权相区别；二是健康权虽以维持人体的正常生命活动为根本，但不以人的生命安全和生命价值为客体，从而使之

① 张秦初，刘新社：《防范医疗事故与纠纷：写给医生》，人民卫生出版社2000年版，第99页。

得以与生命权相区别；三是健康权保护的是公民身体功能的正常发挥，使其运作、运动自如，但不是保护身体、意志不受外界约束，从而使之与自由权区别。

对健康权的侵害表现为对人的生理机能的破坏，损害其功能。对健康权的侵害所导致的损害后果包括健康水平下降、健康状况的恶化等多种情形。医疗活动对健康侵害的表现也是如此。一般认为这种损害包括四种情形：一是在当时的医疗技术条件下，本来可以治愈的疾病而没有治愈；二是对患者身体正常部位的损害而导致器质性的和功能性的损害；三是由于诊断或治疗失误导致患者产生新的疾病而造成健康水平下降；四是患者所患疾病加重而导致健康状况恶化。①

1. 残疾或功能障碍②

依据《医疗事故处理条例》第四条的规定，残疾或功能障碍作为一种损害后果，是由医务人员的医疗过失所造成的。这里同样可以分为三种情况：

第一种情况：残疾或功能障碍完全是由医务人员的医疗过失行为所造成的。如进行阑尾切除手术时，由于医务人员对解剖结构不熟悉而误切子宫造成生育能力丧失的。再如需切除病侧器官（如肾脏、卵巢等）而误切健侧器官造成功能障碍的（如肾功能不全、生育能力丧失）。

第二种情况：残疾或功能障碍主要是由医务人员的医疗过失行为所造成的，如果没有医疗过失行为的发生，残疾或功能障碍是可以避免的。如由于误诊误治，误将异位甲状腺作为甲状软骨囊肿切除而造成病人甲状腺功能障碍的。再如骨折病人因为复位或固定不当造成骨折畸形愈合、影响骨关节功能的。

第三种情况：残疾或功能障碍的主要原因是病人本身病情，而医疗过失行为只是加重了残疾或功能障碍的程度。如椎间盘突出行椎间盘切除术后，病人的症状并未得到改善甚至有所加重，即使存在医疗过失行为，造成病人残疾或肢体功能障碍的主要原因也不是医疗过失行为，而主要是病情难以恢复或继续发展。再如严重颅脑损伤的病人，虽经抢救可以挽救生命，但疾病本身具有预后差、致残率高的特点。因此，不能把致残或功能障碍归咎于医务人员的医疗过失行为。

对于第一种情况和第二种情况，可以判定"医疗过失行为造成病人残疾或功能障碍"，但对于第三种情况，就要另当别论。医疗过失行为的损害后果可能表现为致使病人丧失了治愈机会或加重原来的病情（参见丧失康复机会）。

2. 丧失康复机会③

在大多数涉及病人残疾或功能障碍的医疗纠纷诉讼中，病人诉讼的理由是，

① 蒲川等：《医事法学》，西南师范大学出版社2008年版，第136页。

② 朱广友：《法医临床司法鉴定实务》，法律出版社2008年版，第298页。

③ 朱广友：《法医临床司法鉴定实务》，法律出版社2008年版，第300页。

在医务人员出现医疗过失行为之前，他或她如果得到适当的治疗的话，则存在一个有可能好转的机会。由于医务人员的过失行为，这个机会丧失了。如 Baer 所强调的，根据丧失机会理论，即使病人获得治愈的机会非常渺茫，病人也会寻求康复。每个病人都有一定的获得康复的可能性。这种可能性有可能大于 50%，也有可能小于 50%。不管可能性是高还是低，病人确有可能获得不同程度康复的机会。医务人员的过失行为减少了这些可能康复的机会，这个机会在医务人员过失行为发生之前是存在的。这种机会丧失成为病人要求获得赔偿的理由，但病人主张的应是医务人员的过失行为造成的实际损害。

康复机会可能被概念化为一个时间窗口，这个时间窗口存在于医务人员的医疗过失行为发生之前。在这个时间窗口内，医务人员有一个及时实施适当医疗处置措施的机会，这些医疗处置措施可能会防止损害的发生或使损害减小到最低程度。由于医务人员的误诊、误治，或延误诊断、延误治疗，使得这个时间窗口被提前关闭或被错过了。

目前，我国的相关法律和法规还没有将“丧失康复机会”作为一个独立的损害后果，但在不少法庭的判决书中已经出现由于医务人员的医疗过失行为导致病人“丧失救治机会”或“丧失治疗时机”这样的判词。可以认为在审判实践中我们已经承认“丧失康复机会”也是一种医疗损害后果。因此，作为鉴定人员有必要明确，如何确定“丧失康复机会”以及丧失康复机会给病人所造成的实际损害。

（三）对患者身体权的损害

法学意义上的身体是指自然人的生理组织的整体，即躯体。身体权是自然人维护其身体完全并支配其肢体、器官和其他组织的人格权。[①] 身体权以公民的身体及其利益为客体。

所谓身体权，是自然人对其肢体、器官和其他组织的支配权和保持完整权。健康权和身体权二者的主要区别在于：一是身体权的客体是身体，而健康权的客体是健康；二是身体权体现的利益是公民身体组织的完全性，健康权体现的利益是公民肌体功能的完善性；三是身体权是公民对自己身体组成部分的支配权，健康权则没有明显的支配性质。

在医学领域中，侵害身体权主要表现为两个方面：

（1）对身体组织的影响及其功能的破坏。非经患者本人或其家属同意，不得将患者的组织器官移植给他人，不得任意扩大手术范围或切除组织器官，等。

（2）对尸体的损害。自然人死亡后，尽管民事权利丧失，但遗体应依法给予保护。在医患关系中损害尸体的行为主要是在死者生前未留遗嘱同意或死后未

---

① 王利明，杨立新：《人格权与新闻侵权》，中国方正出版社 1995 年版，第 227 页。

经死者近亲属同意的情况下非法利用尸体的行为，如非法摘取尸体组织器官用以实现医疗或教学科研目的的行为。

（四）错误受孕、错误生产和错误出生①

错误受孕是指因医疗过失施行绝育手术或避孕药使用不当，造成妇女再度受孕，而由儿童双亲提起的诉讼。

错误生产是由生下缺陷儿的双亲提起的诉讼，是由于孕妇担心胎儿有疾病而请医师诊察，然而医师检查失误而告之胎儿健康，致其未堕胎而生下患残疾的婴儿。

错误出生是由儿童或其代理人提起的诉讼，是因医师过失未告知其父母胎儿有缺陷之可能，以致父母没有机会选择是否生育，终致产下该有缺陷之婴儿。

## 二、对患者精神的损害

（一）对患者名誉权的损害

名誉权是指公民和法人对其应有的社会评价所享有的不受他人侵害的权利，包括保护自己的社会良好评价或改善、改变不好评价的权利和维护名誉权不受侵害的权利。最高人民法院《关于审理名誉权案件若干问题的解释》中规定，医疗卫生单位的工作人员擅自公开患者患有淋病、梅毒、麻风病、艾滋病等病情，致使患者名誉受到损害的，应当认定为侵害患者名誉权。医疗卫生单位向患者或其家属通报病情，不应当认定为侵害患者名誉权。医疗行为对患者名誉权的侵害，主要发生在医师在诊治过程中对一些社会舆论认为有伤风化的疾病的误诊，或者未履行保守秘密的义务，而使受害人所处的群体对其社会评价减损的情况。具体说，医疗行为对患者名誉权的侵害应当具备误诊、未履行保守秘密的义务和该疾病为易引起患者的社会评价减损的疾病等三个要素。②

（二）对患者隐私权的损害

隐私权是指自然人享有的对与公共利益无关的个人信息、私人活动和私有领域进行支配的一种人格权。

我国《民法通则》对隐私权没有明确规定，只是最高人民法院在《关于贯彻执行〈中华人民共和国民法通则〉若干问题的意见（试行）》第一百四十条第一款规定："以书面、口头等形式宣扬他人隐私……应当认定为侵害公民名誉权的行为。"但理论界普遍认为，隐私权不属于名誉权，而是一项独立的人格权。我国《执业医师法》第二十二条第三项规定，医师应"关心、爱护、尊重患者，保护患者的隐私"。

---

① 朱广友：《法医临床司法鉴定实务》，法律出版社2008年版，第301页。

② 屈芥民：《专家民事责任论》，湖南人民出版社1998年版，第119页。

医疗过程是一种非常特殊的行为，医务人员在诊疗、护理过程中可以通过多种途径了解患者的隐私情况，并且这种了解还是治疗的必要前提。总体上来讲，患者的隐私包括以下几部分：首先，患者前往医院就诊的事实，包括患者的姓名、住址、电话、工作单位等个人信息；其次，通过问诊和患者自诉，所了解的疾病的起因、病史、病症特征等情况；第三，通过对患者进行体检所了解的肌体状态、身体敏感部位体征或其生理缺陷等；第四，通过仪器对患者进行体检时所得到的生理、病理状态等信息；第五，治疗过程、最后诊疗结果及费用等相关情况。

医务人员在对患者的诊疗、护理过程中对患者隐私权的侵犯主要表现在：

(1)有些医院的门诊管理不严，导致多名患者及其家属拥堵在诊室里，形成一人看病众人围观的现象，这就侵犯了患者的隐私权。

(2)医师在给患者看病时，一般都需要作检查，这就不可避免地接触和查看患者的身体。如果医师获得了患者的同意，其行为当然不会构成对隐私权的侵犯，但如果患者不同意，医师强行检查，或者在患者没有意识时(如失去意识或睡着了的时候)进行检查，而从医学意义上来说，进行这种检查并非到了不得已的时候，这就构成了对隐私权的侵犯。

(3)公开化验单。很多医院将化验单放在化验室门口让患者自己去取，这样使得患者的化验结果没有了私密性。

(4)散布患者的私人信息。这种侵害主要表现为对患者生活信息秘密保密权的侵害，包括身体缺陷、心理缺陷、患有有碍社会风化的疾病等。这些私人信息一旦散布出去，在造成患者精神痛苦的同时，也会引起患者社会评价的降低和名誉的减损。

(5)未经患者允许而将其当作实例进行医学观摩。

2001年3月8日公布、2001年3月10日起施行的《最高人民法院关于确定民事侵权精神损害赔偿责任若干问题的解释》确认了学者关于“推定我国确立了精神损害赔偿制度”的观点。该司法解释在与医疗损害有关的问题上明确了患者因生命权、健康权、身体权遭受侵害可以向人民法院起诉请求赔偿精神损害的观点。国务院2002年4月公布的《医疗事故处理条例》第五十条第十一项明确规定了对因医疗事故受到医疗损害的受害人及其家属赔偿精神损害抚慰金的赔偿标准。2009年颁布的《侵权责任法》第二十二条明确规定：“侵害他人人身权益，造成他人严重精神损害的，被侵权人可以请求精神损害赔偿。”这是我国第一次用法律形式昭示了侵害人身权的精神损害赔偿。同时《侵权责任法》第五十四条规定：“患者在诊疗活动中受到损害，医疗机构及其医务人员有过错的，由医疗机构承担赔偿责任。”据此，患者如果在诊疗活动中因医疗侵权行为受到严重精神损害，则有权请求医疗机构承担精神损害赔偿。

精神损害表现为无形损害，一般并没有造成财产上的直接损失，只是造成精神利益的损害，导致患者及近亲属心灵的创伤，比如对死亡、残疾的恐惧，对亲属死亡的哀伤，对自身健康利益和财产利益被损害的焦虑、沮丧、抑郁，等。精神痛苦也是精神利益的损害，但是精神利益的损害未必都表现为精神痛苦，精神损害虽然以精神痛苦为主，但也存在着权利人的精神利益受到损失而未有精神痛苦的情形。因此精神利益损害不应以精神痛苦为限，因侵权人不法行为致他人精神利益丧失或减损，虽未造成精神痛苦，但也可请求精神损害赔偿，医方也应当承担赔偿责任。

### 三、对患者的财产损害

财产损害是指受害人因其财产或人身受到侵害而造成的经济损失，是可以用具体数额加以计算的实际物质财富的损失。医疗侵权行为对患者财产权的损害，就是医疗侵权行为受害人因其财产权和人身权受到侵害而遭受的经济损失。财产损害可以划分为直接财产损失和间接财产损失。

医疗侵权中的直接财产损失，表现为医疗侵权行为造成受害人的财产损失，或者受害人为了补救受到侵害的民事权益所作的必要支出，简言之就是患者现有财产的减少。对于直接损失，原则上应当全部赔偿。

医疗侵权中的间接财产损失，是指由于受害人受到侵害，可得的财产利益丧失，简言之就是患者可得利益的减少。这种损失表现为，在受害人受到侵害时，该财产权益尚未存在。但是，在一般情况下，如果受害人不受到侵害，这种财产上的权益，必然或者极有可能得到。间接损失是否应当得到赔偿，应根据具体案件中的受害人在未来得到该项“可得的”财产利益的可能性的大小而决定。如果受害人将来得到财产利益的可能性极大，该间接损失就应当得到赔偿。如果受害人得到该财产利益的可能性较小，该间接损失也就不应予以赔偿。

医疗过失行为造成患者伤残、死亡，就必然导致患者及其近亲属承担不必要的财产支出。对于这种损失（包括直接和间接损失），医方应承担损害赔偿的法律责任。包括因医疗损害而额外支付的金钱利益，如医疗费、护理费、康复费、后续治疗费、残疾辅助器具费、住院伙食费、交通费、住宿费、丧葬费等费用；因医疗损害而导致患者的财产损失，如因误工所减少的工资等收入、因丧失一定的劳动能力所影响的财产利益等；因患者所受医疗损害而导致其近亲属的额外金钱利益的支付或法定财产利益的损失等。

# 第十九章　因果关系及过失参与度认定

## 第一节　因果关系概述

### 一、因果关系的概念

（一）因果关系的概念

原因和结果是唯物辩证法的一对基本范畴。这对范畴以及因果关系的概念反映的是一种事物、现象之间相互联系、相互制约的普遍形式。无论是在自然界，还是在人类社会，处在普遍联系、相互制约中的任何一种现象的出现，都是由某种或某些现象所引起的，而这种或这些现象的出现又会进一步引起另外一种或一些现象的产生。在这里，引起某一现象产生的现象叫原因，而被某些现象所引起的现象叫结果。客观现象之间的这种引起和被引起的关系，就是事物的因果关系。

当人们运用哲学因果关系的原理来指导侵权法上的原因和结果及其关系时，就形成了侵权法上的因果关系概念。侵权法上的因果关系以及原因和结果的概念，既不同于哲学上的概念，又与哲学上的概念具有密切的关系。

构成民事侵权责任的因果关系要件，就是侵权法中的因果关系。它指的是违法行为作为原因，损害事实作为结果，在它们之间存在的前者引起后果，后者被前者所引起的客观联系。[①]《民法通则》虽然没有对因果关系做出直接规定，但是在司法实践中因果关系的重要性从来没有被动摇过。因果关系是归责的客观基础，因其复杂性和争议性，因果关系被称为侵权行为法的“幽灵”。侵权法研究这种因果关系的目的，在于确定损害赔偿责任的构成，它是将哲学上的因果关系具体化，具体到侵权行为责任这一个别场合，因为“原因和结果是这样一种概念，它作为概念来说，只有应用于特定的个别场合时才有意义”。[②] 侵权法中的因果关系概念正是对这一哲学概念具体运用的结果。

---

① 杨立新：《侵权责任法》，法律出版社2010年版，第76页。

② 杨立新：《人身损害赔偿》，人民法院出版社1999年版，第478页；恩格斯：《反杜林论》，人民出版社1956年版，第21页。

事物间的因果关系是世界恒有规律的一般反映，它是客观的，独立于人的意识之外，不以人的意识为转移。因果关系本身是客观的，这种客观现象需要主观的认识，但是人们对于因果关系的认识必然会受到人类认知水平的局限，在现实生活中，人们对“因”和“果”有大不相同的看法，因此，就因果关系的运用而言，它又变成一个非常主观的问题。既然是主观的问题，就可能出现仁者见仁、智者见智的不同看法。[①] 因此人们对事物间的因果关系只能作出一种大概的判断，也就是说，人们做的因果关系的判断实际上是一种可能性的判断，法律上的因果关系与哲学上的因果关系的一个重要不同点就在于哲学上的因果关系是一种必然，法律上的因果关系是一种可能。[②]

（二）因果关系中的原因

对于因果关系中的原因，有不同的学说。

行为原因说认为，因果关系只是确定责任的一个条件，查找因果关系的目的不在于考虑行为人的行为是否违法，而在于确定行为人的行为与结果之间的联系。民法中的因果关系是指行为人的行为及其物件与损害事实之间的因果关系。[③]

过错原因说认为，我国民法上的因果关系为过错与损害之间的关系，只有过错才能成为侵权成立的原因，正是由于过错，行为人才对其造成的损害负责，亦正是由于过错所产生的损害，行为人才负赔偿之责。反之，尽管行为人的行为造成了损害，行为与损害之间有因果关系，但损害若非过错造成，此损害就不属于应赔偿之列。因此，这种因果关系的公式是：“若无此过错，则不生此损害；若有此过错，通常即生此损害。”[④]

违法行为原因说认为，侵权责任构成要件中的因果关系，是指违法行为和损害事实之间的因果关系：在侵权损害赔偿法律关系中，违法行为与损害事实之间是前者引起后者，引起与被引起的客观联系，就是违法行为与损害事实之间的因果关系。[⑤]

有学者认为，侵权责任中产生因果关系的原因应为违法行为。违法行为要件承担的任务是行为的具体表现以及它在客观上是否违法，损害事实要件承担的任务是被侵权人的权利是否受有损害。在这两个要件成立的情况下，因果关系要件承担的任务，是判断损害结果是否为该违法行为所引起，该违法行为是否

---

① 邢学毅：《医疗纠纷处理现状分析报告》，中国人民公安大学出版社 2008 年版，第 146 页。

② 江毅：《医疗损害民事责任研究》，中国医药科技出版社 2007 年版，第 77 页。

③ 王利明、杨立新等：《民法·侵权行为法》，中国人民大学出版社 1993 年版，第 144 页。

④ 孔祥俊等：《侵权责任要件研究》，《政法论坛》1993 年第 2 期。

⑤ 中央政治干部民法教研室：《中华人民共和国民法基本问题》，法律出版社 1958 年版，第 333 页；佟柔：《民法原理》，法律出版社 1986 年版，第 242 页；杨立新、韩海东：《侵权损害赔偿》，吉林人民出版社 1988 年版，第 73 页。

为该损害事实的客观原因。因果关系要件的职能是在被控行为被确定为违法的情况下，考察判断它与损害事实之间是否具有引起与被引起的因果关系，有因果关系，则可能构成侵权责任，无因果关系则不构成侵权责任。因而不必担心会以违法行为作为损害事实的原因而舍弃造成损害的真正原因。因此，侵权责任构成要件因果关系中的原因，应当确定为违法行为。违法行为与损害事实之间只有构成因果关系，才成为侵权责任构成的因果关系要件。[①]

还有学者认为，行为原因说只是简单地说明了因果关系是客观事物之间的联系这一现象，并没有明确说明产生原因的行为的性质。显然并不是所有的行为都会导致一定的结果，简单地将行为作为原因使得原因的范围无限扩大。违法行为原因说明确了行为只有具有违法性，才能成为因果关系中的原因，虽然限制了原因的范围，但也存在明显的不足。将因果关系中的原因限定为违法行为，即只有违法的行为才能是损害发生的原因，这大大缩小了原因的范围，走到了另外一个极端，不符合客观实际情况。在民事法律纠纷中，我们会发现造成损害事实发生的原因很多，不只是一些违法行为，很多时候仅仅是疏忽大意、过于自信(过失)等也会成为损害事实发生的原因。因此，民法中的因果关系应当是一种过错行为(包括主观上的故意和过失)与损害事实的关系。过错行为既是讨论因果关系的前提，也是尚待证明的因果关系中的原因。[②]

(三)因果关系中的结果

损害事实就是因果关系中的结果，损害事实是指某种行为致使受害人财产权或人身权受到损害，造成财产或非财产减损的客观事实。损害事实既包括物质上的损失，也包括精神上的损失。

作为民事因果关系中的损害事实，应具有以下特征：

(1)被损权益的合法性。即侵权行为人所侵害的是他人受法律保护的合法权益。对法律不予保护的“权益”，即使“侵犯”并造成一定后果，也不是应承担民事赔偿责任的损害事实。

(2)损害行为的补救性，其中包括补救的必要性和补救的可能性。补救的必要性即损害结果对受害人造成了较大的影响，有必要进行补救，不补救将损及民法中的某些基本原则，如公平原则等。补救的可能性即必须是法律允许补救的损失方能补救，超出法律规定范围的损失，即使真的有，也不能补救。例如，因医疗事故造成误工使收入减少、伤残者生活补助费、死者丧葬费等，是法律明文规定可予补救的，反之，法律没有规定其补救范围和补救方式的，侵害行为虽然存在，但也不能成为损害赔偿关系中的损害事实。

---

① 杨立新：《侵权责任法》，法律出版社2010年版，第76页。

② 邢学毅：《医疗纠纷处理现状分析报告》，中国人民公安大学出版社2008年版，第146页。

(3)损害事实的现实性。一切构成医疗纠纷民事责任的损害事实,必须是已经发生的、确实存在的。而臆想的、捏造的、没有科学根据的所谓结果都不是损害事实。损害事实是损害赔偿法律关系赖以存在的基础和依据,没有损害事实,就没有民事赔偿责任。这与刑事责任有很大的不同,刑法对未遂行为(即未造成损害后果)也要处罚,而民事损害赔偿则没有对未遂损害的民事赔偿责任。企图损害或虽有过失加害行为,但事实上未造成损害结果,也不构成损害赔偿责任。在医疗纠纷的侵权损害赔偿责任方面,只要没有损害事实,就无须承担民事责任①。

## 二、因果关系的特点②③

原因和结果是揭示客观世界中普遍联系着的事物具有先后相继、彼此制约的一对概念。原因是指引起一定现象的现象,结果是指由于原因的作用而引起的现象。因果关系具有以下特点:

(1)因果关系的时间序列性。因果关系的一个特点是原因在前,结果在后(简称先因后果),但并非任何有先后发生顺序的事件都有因果联系,例如白天之后是黑夜,但二者并无因果关系。但原因和结果必须同时具有必然的联系,即二者的关系属于引起和被引起的关系,只要有原因出现就必定产生一定的结果。"在此之后"不等于"由此之故"。但应注意,不能把一切必然联系都看作因果联系,必须有先行现象引起后续现象的必然联系才是因果联系。

(2)因果关系具有普遍性和客观性。在客观世界中,因果关系作为客观现象之间引起与被引起的关系,它是客观存在的,并不以人们的主观意志为转移。一切现象都有其产生的原因,任何原因都必然引起一定的结果,一切现象都毫无例外地受到因果关系的支配,没有原因的现象和不产生结果的现象都是不存在的。

(3)因果关系具有特定性。事物是普遍联系的,为了了解单个的现象,我们就必须把它们从普遍的联系中抽出来,孤立地考察它们,一个为原因,另一个为结果。

(4)因果关系具有多样性。不同学科(不同视角)对因果关系的认识和定义是不同的。

(5)因果关系具有复杂性。辩证唯物主义认为:客观事物之间联系的多样性决定了因果关系的复杂性。因果关系可表现为一因一果、一因多果、多因一果、多因多果等形态。

(6)原因和结果既对立又统一。两者之间的对立表现在,当我们把任何两个

---

① 邢学毅:《医疗纠纷处理现状分析报告》,中国人民公安大学出版社2008年版,第157页。

② 王旭:《医疗过失技术鉴定研究》,中国人民公安大学出版社2009年版,第107页。

③ 张秦初:《防范医疗事故与纠纷》,人民卫生出版社2006年版,第125页。

具有因果联系的事物从客观世界的普遍联系中抽出来考察时，原因和结果是互相区别、互相排斥的，原因就是原因，结果就是结果，两者不能混淆。二者的统一表现在，原因和结果互相依存，没有无因之果，也没有无果之因，原因和结果还会在一定的条件下相互转化，这就是由原因—结果形成的链条。

### 三、因果关系的形态①

在侵权行为中，行为人的加害行为与损害后果之间的因果关系，表现为多种不同形态，这也体现了哲学上因果联系多样性的共性。

#### （一）一因一果

在侵权行为中，一因一果是指原因和结果均为单数，原因为行为人的单个加害行为，结果为受害人单一的损害后果。这是侵权行为中最常见的一种因果联系形态。在这种一因一果的因果联系形态中，可能承担侵权责任的主体以及该主体可能承担的侵权责任的范围都相对简明。

#### （二）一因多果

在侵权行为中，一因多果是指原因为单数、结果为复数（两个或两个以上），原因为行为人的单个加害行为，结果为多个受害人的损害后果或一个受害人的多个损害后果。对于一因多果情形，行为人应对多个损害后果承担责任。

#### （三）多因一果

在侵权行为中，多因一果是指原因为复数，结果为单数，原因为多个行为人的多个加害行为，结果为受害人单一的损害后果。多个行为人的共同行为是导致受害人单一的损害后果的共同原因，这些行为人都应当承担相应的法律责任。

#### （四）多因多果

在侵权行为中，多因多果是指原因为复数，结果也为复数，原因为多个行为人的多个加害行为，结果为一个受害人的多个损害后果或多个受害人的损害后果。

无论是一因多果、多因一果的情形还是多因多果的情形，都应当将各种结果分别计算清楚。但在具体处理时又应当将其视为案件的一个整体，而不是将其中任何一个结果孤立对待。我们称“多因一果”和“多因多果”两种情形为“多因现象”。还需要指出的是，共同侵权行为虽然有数个加害人参与了加害行为，但是其各自的行为并不具有独立的价值，而只是构成具有关联性的统一行为的一个部分。正是这一具有关联性的统一行为导致了损害结果的发生。因此，共同侵权行为不属于多因的情况。

---

① 张新宝:《侵权责任法原理》，中国人民大学出版社 2005 年版，第 63 页。

## 四、关于因果关系的主要表现方式

由于英美法系和大陆法系的民法在法律文化和制度构建上存在着较大的差异，其因果关系理论的内容也有所不同。

### (一)大陆法系因果关系的主要理论

1.条件说

条件说为大陆法系研究侵权行为因果关系的最古老理论之一。这一理论基本上是从较古典的刑法因果关系理论演化来的。其含义是：凡是对于损害后果之发生起重要作用的条件行为，都是该损害后果法律上的原因。这种理论不区分事实上的原因和法律上的原因，而将逻辑上导致该结果出现的所有条件都视为法律上的原因，行为人都要承担责任。其公式就是："没有前者，即没有后者。"条件说又分为必要条件说与有效原因说。在思维模式上，条件说与英美侵权责任法采用的必要条件的传统检验方法相似，其所采用的认定标准也与"要不则无"(all or nothing)规则大体相同。该理论实际上忽略了法律因果关系的特殊性，将哲学因果关系与法律因果关系混为一谈，把事实上的原因全部纳入了法律责任的范畴，援用条件说"所有原因的原因力相等"的主张，从而出现可能导致侵权责任范围不断扩大的危险。条件说将使法官讼累缠身，因为其在损害的分担方面无所作为。因此，现在多数大陆法系国家不再坚持条件说的因果关系理论，而在侵权行为法的因果关系认定方面寻求新的出路。①

2.相当因果关系说

相当因果关系说也被称为充分原因说，流行于西欧一些国家，创始人为德国心理学家冯·克里斯(Von Kries)，其基本含义是：行为人必须对以他的不法行为为"充分原因"的损害负赔偿责任，但是对于超出这一范围的损害不负民事责任，②即原因行为必须是损害结果的充分原因。这里的充分原因依冯·克里斯的解释是指那些客观地造成该损害事实频频发生的危险条件，即侵权人的介入构成了现存危险程度的因素。此学说从其创立至今，逐渐被德国、奥地利、瑞士、荷兰、瑞典等国法院所接受，近百年里，法学家引入公正原则和合法原则，使这一学说得到修正和发展。有学者指出，现代充分原因说主要包含了三方面的内容：(1)损害发生的可能性的认定；(2)公平原则的适用；(3)合法性的考察。其中第一项内容为充分原因说的核心，后两项为对其的矫正，以保证判决结果的妥当性。③

---

① 王旸：《侵权行为法上的因果关系理论研究》，《民商法论丛》1999年第11卷，第509页。

② 王家福：《中国民法学·民法债权》，法律出版社1991年版，第487页。

③ 王旸：《侵权行为法上的因果关系理论研究》，《民商法论丛》1999年第11卷，第519页。

在行为与结果之间有其他的介入条件使因果关系的判断较为困难，无法确定直接原因的，应当适用相当因果关系理论来判断。如果确认行为是损害结果发生的适当条件的，则认定行为与结果之间具有相当因果关系，否则为没有因果关系。

采用相当因果关系说，应当摒弃过去一直影响我国法律因果关系判断的“必然因果关系学说”。这两种学说的根本区别是：前者强调判断因果关系的客观标准是“可能性”，而后者强调的标准是“必然性”；前者的可能性取决于社会的一般见解，而后者强调的必然性则是客观的存在，与人的认识无关。相当因果关系学说的正确性在于：它不要求法官对每一个案件均脱离一般人的知识经验和认识水平，去追求客观的、本质的必然联系，只要求判明原因事实与损害结果之间在通常情形下存在联系的可能性，这不是依法官个人的主观臆断，而是要求法官依一般社会见解，按照当时社会所达到的知识和经验来做出判断，只要一般人认为在同样情况下有发生同样结果的可能性即可；其客观依据，则在于事实上这种原因事实已经造成了这样的结果。这样主观的认识和客观的根据就结合在一起了。这种要求，完全符合马克思主义认识论原理。而必然因果关系理论要求法官处理每一件具体案件，都要掌握其必然的、本质的联系，这恰恰违背了唯物辩证法的要求。

适用相当因果关系学说，关键在于掌握违法行为是发生损害事实的适当条件。适当条件是发生该种损害结果的不可缺条件，它不仅是在特定情形下偶然地引起损害，而且是一般情况下引发同种结果的有利条件。确定行为与结果之间有无因果关系，要以发生行为时的一般社会经验和知识水平作为判断标准，认为该行为有引起该损害结果的可能性，而在实际上该行为又确实引起了该损害结果，则该行为与该结果之间为有因果关系。

如何判断违法行为与损害结果之间具有相当因果关系，可以适用以下公式：

大前提：依据一般的社会知识经验，该种行为能够引起该种损害结果；

小前提：在现实中，该种行为确实引起了该种损害结果；

结论：那么，该种行为是该种损害事实发生的适当条件，因而，二者之间具有相当因果关系。①

3.盖然性因果关系说

盖然性因果关系说也叫作推定因果关系说，有人认为，盖然性因果关系说是日本人发明的，而且这一理论实质上不是完整意义上的因果关系之认定理论，而仅仅是因果关系的一种证明方式，是在原告和被告之间分配证明因果关系的举证责任的理论。其基本规则是，盖然性就是可能性。首先，侵权案件的受害人证

① 杨立新：《侵权责任法》，法律出版社2010年版，第79页。

明侵害行为与损害之间存在相当程度的因果关系的可能性即达到其证明责任的要求，然后再由被告对此进行反证。如果被告不能证明不存在因果关系，就认定存在因果关系；反之，如果被告能够证明不存在因果关系，就认定不存在因果关系。[①] 日本学者将这种学说称之为“优势证据”，在民事案件中，心证的判断只要达到因果关系存在的盖然性大于因果关系不存在的盖然性这一程度，便可认定因果关系的存在。[②]

在特定的场合，可以适用推定因果关系规则来认定因果关系。盖然性因果关系说就是一种推定因果关系。其基本要点，就是保护弱者，在被侵权人处于弱势，没有办法完全证明因果关系要件的时候，只要被侵权人举证证明到一定的程度，就推定行为与损害之间存在因果关系，然后由被告负责举证，证明自己行为与损害发生之间没有因果关系。盖然性说的因果关系理论或证明方式，克服了传统侵权行为法对受害人的专业知识、资料等要求过高的缺点，对于保护受害人，特别是处于弱者地位的受害人的利益，尤其是在产品责任案件、污染环境致人损害案件中发挥了重要作用，为实现社会的公平正义奠定了理论基础。

盖然性因果关系推定的适用方法如下：

第一，分清违法行为与损害事实的时间顺序。作为原因的违法行为必定在前，作为结果的损害事实必定在后。违背这一时间顺序性特征的，无因果关系。

第二，区分违法行为与损害事实之间是否存在客观的、合乎规律的联系。确定其间的因果联系，即在案件中，如果在违法行为与损害结果之间存在盖然性联系，则应解释为在法律上存在因果关系。盖然性因果联系的证明责任应当是由被侵权人承担。法官根据所积累的情况证明，如果可以作出与有关科学无矛盾的说明，即应当解释为法律上的因果关系得到了证明。

其推定形式是：

大前提：在一般情况下，这类行为能够造成这类损害；

小前提：这一结论与有关科学原理无矛盾；

结论：那么，这种损害事实是由这种行为造成的。

第三，由于这种因果关系是推定的，因而，还应当在损害事实与医疗行为之间排除其他可能性。当确定这种损害事实没有任何其他原因所致可能时，即可断定该种医疗行为是损害事实的原因，即推定因果关系成立。

实行盖然性因果关系推定，就意味着被侵权人在因果关系的要件上不必承担过重的举证证明责任，只需在证明了因果关系的盖然性之后，由法官实行

---

① 刘士国：《现代侵权损害赔偿研究》，法律出版社 1998 年版，第 67 页。

② 加藤一郎：《公害法的生成与发展》，岩波书店 1968 年版，第 29 页。

推定。①

(二)英美侵权责任法上的因果关系理论

英美侵权责任法理论中的因果关系理论采用两分法,即将因果关系分为事实上的因果关系与法律上的因果关系。在认定是否存在因果关系时,将因果关系分为两个层次,一是事实上的原因,二是法律上的原因。一般首先由原告证明"事实上的因果关系"存在,如果事实上的因果关系不存在,案件以原告的败诉结束。如果原告已经证明行为人的行为与损害后果之间存在因果关系,则再由法庭判断在法律上是否有充分理由使行为人对损害后果承担责任。

1. 事实上的因果关系

事实上的因果关系有时也被称为必要条件,是指从纯粹的事实角度观察行为人的加害行为与受害人受到的损害之间的客观联系。在任何一起侵权案件中总会发生很多的情况,但并不是每一种发生的情况都具有法律上的意义,因此就需要识别哪些情况会直接导致损害后果的发生,哪些不会。那些直接导致损害后果发生的事件被称为必要条件,即事实上的因果关系;而那些与损害后果的发生没有直接联系或者根本没有联系的事实,被称为次要条件。"损害的原因是一个有赖于人们通过常识加以判断的纯粹的事实问题"。事实上原因的认定,是在撇开考虑法律规定和法律政策的前提下,确认加害行为是否为损害结果发生的原因。事实上因果关系理论,强调在认识因果关系的起初阶段坚持以客观单纯的态度对待引起或者可能引起损害的事实,这一理论类似于我国民法学界认为的因果关系主要是强调原因和结果以及二者之间联系的客观性的主张。

确定事实上的原因通常有四种规则。一是传统规则,即 but for test 规则,就是"非他莫属"或称为"除非因为"。倘若没有被告的行为,原告就不会遭受损害,那么,被告的行为就是原告受损害的原因。二是实质要件规则,如果被告的行为是原告受损害的实质要件或者重要因素,那么被告的行为就是原告受损害的事实上的原因。三是复合原因规则,造成原告受损害的原因力不是单一的,如果是两个或者两个以上的原因力共同作用导致同一个后果,这就是复合原因。在分辨责任时,需要确立划分责任的标准,并确定各自承担赔偿的数额,如果不能分清各自原因力的大小,则应承担连带责任。四是其他方法,当以上方法都无法确认谁的行为是造成损害的实际原因时,原告必须证明被告当中有一个人的过失导致了他的损害,然后每一个被告都要证明自己的过失不是造成损害的实际原因。如果他们没有一个能够证明,那么他们就要共同为原告的损害负责。

2. 法律上的因果关系

---

① 杨立新:《侵权责任法》,法律出版社 2010 年版,第 83 页。

法律上的因果关系是指在确定行为人的加害行为与受害人的损害后果之间存在事实上的因果关系的前提下，如何确定行为人是否应当依法承担责任的问题。在确定行为人应当依法承担责任时，就认为存在法律上的因果关系，反之，则认为不存在法律上的因果关系。也就是说，在考虑是否存在法律上的因果关系时，所关注的不是事实本身，而是法律的规定、民事立法和司法政策以及社会福利和公平正义等价值方面的因素。此外，在此基础上，对什么是法律上的原因还提出了“相当说”“可预见性理论”“危险说”“直接结果说”等理论，英美法注重法律上的因果关系的原因，主要是其侵权行为法的结构和内容所决定。也就是说，它没有关于侵权行为的一般规定，没有关于民事责任的一般价值标准，法官在具体的审判活动中还肩负着造法的使命，这就要求法官在审理每一个具体的案件时要进行价值上的衡量和判断，考察是否存在法律上的因果关系。

英美法中对因果关系这种“两分法”的认识，一方面有助于原告证明事实上因果关系的举证责任，有助于法庭确定加害人是否应当承担民事责任的界限。即使存在事实上的因果关系，法官也并不一定判决行为人承担责任，还要考虑这种事实上的因果关系是否达到法律规定的要求。另一方面针对检验事实上的因果关系是否存在，以及考察法律上的因果关系的要求等问题，提出了具体的标准。这对我国研究民法因果关系具有一定的参考意义。[①]

关于法律上原因的确定标准，存在以下三种观点：

(1)近因理论。近因即是指没有被介入因素打破因果链的，当然地或盖然地引起危害结果的事实原因。

近因理论是英美侵权责任法因果关系的一种理论。按照一些学者的见解，近因一词大致包含了事实上的因果关系问题和可能被称为“法律上的原因”或者“应当承担责任的原因”问题两方面的内容，但是更多的是指后者。近因是使被告对原告承担责任的最近原因，是一种自然的、继续的、没有被介入因素打断的原因，没有这种原因，就不会发生原告受损害的结果。所谓最近，不必是时间或空间上的最近，而是一种因果关系上的最近，因此，损害的近因是主因或有效原因，附加原因、介入原因虽然在时间上或空间上是最近的，但并不是近因。

(2)可预见性理论，以行为人的主观认识为标准。

可预见性理论是普通法侵权行为法上因果关系认定的权威理论。其含义是，只有当非法行为所引起的损害在行为时具有可预见性时，才能成立法律上的因果关系。“可预见损害是属于一般常识认可的此种过失行为通常会引起的合理及可能结果的损害”。[②] 相当性判断中的“通常足生此种损害”实际上亦是一

---

① 艾尔肯：《医疗损害赔偿研究》，中国法制出版社2005年版，第119页。

② 龚赛红：《医疗损害赔偿立法研究》，法律出版社2001年版，第241页。

种预见性,因此两学说在理论构成和实践效果上是相通的。

适用于过失致人损害案件的近因的认定,有两层意思:过失行为人只对可以预见的损害承担责任;过失行为人要对全部可预见的损害承担责任。关于过失行为人要对全部可预见的损害承担责任这一点,主要是解决第三因素的介入所引起的损害问题。该理论主张,如果第三因素介入的机会是由过失行为人所提供的,第三因素介入的方式与将会造成的损害对该过失行为人而言是可以预见的,则该过失行为是最后损害的原因。①

(3)法规目的说。基于法律归责制度设立的目的,考虑各因素。

法规目的说主张侵权行为所生损害赔偿责任,应从规范的历史、体系及意旨探究该保护他人法律的规范目的,以决定其保护范围。② 法规目的说认为,相当因果关系说的内容抽象不确定,难以合理界定损害赔偿的范围,并且行为人就其侵害行为所生损害应否负责系法律问题,属法之判断,应依法规目的认定之。然而,如何判定法律规范目的及其所欲防范的危险,却非易事。其在操作上的不确定性,并不在相当因果关系之下。③

确定法律上的原因,一是分析直接原因,二是分析后果的预见性,三是分析介入原因。直接原因就是被告的行为与损害后果之间自然连续,没有被外来事件打断,被告的行为直接导致了损害后果。预见性,就是被告只对他在行为时可以预见的后果负责。而介入原因,是在被告的行为与损害后果之间,介入了外来的事件或者行动,与被告的行为结合起来导致损害结果的发生,介入原因的出现改变了事件发生的过程和结果,改变了当事人之间的关系与责任。当介入原因能够取代被告的行为的时候,被告的责任就可能得到原谅。④

(4)流行病学因果关系学说。⑤

这种理论是用医学中流行病学的原理来认定因果关系的理论,要点是:某种因素在某种疾病发生的一段时间存在着,如果发病前不存在该因素,则排除因果关系存在的可能;该因素发挥作用的程度越高,相应地患该病的概率就越高,换言之,该因素作用提高,病患就增多或病情加重;该因素作用降低,病患随之减少或病情好转;该因素的作用,能得到生物学的说明。这种理论以疾病在群体中的罹患率为参照系,即只要原告证明被告的行为与罹患率之间的随动关系,即为完成了证明责任。

---

① 江毅:《医疗损害民事责任研究》,中国医药科技出版社2007年版,第87页。

② 王泽鉴:《侵权行为法(第一册)》,中国政法大学出版社2001年版,第225页。

③ 强美英:《医疗损害赔偿责任分担研究》,知识产权出版社2010年版,第66页。

④ 杨立新:《侵权责任法》,法律出版社2010年版,第84页。

⑤ 王旭:《医疗过失技术鉴定研究》,中国人民公安大学出版社2009年版,第112页。

该理论要点有四:①该行为在发病前曾发生作用;②该行为作用的程度越显著,则患该病的概率越高(剂量效应关系);③该行为作用降低,患该病的概率或程度则下降;④该行为引起该疾病的结论与生物学的理论不能发生矛盾。如果以上四个条件统计作出合理程度的证明,即可认定二者之间具有法律上的因果关系,可以对复杂的因果关系作出有效的判断。

从流行病学因果关系说衍生个案因果关系说,可以根据流行病学因果关系说的一般原则认定因果关系。如与实际情况不符,只要不能否认污染和损害之间存在的可能性,结合被害者的病理症状、医学诊查结果,也可推定其因果关系。

(三)两大法系因果关系理论的趋同性①

从其本质出发,侵权行为法应该具有维权和限权的两方面机制。对于这一点的认识,大陆法系和英美法系并无不同,两大法系的立法者都期望侵权行为法"能够兼顾加害人的活动自由及受害人保护的需要"。② 正是基于对侵权行为法内在价值的共同认识,两大法系就侵权行为因果关系认定的理论才会出现趋同。

通过考察英美法系和大陆法系的司法实践,不管是英美法系的两个层次的因果关系确定还是目前在大陆法系国家占主导地位的相对因果关系说,在对待因果关系的认定问题时,均采取一种所谓的"两阶段"的认识模式。以医疗侵权之诉为例,英美法系认为患者如果想成功地指控医生负有医疗上的过失,需要证明医生的行为实实在在地对其造成了伤害。为了做到这一点,需要满足两个条件:

(1)事实上,被告对注意义务的违反给原告造成了伤害。

(2)被告的行为可以作为损害结果出现的直接原因。

根据英美侵权法的理论,第一点被称作"事实上的因果关系",而第二点则被称为"法律上的因果关系"。这两点共同构成了英美法系的因果关系认定理论。该理论认为,即使原告成功地建立了事实上的因果关系,他还需要进一步证明被告的行为从法律角度出发也是可以被控诉的,即法律上的因果关系。被告不能对因其疏忽而导致的一切行为负责,侵权行为法正是利用此原则来保护加害人,使其不至于承担过重的责任。

大体上认为一旦患者可以证明以下三个问题,那么行为和损害结果之间法律上的因果关系就应该判定成立。

(1)对损害的事实没有任何其他的合理解释;

---

① 古津贤:《医疗侵权法论》,吉林大学出版社2008年版,第168页。

② 王泽鉴:《债法原理(第一册)》,北京大学出版社2009年版,第3页。

(2)如果医生能够尽到注意的义务，这样的损害在通常情况下是不会发生的；

(3)医方有采取救治措施的能力。

在认定侵权行为的因果关系时，大陆法系也基本采取同英美法系相同的做法。在追究被告的侵权责任前，大陆法系各国的法典均要求原告首先能够向法庭证明因果关系在事实层面上可以毫无疑问地成立。只有在原告成功地做到了这一点之后，法庭才会接下来分析哪些损害在法律上是可以由被告人承担的。在大陆法系中，原告证明在事实层面上存在因果关系的过程实际上就是英美法系的"事实上的因果关系"证明；而法律对于被告责任的分析实际上就是英美法系的"法律上的因果关系"的判断。只不过，大陆法系习惯上称因果关系论证的第二阶段为"相当因果关系"的证明，而将事实上的因果关系称之为"必要条件"。

此外，还应该注意到两大法系因果关系认定理论的趋同性还表现在英美法系关于侵权案件的判例也越来越对大陆法系产生影响。英美法系中一些典型侵权案件的审理结果，以及法官从该案件审理中所得出的结论对大陆法系的作用和潜在的影响都是不容忽视的。比如，麦吉诉国家煤矿董事会案就是这一影响的很好的诠释。这是一起发生在英国的案件，但是其判决的结果却影响了两大法系关于侵权行为因果关系认定的理论。

## 五、因果关系的认定①

在我国的侵权法理论中，认定行为与结果之间的因果关系，既应当借鉴国外的因果关系理论的经验，又要根据我国的具体情况，从以下几个方面进行认定：

### (一)时间上的顺序性

在原因和结果之间，必然存在时间上的顺序性。凡原因现象必然先于结果现象出现。因此，只有先于结果出现的现象，才可能为其原因；凡后于结果出现的现象，均不可能成为原因，而应被排除在因果关系的认定范围之外。基于时间上顺序性的要求，如果原告方不能证明加害人的行为是在损害结果发生之前实施的或者被告方能够证明受害人所受的损害发生在加害人的加害行为实施之前，则说明加害人的行为与受害人的损害之间不存在因果关系。

### (二)原因现象的客观性

作为原因的现象应当是一种客观存在。只有外化的加害人的具体行为，才可能构成原因。相反，加害人的内在心理状态或受害人的主观猜测、估计等均不可能成为原因。损害结果也应当是客观的。

---

① 张新宝：《侵权责任法原理》，中国人民大学出版社 2005 年版，第 62 页。

(三)必要条件的检验

原因是结果的必要条件。其基本含义是,作为原因的现象应当是作为结果的现象的必要条件。其检验方法主要有三:

第一种是反证检验法(but for)。即提出一个反问句:要是没有甲现象,乙现象也会出现吗?如果回答是肯定的,则甲现象不是乙现象发生的原因;如果回答是否定的,则甲现象可能为乙现象发生的原因。“假如没有(but for)被告的过错行为,原告的损害就不会发生的话,那么被告的过错行为就是损害发生的一个原因。这并不排除还存在其他相关的原因”。

必要条件的另一种检验方法是所谓“剔除法”(elimination)。其特点是在思维上重建一个模拟的模式,排列各种可能的原因现象,然后一个接一个地剔除这些现象,观察结果现象是否会发生。如果某一现象被剔除时结果现象仍然发生,则认定被剔除的现象不是原因。

必要条件的最后一种检验方法是所谓“代替法”。它不是把加害人的行为从案情中剔除出去,而是在思维模式上将其加害行为由一合法行为所取代。如果被取代后,仍然发生损害后果,则被告的违法行为不是原因;反之,被告的行为就是原因。

(四)实质要素的补充检验

实质要素(substantial factor)的补充检验不是对必要条件检验方法的否定,而是对必要条件检验方法的一种补充。其基本含义是,如果加害行为实际上足以引起损害结果的发生,那么它就是引起损害结果的原因。考虑到实质要素的补充检验与必要条件检验的关系,在具体适用中,我们总是先适用必要条件的三种检验方法,只有在必要时才补充适用实质要素的检验方法。

上述四个方面的检验,既考虑到哲学上因果关系的共性,又充分体现了侵权责任法中因果关系的个性。通过这四个方面的检验,我们能排除各种无关的或相关的非原因因素,找到具体案件中引起损害结果的真正的实际原因。

## 六、因果关系认定的法律意义

就损害赔偿责任而言,因果关系的功能有两个:一方面,因果关系是损害赔偿责任的构成要件,即行为与损害结果之间必须具有因果关系,损害赔偿责任才成立;另一方面,因果关系决定损害赔偿的范围,即只有与行为具有因果关系的损害,才属于赔偿范围中的损害。[①] 因此,大陆法系通常将因果关系区分为责任成立因果关系和责任范围因果关系。所谓责任成立的因果关系,是指可归责的

① 曾世雄:《损害赔偿法原理》,中国政法大学出版社2001年版,第95页。

行为与权利受侵害(或保护他人之法律的违反)之间具有因果关系。而所谓责任范围的因果关系,是指权利受侵害与损害之间的因果关系。[①] 责任成立因果关系属于构成要件,责任范围因果关系则属于损害赔偿范围的问题。[②]

侵权行为法担负着两方面的责任。从受害人的角度出发,侵权行为法主要的职能是保护受害一方,利用法律的手段追究侵权者的责任,使受害一方的损失得到补偿,从而使受到外界扭曲的法律关系得以恢复到初始状态。然而,从加害人的角度出发,侵权行为法的主要职能则是保护其免遭受害人不合理的索赔要求。因果关系的证明与建立就是履行这一职能的最好机制。如果原告可以就其所受损失与加害人行为之间建立起因果关系,那么加害人对于被害人的损失就需要承担责任;反之,则不需要。因此,因果关系的证明在某种意义上是为加害人的责任划定了范围。侵权行为法的目的绝不是在于,弥补一个受到伤害的法律关系的同时又造成了另一个新的不公正的结局。[③]

因果关系的证明是医疗损害赔偿案件中最重要的环节,但也同时是最困难的证明事项。让对医学并不了解的患者或家属证明因果关系的存在,在一般情况下是非常困难的。在举证责任分配方面,可采用"谁主张,谁举证"以及特定条件下举证责任转移的方式。在一般情况下,应由患者就医疗机构存在过错承担初步的举证责任。在实践中,该举证责任可以通过提交相关证据或专业鉴定的方式完成。在有证据证明医疗机构存在过错的情况下,因果关系的举证责任则转移至医疗机构,即由医疗机构就其过错与患者的损害后果之间没有因果关系承担举证责任。如果医疗机构没有充分的证据证明其过错与患者的损害后果之间没有因果关系,则可推定该因果关系成立,医疗机构应承担医疗侵权责任。根据目前的法律规定,因果关系的证明应由患方承担,但患方实际上是难以单独完成该项举证责任的,在这种情况下,患方可以通过申请鉴定来完成该项举证责任。[④]

在医疗纠纷案件的审理中因果关系的判定是责任判定的核心,审判法官应首先明确"因"之所在、"果"之所存。在"因""果"明确存在的前提下,运用"二元化"的因果关系理论,对因果关系进行事实上和法律上两个层面的分析。在借助专业技术鉴定结论对事实上因果关系进行认定的同时,法官结合自身的背景知识和法律价值观,得出符合社会公共利益的法律因果关系判断,作出合乎法律规定和医学理论认可的公正裁判。

---

① 王泽鉴:《侵权行为法(第一册)》,中国政法大学出版 2001 年版,第 189 页。

② 王利明:《侵权行为法研究》,中国人民大学出版社 2004 年版,第 391 页。

③ 古津贤:《医疗侵权法论》,吉林大学出版社 2008 年版,第 167 页。

④ 陈志华:《医疗损害责任深度释解与实务指南》,法律出版社 2010 年版,第 88 页。

## 第二节 医疗损害责任中的因果关系

在医疗损害赔偿诉讼中，医疗过失行为与损害结果之间是否存在因果关系是构成医疗损害赔偿责任的必备要件之一，也是确定其责任归属的客观基础。引起医疗损害事实发生的各种因素通常包括医师的诊疗行为，医院的设施功能，患者的病情、体质及其行为，第三人的行为等，都是分析因果关系中具体原因时所考虑的方面。这种原因可能是上述中的一个事实，也可能是数个或全部事实，而患者及其亲属遭受的人身损害和财产损失则是因果关系中的结果。在医疗损害赔偿责任中能否对因果关系作出客观、正确的认定，决定着医方是否应承担损害赔偿责任及在多大范围内承担赔偿责任这两个关键问题。在司法实践中，正确理解和运用损害赔偿责任中的因果关系理论，客观公正地认定引起这种损害结果真正的、全部的事实原因和法律原因，对依法保障和维护医患双方当事人的合法权益，公正合理地裁决医疗损害赔偿诉讼案件具有重要的理论指导意义。[①]

### 一、医疗损害责任中因果关系的表现形式

（一）根据因果关系的形态划分

（1）一因一果。

（2）多因一果。

（3）一因多果。

（4）多因多果。

（二）根据原因力划分[②]

因果关系可以是一因一果，也可以是多因一果。在多因一果时，会有几个原因共同作用，这些原因的合力和结果有直接因果关系，但它们的作用大小有区别，即原因力大小不一，这时应当区分主要原因、次要原因和诱因：

（1）主要原因。多因一果时，引起结果的诸因素中，起主要作用的因素即主要原因。主要原因的原因力较大。

（2）次要原因。多因一果时，引起结果的诸因素中，除主要因素外的其他因素为次要原因，其原因力小于主要原因。

（3）诱因。诱因是医学因果关系研究中的一个重要概念。医学因果关系根据各种致病因素对发病的作用力程度，将致病因素分为基本病因和诱因。其中

---

① 艾尔肯：《论医疗损害赔偿责任中因果关系理论》，《辽宁大学学报》（哲学社会科学版）2007 年第 5 期。

② 张秦初：《防范医疗事故与纠纷》，人民卫生出版社 2006 年版，第 133 页。

基本病因是对发病产生决定性作用的病因，诱因是指能诱发和促进基本病因发作的外部因素。例如，慢性心功能不全的基本病因为引起心脏负荷加重和心肌发生病变的各种病因（如高血压、肺气肿、心瓣膜关闭不全、心肌炎等）；其诱因可能是各种感染、过重的体力劳动、情绪激动、严重的心律失常、输液过量或过快、摄入钠盐过多等。关于诱因对医疗损害中因果关系的法律价值，一般认为，如果诱发或促进基本病因发作从而引起不良后果的外部因素是医疗过失行为，如输液过量或过快诱发急性心功能不全，那么这样的诱因在法律上构成医疗过失行为，并且与不良后果有因果关系，医疗机构应当承担相应的责任。

（三）根据医疗行为与患方因素的竞合划分[①][②]

（1）如果医疗行为存在过失，且造成了人身损害后果，则医疗行为与损害后果之间有因果关系。如某医师在为孕妇施行流产术时发生子宫穿孔，当时未发现，后来该孕妇发生急性腹膜炎，手术探查为肠破裂，后行肠修补术。该医师的过失与患者肠破裂有着直接的因果关系。

（2）医疗行为存在过失，且发生了人身损害后果，虽然医疗行为与损害后果之间有因果关系，但该过失行为只是损害结果产生的部分原因。如患者因胫骨骨折行内固定术，术者将一枚螺钉打在骨折两断端之间，因电解反应不利于骨折愈合，而患者没有遵从医嘱按时复查，过早下地负重行走，后钢板断裂。术者操作不当的过失只是导致钢板断裂的部分原因，患者没有按时复查并过早下地负重行走，也是导致钢板断裂的部分原因。

（3）医疗行为存在过失，患者也发生了人身损害后果，但医疗行为的过失与损害后果之间没有因果关系。如某患者住院行甲状腺瘤切除术后发生切口感染，切口感染与术者术中止血不彻底，术后发生血肿有关，术者存有过失。但患者在切口愈合后准备出院的当日发生心源性猝死，术者医疗行为的过失与死亡结果之间没有因果关系。

（4）医疗行为虽有过失，但并未造成患者的损害后果，医患双方不存在侵权意义上的因果关系。如某护士给患者错发丹参滴丸，经调查，此事确实存在，但并未造成人身损害后果。该护士应向患者赔礼道歉。

（5）医疗行为不存在过失，却发生了患者死亡或残疾的后果，但医疗行为与损害结果之间并无因果关系。如某患者住院行内痔结扎术，术后一周患者猝死，经尸检为肺动脉栓塞，导致急性呼吸、循环功能障碍而死亡。患者死亡与医疗行为无关，属于医疗意外，医疗单位依法不应承担侵权赔偿责任。

（6）医疗行为不存在过失，也未发生患者死亡、残疾的后果，当然不存在医疗

① 王振中：《医疗纠纷官司证据指导》，法律出版社2008年版，第82页。

② 单国军：《医疗损害》，中国法制出版社2010年版，第97页。

行为与损害后果之间的因果关系。此类医疗纠纷的发生多是由于医务人员说话不注意、态度生硬、对疾病解释不周或不细;还有的是因为患方对治疗方案、治疗方法不理解,甚至是有的患者及其亲属出于赖账、拖欠医药费等目的故意为之。此类纠纷的处理,医疗机构一是要勇于正视自身的不足,加强医德医风教育;二是要善于运用法律武器维护自身合法权益。

## 二、医疗损害责任中因果关系的认定

在法学概念上,上文所说的认定就是直接确认的意思。

(一)医疗损害责任中事实因果关系的认定

(1)依据事实本身证明学说进行认定。一般情况下,医疗过失行为与医疗损害结果之间因果关系的联系比较明确,即在这种过失行为与损害结果之间没有介入外来的、偶然因素的影响,医患双方当事人对损害事实及其损害后果之间存在的因果关系一般也无争议。对这类案件可依据事实本身证明学说认定其是否存在因果关系,即以事实本身说明是否存在因果关系。例如,患者因子宫肌瘤就诊,施行子宫切除术后发生一侧输尿管损伤,术中术者存有操作不当的过失,输尿管损伤的事实和术中术者存有操作不当的事实本身已经证明术者的过失与损害后果之间具有因果关系。事实本身证明学说适用于患者及其亲属遭受的医疗损害明显是由于医疗过失行为所造成的,因果关系较为确定的情况。依据这一学说,在诉讼中受害人及其亲属只要能举证说明自己主张的事实即可,而由医方来举证此种损害结果与自己无关或属于免责的范围。

(2)依据技术鉴定方法进行认定。在某些情况下,医疗损害后果有可能是多种因素造成的。但究竟是哪些因素,只凭借经验方法难以确定,这就需要依靠技术鉴定方法:委托鉴定机构运用专门知识和现代科技手段对有争议的医疗损害事实的因果关系进行检测、分析、鉴别后作出鉴定结论。例如,患者股骨或胫骨粉碎性骨折,对其施行内固定术后发生钢板断裂,这种情况的发生受多种因素的影响,如骨缺损影响骨折的愈合,钢板的质量,内固定操作是否妥当,是否应配合外固定,术后医方有无进行康复指导,在康复过程中患者有无遵从医嘱循序渐进地进行康复锻炼,等。因此,对有关钢板断裂损害赔偿诉讼案件,就必须委托鉴定机构就医疗损害的事实原因作出是否存在因果关系的认定。鉴定结论作为证据的一种,对医疗损害赔偿责任中因果关系的正确认定起着决定性的作用。也就是说,由于医疗行为的高度专业性,对大量出现的医疗损害赔偿案件中因果关系的认定问题就显得非常复杂,这就要求对事实因果关系的认定必须依靠技术鉴定的方法。

(3)事实因果关系的推定。所谓推定是指根据已知的事实或公认的科学原理，对未知事实所进行的推断和判定。在某些情况下，如果证明医疗损害事实的证据已经灭失，或者即使通过技术鉴定方法也无法对损害事实因果关系作出认定，就需要依据事实因果关系的推定，认定医疗损害赔偿责任中的因果关系。如闭合性骨折患者在术后发生多耐药性金黄色葡萄球菌所致骨髓炎。闭合性骨折手术为择期性无菌手术，切口内本无细菌，若术后发生骨髓炎，则细菌应为手术过程中植入。骨科无菌手术对术野皮肤要求相当严格，术前如患者皮肤条件不好，应待条件成熟后手术，医方既然决定施行手术，说明患者皮肤不存在不利于手术的条件。骨科无菌手术对术野消毒的要求相当严格，经过严格消毒后，不应该存在多耐药性金黄色葡萄球菌。经细菌培养加药敏试验，发现为多耐药性金黄色葡萄球菌感染，且患者切口感染为医院获得性感染，即医源性感染，根据盖然性原则，只能为医方术前皮肤准备不足、术中皮肤消毒不规范、手术室空气消毒不严格、手术无菌操作不规范、手术器械消毒不合格，或者植入物植入过程未严格执行无菌操作、术者操作不规范等因素导致多耐药性金黄色葡萄球菌植入引起的感染。骨髓炎感染途径有血源性感染、创伤性感染和蔓延性感染等。根据鉴定材料，无证据表明患者存有疖肿、脓肿等感染病灶；且患者为闭合性骨折，也不存在细菌从伤口侵入骨组织的情形，因此无证据证明患者为血源性感染和创伤性感染。患者在内固定术后发生切口多耐药性金黄色葡萄球菌感染，后造成蔓延性感染，这是导致患者骨髓炎的直接原因。根据盖然性规则，应为医方在术前、术中某一环节存有疏漏之处，导致细菌在手术过程中植入。

应当注意的是，必须是在无法证明是否存在因果关系，且已排除了医疗损害是由受害人或第三人的行为所致时，从保护医疗损害受害人权益的角度考虑，并在符合社会政策和立法精神的前提下，才能采用推定的方法进行认定。

（二）医疗损害责任中法律因果关系的认定

医疗损害赔偿责任中法律因果关系是指在确定了医疗过失行为与损害结果之间存在事实因果关系的前提下，根据认定医疗过失行为是否具有违法性，从而最终确定医方是否应当依法承担赔偿责任。其目的在于对医疗损害行为的可归责性以及医方承担赔偿责任的范围进行价值上的衡量和判断。在考察是否存在法律上的因果关系时，所关注的不是事实本身，而是法律法规的规定、民事立法和司法政策以及社会福利、公平正义等价值方面的要素。法律原因认定的实质在于法律对医疗过失行为与损害结果之间的因果关系所作出的价值判断，是将事实上的因果关系与医疗损害赔偿责任相衔接的重要环节。

(1)依据相当因果关系理论进行认定。在认定医疗损害赔偿责任法律上的因果关系时，必须坚持运用相当因果关系理论来认定医疗过失行为与损害结果之间是否存在因果关系。从逻辑联系上看，只要依据在实施医疗行为时的医学科学规律，某种医疗过失行为能够引起某种损害后果，二者之间就存在相当因果关系。在利用该理论分析法律因果关系时，不必要求医疗过失行为与损害后果之间有直接因果关系。如某一重症服毒自杀患者，即使经医方全力抢救也可能会死亡，但如果医师怠于施救，就会使这种不作为行为与死亡结果之间仍存在因果关系，因为医师主观上有过失，客观上违反了积极施救的义务。此外，医疗损害赔偿责任中因果关系的存在也不要求损害事实必然发生，只要是在当时的情形下有发生损害的可能性，即可认定存在因果关系。如在给某一患者做切除其病变组织手术时，本应一次性全部切除，但由于病理检验报告有误，医师只进行了部分切除，导致患者进行了第二次手术。虽然未造成事实上的重大损害，但实质上增加了产生损害的可能性，使患者又一次面临产生损害的危险。因此，相当因果关系说的重点，在于行为人增加受害人既存状态的危险或使受害人处在与本应面临的危险不相同的危险状态之中，行为人的行为即构成结果发生的相当性原因。

(2)依据可预见性理论进行认定。依据相当因果关系理论在法律上认定存在医疗损害赔偿责任因果关系后，在确定医疗损害赔偿责任的范围时，应当依据因果关系中可预见性理论来认定与法定的损害赔偿具体项目之间是否存在因果关系，以确定医方承担何种损害赔偿责任。可预见性理论是在英美法中占据主要地位的关于法律因果关系的一种理论学说。这一理论认为对一个构成事实上的原因的行为，如果损害结果是在行为人能够预见的范围内，该行为便构成法律上的原因，其预见的范围是以"理智之人的预见力"作为其确定标准。它要求加害人只要违反了对他人的通常注意义务，就必须承担由受害人个人体质易受损害的弱点所带来的危险。若医疗行为违反了对患者通常的注意义务，即使患者具有特异体质或疾病状态，只要发生了损害后果，就应当认定医疗过失行为与损害后果之间存在法律上的因果关系。但是，需要强调的是，由于医疗行为自身所具有的特殊性，医疗损害赔偿责任中法律上因果关系的认定，除了运用相当因果关系理论和可预见性理论指导外，还必须依据法律、法规、规章、医学文献以及医疗合同的约定，分析和认定法律因果关系中的原因是否存在以及因果联系的密切程度，进而明确界定医疗损害赔偿的可归责性问题。①

(三)医疗损害责任中逻辑推理因果关系的认定②

英国哲学家穆勒归纳了逻辑推理因果关系的基本方法，分为求同法、求异法、共变法和剩余法等。这些方法成为医学统计学以及法律因果关系推理的基础，它们可以被归纳为以下四点：

---

① 艾尔肯：《论医疗损害赔偿责任中因果关系理论》，《辽宁大学学报》(哲学社会科学版)2007年第5期。

② 王旭：《医疗过失技术鉴定研究》，中国人民公安大学出版社2009年版，第109页。

(1)相同的结果必然有相同的原因。例如，产科中巨大儿的生产最容易产生纠纷。巨大儿经阴分娩中，容易发生头难产或肩难产，导致胎儿窒息或臂丛神经损伤。虽然产妇的年龄、身高、产道等因素不同，胎儿体重有差异，但难产发生的共同原因都是绝对头盆不称或相对头盆不称，这个推断就是通过求同法得出的。

(2)不同结果必然有不同原因。例如，患者肱骨骨折，术前未发现存有桡神经损伤。肱骨骨折内固定术后一般不会发生桡神经损伤，如术后发生桡神经损伤，必然是术者术中未注意对桡神经的保护，这个结论就是用求异法得出的。

(3)变化的结果必然有变化的原因。例如，输液的速率对患者的心率的影响，输液的速率快，患者的心率就增加，输液速率越快，心率增加越明显。输液速率和心率之间的共变关系，说明输液速率的改变是心率改变的原因，这个结论就是用共变法得出的。

(4)剩余的结果应当有剩余的原因。例如，骨髓炎的发生有血源性感染、伤口污染、医源性感染、患者免疫功能低下等多种原因，如医方不能证实患者存在血源性感染、伤口污染和免疫功能低下的情形，骨髓炎的发生则与医源性感染有关，这个结论就是用剩余法得出的。

在医疗损害责任认定中，最为重要的是因果关系的分析，而要做好这一点，首先要建立多因一果或多因多果的思维理念；其次要有丰富的临床医学的功底；再次要有深厚的因果关系分析的能力。因果关系的分析无论在鉴定中还是在审判中都是至关重要的。一份责任认定书的好坏，都必将体现在因果关系的分析说明中。

就事实上因果关系之决定过程而论，事实上原因的存在与否，并非仅依赖事实上之证据即可得之，而需就获得之证据加以诠释。判断者(无论是鉴定人还是法官)就证据所显示的事实加以诠释，在获得判断的过程中，无法免除判断者个人知识能力对判断的影响。而这种知识能力，与判断者个人过去的经验、性格、知识水平、技术能力息息相关。在判断过程中，每个人所进行的判断已经并非“事实”判断，而具有“评价”的含义。这也是医疗过失鉴定与判决常常引发争议的原因之一。因此应提高鉴定人的准入门槛，加强对鉴定人的培训；鉴定人应增强自我学习能力，提高自身的业务判断能力，减少个人素质因素对鉴定结果的影响。

在鉴定判断时，判断者企图达成的目的无疑将影响判断结果，例如有些事实推论含有目的性判断。此点在医疗纠纷鉴定中，表现得尤为突出。比如说目前整个社会都在认同一个事实：患方是弱者，是弱势群体，是需要保护的。因此，作为鉴定人，常常“希望”鉴定结论有利于患者，这对处理案件有利，也是大多数法官所希冀的，因为法官的职责是定纷止争。同时，患方是个人，利益明确；医方是团体，财力相对充裕。作为鉴定机构和鉴定人员，他们是第三方，出具的鉴定结论除了追求事实之外，还要保证当事人“不闹”，而“不闹”的最好方式是“倾向”。

再者，有研究表明，80%的医疗问题是难以区分对与错的，这样的结果无疑会造成鉴定“倾向”于患方。鉴定对医疗行为评判得过严，长此以往，将不利于整个医学的进步与发展。①

# 第三节 医疗过失参与度等级的划分

参与度是赔偿医学为法学上确定因果关系而发展起来的新概念，是指被诉过错行为在导致损害结果发生中所介入的程度或其作用的大小，即原因力的大小。② 医疗过失参与度，是指在导致医疗损害结果发生的诸多因素中，医疗机构及医务人员的过失行为所占的比例，其理论依据在于许多医疗损害结果的发生是多种因素所导致的，即人们常说的“多因一果”或“多因多果”。在确定医疗过失赔偿责任的过程中，应当适用原因力规则，即法医学通常所说的损害参与度来确定医疗机构的赔偿责任，使医疗机构仅承担以医疗过失行为作为原因力所造成的那部分损害的赔偿责任，公平合理地保护受害患者的合法权益，同时又避免医疗机构承担过重的赔偿责任，影响其利用、发展新兴医疗技术的积极性，或者促使其把赔偿责任转嫁于全体患者，从而损害更多人的正当利益。③

## 一、医疗过失赔偿责任的原因力规则

在医疗过失赔偿责任中，原因力规则被广泛采用，并且被称为“损害参与度”或者“医疗过失(错)参与度”。目前司法实务界对损害参与度这个概念的使用并不规范，对此概念有损害参与度、疾病参与度、医疗参与度、过失(错)参与度以及责任程度等不同表述。事实上，这些概念都是指医疗过失赔偿责任中的原因力程度。一般认为，疾病参与度或者损害参与度，是指在医疗事故造成的损害结果与患者自身疾病共同存在的情况下，前者在患者目前疾病状态中的介入程度。④也有专家认为，所谓损害参与度，是指侵权行为因素、其他因素与现存损害结果之间的联系程度，其实质就是造成人身损害的侵权行为与损害结果的因果关系大小问题。损害参与度的认定所要解决的是医疗损害行为对损害结果的发生所起的作用的比例和概率大小问题，并进而确定医疗损害主体赔偿责任的范围和比例。⑤ 有学者认为，损害参与度是一个概括的概念，即各个不同原因在

① 王旭：《医疗过失技术鉴定研究》，中国人民公安大学出版社 2009 年版，第 133 页。

② 何颂跃：《医疗纠纷与损害赔偿新释解》，人民法院出版社 2002 年版，第 23 页。

③ 杨立新：《医疗过失赔偿责任的原因力规则》，《法商研究》2008 年第 6 期(总第 128 期)。

④ 陈志华：《医疗事故赔偿项目及计算方法(五)》，《中国医学论坛报》2003 年 9 月 4 日。

⑤ 汪涛等：《医疗损害的性质、构成要件与认定损害参与度的意义》，http://www.tongchenglawfirm.com/ReadNews.asp? NewsID=510。

导致损害的过程中所起的作用的程度；疾病参与度侧重于患者自身疾病原因，是患者的疾病在导致医疗损害过程中所起的作用的程度；医疗参与度与过失（错）参与度侧重于医疗机构一方的原因，是医疗机构一方医疗行为或者医疗过失（错）在导致损害的过程中所起的作用的程度。这些不同的表述，尽管都谈及参与度，但侧重点各不相同。①

原因力是指在产生侵权损害赔偿责任的共同原因中，违法行为和其他因素对损害结果的发生或扩大所发挥的作用力。原因力的区分实际上就是因果关系程度的区分。② 原因力的基本规则是，在数个原因引起一个损害结果的侵权行为案件中，各个原因构成了共同原因，每一个原因对损害结果的发生具有不同的作用力；无论共同原因中的每一个原因是违法行为还是其他因素，行为人只对自己的违法行为所引起的损害结果承担与其违法行为的原因力相适应的赔偿责任份额，对于非因自己的违法行为所引起的损害结果，行为人不承担赔偿责任。③

在医疗损害赔偿责任中，医疗过失行为与其他因素（如患者自身的疾病原因）共同结合造成了同一个医疗损害结果。由于医疗过失行为与其他因素各有其不同的原因力，因此医疗机构仅对由自己的医疗行为过失所引起的那一部分损害结果承担赔偿责任，而对由患者自身原因等引起的那一部分损害结果不承担赔偿责任。可见，原因力规则，在法医学上就被表述为损害参与度。而损害参与度就是原因力规则在医疗过失赔偿责任中的具体应用，是侵权行为法在理论和实践中对法医学概念的"挪用"。④

在因果关系分析中，通常先表达因果关系的性质（直接、间接、诱发、加重等），再综合作出"原因力"的判断。在医疗纠纷司法鉴定实务中最常使用的是医疗过失参与度的概念。⑤ 根据医疗过失行为在导致损害后果发生中的原因力大小，确定医疗过失参与度。法官根据鉴定所认定的原因力，结合案件其他因素（是否存在加责或减责因素）作出相应的裁决（体现法官自由裁量权）。

严格来讲，鉴定人不宜将参与度具体数字化，此举有代替法官之嫌，责任比例的确定应当是法院的职权，而非鉴定人的工作。鉴定结论对责任比例的划分仅仅是法院确定医疗机构应承担责任的参考。

## 二、医疗过失参与度等级的划分

关于医疗过失参与度、损害参与度的等级划分，目前国内的法律没有强制性

---

① 杨立新：《医疗过失赔偿责任的原因力规则》，《法商研究》2008年第6期（总第128期）。

② 王利明：《侵权行为法归责原则研究》，中国政法大学出版社1992年版，第382页。

③ 杨立新：《医疗过失赔偿责任的原因力规则》，《法商研究》2008年第6期（总第128期）。

④ 杨立新：《医疗过失赔偿责任的原因力规则》，《法商研究》2008年第6期（总第128期）。

⑤ 北京司法鉴定业协会：《关于办理医疗过失司法鉴定案件的若干意见》，〔2009〕5号。

规定，但有不同表述，国内外部分划分等级的方法介绍如下。

（一）事故参与度（寄与度）①

参与度（寄与度）或称过失参与度，是因果关系判定中过失和不良后果之间关系的一种概率表示法，是概率因果关系的实际应用，当概率达到50%以上，认为因果关系存在。概率越高，因果关系越肯定，达到100%，则认为二者间为必然因果关系。因果关系在50%以下则认为因果关系不确定。概率越低，因果关系越不可靠，概率为0%，表明无因果关系。

参与度（寄与度）是日本法医学家渡边富雄提的出，为解决道路交通事故受伤人员伤残后果和事故本身之间因果关系而设的一个指标。参与度是一种因果关系的判定方法，是指事故本身对后果产生的原因力的大小。损害赔偿案例中的因果关系不是简单的二者择一，要根据行为造成损害的程度和范围，按量和比例将其反映于赔偿额中，因此，寄与度的意义在于使赔偿量化。渡边富雄认为，在道路交通事故死亡原因判定中，事故原因、既存疾病和死亡之间关系是复杂的，在判定它们的关系时，简单的“全或无”的观点，即非此即彼的看法是不全面的。事故原因和既存疾病二者共同作用造成死亡的情况是很多的。已有某种既存疾病的人，于交通事故后死亡，根据事故原因对死亡寄与何种程度的关系来判断当事人应承担什么样的责任，如二者之间存在因果关系，当事人应对有因果关系的部分负赔偿责任。

寄与度可以被认为是从概率角度来看待因果关系，因此，事故寄与度是按照事故原因力概率大小进行分类的一个实际应用。

渡边设计的事故参与度共分为11个级别：0%、10%、20%、30%、40%、50%、60%、70%、80%、90%、100%。

按可信度，渡边把寄与度划分为不同情况。

（1）确实性。包括寄与度0%和100%两种情况。0%表示事故和后果无关，100%则表示事故和后果有完全的关系，0%和100%就是我们常说的“全或无”（all or nothing）。

（2）可能性。寄与度＜50%，表示因果关系认定困难，可以减少赔偿费。可以认为，可能性就是低概率因果关系。

（3）盖然性。寄与度≥50%，表示因果关系肯定，对有因果关系的部分应承担赔偿责任，如寄与度80%，则应按赔偿费的80%付出赔偿。盖然性就是高概率因果关系。

（二）外因相关度判定五等级判定标准

1990年吴军等在日本赔偿医学杂志上发表了《在赔偿医学中判定伤病及其

---

① 张秦初：《防范医疗事故与纠纷——写给医生》，人民卫生出版社2006年版，第119页。

他的因果关系问题》一文。在该文中，吴军等提出了在损伤和后果有直接关系的情况下，损伤对后果发生的作用大小比率分别为100%、75%、50%、25%；无因果关系时，比率为0%的五等级标准构想。这个建议对日本的赔偿医学外因的参与度制定有不小的影响。

1994年大阪大学法医学教授、第三任日本赔偿医学会理事长若杉长英，在参考吴军、渡边标准的基础上，提出了更易理解的五等级判定标准(见表1)。

**表1　若杉长英制定的外因相关度判定基准**

| 分类 | | 说　明 | 外因的相关程度 | |
|---|---|---|---|---|
| | | | 医学的判断 | 判定 |
| 普通类型 | A | 确实判定现存的肉体、精神的障害或死亡是外因的直接结果，或者是外因的继发症、合并症的结果所致，即使存在“既往症状”也无考虑的必要时。 | 约全部 | 100% |
| | B | 判断现存的肉体、精神的障害或死亡是外因的直接结果，或者是外因的继发症、合并症的结果所致，但与“既往症状”的关系不能否定场合时；即，如果没有“既往症状”的存在，不会出现现存的高度障害，也不至于出现死亡，或者需更长期间才会死亡的情况时。 | 约3/4 | 75% |
| | C | 判断现存的肉体，精神的障害或死亡是由于外因的直接结果，或者是外因的继发症、合并症的结果所致，但与“既往症状”具有同等程度的场合时。 | 约1/2 | 50% |
| | D | 判断现存的肉体，精神的障害或死亡主要是由“既往症状”的结果所致，但与外因的直接结果，或者是外因的继发症、合并症的关系不能否定场合时；即，如果没有外因的直接结果，或者外因继发症、合并症的存在，不会出现现存的高度障害，也不至于出现死亡，或者需更长期间才会死亡的情况时。 | 约1/4 | 25% |
| | E | 确实判断现存的肉体、精神的障害或死亡是由“既往症状”的结果所致，即使存在外因的直接作用或者外因继发症、合并症，也无考虑的必要时。 | 基本否定 | 0% |
| 特殊类型 | F | 由既往伤病及它的继发症、合并症引起外因，并因外因的作用导致现存的肉体、精神障害出现以及死亡的发生时。 | 既往症状是原因，外因为继发症 | 另外判断 |
| | G | 由既往伤病及它的继发症、合并症引起死亡，并在死亡后导致事故的发生。 | 无关 | 0% |

（三）国际赔偿医学五等级法[①]

国际赔偿医学较为一致的观点是采用五等级法对患者所诉医疗损害案件中医疗过错的参与度进行评定，此方法在我国司法鉴定领域也被大量运用。参与度是赔偿医学为法学上确定因果关系而发展起来的新概念，是指被诉过错行为在损害结果发生中所介入的程度或其作用的大小，即原因力的大小。

五等级标准指的是：

一是必然因果关系。所诉医疗损害完全由医疗过错所致，与就诊者自身体质、所患疾病及其他行为无关联。医疗过错参与度100%，法学上为必然（直接）因果关系；

二是相当因果关系。所诉医疗损害主要由医疗过错所致，就诊人自身体质、所患疾病及其他行为增加了所诉医疗损害出现的易感性。医疗过错参与度为75%，法学上为相当因果关系；

三是原因竞合的因果关系。所诉医疗损害是医疗过错行为和就诊人自身体质、所患疾病及其他行为共同作用的结果，且二者的作用强度难以区分，即“原因竞争”。医疗过错参与度为50%，法学上为原因竞合之因果关系；

四是事实上的因果关系。所诉医疗损害主要是就诊人自身体质、所患疾病及其他行为所致，但医疗过错对损害结果的出现起到诱发、促进、加重等作用。医疗过错参与度为25%，法学上为事实上的因果关系；

五是无因果关系。所诉医疗损害完全是就诊人自身体质、所患疾病及其他行为所致，与医疗过错无关联或不存在医疗差错。医疗差错参与度为0%，法学上为无因果关系或无自然联系。

（四）《医疗事故技术鉴定暂行办法》责任程度划分

《医疗事故技术鉴定暂行办法》（卫生部令第30号，2002年7月19日发布）第三十六条规定，专家鉴定组应当综合分析医疗过失行为在导致医疗事故损害后果中的作用、患者原有疾病状况等因素，判定医疗过失行为的责任程度。医疗事故中医疗过失行为责任程度分为：

（1）完全责任，指医疗事故损害后果完全由医疗过失行为造成。

（2）主要责任，指医疗事故损害后果主要由医疗过失行为造成，其他因素起次要作用。

（3）次要责任，指医疗事故损害后果主要由其他因素造成，医疗过失行为起次要作用。

（4）轻微责任，指医疗事故损害后果绝大部分由其他因素造成，医疗过失行

---

① 何颂跃：《医疗纠纷与损害赔偿新释解》，人民法院出版社2002年版，第23页。

为起轻微作用。

有学者进一步分析医疗行为的责任程度与过失参与度，[①]认为过失责任程度实际上就是过失参与度，用百分率表示过失参与度，可使赔偿量化。目前的划分为：全部责任过失参与度为100%；主要责任过失参与度取平均值为80%；次要责任过失参与度取平均值为30%；轻微责任过失参与度取平均值为10%（见表2）。

**表2　医疗行为的责任程度与过失参与度**

| 责任程度 | 过失参与度（平均值） | 概率范围 | 说　明 |
|---|---|---|---|
| 全部责任 | 100% | 100% | 医疗事故损害后果完全由医疗过失行为造成 |
| 主要责任 | 80% | ≥50% | 医疗事故损害后果主要由医疗过失行为造成，其他因素起次要作用 |
| 次要责任 | 30% | <50% | 医疗事故损害后果主要由其他因素造成，医疗过失行为起次要作用 |
| 轻微责任 | 10% | <30% | 医疗事故损害后果大部分由其他因素造成，医疗过失行为起轻微作用 |

（五）北京市法庭科学技术鉴定研究所六分法

北京市法庭科学技术鉴定研究所（现为法大法庭科学技术鉴定研究所）在1990年开展了伤与病的研究，并提出了评判标准草案，1994年修定为《外伤在与疾病共同存在的案件中参与度的评判标准》。后根据医疗纠纷鉴定工作的需要，在2000年又出台了六分法（见表3）。

**表3　外伤、医疗过失参与度对照表**

| 划分等级 | 理论系数值（%） | 责任程度 | 赔偿参考范围（%） |
|---|---|---|---|
| A | 0 | 无 | 0 |
| B | 10 | 很少部分 | 1～20 |
| C | 25 | 少部分 | 20～40 |
| D | 50 | 部分 | 40～70 |
| E | 75 | 大部分 | 70～99 |
| F | 100 | 全部 | 100 |

① 张秦初：《防范医疗事故与纠纷：写给医生》，人民卫生出版社2006年版，第121页。

在司法实践中，根据医疗过失行为在致使损害后果发生中的原因力大小，医疗过失参与度一般分为六级。①

A级：损害后果完全由其他因素造成，医疗过失参与度为0%。

B级：损害后果绝大部分由其他因素造成，医疗过失行为起轻微作用，医疗过失参与度为10%。

C级：损害后果主要由其他因素造成，医疗过失行为起次要作用，医疗过失参与度为25%。

D级：损害后果由医疗过失行为和其他因素共同造成，医疗过失参与度为50%。

E级：损害后果主要由医疗过失行为造成，其他因素起次要作用，医疗过失参与度为75%。

F级：损害后果完全由医疗过失行为造成，医疗过失参与度为100%。

（六）《医疗侵权损害处理法（专家建议稿）》七分法②

《医疗侵权损害处理法（专家建议稿）》规定，根据医疗过失行为在致使损害结果发生中的原因力大小，将医疗过失行为的原因力分为七级。

A级：医疗损害结果完全由医疗过失行为造成的，医疗过失行为的原因力为100%。

B级：医疗损害结果主要由医疗过失行为造成，其他因素起轻微作用（如间接原因等）的，医疗过失行为的原因力为70%以上。

C级：医疗损害结果主要由医疗过失行为造成，但其他因素起次要作用（如次要原因、弱势原因等）的，医疗过失行为的原因力为51%以上。

D级：医疗损害结果由医疗过失行为和其他因素共同造成，各自所起的作用相同（如果有两个以上原因的，应当相加）的，医疗过失行为的原因力为50%。

E级：医疗损害结果主要由其他因素造成，医疗过失行为起次要作用（如次要原因、弱势原因等）的，医疗过失行为的原因力为49%以下。

F级：医疗损害结果绝大部分由其他因素造成，医疗过失行为起轻微作用（如间接原因等）的，医疗过失行为的原因力为20%以下。

G级：医疗损害结果完全由其他因素造成的，医疗过失行为即使存在，其原因力也为0。

（七）医疗事故或医疗过失的责任十一等级划分方法③

在医疗人身害赔偿案件的司法技术鉴定中，为了使责任的划分更为具体、更

① 王旭著：《医疗过失技术鉴定研究》，中国人民公安大学出版社2009年版，第13页。
② 杨立新：《医疗过失赔偿责任的原因力规则》，《法商研究》2008年第6期（总第128期）。
③ 张益鹄：《医疗纠纷、医疗事故与法医学：如何打医疗官司》，科学出版社2006年版，第88页。

为科学、更符合司法审判的要求，张益鹄(华中科技大学同济医学院法医学系教授)建议，将过去法医司法技术鉴定实践中惯用的责任程度(或参与度)的评定方法作为在实践中所用的医疗过失在患者发生不良后果的原因中的责任程度(或参与度)划分标准(见表4)。

**表4　医疗过失在患者发生不良后果的原因中的责任程度**

| 责任程度 | 医疗过失、患者疾病自身或患方因素与发生不良后果的关系 |
| --- | --- |
| 0% | 无医疗过失；或者虽有医疗过失，但其与患者发生不良后果(死亡或伤残，下同)明显无关；患者的不良后果完全由其疾病或自身因素引起 |
| 10% | 有轻度医疗过失，其仅为患者发生不良后果的诱发因素或促进因素；患者疾病或自身因素是患者发生不良后果的根本原因或主要直接原因 |
| 20% | 有轻度医疗过失，其有导致患者发生不良后果的可能性，但远不如患者疾病或自身因素的可能性大 |
| 30% | 有一定医疗过失，其有可能是导致患者发生不良后果的主要原因，但不如患者疾病或自身因素的可能性大 |
| 40% | 有较大医疗过失，其有可能是导致患者发生不良后果的决定性因素，但不如患者疾病或自身因素的可能性大 |
| 50% | 有较大医疗过失，其与患者疾病或自身因素共同导致了患者不良后果的发生，且其中任何一种原因不能单独导致不良后果的发生，或者无法区分两者的主次 |
| 60% | 有显著医疗过失，其与患者疾病或自身因素共同导致了患者不良后果的发生，且其中任何一种原因，都有可能单独导致患者不良后果的发生 |
| 70% | 有显著医疗过失，其导致患者不良后果发生的可能性比患者疾病或自身因素的可能性大 |
| 80% | 有显著医疗过失，其导致患者发生不良后果的可能性远比患者疾病或自身因素的可能性大 |
| 90% | 有重大医疗过失，其可能是导致患者发生不良后果的决定性因素，患者疾病或自身因素仅起了促进作用 |
| 100% | 有重大医疗过失，且为患者发生不良后果的唯一原因 |

(八)按照《国际功能与疾病分类》进行划分①

按照《国际功能与疾病分类》，法医临床鉴定中习惯上将外界致伤因素在损害后果中的原因力大小分为没有作用、轻微作用、次要作用、同等作用、主要作用

① 霍宪丹：《司法鉴定通论》，法律出版社2009年版，第165页。

和完全作用六种情况，并以参与度加以量化。具体划分为：

(1)没有作用。外界致伤因素与损害后果之间不存在因果关系，参与度拟为0～4%；参考均值：0。

(2)轻微作用。外界致伤因素与损害后果之间存在间接因果关系(诱因形式)，参与度拟为5%～15%；参考均值：12.5%。

(3)次要作用。外界致伤因素与损害后果之间存在间接因果关系(辅因形式)，参与度拟为16%～44%；参考均值：25%。

(4)同等作用。外界致伤因素与损害后果之间存在"临界型"因果关系，参与度拟为45%～55%；参考均值：50%。

(5)主要作用。外界致伤因素与损害后果之间存在直接因果关系(主因形式)，参与度拟为56%～95%；参考均值：75%。

(6)完全作用。外界致伤因素与损害后果之间存在直接因果关系，参与度拟为96%～100%；参考均值：100%。

## 第四节　新医疗过失参与度等级划分方法的探讨

### 一、医疗过失参与度七分法的全新构想

根据在医疗纠纷司法鉴定中的经验，总结吸纳以上各种方法的合理因素，提出新的医疗过失参与度等级划分方法，即根据医疗过失行为在导致损害后果中的原因力大小，将医疗过失参与度划分为七级。笔者特将其命名为"冯氏七分法"。具体划分如下：

A级：完全责任(或称全部责任)。医疗损害后果完全由医疗过失行为造成，过失参与度为100%。

B级：次全责任(或称绝大部分责任)。医疗损害后果绝大部分由医疗过失行为造成，其他因素起轻微作用，医疗过失参与度为85%～95%，均值为90%。

C级：主要责任(或称大部分责任)。医疗损害后果主要由医疗过失行为造成，其他因素起次要作用，医疗过失参与度为60%～80%，均值为70%。

D级：共同责任(或称对等责任)。医疗损害后果由医疗过失行为和其他因素共同造成，医疗过失参与度为45%～55%，均值为50%。

E级：次要责任(或称少部分责任)。医疗损害后果主要由其他因素造成，医疗过失行为起次要作用，医疗过失参与度为20%～40%，均值为30%。

F级：轻微责任(或称很少部分责任)。医疗损害后果绝大部分由其他因素造成，医疗过失行为起轻微作用，医疗过失参与度为5%～15%，均值为10%。

G 级：无责任。医疗损害后果完全由其他因素造成，医疗过失参与度为 0。

## 二、医疗过失参与度七分法的划分依据

（一）与常用方法的比较

医疗纠纷司法鉴定中最常引用的标准是《医疗事故技术鉴定暂行办法》中的责任程度划分方法和北京市法庭科学技术鉴定研究所六分法，如鉴定委托人只要求进行责任程度的鉴定，则引用前者，如要求进行医疗过失参与度的鉴定，则引用后者。

现将以上两种方法与本文设计方法用图 1、2、3 表示如下：

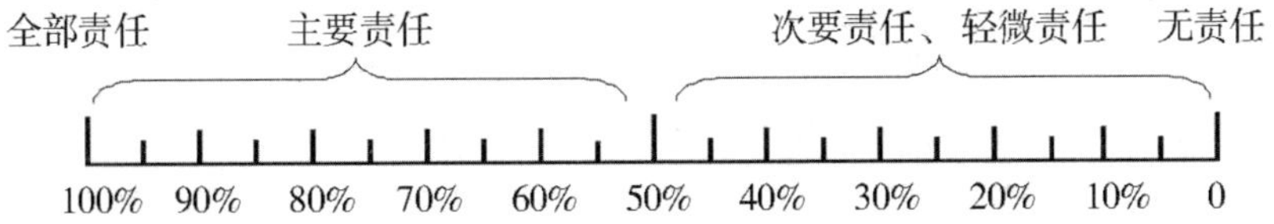


**图 1　《医疗事故技术鉴定暂行办法》责任程度划分**

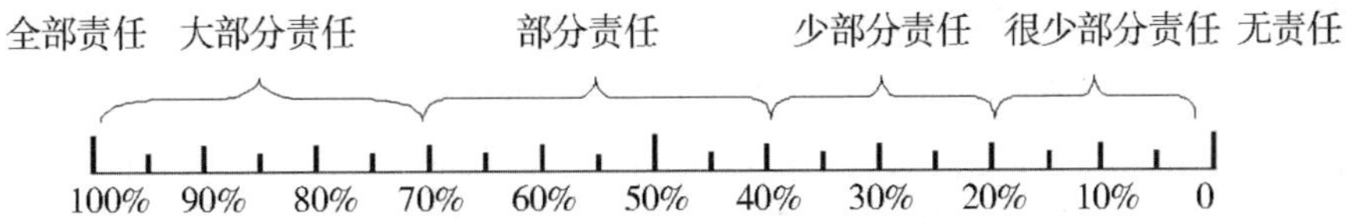


**图 2　北京市法庭科学技术鉴定研究所六分法**

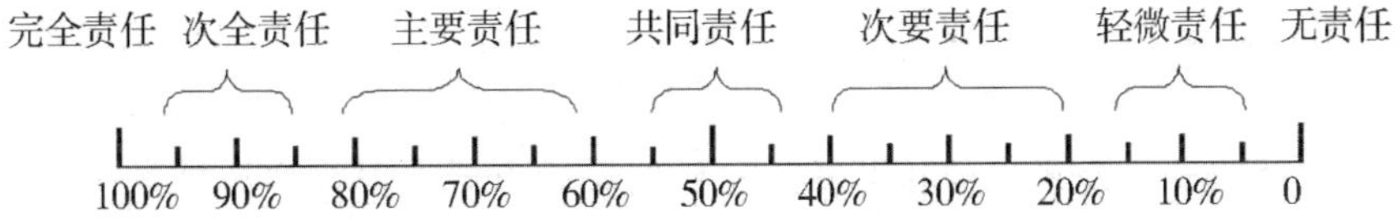


**图 3　本文医疗过失参与度七分法**

《医疗事故技术鉴定暂行办法》责任程度划分是一种原则性的定性的划分，并没有确切比例的量化，没有完全解决定量的问题，虽然不同学者有不同理解，但立法中并没有针对不同的责任程度，明确具体的数字比例供计算赔偿金额。

北京市法庭科学技术鉴定研究所六分法，是比较科学比较实用的划分方法，但其也存有缺陷，如各个等级之间有重叠，如很少部分责任的上限是 20%，少部分责任的下限也是 20%；部分责任范围跨度较大，为 40%～70%，但其理论数值（均值）为 50%，计算方法有误，因为各个维度相加其平均值应为 55%；再就是各个等级之间不对称或不对应。

本文医疗过失参与度七分法，以5%作为一个计算单位，事实上司法鉴定实务中也很难精确到1%。在北京市法庭科学技术鉴定研究所六分法的基础上增加次全责任等级，并将各个等级的比例重新予以分配，使其互相对称或对应。

（二）借鉴临床医学的概念

“次”，在辞海中的一个解释为“第二”“下一”。在英语中“全部”为total，“次全”为subtotal。

在临床医学中应用“次全”的概念见于甲状腺次全切除术、胃次全切除术和子宫次全切除术等。如切除病变器官的50%以上，称为大部分切除术；切除病变器官接近90%或以上，则称为次全切除术。

本文医疗过失参与度七分法，借鉴临床医学“次全”的概念，将医疗损害后果绝大部分由医疗过失行为造成，其他因素起轻微作用的情形，划分为次全责任，或称为绝大部分责任，医疗过失参与度为85%～95%，均值为90%，以与轻微责任相对应。

（三）借鉴对称哲学和对称逻辑学的原理①

对称哲学从对称观与“五度空间”观的逻辑与历史的必然性出发，指出对称关系是宇宙的最深层本质，对称规律是社会的最根本规律，对称原理是科学的最基本原理，科学的哲学就是主体与客体相对称、主体性与客体性相统　的哲学。对称哲学具备新的哲学范式的内涵、本质特征、时代背景与历史必然性，在辩证法、价值论、发展观、空间观、方法论、逻辑学方面，展开新的哲学范式的理论框架与范畴体系。

对称逻辑以对称规律为基本的思维规律，是天与人、思维与存在、思维内容与思维形式、思维主体与思维客体、思维层次与思维对象、科学本质与客观本质对称的逻辑。对称逻辑就是对称的思维方式，对称的思维方式就是和谐的思维方式，和谐的思维方式是与和谐社会对称的思维方式。对称性思维是一种科学的思维方式，而形象思维与抽象思维、求同思维与求异思维、逻辑思维与直觉思维、收敛思维与发散思维以及正向思维与逆向思维是对称性思维方法中的典型代表。

中华传统文化就很讲究对称思维，对对子训练是儿童语言实践启蒙的常用方法，如“南通州北通州南北通州通南北，金运河银运河金银运河运金银”“真分数假分数真假分数分真假，春读书秋读书春秋读书读春秋”“幼子伴老翁经冬历夏度春秋，旧街开新店坐北朝南卖东西”等。

本文医疗过失参与度七分法，借鉴对称哲学和对称逻辑学的原理，将医疗过

① 陈世清：《经济学的形而上学》，中国时代经济出版社2010年版。

失参与度划分为相互对称的几个等级，如全部责任与无责任对称，次全责任与轻微责任对称，主要责任与次要责任对称。

(四)借鉴数学中的对称

数学的本质基于对称。数学中的"＝"号，描绘的就是两边对称。"对称"在数学上的表现是普遍的，如轴对称、中心对称、对称多项式等，奇偶性也是对称，从运算关系角度可将互逆运算视为对称关系，还有许许多多的地方都体现出对称的魅力。就像亚里士多德所说的那样：虽然数学没有明显地提到善和美，但善和美也不能和数学完全分离。因为美的主要形式就是秩序、匀称和确定性，这些正是数学研究的原则。

回文数有许多，如2002年就是一个回文数年，下一个回文数年就要等到2112年。整数乘法中最有趣的一串回文数式子就是：$1\times1=1$，$11\times11=121$，$111\times111=12321$。根据其中规律可以巧算出：$111111111\times111111111=12345678987654321$，这个式子就表现了数的对称美。

本文医疗过失参与度七分法，在量化比例上是对称的，如次全责任与轻微责任都占10%，主要责任与次要责任都占20%。

(五)宇宙世界的本质具有对称性

宇宙的结构和人类的知识揭示，宇宙的根本是对称性。宇宙中的星体都是球型结构，表明立体对称是宇宙的普遍现象。

物理学家皮埃尔·居里(Pierre Curie，法国，1859—1906)发现世界存在着对称性原理：因果关系中的一切都存在着必然的对称性。

在宇宙和人类社会中存在着广泛的对称性：镜像对称、左右对称(双侧对称、手征对称)、平移对称(空间平移对称、时间平移对称)、转动对称(旋转对称、螺旋对称)、空间立体对称(伸缩对称、辐射对称、球对称)、中心对称(轴对称)、分立对称、连续对称、自我大小对称，等等。

到目前为止，世上所有的物理定律都满足空间平移对称(在太空、在海里、在地面、在地下)，时间平移对称(在现在、在将来)和空间旋转对称(在任何方位、任一角度)，没有任何例外。物理定律反映着这个宇宙世界的根本法则，也说明宇宙和自然都植根和依托于对称性。

数学家艾米·诺特尔(Amalie Emmy Noeter，德国，1882—1935)，提出了对称与守恒关系定理：作用量的每一种连续对称性都有一个守恒量与之对应。

物理学上因而发现了大量的守恒定律：能量守恒、动量守恒、角动量守恒、电荷守恒、奇异数守恒、重子数守恒、同位旋守恒……守恒是自然规律具有对称性的结果。

在人类社会生活中，对称代表着平等、均衡和和谐，与优美、庄重等人格行为契合相连。宗教的因果对称、美术的构图对称、建筑(包括蜂巢蚁穴)的结构对称、音乐的调律对称、文学的句式对称、数学的正负对称、物理的守恒对称、植物的叶序对称、人和动物外观的左右对称、基因的螺旋对称、人类心理和健康的平衡对称……在一切领域,对称性都是万事万物所蕴含的基本法则,有从最简单到最复杂的多种表现形式,是大自然和人类社会存在的核心思想,是高于一切定律的定律。

本章医疗过失参与度七分法,符合宇宙对称性的原理。

当然,囿于个人知识有限,本章医疗过失参与度七分法,其理论上的合理性和在司法鉴定中的实用性尚待验证,希望本书能起到抛砖引玉的效果。

## 【案例分析15】过失参与度的疑问

患者男性,38岁,因摔伤于2008年9月17日入住某县人民医院,经检查诊断为左侧胫腓骨闭合性骨折,次日行切开复位髓内钉内固定术。术后第六天患者体温37.6℃,小腿切口肿胀、触痛,拆开缝线,有积血及暗红色液体,经细菌培养加药敏测试,切口为多耐药性金黄色葡萄球菌感染,医方给予敏感抗生素治疗。治疗5天后患者体温正常,切口尚有少量渗液未愈合,患者坚决要求自动出院,出院后11天未行正规治疗。其后切口持续不愈合,发展为骨髓炎。患方与医方发生医疗纠纷,某县人民法院委托某司法鉴定所进行司法鉴定,委托鉴定事项为"某县人民医院对×××的诊疗行为是否存在过错;如有过错与×××的损害后果是否存在因果关系及责任程度"。

鉴定意见分析认为,×××左胫腓骨骨折为闭合性骨折,切口内本无细菌。闭合性骨折手术为择期性无菌手术,术后发生切口感染,细菌应为手术过程中植入。骨科无菌手术对术野皮肤要求相当严格,术前如患者皮肤条件不好,应待条件成熟后手术,医方既然决定施行手术,说明患者皮肤不存在不利于手术的条件。骨科无菌手术对术野消毒要求相当严格,经过严格消毒后,不应该存在多耐药性金黄色葡萄球菌。术后第6天患者体温37.6℃,小腿切口肿胀、触痛,拆开缝线,有积血及暗红色液体,以上情况说明医方存在术中止血不彻底,或者术后切口引流不彻底的情形,医方存有手术过程中未尽谨慎注意的过失,其过失导致切口内有积血及暗红色液体,为细菌生长创造良好条件,是造成切口感染及骨髓炎的重要原因。经细菌培养加药敏测试,证实切口为多耐药性金黄色葡萄球菌感染,且患者切口感染为医院获得性感染,即医源性感染,根据盖然性原则,只能是医方术前皮肤准备不足、术中皮肤消毒不规范、手术室空气消毒不严格、手术无菌操作不规范、手术器械消毒不合格或者植入物植入过程未严格进行无菌操作、术者操作不规范等因素导致多耐药性金黄色葡萄球菌植入切口引起感染。骨髓炎感染途径有血源性感染、创伤性感染和蔓延性感染等，根据现有材料，无证据表明患者存有疖肿、脓肿等感染病灶；且患者为闭合性骨折，也不存在细菌从伤口侵入骨组织的情形，因此无证据证明患者为血源性感染和创伤性感染。患者在左胫腓骨内固定术后发生切口多耐药性金黄色葡萄球菌感染，后造成蔓延性感染这是导致患者骨髓炎的直接原因。根据盖然性规则，应为医方在术前、术中某一环节存有疏漏之处，医方应负主要责任。

某县人民法院收到鉴定意见书后回函，"鉴定意见为×××在术后发生切口感染和骨髓炎，为手术治疗所引起的医源性感染，医方应负主要责任。既然确定××县人民医院应负主要责任，那么是否可以认为×××应对其自身发生切口感染和骨髓炎负次要责任，如果该责任成立，那么让×××负担次要责任的原因及依据是什么？"并要求对医患双方各自应承担的责任明确比例。

答复：在医疗损害的司法鉴定中，过失参与度一般划分为A、B、C、D、E、F六个等级，分别对应的责任程度为无责任、轻微责任、次要责任、对等责任、主要责任和完全责任，因此与主要责任相对应的责任程度有轻微责任和次要责任。×××在切口未愈合、感染未完全被控制的情况下应该继续应用静脉抗生素治疗，但其自动要求出院，疗程不足，出院后11天未进行规范治疗，对其病情未得到合理控制存有一定影响，应负轻微责任，即过失参与度为5%～15%，均值为10%。

从以上案例可以看出，如果仅仅评定为医方主要责任，容易误解为患方对应责任为次要责任。如果增设次全责任的等级，则更容易理解。

（案例来源：本案例为本书主编冯正骏经办案例，由冯正骏提供。）

# 第二十章　医疗损害免责事由

## 第一节　免责事由概述

### 一、免责事由的概念

（一）免责事由

免责事由，是指被告针对原告的侵权诉讼请求而提出的证明原告的诉讼请求不成立或不完全成立的事实。[①] 免责事由可以有广义和狭义两种含义。广义上来说，免责事由既包括免除行为人责任的事由，也包括减轻行为人责任的事由。但从狭义上理解，免责事由仅限于免除责任的事由。我国侵权法理论通常采用广义的免责事由的概念。这主要是因为，一方面，减轻责任实际上是部分地免除行为人的责任；另一方面，减轻和免除很难严格地区分。例如，受害人对损害的发生具有过错，这既可以成为减轻的事由，也可能成为免除的事由，所以，采用广义的免责事由的概念是合理的。[②]

与免责事由概念相近的有违法阻却事由和抗辩事由。实际上，免责事由、违法阻却事由、抗辩事由这三者并不是等同的概念。

（二）免责事由与抗辩事由

免责事由，常常被称为抗辩事由。抗辩事由指被告针对原告的诉讼请求提出不成立或不完全成立、使自己免责或减轻责任的事由，包括三类：(1)通过证明侵权责任构成要件的欠缺而主张责任不成立，如侵权行为与损害后果之间不具备事实因果关系；(2)违法阻却事由；(3)提出其他事实或者法律的规定而主张免除责任或者减轻责任，如通过主张诉讼时效期间的经过而免除责任，或通过证明受害人也具有过错而减轻责任。由此可见，违法阻却事由仅仅是抗辩事由的一类，其通过阻却被告行为的违法性而使侵权损害赔偿责任无法成立。[③]

免责事由与抗辩事由的区别表现在以下几个方面：首先，免责事由一般是由

---

① 杨立新：《侵权责任法》，法律出版社 2010 年版，第 175 页。

② 王利明：《侵权行为法研究·上卷》，中国人民大学出版社 2004 年版，第 549 页。

③ 程啸：《侵权行为法总论》，中国人民大学出版社 2007 年版，第 316 页。

法律条款具体列举的事由,它不包括当事人约定的事由,也不包括一些否认债的关系成立和效力的抗辩事由。但抗辩事由往往不是法定的,法律不可能对各种抗辩事由作出列举式规定。当事人可以通过约定将一定事由作为抗辩事由。外来原因可以作为抗辩事由,而某些正当理由却不能成为抗辩事由。其次,抗辩事由的范围更为宽泛,它既包括抗辩权的行使,也包括各种事实抗辩,如时效的抗辩、债的关系消灭的抗辩以及债的关系是否存在的抗辩等。当然,在抗辩事由中,通过免责事由加以抗辩是其中的重要内容。从这个意义上说,抗辩事由可以包括免责事由。第三,免责事由主要是由加害人针对责任关系是否成立以及减轻的问题而提出的,而抗辩事由常常要针对特定的请求而提出,加害人既可以针对责任关系是否成立以及减轻而提出,也可以针对损害赔偿之债是否成立、有效等问题而提出。抗辩包括对债的关系不成立的抗辩、债的履行中的抗辩(如同时履行抗辩权)以及债的关系已经消灭的抗辩(如抵销、提存、混同等),在诉讼时效的法律效果采抗辩权发生说的前提下,时效期间经过也是一种独立的抗辩,因此,它和免责事由的概念存在一定的区别。作出这种区分的意义在于,不能认为在法律上规定了免责事由以后,加害人就只能以这些免责事由进行抗辩,而忽略了加害人可能享有的其他抗辩。

抗辩事由可以分为原始抗辩事由和继受抗辩事由。原始抗辩事由是指在侵权损害发生以前和发生的时候就已经存在的抗辩事由,如因当事人之间的特殊关系、受害人自负风险等原因产生的抗辩事由。继受抗辩事由是指在损害赔偿之债产生以后,由于受害人为一定的行为或不为一定的行为而产生的抗辩事由,如受害人的弃权、和解以及时效届满等。两者的区别在确定责任范围上是有意义的。如根据某些国家的法律规定,在共同侵权行为中,某个或某几个共同侵权行为人在承担了全部赔偿责任以后,有权向享有继受抗辩权的其他共同侵权人追偿,而无权向享有原始抗辩权的其他共同侵权人追偿。不论抗辩事由对责任的承担产生何种影响,任何一种抗辩事由有效成立,都必须具备以下两个条件:首先,必须具有对抗性。抗辩就是对抗对方当事人行使其请求权,它以对方当事人的请求权的存在为前提。抗辩事由的提出,要能够导致对方的诉讼请求在法律上不成立或者不完全成立。而仅仅证明自己可以被谅解但不足以对抗对方当事人请求的主张不能成为抗辩事由。其次,必须具有客观性。即抗辩事由是客观存在的、已经发生了的事实,主观臆断的或尚未发生的情况不构成抗辩事由。仅仅表明某种损害未发生,或单纯否认对方请求权不存在的情况,也不能成为抗辩事由。

虽然一个有效的抗辩事由可能导致责任的免除,但是抗辩事由和责任构成要件不能相互代替。一方面,抗辩事由的类型太多,侵权法很难对此作出相应的规定，而且，许多抗辩事由是应当在债的内容中规定的，而不应当在侵权法中予以规定。另一方面，抗辩事由的存在并非绝对导致责任被免除，在某些情况下，可能只是导致请求权被延缓。由于抗辩事由种类很多，不同的抗辩事由在对抗对方当事人的诉讼请求方面，其效力也并不一样。所以，在侵权责任中列举各种抗辩事由，不仅过于烦琐，而且也与责任的规定不协调①。

还有学者认为，在侵权法中，与免责事由最相似的概念是违法阻却事由。有学者认为，所谓违法阻却事由，是指虽行为造成他人损害，但依法能够排除行为违法性的法定的客观事实。它具有排除行为违法性，抗辩侵权责任构成的作用。违法阻却事由是抗辩事由的基本形式，又称抗辩的正当理由，具有完全否定侵权责任的效力。某些违法阻却事由只有在不完全的情况下，才产生减轻民事责任的效力②。

（三）免责事由与违法阻却事由

免责事由与违法阻却事由这两个概念的相同之处是：两者都是对抗原告的侵权诉讼请求权，破坏行为人的侵权责任构成，进而免除或者减轻行为人侵权责任的具体事由。这两个概念的区别在于：(1)法律体系的不同。在大陆法系中，一般将这一概念称作违法阻却事由。在英美法系中，则将其称为免责事由。近年来，我国民法以及侵权法受英美法系的影响增强，因而，更多的学者将违法阻却行为称作免责事由。(2)具体功能不同。违法阻却事由是作用于侵权责任构成中的行为违法性，由于致人损害的行为中存在违法阻却的事由，这使其不具有违法性，进而破坏了整个侵权责任构成，最终使行为人免除或者减轻民事责任；免责事由则是着眼于侵权责任构成的整体，只要破坏其中任何一个侵权责任构成的具体要件，就可以破坏整个责任构成，使行为人免除或者减轻责任。(3)范围不同。免责事由的范围比违法阻却行为要宽，这也是多采取免责事由概念的原因。例如，第三人过错，不是违法阻却事由，但为免责事由。因此，在概括全部的减免侵权责任事由的角度上观察，免责事由的概念更为准确③。

## 二、免责事由的构成④

侵权法免责事由是由侵权行为的归责原则和侵权责任构成要件派生出来的。适用不同的归责原则，就有不同的责任构成要件，因而也就总是要求要有与归责原则和责任构成要件相适应的特定的免责事由。侵权法的归责原则多样

---

① 王利明：《侵权行为法研究·上卷》，中国人民大学出版社 2004 年版，第 550—551 页。

② 杨立新：《侵权法论》，人民法院出版社 2005 年版，第 168 页。

③ 杨立新：《侵权责任法》，法律出版社 2010 年版，第 176 页。

④ 杨立新：《侵权责任法》，法律出版社 2010 年版，第 176 页。

化，与此相适应，但侵权法的免责事由也有所不同。将所有的免责事由概括起来，可得出免责事由有效成立都必须具备三个条件：对抗性、客观性、正当性。

（一）对抗性要件

必须存在对抗侵权民事责任构成的具体要件，要破坏整个侵权民事责任构成的内在结构，使原告诉请的侵权责任归于不能成立。免责事由虽然是对抗对方当事人的侵权诉讼请求，但它具体对抗的是侵权责任构成，破坏对方当事人的请求权的成立，导致对方的侵权诉讼请求在法律上不成立。这就是侵权行为免责事由对抗性的要求。侵权行为纠纷的被告提出的主张如果不具有对抗性，而仅仅能证明自己可以被谅解但不足以对抗对方当事人请求，则该主张不能成为免责事由。

（二）客观性要件

免责事由必须是客观事实，具有客观性的属性。它要求免责事由必须是客观存在的、已经发生了的事实，不能是主观臆断的或尚未发生的情况；仅仅表明某种损害未发生，或单纯否认对方请求权不存在的主张，不能成为免责事由。

（三）正当性要件

免责事由必须具备内在价值判断，须具有正当性要件。这一要件意味着，尽管行为造成了受害人的损害，但该行为于社会而言是正当的，对社会有重要的进步价值，能够推进社会的公平正义，社会对这种造成损害的行为予以正面肯定，在法律上确认其具有阻却违法性的功能，因而该行为不具有违法性。正因为如此，一切免责事由才能够称其为免责事由，才能够对抗侵权请求权，免除自己的侵权责任。一个免责事由如果不具备正当性要件，即使存在对抗性和客观性要件，也不能产生对抗侵权请求权的法律后果。

（四）医疗侵权责任的免责事由

医疗侵权责任的免责事由，指当发生医疗事故后，医疗机构根据法律的明确规定，可以不承担民事侵权责任的事实。关于医疗侵权免责事由的适用，应具备以下条件：

(1)医疗机构必须实施了侵权行为。这是医疗侵权免责的前提，就是在医疗活动中，医疗机构由于采取的措施侵犯了患方的合法权益，根据法律规定，理应承担一定的侵权责任。

(2)医疗机构不承担侵权责任。虽然医疗机构在救治病人的过程中侵犯了患方的权益，但是，对于这种行为，医疗机构不承担任何责任。

(3)医疗机构的免责事由，必须是法律明确规定的。[①]

---

① 古津贤：《医疗侵权法论》，吉林大学出版社 2008 年版，第 93 页。

## 三、免责事由的分类[①]

免责事由，有的学者将其分为正当理由和外来原因两类，还有学者将免责事由分为一般免责事由和特别免责事由两大类。

（一）正当理由和外来原因

正当理由是指虽然损害是由被告的行为所致，但其行为具有合法性，因此可依法免除责任。其特征为：第一，行为人实施了某种行为，而且这种行为在客观上致人损害，行为与损害之间存在因果关系；第二，行为人实施该行为，是法律（主要是民事法律）所鼓励、允许的，至少是不为其所禁止，因而该行为具有合法性，构成抗辩的正当理由；第三，法律对各种正当理由一般具有明确的规定，对于另一些正当理由，则可以从立法精神及对法律条文的解释中揭示出来。在比较法研究中，大陆法系学者们一般将正当理由划分为：①正当防卫；②紧急避险；③自助行为；④法定权力或者其他合法权力；⑤受害人之同意。也有人将上述第四项的法定权力或者其他合法权力"（之行使）称为"依法行使职务"。

外来原因是指损害不是由于被告的行为所致，而是由外在于其行为的独立原因（如不可抗力、意外事件等）造成，因此被告的行为与损害结果之间不具有因果关系。

（二）一般免责事由和特别免责事由

一般免责事由是指损害确系被告的行为所致，但其行为是正当的、合法的。这种事由与违法阻却事由相同，例如，正当防卫、紧急避险、职务授权行为、自助行为、自甘风险等。

特别免责事由是指损害并不是被告的行为造成的，而是由一个外在于其行为的原因独立造成的，如意外事件、不可抗力、受害人过错和第三人过错等。

两种免责事由的主要区别在于，基于一般免责事由而致人损害，被告已经实施某种行为，但其行为是正当的、合法的，排除了行为人行为的违法性，因而表明行为人是没有过错的，据此，行为人应予免责。在特别免责事由存在的情况下，被告根本没有实施某种致人损害的行为，或者因外来原因作用于行为人，使行为人不可避免地造成了损害，由此行为人不应当承担侵权责任。各种一般免责事由和特别免责事由能否运用于具体案件，则应当根据具体案件和法律的具体规定来确定，不能一概而论。

## 四、与医疗损害免责事由相关的法律规定

《民法通则》相关规定：

---

① 杨立新：《侵权责任法》，法律出版社 2010 年版，第 177 页。

第一百零七条　因不可抗力不能履行合同或者造成他人损害的，不承担民事责任，法律另有规定的除外。

第一百二十三条　从事高空、高压、易燃、易爆、剧毒、放射性、高速运输工具等对周围环境有高度危险的作业造成他人损害的，应当承担民事责任；如果能够证明损害是由受害人故意造成的，不承担民事责任。

第一百二十八条　因正当防卫造成损害的，不承担民事责任。正当防卫超过必要的限度，造成不应有的损害的，应当承担适当的民事责任。

第一百二十九条　因紧急避险造成损害的，由引起险情发生的人承担民事责任。如果危险是由自然原因引起的，紧急避险人不承担民事责任或者承担适当的民事责任。因紧急避险采取措施不当或者超过必要的限度，造成不应有的损害的，紧急避险人应当承担适当的民事责任。

第一百三十一条　受害人对于损害的发生也有过错的，可以减轻侵害人的民事责任。

第一百五十三条　本法所称的“不可抗力”，是指不能预见、不能避免并不能克服的客观情况。

《侵权责任法》相关规定：

第二十六条　被侵权人对损害的发生也有过错的，可以减轻侵权人的责任。

第二十七条　损害是因受害人故意造成的，行为人不承担责任。

第二十八条　损害是因第三人造成的，第三人应当承担侵权责任。

第二十九条　因不可抗力造成他人损害的，不承担责任。法律另有规定的，依照其规定。

第三十条 因正当防卫造成损害的，不承担责任。正当防卫超过必要的限度，造成不应有的损害的，正当防卫人应当承担适当的责任。

第三十一条　因紧急避险造成损害的，由引起险情发生的人承担责任。如果危险是由自然原因引起的，紧急避险人不承担责任或者给予适当补偿。紧急避险采取措施不当或者超过必要的限度，造成不应有的损害的，紧急避险人应当承担适当的责任。

第六十条　患者有损害，因下列情形之一的，医疗机构不承担赔偿责任：

（一）患者或者其近亲属不配合医疗机构进行符合诊疗规范的诊疗；

（二）医务人员在抢救生命垂危的患者等紧急情况下已经尽到合理诊疗义务；

（三）限于当时的医疗水平难以诊疗。

前款第一项情形中，医疗机构及其医务人员也有过错的，应当承担相应的赔偿责任。

《医疗事故处理条例》相关规定：

第三十三条　有下列情形之一的，不属于医疗事故：

（一）在紧急情况下为抢救垂危患者生命而采取紧急医学措施造成不良后果的；

（二）在医疗活动中由于患者病情异常或者患者体质特殊而发生医疗意外的；

（三）在现有医学科学技术条件下，发生无法预料或者不能防范的不良后果的；

（四）无过错输血感染造成不良后果的；

（五）因患方原因延误诊疗导致不良后果的；

（六）因不可抗力造成不良后果的。

《最高人民法院关于审理人身损害赔偿案件适用法律若干问题的解释》相关规定：

第二条　受害人对同一损害的发生或者扩大有故意、过失的，依照民法通则第一百三十一条的规定，可以减轻或者免除赔偿义务人的赔偿责任。但侵权人因故意或者重大过失致人损害，受害人只有一般过失的，不减轻赔偿义务人的赔偿责任。

适用民法通则第一百零六条第三款规定确定赔偿义务人的赔偿责任时，受害人有重大过失的，可以减轻赔偿义务人的赔偿责任。

## 第二节　特别免责事由

医疗损害责任的特别免责事由是指损害并不是由医方的行为造成的，而是由一个外在于其行为的原因独立造成的，如意外事件、不可抗力、患方过错和第三人过错等。在特别免责事由存在的情况下，医方根本没有实施某种致人损害的行为，或者由于外来原因作用于行为人，使行为人不可避免地造成了损害，由此行为人不应当承担侵权责任，如《侵权责任法》第二十七条、第六十条和《医疗事故处理条例》第三十三条规定的情形。

### 一、患方过错

《侵权责任法》第二十七条规定，损害是因受害人故意造成的，行为人不承担责任。第六十条第一款第一项规定，患者或者其近亲属不配合医疗机构进行符合诊疗规范的诊疗，医疗机构不承担赔偿责任；本条第二款规定，前款第一项情形中，医疗机构及其医务人员也有过错的，应当承担相应的赔偿责任。《医疗事故处理条例》第三十三条第五项规定，因患方原因延误诊疗导致不良后果的，不属于医疗事故。

为了正确理解《侵权责任法》第六十条规定，需要将两款的规定结合起来。患者或者其近亲属不配合诊疗的情况比较复杂，有的仅仅是患者一方存在过错，如在医务人员尽到合理的说明告知义务和诊疗义务的前提下，患方仍拒不配合诊疗的情况。也有的可能是混合过错，如既有患者一方不配合诊疗的行为，也有医务人员未尽相应义务的情况。因此，笼统地认定只要是因为患者或者其近亲属不配合医疗机构进行符合诊疗规范的诊疗，医疗机构就一概不承担赔偿责任的规定是不妥当的。在该种情况下，如果医疗机构及其医务人员也有过错，医疗机构还应当承担相应的赔偿责任。①

患方过错，是指损害的发生或扩大不是由于医方的过错，而是由于患方的过错。患方过错又可分为故意、重大过失及一般过失。过错的形式不同，因此行为人是否承担责任，应根据具体情况决定。

在诊疗、护理过程中，医护人员对患者进行诊疗，护理，必须得到患者及其家属的配合，医方有诊疗注意义务，患方则有配合医方的协助义务，否则会出现不利于治疗的后果。在医疗实践中，患者的过错大多表现为不配合医疗活动，如隐瞒病史、拒绝治疗、不按时就诊服药等。如果由于患者及其家属的原因而延误治疗，造成患者的人身损害后果，说明受害患者一方在主观上有过错。按照过错责任原则，如果损害后果完全是由患者及其家属延误治疗造成的，就证明对损害的发生，医疗机构没有过错，应免除医疗机构的赔偿责任。

如果是患者囿于其医疗知识水平的局限而对医疗机构采取的诊疗措施难以建立正确的理解，从而导致其出现不遵医嘱、错误用药等与诊疗措施不相配合的行为，最终导致了损害后果的发生。我们不能将损害后果发生的原因想当然视为患方“不配合”，或患方具有主观过错，从而认为可以免除医疗机构责任。判定患方存在过错的前提，是医务人员已向患方履行了合理的说明告知义务。医务人员是否尽到了上述说明告知义务，是否使患方对医疗机构采取的诊疗措施及其风险和后果有合理的认识，这是判断患方客观上不配合诊疗的行为是否具有主观过错的关键。在判断是否履行说明告知义务，以及该义务的履行是否合理适当时，还要考虑医疗行业的特殊性，结合个案进行分析。

另一类情形是患者故意，属受害人故意表现形式之一。受害人故意，是指受害人明知自己的行为会造成其自身的损害结果，却希望或放任这种结果的发生，分为受害人的直接故意和间接故意。受害人的直接故意，是指受害人明知其行

① 全国人大常委会法制工作委员会民法室编：《〈中华人民共和国侵权责任法〉条文说明、立法理由及相关规定》，北京大学出版社2010年版，第244页。

为会发生损害自己的后果，却希望、追求此种后果的发生。受害人的间接故意，是指受害人明知其行为会发生损害自己的后果，却对此听之任之，抱着放任的态度。在临床工作中，患者故意最典型的表现形式是患者在医疗机构内自杀。如果医疗机构对于患者的自杀不存在医疗过错，完全是患者自己选择的结果，则医疗机构不承担责任。然而，如果医疗机构对于患者的自杀具有过错，则医疗机构应承担相应的民事责任。① 如精神病患者在综合医院治疗躯体疾病，医院与患方签署了协议，患者的安全由患方家属监护，如患者发生自杀，则医院不承担责任；如没有签署协议，而医方没有按时巡视或没有实施相应安全措施，则医院应承担部分责任。如患者没有精神疾患，具有完全民事行为能力，发生自杀属个人行为，则医方不承担责任。如精神病患者在精神卫生专科医院住院期间，其监护职责转移到医方，如患者上吊自杀，事后查明医务人员没有履行相关义务，则医院应承担相应赔偿责任。

患者或者其近亲属不配合治疗构成医疗机构的免责事由应具备以下条件：②

(1)医疗机构开展的诊疗、护理符合规范。这是医疗机构免责的基本条件。这一点有两方面意义：一方面，只有医疗机构开展的诊疗基本符合规范，患者及其近亲属才有配合的义务；另一方面，只有医疗机构的诊疗本身符合规范，没有过失，医疗机构才能不构成侵权损害。否则，即使患者拒绝配合治疗有过错，医疗机构也应在其诊疗过错的范围内承担责任，而不是免责。

(2)对患者或者其近亲属不配合治疗，医疗机构没有过错。患者或者其近亲属不配合治疗之所以是医疗机构的免责事由，是因为医疗机构无过错。如果患者或者其近亲属有不配合诊疗的行为，但医疗机构及其医务人员也有过错的，医疗机构仍应对患者的损害承担相应的赔偿责任。在医疗活动中，如果遇到患者或者其近亲属拒不配合诊疗的，医疗机构首先应当认真分析原因，尽量做好患者及其近亲属的思想工作，要认真履行告知义务，向患者阐述其病情以及不治疗可能导致的不良后果和危害，但患者有选择权和自主权。如果患者或者近亲属仍然拒绝配合，则医方无过失，医疗机构可以做好相应的证据保全工作，以应对将来可能发生的纠纷。

(3)患者或者其近亲属不配合治疗与损害后果有因果关系。如损害后果完全是由医疗机构的过失诊疗行为导致，患者或者其近亲属虽不配合治疗，但这并未导致后果发生，则显然不能免除医疗机构的责任。

在患者或者其近亲属不配合治疗造成损害后果的情况下，如医疗机构对出

---

① 陈志华著：《医疗损害责任深度释解与实务指南》，法律出版社 2010 年版，第 113 页。

② 单国军：《医疗损害》，中国法制出版社 2010 年版，第 105 页。

现损害后果也有过错时，医疗机构也应承担相应的责任。这时，患者或者其近亲属不配合诊疗就不再是医疗机构的免责事由，而是其减责事由，按过失相抵处理。

《侵权责任法》第二十六条规定，被侵权人对损害的发生也有过错的，可以减轻侵权人的责任。将过失相抵规定为减轻责任的法定事由，根据双方的过错程度和原因力程度，确定医疗机构一方的赔偿责任。《人身损害赔偿解释》第二条的规定是："受害人对同一损害的发生或者扩大有故意、过失的，依照民法通则第一百三十一条的规定，可以减轻或者免除赔偿义务人的赔偿责任。但侵权人因故意或者重大过失致人损害，受害人只有一般过失的，不减轻赔偿义务人的赔偿责任。"将进一步细化，归纳为以下标准：①

(1)受害人具有故意或重大过失，加害人只有轻微过失的，原则上可以免除加害人的责任；如果是受害人具有重大过失，而加害人具有轻微过失的，加害人承担的过错比例在9%以下。

(2)受害人具有故意或重大过失，加害人有一般过失的，在受害人故意时，可以免除加害人的责任；如果受害人具有重大过失，加害人有一般过失的，加害人的过错比例为20%～25%。

(3)受害人具有故意，加害人有重大过失的，加害人的过错比例在25%以上，但不足50%。

(4)受害人和加害人均具有故意或者重大过失，且程度相当的，加害人的过错比例为50%。

(5)受害人具有重大过失，加害人有故意的，加害人的过错比例为50%～75%。

(6)受害人具有一般过失或者轻微过失，加害人有故意或者重大过失的，不减轻加害人的侵权责任，不实行过失相抵。

对于加害人而言，50%的过错比例，为同等责任；5%至49%的过错比例，加害人应承担次要责任；51%至95%的过错比例，加害人应承担主要责任；5%以下的过错比例或95%以上的过错比例，通常可以考虑免除加害人赔偿责任或者承担全部的赔偿责任，因为在这种情况下，不作为与有过失而实行过失相抵。

## 二、紧急情况下医务人员已经尽到合理诊疗义务

《侵权责任法》第六十条第二项规定，医务人员在抢救生命垂危的患者等紧急情况下已经尽到合理诊疗义务，医疗机构不承担赔偿责任；《医疗事故处理条

---

① 杨立新：《侵权责任法》，法律出版社2010年版，第186页。

例》第三十三条第一款规定，在紧急情况下为抢救垂危患者生命而采取紧急医学措施造成不良后果的，不属于医疗事故。

在抢救危急患者等紧急情况下，患者生命垂危必须采取紧急医学措施，但有可能造成不良后果。在这种情况下，由于紧急抢救措施是在危急情况下采取的，为了挽救患者生命，对紧急措施可能出现的不良后果不再考虑，“两害相权取其轻”，两项衡量下抢救生命是第一位的。只要医务人员已经尽到合理注意义务，即使造成了不良后果，对患者的身体有一定的损害，也不认为构成医疗损害责任，因此，医疗机构不承担赔偿责任。[①]

这一项免责事由的关键点也是医疗机构没有过错，从而不构成诊疗损害。其基本内容是适当降低了紧急情况下医疗机构的注意义务。这一规定体现了医患双方的利益衡量，即为了挽救患者的生命健康，在紧急情况下对医疗机构所提注意义务低于平时要求，其目的是在制度上为医疗机构抢救患者提供空间，最终是为了保护患者的生命健康利益。该项免责条件的成立，需要具备两个要件[②][③]：

一是有抢救生命垂危的患者等紧急情况。这是免责的前提要件。按照相关规定，医疗中的紧急情况是指：患者因疾病发作、突然外伤受害及异物侵入体内，身体处于危险状态或非常痛苦的状态，在临床上表现为急性外伤、脑挫伤、意识消失、大出血、心绞痛、急性严重中毒、呼吸困难、各种原因所致的休克等。一般来讲，紧急情况中的紧急性可概括为两方面：一方面是事项上的紧急性。除法律、法规和规章明确规定外，事项上的紧急性应当是指患者的生命直接受到伤病急剧恶化的威胁，不立即采取紧急救治措施必然导致患者死亡。相反，对患者一般健康状况的威胁不能构成紧急情况。同时还要注意的是，患者生命受到的威胁应当是正在发生和实际存在的，而不能是假想的。基于假想危险而采取救治措施导致不必要损害后果的，医疗机构应当承担责任。另一方面是时间上的紧急性，医生必须在极短的诊疗时间内作出决断和开展诊疗，否则患者就会因疾病发展而死亡。通俗而言，紧急情况就是需要在紧急的事项上作出快速决策以挽救患者生命的情形。正是基于情况紧急，在技术上通常难以作出周全的考虑和安排。如对发生车祸、不立即截肢将极可能发生败血症的患者，只有截肢才能保住患者的生命。此时，就很难要求医务人员像平时那样作出全面、准确的判断。

二是医务人员在紧急情况下尽到合理的诊疗义务。这是第二个要件，也是

① 杨立新：《侵权责任法》，法律出版社2010年版，第472页。

② 单国军：《医疗损害》，中国法制出版社2010年版，第107页。

③ 全国人大常委会法制工作委员会民法室编：《〈中华人民共和国侵权责任法〉条文说明、立法理由及相关规定》，北京大学出版社2010年版，第244页。

免责的关键要件。应当看到,《医疗事故处理条例》第三十三条第一项规定的免责事由与本项免责事由均是针对紧急抢救的情况,不同点就在于是否要求尽到合理义务。按照《医疗事故处理条例》的规定,“在紧急情况下为抢救垂危患者生命而采取紧急医学措施造成不良后果的”均可免责,并不要求医疗机构需要尽到合理注意义务。应当说,这实际上是免除了紧急情况下医疗机构过失诊疗的责任,与诊疗损害的过错归责原则是相违背的,对于患者也是不公平的。医疗行为直接关系到患者的生命健康权,诊疗损害赔偿的过错原则应当体现在各种医疗场景之下,紧急情况下采取紧急措施对医疗机构也应当有注意义务的要求,这种要求可以适度降低,但不能没有,没有要求就会与医疗保护患者生命健康利益这一宗旨相违背。在《侵权责任法》立法过程中,有意见认为,《医疗事故处理条例》规定只要是在紧急情况下为抢救危急患者而采取紧急医学措施导致的不良后果,医疗机构一概不负责任,这个说法太过绝对。医疗机构是否承担责任,还要看医务人员是否已经尽到了合理的诊疗注意义务。《侵权责任法》采纳了“合理诊疗义务”的意见,实际上提出了紧急抢救情况下的特殊注意义务标准。医疗机构尽到了合理诊疗义务,即不具有过错,也就应当免责。

紧急情况下,患者生命危在旦夕,抢救时间紧迫,医务人员对患者的病情及病状无法做详细的检查、观察、诊断,难以要求医生具有与平时一样的思考时间、判断能力和预见能力。这种情况下法律对医生在注意程度上的要求相对低于一般医疗时的要求。紧急情况下的抢救不能违背“治病救人”的宗旨,是否尽到了合理义务应以医疗行为是否违背该宗旨为抽象标准。根据现行的诊疗规范,紧急情况下合理的诊疗义务包括如下四个方面:

(1)必须准确诊断患者伤病。对患者伤病的准确诊断是正确实施治疗措施的前提。如情况紧急,应当在采取控制患者伤病恶化的紧急措施后,再做进一步诊断和治疗。

(2)必须是在紧急情况下不得已而采取的紧急治疗措施,治疗措施合理、适当。

(3)必须尽到当时情况下应有之注意义务。紧急情况下,如果事前告知不可行,那么采取紧急救治措施后仍应履行该项义务。

(4)将紧急救治措施对患者造成的损害控制在合理限度之内。特别是如果存在多项选择方案,医疗机构应采用不良后果最小的方案。

此外,在判断标准上,也应当考虑以客观标准为基本,以主观标准为辅助。紧急情况下如果医务人员尽到合理注意义务,则免责;如未尽到合理注意义务的,医疗机构仍构成医疗侵权,应当承担责任。

另外,有观点认为此项免责事由体现了紧急避险的立法精神。所谓紧急避险，是指为了使公共利益、本人或者他人的合法权益免受正在发生的损害危险，不得已而采取的会造成公共利益、本人或者他人的合法权益受到损害的行为。应当说，该免责事由与紧急避险有共同之处，都是进行利益衡量并做出利益最大化的选择。但二者又有不同之处，紧急避险是在两个冲突利益中舍弃小的利益而保存大的利益。而紧急抢救则是通过降低法律义务标准来争取保全重要的利益。

### 三、限于当时的医疗水平难以诊疗

《侵权责任法》第六十条第一款第三项规定，限于当时的医疗水平难以诊疗，医疗机构不承担赔偿责任；《医疗事故处理条例》第三十三条第三项规定，在现有医学科学技术条件下，发生无法预料或者不能防范的不良后果的，不属于医疗事故。

医疗行为具有高技术性、高风险性、复杂性的特点以及存在不可控因素，还有很多未知领域需要探索，医疗结果有时具有不确定性和不可预见性。现代医学技术水平的发展具有局限性，目前还不能达到百分之百的治愈率。据统计，即使是在发达国家，临床医疗确诊率也仅有70%左右。医学作为发展中的科学，人们至今还在实践中不断探索并寻找解除疾病的办法。即使医学家开始从基因水平认识疾病，癌症、艾滋病等疾病也无法得到根治。此外，由于病人个体的差异性，即使在治疗常见病或者治疗同一种疾病时，医生采取相同的诊疗措施，所达到的效果也不尽一样。因此，法律对医务人员采取的诊疗行为是否存在过错的判断，只能基于当时的医学科学本身的发展，即是否尽到与当时的医疗水平相适应的诊疗义务，尽到该项义务的，就视为医疗机构及其医务人员没有过错，对患者的损害不承担赔偿责任。

需要说明的是，医疗机构及其医务人员对患者进行诊疗，并不负有保证治愈的义务。对于某些复杂的疾病，如果医疗机构及其医务人员已经尽到与当时的医疗水平相适应的诊疗义务，但限于当时的医疗水平，对患者采取的医疗措施不仅未取得治愈效果，反而带来新的损害，对此，医疗机构不承担赔偿责任。这一免责事由的规定也是出于鼓励和促进医学科学发展的需要。医学科学的发展必须以医务人员积极探索、大胆创新为前提，同时，由于医疗行业高技术性、高风险性和未知性的特点，医务人员在诊疗措施上的探索和创新可能会成功，例如攻克顽疾为患者带来生的希望；但也可能失败，例如不仅未治愈疾病反而对患者肌体带来新的侵害后果。因此，并不能以是否治愈的结果来判断医疗机构及其医务人员在诊疗活动中是否具有过错，如果医务人员已经尽到与当时医疗水平相适应的诊疗义务，而该疾病限于当时的医疗水平难以诊疗的，那么对于患者的损害医疗机构不承担赔偿责任。①

## 四、不可抗力

《侵权责任法》第二十九条规定不可抗力的免责事由，即“因不可抗力造成他人损害的，不承担责任，法律另有规定的，依照其规定”。该规定与《民法通则》第一百零七条规定内容一致。《医疗事故处理条例》第三十三条第六项规定，因不可抗力造成不良后果的，不属于医疗事故。

《民法通则》第一百五十三条规定：“本法所称‘不可抗力’，是指不能预见、不能避免并不能克服的客观情况。”不可抗力是指人力所不可抗拒的力量，包括自然原因如地震、台风、洪水、海啸等和社会原因如战争等。不可抗力，是独立于人的行为之外，并且不受当事人的意志所支配的情况，它是各国立法通行的免责事由。

不可抗力作为免责事由的根据是，让人们承担与其行为无关而又无法控制的事故的后果，不仅对责任的承担者来说是不公平的，也不能起到教育和约束人们行为的积极作用。依据这样的价值观念，将不可抗力作为免责事由，则不可抗力必须是构成损害结果发生的原因。只有在损害完全是由不可抗力引起的情况下，才表明被告的行为与损害结果之间毫无因果关系，同时表明被告没有过错，因此应被免除责任。②

因不可抗力造成损害，当事人一般不承担民事责任；但是，不可抗力导致免责，必须是在不可抗力是损害发生的唯一原因，且当事人对损害的发生和扩大不能产生任何作用的情况下。因此，在发生不可抗力的时候，应当查清不可抗力与造成的损害后果之间的关系，并确定当事人的活动在发生不可抗力的条件下对所造成的损害后果的影响。

在诊疗过程中，不可抗力有时来自自然界，如地震、洪水等，此种情形并不多见，由此引发的争议少之又少，本文不予讨论。不可抗力有时来自医学科学水平发展的限制，由不可抗拒的力量造成的不良后果，属于免责事由。有人将医疗意外、难以避免的并发症、病情的自然转归列入不可抗力的范围。

医学的发展永无止境，在现代医学中，存在着不能预见、不能避免并不能克服的情况，即属于不可抗力，包括人类尚无基本认识的疾病、某些疾病的自然转归和并发症。人类尚无基本认识的疾病如 SARS 病毒，在发作之时对其病理无更多了解。疾病的自然转归，是指患者病情自然发展的结果。但很多情况下，病

---

① 全国人大常委会法制工作委员会民法室编：《〈中华人民共和国侵权责任法〉条文说明、立法理由及相关规定》，北京大学出版社 2010 年版，第 247 页。

② 杨立新：《侵权责任法》，法律出版社 2010 年版，第 195 页。

情恶化导致出现患者死亡等严重不良后果是无法抗拒和不可逆转的。例如，现代医疗手段还不能完全攻克癌症，并且许多癌症患者在发现患病时已经到了晚期，病情自然转归的结果就是死亡。在疾病自然转归的情况下，相应结果并非是医疗行为的损害后果，医疗机构对疾病的自然转归也无过错，医疗机构不构成侵权。疾病的自然转归因其不可避免和不能克服，应属不可抗力。[①]

对将医疗意外列入不可抗力，在法理辨析上有所区别，但从适用过错归责原则上来看，医疗机构承担责任以存在诊疗过错为前提，而在出现不可抗力和意外事件的情况下，医疗机构都无过错，都不构成侵权损害，因此区分二者的实际意义并不是很大。

争议较大的是在对并发症的认识上。有人认为医疗并发症属于不可抗力，[②][③]但很多人并不完全认同。不可抗力强调不可预见性，强调造成损害原因的唯一性；而并发症往往是能够预见的，只是难以避免和防范而已，并不是说绝对无法防范或无从防范，这更多体现了现有医学科技的局限性。因此，当出现并发症时，应首先考察医护人员对其的预见程度，再考察医护人员在多大程度上采取了有效的规避义务和出现并发症后的积极治疗义务，是否有效降低了并发症给患者造成的损害，在综合评价的基础上确定个案是否能够适用此条款。[④]

### 五、医疗意外

《医疗事故处理条例》第三十三条第二项规定，在医疗活动中由于患者病情异常或者体质特殊而发生医疗意外的，不属于医疗事故。《侵权责任法》没有规定医疗意外是免责事由。但是，既然能够构成医疗意外，那么就能够证明医疗机构没有过失。既然没有医疗过失，医疗机构当然就不承担侵权责任。因此，医疗意外即使没有被明文规定为免责事由，但由于医疗损害责任实行过错责任原则，医疗意外不是过失，当然也就没有责任。[⑤]

与医疗意外相关的民法概念是意外事件，医疗意外应属于民法中意外事件的一种。医疗意外，又称为医疗意外事故，是指在医疗活动中由于患者的特殊体质或者异常病情而发生的难以预料和防范的不良后果。也即在医疗活动中，虽然发生了患者死亡、伤残、功能障碍的严重后果，但这些不良后果的发生，不是医务人员的失职行为或者技术过失直接造成，而是因为医务人员难以预料，或根据

---

① 单国军：《医疗损害》，中国法制出版社2010年版，第109页。

② 《医疗事故处理条例》起草小组编写：《医疗事故处理条例释义》，中国法制出版社2002年版，第97页。

③ 刘革新：《医与法》，中国人民公安大学出版社1997年版，第84页。

④ 古津贤：《医疗侵权法论》，吉林大学出版社2008年版，第93页。

⑤ 杨立新：《侵权责任法》，法律出版社2010年版，第473页。

实际情况是难以避免的。构成医疗意外有如下几个要件：

(1)必须客观存在患者死亡、残废或功能障碍等不良后果，即客观上发生了人身伤、病、残、亡事件；

(2)患者死亡、残疾或功能障碍的不良后果之发生是医务人员难以预见、防范或避免的；

(3)上述不良后果是发生在医疗活动中的偶然发生的事故，并不包括第三人的行为；

(4)损害的发生须归因于医务人员自身以外的原因，即非医疗过失所致，而是患者自身体质或病情的原因，且医务人员已尽到充分的注意义务。

医疗意外很易引发医疗纠纷，其原因在于对患者疾病的突发性恶化，患者及其家属不能理解，对突然出现的不良后果也不能接受，常误认为是医疗机构和医务人员存在医疗过失或者把医务人员正确的治疗措施当作诱发不良后果的原因。

由于存在个体差异，同一种疾病在不同人身上表现出来的症状也不尽相同，在治疗中使用同样方法所获得的疗效也就不尽相同。同时，由于医学的局限性，对一些疾病还难以及时予以确诊，对一些疾病还缺乏有效的治疗手段。在上述情况下如果造成患者人身损害，让医疗机构承担责任是不恰当的。因为医疗机构与医务人员主观上没有过失，而过失是医疗事故的必备构成要件，这就是为何医疗意外不属于医疗事故的缘由所在。

目前在医疗损害鉴定实践中，医疗意外已经出现滥用的倾向，成为一些医疗机构或医务人员免除责任的一个常用手段。但是，医疗意外虽然不属于医疗事故，不追究行政责任，但医疗意外并非医疗机构的绝对免责事由，如果医务人员在医疗意外发生后救治措施不力，则应承担相应的民事赔偿责任。在因医疗意外而引发的医疗损害赔偿纠纷案件中，医疗机构如欲以医疗意外进行免责抗辩，则应证明两个事实：(1)医疗损害的发生归因于医疗机构和医务人员自身以外的原因，即非医疗过失所致，而是由于患者自身体质或病情等其他的原因；(2)医疗机构和医务人员已经尽到了他们应当和能够尽到的注意义务，不存在医疗过失。如果医疗机构不能证明其已履行了应尽的注意义务，则应根据其过失的大小承担相应的法律责任。①

现代医学经过大量的经验积累，已经对常见的易引起过敏反应的药物有充分的认识，并在临床治疗上进行了规范，在药物说明书中予以说明，以此引起医方的高度注意。经过临床治疗和社会生活活动，不少患者已经知晓自己对某些

① 陈志华：《医疗损害责任深度释解与实务指南》，法律出版社 2010 年版，第 131 页。

物质存在过敏状况，能够提供用药依据，因此高度重视问诊是医方的义务。另外有的医疗意外是没有严格按照医学操作规范要求所导致的。因此，必须对此情况是否属于医疗意外进行严格审定。[①] 以临床应用青霉素发生过敏性休克问题为例，青霉素是临床经常应用的、有确切疗效、除了有可能发生过敏以外其他不良反应很少且价格便宜的抗生素，如果患者因应用青霉素发生了过敏性休克死亡的情况，这是因为患者体质的异常而导致的医疗意外，医疗机构和医务人员是否免责主要根据以下情形认定：

(1)患者有无应用青霉素的指征；

(2)使用前是否询问患者有无青霉素过敏史，有过敏史的禁用；

(3)过敏性休克可发生在青霉素皮试过程中，皮试阴性使用青霉素的过程中，还有连续使用青霉素的过程中，使用前有无将此风险告知患者并获得患者知情下的同意；

(4)是否按规范进行青霉素皮试；

(5)是否有应对过敏性休克的抢救预案及药物，在患者发生过敏性休克后是否及时进行救治。

如果医疗机构和医务人员尽到了以上注意义务，则不存在医疗过失，不需要承担责任。

## 六、并发症

### (一)并发症的概念

我国现行的法律法规和医学书籍尚未对“并发症”这一概念作出统一的定义。《卫生学大辞典》给出的解释是：“并发症”，是指一种疾病在发展过程中引起另一种疾病或症状的发生，后者为前者的并发症，如胃和十二指肠溃疡可能引起幽门梗阻、穿孔、大量出血和癌变等并发症。世界公认权威的《Merriam-Webster》医学辞典则如此定义：“并发症”，是指在某种原发疾病的发展过程中发生的、由于原发疾病或其他独立原因所导致的继发疾病。

有学者认为，对于并发症的概念主要有以下两种观点：一种是以医学辞典和医学书籍为代表，强调并发症的客观性，即因疾病的发展或治疗手段的介入而客观上发生，范围广泛，称之为广义的并发症；另一种是以法律学者为代表，强调并发症的主观性，即医生主观上无过失或难以避免和防范，范围狭窄，可称之为狭义的并发症。一般，我们采用广义的并发症观点，理由有三：

(1)对并发症采用广义解释，更符合其字面本义；

---

① 王岳：《医事法》，人民卫生出版社 2009 年版，第 96 页。

(2)并发症首先是一个医学概念,然后才是需要研究的相关法律问题,司法界应尊重医学界关于开发症的惯用含义;

(3)就总体而言,并发症的确无法避免,没有哪家医院或哪个医生没有遇到过并发症;但就个案而言,并发症是需要医生努力避免和防范的,制定医疗护理规范的目的之一就是减少并发症的发生。对于具体的患者发生的并发症,医生有无过失或该并发症是否难以避免和防范,则属于并发症归责中应重点考虑的问题。人为地将并发症限制在医生无过失或难以避免和防范的范围之内,具有本末倒置之嫌,而且因为法学界与医学界对并发症的习惯用法不一致而导致了今天对并发症认识上的混乱及实务中的诸多问题。①

(二)并发症的分类

(1)按是否有医疗行为的介入,并发症可分为疾病并发症和医疗并发症。

疾病并发症是指原发疾病或症状在其发展过程中引起的继发疾病或症状。临床上比较常见的如急性上呼吸道感染并发肺炎,肝硬化并发食道静脉曲张破裂出血,高血压并发心、脑血管病变(如心功能衰竭、脑卒中等)等。这些并发症都是原发疾病本身在自然病程中可能衍生而加重病情的偶发病症。

医疗并发症是指由医院对原发疾病或症状的医疗行为而引起的继发疾病或症状。常见的医疗并发症包括各类手术并发症、麻醉并发症、化疗并发症、放疗并发症等,如甲状腺手术引起的喉返神经损伤导致声嘶、癌症患者化疗引起的骨髓抑制继发肺炎等感染、子宫全切术损伤单侧输尿管引起的肾积水等。

一般来说,疾病并发症主要是由原发疾病引起,但在治疗过程中所发生的疾病并发症,通常有医疗因素参与其中。医院的诊断是否及时、准确,护理是否到位,治疗是否得当,这些医疗因素对并发症的发生、发展都可能产生不同程度的影响,从而影响疾病的转归。而对于医疗并发症来讲,原发病及患者的自身因素在其发生、发展中所发挥的作用亦不可忽视,如在甲状腺手术中,甲状腺疾病的性质、甲状腺的大小及其与周围组织的粘连程度直接影响着手术的难易程度及手术并发症的发生率;再如,甲状腺周围重要血管、神经的走行变异更可能成为并发症发生的主要原因。

(2)按照在现有的医学科学技术条件下,避免发生并发症的可能性的大小,并发症可分为不可避免的并发症、难以避免的并发症和可以避免的并发症。②

"并发症"应为"医疗意外"的上位概念。也就是说,"医疗意外"应属于"并发症"中的一种特殊类型。意外即意想不到,因为该情况的发生不符合常理,故一般情况下无法预见、无法避免,医生对医疗意外的发生也就不存在过失,这一类

---

① 奚晓明:《医疗损害赔偿纠纷》,法律出版社 2009 年版,第 58 页。

② 汤怀世:《关于医疗并发症的法律思考》,《中国卫生事业管理》2000 年第 11 期。

在并发症中所占的比例最小。

难以避免的并发症，是指在诊疗过程中，医务人员已经预见到并发症的发生可能，而且注意到并采取了相应的避免措施，但仍然发生了该并发症的情况。例如，在采用甲状腺大部分切除术治疗甲亢时，有可能挫伤、误切甲状旁腺或使甲状旁腺血供受累，从而导致甲状旁腺功能低下而引起手足抽搐。医生术前已预见到这种并发症的可能，并在手术操作中尽可能地避免误伤误切甲状旁腺，保留了完整的甲状腺腺体背面部分，但由于甲状旁腺异位及甲状腺组织与周围组织难以分辨而导致误伤甲状旁腺，应视为难以避免的并发症，医院得以免责。该类并发症在并发症总体中占有相当的比例。

另外较大比例的并发症应属于可以避免的并发症，如上述甲状腺大部分切除手术中，医生将甲状腺腺体背面部分切除，以致误切甲状旁腺而引起甲状旁腺功能低下，此情形下该并发症应属可以避免，医院对此应承担责任。

这种分类方法在理论上似乎解决了并发症的归责问题，但在实务中，个案所涉及的并发症情形极为复杂，何为难以避免、何为可以避免，仍是十分棘手的难题。《医疗事故处理办法》第三条第三项规定“发生难以避免的并发症的”不属于医疗事故，但《医疗事故处理办法》并未提出可供操作的具体标准和范围，造成在实际工作中“难以”界定什么是可以避免的并发症和什么是难以避免的并发症。若鉴定人完全以个人经验而论，主观随意性很大，常常会引起“难以避免的争议”。

《医疗事故处理条例》不再使用并发症的概念，其第三十三条第三项规定，在现有医学科学技术条件下，发生无法预料或者不能防范的不良后果的，不属于医疗事故，难以避免的并发症就属于此种情况。该规定显然比并发症的范围要大，还包含医疗意外和紧急医疗造成的不良后果。

(三)并发症的归责

并发症属于医疗风险的一种，而且是主要的一种。并发症在原发疾病之外扩大了损害的后果，延长了治疗的时间，并相应地增加了治疗的费用和患者的痛苦。在医疗事故技术鉴定和医疗损害赔偿案件审理过程中，医疗机构往往将损害后果的出现归因于难以避免的并发症，以此达到免责的目的。在判断医务人员是否应对患者并发症的发生承担责任时，应注意研究其是否对这种并发症的发生尽到了应尽的注意义务。①

(1)医务人员是否尽到风险预见义务。

并发症一般情况下是可以预见的，如食道癌切除食道胃吻合术后可能会发

① 陈志华:《医疗损害责任深度释解与实务指南》，法律出版社2010年版，第127页。

生吻合口瘘,甲状腺手术可能会损伤喉返神经等。如果应当预见而未能预见到并发症的发生,则说明医务人员未能尽到结果预见义务而构成医疗过失。

(2)医务人员是否尽到风险告知义务。

《执业医师法》第二十六条第一款规定,医师应当如实向患者或者其家属介绍病情。《医疗事故处理条例》第十一条规定,在医疗活动中,医疗机构及其医务人员应当将患者的病情、医疗措施、医疗风险等如实告知患者。上述法律条款规定了医务人员的告知义务。如果医务人员未能向患者或家属告知其治疗措施可能带来的医疗风险,则可以认定其违反了法定的告知义务而构成医疗过失。

(3)医务人员是否尽到风险回避义务。

医务人员是否尽到风险回避义务,即医务人员是否采取了相应的诊疗措施以尽可能避免并发症的发生,也即医务人员是否履行了结果回避义务。并发症的相对可避免性决定了在一定的条件下,只要医务人员加以充分的注意并采取积极有效的防范措施,并发症在一定程度上是可以避免的。例如在甲状腺切除手术中,经常发生喉返神经损伤,其发生率约为0.5%,大多数是因手术处理甲状腺下极时,不慎将喉返神经切断、缝扎、挫夹或牵拉造成永久性或暂时性损伤所致。少数也可由血肿或瘢痕组织压迫、牵拉导致。因此,在进行手术时,要求手术医生对甲状腺周围的神经予以充分的注意,以避免造成神经损伤。据报道,北京某医院由于耳鼻咽喉一头颈外科医师非常熟悉颈部和甲状腺的解剖,因此他们在行甲状腺肿瘤手术时,喉返神经损伤和甲状旁腺功能损伤的发生率几乎为零。但是,应当注意的是,并发症的可避免性是相对的,在临床实践中,有时即使医务人员对并发症予以充分的注意并采取预防措施仍难以避免并发症的发生。例如,如果甲状腺肿物与周围神经粘连非常密切,则在切除过程中将难以避免神经损伤的发生。还有,在腹腔手术后出现的肠粘连等并发症也是临床难以避免的。在上述情况下,只要医务人员能够证明其在手术中严格遵守了技术操作规范,并对发生的不良后果给予了充分的注意,那么即使出现了并发症,医务人员因对其发生不存在过失而无须承担责任。

(4)医务人员是否尽到医疗救治义务。

在并发症发生后,医务人员是否采取积极的治疗措施以防止损害后果的扩大。还是以甲状腺切除手术中喉返神经损伤为例,因切断、缝扎导致的喉返神经损伤属永久性损害,而因挫夹、牵拉、血肿压迫所致者多为暂时性的,经过适当的理疗等及时处理后,一般可以在3～6个月内逐渐恢复。因此,对于后者,医务人员应当采取积极有效的治疗措施,以最大限度地减少并发症的损害后果。

与并发症相近的概念是合并症,常常有人将两个概念混淆。合并症的概念是患者在罹患一种疾病的同时患有另外一种或几种疾病,是两种不同的病症,后一种疾病不是由特殊的生理状况或前一种疾病引起的，在发病机制上互相无关联，如患者患有冠心病，同时患有胃炎，患者病情以冠心病为主，而胃炎则被称为合并症。而并发症是患有本身罹患一种疾病，并由该病引发另一种疾病，两者在发病机制上互相有关联，如胃溃疡合并胃出血，胃出血即被称为胃溃疡的并发症。并发症与合并症的区别在于前后两种疾病之间有无因果关系。有因果关系的就是并发症，无因果关系的就是合并症。

## 七、第三人过错

《侵权责任法》第二十八条规定，损害是因第三人造成的，第三人应当承担侵权责任。《人身损害赔偿解释》第六条规定："从事住宿、餐饮、娱乐等经营活动或者其他社会活动的自然人、法人、其他组织，未尽合理限度范围内的安全保障义务致使他人遭受人身损害，赔偿权利人请求其承担相应赔偿责任的，人民法院应予支持。因第三人侵权导致损害结果发生的，由实施侵权行为的第三人承担赔偿责任。安全保障义务人有过错的，应当在其能够防止或者制止损害的范围内承担相应的补充赔偿责任。安全保障义务人承担责任后，可以向第三人追偿。赔偿权利人起诉安全保障义务人的，应当将第三人作为共同被告，但第三人不能确定的除外。"

第三人过错的概念，按照《侵权责任法》第二十八条规定，第三人原因，是指除受害人和加害人之外的第三人，对受害人损害的发生或扩大所具有的主观过错，且为造成损害的全部原因。第三人过错的主要特征是主体上的特殊性，其过错形式则没有其他的区别，包括故意和过失。第三人过错的特点是：过错主体是第三人，第三人与当事人没有过错联系，第三人过错是免除或者减轻加害人责任的依据。第三人过错作为免责事由，其后果并非都是免责，还包括减轻责任①。

在医疗实践中，与第三人过错有关的医疗损害案件主要涉及患者在就医期间因第三人原因致人身伤害或财产损失的情形，包括患者受到他人的人身伤害、婴儿被盗、财物被盗等。在这些情形下，就有涉及医疗机构是否应就第三人过错造成的损害后果承担责任的问题。

从事社会活动的人应当对相关公众的人身安全承担合理的保障义务。具体分为两种情况：(1)如果因从事相关社会活动的人疏于恪守安全保障义务、不作为，而导致了受害人的损害出现，其应承担直接的损害赔偿责任；(2)如果受害人的损害系由第三人的侵权行为所致，安全保障义务人有过错的，应当承担补充赔偿责任，其范围应当以其能够防止或者制止损害的范围为限。在承担了相应的

---

① 杨立新：《侵权责任法》，法律出版社2010年版，第192页。

补充赔偿责任后，安全保障义务人可以向实施侵权行为的第三人追偿。

《侵权责任法》在总结司法实践经验的基础上，对未尽到安全保障义务的侵权责任作出了明确规定。《侵权责任法》第三十七条规定："宾馆、商场、银行、车站、娱乐场所等公共场所的管理人或者群众性活动的组织者，未尽到安全保障义务，造成他人损害的，应当承担侵权责任。因第三人的行为造成他人损害的，由第三人承担侵权责任；管理人或者组织者未尽到安全保障义务的，承担相应的补充责任。"

公共场所，包括以公众为对象进行商业性经营的场所，也包括对公众提供服务的场所。医疗机构的就诊区域、住院病房等场所，应属法律规定的公众场所。因此，医疗机构的管理者负有相应的安全保障义务，应当对在其处就医的患者承担相应的安全保障义务。安全保障义务作为医疗服务合同的附随义务，不同于医疗机构的医疗注意义务。医疗机构如果在此方面不作为并造成患者人身损害，将承担相应的赔偿责任。①

## 八、遗传基因

### （一）遗传基因相关概念

1. 遗传基因

遗传基因（Gene，Mendelian factor），也称为遗传因子，是指携带有遗传信息的 DNA 或 RNA 序列，是控制性状的基本遗传单位。基因通过指导蛋白质的合成来表达自己所携带的遗传信息，从而控制生物个体的性状表现。

2. 人类基因组

人类基因组（Human genome）又译人类基因体，是人类的基因组。共组成 23 对染色体，分别是 22 对体染色体和 1 对性染色体 X 染色体与 Y 染色体。含有约 31.6 亿个 DNA 碱基对。碱基对是以氢键相结合的两个含氮碱基，以 A、T、C、G 四种碱基排列成碱基序列。其中一部分的碱基对组成了 20000 到 25000 个基因。

3. 基因特点

基因有两个特点，一是能忠实地复制自己，以保持生物的基本特征；二是基因能够"突变"，突变绝大多数会导致疾病，另外的一小部分是非致病突变。非致病突变给自然选择带来了原始材料，使生物可以在自然选择中被选择出最适合自然的个体。

4. 遗传病的原因

---

① 陈志华：《医疗损害责任深度释解与实务指南》，法律出版社 2010 年版，第 116 页。

现代医学研究证明，除外伤外，几乎所有的疾病都和基因有关系。像血液分不同血型一样，人体中正常基因也分为不同的基因型，即基因多态型。不同的基因型对环境因素的敏感性不同，敏感基因型在环境因素的作用下可引起疾病。另外，异常基因可以直接引起疾病，这种情况下发生的疾病为遗传病。

可以说，引发疾病的根本原因有三种：

(1)基因的后天突变；

(2)正常基因与环境之间的相互作用；

(3)遗传的基因缺陷。

绝大部分疾病，都可以在基因中发现病因。

(二)造成遗传基因相关医疗损害的常见疾病①

造成遗传基因相关医疗损害的常见疾病主要是出生缺陷，出生缺陷是指婴儿出生前发生身体结构、功能或代谢异常的情况。出生缺陷可由染色体畸变、基因突变等遗传因素或环境因素引起，也可由这两种因素交互作用或其他不明原因所致，通常包括先天畸形，染色体异常，遗传代谢性疾病，功能异常如盲、聋和智力障碍等。

我国出生缺陷监测（监测期为孕满28周至出生后7天）数据表明，2000—2011年期间，先天性心脏、多指(趾)、唇裂伴或不伴腭裂、神经管缺陷、先天性脑积水等十类疾病是我国围产儿前十位高发畸形。2000年这十类畸形占所有出生缺陷病例的72.1%，2011年这一比例下降到65.9%；2011年，先天性心脏病占所有监测发现病例的26.7%。

马蹄内翻、肢体短缩、尿道下裂、直肠肛门闭锁或狭窄、小耳、唐氏综合征、苯丙酮尿症、先天性甲状腺功能低下症和地中海贫血均为常见出生缺陷。

出生缺陷在发达国家已成为婴儿死亡的第一位原因。这一趋势在我国也逐渐显现，出生缺陷在全国婴儿死因中的构成比顺位由2000年的第4位上升至2011年的第2位，达到19.1%。

国际研究显示，出生缺陷儿中约30%在5岁前死亡，40%为终生残疾。据调查，我国残疾人口中，先天性致残者约814万，约占残疾人总数的9.6%，其中，肢体残疾、听力残疾和智力残疾所占比例较大，分别为28.62%、24.97%和21.57%；在998万智力残疾人口中，先天性残疾占21.36%。

(三)造成遗传基因相关医疗损害的医学环节

1.婚前保健

指对准备结婚的男女双方进行婚前卫生指导、婚前卫生咨询和婚前医学检

① 卫生部：《中国出生缺陷防治报告(2012)》，2012年9月。

查服务。它是保障母婴安全、预防出生缺陷、提高出生人口素质的第一道防线。

2.孕前保健

向准备怀孕的夫妇提供健康教育、遗传咨询、医学检查、生育指导等系统的保健服务来减轻或消除影响生殖健康的不良因素，引导夫妇接受知识、转变态度、改变行为，共同做好妊娠准备。

3.孕产期保健

指从准备怀孕到产后42天内，对孕妇、产妇和胎儿、新生儿提供系统的检查、监护，提供保健指导和分娩处理等医疗保健服务。

4.新生儿保健

指对从出生到产后7天的婴儿进行系统的检查、监护、保健指导等服务，包括新生儿访视和新生儿疾病筛查等。

5.产前筛查

通过检测母体血清中的生物标志物，来发现怀有某些先天缺陷胎儿的高风险孕妇。现在能筛查的疾病还比较局限，主要为21-三体综合征、18-三体综合征和神经管缺陷，但检查过程中也可发现胎儿内脏畸形的高风险孕妇。

6.产前诊断

采用遗传学检测和影像学检查方法对高风险胎儿进行明确诊断，并通过知情同意的医学处理，减少有严重出生缺陷的胎儿的出生。目前，我国常用的产前诊断技术主要包括羊膜囊穿刺术、脐静脉穿刺术、绒毛膜取样术、细胞遗传学分析和基因诊断技术等。

7.新生儿疾病筛查

是指在新生儿群体中，用快速、简便、灵敏的检验方法，对一些危及儿童生命、危害儿童生长发育或导致儿童智力障碍的先天性、遗传性疾病进行群体检查，以便对疾病作出早期诊断，结合有效治疗，避免患儿重要器官出现不可逆的损害，保障儿童正常的身体发育和智力发育。

（四）遗传基因作为相关医疗损害纠纷免责事由的理由

发生遗传基因相关医疗损害的诉讼，主要涉及“不当怀孕”（wrongful conception）、“不当出生”（wrongful birth）和“不当生命”（wrongful life），也有学者译为“错误怀孕”“错误出生”和“错误生命”，在此类纠纷中，医方若抗辩，可采如下理由。

（1）缺陷儿的产生属于自身疾病。

缺陷儿的产生是由准父母的遗传基因所致，是缺陷产生的根本原因，与医疗行为是否存在过错无关。

（2）现代科学技术并不能发现所有的胎儿畸形。

虽然可通过B超、羊膜囊穿刺术、脐静脉穿刺术、绒毛膜取样术、细胞遗传学分析和基因诊断技术等常用产前诊断技术对高风险胎儿进行明确诊断，但医学是一门专业性较强的自然科学，超声检查的方法和技术虽广泛应用于现代临床医学，但胎儿在母体内由于受母体自身体质、妊娠期、羊水、胎儿活动、胎儿骨骼等多种因素的综合影响，医疗机构在进行产前检查中尚不能完全将胎儿的所有发育情况显示出来，胎儿畸形出生率仍客观存在。同样，细胞遗传学分析和基因诊断技术等也不能检测出所有的胎儿畸形。

(3)孕妇错过检查检测的最佳时间。

B超检查胎儿畸形的最佳时间为18～24孕周，遗传学诊断的方法最佳时间为8～24孕周，如孕妇没有在此期间进行孕期保健，则错过了检查检测的最佳时间。至孕晚期虽然进行B超检查发现胎儿畸形，但终止妊娠的时机已过。

(4)医院条件限制。

产前诊断需要一定的条件，不同等级医院医疗水平的差异也不能完全忽视，若孕父母选择了收费低廉的低等级医院，则对其医疗服务的水平也不应该抱以非常高的要求。如医方已经告知不具备产前诊断的条件，建议到上级医院检查，则是否进行检查的决定权在孕妇。

(5)已经妥善履行谨慎注意义务。

医方已经妥善履行谨慎注意义务，如风险预见义务、风险告知义务、风险规避义务和已经规范进行诊断和治疗等。

## 第三节　一般免责事由

医疗损害的一般免责事由是指损害确系医方的行为所致，但其行为是正当的、合法的。这种事由与违法阻却事由相同，例如，正当防卫、紧急避险、职务授权行为、自助行为、自甘风险等。

### 一、职务授权行为

在一般情况下，损害他人人身健康和财产的行为就是违法行为，但也有一些违法行为因有违法阻却的事由而被认为是合法的，可以免除民事责任，例如职务授权行为。所谓职务授权行为是指法律允许在执行自己的职务时可以“损害”他人财产和人身的行为，医疗行为就属于此。

职务授权行为必须具备下列条件：第一，从事法律所允许或者社会所认可的合法职务；第二，行为人具有一定的专业知识和业务能力，行为人一般都持有由相关行政部门核发的有效专业资格证书；第三，履行职务的行为正当，遵守职业操作规范和规章制度，不逾越业务范围、不违章操作等。[①]

国家基于医疗的特殊性和对国民生命和身体健康的维护，在法律上赋予医疗机构或医务人员强制诊疗的义务和患者强制的受诊义务。这在医疗法律关系中属于特殊的情况，此为公权力的行使，即医疗机构或医务人员作为国家的使用人、代理人，医疗法律关系是存在于国家和患者之间的，这种医疗法律关系可称之为强制医疗关系。此种情况下，医生的职务行为成为一种违法阻却事由。

例如，《中华人民共和国传染病防治法》所规定之甲类（鼠疫、霍乱）传染病患者和部分乙类（传染性非典型肺炎、人感染高致病性禽流感、炭疽）传染病人的强制性治疗就属于此种情形。日后我国的《中华人民共和国精神卫生法》也应当针对有公共危害的精神障碍者作出此类规定。另外，医生给死刑犯实施注射死亡也应当是基于职务行为阻却了其违法性。[②]

手术、介入性或侵害性诊断和治疗，均对病人人身造成伤害，甚至会发生不幸，造成病人死亡或者残废，但是，法律并不禁止这些行为。这是因为，医疗行为虽然可能造成人身伤害，但治病救人是社会需要，权衡利弊，医疗业务对社会有益，应受到鼓励。[③] 但不是任何医疗行为都可以免除责任，这便需要一个界线，这个界线就是医方尽到相应注意义务，不存在过失，否则还是要承担相应责任。

由于医疗职务行为的公益特性，在国外普遍给予公益豁免。公益豁免是世界各国对公益性事业普遍适用的原则，医疗事业一般被认为属于公益性事业。公益豁免是指专门的公益机构或者某一特定的部门在为公众的利益或者是在为多数人的利益服务的过程中，有时即使有违法现象的存在，在通常情形下被认为是确有侵害某种法律权益的行为时，因考虑到它是公益性事业，是在为公众的利益或者在为多数人的利益服务时所造成的失误，因此，法律不给予制裁或者给予很轻的制裁。美国的民众就曾反映，司法部门对医生的处罚过于宽宥，实际上适用的就是公益豁免。[④]

## 二、自甘风险

### （一）自甘风险概念

“自甘风险”原则又称“受害者承担风险”原则，即明知风险而自愿故意为之，产生损害后果由受害者自行承担，组织者、经营者可以免责。我国立法中没有明确“自甘风险”原则，其仅存在于民法理论之中，但学界中主张在医疗纠纷领域引

① 强美英：《医疗损害赔偿责任分担研究》，知识产权出版社 2010 年版，第 66 页。

② 王利明：《侵权行为法研究. 上卷》，中国人民大学出版社 2004 年版，第 554 页。

③ 张秦初：《防范医疗事故与纠纷》，人民卫生出版社 2006 年版，第 60 页。

④ 张赞宁：《试论医疗行为的违法阻却事由》，《南京医科大学学报》（社会科学版）2007 年第 3 期。

入该原则的人已不在少数。法谚云:“自甘风险者自食其果”(volenti non fit iniuria)。“自甘风险”是一项英美法系和大陆法系国家都有的成熟的加害人免责事由之一。

《侵权责任法》第七十六条规定:“未经许可进入高度危险活动区域或者高度危险物存放区域受到损害,管理人已经采取安全措施并尽到警示义务的,可以减轻或者不承担责任。”根据该条规定,在高度危险责任中,自甘风险可以作为减轻或者免除责任的事由来对待,具体是减轻还是免责应根据实际情况加以判断。现行法在内容上并未将其规定为绝对的免责事由,因为:一方面,法院不能将自甘风险作为绝对的免责事由对待,毕竟在自甘风险的情况下,行为人也有一定的过错,甚至这种过错程度比较严重,如果因受害人自甘风险就使得加害人被完全免责,对受害人确实不太公平;另一方面,如果将自甘风险作为受害人的过错,从而适用过失相抵的规则,可以使法官根据具体情况决定是否减轻或者免除加害人的责任,如此可以通过法官自由裁量权的行使灵活处理实践中各种复杂的自甘风险的情况,从而保障裁判结果的公平。虽然自甘风险不能成为一般的免责事由,但可以作为高度危险责任中的减轻或免除责任事由,毕竟在此情况下,表明受害人是有过错的,据此可以相应地减轻行为人的责任。①

(二)自甘风险构成要件

自甘风险也是一种抗辩事由,与受害人承担责任有某些相似之处。构成自甘风险的要件是:(1)受害人明知风险存在,风险具有现实性;(2)受害人自愿参加具有这种风险的活动,并非被人所强迫;(3)风险已经发生,造成了受害人的损害;(4)造成风险损害的人没有过错,既没有加害的故意,也没有疏忽或者懈怠。②

医疗侵权纠纷案件中,可否认定自甘风险免责?有学者认为医疗侵权纠纷案件中可以适用该原则,这是医疗行为的特殊性及自甘风险原则的特点所决定的。其理由为:③

(1)医疗侵权行为以加害人和受害人之间存在医疗服务合同为前提,这是自甘风险原则可以适用的基础要件。医疗侵权中适用自甘风险的前提就是患者和医院之间存在着医疗服务合同。虽然医疗服务合同可以分为多个种类,但是无论是医患双方达成的约定之债,还是基于法律规定而产生的法定之债,医疗侵权行为产生的前提都是加害人提供了一定的医疗行为,而受害人接受了一定的医

① 王利明:《论高度危险责任一般条款的适用》,法大民商经济法律网。

② 杨立新:《侵权法论》,人民法院出版社2005年版,第263页。

③ 陈美雅:《试论“自甘风险”原则在医疗侵权案件中的法律适用》,《中国实用内科杂志》2006年第20期。

疗行为，医疗行为构成了医疗服务合同的主要内容，只要有医疗行为存在，就不影响因医疗行为引起的侵权之债选择自甘风险原则，来审视整个医疗行为的法律属性。

(2)医疗行为的特殊性是自甘风险原则在审理医疗侵权纠纷案件中可以适用的核心要件。医学本身就是一门探索性的学科，任何医学科技的进步，都是建立在失败的基础之上，没有失败的经验，就难以建立成熟而稳定的医学规则。例如，2003 年我国经历的 SARS(“非典”)危机，在对 SARS 疾病本质的认识上，刚开始时也是错误的，直到后来治疗无效及疾病无法控制等情况的出现，医学界才逐渐修正了对该疾病的认识，并逐步确立了治疗和防护等措施。对 SARS 危机的处理，是医学科学自身特点的典型表现。

医疗行为蕴涵着潜在的风险和危险。医疗行为的对象是人体，而生命本身就是一个复杂的现象，这种复杂性决定了医疗行为自身的风险性，手术就会失血，注射就会疼痛，服药就会产生副作用，这些都是大众对医学的简单认识，既然有这种风险，我们为什么还会主动地去求医问药呢？因为我们不是为了生活质量的需要，而是为了谋求自身生存质量的需要，是为了追求比以上伤害和危险更大的目标——即生命健康。医疗行为的风险和生命健康相比较，很明显，后者的价值更高，所以，社会才容许医疗行为合法合理的存在。

医疗行为是一种允许出现错误的行为，这也是一种潜在的风险。根据权威媒体报道，我国临床诊断误诊率达 27.8%，其中恶性肿瘤误诊率为 40%，肺结核误诊率在 40%以上。如果凡是误诊就要追究法律责任，那么几乎所有的医疗活动都不能开展，这对卫生事业的进步将是致命的打击。对于临床诊断可能存在误诊这一风险因素，作为一名理智的人是应该要认识到的，医疗行为存在着诸多危险因素，意味着参与行为的患者要承担这种风险，而不是提供医疗行为的医务人员要承担这种风险，后者作为社会分工中专业服务的提供者，要承担“专家责任”，即作为专业人士的法律责任，而不是与患者共同承担风险。

“容许性危险”原则是指仅有侵害他人权益之事实，并不一定须加以处罚，在某种特殊情况下，为了谋求社会进步，应当允许某些威胁人类活动特定的法益风险存在，而医疗行为恰属这类法益风险。有人认为，“容许性危险”理论已经成为与“患者承诺”并重的医疗行为违法性阻却的事由，实践中很多法院已经按照该原则审理医疗侵权案件。容许性的危险只是法律上允许危险行为存在的理由，不是医方免责的理由，不能阻却违法性，人民法院成功审理的这类案件，实际上运用的是自甘风险原则。

(3)医疗行为的特点还在于双方都要按照客观规则行事，这也是自甘风险原则可以适用的法律要件。医疗服务合同要求双方都能够按照医疗行为的准则行事。规范医疗行为的行政法规，也从客观方面要求医方提供的医疗服务不能违反法律、法规、规章制度及诊疗常规等。作为一个具有完全行为能力的患者，他还需要遵守作为病人的一个准则，即遵守医疗规则。

（三）自甘风险原则的适用

自甘风险原则在医疗侵权案件中的适用见于：

(1)临床药物试验。临床药物试验过程中，医院应向受试者或其法定代理人说明如下事项：①试验目的及方法；②可能产生的副作用及危险；③预期试验效果；④其他可能的治疗方法及说明；⑤接受试验者可随时在开始试验前撤回同意，或试验进行中撤销同意。患者在充分知情的前提下自愿同意采用试验性药物进行治疗，只要医生严格遵守试验规程，尽到了充分的注意义务，不存在医疗过错，则尽管患者可能因药物问题而受到人身伤害，但医疗机构不承担基于过错责任原则的侵权民事责任。在这种情况下，患者可以依相关法律规定或试验双方的事先约定而获得相应的补偿。

(2)患者拒绝治疗。患者拒绝治疗在临床实践中并不少见，例如经济困难的病人放弃手术，晚期恶性肿瘤病人主动放弃治疗，生命垂危病人放弃抢救，等。针对某项医疗检查、某项医疗措施，患者拒绝和不配合也是有的。医疗实践中，出现这种情况，医院往往都会在病历上记载“患者不配合治疗”或者“患者放弃治疗，自动出院，后果自负”，并要求患者或者其家属签字。医方这样做其实也暗含了患者要对自己选择的行为方式负责，承担风险，也说明患者的作为和不作为都是自甘风险的行为。只要患者明白医疗措施的意义，并且是在意识清醒的状态下作出的对该医疗行为的拒绝，就是对医方不作为行为的一种免责，这是患者以不作为形式表现出的自甘风险。经审查放弃治疗是患者或者其代理人的真实意思表示，患者明白放弃治疗的后果，以上事实经过确认，对于拒绝治疗措施所带来的后果患者一方应自行承担。①

(3)住院患者请假回家。在临床工作中，经常会遇到患者在住院期间因各种原因书面请假回家，并承诺在离院期间发生的一切后果由其自行承担。对于此类免责声明的法律效力，人们有不同的观点，多数人依据我国《合同法》规定而认为该类免责条款无效。但有学者并不这样认为，一般情况下，患者在离院期间可能遇到的风险有两类：一类是因自身疾病突然变化而出现不良后果，甚至因病而死亡；另一类是因他人原因而受到伤害，如遇交通事故而受到伤害等。如果医生在患者离院前向其充分告知了可能发生的上述两类风险，尤其是第一类风险，而患者仍然因各种原因（如看望病重的亲属等）而坚决要求出院的，则医疗机构对

---

① 陈美雅：《试论“自甘风险”原则在医疗侵权案件中的法律适用》，《中国实用内科杂志》2006 年第 20 期。

患者受到的伤害不应承担责任。患者签署的免责声明可以构成受害人同意或承诺，医疗机构可以此进行免责抗辩。我国《合同法》关于合同中“造成对方人身伤害的”免责条款无效，应当是指合同的当事人造成对方人身伤害时不能免责，而非指他人或其他原因造成对方人身伤害时，合同当事人不能免责。[①]

适用患者有甘风险进行免责抗辩成功的关键，是医疗机构及医务人员的医疗行为不存在过错，否则不能构成其免责事由。

### 三、患者承诺或知情同意

“患者承诺”来源于英文“Informed Consent”（告知后同意），一般认为其建立于1957年美国加州上诉法院对Salgo V. Leland Standford Jr. University Biard of Trustees一案的判决。该案案情如下：医院在未对患者及家属提供任何说明的情况下，对患者施行胸部大动脉造影，从其背部向大动脉注射了造影剂，结果造成患者下肢瘫痪。尽管该检查方法在当时非常先进，且出现并发症的概率很小，但由于患者及其家属对该治疗方法及可能出现的结果处于一无所知的境地，因此，法院认定医院有过错，判决医院败诉，应向患者方承担损害赔偿责任。该案的判决思想不但为美国各州接受，且波及世界各地，使得“Informed Consent”成为法律上的一个理念。

患者承诺是承诺的一种，患者承诺是指基于说明的承诺，具体来讲，是指医方在对患者进行手术等医疗行为时，首先要向患者详细说明医疗处置方案，其有关风险以及其他可以替代的措施等，并在此基础上得到患者的同意或许诺。这是一种对医疗风险的分担，正是由于患者的承诺，医师所负担的危险才得以减少，注意义务才得到缓和，因而即使发生了患者重伤、死亡的结果，在一定条件下也是被容许的，这就是患者承诺的本质之所在。其体现了“被允许的危险”理论与“危险分配”的法理，理论上一般是将其作为违法阻却事由的一种来看待的。

患者承诺是否可以免除医方的责任，应当区别对待。

（一）医疗方案须具有医疗的目的

医疗的目的为治愈患者疾病，因此所采取的医疗方案在现在医疗科学技术条件下是经过实践验证而被认可的，并形成了相应技术规范或常规的，不良后果的发生属于法定的不属于医疗过错的范畴。或者采取医疗方案的可行性尚需实践证明，但如果不采用此非常方案，患者疾病在现有医疗水平下就难以治疗。

（二）医方须已尽完全的说明义务

医护人员在实施诊疗、护理行为中须已尽完全的说明义务，详尽地向患者介

---

① 陈志华：《医疗损害责任深度释解与实务指南》，法律出版社2010年版，第124页。

绍了该方案的风险和可能产生的不良后果。只有在医务人员履行了其告知义务，保证患方的知情权得到落实后，患方才能作出同意的真实意思表示。如果说明不充分，则医方就有过失。

（三）医方在实施方案过程中尽到了可能尽到的注意义务

医方在实施方案过程中尽到了可能尽到的注意义务，采取了防范不良后果的周全措施。即使对该项诊疗行为正常风险以外的损害不能免责，也不影响医方对医疗活动中因过错造成患方的损害承担责任。若有过失且给患者带来损害，就不能以诊疗行为的“风险性”“患者承诺”为自己辩护，即医方仍需承担过错责任。

（四）患者作出有效的承诺

1.患者须有承诺能力

患者必须具有承诺能力，能够理解承诺的内容和意义并作出承诺。一般而言，精神健全的成年人、对治疗有理解能力的未成年人、对治疗有理解能力的精神不健全的成年人都被认为有同意的能力。不具有同意能力的患者作出的同意无效。

2.患者承诺出于自愿

患者的承诺必须是患者真实意思的体现，是患者自愿地作出的承诺，当医师未充分履行说明义务时，患者的承诺不能认为是其真实的意思表示，其所作的承诺当然无效。在通常情况下，患者并不具备医学专业知识，为了取得患者真实有效的承诺，要求具备专业知识的医师履行告知义务时必须向患者充分说明医疗行为的相关情况，应全面、真实地向患者说明信息，不能出于恶意，故意隐瞒信息或对建议治疗的性质作出不实描述。另一方面，也要求医生应用患者理解的语言说明信息内容，如果医生用复杂难懂的语言向文化程度不高的患者解释医学概念，患者就不会完全理解信息的内容，所作的同意无效。

3.患者承诺必须要明确。

患者承诺必须要明确，一般要以明示的方式作出，不能根据推定方式来判断当事人同意。对于承诺的形式，我国法律无明文规定，可由医患双方当事人自由加以选择。为确保医患双方的权益，避免日后举证上的困难，可由医方将应告知给患者的内容书面化，并交经患者或其法定代理人同意并签字，成为对该医疗行为的实施作出的书面化的承诺。

4.患者承诺必须在损害发生之前作出

患者的承诺应当发生在行为前或行为中，且行为前所作出的承诺须在行为时未被撤销。承诺发生于侵害行为之后无效，事后承诺只是一种宽恕行为，原则上不能阻却损害行为的违法性。

5.患者承诺不得违背法律和公序良俗

如果患者承诺违背法律和公序良俗，则不构成患者承诺，也不能成为医方的免责事由。例如，在我国司法实践中，“消极安乐死”不会被追究责任，而“积极安乐死”则是犯罪行为。“消极安乐死”是指以消极地中断、放弃延长生命的措施的不作为方式实施的安乐死，表现为对末期患者不再采取任何治疗措施，以不作为方式协助其死亡。“积极安乐死”是指使用直接的手段，以缩短生命为目的的死亡协助，例如，给患者注射氯化钾使其死亡。“积极安乐死”不为法律所承认，如果医生受患者或患者家属委托实施安乐死，则患者的这种承诺不为法律所承认，医生要承担相应的法律责任。再如，为了逃避服兵役，某人要求医师切断其一根食指，这种承诺也不为法律所承认。

# 第二十一章　医疗损害责任评估意见书

## 第一节　医疗损害责任评估意见书的格式和内容

医疗损害责任评估意见书是医调委和调解员依照法定条件和程序，运用科学技术或者专门知识对调解中涉及的专门性问题进行分析、鉴别和判断后出具的记录和反映调解过程和责任评估意见的书面载体。医疗损害责任评估意见书是调解医疗纠纷的重要依据，只供内部参考，并不向医患双方当事人出示。

### 一、标题和文号

（一）标题及分级标题

标题应写明医调委的全称和责任评估事项，通常为"××市医疗纠纷人民调解委员会医疗损害责任评估意见书"。医调委的全称单独占一行，4 号黑体，居中排列；"医疗损害责任评估意见书"单独占一行，小 2 号黑体，居中排列。

正文中基本情况、争议要点、诊疗经过、分析说明、认定意见，应为一级标题，用 4 号黑体，居左排列，段首空 2 字。

（二）文号

文号应写明医调委缩略名、年份及序号，年份、序号采用阿拉伯数字标识，年份应标全称，用方括号"[ ]"括入，序号不编虚位。如"京医调委[2015]第 1030 号"，小 4 号宋体，居右排列。

### 二、基本情况

基本情况包括医疗机构、责任人及职务，参保机构，患者姓名、性别、出生年月、职业及身份证号码，代理人姓名及与患者关系，认定材料，听证会日期、地点、在场人员，调解员和责任评估员姓名等内容，小 4 号黑体，段首空 2 字，为二级标题。

正文用小 4 号仿宋体，两端对齐，段首空 2 字，行间距一般为 1 倍。日期、数字等均采用阿拉伯数字标识。序号采用阿拉伯数字"1"等顺序排列。各项应包括以下内容：

医疗机构：应写全称。责任人姓名、供职部门及职务。

参保机构：应填写参保保险公司全称。

患者：应提交患者的身份证、出生证或者户口复印件，患者死亡的还应提交死亡证明或相关病案记载。写明患者姓名、性别、年龄、住址、职业及身份证号码，被认定人死亡的还应注明死亡时间。

有代理人的应填写代理人姓名，亲属代理的应注明与患者关系，律师应填写供职的律师事务所的全称。

填写听证会日期及地点，填写在场人员的姓名、身份，包括医患双方当事人和代理人，但不包括医调委工作人员。需对患者进行查体的，应事先通知患者到场。需要对女性做妇科检查的，应当由女性责任评估员进行；无女性责任评估员的，应当有女性工作人员或患者的女性亲属或其配偶在场。在听证过程中需要对未成年人的身体进行检查的，应当通知其监护人到场。

评估材料：评估材料是认定依据的重要部分，尤其是涉及医疗损害纠纷调解评估。评估材料是指当事人提供的与评估有关的材料，应当注明评估材料的出处、种类和数量。如病历材料的出处、份数、页数，X线的片号及数量。按照评估材料清单一一列入。

## 三、争议要点

分别记录医患双方意见。

### （一）患方意见

简要记录患方认为医方存在的主要过错、因此导致的损害后果及索赔要求。

### （二）医方意见

简要记录医方对诊疗行为的认识及对是否赔偿的态度。

## 四、诊疗经过

诊疗经过有两种记录方式，一种是忠实的摘要记录评估文书原文，另一种是概括摘要记录评估文书。

### （一）摘要记录评估文书原文

本部分主要内容是对门诊病历、住院病案、特殊检查化验报告进行摘要，摘要时应注意一是要忠实于原文，二是要能够反映基本医疗过程，三是要重点突出双方争议的焦点。

评估资料摘要：写明认定资料的出处、编号以及与评估有关部分的摘要。如病历材料，应当写明医院、姓名、住院日期、病历号及主要内容。

检材情况：写明检材的出处、编号、形态、所示结果。如放射线片，应写明医院、姓名、日期、片号、检查结果等。

检验所见主要内容：

(1)体格检查：评估人对患者进行体格检查时应有医患双方当事人在场，做好检验笔录，并要求患者、患方亲属或代理人和医方代表分别签字，在评估意见书中只写明体格检查的结果。

(2)阅片所见：评估人要对所有影像片亲自阅片，写明就诊医院、检查日期、片号、阅片结果等，患者姓名应该核实，但不要求写入评估意见书。

(3)邀请专家咨询并写出书面咨询意见，注明咨询专家工作单位、职称和咨询日期。

(二)概括摘要记录评估文书

概括归纳摘要记录病历及诊疗过程，内容要有依据，能查到出处。

## 五、分析论证

本部分是评估意见书的核心内容，是评估人根据评估材料和检验结果，结合案情和相应医疗损害责任认定理论，利用自己的学识和经验对专门性问题进行分析、鉴别和判断，并提出评估意见的过程。论证过程要求论点明确，论据充分，层次清楚，符合逻辑性。语言表达要通俗易懂，准确规范，避免引起歧义。分析论证是评估文书的关键部分，是决定评估意见质量好坏的重要标志之一，也是检查评估认定检验过程、论证评估意见成立理由的科学依据，是释疑评估中有关问题的重要部分，同时也是推断出评估意见的逻辑分析过程。

1.关于评估标准的说明

由于医疗损害责任评估目前没有成文的评估标准，我们在评估实践中通常以“法定标准”作为医疗损害责任评估的标准，在分析说明的开首首先说明“根据医患双方提供的现有材料，结合有关医疗卫生管理法律、法规和诊疗护理规范、常规、有关外科学(或内科学、妇产科学等)的现代医学理论，结合×××诊治过程，并经有关专家咨询，分析如下”。

本段文字包含以下含义：

(1)说明了评估依据的标准是医疗卫生管理法律、法规和诊疗护理规范、常规，与患者疾病有关的现代医学理论，包括相关专著、教科书和文献。

(2)说明了评估依据的材料是医患双方提供，说明了评估材料的范围是有限制的(即现有材料)，评估意见只能就现有材料并结合患者诊治过程进行分析判断。受现有材料的限制，对于现有材料无法证明的问题或双方争议的所有问题，评估人并不一定能够全部得出明确结论。

(3)说明评估意见参考了专家咨询意见，因目前条件下医调委并未拥有各个专业的评估人，如果本案评估人并非从事与该案相关的专业领域工作，由于参考专家会诊意见，并不影响评估意见的质量。当然是由评估人对评估意见负责。

2.关于医方是否存在过失的分析（具体内容参考第十七章）

3.关于患者损害后果的分析认定（具体内容参考第十八章）

4.关于因果关系的分析（具体内容参考第十九章）

5.关于过失参与度的分析（具体内容参考第十九章）

6.概括总结。综合上述分析，对医方是否存在过失、患者是否存在损害后果、医方过失与患者损害后果之间的因果关系及过失参与度进行的简要概括。

### 六、评估意见

评估意见是评估人对委托认定事项所作的直接回答，因此评估意见的内容取决于医患双方的主张，对医患双方没有主张的事项评估人不发表意见。

责任认定意见应当明确、具体、规范，具有针对性和司法适用性。

### 七、落款

评估人签名，用中文注明文书制作日期。

附：医疗损害责任认定意见书样本

**××市医疗纠纷人民调解委员会**

**医疗损害责任评估意见书**

×医调委[2015]第××××号

**一、基本情况**

**医疗机构：**北京××医院　　**责任人：**×××，医患办主任

**参保机构：**中国人寿保险公司××分公司

**患者姓名：**×××　**性别：**男/女　**职业：**××　**年龄：**××岁

**住址：**××省××市××区××街道××号××号楼×单元××室

**身份证号码：**××××××××××××××××××

**代理人姓名：**×××　**与患者关系：**×××之子

**认定材料：**

**听证会日期：**××××年××月××日　　**地点：**××市医调委

**在场人员：**

**调解员：**×××、×××　　**评估员：**×××

**二、争议要点**

（一）患方意见：

（二）医方意见：

**三、诊疗经过**

**（一）北京××医院门诊病历摘要**

**（二）北京××医院住院病历摘要（住院号：××××××）**

**×××，××××年××月××日至××月××日住院。**

**（三）阅片所见：北京××医院××××年××月××日 MRI（片号：××××）：**

**（四）体格检查：**

**（五）北京市××医院×××主任医师咨询意见（××××年××月××日）：**

**四、分析论证**

**五、评估意见**

评估员：（签名）

××××年×月××日

## 第二节　医疗损害责任评估意见书书写要点

### 一、如何书写“诊治经过”

责任评估中的诊治经过的内容，应该是我们对案件作出定责评估依据的事实基础。通过阅读诊治经过，就能够让不知道该医疗纠纷的人基本了解患者的诊疗过程。

书写“诊治经过”应把握以下几点。

（一）全面

诊治经过是对整个具有争议的诊疗基本过程的叙述，内容应该全面，包括事件的经过、争议的主要环节、结果及现状。有些病历中，病程记录往往是流水账，应该重点观察的病情都没有记录，这样书写诊治概要的难度就比较大。

为了能够尽可能的还原诊治经过，这就要求我们在查阅病程记录之外，还要查阅相应的护理记录、会诊记录、医嘱单、体温单以及相关的辅助检查，以便互相印证。有些案例，患方曾在争议的医疗机构之外的其他医院进行后续检查和治疗，而又对本案有佐证和借鉴意义的，也要记录在案。

（二）重点突出

患者就诊过程可能很长，诊治经过不可能面面俱到地生搬所有病历，摘录病历应该做到重点突出并与前后项内容相互呼应。

（1）涉及分析意见的内容，尤其对于有争议之处要重点详细记录。

如分析意见涉及“手术有无指征”，那么，反映患者是否存在手术适应证、禁忌证的情况就要重点摘录，如临床表现、辅助检查结果等。

如分析意见涉及“手术操作违规”，那么手术记录中关于手术操作的有关细节要重点交代，仅仅记录手术名称就过于简单了。

如果认定患者的某种损害结果是医方的医疗行为所致，那么对于该损害的产生时间、表现、客观检查报告结果就应重点描述。

（2）应与分析意见即责任评估结论相呼应。

如分析意见中判定诊断有误，则与之相关的患者的病史、体征、诊断措施及重要辅助检查结果，甚至重要的阴性表现、术后病理确诊报告等都应在诊治经过中有所反映，以便为分析意见做铺垫。

分析意见中如果判定使用某药物治疗存在问题的话，那么具体给药方法、途径，用药开始时间、持续时间、剂量、配伍，患者病情变化过程，药品疗效或副作用出现的时间和动态观察项目等应有详细摘录，为分析意见提供充足依据。

（三）事实清楚、依据充分

（1）诊治经过应集中分析意见中所依据的事实。诊治经过所载内容应有时间顺序，并一定要有出处，必要时标明内容的来源。如：患者在外院检查证明视力下降为圆锥角膜所致，应将其在外院就诊的医院名称、时间、主诉、检查项目、诊断及治疗情况如实记载，并注明“据某某医院病历记载”。

（2）诊治经过的整理主要依据病历和各种客观检查报告，不得直接将医疗机构提供的“病历摘要”作为诊治概要，也不得直接从双方当事人发生医疗纠纷争议后撰写的“情况介绍”“病历摘要”“陈述”“答辩”“调解申请书”中提取事实经过，更不能将推断的内容写入诊治经过中。

（3）如果双方当事人对某一影响责任评估结论的重要事实各执一词，可以将双方所述内容按照公平原则均记录在案，并注明“据患方所述或摘自患方陈述材料，医方所述内容摘自病历”。

（四）事实要力求尽可能准确

涉及病情变化的时间，实施重要检查、治疗措施的时间，检查、化验报告的关键内容等记录一定要准确。对于有争议的事件，有时为了求证关键的时间点、药物剂量、诊疗操作，就需要翻阅医嘱单、病程记录、护理记录、手术及麻醉记录等多种病历资料，多方对比，力求找到最具有证明力的资料，以明确相关内容。

摘录检查结果时应该尽可能依据原始报告，但不应在诊治概要中出现当事人的主观形容词，如“细致结扎”“积极抗感染治疗”等，而应代之以病历中具体措施的记载。如果某一关键问题在病历前后有矛盾（如病程记录和护理记录不一致），应括注说明。

## 二、如何书写分析说明

医疗损害责任评估意见书中的“分析论证”是评估意见书的核心和灵魂，是反映责任评估意见书质量的关键。要在全面占有各个证据材料的基础上，通过对病历材料、各种检查结果和整个诊疗过程的科学分析，得出准确的评估意见。如果责任评估意见含糊不清、模棱两可、似是而非，那么被采信的可能性就会大打折扣。

（一）认定有责的责任评估意见应该包括以下内容

（1）对患者病情的分析评价。患者的人身损害事实或当前的病情严重程度是怎样的，是以什么方式——病历记录、诊断证明书、鉴定书（事故、伤残、过错）、实验室检查、影像资料中获得的结果。

判定医方在诊断上存在医疗过失行为的，应该对患者所患疾病给予正确的诊断，并罗列诊断的依据；否定医方诊断的，也要把否定诊断的依据罗列出来。

判定医方在治疗、护理上存在医疗过失的，要对病情发展变化的节点过程进行归纳认定，分析患者病情变化与医疗过失行为的因果及时间关系。

（2）对诊疗行为的评价。对医疗机构在管理环节，医务人员在诊疗、护理的具体环节出现的缺陷、不当或错误要分别说明。包括为什么说医疗行为是缺陷、不当或错误的，法律法规乃至诊疗规范常规是怎样规定的，及其出处；按规范医方应该怎样做，实际是怎样做的，医疗过失行为对形成患者人身损害后果之间因果关系的参与作用和程度。

（3）医疗过失行为是否是造成患者人身损害后果的唯一原因。认定医疗损害责任程度为主要责任、次要责任或轻微责任的，应说明理由：指出造成患者人身损害结果的其他因素的具体情况（如患者疾病本身的参与，属于患方的过错是怎样的，以及其他影响因素），说明其是怎样作为参与因素抵消过错责任的，指出其与损害后果之间的关联性或提供必要的流行病学或统计学概率数据。

（4）对当事人争议的其他问题，应该进行评价和说明。

（二）无责评估意见内容

（1）对患者所患疾病的诊断，对诊断的评价，对病情发展的关键过程的归纳，以及患者是否存在人身报害的事实。患者的什么状况是什么原因引起的，是怎样发生的，病情变化各个节点的时间关系如何，通过什么临床检查结果证明患者没有损害结果。

（2）对医疗行为的评价，什么医疗活动中的什么医疗行为，是否必需，有无缺陷或错误，为什么说不存在违法违规，“法”和“规”是怎样规定的。按规范医方应该怎样做，实际是怎样做的。对不可避免、不可防范的医疗后果，应说明理由或提供理论依据。

对当事人认为是争议要点的其他问题，也应逐一评价和说明。

（3）对既有违法违规的医疗过失行为又有人身损害事实，但二者无因果关系的案例，要说明人身损害事实是什么因素的作用，为什么不是违法违规的医疗过失行为造成的，为什么说没有因果关系。

（4）如果属于《侵权责任法》第六十条、《医疗事故处理条例》第三十三条所列免责的必要条件，例如判定属于“紧急情况下为抢救垂危患者生命而采取紧急医学措施造成不良后果”的情形，需详细说明：①为什么说患者当时的伤病属于紧急情况，存在这种迫在眉睫的垂危病情的客观依据是什么；②采取的紧急医学措施是否属于迫不得已，为什么没有更有效或更好的抢救措施，为什么不能采取其他的抢救措施。

（三）书写责任评估意见注意事项

（1）评估意见以第三人称分析依据的材料或者证据，且应当说明出处。

（2）评估意见与责任认定应有正确的逻辑关系，应能充分说明和印证。

（3）评估意见只对医方的医疗行为是否侵犯了患者的生命权、健康权、身体权以及由此造成的经济损失作分析，不涉及是否存在其他侵权行为，不涉及当事人的经济地位条件、社会关系背景、态度表现、承受的压力、争执过程及赔偿要求等因素及内容，也不分析评价除医方以外的其他医疗机构的诊疗行为。

（4）对患方没有提出的具体问题，分析应以事实为依据，运用医学科学原理、专业理论知识，结合专家丰富临床经验，以相关法律法规、诊疗规范常规为准绳，对医方与患者损害结果有关的所有医疗行为进行分析评判。

（5）涉及医方的多处医疗过失行为的，应按时间顺序进行一一详细分析。

（6）责任评估意见可以以“不足”“缺陷”“不当”“不力”等作为医疗行为的描述，但不能将此类名词作为最终判定，必须从两方面评价这种“不足”等：一是否违法违规，二有无参与形成损害结果的因果关系。无论评估意见是否认定医疗机构的责任，都必须包括对此两点的明确分析表述。不能用简单的“无违法违规事实、无损害结果、无因果关系”这样简单的“三无表述”作为分析意见。

(7)医疗机构存在的管理问题和缺陷，包括运行管理制度、建立健全监督实施、人员调配使用、仪器设备及保障系统保养维修等，如果违反了法律法规、部门规章，与患者的人身损害结果形成一定因果关系，则必须提出并予客观分析评价。

(8)对法律法规、部门规章、诊疗规范等，最好列出详细出处和具体条款内容；对公认的临床约定俗成的行业规范，可视同“诊疗常规”。

(9)分析意见应尽可能详细具体、表达清楚、结构严谨、条理清晰、言词准确、不生歧义，并能让具备一般科学常识的非医学专业人员看懂。避免使用专业性过强且不加注释的英文缩写或缩略语。

(10)不同意见可以在分析意见中适当注明。

(11)避免前后矛盾。例如在分析意见中认为，医方在手术中没有违反颈部外科的手术规范，不存在医疗过失行为，“但是，医方对局部解剖不熟悉，在手术操作上比较粗糙，对喉返神经损伤有一定影响”。手术操作粗糙，就是违反了颈部外科手术规范。

为避免矛盾应注意：第一，分析意见和结论应公正评判；第二，在分析意见中对医方的所有相关医疗行为进行“是否违反诊疗规范、是否有因果关系”的分析判定和相应表述之后，再认定责任。

### 三、如何书写责任评估意见

(1)医疗机构及其医务人员的医疗行为是否存在违法性，违反现行的医疗卫生管理法律、行政法规、部门规章和诊疗护理规范、常规或者是医疗界约定俗成的一些做法的皆视为违法。

(2)医务人员的医疗行为是否存在过失——非主观故意。

(3)医疗过失是否造成了患者的人身损害后果，过失行为与患者的人身损害后果之间存在什么因果关系(直接、主要、相当的、一定的、不能除外的、无因果关系)。

有的案例虽然存在医疗过失，但并未给患者造成人身损害后果。有的虽然有损害后果，但又与医疗过失无关。因此，要以医学科学原理进行分析。如两者之间构成因果关系就可以认定有责，反之则不能认定。

# 第二十二章　医疗损害赔偿

## 第一节　医疗损害赔偿概述

### 一、医疗损害赔偿二元化

（一）医疗事故赔偿

2002 年 4 月 4 日，国务院将《医疗事故处理办法》修订为《医疗事故处理条例》并予以公布，于 2002 年 9 月 1 日起施行。《医疗事故处理条例》在一定程度上改变了对受害患者的赔偿权利进行严格限制的做法，但并没有从根本上改变对医疗事故损害赔偿予以限制的基本做法。《医疗事故处理条例》第四十九条至第五十二条规定了医疗事故的赔偿范围、项目和计算方法。不属于医疗事故的，医疗机构不承担赔偿责任。

（二）医疗过错赔偿

最高人民法院于 2003 年 1 月 6 日发布的《关于参照〈医疗事故处理条例〉审理医疗纠纷民事案件的通知》规定，医疗事故引起的医疗赔偿纠纷，诉到法院的，参照条例的有关规定办理；因医疗事故以外的原因引起的其他医疗赔偿纠纷，适用《民法通则》的规定。

最高人民法院于 2003 年 12 月 26 日公布，2004 年 5 月 1 日起实施的《人身损害赔偿解释》规定的人身损害赔偿标准大大高于《医疗事故处理条例》第四十九条至第五十二条规定的标准。

（三）医疗事故赔偿和医疗过错赔偿存在巨大差别

1. 责任构成方面

《医疗事故处理条例》第二条规定，医疗事故，是指医疗机构及其医务人员在医疗活动中，违反医疗卫生管理法律、行政法规、部门规章和诊疗护理规范、常规，过失造成患者人身损害的事故。而关于一般侵权行为的构成要件，《民法通则》第一百零六条第二款规定："公民、法人由于过错侵害国家的、集体的财产，侵害他人财产、人身的，应当承担民事责任。"应该说，两者的规定是一致的。但问题是，《医疗事故处理条例》第四条又进一步规定："根据对患者人身造成的损害程度，医疗事故分为四级：一级医疗事故：造成患者死亡、重度残疾的；二级医疗事故：造成患者中度残疾、器官组织损伤导致严重功能障碍的；三级医疗事故：造成患者轻度残疾、器官组织损伤导致一般功能障碍的；四级医疗事故：造成患者明显人身损害的其他后果的。具体分级标准由国务院卫生行政部门制定。”根据该规定，只有造成患者“明显”人身损害的才能构成医疗事故。又根据该条例第四十九条第二款“不属于医疗事故的，医疗机构不承担赔偿责任”之规定，医疗过错行为虽然对患者造成人身损害，但只要“不明显”，就不构成医疗事故，医疗机构就无须承担赔偿责任。这与《民法通则》的上述规定并不一致。

2.赔偿项目和赔偿标准方面

(1)关于死亡赔偿金。医疗过错责任按照《人身损害赔偿解释》规定，造成死亡的标准是赔偿金，受诉法院所在地上一年度城镇居民人均可支配收入或者农村居民人均纯收入，按 20 年计算；但 60 周岁以上的，年龄每增加 1 岁减少 1 年；75 周岁以上的，按 5 年计算。以北京为例，2014 年人均可支配收入为 43910 元，20 年为 878200 元。

医疗事故责任按照《医疗事故处理条例》规定的标准赔偿，受害患者只能得到 6 年的按照医疗事故发生地居民年平均生活费的赔偿。北京没有居民平均生活费的统计，使用的是人均消费支出数据，2014 年为 28009 元，6 年是 168054 元，相差 710146 元，并且患方无法得到 10 万元至 30 万元的精神损害抚慰金的赔偿。

(2)关于护理费。《医疗事故处理条例》仅对患者住院期间的陪护费予以明确，并规定，患者住院期间需要专人陪护的，按照医疗事故发生地上一年度职工年平均工资计算。对于患者出院后的护理费，《医疗事故处理条例》则没有规定。

最高人民法院《人身损害赔偿解释》第二十一条规定：“护理费根据护理人员的收入状况和护理人数、护理期限确定。护理人员有收入的，参照误工费的规定计算；护理人员没有收入或者雇佣护工的，参照当地护工从事同等级别护理的劳务报酬标准计算。护理人员原则上为一人，但医疗机构或者鉴定机构有明确意见的，可以参照确定护理人员人数。护理期限应计算至受害人恢复生活自理能力时止。受害人因残疾不能恢复生活自理能力的，可以根据其年龄、健康状况等因素确定合理的护理期限，但最长不超过二十年。受害人定残后的护理，应当根据其护理依赖程度并结合配制残疾辅助器具的情况确定护理级别。”

(3)关于残疾生活补助费。根据《医疗事故处理条例》的规定，应当根据伤残等级，按照医疗事故发生地居民年平均生活费计算，自定残之日起最长赔偿 30 年；但是，60 周岁以上的，不超过 15 年；70 周岁以上的，不超过 5 年。

与此相对应，最高人民法院《人身损害赔偿解释》将该赔偿项目称为残疾赔偿金，其具体标准为："残疾赔偿金根据受害人丧失劳动能力程度或者伤残等级，按照受诉法院所在地上一年度城镇居民人均可支配收入或者农村居民人均纯收入标准，自定残之日起按二十年计算。但六十周岁以上的，年龄每增加一岁减少一年；七十五周岁以上的，按五年计算。受害人因伤致残但实际收入没有减少，或者伤残等级较轻但造成职业妨害严重影响其劳动就业的，可以对残疾赔偿金作相应调整。"

(4)关于精神损害抚慰金。根据《医疗事故处理条例》的规定，精神损害抚慰金按照医疗事故发生地居民年平均生活费计算。造成患者死亡的，赔偿年限最长不超过6年；造成患者残疾的，赔偿年限最长不超过3年。

最高人民法院《关于确定民事侵权精神损害赔偿责任若干问题的解释》第十条第一款规定："精神损害的赔偿数额根据以下因素确定：(一)侵权人的过错程度，法律另有规定的除外；(二)侵害的手段、场合、行为方式等具体情节；(三)侵权行为所造成的后果；(四)侵权人的获利情况；(五)侵权人承担责任的经济能力；(六)受诉法院所在地平均生活水平。"

(5)关于被抚养人生活费。《医疗事故处理条例》规定，被扶养人生活费以死者生前或者残疾者丧失劳动能力前实际扶养且没有劳动能力的人为限，按照其户籍所在地或者居所地居民最低生活保障标准计算。对不满十六周岁的，扶养到十六周岁。对年满十六周岁但无劳动能力的，扶养二十年；但是，六十周岁以上的，不超过十五年；七十周岁以上的，不超过5年。

最高人民法院《人身损害赔偿解释》第二十八条规定："被扶养人生活费根据扶养人丧失劳动能力程度，按照受诉法院所在地上一年度城镇居民人均消费性支出和农村居民人均年生活消费支出标准计算。被扶养人为未成年人的，计算至十八周岁；被扶养人无劳动能力又无其他生活来源的，计算二十年。但六十周岁以上的，年龄每增加一岁减少一年；七十五周岁以上的，按五年计算。被扶养人是指受害人依法应当承担扶养义务的未成年人或者丧失劳动能力又无其他生活来源的成年近亲属。被扶养人还有其他扶养人的，赔偿义务人只赔偿受害人依法应当负担的部分。被扶养人有数人的，年赔偿总额累计不超过上一年度城镇居民人均消费性支出额或者农村居民人均年生活消费支出额。"

面对国家行政机关片面强调保护医疗机构及医务人员利益的状况，受害患者的合法权益无法得到全面保护，因而需要寻找新的保护方法。对于医疗事故责任构成标准过高的情况，患者不以医疗事故起诉，转而以医疗过错起诉；针对医疗事故鉴定医学专家相互袒护的做法，患者不申请医疗事故鉴定转而申请医疗过错鉴定；针对《医疗事故处理条例》规定中医疗事故赔偿标准过低的情况，患者转而请求依照《民法通则》的规定来要求人身损害赔偿。因此，医疗事故与医疗过错、医疗事故鉴定与医疗过错鉴定、医疗事故赔偿与人身损害赔偿的三个二元化应运而生。

## 二、《侵权责任法》对医疗损害赔偿的统一

《侵权责任法》专门在第七章中对“医疗损害责任”作出了明确规定，故在该法施行之后，相应的医疗损害赔偿纠纷案件的审判自然应当适用该法。此外，该法第五条明确规定：“其他法律对侵权责任另有特别规定的，依照其规定。”据此，只有全国人大及其常委会制定的法律才能对侵权责任作出特别规定，行政法规及部门规章则无权对侵权责任另作规定。由于《医疗事故处理条例》是行政法规而非法律，故在《侵权责任法》施行后，该条例第五章“医疗事故的赔偿”的相关规定自然也就不应成为法院审理医疗损害赔偿纠纷案件的法律依据。由此，在《侵权责任法》施行后，医疗损害赔偿纠纷法律的适用或者说是赔偿标准将由“二元化”转变为“一元化”。

关于医疗损害赔偿的具体范围，应当适用《侵权责任法》关于人身损害赔偿的相关规定，其中，《侵权责任法》第十六条规定：“侵害他人造成人身损害的，应当赔偿医疗费、护理费、交通费等为治疗和康复支出的合理费用，以及因误工减少的收入。造成残疾的，还应当赔偿残疾生活辅助具费和残疾赔偿金。造成死亡的，还应当赔偿丧葬费和死亡赔偿金。”此外，该法第二十二条规定：“侵害他人人身权益，造成他人严重精神损害的，被侵权人可以请求精神损害赔偿。”应该说，上述两条规定还是非常有概括性的，至于具体如何适用，应根据最高人民法院的相关司法解释处理。

对医疗损害责任的赔偿不应当单独制定标准。在具体实施中，因医务人员的医疗过失造成患者人身损害的，由所属的医疗机构承担损害赔偿责任；在确定赔偿标准上，实行统一的人身损害赔偿标准。

应当特别注意的是，医疗损害责任的赔偿有自己的特点，为了保障全体患者的利益不受损害，对医疗机构的损害赔偿责任应当进行适当限制。这种限制表现在四个方面：

(1)医疗机构的赔偿责任，在确定时必须适用原因力规则。根据医疗行为对造成的损害的原因力大小，确定具体的赔偿数额，将受害患者自身的疾病原因造成的损害结果予以扣除。

(2)对医疗损害责任的精神损害抚慰金进行适当限制。医疗机构具有重大过失的，限制抚慰金数额，一般不超过5万元人民币；医疗机构具有一般过失的，可以不承担抚慰金赔偿责任。

(3)实行损益相抵。受害患者基于受到医疗行为损害而取得的其他补偿金，

应当从赔偿金中予以扣除。

(4)对造成残疾的受害患者的赔偿,以及应当给予其他未来的赔偿,可以更多地适用定期金赔偿,而不采取一次性赔偿。这可以减轻医疗机构当时的赔偿负担,且在承担责任的原因消灭后,能够及时消灭医疗机构的赔偿责任。

## 第二节　医疗损害赔偿的范围和计算方法

下面介绍《人身损害赔偿解释》中的医疗损害赔偿的范围项目和计算方法。

### 一、医疗费

系指患者为弥补医疗机构过失行为所致的医疗损害后果而额外支付的医疗费用,包括但不限于挂号费、诊疗费、检查费、药费、住院费等费用。

《人身损害赔偿解释》第十九条规定,医疗费根据医疗机构出具的医药费、住院费等收款凭证,结合病历和诊断证明等相关证据确定。赔偿义务人对治疗的必要性和合理性有异议的,应当承担相应的举证责任。医疗费的赔偿数额,按照一审法庭辩论终结前实际发生的数额确定。器官功能恢复训练所必要的康复费、适当的整容费以及其他后续治疗费,赔偿权利人可以待实际发生后另行起诉。但根据医疗证明或者鉴定结论确定必然发生的费用,可以与已经发生的医疗费一并予以赔偿。

(一)医疗费不包括患者治疗原发疾病的费用

由于原告治疗原发疾病的费用与被告的医疗过失之间没有因果关系,即使被告不存在医疗过失,原告亦应支付该项费用,因此,被告赔偿的医疗费用不包括患者治疗原发疾病的费用。

在法庭审理过程中,鉴于拒绝赔偿原发疾病医疗费主张系由被告医疗机构提出,因此,根据“谁主张,谁举证”的一般举证规则,被告医疗机构对此负有举证责任。如果被告未能完成举证责任,则可能承担不利的法律后果。

(二)原告应提交病历、诊断证明书等证据

《人身损害赔偿解释》第十九条规定,医疗费根据医疗机构出具的医药费、住院费等收款凭证,结合病历和诊断证明等相关证据确定。据此,原告在主张医疗费赔偿时,除了提交付款凭证外,还应提交与之相关的就诊病历、诊断证明书等证据,以证明医疗费用的发生与案件的关联性。如果原告不能提交相关病历、诊断证明书等证据,则其医疗费的诉讼请求可能不被支持或不被全部支持。

(三)与损害无关的医疗费用不予赔偿

根据《最高人民法院关于贯彻执行〈中华人民共和国民法通则〉若干问题的

意见(试行)》(以下简称最高人民法院《若干意见》)第一百四十四条的规定,患者擅自购买与损害无关的药品或者治疗其他疾病的,其费用不予赔偿。

(四)后续治疗费的计算

医疗损害赔偿案件中的医疗费,包括已发生的医疗费用和后续治疗时将发生的医疗费用。对于实际已发生的医疗费用,计算较为简单,而后续治疗费的计算则非常复杂。在部分案件中,后续治疗费的计算极其重要,因为该部分费用可能在全部赔偿费用中占很大的比例。

后续治疗费,实践中又称今后治疗费、继续治疗费等,包括今后必然要发生的费用和可能发生的费用。《人身损害赔偿解释》规定,根据医疗证明或者鉴定结论确定必然发生的费用,可以与已经发生的医疗费一并予以赔偿,而器官功能恢复训练所必要的康复费、适当的整容费以及其他后续治疗费,赔偿权利人可以待实际发生后另行起诉。

需要特别说明的是,在法院诉讼过程中,患方应就后续治疗费发生的可能性和具体数额的计算承担举证责任。在司法实践中,法院认定后续治疗费用的方法各不相同,主要分为以下几种:

(1)按既往已发生费用的平均数计算。这是一种最为简单的计算方法。但是因为疾病发展阶段不同、住院治疗与否等因素影响,这种计算方法亦存在非科学性,对被告医院来说可能存在不公平,而且在某些特定案例中对原告亦可能不公平。

(2)委托司法鉴定机构就后续治疗费用进行评估。

(3)根据医疗机构的诊断证明或医生建议进行计算。

(4)“基本医疗费用”的确定。《医疗事故处理条例》第五十条第一项规定,结案后确实需要继续治疗的,按照基本医疗费用支付。但是,我国现行法律法规中没有关于“基本医疗费用”的范围及项目的规定,因而使该条款在实践中缺乏可操作性。笔者认为,在实践中,该部分费用可以参照疾病的常规治疗和护理标准进行计算。例如,肿瘤病人化疗药物的选择应按国内普通化疗药物的价格进行计算,而不应按进口同类药物计算。

(5)后续治疗持续时间。对于患者主张的后续治疗持续的时间应为多长,无论是《医疗事故处理条例》还是《人身损害赔偿解释》均未作出明确规定。在司法实践中存在三种计算方法,有按预期平均寿命计算者,有按二十年计算者,还有将两者结合者。法院多采用第一种计算方法。在这种情况下,患者如果在二十年后还继续存活且需要继续治疗,则可以继续行使医疗费请求权。

## 二、误工费

误工费,系指患者因治疗医疗过失所致损害后果影响其工作而损失的收入。

根据《人身损害赔偿解释》第二十条规定，误工费根据受害人的误工时间和收入状况确定。误工时间根据受害人接受治疗的医疗机构出具的证明确定。受害人因伤致残持续误工的，误工时间可以计算至定残日前一天。受害人有固定收入的，误工费按照实际减少的收入计算。受害人无固定收入的，按照其最近三年的平均收入计算；受害人不能举证证明其最近三年的平均收入状况的，可以参照受诉法院所在地相同或者相近行业上一年度职工的平均工资计算。

在司法实践中，计算误工费还应注意以下几个问题：

(1)应区别患者误工费和家属护理费或陪护费。误工费是患者本人因医疗过失造成的损害后果而减少的收入，不是患者家属因陪护患者治疗而发生的误工损失，后者应为护理费或陪护费。

(2)部分患者可能无权主张误工费。请求误工费赔偿的患者应当有工作，无论其收入是固定还是非固定的。已离(退)休的老年人(返聘、另谋职业者除外)、婴幼儿、儿童、尚未参加工作的在校学生等因没有工作而不能要求赔偿误工费。实践中容易引起争议的是部分暂时没有工作(如失业)的患者是否有权主张误工费赔偿。

(3)误工损失的举证责任在患方。患者主张误工费，应当提供相应的证据，包括医疗机构证明、单位误工证明等。单纯记载患者月收入的单位证明尚不足以证明其误工损失的发生。该类证明应当载明患者因其误工而实际被扣发的工资、奖金等的具体数额。另外，被告或法院有可能要求患者提供工资条、完税证明等以佐证相关单位证明的真实性。

(4)误工时间的计算。《医疗事故处理条例》对误工时间计算没有具体规定。《人身损害赔偿解释》规定，误工时间根据受害人接受治疗的医疗机构出具的证明确定；受害人因伤致残持续误工的，误工时间可以计算至定残日前一天。在实践中，一般以治疗医院出具的医疗证明为依据，也可依司法鉴定确定的误工时间为准。

(5)离(退)休人员的误工费计算。对此，国家现行法律没有明确规定，部分地方法院的“工作指导意见”中有相关内容。如山东省高级人民法院《关于审理人身损害赔偿案件若干问题的意见》规定，受害人是另谋职业的离(退)休人员，其因误工而减少的收入区别以下情况处理：法律、政策明确认可的，按照实际减少的收入予以赔偿；法律、政策未明确认可，也未明令禁止的，参照原在岗工资标准予以赔偿，但新的收入低于在岗工资的，按照新的收入予以赔偿；违反法律、政策规定而减少的收入，不予赔偿。

## 三、护理费

护理费包括患者住院期间他人陪护患者而发生的他人的误工损失，也包括患者非住院期间的护理费用，还包括患者因存在护理依赖而长期发生的护理费用。

《人身损害赔偿解释》第二十一条规定："护理费根据护理人员的收入状况和护理人数、护理期限确定。护理人员有收入的，参照误工费的规定计算；护理人员没有收入或者雇用护工的，参照当地护工从事同等级别护理的劳务报酬标准计算。护理人员原则上为一人，但医疗机构或者鉴定机构有明确意见的，可以参照确定护理人员人数。护理期限应计算至受害人恢复生活自理能力时止。受害人因残疾不能恢复生活自理能力的，可以根据其年龄、健康状况等因素确定合理的护理期限，但最长不超过二十年。受害人定残后的护理，应当根据其护理依赖程度并结合配制残疾辅助器具的情况确定护理级别。"根据上述规定，护理费的计算公式为：

护理费＝护理人员误工损失（或护工劳务报酬）×护理人数×护理期限

（一）关于护理人员误工损失的计算

根据《人身损害赔偿解释》规定，护理人员有收入的，参照误工费的规定计算。参照《人身损害赔偿解释》第二十条误工费计算方法，护理人员的误工损失可分几种情况：(1)护理人员有固定收入的，其因护理患者而发生的误工损失按照实际减少的收入计算。对此，患方应提供护理人员的误工损失相关证据加以证实。(2)护理人员无固定收入的，按照其最近三年的平均收入计算。在司法实践中，由于患方往往无法提供护理人员最近三年的平均收入证明，因此，该计算方法很少被采用。(3)护理人员不能举证证明其最近三年的平均收入状况的，可以参照受诉法院所在地相同或者相近行业上一年度职工的平均工资计算。由于该计算方法简便易行，因此，患方多采用该办法计算护理人员的误工损失。

（二）关于按照护工劳务报酬标准计算护理费

《人身损害赔偿解释》第二十一条规定，护理人员没有收入或者雇用护工的，参照当地护工从事同等级别护理的劳务报酬标准计算。对于该项劳务报酬标准，患方负有举证义务。但是，不同地区、不同时期、不同护理级别以及不同医疗机构，护工劳务报酬标准可能存在很大的差异。现实情况是，很难找到"当地"大家公认的约定俗成的护工劳务报酬标准。这种状况给患方举证造成了极大的障碍，亦使得护理费的计算充满了不确定性，尤其是在患者因残疾需要他人护理时。

（三）关于护理人员的人数

《人身损害赔偿解释》第二十一条规定，护理人员原则上为一人，但医疗机构或者鉴定机构有明确意见的，可以参照确定护理人员人数。在实践中，鉴于医患关系的紧张状态，医疗机构目前很少再为患方提供关于护理人数的证明文件，因此，此类意见多由鉴定机构通过鉴定书的方式提供，亦应由法院根据患者病情自行确定。

（四）关于护理期限的确定

《人身损害赔偿解释》第二十一条规定，护理期限应计算至受害人恢复生活自理能力时止。受害人因残疾不能恢复生活自理能力的，可以根据其年龄、健康状况等因素确定合理的护理期限，但最长不超过二十年。需要注意的是，最长二十年护理期限也是有限制条件的。第一，应当一次性支付。根据《人身损害赔偿解释》第三十四条第二款规定，定期金按照赔偿权利人的实际生存年限给付护理费的，不应受上述最长二十年赔偿期限的限制。第二，患者可以申请再诉给付。《人身损害赔偿解释》第三十二条规定："超过确定的护理期限、辅助器具费给付年限或者残疾赔偿金给付年限，赔偿权利人向人民法院起诉请求继续给付护理费、辅助器具费或者残疾赔偿金的，人民法院应予受理。赔偿权利人确需继续护理、配制辅助器具，或者没有劳动能力和生活来源的，人民法院应当判令赔偿义务人继续给付相关费用五至十年。"因此，在符合法定条件时，患方还可以向医院主张五至十年的护理费赔偿。

（五）关于定残后的护理费支付

《人身损害赔偿解释》第二十一条规定，受害人定残后的护理，应当根据其护理依赖程度并结合配制残疾辅助器具的情况确定护理级别。该条规定涉及了两个重要概念：一是患者的护理依赖程度，二是根据前者及配制残疾辅助器具情况而确定的护理级别。但是，令人非常遗憾的是，对于两个如此重要的概念，《人身损害赔偿解释》却没有任何规定或进一步的解释，尤其是"护理级别"这一概念。

在实践中，关于护理依赖程度，可委托司法鉴定机构参照《劳动能力鉴定 职工工伤与职业病致残等级》（GB/T 16180—2006）或《人身损害护理依赖程度评定》（GA/T 800—2008）进行评定。

## 四、交通费

交通费，是指患者或其家属为治疗患者因医疗过失所致疾病而必须乘坐交通工具时实际支出的费用。

《人身损害赔偿解释》第二十二条规定，交通费根据受害人及其必要的陪护人员因就医或者转院治疗实际发生的费用计算。交通费应当以正式票据为凭；有关凭据应当与就医地点、时间、人数、次数相符合。在司法实践中，法院一般支持的是普通交通工具的交通费。

## 五、住院伙食补助费

住院伙食补助费是指患者因发生医疗事故而在医疗机构住院治疗时，医方应支付给患者的膳食补助费用。

《人身损害赔偿解释》第二十三条规定，住院伙食补助费可以参照当地国家机关一般工作人员的出差伙食补助标准予以确定。受害人确有必要到外地治疗，因客观原因不能住院，受害人本人及其陪护人员实际发生的住宿费和伙食费，其合理部分应予赔偿。

该项费用的计算较为简单和明确，关键是查询当地国家机关一般工作人员的出差伙食补助标准这一数据。在每年初，各地中级或高级人民法院多会对外公布交通事故或人身伤害的赔偿标准，其中即包括国家机关一般工作人员的出差伙食补助标准。当事人可以通过向当地法院咨询得到该数据。

另外，在计算该项赔偿时还应注意：(1)一般情况下，该项赔偿是指患者的膳食补助费用，而非陪护患者人员的膳食补助费用，后者的膳食费用可以通过护理费或陪护费得到补偿；(2)该项赔偿是患者在住院期间的膳食补助费用，而不包括其在院外发生的膳食费用。

## 六、营养费

营养费，系指患者因医疗过失造成人身损害而需要补充营养物质而发生的费用，其目的是增强患者体质，使其尽快或尽可能恢复至健康状态。

《人身损害赔偿解释》第二十四条规定："营养费根据受害人伤残情况参照医疗机构的意见确定。"在司法实践中，医患双方因营养费而发生争议的情形并不多见，其主要原因或许是该项费用往往不是患者所必需，也可能是该项费用在整个赔偿额中仅占很小比例而被双方所忽略。另外，根据举证规则，患者应就营养费的支出承担举证责任，否则可能承担不利的法律后果。

根据《人身损害赔偿解释》规定，营养费参照医疗机构的意见确定。但是，目前在现实生活中，医疗机构很少为患者出具此类书面意见，这使得患者很难向法院提供相关证据。因此，在司法实践中，法院往往根据案件及患者的实际情况，在认定被告医院存在过失的前提下，判决医院赔偿营养费。

另外，《人身损害赔偿解释》规定营养费根据受害人"伤残"情况确定。那么，患者是否必须达到"伤残"才可以主张该项费用呢？人们同样理解不一。有人认为，根据文义解释，这里的伤残情况，既包括一般伤害，也包括残疾的情况。一般来说，一般的伤害可能不需要赔偿受害人的营养费。但是，仅仅依文义解释并不能解决现实问题，部分法院判决以患者没有达到"伤残"程度为理由而驳回了患者有关营养费的诉讼请求。

## 七、残疾赔偿金

残疾赔偿金是对赔偿权利人劳动收入丧失或减少的赔偿，因此，该项赔偿在性质上应属对赔偿权利人财产损害的赔偿，以期将赔偿权利人的损失填平至其劳动能力丧失或减少前的收入水平。根据《人身损害赔偿解释》的规定，残疾赔偿金不再具有精神抚慰性质，因此，《最高人民法院关于确定民事侵权精神损害赔偿责任若干问题的解释》第九条因与《人身损害赔偿解释》规定相冲突而不再具有法律效力。

《人身损害赔偿解释》第二十五条规定，残疾赔偿金根据受害人丧失劳动能力程度或者伤残等级，按照受诉法院所在地上一年度城镇居民人均可支配收入或者农村居民人均纯收入标准，自定残之日起按二十年计算。但六十周岁以上的，年龄每增加一岁减少一年；七十五周岁以上的，按五年计算。受害人因伤致残但实际收入没有减少，或者伤残等级较轻但造成职业妨害严重影响其劳动就业的，可以对残疾赔偿金作相应调整。

根据《人身损害赔偿解释》的规定，计算残疾赔偿金的基本标准有两个：一是受害人劳动能力丧失程度标准（该标准是《人身损害赔偿解释》新增加的内容），二是受害人伤残等级标准。受害人可以自主选择适用其中之一，但不能同时适用。确定残疾赔偿金采用第一个标准，即劳动能力丧失程度标准，是最为准确的，符合人身损害赔偿的本质要求。如果能够确定劳动能力丧失程度的，最好选择这个标准计算残疾赔偿金。但是，在司法实践中，无论是受害人还是法官，都很少采用该计算标准，更多的还是采用伤残等级标准。造成如此现象的原因，主要在于人们对此标准还缺乏认识，而且缺乏人身损害的劳动能力程度鉴定标准和程序。

在实践中，如果患者选择以劳动能力丧失程度作为计算残疾赔偿金的标准，可以参照《劳动能力鉴定职工工伤与职业病致残等级》（GB/T 16180—2006）。该标准规定，劳动能力鉴定，是指劳动能力鉴定机构对劳动者在职业活动中因工负伤或患职业病后，根据国家工伤保险法规规定，在评定伤残等级时通过医学检查对劳动功能障碍程度（伤残程度）和生活自理障碍程度作出的判定结论。该标准依据工伤致残者于评定伤残等级技术鉴定时的器官损伤、功能障碍及其对医疗与护理的依赖程度，适当考虑了由于伤残引起的社会心理因素影响，对伤残程度进行综合判定分级。根据条目划分原则以及工伤致残程度，综合考虑各门类的平衡，将残疾情形级别分为一至十级。最重为第一级，最轻为第十级。

### 八、残疾辅助器具费

残疾辅助器具，是因伤致残的受害人为恢复肢体功能或弥补伤害所造成的身体缺陷而配制功能性或装饰性残疾用具所支出的费用。

《人身损害赔偿解释》第二十六条规定，残疾辅助器具费按照普通适用器具的合理费用标准计算。伤情有特殊需要的,可以参照辅助器具配制机构的意见确定相应的合理费用标准。辅助器具的更换周期和赔偿期限参照配制机构的意见确定。

受害人请求残疾辅助器具费赔偿的,应当提供医疗单位或假肢配制单位的证明或鉴定意见。残疾辅助器具费的计赔数额一般按普通型国产器具的同类产品的合理价额确认;更换残疾辅助器具的次数,应参考有关部门的专家证明,并结合当地实际生活情况及受害人的余命年限加以确认。为配备残疾辅助器具所必须支出的交通、住宿等相关合理费用,亦应予以适当补偿。身体伤残的程度已丧失安装假肢的条件而要求赔偿安装假肢费的,不予支持。要求赔偿的安装假肢费数额,必须以受害人就地就近的残疾用具配制单位的普通型国产器具的价格为准加以确认;以大陆以外生产或进口的产品价格为准确认的赔偿数额一般不予支持,但该数额低于普通型国产器具价格的除外。

对于该项赔偿,患者负有举证责任,否则可能承担不利的法律后果。

### 九、丧葬费

丧葬费,是指患者因医疗事故或医疗过失死亡时,其家属因安葬患者而支出的各项费用。

《人身损害赔偿解释》第二十七条规定,丧葬费按照受诉法院所在地上一年度职工月平均工资标准,以六个月总额计算。

### 十、被扶养人生活费

被扶养人生活费,是指在患者死亡或丧失劳动能力前,受患者实际扶养者所必需的生活费用。

《人身损害赔偿解释》第二十八条规定,被扶养人生活费根据扶养人丧失劳动能力程度,按照受诉法院所在地上一年度城镇居民人均消费性支出和农村居民人均年生活消费支出标准计算。被扶养人为未成年人的,计算至十八周岁;被扶养人无劳动能力又无其他生活来源的,计算二十年。但六十周岁以上的,年龄每增加一岁减少一年;七十五周岁以上的,按五年计算。

被扶养人是指受害人依法应当承担扶养义务的未成年人或者丧失劳动能力又无其他生活来源的成年近亲属。被扶养人还有其他扶养人的,赔偿义务人只赔偿受害人依法应当负担的部分。被扶养人有数人的,年赔偿总额累计不超过上一年度城镇居民人均消费性支出额或者农村居民人均年生活消费支出额。

最高人民法院《关于适用〈中华人民共和国侵权责任法〉若干问题的通知》第四条明确规定:“人民法院适用侵权责任法审理民事纠纷案件,如受害人有被抚养人的，应当依据《最高人民法院关于审理人身损害赔偿案件适用法律若干问题的解释》第二十八条的规定，将被抚养人生活费计入残疾赔偿金或死亡赔偿金。”

在实务工作中计算该项赔偿时，还应注意以下问题：

(1)关于被扶养人的范围。对此，《医疗事故处理条例》与《人身损害赔偿解释》略有差异，但基本原则是一致的。根据《医疗事故处理条例》规定，被扶养人以死者生前或残疾者丧失劳动能力前实际扶养且没有劳动能力的人为限。《人身损害赔偿解释》规定，被扶养人是指受害人依法应当承担扶养义务的未成年人或者丧失劳动能力又无其他生活来源的成年近亲属。据此，被扶养人有两类：(1)未成年人：对于成人标准，《医疗事故处理条例》以十六周岁为限，而《人身损害赔偿解释》以十八周岁为限。我国《婚姻法》第二十一条第一款规定：“父母对子女有扶养教育的义务；子女对父母有赡养扶助的义务。”对此，医患双方往往没有争议。(2)成年近亲属：并非所有成年近亲属均可成为被扶养人，只有那些丧失劳动能力又无其他生活来源的成年近亲属才属于被扶养人的范围。

(2)当存在多个扶养义务人时，医疗机构仅承担患者应承担的扶养费份额。《人身损害赔偿解释》第二十八条第二款规定，被扶养人还有其他扶养人的，赔偿义务人只赔偿受害人依法应当负担的部分。被扶养人有数人的，年赔偿总额累计不超过上一年度城镇居民人均消费性支出额或者农村居民人均年生活消费支出额。例如，患者兄弟姐妹三人，母亲已去世，父亲健在，受患者生前赡养且无劳动能力。在此情况下，由于患者父亲的赡养义务人为三人，因此医疗机构只承担三分之一的扶养费份额。

### 十一、死亡赔偿金

《侵权责任法》第十六条规定，侵害他人造成死亡的，应当赔偿死亡赔偿金。

《人身损害赔偿解释》第二十九条规定，死亡赔偿金按照受诉法院所在地上一年度城镇居民人均可支配收入或者农村居民人均纯收入标准，按二十年计算。但六十周岁以上的，年龄每增加一岁减少一年；七十五周岁以上的，按五年计算。

《人身损害赔偿解释》第三十条还规定，赔偿权利人举证证明其住所地或者经常居住地城镇居民人均可支配收入或者农村居民人均纯收入高于受诉法院所在地标准的，残疾赔偿金或者死亡赔偿金可以按照其住所地或者经常居住地的相关标准计算。

由于死亡赔偿金计算基数为居民人均可支配收入或农村居民人均纯收入，因此，随着我国经济的发展，人们生活水平的不断提高，根据《人身损害赔偿解释》中的规定计算的这一赔偿项目数额不断增加。例如，2012 年北京市城镇居民人均可支配收入为 36469 元，2013 年为 40321 元，2014 年则增长为 43910 元。

据此计算的死亡赔偿金分别达到了729380元、806420元和878200元。但是，如果根据《医疗事故处理条例》中的规定计算赔偿数额，则患方因《医疗事故处理条例》无此规定而无法得到该项赔偿。正是由于赔偿数额差异逐年不断扩大，因此，在患者死亡的案件中，医患双方经常为此发生争议，而法院的处理方式亦不一致。但是，据笔者所知，目前法院在审理医疗事故损害赔偿案件时，越来越多地支持患者家属提出的死亡赔偿金请求。

## 十二、精神损害抚慰金

精神损害抚慰金，是指患者因承受医疗过失所致精神创伤而应获得的以货币方式支付的精神补偿，是医疗机构承担医疗事故民事责任的一种重要方式。

《侵权责任法》第二十二条规定了精神损害赔偿项目，即"侵害他人人身权益，造成他人严重精神损害的，被侵权人可以请求精神损害赔偿"。

《人身损害赔偿解释》第十八条规定："受害人或者死者近亲属遭受精神损害，赔偿权利人向人民法院请求赔偿精神损害抚慰金的，适用《最高人民法院关于确定民事侵权精神损害赔偿责任若干问题的解释》（以下简称《精神损害赔偿解释》）予以确定。精神损害抚慰金的请求权，不得让与或者继承。但赔偿义务人已经以书面方式承诺给予金钱赔偿，或者赔偿权利人已经向人民法院起诉的除外。"

《精神损害赔偿解释》系由最高人民法院于2001年3月8日公布并于2001年3月10日起施行。该解释第一条规定，自然人因生命权、健康权、身体权等遭受非法侵害，向人民法院起诉请求赔偿精神损害的，人民法院应当依法予以受理。在司法实践中，患者或近亲属向人民法院提起诉讼主张精神损害赔偿时，还应注意相关问题。

（一）主张精神损害赔偿的主体

《人身损害赔偿解释》第十八条规定，受害人或者死者近亲属遭受精神损害，赔偿权利人可向人民法院请求赔偿精神损害抚慰金。《精神损害赔偿解释》第七条规定："自然人因侵权行为致死，或者自然人死亡后其人格或者遗体遭受侵害，死者的配偶、父母和子女向人民法院起诉请求赔偿精神损害的，列其配偶、父母和子女为原告；没有配偶、父母和子女的，可以由其他近亲属提起诉讼，列其他近亲属为原告。"根据该条规定，如果患者存活，则该项赔偿的请求主体为患者本人，其近亲属无权要求赔偿精神损害抚慰金；如果患者死亡，则精神损害抚慰金的请求主体为患者家属。但在司法实践中，人们对此存在争议，法院有时亦可能支持在患者存活情况下其近亲属提出的精神损害赔偿请求。

（二）支付精神损害赔偿的法定情形

《精神损害赔偿解释》第八条规定，因侵权致人精神损害，但未造成严重后果，受害人请求赔偿精神损害的，一般不予支持，人民法院可以根据情形判令侵权人停止侵害、恢复名誉、消除影响、赔礼道歉。《精神损害赔偿解释》要求侵权行为应造成“严重后果”，但未解释何种情况属于“严重后果”。笔者认为，医疗损害赔偿案件中的精神损害赔偿请求基于患者的生命健康权受到侵害，生命健康权是人最为重要的权利。因此，如果患者的生命健康权受到医疗机构医疗过失侵害时，患者或其近亲属均有权请求精神损害赔偿。当然，后果不同，法院可以支持的精神损害抚慰金数额亦会不同。

（三）精神损害抚慰金数额的确定

对于精神损害抚慰金数额，《精神损害赔偿解释》第十条规定，精神损害的赔偿数额根据以下因素确定：①侵权人的过错程度，法律另有规定的除外；②侵害的手段、场合、行为方式等具体情节；③侵权行为所造成的后果；④侵权人的获利情况；⑤侵权人承担责任的经济能力；⑥受诉法院所在地平均生活水平。

（四）多个近亲属主张精神损害赔偿时的数额计算

在患者因医院医疗过失死亡后，可以主张精神损害赔偿的患者近亲属可能是多个。实践中，法院在判决医院向多位患者家属支付精神损害抚慰金时，往往不进行拆分工作，而是笼统地确定一个总的赔偿数额，而后由家属自行分配。

## 十三、属地计算标准的选择

所谓损害赔偿的属地计算标准，是指在计算残疾赔偿金、死亡赔偿金或被扶养人生活费等指向未来的损害赔偿数额时，应当适用何地的计算标准。不同地区的经济发展水平不同，人们的经济收入和生活消费支出亦不同。为了最大限度保护受害人利益，我国现有法律采用“就高不就低”的原则。

《人身损害赔偿解释》第三十条规定：“赔偿权利人举证证明其住所地或者经常居住地城镇居民人均可支配收入或者农村居民人均纯收入高于受诉法院所在地标准的，残疾赔偿金或者死亡赔偿金可以按照其住所地或者经常居住地的相关标准计算。被扶养人生活费的相关计算标准，依照前款原则确定。”

需要特别说明的是，在适用“就高不就低”原则时，原告负有举证责任，即应当提供证据证明其住所地或者经常居住地城镇居民人均可支配收入或者农村居民人均纯收入高于受诉法院所在地标准，否则法院将按受诉法院所在地标准计算。相关证明包括但不限于户口簿、暂住人口登记证或暂住证、居住证等。我国《民法通则》第十五条规定：“公民以他的户籍所在地的居住地为住所，经常居住地与住所不一致的，经常居住地视为住所。”《最高人民法院关于贯彻执行〈中华人民共和国民法通则〉若干问题的意见（试行）》第九条规定：“公民离开住所地最后连续居住一年以上的地方，为经常居住地。但住医院治病的除外。公民由其户籍所在地迁出后至迁入另一地之前，无经常居住地的，仍以其原户籍所在地为住所。”根据该第九条之规定，患者因病长期在外地住院治疗超过一年的，医院所在地不能作为经常居住地。

## 十四、赔偿费用的再诉给付

《人身损害赔偿解释》第三十二条规定：“超过确定的护理期限、辅助器具费给付年限或者残疾赔偿金给付年限，赔偿权利人向人民法院起诉请求继续给付护理费、辅助器具费或者残疾赔偿金的，人民法院应予受理。赔偿权利人确需继续护理、配制辅助器具，或者没有劳动能力和生活来源的，人民法院应当判令赔偿义务人继续给付相关费用五至十年。”

## 十五、赔偿费用的支付方式

赔偿费用的支付有两种方式：一次性支付和定期金支付。在一般情况下，医院应一次性向患者给付赔偿款。但是，由于某些受害的患者生存期限不定，或者被告医院的支付能力非常有限，或者为了防止某些道德风险的发生，我国现有法律允许被告在满足一定条件的情况下，采用定期金支付方式。

所谓定期金，是指法院判决加害人在未来一段时间按照一定的期限向受害人支付赔偿金额。主要适用于残疾赔偿金、被扶养人生活费、继续治疗费用、护理费用、更换残疾辅助器具费等以后继续支出费用。

《人身损害赔偿解释》第三十三条规定：“赔偿义务人请求以定期金方式给付残疾赔偿金、被扶养人生活费、残疾辅助器具费的，应当提供相应的担保。人民法院可以根据赔偿义务人的给付能力和提供担保的情况，确定以定期金方式给付相关费用。但一审法庭辩论终结前已经发生的费用、死亡赔偿金以及精神损害抚慰金，应当一次性给付。”第三十一条规定：“人民法院应当按照民法通则第一百三十一条以及本解释第二条的规定，确定第十九条至第二十九条各项财产损失的实际赔偿金额。前款确定的物质损害赔偿金与按照第十八条第一款规定确定的精神损害抚慰金，原则上应当一次性给付。”

根据上述法律规定，在实践中应注意以下几点：

(1)可采取定期金方式支付的赔偿项目。根据《人身损害赔偿解释》第三十一、三十三条规定，可采用定期金方式支付的赔偿项目应仅限于残疾赔偿金、被扶养人生活费、残疾辅助器具费三项赔偿；一审法庭辩论终结前已经发生的费用、死亡赔偿金以及精神损害抚慰金，应当一次性给付。但是在现实生活中，采用定期金方式支付残疾赔偿金、被扶养人生活费、残疾辅助器具费赔偿的情形非常少见，其更多地出现在今后护理费、继续治疗费等今后赔偿项目方面。

(2)是否采用定期金方式支付赔偿费用的决定权在法院。根据《人身损害赔偿解释》规定，法院在决定是否采用定期金支付方式时，应当严格审查医疗机构的给付能力和提供担保情况。为了防止今后赔偿款项无法得到执行或某些医疗机构有意借这种支付方式逃避赔偿义务，法院可要求医疗机构提供担保。由于我国目前绝大多数医疗机构系政府出资设立的公立医院，具有极高的稳定性和偿付能力，因此，法院很少要求医疗机构提供担保。但是，对于某些以营利为目的的民营或私营医疗机构，由于其缺乏稳定性和信誉，笔者建议在这种情况下最好不要采用定期金支付方式。

(3)定期金支付方式没有期限之限制。《人身损害赔偿解释》第三十四条第二款规定："定期金按照赔偿权利人的实际生存年限给付，不受本解释有关赔偿期限的限制。"根据该条款，当医疗机构选择以定期金方式支付残疾赔偿金、被扶养人生活费时，不受相关规定中 20 年赔偿年限的限制，残疾辅助器具费、残疾辅助器具的更换周期和赔偿期限也不受配制机构的意见限制。

## 十六、相关统计数据的来源

《人身损害赔偿解释》第三十五条规定，本解释所称"城镇居民人均可支配收入""农村居民人均纯收入""城镇居民人均消费性支出""农村居民人均年生活消费支出""职工平均工资"，按照政府统计部门公布的各省、自治区、直辖市以及经济特区和计划单列市上一年度相关统计数据确定。

特别需要注意的是，各级政府均可能公布上述统计数字，且数额差异很大。为此，《人身损害赔偿解释》特别规定"以省、自治区、直辖市以及经济特区和计划单列市的相关统计数字为准"，即以省级统计数字作为计算标准。

## 十七、损害赔偿计算标准时

在《人身损害赔偿解释》第二十条(误工费)、第二十五条(残疾赔偿金)、第二十七条(丧葬费)、第二十八条(被扶养人生活费)以及第二十九条(死亡赔偿金)费用计算部分，多次出现了"上一年度"的表述方式。但是患者在医院就诊并受到损害的时间，可能与其发现身体受到损害并向对方主张权利或向法院起诉的时间相距数年甚至更长时间。那么，在计算相关赔偿项目时，应以哪一年为"上一年度"，该问题涉及损害赔偿计算标准时的确定。

所谓损害赔偿计算标准时，系指依据有关赔偿参数计算损害赔偿额的时间点。从理论上讲有两个时间点：一为侵权行为时，包括侵权行为发生时和侵权结果发生时；二为法院审理时。那么，"上一年度"具体是指侵权行为发生时的"上一年度"，还是侵权结果发生时的"上一年度"，或是法院审理时的"上一年度"，传统上，人们多以侵权行为时为准，而我国以往立法对此没有统一的规定。

自2004年5月1日起施行的《人身损害赔偿解释》解决了这一长期困扰司法实践的问题。《人身损害赔偿解释》第三十五条第二款规定，“上一年度”，是指一审法庭辩论终结时的上一统计年度。

# 第四篇

# 正 确 应 对 医 疗 纠 纷

# 第二十三章　医患双方依法维权

## 第一节　患方依法维权

### 一、正确面对不良医疗后果

医疗行为具有侵袭性和高度风险性的特点，无论医术如何高明，设备如何先进，任何诊疗措施都可能对患者的人身利益造成一定的损害。医疗行为对患者身体虽有一定的损害，但有利于患者本人，也有益于社会，因此，法律允许医疗行为在一定限度内对个体利益的侵害。医疗损害并不必然导致医疗损害责任，只有在医疗行为有过失，且该过失行为与医疗损害后果之间有因果关系时，医疗损害责任才能成立。医疗损害不是因为医疗行为造成了对患者的损害，而是因为不法的医疗行为造成了对患者的损害。

不良医疗后果的发生，如患者死亡、病情加重、治疗效果不好等，并非均是医疗过失所致，因为医生并不能保证治疗效果，仅能保证医疗的过程符合医疗常规和规范。面对不良医疗后果，患方要冷静分析发生不良医疗后果的原因，弄清楚究竟是病情的自然发展，还是由于医方存在过失所导致。要理性维权，应分别向有医学知识的人和有法律知识的人请教，听从他们从第三方的角度所做的客观专业的分析，做到心中有底。

### 二、正确评估不良医疗后果

“生老病死”乃自然规律，医疗过程本身就充满不确定性。医学科学对各种临床症状与特定疾病之间的因果关系，特定治疗方法与特定疾病之间的因果关系尚有待于进一步认识，对医疗仪器设备，药物，治疗手段，手术方法，疾病本质发生、发展的认识的局限性尚需克服。随着人类活动的不断发展，新的疾病在不断增加，传统性疾病的病菌与病毒逐渐产生耐药性及变异，疾病的临床症状表现越来越不典型，越来越多样化，使得医疗行为充满了风险。例如，由于疾病急骤恶化而发生出人意料的猝死，或因病情特殊、复杂而发生的不良医疗后果，或由于患者体质特殊而出现的难以预料的并发症或医疗意外，也可由于患者或其家属不配合治疗，不遵守医嘱而发生的不良后果，以上情形均不为医方过失所致。

由于患者和其亲属缺乏相应的医学常识，常常会错误地认为，患者花钱就医，医生就应该治好患者的病；患者走着来医院，最后死在医院，其亲属常会缺乏理性地认为必定是医疗事故或医务人员的过失导致死亡，尤其是当某些医务人员态度不好，或者存在某些失误时，亲属更会这样想。作为患方或者患方的代理人一定要掌握科学知识，客观冷静地分析医疗机构的医疗行为是否存在过错以及过错责任大小，患者就医后出现的结果究竟是医疗机构的不良行为造成的，还是自身疾病的自然转归所致，而不应该人云亦云，一味附和。只有这样才能在医疗纠纷活动中发挥积极的作用，而不至于使自己陷于尴尬、被动的局面。

## 三、收集证据

（一）收集证据的目的和作用

（1）证实存在医患关系；

（2）证实医方存在过失；

（3）证实患者存在医疗损害后果；

（4）证实医方过失与患者损害后果之间存在因果关系；

（5）证实患方依法获得合理赔偿的依据。

（二）收集证据的范围和方法

（1）患者要有维权意识。每次就诊的门诊病历，曾做过的所有理化检验资料，如血、尿、便三大常规，血液生化、肝肾功能等化验检查报告，听力、视力、眼底检查，心电图、B超检查报告，CT、MRI、X线片等及其书面报告等都要保留，不论其属于异常还是正常结果，都要妥善加以保管，便于下次就诊时提供给医生参考。今后一旦出现医疗纠纷及相关诉讼时，这些都是患者病情的原始资料，可以作为既往病情异常或正常的客观依据提供给有关机构，以证明某种异常或正常的事实，或者能证实某些诊断和检查错误，从而分清是非。

（2）当患者或者家属对医疗过程产生疑问时，首先要做到及时收集与本次医疗有关的各种医疗资料，包括医疗费收据，患者一日清单，门诊病历，病床上的床头卡，病床前的输液架上悬挂的输液记录，X线片、CT、MRI等，各种检查报告单，死亡证明，患者使用过的药品包装及药品说明书，等。

（3）及时复印或封存住院病历。对法规允许复印的“客观病历材料”的复印应该越快越好，最好在公开与医疗机构及其医务人员的争议之前加以复印，不给医疗机构及其医务人员事后涂改、修订和伪造的机会。还应该按照证据的要求，由当事医院的病历保管部门核对无误后，在复印的病历资料上签上日期，加盖证明印记，以资证明其真实性。对未经准许复印或复制的所谓“主观病历资料”，如病程记录、会诊、病情或死亡讨论记录等或者其复印件，也应该在患方当事人或代理人在场时，尽快地或连同上述客观病历由双方共同清点、编号与签封，以便在必要时由有权启封机构（如技术鉴定和司法机构）启封，提取作为技术鉴定或司法裁判的证据。

有时，上述提取住院病历资料的过程可能会受到无理的拒绝或者不恰当的干扰，患方应依法坚持自己的合法权利。必要时予以录音、录像或者有第三方参与予以证实。

(4)实物封存。及时封存检验有疑问的输液、输血、注射、药物、处方及药品包装袋。有些医疗损害，甚至患者的死亡，是因为药房人员发药错误或药品存放时被有毒药品污染引起了急性中毒。如果能保管好处方、药品包装袋和未服完的药品，就能查明医院过失的真相。否则，因为药品或者有毒的药品在体内被代谢和排泄，中毒症状与某些疾病临床上又难以区分鉴别，可能就会使医疗纠纷原因不明，使医疗过失不能得到证明。

(5)手术中切除的器官或组织。在手术时或者手术后，向被手术的患者家属出示被切除的器官或组织让他们过目，是外科手术的一般常规。因为有些手术由于诊断错误或者手术失误，将没有病变的器官或组织误切，导致患者不必要的手术痛苦和花费，或者反将应该被切除的病变器官或组织保留，没有达到原本手术的目的。如果没能确认或保留被切除的器官、组织作为复查的材料，就有可能失去证实手术过错的证据。

(6)及时要求尸检以查明死因。尸检是查明死者死亡原因的科学方法，是最具有权威性的取证方法。《医疗事故处理条例》第十八条规定，患者死亡，医患双方当事人不能确定死因或者对死因有异议的，应当在患者死亡后48小时内进行尸检；具备尸体冻存条件的，可以延长至7日。尸检应当经死者近亲属同意并签字。尸检应当由按照国家有关规定取得相应资格的机构和病理解剖专业技术人员进行。承担尸检任务的机构和病理解剖专业技术人员有进行尸检的义务。如因任何一方拒绝或拖延尸检，影响对死因的判定的，由拒绝或拖延的一方负责。

(7)注意收集证人证言。实践中，病人和医疗单位常常就医疗单位是否实施了或未实施某一行为发生争议。但是，医疗单位往往提出病人的叙述不真实，与病历记载不一致，而根据病历记载，医疗单位是没有过失的。在这种情况下，若病人不能提出其他证据，其要求或主张就难以得到鉴定机构或法院的采信。避免上述情况发生的一项重要措施，便是收集了解事实真相者的证言，即证人证言。因此，当病人和家属怀疑治疗问题且医疗单位有可能予以否认时，则应注意记录当时在场者或了解情况者（如同病房的病人）的姓名、工作单位、住址以及联系方法，既可当时进行取证，也可过后再进行调查取证。

(8)在法院进行证据交换时，医院为了证明其主张，往往会将其保管的资料充分出具提交法庭，而双方当事人提交法庭的证据，对方都是可以复制的。法官必须当庭查看病历原件，仔细查看、核对，并与复印件进行比较，重点核实是否有改动、添加、刮痕等。

(9)收集医疗机构及医务人员的执业信息，了解医疗机构的级别、批准的诊疗项目和范围，医务人员有无执业资格，有无超范围违规开展诊疗活动。

(10)为取得医方存在过失的证明，患方可在诉前单方委托司法鉴定机构进行鉴定。即便医方不予认可，再次委托鉴定，客观的鉴定意见也不会轻易被推翻，并且再次鉴定费用由医方承担。而如果诉前没有进行鉴定，如欲证实医方存在过失，仍然要由患方举证并承担鉴定费用。患方早晚需承担一次鉴定费用，当然该费用依医方存在过失的参与度，由双方合理承担。

(11)收集有关医学文献，如有关部门发布的规章制度、诊疗规范、教科书、权威专著、期刊、药品说明书等，作为支持自己观点的依据。医学界已经达成共识的理论和观点，由于已经经过实践的反复检验，具有较强的稳定性和可靠性，经查证属实，可以作为证据使用。如本书【案例分析 6】，由于患方掌握医方存在过失的有力证据，达到“不战而屈人之兵”的效果。

(12)主张赔偿费用的证据。

①医院收费票据：证明医疗费数额。

②误工费证明：由所在单位出具工资收入证明及因就医造成的误工损失数额，加盖单位公章，并提供相应的完税证明等。无工作单位的，提交当地上一年度统计数据，证明人均收入计算标准。

③护理费证明：聘请护工的，提交护工相关工资收入证明；家属护理的，证据方式同上述误工费证明。

④住院证明和患者死亡证明：证明住院时间，从而证明住院期间伙食补助费的计算时间。

⑤交通费用及住宿费用单据等。

⑥营养费用发票：包括超市购买营养品发票、营养餐发票等，从而证明营养费来源和数额。

⑦被抚养人情况证明：患者住所所在地居民委员会、派出所等单位开具的证明；被抚养人的身份证、户口簿复印件；患者户籍所在地最低生活保障标准，并加盖出证单位公章；户口簿，证明家庭成员情况，证明被抚养人生活费的计算。

⑧鉴定结论：包括因果关系鉴定结论和伤残鉴定结论。

⑨尸检费、鉴定费等收据。

## 四、正确对待鉴定

(一)积极申请进行鉴定

在医疗纠纷案件审理过程中,医患双方争议的焦点,往往是医疗机构及其医务人员的医疗行为是否存在不当或违规之处;如果存在不当或违规之处,则该不当或违规行为是否与患者的损害后果之间具有因果关系。但是,由于医疗行为本身高度的专业性,患方很难就上述问题作出专业判断,即使医疗行业的从业人员也可能因专业不同而无法作出判断。完成该举证责任的最好方式是申请进行司法鉴定,鉴定可在诉前单方委托,也可在诉讼中申请。

(二)参加鉴定听证会注意事项

(1)参加听证会是自己维权的一个机会,充分认识其积极意义,做好参加听证会的准备。

(2)准备好需要提交的材料,包括患者身份证及复印件,就诊的全部资料,如门诊病历、住院病案、各种化验检查和特殊检查的报告单、影像片等,还需提交委托他人参加听证会的授权委托书。

(3)准备好听证陈述材料,简要叙述诊疗过程,分析医方的过失所在,自己所受到的损害后果及因果关系,并提供300～400字的概括总结。

(4)最好邀请具有医学知识的人和具有法律知识的人各一人参加听证会,分别从医学和法律两方面为自己提供帮助。

(5)一般每方只允许三人参加听证会,去的人再多也没有用处。在实务中有时见到患方10多人到鉴定机构,企图给鉴定机构和鉴定人施加压力,甚至对医方有过激言辞和行为,该举动其实只能起到无理取闹的作用,不会对鉴定意见有任何影响。

(6)常言说,“会说的不如会听的”“有理不在声高”,咄咄逼人、争吵,尤其是把自己摆在与鉴定人对立的位置,采取不配合的方式,对自己是非常不利的。正确的方法是在听证会上要充分表述自己受到的不法损害,充分分析医方过失所在,说服鉴定人采信自己的观点。

## 五、选择合适的维权途径

前文已经述及医疗纠纷的解决机制。究竟选择哪条解决问题的途径,选择哪条处理途径对自己有利,要根据具体情况具体分析。

要充分了解当地的有关规定,如威海市出台的《威海市医疗纠纷预防与处置办法》中明确规定,医疗纠纷调解工作启动后,公立医疗机构就医疗纠纷与患者自行和解的经济补偿或赔偿最高限额不得超过1万元;索赔金额在1万元以上不满15万元的,当事人应当选择调解或诉讼途径解决医疗纠纷;索赔金额在15万元以上的,应当先进行医疗事故技术鉴定,明确责任后再进行调解,也可以直接向人民法院提起诉讼。民营医疗机构的医疗纠纷可参照公立医院上述标准和程序办理。因此需根据自己可能得到的合理赔偿金额确定解决途径。

如当地没有具体规定的,则尽可能先选择医患双方协商解决,前提条件是医方确有过失,医方明确承认有过失,并且过失确与患者不良医疗后果有因果关系,双方都有解决纠纷的诚意。这时患方不要提出过高的或者医方显然不能接受的赔偿要求,使得协商解决失败。只要大致能够接受,或者大致符合实际,就应该适可而止,尽可能做到有理、有利、有节。减少时间和精力的消耗,使纠纷得以尽早解决。

如果协商不成,选择诉讼一定要心中有数,除了对官司能否胜诉要有一定把握之外,还应对医疗诉讼中所需的费用以及可能获得赔偿的数额有一个初步的概算。

一个是时间成本,一般医疗损害侵权责任案件审理周期较长,一般以年计算,要有充分的思想准备,考点是否有时间和精力参与诉讼。另外诉讼要花费一定的财力,提起诉讼需缴诉讼费,进行鉴定需缴鉴定费,聘请律师需缴代理费,聘请专家证人也需要承担出庭费用。

当事人不要只看到官司有赢的希望,就不惜一切的代价进行诉讼活动,这样做有可能得不偿失,即虽然赢了官司,但得到赔偿的数额却不能弥补自己及其他人的所有花费,也就是“赢了官司输了钱”。

在决定提起诉讼之前,当事人必须要对诉讼中所需的费用以及有可能获得赔偿的数额做到心中有数,必须进行全面的权衡,必要时可提前请教有关专业人士,做到有的放矢,使得能够偿失,即“既赢了官司也赢了钱”。

### 五、诉讼应对策略

#### (一)邀请专业律师及时介入

医疗损害侵权责任诉讼周期长,诉讼过程极为复杂,一般人很难恰当应对,应邀请专业律师及时介入,以获得帮助。

#### (二)合理选择案由

由专业律师帮助选择对自己更为有利的案由起诉,详见第九章。

#### (三)合理选择管辖法院

在当前人情社会的现实情况下,患方是初次与法院打交道,而医院是经常与法院打交道,不排除医院会得到法院的“青睐”,尤其是在法制不健全的地区。患者只在一个医疗机构就诊的,只能选择该医疗机构所在地法院进行诉讼,如果在多家医院就诊的,如告甲医院,可选择乙医院所在地法院进行诉讼,以排除“人情”的干扰。

(四)认真准备起诉书

民事起诉书一般分为三个部分：首部、正文和尾部。民事起诉书最好以A4纸打印；如果是书写的，要字迹清楚，用钢笔书写。

1.首部

文书名称“民事起诉状”，应依次写明原告和被告的基本情况。应写明原告姓名、性别、出生年月日、民族、籍贯、职业、工作单位、住址和联系电话。被告基本情况的写法和原告相同，如有的项目不知道的，可以不写，但必须写明被告的姓名或名称与住址或住所。住所，通常亦称住所地。公民的住所地是指公民的户籍所在地。民事起诉状中要求写明的公民的住址，一般是指该公民的住所地的地址，但该公民的住所地与经常居住地不一致的，则可写经常居住地的地址。为便于联系，提高办案效率，在诉状中应尽量写明原、被告的通讯号码，如办公电话、住宅电话、移动电话等。

2.正文

正文包括三个方面内容：

第一是诉讼请求。要写明请求法院解决什么问题，提出明确的具体要求。

第二是事实与理由。要摆事实，讲道理，引用有关法律和政策规定，为诉讼请求的合法性提供充足的依据。摆事实，是要把双方当事人的法律关系，发生纠纷的原因、经过和现状，特别是双方争议的焦点，实事求是地写清楚。讲道理，是要进行分析，分清是非曲直，明确责任，并援引有关法律条款和政策规定。

第三是证据及证据来源，证人姓名和住址。提起民事诉讼的原告负有举证责任，要能够举出证明案情事实，支持自己诉讼主张的各种证据，包括书证、物证、视听资料、证人证言、当事人的陈述、鉴定结论、勘验笔录等。书证，要附上原件或复制件，如系摘录或抄件，要如实反映原件本意，切忌断章取义，并应注明材料的出处；列举物证，要写明什么样的物品，在什么地方由谁保存着；列举证人，要写明证人的姓名、住址，证人能证明什么问题等。

3.尾部

尾部写明受诉法院名称——“此致×××人民法院”，注明起诉状副本份数，被告(含第三人)人(个)数即为起诉状副本份数。提交证据的，还要写明证据的名称和数量。最后由起诉人签名盖章，写明起诉日期。

(五)邀请专家证人对鉴定意见进行质证

在诉讼过程中，对一个案件可能出现几个不同的鉴定意见，解决这种矛盾的唯一途径，就是依照最高人民法院《证据规定》中关于证据质证的规定，向法院提出申请要求按照规定对鉴定意见进行开庭质证。对鉴定意见进行“开庭质证”时，鉴定人应当出庭接受当事人、以及当事人委托的“具有专门知识的人员”对鉴定结论的合法性、真实性和科学性提出的质询。法官和参加质证的其他人员，应该根据鉴定人对质询意见答复的情况，判断其鉴定结论的可信性。

（六）患方对判决结果的救济措施

如果判决结果有较大偏差，患方认为完全不能接受，可以应用我国法律赋予的上诉或申诉权利，来争取得到合法权益的维护。

上诉，是指当事人对人民法院所作的尚未发生法律效力的一审判决、裁定，在法定期限内，依法声明不服，提请上一级人民法院重新审判的活动。

申诉，是指当事人、被害人及其家属或者知道案件情况的其他公民，认为人民法院已经发生法律效力的判决或裁定有错误，向人民法院或者人民检察院提出要求依法处理，予以纠正的行为。在申诉期间，原判决、裁定不停止执行。

提出上诉或申诉都有一定条件和时间限制，应邀请律师参与。

## 七、非理性维权行为不可取

（一）非理性维权行为的表现

所谓患方的非理性维权行为，系指在医患双方发生争议后，患方不愿通过正常的途径解决纠纷，如申请医学会鉴定、第三方调解、法院诉讼等，而是采取非理性的方式维权，要求“私了”。例如，反复纠缠医生或医院管理者；辱骂、殴打甚至严重伤害医务人员；在医院内设置灵堂，拒绝火化尸体；冲击或打砸医院；到政府部门门前示威、上访等。

（二）非理性维权行为的法律后果

医疗机构是履行救死扶伤责任，保障人民生命健康的重要场所，其工作秩序的好坏直接关系到诊疗工作能否正常进行。

《侵权责任法》第六十四条规定：“医疗机构及其医务人员的合法权益受法律保护。干扰医疗秩序，妨害医务人员工作、生活的，应当依法承担法律责任。”

卫生部、公安部1986年就发布了《关于维护医院秩序的联合通告》，严禁以“医疗事故”为借口在医院无理取闹；对寻衅滋事、打砸医院、殴打和侮辱医务人员的人，公安机关应予以治安处罚；情节严重、触犯刑律的，依法追究刑事责任。

1990年12月，卫生部、公安部又发布了《关于加强医院治安保卫工作的通知》，要求公安机关加强对医院治安保卫工作的检查和指导，及时查处发生在医院的刑事和治安案件。

2001年8月，卫生部、公安部针对北京协和医院专家被患者家属打伤事件发布通告，规定对在医疗机构内寻衅滋事，在医疗机构内故意损坏公私财物，侮辱、威胁、恐吓、殴打医务人员及其他扰乱医疗机构正常诊疗秩序的行为，由公安机关依据《治安管理处罚条例》予以处罚；构成犯罪的，依法追究刑事责任。

2012年4月30日卫生部、公安部印发《关于维护医疗机构秩序的通告》，对在医疗机构焚烧纸钱、摆设灵堂、摆放花圈、违规停尸、聚众滋事等7种违反治安管理行为，由公安机关依据《中华人民共和国治安管理处罚法》予以处罚；构成犯罪的，依法追究刑事责任。

卫生部2012年5月4日发出紧急通知，要求各级卫生行政部门协调公安机关向二级以上医院等重点医疗机构派驻警务室，共同加强医疗机构治安管理，维护正常诊疗秩序，保障医患双方合法权益与人身安全。

遵守医院的规章制度，不仅是就医者的自觉公德行为，也是法律规定的义务。如果违反有关的医院规章制度，将可能受到行政法规或刑事法律的处罚。

## 第二节　医方依法维权

### 一、正确对待和处理医疗纠纷

医疗纠纷的发生，不仅给医患双方带来许多不良影响，同时也影响着社会的其他许多方面。其主要危害：影响社会及家庭的安定，加重卫生行政部门及医院管理部门的工作量，干扰正常的医疗秩序，增加医疗单位的经济负担，损害医院的合法经济权益，加重医务人员的心理压力，影响医疗单位和医务人员在社会上的声誉和形象，加重人民法院的审判难度和工作负担等。医疗纠纷的发生，往往可以反映出医院在管理方面的不足，因此应正确对待，妥善处理，并从中吸取经验教训。在管理工作中要遵循实践—认识—再实践—再认识的规律，从以往的一次次失败中，一次次血的沉痛教训中不断取得经验，接受教训，改正自己的思想及行动，使之更加适合于外界的客观规律性，使医院的管理水平不断提高。

医疗纠纷的处理要体现“事实清楚、定性准确、责任明确、处理得当”的原则，要站在公平的立场上，维护医患双方的正当权益。

### 二、制定处置医疗纠纷预案

根据卫生部、国家中医药管理局2009年11月26日发布并实施的《医院投诉管理办法（试行）》第八条规定，医院应当制订《重大医疗纠纷事件应急处置预案》，并组织开展相关的宣传和培训工作，及时、有效地化解矛盾纠纷。

医疗机构有义务正确处理医疗纠纷，保护医患双方的合法权益，把医疗纠纷造成的损害降低到最低程度。要正确、及时、稳妥地处理医疗纠纷，必须首先制定好处理医疗纠纷预案。处理医疗纠纷的预案是指在发生医疗纠纷时，医疗机构按照提前制定好的程序和应急措施来处理医疗纠纷的行动方案。其中要明确领导机构、承担具体工作的相关部门、各部门的职责和应采取的措施等。

(一)建立医疗机构内部报告制度

发生或发现医疗事故、可能引起医疗事故的医疗过失行为或医疗事故争议时，当事或知情的医务人员应当及时向科室负责人报告；科室负责人接到报告后，应立即向医疗服务质量监控部门或主管医疗事故预防处理部门和专(兼)职人员报告，同时组织最强的技术力量，及时采取积极有效的措施，防止损害后果扩大，减少患者损失；医疗服务质量监控部门或主管医疗事故预防处理部门和专(兼)职人员在接到报告后，应立即向本医疗机构的负责人报告，同时组织医务人员对医疗事故、医疗事故争议和医疗过失行为进行调查核实，得出初步结论，与患方代表一起封存病历资料和相关物品，向患者或其亲属做好耐心细致的解释说明工作，避免矛盾激化，维护医疗秩序。对有可能导致医患矛盾激化，危及医疗机构、医务人员和患者人身安全，扰乱医疗机构工作秩序的重大事件，还要立即向所在地县级卫生行政部门报告。对有可能发展为恶性事件的，还应向当地公安机关报告。

这样的内部报告制度，便于医疗机构的负责人及时掌握情况，启动医疗事故处理预案；有利于及时采取措施，防止损害后果的扩大，减少给患者造成的损失；有利于医疗事故或医疗事故争议的及时、妥善处理。

(二)建立向主管部门的报告制度

《医疗事故处理条例》第十四条规定："发生医疗事故的，医疗机构应当按照规定向所在地卫生行政部门报告。发生下列重大医疗过失行为的，医疗机构应当在12小时内向所在地卫生行政部门报告：(一)导致患者死亡或者可能为二级以上的医疗事故；(二)导致3人以上人身损害后果；(三)国务院卫生行政部门和省、自治区、直辖市人民政府卫生行政部门规定的其他情形。"

这里所指的所在地卫生行政部门一般指县级卫生行政部门。这样做不但可以使他们及时掌握辖区内发生的医疗事故或医疗事故争议的情况，对易于发生医疗事故的医疗机构进行重点监督，还有利于他们及时进行调查取证，判定是否属于医疗事故及其相应责任，及时对医疗事故争议进行处理。同时，还可以组织专人对医疗事故发生的原因进行深入分析，发现问题，解决问题，并提出改进措施，对辖区内其他医疗机构起到警戒和借鉴作用，促使发生医疗事故的医疗机构切实采取有效措施，防止类似医疗事故的再次发生。

医疗机构向卫生行政部门报告的内容包括：报告单位，报告时间，事故发生时间、地点、经过、后果(死亡、残废、器官损伤、功能障碍以及其他人身损害后果等)，医患双方当事人的情况，死亡患者是否尸检、尸检结果，初步处理意见，等。

没有上述重大医疗过失行为的医疗事故，也可以在年度报告中向当地县级卫生行政部门报告。

实际上，对发生有可能成为上述重大医疗过失行为事故的医疗纠纷和医疗事故争议，也应该比照这一条规定，向当地县一级卫生行政部门报告，以便他们及时掌握有关情况，协调有关部门做好医疗纠纷和医疗事故争议的处理工作。

(三)医疗事故争议处理与技术鉴定的基本准备工作

一旦出现医疗纠纷、医疗事故争议或医疗损害赔偿案件，当事医疗科室负责人及其有关医务人员应当及时做好医疗事故争议处理与技术鉴定的基本准备工作，为纠纷或争议的顺利解决打好基础。

(1)清理并保存好病历材料。

病历材料是指医务人员在对患者进行诊疗、护理活动过程中形成的文字、符号、图像、切片等资料的总和，是患者病情以及医务人员医疗活动的客观记录，是鉴别有无医疗过失行为，鉴别医疗纠纷、医疗事故争议或医疗损害赔偿案件性质的重要证据。因此，当发生医疗纠纷、医疗事故争议或医疗损害赔偿案件时，如果病历尚未清理，应该及时补写可能因抢救而未来得及书写的抢救记录。派人收集清理各类病历材料，按照有关规定装订，交由病历资料保管部门保管。采取措施防止病历材料被抢夺、窃取、毁坏、涂改、伪造、隐匿、丢失。此时，为了保证病历的真实性、可信性，按照规定，任何人不得为了某种目的，假借各种理由随意涂改、增减或伪造病历。实际上有的医疗机构或其医务人员，或在此前书写病历时未遵守有关病历书写的规定，或为了掩盖某种过错，事后对病历进行涂改、增减或伪造，但这必然会出现一些让人可觉察或检查出来的毛病，使整个病历的真实性受到怀疑。这样有可能使无医疗过错责任的举证和陈述的可信性大打折扣，最后使自己在技术鉴定时处于十分被动和不利的地位，不得不接受由此产生的不利后果或者因此而败诉。这样的教训已有不少，应引以为戒。

(2)有关实物进行封存。

当有疑似输液、输血、注射、药物引起的不良后果时，应及时与患方共同采用符合法定证据要求以及无菌的方式封存现场实物，如输液或输血器械、残存的液体、血液和药物，以及同批同类的物品，防止再次污染，并保管好，以便必要时送给有关部门检验，得出排除或认定上述有关怀疑的科学根据。争议双方应该在封存物证上做好签封标记，以防事后再次引起争议。如果忽视了这项重要的工作，把应该及时收集并封存的现场实物丢弃，则可能使有关怀疑无法澄清，医方将不得不承担举证不能的责任。

如果需要对封存的物品进行检验，双方应该协商委托具有合法检验资格的检验机构检验，并当场共同启封。如果双方意见不能一致，则应由主管医疗事故争议鉴定或处理的当地卫生行政部门，或者由受理诉讼的当地人民法院委托检验机构进行检验，出具具有效力的检验报告或鉴定书，以作为医学技术鉴定或司法技术鉴定的证据。

(3)在医疗机构内部组织有关专家进行讨论或技术鉴定，明确是非。

对有些较为复杂的医疗纠纷、医疗事故争议或医疗损害赔偿案件，尤其是涉及患者死亡或重大伤残的，主管医疗事故的部门或专(兼)职人员，应该在调查明了事实真相的基础上，及时组织内部的专家实事求是地进行讨论或技术鉴定，明确有无医疗过错，是否是医疗事故，并向主管领导和当地卫生行政主管部门提交相应的报告，以便他们掌握情况和工作上的主动权。这一步的关键是坚持实事求是的原则，不能为了医疗机构或某个医务人员的利益，故意掩盖事实真相，违背科学与公正的基本原则。否则，不仅不利于今后医疗技术水平的提高和医疗服务质量的改进，也不利于医疗纠纷、医疗事故争议或医疗损害赔偿案件的正确解决。因为，毕竟医疗纠纷、医疗事故争议或医疗损害赔偿案件的定性，不是由医疗机构自己的专家所决定的。不实事求是的内部鉴定，只能使问题复杂化，或者将矛盾错误地导向医疗机构、当地卫生行政部门和不懂医学的行政领导。那种“因噎废食”，在发生了医疗事故争议后，因为害怕将医疗过错或责任流传到患方而不利于医疗机构，干脆取消应有的内部讨论和鉴定的错误做法显然是不可取的。

(4)重视死亡患者的尸体检验。

涉及死亡的医疗纠纷、医疗事故争议或医疗损害赔偿案件，无疑是最受当事医患双方重视的。因为它涉及的问题与影响重大，患方索赔的数额也高。遇到这种纠纷或争议，医疗机构内主管医疗纠纷和医疗事故争议的部门，在及时向有关领导报告的同时，应立即安抚死者家属，稳定他们的情绪，向他们解释尸体检验的意义与有关规定，争取能在规定的时间内进行尸体检验。

《医疗事故处理条例》第十八条第一款规定：“患者死亡，医患双方当事人不能确定死因或者对死因有异议的，应当在患者死亡后 48 小时内进行尸检；具备尸体冻存条件的，可以延长到 7 日。尸检应当经死者近亲属同意并签字。”因此，首先当事的医方应该主动向患方说明尸检的作用，提出尸检的要求，并与之协商，医方不能借故拖延或拒绝。实际上，有些医疗机构及其医务人员，由于害怕尸检查明真正的死因或者揭开医疗过错的盖子，而故意拖延时间，或者对死者家属进行欺骗，致使超过上述规定的尸检时间。这种做法是十分错误的。一旦被揭发，医方将要承担所有责任。因为相比患方来说，医疗机构及其医务人员应该对尸检的意义与作用认识得更清楚。如果患方拒绝尸检，应该让他们在有关的文字材料上签字加以说明，或者由第三方代表在有关的文字材料上签字加以证明，以便今后明辨丧失尸检机会的责任。

住院死亡患者尸体的检验，还可以为临床诊治提供重要的反馈信息，检验临床诊断的正误与手术治疗的效果，因此历来受到医学家的重视。即使由于某些原因，未能在上述规定的时间内尸检，也不是说绝对就不再容许尸检，只是由于尸体的自溶和腐败，可能影响死因的鉴定。但是，此时的尸检，仍然有可能对一些死因作出明确的鉴定，或者作出重要的推断，或者排除一些有争议的问题，有利于医疗纠纷和医疗事故争议的解决。

## 三、正确对待和处理医疗纠纷投诉

投诉主要是指患者及其家属等有关人员（以下统称投诉人）对医院提供的医疗、护理服务及环境设施等不满意，以来信、来电、来访等方式向医院反映问题，提出意见和要求的行为。医院应当建立与医疗质量安全管理相结合的投诉管理责任制度，健全投诉管理部门与临床、护理、医技和后勤等部门的沟通制度，提高医疗质量，保障医疗安全。

### （一）设立医患关系办公室

《医院投诉管理办法（试行）》第十六条规定，医院应当设立医患关系办公室或指定部门统一承担医院投诉管理工作（以下统称投诉管理部门）。

二级以上医院的投诉管理部门，应当配备专职工作人员，其他医院根据实际情况可配置兼职人员。医院应当为投诉管理部门及其工作人员提供必要的工作场所和工作条件，保障工作人员工作待遇与人身安全。接待场所安装视频摄像和录音装置的，应当做好存查工作。

医院主要领导是医院投诉管理的第一责任人。医院各部门、各科室应当指定至少 1 名负责人配合投诉管理部门做好投诉处理工作。

投诉管理部门履行以下职责：

（1）统一受理投诉；

（2）调查、核实投诉事项，提出处理意见，及时答复投诉人；

（3）组织、协调、指导全院的投诉处理工作；

（4）定期汇总、分析投诉信息，提出加强与改进工作的意见或建议。

医院应当逐步建立健全相关机制，鼓励和吸纳社会工作者、志愿者等熟悉医学、法律专业知识的人员或第三方组织参与医院投诉接待与处理工作。

### （二）投诉接待与处理

《医院投诉管理办法（试行）》第二十条至第二十九条，对投诉接待与处理做出具体规定。

第二十条　医院应当建立畅通、便捷的投诉渠道，在医院显著位置公布投诉管理部门、地点、接待时间及其联系方式。有条件的医院可设立网络投诉平台，并安排人员处理、回复患者投诉。

第二十一条　医院投诉接待实行“首诉负责制”。投诉人向有关部门、科室投诉的，被投诉部门、科室的工作人员应当予以热情接待，对于能够当场协调处理的，应当尽量当场协调解决；对于无法当场协调处理的，接待的部门或科室应当主动引导投诉人到投诉管理部门投诉。

第二十二条　投诉接待人员应当认真听取投诉人意见，核实相关信息，并如实填写《医院投诉登记表》（见附件），如实记录投诉人反映的情况，并经投诉人签字（或盖章）确认。

匿名投诉按照国家有关规定办理。

第二十三条　投诉接待人员应当耐心细致地做好解释工作，稳定投诉人情绪，避免矛盾激化。

第二十四条　医院投诉管理部门接到投诉后，应当及时向当事部门、科室和相关人员了解、核实情况，并可采取院内医疗质量安全评估等方式，在查清事实、分清责任的基础上提出处理意见，并反馈投诉人，当事部门、科室和相关人员应当予以积极配合。

第二十五条　对于涉及医疗质量安全、可能危及患者健康的投诉，医院应当立即采取积极措施，预防和减少患者损害的发生。

对于涉及收费、价格等能够当场核查处理的，应当及时查明情况，立即纠正。

对于情况较复杂，需调查、核实的投诉事项，一般应当于5个工作日内向投诉人反馈相关处理情况或处理意见。

对于涉及多个科室，需组织、协调相关部门共同研究的投诉事项，应当于10个工作日内向投诉人反馈处理情况或处理意见。

第二十六条　医院各部门、科室应当积极配合投诉管理部门开展投诉事项调查、核实、处理工作。

第二十七条　涉及医疗事故争议的，应当告知投诉人按照《医疗事故处理条例》等法规，通过医疗事故技术鉴定、调解、诉讼等途径解决，并做好解释疏导工作。

第二十八条　属于下列情形之一的投诉，投诉管理部门应当向投诉人说明情况，告知相关处理规定：

（一）投诉人已就投诉事项向人民法院起诉的；

（二）投诉人已就投诉事项向信访部门反映并作出处理的；

（三）没有明确的投诉对象和具体事实的；

（四）已经依法立案侦查的治安案件、刑事案件；

（五）其他不属于投诉管理部门职权范围的投诉。

第二十九条　投诉人应当依法文明表达意见和要求，向医院投诉管理部门提供真实、准确的投诉相关资料，配合医院投诉管理部门的调查和询问，不得扰乱医疗正常秩序。对于投诉人采取违法或过激行为的，医院应当及时采取相应措施并依法向公安机关和卫生行政部门报告。

（三）医疗纠纷风险分级及应对

1.根据患方的人数、情绪、态度、行为以及医疗不良结果的程度，将医疗纠纷风险分为三级：

（1）一级风险：患方质疑医务人员诊疗行为的正确性和有效性，患者及家属要求复印病历，拒绝在重危病人通知单、手术知情同意书等材料上签字（判定可能发生医疗纠纷），患者及其家属向科室讨要说法等情形。

（2）二级风险：患方来院投诉人数少于10人，占据医疗机构诊疗、办公场所，干扰正常医疗秩序，对医务人员人身安全构成威胁；患方对医疗机构的诊疗过程有所质疑，经解释无效，影响其他病人诊疗的行为等情形。

（3）三级风险：患方来院投诉人数超过10人，聚众占据医疗机构诊疗、办公场所，严重干扰医院工作的；侮辱、诽谤、威胁、殴打医务人员或者侵犯医务人员人身自由、干扰医务人员正常生活的；停尸闹丧，拒绝将尸体移送太平间或殡仪馆，在医疗场所实施设灵堂、摆花圈、拉横幅等行为的；患方在医院内实施打、砸、抢等行为，造成物品损坏等情形。

2.报告

（1）发生一级风险医疗纠纷，当事医务人员应当立即向科室主任或护士长报告。科室主任或护士长应当立即到位，及时了解情况，同时向医务科（非上班时间和节假日向行政总值班）报告，必要时医务科工作人员应赶到纠纷现场处置纠纷。

（2）发生二级风险医疗纠纷，医务科接到科室主任或护士长报告后，应当立即向分管院长汇报，同时赶到现场组织调查。非上班时间和节假日发生医疗纠纷时，行政总值班在接到科室报告后应尽快到位，需医务科协调处理的，应通知医务科人员及时到位。

（3）发生或估计会发生三级风险医疗纠纷，医务科应向医院主要领导报告，同时，通知保卫科向110或当地公安机关报警（情况紧急时，医务人员或医务科工作人员直接报警），了解情况后向主管卫生行政部门递交书面报告。

（4）发生重大医疗过失行为（导致患者死亡或者可能为二级以上医疗事故；导致3人以上人身损害后果，卫生行政部门规定的其他情形）的，医务科应当向医院主要领导报告，并在12小时内向主管卫生行政部门递交书面报告。

（5）医疗纠纷经双方自行协商解决的、委托理赔中心协商解决的、人民调解以及法院调解或者判决的，自解决之日起7个工作日内，医务科负责向主管卫生行政部门书面报告医疗纠纷简要情况、处理经过、赔款数额、可能存在的责任情况等，待医院医疗技术鉴定委员会鉴定后，将事件的定性和整改处理意见报与卫生行政部门。

3.处置

(1)一级风险的纠纷原则上由当事医务人员或科室负责协调沟通。

(2)二级风险的纠纷以医务科工作人员为主负责与患方沟通协调，其他科室及其他职能部门配合，必要时分管院长出面接待。

(3)三级风险的纠纷发生后，医务科应及时汇报分管院长并立即组织相关专家进行讨论，由分管院长出面与患方沟通。

(四)协商的原则与技巧

医疗纠纷、医疗事故或医疗损害赔偿案件的协商处理是应该被推荐的处理方式。之所以被推荐，在于它简洁、明快，不拘泥于某些法律法规的规定，只要当事双方认为满意就行。尤其是当医疗纠纷、医疗事故或医疗损害赔偿案件涉及的事实比较简单，双方的分歧不是很大时，协商解决显得尤为重要。

协商的原则是要求在基本明了是非责任的基础上，充分反映双方的真实意愿。协商过程中，不能向对方施加任何压力，由各自按照自己真实的意愿做出决定，提出要求，作出让步，签署协议。为了能做到这一点，双方必然要作出一定的让步，以便都能接受。让步的界线，取决于纠纷与争议涉及的事实的是非责任。有过错与责任的一方(常是医方)，必然要作出较大的让步，以基本满足损害一方(多为患方)需要得以弥补的心理，并求得其同意协商达成协议。损害一方不能借机漫天要价，提出对方不能接受的方案，适当的忍让是达成协议所必需的。否则就不能叫作协商，也很难达成协议。

对于作为常有一定过失的医疗机构及其医务人员来说，抱有诚心与同情的协商态度，以取得患方的信任与忍让是至关重要的。要重点抓住对方有决定权的代表人物，做好他的工作，而不要理会对方某些人可能提出或表露出来的某些尖锐、苛刻或过分的要求。拟订协议条款时，要把引起双方纠纷和争议的基本事实写清楚，是非责任大致写明白，以补偿而不是赔偿的形式确定一次性具体支付的经费数额，最后要有协议签订的日期、地点和双方代表的签名。特别注意的是，要在思想上有对方以后随时会反悔的准备。所以，在书面协议中，不要轻易承认没有证据认定的过错或责任，不要许诺任何附加的条件，以免在协议被反悔、今后可能继续的诉讼中，给对方留下把柄或口实，使自己处于十分被动的地位。

在坚持灵活态度的同时，也要敢于坚持原则。不仅是对患方，即使是面对某些上级部门的领导的某些不符合事实的指责也要敢于澄清真相，对某些不合理的意见要求要敢于抵制。

（五）建立、完备投诉档案

对投诉处理完毕，将有关材料收集、整理后，完成《投诉情况调查及处理意见表》的填写、总结、归档工作。

## 四、认真配合做好鉴定工作

（一）鉴定的时机

（1）医患双方如果都有通过协商妥善解决纠纷的诚意，就可以共同就过失、损害后果、因果关系、过失参与度和患者的伤残等级、误工时间、护理时间和人数、有无医疗依赖和护理依赖、今后治疗费等事项委托鉴定，为协商解决提供赔偿的依据。

（2）诉讼中法院根据需要委托的鉴定。

（二）鉴定的形式

医疗纠纷、医疗事故争议或者医疗损害赔偿案件的鉴定有两种形式或途径，即医疗事故技术鉴定与医疗损害责任司法鉴定。对于医疗机构来说，当然尽量争取医疗事故技术鉴定这条途径。有的医疗机构由于这种或那种顾忌，对医学会的医疗事故技术鉴定不予以配合，表现为不配合对病历资料的复印或复制，对病历资料违规涂改或伪造，不配合有关部门对知情人的调查问题等，致使医疗事故技术鉴定不能进行。2005 年 1 月 31 日卫生部对此专门发布了《卫生部关于医疗机构不配合医疗事故技术鉴定所应承担的责任的批复》，指出“医疗机构若不如实提供有关资料，或不配合相关调查，导致医疗事故技术鉴定不能进行的，应承担医疗事故责任”。

当患方提出医疗过错责任的司法鉴定要求时，医疗机构及其医务人员不得对他们的这种合法要求加以抵制或拒绝。否则，于事无补，只能加深双方的隔阂，增加合理解决的困难。

（三）端正对法医学司法鉴定的态度

要特别注意端正对法医学司法鉴定的态度，切记莫要像目前有些医疗机构那样，自觉或不自觉地把自己摆在与司法鉴定对立抵触的位置。毕竟患方要求医疗事故争议走司法诉讼和司法鉴定的途径，是我国法律和《医疗事故处理条例》都明确规定的他们拥有的合法权利。唯一正确的态度是主动配合委托的司法鉴定机构和司法鉴定人，取得他们的理解。实际上，从事医疗纠纷、医疗事故争议和医疗损害赔偿案件司法鉴定的司法鉴定机构和鉴定人员，绝大多数能正确理解临床医疗工作的复杂性、风险性与困难性，能实事求是地鉴定，能公正、公平地处理医患双方的矛盾，他们更没有必要把自己摆在同临床医疗机构及其医务人员对立抵触的位置。如果说他们在实际鉴定中的态度，使某些医疗机构及其医务人员感到不快的话，更多可能是他们的职业与职责决定了他们必须客观公正地进行鉴定，客观公正地维护医患双方的合法权益。

尤其是当地规模最大的医疗机构，在参加听证会时不要摆出行业老大的姿态，企图以势压人，这样做不但于事无补，可能还有相反的作用。

（四）认真做好技术准备

作为被鉴定的医疗机构及其医务人员，明智的选择应该是认真做好参加鉴定的技术准备。

(1)主动向鉴定人详细介绍有关情况，提供全部详细而真实的病历资料（主观与客观病历）。

(2)认真准备陈述书或答辩书。参加听证会就是医方证实自己有无过失的机会。鉴定中有的医疗机构仅仅是说自己的医疗行为“符合诊疗规范”或者“没有违犯诊疗规范”，而没有任何分析和说明，这样的解释是苍白无力的。医方应该就医患双方争议的焦点，说明有关诊疗规范是怎样规定的，自己是怎样做的，并辅以能证明自己立场与观点的相关文献资料，比如有关的权威著作、期刊杂志上的论文、药品说明书等，以便鉴定人参考，以法理结合的分析充分表明自己的观点，说服鉴定人采信自己的观点。

(3)听证会不是法庭辩论，医、患双方不能直接对话，所以对患方提出的问题医方可以不予回答。在听证会上医方对患方的陈述不去争论，不以过激言辞激惹患方加剧对立，各说各的理，会说不如会听，鉴定人自然会有自己的分析判断。

(4)鉴定专家的提问，必须回答。对鉴定专家提出的问题，仅做客观回答，不需进行过多的解释，更不要向鉴定专家反问。

(5)听证会结束后，医方应迅速退场，不应单独和鉴定人交谈，以免患方产生误会。

## 五、正确应对诉讼

（一）诉讼准备工作

医疗机构接到人民法院的通知、起诉传票及患方起诉书后，职能部门应当组织当事科室相关人员与律师进行开庭的准备，针对原告的起诉要点讨论、分析医疗机构是否存在问题，准备答辩状，提交相关证据（病历、相关教科书、文献）、医疗事故鉴定申请书，等。

（二）证据交换

在法院主持下进行证据交换时，需将准备好的证据（一般一式三份，法院及当事人双方各一份）交给法院，注意仔细清点页数并签好收条，提交病历原件时，一定要索取收取证明，避免由于其他原因导致证据的遗失，影响诉讼；同时接受患方提交的证据，交给医疗机构案件的代理人，为质证意见做准备。

（三）抗辩事由

1.关于诉讼时效抗辩的性质

医方原本对患方负有赔偿责任，即患方对医方的损害赔偿请求权是成立的，但由于患方怠于行使自己的权利，使得医方享有了对抗患方的损害赔偿请求权的抗辩权。

诉讼时效并非诉讼要件，当事人超过诉讼时效提起诉讼的，人民法院也应当予以受理。对此，最高人民法院《关于适用〈中华人民共和国民事诉讼法〉若干问题的意见》第一百五十三条规定："当事人超过诉讼时效期间起诉的，人民法院应予受理。受理后查明无中止、中断、延长事由的，判决驳回其诉讼请求。"

关于原告的请求权是否超过诉讼时效的问题，法院不主动进行审查。只有当事人提出诉讼时效抗辩，法院才应当对此予以审查。此外，当事人在一审中没有提出诉讼时效抗辩而到二审才提出的，法院不予支持。对此，最高人民法院《关于审理民事案件适用诉讼时效制度若干问题的规定》已经作出了明确的规定，该司法解释第三条规定："当事人未提出诉讼时效抗辩，人民法院不应对诉讼时效问题进行释明及主动适用诉讼时效的规定进行裁判。"第四条规定："当事人在一审期间未提出诉讼时效抗辩，在二审期间提出的，人民法院不予支持，但其基于新的证据能够证明对方当事人的请求权已过诉讼时效期间的情形除外。当事人未按照前款规定提出诉讼时效抗辩，以诉讼时效期间届满为由申请再审或者提出再审抗辩的，人民法院不予支持。"

2.免责事由抗辩

在医疗损害赔偿纠纷诉讼中，医方的免责抗辩的形式是多样的，但判断其免责抗辩是否成立的标准基本上是相同的，即医方的医疗行为是否存在过失以及医疗过失行为与患者的损害结果之间是否存在因果关系。医方的医疗行为存在过错，且该医疗过失行为造成患者损害的，医方认为其无须承担赔偿责任的抗辩不成立；反之，如果医方的医疗行为不存在过错，或者该行为虽然有过错，但患者的损害并非由医疗过错行为所导致，即医疗过错与患者的损害结果之间并不存在因果关系，则医方自然无须承担赔偿责任。

关于医方的免责事由，《侵权责任法》除了第二十七条"损害是因受害人故意造成的，行为人不承担责任"以及第二十九条"因不可抗力造成他人损害的，不承担责任。法律另有规定的，依照其规定"等一般性规定之外，该法第六十条还进一步明确规定，患者有损害，因下列情形之一的，医疗机构不承担赔偿责任：（一）

患者或者其近亲属不配合医疗机构进行符合诊疗规范的诊疗;(二)医务人员在抢救生命垂危的患者等紧急情况下已经尽到合理诊疗义务;(三)限于当时的医疗水平难以诊疗。前款第一项情形中,医疗机构及其医务人员也有过错的,应当承担相应的赔偿责任。

(四)准备答辩状

1.答辩的一般方法和策略

答辩是指针对原告起诉的诉讼请求、事实和理由以及法庭上的陈述所进行的辩驳和回答。医疗纠纷案件答辩的方法主要有反驳法、立论法、说明法等。对于原告不符合事实的陈述,被告答辩时应当义正词严地予以驳斥,并指出原告要对其不实之词所造成的影响承担责任,要抓住民事起诉状中的"破绽",尖锐、犀利、集中反驳,做到无懈可击。说理应当有针对性,前后呼应,上下一致。答辩状的内容,必须针对民事起诉状提出的事实和理由,抓住关键进行答复和辩驳。篇幅不必长,但必须抓住重点,中心突出。特别是要抓住民事起诉状中那些与事实不符、证据不足、缺少法律依据等内容,进行全面系统的辩驳。在辩驳中申述自己的理由和观点,提出证据,阐明法律依据,以便法院审理时借以判断原告的诉讼请求是否符合事实,是否有法律依据,从而作出裁判。民事答辩状质量的高低,对能否取得诉讼的主动权,有着巨大影响。答辩必须以事实为依据,以法律为准绳,这是答辩的根本。但是,仅仅如此而没有依照正确的方针和策略进行答辩,往往会导致在诉讼过程中处于被动地位。在答辩过程中,运用好正确的方针与策略进行答辩是非常重要的。答辩的一般方针和策略是:

(1)坚持以我为主的方针,打主动战;

(2)抓住案件的实质,避免枝节纠缠;

(3)抓住原告弱点,利用谬误反驳谬误;

(4)有理、有利、有节的方针;

(5)有的放矢,一一辩驳;

(6)切中要害,主次分明;

(7)尊重事实,不能强词夺理、无理诡辩。

2.第一审民事答辩状

第一审民事答辩状,是指民事诉讼中的被告,收到原告的民事起诉状副本后,在法定时间内,针对原告在民事起诉状中提出的事实、理由及诉讼请求,进行回答和辩驳的书状。第一审民事答辩状具有下列特征:

(1)必须是民事案件被告制作的;

(2)必须在法定期限内提交;

(3)必须针对民事起诉状的内容进行回答和辩驳。

3.提交民事答辩状的必要性

所谓民事答辩状，顾名思义，就是答复和辩驳的民事书状，是被告在法律规定的时间内，针对原告的诉讼请求、事实和理由进行反驳或阐明意见的书面民事诉讼文书。答辩是贯穿于整个民事诉讼活动的行为，主要分为两个阶段，第一阶段是开庭前在规定的时间内所准备的民事答辩状，第二阶段是开庭时的法庭答辩，第二阶段答辩是对民事答辩状的引申和必要的补充。依据《民事诉讼法》第一百二十五条第一款的规定，被告应当在收到原告起诉状之日起十一日内，对原告的诉讼请求提出答辩状。虽然，《民事诉讼法》规定被告不答辩或者不按时提交答辩状不影响案件的审理，但是，最高人民法院《证据规定》第三十二条规定，被告应当在答辩期届满前提出书面答辩，阐明其对原告诉讼请求及所依据的事实和理由的意见。只有通过答辩，陈述事实，表明观点，提出意见，才能使法官全面了解案件事实，才能全面确定原告与被告争议的焦点，才能提高诉讼的效率，维护当事人的合法权益和司法公正。可是，有些被告在接到原告的起诉状副本之后，并没有在法定的时间内制作并提交书面答辩状，原告不知道被告对诉讼请求持什么态度，是全部同意、部分同意或者是全部不同意，法官更不知道被告有什么意见。很显然，不按时提交答辩状，是对被告不利的行为。经过被告对事实的陈述，有的案件事实澄清、责任明确，有利于案件的审理，在开庭之前就可以在法官的主持下调解结案，既节约了司法资源，也给当事人双方减少很多麻烦，更利于和谐。所以，被告要注意要在法定期间内向人民法院提交民事答辩状。

4.民事答辩状写作的一般方法

民事答辩状主要由首部、正文和尾部组成，民事答辩状写作的一般方法如下：

(1)首部。首部包括标题、当事人基本情况和案由三个方面：①标题：写“民事答辩状”；②当事人栏：写清楚答辩人的基本情况，应当包括医疗机构全称、住所地、电话、法定代表人姓名、职务；③案由部分，主要写明对原告因什么案件起诉进行答辩。

(2)正文。正文主要是答辩的论点、论据和论证，这是答辩状的主体部分，或者说是关键部分。一般包括以下三个方面：

①针对原告起诉的事实部分进行答辩。

对原告诉状中所写的事实是否符合实际情况作出表态。如果所诉事实全部不能成立，就全部予以否定；部分不能成立，就部分予以否定，并提出符合客观真实的事实来加以证明。就事实部分进行论证，要着重列举出反面的证据来证明原告诉状中所述事实不能成立，并且要求反驳确实、充分，不能凭空否认原告诉状中所叙述的事实。说理应当严格遵循以事实为根据的原则，从实际出发，实事求是，阐明理由。离开事实说理，就会主观臆断，导致结论错误，发生不良后果。一般是先叙事后说理，避免边叙事边说理。叙事是说理的基础和依据，没有事实，说理无从谈起；没有依据，说理缺乏可信性。说理是论证的过程和方法，只有对事实进行分析和判断并得出合乎逻辑的结论，才能令人信服。说理要以法律为准绳，要依法论理，才能做到合理合法。

由于因果关系的复杂性，即使医疗机构及其医务人员在医疗过程中确有某些医疗过错，且由此导致了患者的不良后果，也应认真考虑与分析患者自身可能存在的因素。在涉及医疗行为的医疗纠纷争议和医疗损害赔偿案件的责任分析中，患者的不良医疗后果完全是由医疗过错引起的情况是很少见的。充分阐述医疗机构及其医务人员的产生过错的客观原因以及承担赔偿的实际能力，使司法审判时对赔偿数额做出合理的判决。

②就原告主张适用法律方面进行答辩。

一是事实如果有出入，当然就会引起适用法律上的改变，论证理由自然可以从简，这就是通常所说的“事实胜于雄辩”。

二是事实没有出入，而原告对实体法条文理解错误，以致提出不合法要求的，则可据理反驳。

三是考虑程序方面是否合法进行答辩。如果原告的起诉违反《民事诉讼法》的相关规定，没有具备引起诉讼发生和进行的条件，则可以适用程序法方面进行反驳。

③提出答辩主张。

在进行事实和法律方面的答辩之后，明确提出自己的答辩主张，即对原告诉状中的请求是完全不接受，还是部分不接受，还是全部接受，对本案的处理依法提出自己的主张，请求法院裁判时予以考虑。

(3)尾部和附项。一般包括以下三个方面：

①致送机关：呈送的人民法院名称。

②右下方写：答辩人姓名或名称。由答辩人或医疗机构负责人签名，加盖单位公章，注明年、月、日。

③附项：写明本答辩状副本份数、物证或书证件数等。

(五)庭审

进入法律诉讼程序后主要由律师进行代理，但诉讼代理人一般应由相关科室的专家和律师共同担任并一起出庭，专家对专业问题进行答辩，有利于帮助法官和律师了解医学专业问题，同时向法官提供相关的资料(教科书、文献等)。

任何一方当事人对一审法院判决不服的，可以自收到判决书之日起十五日内，向原受理法院的上级法院提出上诉。可向原受理法院的上级法院递交上诉状，缴纳上诉费，如在上诉期满后七日内未交纳上诉费的，按自动撤回上诉处理。上诉期间原一审判决不生效。

按照《民事诉讼法》的规定，上诉期满未上诉或两审终审后，判决即发生法律效力。任何一方对判决不服的，在发生效力后的两年内都可以提出申诉申请再审，但不影响判决的执行。

## 六、正确应对社会监督

《医院投诉管理办法（试行）》第五条规定，医院应当按规定实行院务公开，主动接受群众和社会的监督。

1. 自觉接受社会的监督

医院要有效防范纠纷，就必须自觉接受社会的监督。因此，医院要设立社会监督电话和意见箱，有专人负责管理。建立医院领导与所在地区联系制度，听取和了解所在地区群众的反映与意见。不定期向病人发放“征求意见卡”，进行满意度调查。聘请社会义务监督员，定期召开有关人员座谈会，征求意见。

医院须实施下列公开制度：

（1）上岗人员必须佩戴附有本人照片、姓名或编号、科室、职称或职务等内容的胸卡；

（2）公开张贴卫生部制订的《医务人员医德规范及实施办法》。

（3）公开主要检查、治疗、手术、住院的收费项目及标准；公开常用药品价格和自费药品品种。

（4）对出院病人出具其费用结算凭证。

（5）公开专家门诊姓名、职称、专科、时间、挂号费标准等。

（6）公开重大检查和手术的时间安排。

2. 重视和加强与新闻媒体的沟通

医疗机构应当重视和加强与新闻媒体的沟通。强化“危机公关”意识，引导正确的舆论导向，客观、公正地报道医疗纠纷处理情况。医疗机构应有专人负责记者的接待工作，事先准备介绍案件，阐明医疗机构观点，进行鉴定，分清责任，依法处理，维护医患双方合法权益。

医疗机构日常工作中，也要充分利用媒体的宣传引导作用，促进医患沟通，缓解紧张的医患关系，促进医疗机构工作的良性发展。

## 七、恶意医疗纠纷的处理对策

### （一）恶意医疗纠纷概念

在某些医疗纠纷中，患方当事人久缠不讼，他们既没有与医疗机构对话协商的诚意，也不愿意接受第三方的调解，更不主动向人民法院提起民事诉讼，就是天天缠着你，跟着你，拖着你，使医疗纠纷久拖不决，甚至采取欺骗、隐瞒等手段妄图骗取钱财，人们称之为恶意医疗纠纷或欺诈性医疗纠纷。

（二）恶意医疗纠纷的特点和危害

恶意医疗纠纷是指患方不顾医疗机构在医疗纠纷中有无责任、责任大小，不依正常途径进行医疗纠纷处理，故意通过扰乱医疗机构正常工作秩序或危害医务人员人身安全等非法手段，意图诈取非法经济利益的违法行为。

恶意医疗纠纷具有以下特点：纠纷主体为医患双方；患方具有主观恶意，即明知医方无过失或只有轻微过失，故意通过非法手段图谋不正当利益；客观上造成扰乱医疗机构正常工作秩序等不良后果；侵犯客体是医疗机构的合法权益和医疗卫生管理秩序。

在恶意医疗纠纷案中，患方当事人实施的是我国法律明文禁止的违法行为，如抢夺、撕毁、篡改病案资料；抢夺死亡患者尸体或阻碍正常处理尸体，患者家属拒不同意将死者遗体移送太平间；在医疗机构内外张贴大小字报、抬棺游行、搭设灵堂等；伤害医务人员或医疗事故鉴定人员，聚众滋事、暴力胁迫，破坏能够依法认定医疗责任的材料，虚构事实、隐瞒真相进而骗取钱财。患方当事人既没有与医疗机构对话协商的诚意，也不愿意接受第三方的居中调解，由于其内心不可告人的目的，他们也不会主动向人民法院提起民事诉讼。这些违法行为具有极大的破坏力和社会危害性，医疗机构在与患方的周旋中，浪费了大量的人力、物力、财力，有时不堪其苦、不堪其扰。这些行为不仅严重干扰正常的医疗秩序，妨碍医护人员依法执业，还影响其他患者就诊，也使医疗机构遭受巨大的经济损失，浪费有限的医疗卫生资源，不利于医疗卫生事业的长久发展和进步，已经成为社会不安定因素之一。如果任由事者胡搅蛮缠、无理取闹，不仅损害了医疗机构的合法权益，最终也必然会损害广大患者的整体利益、长远利益和根本利益。如果医疗机构在无奈中违心地“私了”，满足对方的一些不合理甚至是非分的要求，以求大事化小，息事宁人，这不仅损害了医疗机构的合法权益，也在客观上助长了“要想富，告大夫”的不良社会风气，更毒化了医患关系，给医疗卫生事业持续、健康、稳定发展带来了消极、负面的影响。

（三）恶意医疗纠纷的处理对策

（1）针对恶意医疗纠纷，医疗纠纷处理人员所持态度立场应当中立，避免处在患者对立面，谈话的语言应温和、中肯，防止矛盾激化。坚持依法处理，双方调解自愿的原则。

（2）医方在充分尊重患方知情权的基础上，妥善做好接待工作，同时，也要做好自身安全的保卫工作。有条件的情况下，可以在接待室安装录音、录像监视设备，也可以联系第三人在场，或由保安人员进行必要的常规巡视。发生重大事件时要及时通知保卫处等内部安全保卫部部门尽快赶到现场，防止事态扩大，必要时报警。

(3)针对患方采取的极端措施(诸如，威胁医务人员人身安全等)，医疗机构应当有专人负责进行劝说，保安人员到场维持秩序，同时留取相关影像等证据，并立即报警，由警方对涉嫌妨碍治安管理、刑事犯罪的人及时进行控制和必要的笔录取证，书面告知患方正确的处理程序。

医疗机构可以与当地公安部门共同建立医院“警务工作站”，在处理医疗纠纷的过程中，尽量使医患双方保持冷静，避免暴力事件的发生。

(4)对于恶意医疗纠纷，医疗机构与其坐以待毙，不如主动出击，树立正确的维权意识，及时寻求法律救济，在维护自身合法权益的前提下，公正地解决纠纷。在恶意或欺诈性医疗纠纷中，医疗机构要善于运用法律武器，利用民事诉讼手段来维护自己的合法权益，让无理取闹的患方承担其应当承担的民事责任，消除对医疗机构的不良影响。

医疗机构作为民事诉讼原告来启动法律诉讼程序，有利于使争议事项早日得以解决，恢复各方稳定的关系；有利于维护医疗机构的合法权益，保障正常的医疗秩序；有利于同违法行为作斗争，教育有违法行为之人，并积极有效地预防违法行为的发生，从而逐渐降低恶性医疗纠纷的发生率。

如媒体披露了部分医院告患者的案例，因医疗纠纷而占床拒不出院、把医院当家达 4 年之久的七旬患者孙某，被北京朝阳医院申请法院强制执行搬出了医院。安徽合肥某医院以原告身份向法院提起诉讼，控告一被家属遗弃在医院的重病患者，要求法院依法解除医疗服务合同。患方制造欺骗性纠纷如媒体报道的，成都一肝癌患者病亡，在其尸体火化时亲属故意将一把手术钳放在患者口袋里，想制造医疗事故借机索取钱财，后经过公安机关调查真相大白。

这些案例应该引起医疗机构的高度关注和认真研究，医疗机构作为民事诉讼原告启动法律诉讼程序是合理解决恶意或欺诈性医疗纠纷的最佳选择。

## 八、切忌实施医疗损害二次伤害行为

医疗损害二次伤害行为是笔者首次提出的新概念，现将医疗损害二次伤害行为的概念、构成要素、表现形式、危害及应对办法论述如下。

### (一)医疗损害二次伤害行为的概念

医疗损害二次伤害行为，是指在诊疗过程中因医方过错导致患者出现损害后果并由此产生医疗纠纷；在医疗纠纷处理过程中，由于医方采取错误处置行为给患方造成精神和物质上的再次伤害。

（二）医疗损害二次伤害行为的构成要素

（1）在诊疗过程中医方医疗行为存在过错。

（2）患者存在损害后果。

（3）医方过错与患者损害后果存有因果关系。

（4）患方应该获得合理赔偿。

（5）在医疗纠纷处理过程中，医方采取错误处置行为。

（6）由于医方采取错误处置行为给患方造成精神损害，并有可能给患方造成物质损害。

（三）医疗损害二次伤害行为的表现形式

（1）篡改或伪造病历的行为。在医疗过程中，诊疗方案由医方制定，病历由医方书写并保管，医方处于主导地位。当发生医疗过错并出现不良后果时，医方最早发现，有的医师往往会采取篡改或伪造病历的行为，行为隐匿，往往不易发觉。

（2）在患方复印或封存病历中的错误行为。在患方复印或封存病历时以各种借口拖延时间，以便“整理”病历，或者在患方不熟悉有关规定的情况下，尽量少复印。

（3）在接待患方投诉中的错误行为。在接待患方投诉中采取推、拖等敷衍作法，缺少诚意。

（4）在诉讼中的错误行为。因地域关系，当地法院一般与当地医院存在医疗保健关系，法院离不开医院；另一方面，医院经常参与诉讼，医院也离不开法院。在这种氛围下，难以保障诉讼的公正。

（5）在医疗损害鉴定中的错误行为。因医院经常参与司法鉴定，往往与鉴定机构保持着较好的合作关系。鉴定机构一定程度上偏袒医院，医院则有选择的为鉴定机构增加案源，各取所需。

（6）指鹿为马否认错误的行为。面对过失，医方往往文过饰非，不承认过错，甚至采用荒谬的说法掩饰过错。

（四）医疗损害二次伤害行为的危害

1.道德层面

（1）对公民道德的损害。“诚信”是人与人之间交往关系中最基本的道德。它是公民道德人格中的基本要素之一。医方上述弄虚作假的种种做法违背了“明礼诚信”的基本道德。

（2）对医德的损害。高尚的医德是医疗工作的核心，医德的核心是病人至上，医德评价标准是衡量医德行为善恶的尺度，是道德的善恶评价标准在医疗卫生保健实践活动中的具体化。医疗损害二次伤害行为的种种做法违背了病人至上的基本医德。

2.法律层面

法律保护的是医患双方的合法权益，禁止在诉讼中作虚假陈述，影响法院对案件事实的判断。排除以不正当行为形成的诉讼状态。欺诈是一种虚伪的陈述，通常由作出虚假陈述、作出其本人并不相信的陈述，或者不顾其内容是否真实而作出陈述等方式构成，并企图使受骗人引以为据。欺诈显然是一种缺乏诚信的行为，是对法律的肆意践踏。

3.科学层面

医学是科学，科学的实质是实事求是，医疗损害二次伤害行为是对医学科学精神的损害。

4.背离社会主义核心价值观

党的十八大提出，倡导富强、民主、文明、和谐，倡导自由、平等、公正、法治，倡导爱国、敬业、诚信、友善，积极培育和践行社会主义核心价值观。富强、民主、文明、和谐是国家层面的价值目标，自由、平等、公正、法治是社会层面的价值取向，爱国、敬业、诚信、友善是公民个人层面的价值准则，这 24 个字是社会主义核心价值观的基本内容。

医疗损害二次伤害行为对医患矛盾的激化作用，有可能导致恶性事件的发生，破坏和谐医患关系，破坏社会和谐，彻底背离社会主义核心价值观。

（五）如何应对医疗损害二次伤害行为

近年来医疗纠纷及引发的相关事件常常在社会上掀起轩然大波，已成为我国社会关注的热点，使人们深感医患关系的恶化及医疗纠纷急需有效措施加以解决。

如果说在诊疗过程中医方的过错是出于无心，那么在纠纷处理过程中医方的错误处置行为则属有意，是一种故意，对患者伤害尤为严重，极易激化医患矛盾，引发恶性事件。对社会而言医疗损害二次伤害行为等同于“医闹”，均应引起社会各界重视，予以打击。应加重对医疗损害二次伤害行为的处罚，视情节轻重，进行相应的处罚，从批评教育直至追究当事人的行政责任和刑事责任。

# 第二十四章　律师和专家辅助人在医疗纠纷人民调解中的作用和策略

## 第一节　律师在医疗纠纷人民调解中的作用和策略

### 一、律师制度和律师依法公正维权

(一)律师制度的概念和法律依据

律师制度是国家关于律师性质、任务、权利和义务及律师活动原则、组织结构、管理体制、法律责任、业务范围等法律规范的总称。

规定中国律师制度的主要法律依据是《中华人民共和国律师法》(1996年5月全国人民代表大会常务委员会制定通过,2001年12月修正,2007年10月28日修订,2012年10月26日修订,2013年1月1日起施行)。

律师执业,应当先取得律师资格,并依照法定条件和程序领取律师执业证书,才能以律师的身份执业,依法享有律师的权利并承担律师的义务。

律师执业不受地域限制。

(二)律师依法公正维权

律师是法律方面的专业人员,但不同于调解员、检察官等法律方面的专业人员。后者都是“官”,代表着审判机关、检察机关,享有一定的权力,而律师则不然。正如西方国家将律师称为“自由职业者”一样,律师职业是一个社会化的职业。律师的业务来自当事人的委托,而不是基于权力范围。如果没有当事人的委托,律师的法律服务便无从谈起。没有业务,则法律规定的律师执业权利亦无法行使。因此律师的服务性与社会性紧密联系,应当说,律师的服务性和社会性是律师职业本质属性的体现。

律师的基本任务,是由国家立法规定的,与各国的社会、政治制度密切相关。根据我国《律师法》第二条第二款规定,我国律师有两项基本任务:

(1)维护当事人的合法权益。

在我国,公民、法人和其他组织依法享有广泛的权利和利益,如人身权利、民主权利、财产权利和经济利益等。律师为社会提供法律服务，其目的就是为了帮助公民、法人和其他组织依法行使享有的权利，保护应有的利益，即维护委托人(当事人)的各种合法权益。

(2)维护法律的正确实施。

一方面，当事人的合法权益是由国家法律赋予的，因此，律师通过提供法律服务，维护当事人的合法权益(而不是非法权益)，国家法律就可以得到正确实施；反之，如果当事人的合法权益得不到维护，则规定这种权益的法律就得不到遵守和执行。

另一方面，律师在提供法律服务时，必须严格遵守法律的规定，依法办事，而不能歪曲法律、故意规避法律去迎合当事人，损害国家和集体的利益，破坏法律的统一和损害法律的尊严。

由此可见，维护当事人的合法权益和维护法律的正确实施，两者是统一的，不可偏废。律师既不能以维护当事人合法权益为由，破坏法律的统一和损害法律的尊严，也不能以维护法律为借口，损害当事人的合法权益。

在法律服务中，专业医疗律师的立场无非分为两种：医方代理律师和患方代理律师。不论代理哪一方，其目的都是协助双方将复杂的医疗行为抽丝剥茧，确定双方的责任比例。随着社会医患矛盾的加剧，人民调解委员会正在逐渐吸纳同时拥有医疗和法律知识的律师参与到医疗纠纷调解中来。在化解社会矛盾，促进医患和谐方面，律师正发挥着越来越大的作用。

(三)律师与医患双方利益的均衡

我国近年来医患关系紧张，医疗纠纷案件不断增多，现有医疗纠纷解决机制并不能有效地解决医患矛盾。专业医疗律师作为专业人士向医患双方提供法律咨询和非诉讼代理服务，使得医患双方对其行为进行自我规范。专业医疗律师更可以通过提供医疗诉讼代理服务，影响调解员的裁判，平衡医疗机构与患方的利益关系。在构建和谐社会过程中，专业医疗律师可以审时度势，为当事人争取利益最大化，为维护社会和谐贡献自己的力量。

法律从来都是经验而不是逻辑，法律不是法学家主观创造出来的。具有处理医疗纠纷案件经验的专业律师，通过与医患双方当事人的接触，能够对医患双方的利益冲突与失衡状态有深刻的体会，知晓医患双方发生冲突的焦点所在。在帮助当事人解决争议的过程中，专业医疗律师通过深入研究有关法律法规，尤其是法律规定的空白点或灰色地带，最大限度地维护其当事人的利益。

医患矛盾的焦点往往是医疗行为是否符合诊疗常规和护理规范(即医疗行为是否存在过错)，以及医疗行为与患者人身损害后果之间是否存在因果关系。尽管医疗行为具有相当的侵袭性和破坏性，且往往成为医方辩解的理由，但鉴于其范围的不当扩大导致医患双方的权利失衡，专业医疗律师可以通过典型案例的剖析与总结，宣讲法律知识，提高医务人员的法律意识，宣扬依法行医的观念。在医疗管理活动中，专业医疗律师可以协助医疗机构制定各项规章制度，建立医疗风险预警与处理机制，减少不当医疗损害的发生。

专业医疗律师参与医疗纠纷的处理能让患方理性解决争议，协商解决争议（即私了），这是我国当前医疗纠纷的主要解决方式，绝大部分医疗纠纷是通过此种方式解决的。专业医疗律师所具有的独立地位、中介功能，决定了专业医疗律师在协调医患关系、疏导患方的不满情绪、化解医患矛盾中必然起到重要作用。

专业医疗律师尊崇的是事实和法律，致力追求的是国家法律的正确实施和社会关系的有序、稳定，这就决定了专业医疗律师在解决医患矛盾中的基本功能应当表现为息纷止争。

专业医疗律师代理医疗纠纷案件较多，但诉讼不是解决医患矛盾和纠纷的唯一途径，更不是首选手段，调解、仲裁等非诉讼手段在解决医疗纠纷中的作用日益凸显。专业医疗律师及时介入医疗纠纷，在稳定患方情绪、使患方恢复理性方面，具有他人难以替代的作用。一方面，专业医疗律师可以通过对法律知识的宣讲和理性的分析，树立患方对法律的信任，消除其不现实的观念，以达到依法解决争议的目的，从而间接保障了社会的稳定与和谐；另一方面，专业医疗律师通过对医疗活动的详细了解，分析医疗行为的合法性与正当性，为患方提供解决争议的法律意见，以避免浪费不必要的时间和精力。不管按哪种方式解决，医疗纠纷的最终落脚点还是损害赔偿的问题，协商解决也不例外。在双方协商的过程中，专业医疗律师可以在医院的过失责任程度与疾病参与度之间的比例、赔偿项目、计算方式等方面提供专业意见。

## 二、律师在患方代理中的作用和策略

### （一）法律咨询

1.法律咨询的原则

（1）律师在进行法律咨询时要遵守以事实为依据、以法律为准绳的原则。

律师在解答时，应当先全面、准确、深入地掌握客观事实，并在合法、合理的法律分析基础上，客观公正地发表自己的意见或建议。在询问案件事实时，明确告知当事人应当实事求是地阐述案情，不能只介绍或提供对己方有利的事实或证据。在进行法律分析时，不能仅凭当事人的描述，应当以查明的事实和证据为依据，准确地适用法律，并给出客观的分析意见。

（2）律师在进行法律咨询时要遵守最大限度维护当事人合法权益的原则。

律师应当在法律允许的范围内尽最大努力维护当事人的合法权益。凡是对当事人权益有利的要点和措施，律师要着重强调，并给出具体的实施方案。但对当事人不利的问题，律师也不能隐瞒，应当明确告知当事人，并尽可能提出解决的方案。

(3)律师在进行法律咨询时要遵守缓和矛盾、减少诉累的原则。

律师在解答法律咨询时要有大局意识，应尽量本着解决问题而不是激化矛盾的态度，尽可能使用缓和的语言。应当告知当事人诉讼的风险，以减少不必要的诉讼。但涉及当事人切身利益且属于必须解决的案件，律师也应当积极支持其采用法律途径解决问题。

(4)律师在进行法律咨询时要遵守谨慎的原则。

律师的咨询意见往往成为司法机关和政府职能部门解决问题的重要参考。律师在解答前要认真分析案情，仔细研究法律，必要时要进行调查，审慎发表意见，确保意见和建议的准确无误。

(5)律师在进行法律咨询时要遵守高标准、严要求、精益求精的原则。

律师服务本身就是一项高质量的专业服务，要求在内容上应全面客观、准确细致；在语言表达上应口齿清晰、流畅，用语规范、准确；在形式上应文字表达准确无误，行文格式规范，印制清晰，装订整齐。

2.法律咨询的技巧

解答法律咨询的方式分为口头解答和书面解答两种。口头解答方式是指律师通过面谈、电话、广播电视等方式解答当事人的法律咨询。书面解答方式是指律师通过法律文书、信函、传真、电子邮件以及报刊等方式解答当事人的法律咨询。

律师采取口头方式解答当事人法律咨询时应当注意以下事项：要明确当事人咨询问题的基本内容和咨询目的，对于语言表述不清或有语言障碍的当事人，律师应当有足够的耐心，反复多次地核实案情，直至全面准确地掌握案件事实，避免似是而非。律师解答法律问题时，应当态度端正，严肃认真；思路敏捷，语言表达清晰，要深入浅出、通俗易懂，尽量避免使用生僻、难懂的法律术语。由于自身的原因不能全面、准确、及时地解答当事人所咨询的问题时，律师应当首先形成书面记录，再与其他律师研究讨论后形成解答意见，并以口头或书面形式反馈给当事人。

律师采取书面方式解答当事人法律咨询时应当注意以下事项：律师应当如实、全面、准确地记录当事人咨询的问题，并按相关法律规定以书面形式给出全面、准确的法律分析意见。

律师在解答法律咨询的时候，应当把握局势，争取主动，一般来说，对律师比较有利的咨询程序应当是：当事人讲述基本情况—律师根据情况来对当事人发问—律师根据自己了解到的情况来解答。

在听取当事人讲述基本情况时，律师应当及时打断当事人过于冗长的陈述，向当事人询问自己需要了解的信息。当事人不熟悉法律，述说时会遗漏忽略一些重要的法律事实，律师应当主动发问，让当事人来回答。律师根据自己掌握的法律知识提问，提问的同时准备好应答，给自己一些时间来整理思路组织语言。

发问结束以后，律师对案件的基本情况大致有了了解，对自己能否办理这起案件已经心中有数，律师可以跟当事人谈咨询收费或者代理收费的条件，让当事人选择律师服务的方式，仅仅是咨询，还是要求律师给你代理整个案件。谈妥服务方式以后，律师可以根据自己对法律的熟悉程度，有选择性地为当事人解答。对于自己不熟悉、没把握的领域，可以避而不答或者轻轻带过。

3.法律咨询的作用

在接待患方的咨询时，律师的作用主要体现在对患方进行以下几个方面告知：

(1)尽快封存或者复制病历。

首先要让患方明白，“封存病历”和“复制病历”是两码事，不能混为一谈。病历是医疗纠纷最核心的证据，医疗纠纷的协商、诉讼、行政解决，主要是围绕着病历进行的。病历由医疗机构书写并保存，发生医疗纠纷后，如果不尽快封存病历，病历存在就被医院更改、隐匿、伪造的可能性。

封存病历是法律赋予患者的权利，这种权利不需要附带任何条件，不要被医院的各种理由所迷惑，比如有的医院可能以患者没有出院、欠费等为借口，拒绝、拖延封存患者病历，此时需要据理力争，必要时向医院所在地的卫生行政部门投诉。

(2)注意收集其他证据。

在与院方进行交涉过程中，必要时可以采取录音的方式；注意留存病房其他病友的联系方式，关键时候他们可以作为证人。

(3)及时封存检验有疑问的输液、输血、注射、药物。

部分医疗纠纷与输液、输血、注射、药物有关，比如输错药，把硫酸镁当成碳酸氢钠给病人输注，造成病人呼吸肌麻痹死亡。不及时对这些材料采取封存检验的措施，将使关键证据永久丧失，无法再次取得，造成不可弥补的损失。

(4)尽量不要拒绝院方尸检的建议。

对于存在患者死亡的医疗纠纷，如果医方已经建议做尸检，那么家属应该尽量积极配合。《医疗事故处理条例》第十八条第三款明确规定：“拒绝或者拖延尸检，超过规定时间，影响对死因判定的，由拒绝或者拖延的一方承担责任。”所以如果患方拒绝，因此影响对死因的判定，则患方承担不利的后果。

（二）医学判断与法律判断

医疗损害纠纷包括两部分核心内容，一是医疗问题，二是法律问题。作为专业医疗律师，两部分需要分别考虑。

1. 医学判断

（1）医学判断过程中，首先要审查病史资料是否存在不真实、不合法、不准确情形，包括但不限于：

①违反蓝、黑笔书写，红笔修改规定而用电脑打印的；

②添加或篡改、涂改的；

③非经治医生书写或无经治医生签名的；

④没有医生、护士签名的；

⑤上级医生修改病史未按规定书写的；

⑥重要病史记载内容相互矛盾的；

⑦重要病史如医嘱、手术记录、麻醉记录、护理记录、检验报告、影像报告缺失或被藏匿的；

⑧影像资料记载的姓名、摄像时间与患者实际情况不一致的；

⑨病理送检申请单、病理切片、检验报告互相矛盾的。

（2）审查医方是否存在拒绝治疗的违规行为，包括但不限于：

①对急诊患者拒绝治疗的；

②对病重、病危患者拒绝治疗的；

③对其他正在住院尚未医疗终结的患者拒绝治疗的；

④由于病情需要转院检查或转诊治疗的患者拒绝转院、转诊的。

（3）审查诊断阶段是否发生违规行为，其中疏于履行法定注意义务的违规行为包括但不限于：

①未作任何检查就得出诊断的；

②未作常规检查就得出诊断的；

③未对常规检验提示的异常情况作病因鉴别检查（包括其他常规检查和特殊项目检查）就得出诊断的；

④患者病情需要留置观察未予留置观察的；

⑤对患者病情、既往史、家族史及药物过敏史没有追问或记录就得出诊断的；

⑥对病情复杂或危重患者未按规定请示上级医生或未及时安排院内院外会诊的；

⑦护理人员没有按照护理规范、常规要求进行护理观察的；

⑧病理穿刺、活检组织未按规定放置或标记的；

⑨病史书写违反规定的；

⑩医疗机构提供的大型医疗设备不符合法定标准或安全要求的。

以上疏于履行法定注意义务在先，造成漏检、漏诊、误诊、误治的，医疗机构可被推定为医疗实体上违规。医疗实体上违规与全部或部分损害后果具有直接因果关系。

(4)疏于履行法定告知义务的违规行为，包括但不限于：

①使用有明显副作用的鉴别诊断药物而没有告知的；

②使用创伤性或风险性的特殊检查项目而没有告知的；

③使用费用昂贵的特殊检查项目而没有告知的；

④病情危重或恶化没有及时告知的。

以上疏于履行法定告知义务的，均构成侵犯患方知情同意权，医疗机构可被推定为医疗程序上违规。

2.法律判断

(1)起诉时应注意的问题，包括但不限于：

①责任竞合：根据人身损害赔偿民事责任竞合，患方可以选择提起医疗损害赔偿之诉(侵权)或医疗服务合同纠纷之诉(合同)。医方只能提起医疗服务合同纠纷之诉。

②诉讼请求不宜一步到位：医疗损害涉及的经济赔偿范围中有许多项目包括伤残补助费、营养费、护理期限、休息期限、医疗依赖期限及费用等需要鉴定后方可确定，代理律师应根据鉴定结果适时变更诉讼请求。

③事实与理由：根据证据审查情况或已获取证据范围决定书写简易诉状或非简易诉状。书写简易诉状的，一般应尽量捕获对方当事人过失证据，即应夯实事实与理由。

④递交诉状时应一并提交证据保全申请、证据目录、经济损失赔偿计算依据、相关司法鉴定申请。这些步骤是不可或缺的，尤其是对代理患方的律师而言。其中证据保全申请主要是针对诉前无法查阅或复制的主观病历(包括死亡讨论记录、疑难病例讨论记录、上级医师查房记录、会诊意见、病程记录)。

(2)在举证责任方面一定要注意，随着《侵权责任法》的实施，原来实行的“举证责任倒置”已经不存在，改为“谁主张，谁举证”。鉴定也基本不再适用“医疗事故鉴定”，而是变为“司法鉴定”。

证据交换与质证程序是人民调解医疗纠纷必经程序，这一程序有其自身的特点：

①审查病史资料是否完整；

②审查病史资料书写是否符合《病历书写基本规范》；

③决定是否申请医疗损害鉴定；

④确定是否存在鉴定不能的情形。鉴定不能是指检材不真实、不合法、缺失或不完整，因而不能提交医疗事故技术鉴定或过错因果关系司法鉴定等。

(3)与处理医疗纠纷有关的医疗医药法律规范、技术规范、常规规范，包括但不限于：

①《执业医师法》，考量医师有无执业资格、是否符合执业类别、具有哪些执业权利和义务、医师在执业活动中违规应承担何种法律责任的规范。

②《护士条例》，考量护士有无执业证书、是否符合执业类别、具有哪些执业权利和义务、护士在执业活动中违规操作或不作为应承担何种法律责任的规范。

③《医疗机构管理条例》，考量从事疾病诊断、治疗活动的医院、卫生院、疗养院、门诊部、诊所、卫生所(室)以及急救站等医疗机构是否具备法定执业许可条件、《医疗机构执业许可证》及执业活动是否符合法定要求的法律规范。

④《医院感染管理办法》，考量医院在组织落实、开展必要的检测、严格管理措施等方面是否做好了医院感染管理工作的规范，也是审查患者在院内感染疾病时医方是否应当承担责任的规范。

⑤《消毒管理办法》，考量医疗卫生机构、消毒服务机构以及从事消毒产品生产、经营活动的单位和个人是否严格进行消毒管理，做好预防和控制感染性疾病的传播工作的规范。

⑥《医疗机构临床用血管理办法》，考量医疗机构临床用血包括全血和成分血是否符合法定要求的规范，也是审查医疗机构对患者因输血而引起的疾病是否应承担法律责任的规范。

⑦《中华人民共和国药典》及《药物使用说明书》，国家强制性技术规范，是审查医疗过程中用药是否符合国家技术标准的规范。

⑧内科、外科、骨科、妇产科、小儿科、病理科等诊疗常规，是卫生行政主管部门参与并由医学会主编的诊疗、护理、检验技术标准，是《医疗事故处理条例》规定的衡量医护人员是否发生过失医疗行为的规范。

⑨《医疗事故处理条例》，是正确处理医疗事故，保护患者和医疗机构及其医务人员的合法权益，维护医疗秩序，保障医疗安全，促进医学科学发展的法规规范。

⑩《医疗事故技术鉴定暂行办法》，规定专家库建立、鉴定提起、鉴定受理、专家鉴定组组成、医疗事故技术鉴定基本程序等，是《医疗事故处理条例》配套文件之一。

⑪《医疗机构病历管理规定》(2013 年版)，是审查医疗机构是否建立病历管理制度，设置专门部门或配备专(兼)职人员，具体负责本机构病历和病案的保存

与管理工作的规章。

⑫《病历书写基本规范》及《中医病历书写基本规范》，是审查医务人员在医疗活动过程中形成的文字、符号、图表、影像、切片等门（急）诊病史是否符合客观、真实、准确、及时、完整的规章。

（三）律师在人民调解中的作用和策略

律师代理医疗调解案件通常分为 4 个阶段：接受委托阶段、调解前准备阶段、调解阶段、调解后工作阶段。

1.接受委托阶段

这是代理案件的关键所在，首先对待前来咨询的委托人要热情、友善，在委托人陈述案情时要不厌其烦、不加制止，听不明白或听不清楚的地方要进行提醒，要求进一步解释，直到其陈述完毕。律师留给委托人的第一印象，一定是专业、诚稳、细致、热情、友善。不要贬损别人，抬高自己。不向委托人随意承诺胜诉或败诉，要加以分析，让委托人根据分析、法理、道理，自己得出结论。委托人同意聘请律师后第一个问题就是委托费用问题，一定要坚持原则，不过分抬高或降低，以体现自身的价值，维护行业形象。医疗案件中，一定要提醒其尽快复印和封存病历。

2.调解前准备阶段

（1）书写陈述状等。

①罗列当事人宁多不少，避免遗漏；

②陈述理由宁多不少，避免遗漏；

③事实陈述要关键突出，重点突出。

④陈述状或申诉状的书写内容要避免与案卷中已有的相关材料重复，如术语和观点。

（2）调查取证。

①讲究方式方法，如会见证人时，可以与证人到一个不受干扰的宽松环境中，避免在其过熟的工作、生活环境中取证，以防其思想波动，不愿做证；

②及时取证；

③及时申请法院调取或勘验；

④及时申请证据保全。

（3）整理思路，做好调解准备。

①明确法律性质，理清法律关系，正确适用法律规定；

②编制证据目录（形式、来源、证明内容、举证的目的等）；

③查找法律依据，同样案例；

④确定取胜突破口，准备好调解庭质证、发问提纲、诉讼代理意见等；

⑤换位思考，为委托人准备好对方可能进行的陈述、答辩、发问，避免委托人的当庭紧张，而不利于案件调解效果；

⑥反复查阅案卷资料，力争将每一证据的基本内容与要点熟记于心。

3.调解阶段

(1)证据交换。

在证据交换阶段，代理律师应当注意查明医师资质，病历的完整、真实及合法性问题。

(2)医疗案件可能遇到的鉴定。

①医疗过错及因果关系鉴定（以下简称医疗过错鉴定）：医疗过错鉴定在目前的司法实践中，得到很多赞誉，理由是：该类鉴定机构不属于卫生行政系统主管，而是属于司法行政系统；医疗过错鉴定只鉴定医疗行为是否存在过错，以及与损害后果之间是否存在因果关系，而不鉴定是否构成医疗事故；医疗过错鉴定文书分析意见比较详细，说理比较充分。

②伤残鉴定：鉴定一般是患方提出，鉴定机构仅对患者的损害后果进行鉴定，而不分析因果关系，鉴定的范围值得重视（与医疗争议有关）。

③“三期”鉴定：即营养、护理、休息期限的鉴定。

④文书鉴定：一般是针对医疗文书是否存在被篡改情况而进行的鉴定，鉴定种类有文字形成时间、打印形成时间、笔迹鉴定等。

⑤拆封鉴定：目的是判断病历资料被封存以后是否被拆封过。

⑥药物质量检测：主要针对疑为假药、劣药导致的损害后果进行鉴定。

⑦医疗器械质量检测：针对医疗器械的品质进行检测。

⑧尸检：对死者进行尸体解剖，主要目的是鉴定死亡原因。

另外，还有其他一些用得很少的鉴定。需要注意的是，任何一种鉴定，其实本质上都是一种专家证言，如何申请鉴定，选择谁来鉴定，如何鉴定，鉴定以后如何质证，都是值得思考的问题。

(3)调解审理的重点。

①质证医疗纠纷案件中，对鉴定结论的质证应作为重点看待，主要针对鉴定书涉及的责任程度、伤残等级以及医疗依赖等问题。

前面，我们已经讲到专家辅助人，在对鉴定结论进行质证时，专家辅助人可以对医疗鉴定进行更为专业的质证，这将为提高庭审质量提供专业帮助。调解员之所以过分依赖鉴定结论的重要原因是如果自行否认鉴定结论，将承担巨大的专业风险，很容易被指责为“外行审判内行”、滥用权力、不尊重科学。在没有专家辅助人的情况下，即使鉴定专家出庭，鉴定结论也得不到有效的质证，很难达到理想的庭审效果。如果引入专家辅助人制度，作为具备医学专业知识的专家辅助人,可以认真研究鉴定过程及鉴定结论,在调解员的主持下,可以通过向鉴定专家提问的方式,还原鉴定形成的过程以及得出鉴定结论所依据的事实和材料,以增强鉴定的透明度,使调解员及双方当事人对送鉴材料是否适当、鉴定程序是否合法、鉴定所依据的事实及理论是否可靠等作出科学判断。

还有一些特殊类型证据,如证人、录音录像资料,在很多案件中也有很大作用。

②调解辩论。在事实调查结束以后进行调解辩论,医疗纠纷案件专业性强、社会影响面大,代理律师应当充分意识到这一点,要注意庭审气氛的把握,将当事人引导到一个比较理性的层面。

这里需要注意的环节是庭审举证、质证过程,这是调解庭认证的基础,是律师辩论的一个机会,把握不好会失去调解庭辩论的最基础的材料——论据。

调解庭辩论要观点鲜明,开门见山,紧紧围绕庭审查明的事实、提供的证据进行充分的阐述,逻辑性要强,有主有次,针对性强,切中要害,根据庭前的了解,做精彩的辩论,以引起调解员的注意,争取调解员的认同。切忌高谈阔论,离题万里,不着实际,避免重复啰嗦。

(四)调解后工作阶段

这是委托人负责的一个重要方面的工作。有时仅仅靠庭审的阐述是不能得到调解员认同进而采纳己方观点的,代理人必须在庭后做更多的交流、沟通工作,只要依据正确、判断准确、事实充分、证据确凿,就一定要坚持,直到调解员接受。

## 三、律师在医方代理中的作用和策略

(一)与患方理性解决争议

语言是人类最基本的思想交流工具,律师在调解民间矛盾纠纷的实施过程中,同样也离不开语言这一交流工具。在与当事人的交往中,语言交流传递着准确的调解信息,语言表达技巧运用得如何,在矛盾纠纷解决的时效上,对整个的调解过程起着举足轻重的作用。笔者在多年的调解实践中观察到:外在因素基本相同的矛盾纠纷,甚至是同一矛盾纠纷,不同的人去办理,除了调解时机的把握、调解方法的不同等诸多因素外,语言表达,技巧运用的差异竟往往能够产生不同的调解效果。一个语言表达技巧运用差的人去处理纠纷往往难以解决问题,有时甚至还会导致矛盾纠纷升级。因此,在调解过程中要注意运用个人语言表达技巧,这是使矛盾纠纷解决事半功倍的非常重要的工具性手段,也是不容忽视的重要因素。

实践表明,医疗纠纷调解对象的当事人,绝大部分是普通百姓。根据调解对象和纠纷内容的不同特点，调解语言要适合当事人的接受、理解能力和心理特点。其基本原则是：因案施策，因人而异，对症下药，心悦诚服，达到彼此沟通化解的目的，息事宁人。

（1）语言的通俗性。使用大众化、通俗化的用语，避免使用脱离老百姓生活实际和心理水平的理论化的、空洞的、华而不实的书面用语。恰当运用比喻和民间习惯性俗语、谚语，说明对某些问题的看法，使当事人容易理解和内化调解人员所讲的道理。不要动辄就讲专业的医学术语、医疗名词，让人难以理解和接受。

（2）语言的目的性。语言应避免冗长、烦琐，力求简短、明确、流畅，使当事人一听就懂，避免产生误解。律师向患者或者患者家属说明的每一个问题都要有明确的目的性，意思表示要紧紧围绕目的展开，语言表达要合情、合理、合法，要恰如其分。内容要具体，不能含糊其辞，是就是，非就非，要开门见山，一语中的，言简意赅。语言要力求精练明了，使当事人迅速、准确、清楚地了解和掌握调解人员的意图和目的，避免其为摸调解人员的“底”而周旋，浪费时间和精力。

（3）语言的中心性。律师和患方谈话应该始终围绕案件的核心问题和焦点去谈，要善于引导当事人向律师的思路靠拢，向案件的中心靠拢，不要在枝节问题上纠缠不休，使其注意力集中在主要矛盾上。主要矛盾解决了，也就解决了医疗纠纷的实质性问题，当事人之间的纠纷也就随着主要矛盾的解决随之解决。

（4）语言的策略性。律师要对产生纠纷的不同情况制定相应的策略，纵有千条妙计，我有一定之规，因为每一个问题的解决结果都与患方有直接的利害关系，都关系到他们的切身利益。律师对当事人提出的每一个问题都要有充分的准备，应想到当事人的一言一行往往都是从有利于自己的角度出发，去追求想要得到的结果。律师必须慎重对待，不能为当事人的言行所左右，无论他们的情绪如何，调解人员必须冷静，保持清醒的头脑，以冷静耐心的态度从整体的角度看问题，弄清并掌握整个医疗过程的来龙去脉，没有充分确凿的证据不能轻易表态，更不能随便下结论，说话要留有余地，讲究分寸，言之有据，不能信口开河。律师如果言之有误，将会使患方在医疗纠纷调解中处于被动的位置，甚至出现情绪对立、矛盾激化，围攻医院的群体性事件。

（5）明确告知患者司法途径的重要性。调解难以进行之时，鉴定或者诉讼就成了重要途径。在双方观点极为对立之时，要努力说服患方走司法途径，通过司法鉴定和诉讼厘清双方责任。

（二）律师与非诉法律咨询服务

律师在医疗纠纷解决中的作用，绝不仅仅是打官司，其作用贯穿于整个医疗纠纷的解决过程。

（1）参与医疗纠纷非诉讼的协商解决。

协商解决分为医患双方自行协商解决和在卫生行政机关主持下的协商解决两种方式。忽略律师在该阶段的作用是错误的。实践表明，医疗纠纷发生初期，患方往往会直接找到医疗机构要求协商解决，或要求“给个说法”，这时是律师介入的绝好时机。一方面，律师帮助医疗机构对整个事件进行恰当地评估，为医疗机构下一步决策提供依据和法律方案；另一方面，律师征得医疗机构同意可选择合适的机会协同医务代表与患方见面，在医务代表解释医学问题时，配合着相关法律问题作出说明。

（2）帮助医疗机构克服“家丑不可外扬”的狭隘思想。

实践中，许多医疗机构不到诉讼时不请律师介入，理由是视律师为“外人”，“家丑”是自家事，担心纠纷细节泄露，在媒体上甚至社会上造成不良声誉。作为律师特别是担任医疗机构常年法律顾问的律师，应有针对性地说服某些医疗机构，帮助他们克服种种偏见，并强调为委托人保密是律师的执业纪律和职业道德。

（3）客观辩证地分清责任，引导医疗机构避免损失的扩大。

医疗纠纷的协商解决被大众称为“私了”。据不完全统计，现阶段“私了”占处理医疗纠纷结案率很大比例，主要有两个原因：医疗机构或其医务人员存在明显过错或过失，为争取主动和避免更重大的损失，医疗机构主动提出和解，甚至作出很大让步；医疗机构没有过错或过失，但碍于社会声誉的重大压力，忍气吞声地接受患者的要求，甚至是超越合理界限的无理要求。律师应结合案件实际情况，进行整体评估，引导医患双方作出合理补偿方案，拒绝患者的无理要求。

（4）帮助医疗机构保全并固定证据。

《医疗事故处理条例》规定，当发生医疗纠纷时，病历封存应当在医患双方都在场时进行；若是实物，如患者使用过的输液瓶、植入材料等的封存，也应当在双方都在场时进行。实践中，许多医疗机构往往期待着能够和患者协商解决问题，因此不是很在意病历或实物的封存等证据保全工作，这种做法在诉讼中往往使医疗机构陷入被动。

需要封存的病历目录：死亡病例讨论记录、疑难病例讨论记录、上级医师查房记录、会诊意见、病程记录等。由于病历是医疗机构工作和科研的重要资料，所以封存病历实际上给医院工作带来了极大不便。针对这种情况，建议采取不同的措施，如患者要求封存病历原件的，就应与患者签署《病历封存协议书》，约定患者不在病历封存后两个月内起诉或者申请医疗事故鉴定的，医方有权将病历解除封存；如患者同意封存病历复印件的，可明确告知患者，医疗机构可以补记病历中的相关部分。

需要封存并固定的实物：患者所用的药物、患者的一次性植入材料、血液等。

该部分证据的固定不但应按法律程序走，最好还要有现场照片为证。

尸体解剖问题：医院未经患者或其近亲属的同意不能够擅自解剖死亡患者的尸体，这是法律强制性规定；同时《医疗事故处理条例》又要求医疗机构必须按照法定条件对死亡患者的尸体进行尸解和保管。在患者死亡原因的确定上，法医学和病理学起着至关重要的作用，在这类医疗纠纷中，单单依据病历并不能完全解决问题。为降低医疗机构的风险，律师应协助医疗机构制作规范的《死亡患者尸体解剖告知同意书》，以此向患者近亲属明确尸体病理解剖的重要意义，并得到患者近亲属的签名，否则可能会被认为侵犯患者近亲属的知情同意权；若有条件，律师还可以见证法医专家对尸体解剖的过程，并拍摄现场照片，保全固定证据。

(5)律师参与鉴定程序。

在医疗事故技术鉴定或司法鉴定中，按程序应召开听证会，听取医患双方的陈述意见。在此程序中，由医疗机构派出医务人员阐述医学问题是至关重要的，也是核心问题。同时，也不能忽视律师的作用。其作用主要表现在：

第一，鉴定首先是法律程序，律师应参与并加以引导。

第二，法律上界定了两个推定：即诊疗行为的过错推定和诊疗行为与损害后果的因果关系推定。律师应指导医务人员在陈述意见时围绕这两个核心进行，紧扣主题。

第三，作出合理、准确的法律评价，这是医疗鉴定所追求的结果，律师应对医疗机构予以指导。

(6)起草、制作和解协议文本。

这是解决纠纷的重要环节，也是形成工作成果的重要标志。律师应确保协议合法有效，且具有履行的现实意义。如果协议内容完整合法，纠纷到此画上圆满句号；反之，可能引起新的冲突和矛盾，甚至引发诉讼。本文认为应特别注意以下细节并认真审查：

第一，主体合法。如果患者未死亡的，应该由患者本人亲笔签署；如果患者死亡的，必须由患者的第一顺序继承人全部签署。如果其继承人需要授权的，必须要出具真实有效的《授权委托书》，并建议进行公证。患者为无行为能力人或者限制行为能力人的，应该由其监护人签署，如父母等。医疗机构的主体应当是医疗机构而不是医务人员。

第二，内容不违反法律法规的强制性规定。《医疗事故处理条例》为此规定了医疗事故赔偿协议书的主要内容。

第三，患方必须明确放弃其他可能存在的赔偿项目和数额。

(三)律师与医疗纠纷案件代理

经过非诉讼的协商过程，若没有达成合意则走向调解。司法诉讼是当代文明的集中体现之一，是体现法律权威的最大空间。对医疗机构而言，接受作为被告的诉讼，总比遭受冲击、围攻、暴力等武力解决容易得多。律师接受委托后，作为医疗机构的诉讼代理律师代理诉讼，其基本任务是行使诉讼权利，最大限度减少医疗机构的损失，坚持以事实为根据，以法律为准绳，切实维护医疗机构的合法权益。在具体工作中，有如下几方面应高度重视：

(1)仔细审查、研究原告(患方)的陈述材料。

在医疗纠纷的诉讼案件中，原告的起诉材料一般趋向于简单化，往往是一份起诉书加简单的若干份证据材料等。随着《侵权责任法》的实施，举证责任不再"倒置"，由患方就医方的行为是否存在过错举证。因此，仔细审查、研究原告的起诉材料是做好应诉工作的第一步。

(2)帮助医疗机构组织举证材料。

医疗纠纷出现后，医疗机构会列出他们准备的大量证据材料，包括住院病案、病历、影像资料、医学参考书、业内统计数字等，面对这些大量的医学专业的资料，律师应以法律专业的眼光，按照证据"三性"的要求，紧扣抗辩理由进行逐一审查，并确定是否可以作为证据资料提交调解庭。

首先，住院病案或病历是说明事实真相的最好、最有力的证据。

其次，律师应该学会充分地运用相关医学资料，包括国家药典资料，卫生行政部门、中华医学会组织编写的《诊疗常规》《诊疗规范》及权威的医学教科书和医学文献，如《实用内科学》《实用外科学》《实用妇产科学》等。

最后，巧用专家意见或专家证言。最高人民法院《证据规定》第一次明确了专家证言的法律地位，从而为医疗纠纷提供了更为广阔的解决途径，专家证人被视为是对鉴定结论最直接的挑战。在实践中，虽然某些专家证人未能依法出庭作证，但所作出的书面专家证言可能对法院认定事实真相或对鉴定意见的采信产生一定的影响，所以不管专家证人是否有条件根据《证据规定》出庭作证，能够创造条件让专家证言"为我所用"也是应诉良策之一。

3.研究、制定医疗机构的应诉法律方案。

为依法让医疗机构免责或减轻责任，律师研究和制定应诉答辩理由显得十分重要。《医疗事故处理条例》界定某些"不属于医疗事故"的情形，或称之为"法定免责事由"，包括常见紧急遇险、医疗意外、不可抗力、患方过错等。《侵权责任法》同样规定了相应的"免责事由"。律师应认真研究这些法定的强有力的抗辩理由，一旦理由成立便可免责。同时，在许多医疗纠纷中，特别是涉及破坏患者局部人体组织进行治疗的病例中，医疗机构及其医务人员都会告知治疗风险，形成《麻醉同意书》《术前谈话及手术同意书》等文件，虽类别、名称不一，但相同任务是履行告知风险义务，令患者充分行使知情同意权。在各类同意书中，均会涉及某些细化了的免责条款，相对应称之为“约定免责”。在解读和适用“约定免责条款”中引入“自甘风险”原则是十分必要的。民法理论“自甘风险”原则又称“受害者承担风险”原则，即明知风险而自愿故意为之，产生损害后果由受害者自行承担，组织者、经营者可以免责。“自甘风险”原则在我国立法中没有明确规定，仅存在于民法理论之中，但它又不完全同于“不可抗力”原则。除此，如果医疗机构不能全部免责，减轻责任程度就成为律师工作的重点。

4.代表医疗机构参加医疗案件的调解。

出席调解庭是一个重要环节，也是律师所做工作的检阅台。根据法律规定，所有的应诉意见和证据资料都要通过调解庭审理，并经调解庭质证才能作为定案的依据。精心准备和组织参加调解庭审理是律师代理工作的核心内容之一。

首先，由一名律师和一名对口专业的资深医师担任诉讼代理人，是最佳组合。律师负责法律问题，医师负责医学问题，二者缺一均不能达到理想效果。同时，律师对医师进行必要的法律讲解和简单的培训，以达到互相补充、互相完善、默契配合、圆满完成任务的效果。

其次，注重调解庭质证和举证。根据《证据规定》，答辩状和证据材料应在法定期间内向调解庭提交，通常情况下，在调解庭组织第一次开庭审理前，各方均已掌握到对方的证据资料。在庭审中，关于证据方面的主要任务是对对方的证据发表质证意见，并对己方的证据资料进行充分的说明和解释。其中，对方证据多数集中在医疗门诊病历、医疗费用票据、客观病历复印件、残疾评定书等，对于律师而言，质证相对简单，易于辨别。对于己方举证的证据资料，通常包括住院病案、各类检验报告、医学影像检查资料、鉴定报告等，律师应充分地运用证据学、病理学、药物学等各学科知识，围绕己方的应诉主张和请求向调解庭作出说明，其中更为重要的是针对患方在《起诉状》中的指责，结合病案中的相关部分进行解释。

最后，注重调解庭辩论。调解庭辩论是律师代表医疗机构出席调解庭，运用专业法律知识和医学知识对争议焦点问题进行阐述的阶段，是归纳和总结观点的最为重要阶段。医疗侵权案件的争议焦点一般是医院是否存在过错或过失，诊疗行为与损害后果是否存在因果关系等。基于医学不断发展的特性、人体特质的复杂性，以及医疗本身允许合理损害和医疗风险客观存在，律师要特别强调医疗活动后果的不确定性，充分地运用现有法律法规、诊疗护理规范和常规，利用手中的证据材料，发挥专家证人证言的特殊作用，围绕案件核心进行充分有效的辩护。律师辩论的基本层次为：(1)医疗机构及其医务人员是否具备诊疗资格，并在法定范围内执业；(2)医疗机构及其医务人员在对患者诊治过程中的主观过错或过失程度；(3)患者出现损害后果的原因与诊疗行为关联程度；(4)医疗机构是否应负法律责任。除此，律师应向调解庭着重说明医疗机构在履行医患服务合同中，所尽到的基本合同义务，即谨慎、合理的职责，以及说明义务，确保患者知情同意权得到了保障。

## 第二节　专家辅助人在医疗纠纷人民调解中的作用和策略

### 一、专家辅助人概述

（一）专家辅助人概念和法律依据

2002年最高人民法院《证据规定》第六十一条第一款规定："当事人可以向人民法院申请由一至二名具有专门知识的人员出庭就案件的专门性问题进行说明。人民法院准许其申请的，有关费用由提出申请的当事人负担。"

2002年10月出台的《最高人民法院关于行政诉讼证据若干问题的规定》第四十八条第一款规定："对被诉具体行政行为涉及的专门性问题，当事人可以向法庭申请由专业人员出庭进行说明，法庭也可以通知专业人员出庭说明。必要时，法庭可以组织专业人员进行对质。"

《民事诉讼法》第七十九条规定："当事人可以申请人民法院通知有专门知识的人出庭，就鉴定人作出的鉴定意见或者专业问题提出意见。"

《刑事诉讼法》第二百一十七条规定："公诉人、当事人和辩护人、诉讼代理人可以申请法庭通知有专门知识的人出庭，就鉴定人作出的鉴定意见提出意见。"

《人民调解法》第二十条第一款规定："人民调解员根据调解纠纷的需要，在征得当事人的同意后，可以邀请当事人的亲属、邻里、同事等参与调解，也可以邀请具有专门知识、特定经验的人员或者有关社会组织的人员参与调解。"

浙江省高级人民法院2014年7月11日发布《关于专家辅助人参与民事诉讼活动若干问题的纪要》，《纪要》中对专家辅助人的主体资格、专门知识的范围，当事人申请专家辅助人出庭的条件、时间，专家辅助人的权利、义务、职能、诉讼地位的明确及其意见的效力等方面做了具体规定，从而让专家辅助人制度有了较强的实用性、操作性。

学者普遍把"具有专门知识的人"称之为"专家辅助人"。在科学、技术以及其他专业知识方面具有特殊的专门知识或经验的人员，根据当事人的聘请并经法院准许，出庭辅助当事人对诉争的案件事实多涉及的专门性问题进行说明或发表意见和评论的人，被称为专家辅助人。

由此产生了一个新的职业——专家辅助人代理。专家辅助人代理的业务范围不仅仅局限于出庭辅助当事人，并广泛扩展到医疗纠纷咨询、出具专家咨询意见、代写陈述书、参加医疗损害鉴定听证会、对鉴定意见书评析、提出上诉依据等。

（二）专家辅助人的资格

目前对专家辅助人的资格没有明确规定，根据“具有专门知识的人”这一定义，医疗纠纷案件的专家辅助人可以是涉案专业的临床医学专家，因为这一类人具有较高的学术水平、敏锐的洞察力和较强的临床判断能力。临床医学更侧重于经验科学，属于技术应用领域而非理论研究领域，其更多的是体现了专业理论于实践中的运用。学历和职称并非考察专家辅助人资格的唯一标准，实践能力即临床经验应当成为考察专家辅助人资格的最重要标准。

医疗纠纷案件的专家辅助人也可以是鉴定人，鉴定人对整个鉴定技术有深入的了解，对医疗过错的认定、因果关系的认定和过失参与度的认定更有经验。

（三）专家辅助人代理优势

临床医学专家具有丰富临床医学知识，但不具备法学、司法鉴定和诉讼知识。

律师具备法学和诉讼知识，但不具备临床医学和司法鉴定知识。

具有司法鉴定经验的专家辅助人代理是具备临床医学、法学、司法鉴定和诉讼知识的复合型专家。

（四）专家辅助人代理参与人民调解中的权利

专家辅助人参与到医疗纠纷人民调解的活动中，既要对当事人负责，也要对人民调解委员会负责，根据我国现有的法律规定以及设立这一制度的初衷，专家辅助人在调解中应该具有以下权利：

(1)对案件中相关技术资料的知悉权。专家辅助人有权调阅案件的全部资料，有权了解鉴定人的鉴定活动，有权要求鉴定人对鉴定所依据的科学原理、方法、技术手段和鉴定过程等作出详细的说明。

(2)对专门性问题的解释说明权，可以协助当事人对案件中的专门性问题进行解释说明、发表自己的意见并阐述理由。

(3)对鉴定人的质询异议权。专家辅助人有权协助当事人就鉴定意见的真伪以及与鉴定意见有关的其他问题向鉴定人发问，对鉴定意见提出异议，有权与鉴定人进行对质和辩论。鉴定人有义务回答，没有正当理由不得拒绝。

(4)对委托人无理要求的拒绝权。若当事人要求专家辅助人采用非法手段或者违背科学性提供意见，专家辅助人对当事人的无理要求可以拒绝，有权解除委托合同。专家辅助人认为鉴定意见超出其专业知识或擅长的科学技术领域也可拒绝。

(5)获得报酬的权利。专家辅助人有权向聘请其参与调解的一方当事人要求支付其在调解活动所产生的费用,包括差旅费、误工损失和其他费用等。

(五)专家辅助人代理参与人民调解中的义务

专家辅助人在享有权利的同时,必然要承担与之相应的义务:

(1)认真履行当事人的委托,对案件提出分析判断意见,协助当事人正确认识和妥善处理相关的专门性问题,维护当事人的合法权益;

(2)不得在同一案件中接受双方当事人的委托;

(3)遵守诚实信用原则和科学准则,保证解释说明、质询评价鉴定意见的科学性和客观性,不得违背科学的基本规范;

(4)保守在诉讼中所知悉的国家秘密和当事人的商业秘密,不得泄露当事人的隐私;

(5)依法参与调解,在调解中接受当事人和调解员的询问。

## 二、专家辅助人在患方代理中的作用和策略

(一)案前咨询

本文所指案前咨询是患方认为医方医疗行为存在过错并对患者造成损害,尚未与医方发生争议或提出解决办法前,就怎样维护自己合法权益而向专家辅助人提出的咨询。

专家辅助人可以通过听取患方陈述和审查所能提供的资料,对医方是否存在过错,过错对患者是否造成损害后果,因果关系,责任程度,能够获得哪些赔偿,以及采取维权的方式帮助患者理性维权。

(二)参与协商或调解

受患方委托,专家辅助人可以参与与医方协商或调解,从法理结合的角度提出合理主张,促进协议或调解的达成。

(三)参加听证会和撰写陈述书

受患方委托,专家辅助人可以帮助其撰写陈述书和参加鉴定听证会。

(四)对鉴定意见质证

(1)鉴定意见存在错鉴漏鉴。

医疗损害鉴定没有现成的标准,完全是依靠鉴定人的经验作出,如果鉴定人的建议或知识结构有缺陷,有可能存在错鉴或漏鉴。

更严重的是医疗损害鉴定的不公正。医学会技术鉴定因其“自己人鉴定自己人”的鉴定方法而历来受到诟病。司法鉴定由于其商业化营运难以确保其中立性。患方往往是第一次参加鉴定,而医方可能经常参加鉴定。有的鉴定机构为了获取更多的案源,可能会与医方达成某种交易或默契,其出具的鉴定意见难

以保证公正性。

(2)专家辅助人通过对鉴定意见的审核,如果证实鉴定意见不存在瑕疵,就有利于息讼止争。如果鉴定意见存在错鉴漏鉴,可以协助当事人对鉴定人或对方聘请的“专家辅助人”进行询问,并对案件涉及的鉴定意见加以质证,维护当事人的合法权益。

## 三、专家辅助人在医方代理中的作用和策略

### (一)提供医疗纠纷处理咨询

针对个案提供医疗纠纷处理咨询,对个案进行法律风险评估,对存在的过错、过失参与度进行分析,有哪些免责事由可以免除或减轻责任,对合理的赔偿范围作出符合实际的评估。

可出具专家咨询意见书。

### (二)参加司法鉴定

受医院委托,参加听证会,撰写陈述书,从法理结合的角度说服鉴定人。

### (三)参加协商或调解

受医院委托,参加协商或调解,对鉴定意见书进行质疑,提出合理主张。

### (四)参与医院法律风险防控

举办讲座,提高全员法律风险防控意识,从而积极参与医院法律风险防控。

# 参考文献

[1] 加藤一郎.公害法的生成与发展[M].岩波书店,1968.
[2]《医疗事故处理条例》起草小组.医疗事故处理条例释义[M].北京:中国法制出版社,2002.
[3] 艾尔肯.论我国医疗纠纷第三方调解制度[J].西部法学评论,2015(1):30—46.
[4] 艾尔肯.论医疗纠纷第三方调解的制度优势[J].医学与法学,2014(5):5—12.
[5] 艾尔肯.论医疗损害赔偿责任中因果关系理论[J].辽宁大学学报(哲学社会科学版),2007(5):148—151.
[6] 艾尔肯.医疗损害赔偿研究[M].北京:中国法制出版社,2005.
[7] 北京司法鉴定业协会.北京司法鉴定业协会关于办理医疗过失司法鉴定案件的若干意见.
[8] 曹其杰.医疗纠纷第三方调解机制研究[D].重庆:西南政法大学,2013.
[9] 曹艳林,王将军,郑雪倩,等.部分国家医疗纠纷第三方调解经验分析[J].中国医院,2012(7):8—10.
[10] 陈美雅.试论"自甘风险"原则在审理医疗侵权纠纷案件中的应用[J].中国实用内科杂志,2006(20):1644—1646.
[11] 陈世清.经济学的形而上学[M].北京:中国时代经济出版社,2010.
[12] 陈志刚,才玉娟.关于推广第三方调解机制解决医疗纠纷的探讨[J].中外医疗,2012(12):190—191.
[13] 陈志华.医疗损害责任深度释解与实务指南[M].北京:法律出版社,2010.
[14] 陈忠五.法国法上医疗过错的举证责任[J].东吴法律学报,2006(1):31—61.
[15] 程啸.侵权行为法总论[M].北京:中国人民大学出版社,2008.
[16] 单国军.医疗损害[M].北京:中国法制出版社,2010.
[17] 丁凤楚.论我国医疗纠纷人民调解制度的构建[J].法学杂志,2011(S1):284—287.
[18] 范愉,史长青,邱星美,等.调解制度与调解人行为规范:比较与借鉴[M].

北京:清华大学出版社,2010.
[19] 龚赛红.医疗损害赔偿立法研究[M].北京:法律出版社,2001.
[20] 古津贤.医疗侵权法论[M].长春:吉林大学出版社,2008.
[21] 关淑芳.论医疗过错的认定[J].清华大学学报(哲学社会科学版),2002(5):51-58.
[22] 桂平静.患方对医疗纠纷人民调解机制态度的调查研究——以北京市医调委患方为例[D].北京:北京中医药大学,2013.
[23] 韩西晨.论医疗纠纷调解制度的构建[J].法制与经济,2010(5):23-24.
[24] 何颂跃.医疗纠纷与损害赔偿新释解[M].北京:人民法院出版社,2002.
[25] 何文燕.民事诉讼法学[M].长沙:湖南大学出版社,2001.
[26] 洪英,夏梦.美国医疗纠纷解决机制及其启示[J].中国司法,2014(9):93-96.
[27] 全国人大常委会法工委民法室,中华人民共和国司法部法制司.中华人民共和国人民调解法解读[M].北京:中国法制出版社,2010.
[28] 扈媛媛.美国法院附设ADR对我国的启示[J].四川文理学院学报(社会科学版),2007(4):36-38.
[29] 黄丁全.医事法[M].北京:中国政法大学出版社,2003.
[30] 霍宪丹.司法鉴定通论[M].北京:法律出版社,2009.
[31] 江伟.民事诉讼法[M].4版.北京:中国人民大学出版社,2008.
[32] 江毅.医疗损害民事责任研究[M].北京:中国医药科技出版社,2007.
[33] 孔祥俊,杨丽.侵权责任要件研究上[J].政法论坛,1993(1):42-47.
[34] 孔祥俊,杨丽.侵权责任要件研究下[J].政法论坛,1993(2):52-57.
[35] 邝琼芬.美国医疗纠纷替代性解决机制研究[J].前沿,2013(4):56-57.
[36] 雷红力,商忠强,孙波.医患纠纷人民调解原理与实务[M].上海:上海交通大学出版社,2015.
[37] 李昌超.医疗纠纷第三方调解机制实证研究[J].中国卫生事业管理,2014(2):125-127.
[38] 李浩.调解的比较优势与法院调解制度的改革[J].南京师大学报(社会科学版),2002(4):19-27.
[39] 李静堂,郑承泉.怎样调解民间纠纷[M].武汉:湖北人民出版社,1986.
[40] 梁海明.调解实务与技巧[M].北京:法律出版社,2014.
[41] 林文学.医患纠纷解决机制研究[M].北京:法律出版社,2008.
[42] 刘革新.医与法[M].北京:中国人民公安大学出版社,1997.
[43] 刘江江.人民调解法治新论[M].2版.北京:中国政法大学出版社,2012.

[44] 刘兰秋.德国医疗纠纷诉讼外处理程序研究[J].医学与哲学(人文社会医学版),2009(2):49—51.

[45] 刘兰秋.韩国医疗纠纷调解立法及对我国的启示[J].证据科学,2014(4):484—499.

[46] 刘梅芳.我国医疗纠纷第三方调解机制研究[D].广州:广东外语外贸大学,2013.

[47] 刘士国.现代侵权损害赔偿研究[M].北京:法律出版社,1998.

[48] 刘晓庆.我国地方医疗纠纷人民调解机制研究[D].上海:上海交通大学,2010.

[49] 刘新社.正确处理医疗事故与纠纷:写给病人[M].2版.北京:人民卫生出版社,2006.

[50] 陆庆标.医患纠纷诉讼实务操作[M].北京:中国法制出版社,2009.

[51] 潘剑锋.民事诉讼原理[M].北京:北京大学出版社,2001.

[52] 蒲川,王安富.医事法学[M].重庆:西南师范大学出版社,2008.

[53] 强美英.医疗损害赔偿责任分担研究[M].北京:知识产权出版社,2010.

[54] 乔世明.医疗事故的行政处理与刑事责任[M].北京:人民军医出版社,2009.

[55] 屈芥民.专家民事责任论[M].长沙:湖南人民出版社,1998.

[56] 全国人大常委会法制工作委员会民法室编.《中华人民共和国侵权责任法》条文说明、立法理由及相关规定[M].北京:北京大学出版社,2010.

[57] 司法部司法鉴定管理局.《司法鉴定程序通则》导读[M].北京:法律出版社,2007.

[58] 孙萍.论国外医疗纠纷的多元化解决机制[J].广西青年干部学院学报,2014(3):78—81.

[59] 汤怀世.关于医疗并发症的法律思考[J].中国卫生事业管理,2000(11):678—679.

[60]《民法原理》编写组.民法原理[M].北京:法律出版社,1983.

[61] 汪涛等.医疗损害的性质、构成要件与认定损害参与度的意义,http://www.tongchenglawfirm.com/ReadNews.asp? NewsID=510.

[62] 王家福.中国民法学:民法债权[M].北京:法律出版社,1991.

[63] 王利明,杨立新.人格权与新闻侵权[M].北京:中国方正出版社,1995.

[64] 王利明.民法典侵权责任法研究[M].北京:人民法院出版社,2003.

[65] 王利明.侵权行为法归责原则研究[M].北京:中国政法大学出版社,1992.

[66] 王利明.侵权行为法研究[M].北京:中国人民大学出版社,2004.

[67] 王晓燕.医疗损害鉴定制度发展观察——以最高院、四地高院的五份通知为对象[J].医学与哲学(人文社会医学版),2013(2):72—74.

[68] 王旭.医疗过失技术鉴定研究[M].北京:中国人民公安大学出版社,2009.

[69] 王旸.侵权行为法上的因果关系理论研究[M]//梁慧星.民商法论丛:第11卷.北京:法律出版社,1999.

[70] 王岳.医事法[M].北京:人民卫生出版社,2009.

[71] 王泽鉴.王泽鉴法学全集:第十四卷 侵权行为法①[M].北京:中国政法大学出版,2001.

[72] 王泽鉴.债法原理[M].北京:北京大学出版社,2009.

[73] 王振中.用证据说话:医疗纠纷官司证据指导[M].北京:法律出版社,2008.

[74] 吴东平.医院权利谁来维护——罕见医疗官司提出医院维权新命题[J].现代医院,2004(2):1—3.

[75] 奚晓明.医疗损害赔偿纠纷[M].北京:法律出版社,2009.

[76] 肖建国.民事诉讼程序价值论[M].北京:中国人民大学出版社,2000.

[77] 肖柳珍,王慧君.医疗损害司法鉴定特别许可制度的探讨[J].中国司法鉴定,2011(3):S1—S3.

[78] 邢学毅.医患纠纷处理现状分析报告[M].北京:中国人民公安大学出版社,2008.

[79] 晏英.叙事医学视阈下的日本医疗纠纷调解制度及启示[J].医院院长论坛,2014(2):52—57.

[80] 杨立新.《侵权责任法》改革医疗损害责任制度的成功与不足[J].中国人民大学学报,2004(4):9—11.

[81] 杨立新.侵权责任法[M].北京:法律出版社,2010.

[82] 杨立新.论医疗过失赔偿责任的原因力规则[J].法商研究,2008 (6):37—44.

[83] 杨立新.医疗损害责任研究[M].北京:法律出版社,2009.

[84] 杨天乐.和谐社会视角下医疗纠纷第三方调解问题研究[D].长沙:湖南大学,2013.

[85] 杨湛,赵旭东.试论恶性医疗纠纷的依法防范和处理[J].中国医院,2003(11):52—54.

[86] 叶鹏.简述诉前调解的定位及操作,杭州普法网。

[87] 喻敏.对侵权行为法中过错问题的再思考[M]//梁慧星.民商法论丛:第9卷.北京:法律出版社,1998.

[88] 曾世雄.损害赔偿法原理[M].北京:中国政法大学出版社,2001.
[89] 张滨,胡亚林.域外医疗纠纷 ADR 制度对我国医疗纠纷人民调解制度的启示[J].中国卫生法制,2013(1):55－60.
[90] 张杰.论医疗纠纷的调解机制[D].北京:中国人民大学,2008 .
[91] 张俊祥.论医疗纠纷中医疗机构作为民事诉讼原告的法律地位[J].中国卫生事业管理,2003,19(4):219－220.
[92] 张秦初.防范医疗事故与纠纷——写给医生[M].2 版.北京:人民卫生出版社,2006.
[93] 张卫平.民事诉讼法[M].北京:法律出版社,2005.
[94] 张新宝.侵权责任构成要件研究[M].北京:法律出版社,2007.
[95] 张益鹄.医疗纠纷、医疗事故与法医学——如何打医疗官司[M].北京:科学出版社,2006.
[96] 张赞宁.试论医疗行为的违法阻却事由[J].南京医科大学学报(社会科学版),2007(3):181－185.
[97] 赵倩.论医疗纠纷非讼解决机制的创新——以调解委员会制度为视角[D].上海:华东政法大学,2013.
[98] 赵云.调解实务与技能[M].北京:清华大学出版社,2011.
[99] 郑渊:日本的医疗纠纷处理与防范机制及其对我国的启示[J].中国医院管理,2004,24(12) :74－75.